U0806903

企业管理实践 2024

山东省企业联合会　编

山东大学出版社
SHANDONG UNIVERSITY PRESS
·济南·

图书在版编目(CIP)数据

企业管理实践. 2024/山东省企业联合会编. 济南：山东大学出版社，2024. 10. -- ISBN 978-7-5607-8471-7

Ⅰ. F272

中国国家版本馆 CIP 数据核字第 202489YT97 号

策划编辑　刘　彤
责任编辑　秦大忠
封面设计　杨　波

企业管理实践 2024
QIYE GUANLI SHIJIAN 2024

出版发行	山东大学出版社
社　　址	山东省济南市山大南路 20 号
邮政编码	250100
发行热线	(0531)88363008
经　　销	新华书店
印　　刷	济南乾丰云印刷科技有限公司
规　　格	787 毫米×1092 毫米　1/16
	39.5 印张　748 千字
版　　次	2024 年 10 月第 1 版
印　　次	2024 年 10 月第 1 次印刷
定　　价	125.00 元

版权所有 侵权必究

《企业管理实践 2024》
编委会

主　编：山东省企业联合会

副主编：周　磊　张　祥　姜　颖

编　委（排名不分先后）：

石志祥　于汉启　李　刚　刘小宝　赵　勇
徐雪峰　滕　杰　王　雯　李　冬　史大卫
孙　超　陆　明　纪　磊　张名磊　王　楠
刘　昆　张希才　谭国春　武玉华　徐洪祥
李洪强　王克成　丛志鹏　孔　帅　王宏德
孙洪波　张　磊　周　亮　傅培恩　贺东旭
孙朝华　杨文思　程　超　刘佳佟　张春雨
刘　杰　盖海峰　朱艳红　马　宁　王　振
刘双喜　张　敏　孙小明　包强明　徐　鼎
刘洪涛　李景贵　杨　庆　马全云　冀　博
傅浩良　赵明宇　王　烨　邢　瑞　王梓安
卢红博　徐　堃　于韶锐　姜明荣　李　琳

前　言

为深入学习贯彻习近平新时代中国特色社会主义思想，全面贯彻落实党的二十届三中全会精神，深入实施国家“十四五”规划，按照《中共中央、国务院关于营造企业家健康成长环境　弘扬优秀企业家精神　更好发挥企业家作用的意见》《关于加快建设世界一流企业的指导意见》等文件部署，山东省企业联合会在中国企业联合会、山东省工业和信息化厅、山东省人民政府国有资产监督管理委员会等部门指导下，总结推广全省乃至全国有重大影响的管理创新成果，引导企业切实加强管理创新，深入推进企业管理体系和管理能力现代化建设，有力促进了企业管理水平提高，为推动经济平稳健康发展做出了积极贡献。

今年，为继续推广企业管理创新的最新成果经验，山东省企业联合会主持编写了《企业管理实践2024》。本书汇集了近两年企业管理现代化创新的优秀成果，体现了当前企业在生产运营与基础管理、战略实施与精益管理、财务管理与风险管控、文化建设与人才管理、数字化转型与大数据应用等方面的最新实践。这些成果源于企业实践，可操作性和可复制性强，是广大企业经营管理人员了解学习其他企业管理创新成功经验、推动企业高质量快速健康发展的重要参考。

本书的出版，要感谢广大企业和企业家的积极申报和分享，感谢各级部门对推动企业管理创新的大力支持。同时，我们也期待更多的企业和企业家在企业管理现代化创新成果交流平台上碰撞思想、沟通经验、分享成果，为发展新质生产力、推动企业高质量发展再立新功。

山东省企业联合会

2024年10月

目　　录

生产运营与基础管理篇

战略实施与精益管理篇

财务管理与风险管控篇

文化建设与人才管理篇

数字化转型与大数据应用篇

生产运营与基础管理篇

以最大限度地实现国有资产保值增值为目标的省级行政事业性资产盘活运营管理

山东省财欣行政事业资产管理有限公司

摘要：行政事业性国有资产是党和国家事业发展的物质基础和重要保障。近年来，行政事业性国有资产规模不断壮大，管理水平不断提高，但还存在部分资产统筹不够、使用效益不高等现象。为落实政府过紧日子的要求、有效盘活行政事业性国有资产、促进经济社会进步，山东省财欣行政事业资产管理有限公司按照省委、省政府决策部署，聚焦、聚力行政事业性资产接收、管理、运营，不断探索资产盘活运营路径和新型商业模式构建，累计实现行政事业性资产运营收入 1.87 亿元，2022 年度行政事业性资产运营收入比资产在原划转单位管理时的收入（按年度口径计算）增长 98%。

山东省财欣行政事业资产管理有限公司（以下简称“财欣资产公司”）位于山东省济南市，注册资本 10 亿元，功能定位为省级行政事业性资产统筹盘活的运营平台。

财欣资产公司承担着国有资产保值增值的职责，负责运营管理纳入公司的省级行政事业性国有资产，打造行政事业性国有资产盘活的山东样板；受托实施省级行政事业单位土地房产、重大设施设备的建设、购置、经营和处置；受托管理省级政府公物仓。成立以来，财欣资产公司与 69 个厅局单位签订移交协议，接收、管理近 4000 处行政事业性资产，资产分布在 6 个省 15 个市，主要包括土地 36 宗，面积合计 971.1 亩；办公房产 318 处，面积合计 40.85 万平方米；公有住房 3610 套。财欣资产公司总体目标是：以打造国内一流的资产管理运营企业、最大限度地实现国有资产保值增值为目标，充分发挥资产公司兼有政策性和市场性的独有优势，紧盯政策与市场的结合，紧抓增量资本与存量资产的结合，实现资产优化升级、国有资产保值增值，探索形成集接收、梳理、管理、运营、处置等于一体的全产业链服务体系，实现企业安全、健康、绿色、可持续发展。

一、以最大限度地实现国有资产保值增值为目标的省级行政事业性资产盘活运营管理的实施背景

(一)历史背景

行政事业性国有资产是党和国家事业发展的物质基础和重要保障。近年来,行政事业性国有资产规模不断壮大,管理水平不断提高,但还存在部分资产统筹不够、使用效益不高等现象。党的十九届五中全会提出“加强财政资源统筹”,其中一个重要内容就是加强国有资产统筹。以往省级行政事业资产的安全管理工作主要由各厅局的服务中心负责,但随着各单位服务中心的改制撤销,很多国有资产缺乏管理维护,导致不少设备资源闲置,部分房产处于危旧状态,这些国有资产渐渐形同枯木,陷入僵局。应运而生的财欣资产公司,深入贯彻中央改革部署和山东省委、省政府创新发展战略,坚决扛起统筹盘活省级行政事业性资产的重担,全力推进行政事业性资产盘活。

(二)政策背景

在行政事业性国有资产统筹盘活运营领域,山东走在全国前列。近年来,山东坚决贯彻党中央、国务院关于财政资源统筹的部署要求,深入推进行政事业性国有资产管理改革,加强集中管理和统一调度,多措并举挖潜盘活,配置使用效益显著提升。特别值得一提的是顶层设计得到加强,山东省委、省政府将行政事业性国有资产管理改革列入“九大攻坚行动”,明确方向高位推动,科学谋划改革路径,既立足当前,引入市场化手段和方法,主动开源提高效益,有效解决资产底数不清、效益不高等现实问题;又着眼长远,理顺管理体制,提高治理能力和水平,更好地保障运转履职和促进公共事业发展。

为落实政府过紧日子要求,有效盘活行政事业单位国有资产,为经济社会发展提供更加坚实的物质基础,山东省财政厅、山东省机关事务管理局联合下发《关于开展省级行政事业性国有资产移交工作的通知》(鲁财资〔2020〕44 号),要求做好行政事业资产划转、接收工作。2022 年,财政部下发《关于盘活行政事业单位国有资产的指导意见》(财资〔2022〕124 号),要求按照统筹资源、全面覆盖、因地制宜、激励约束的原则,加快推进行政事业单位各类国有资产盘活利用。2023 年,山东省财政厅印发《关于深化行政事业性国有资产统筹盘活改革的实施意见》(鲁财资〔2023〕1 号),要求通过“五个聚力”深入推进行政事业性国有资产统筹盘活。上述文件的制定和下发,为做好资产盘活运营提供了强大的政策支撑。按照

山东省委、省政府工作部署，财欣资产公司聚焦主责主业，夯实管理基础，持续做好资产接收运营工作，妥善处理历史遗留问题，推动行政事业性资产盘活运营。

（三）主要困难

1.资产接收障碍重重

部分划转资产存在原划转单位“以租代售”，涉及法律纠纷、产权争议等历史遗留问题，接收受阻。待接收的公有住房中，大部分房产存在被原划转单位占用为集体宿舍或分配给职工使用，部分房产存在外单位人员占用、房改遗留、属于无运营价值危房等问题，清理腾退和市场化租赁难度很大。

2.市场化运营任重道远

一是所接收的土地情况复杂多样，开发利用价值不大。划转土地大多为划拨地，性质多样，大部分为行政事业用地、耕地、监教场所用地，变性困难，且大多地理位置偏僻，半数以上土地位于农村，地上建筑物为临建或违建，经营开发经济价值不大。二是办公房产中整体划转房产较少，因长期闲置，老化、年久失修现象普遍。接收的办公房产插花资产占比高，与原单位家属区共用设施情况普遍，物业分割、管理协调、盘活运营难度大。相当比例房产存在建筑质量安全隐患，有些房产属于年久失修或违章建筑房产，有的已被界定为危房，配套设施老化。部分已接收办公房产位置偏远，房屋严重破损，无维修运营价值。三是划转的公有住房租赁和占用状态比例过大，清理腾退和市场化运营难度很大。划转前73%以上住房处于低价租赁和占用状态，清理腾退和市场化运营难度较大。空置住宅中，70%以上存在房产老旧、管线老化等问题，不具备直接运营条件。部分公有住房涉及房改遗留、无房老职工占用、以租代售等问题，因涉及历史遗留问题，进行住房清理和租金调整难度较大。

3.产权变更及作价出资路径尚未打通

一是权证不全。接收的资产中，半数划转的土地没有土地使用证，46%的办公房产无产权证，近半数的公有住房无产权证，超过70%的办公房产存在资料缺失等问题，导致难以办理产权变更。二是部分资产房地未一体划转。按照相关规定，产权变更需要房地一体办理。目前，划转文件中划房不划地、划地不划房的现象较为普遍，插花资产占比较高，80%以上的资产需要与相关单位、属地协商解决房产坐落、土地分割等历史遗留问题。三是产权变更环节需要承担高额税费。资产作价出资及产权变更需要按照市场价进行资产评估，大部分资产划转时账面价值较低，在产权变更环节中，资产评估价相比原账面价值大幅上涨，导致划转单位和公司面临高额税费。据了解，资产进行产权变更需要缴纳的税费占资产价值的

50%左右。同时，在产权变更环节，土地增值税、契税等主要税费需要原划转单位缴纳，而原划转单位无相关经费预算。

二、以最大限度地实现国有资产保值增值为目标的省级行政事业性资产盘活运营管理的主要做法

（一）攻坚克难，全面完成资产接收工作

财欣资产公司统筹推进资产接收及资产安全管理工作。一是移交过程中面对诸多房屋老化、产权不清、占用腾退困难等问题，财欣资产公司会同资产原划转单位妥善处理，逐产调研房屋现状，梳理租赁关系，厘清占用情况，协同做好资产腾退、租赁变更等各项工作，确保接得住、接得稳、接得好。二是建立房产安全管理体系，深入分析和研判接收的土地、办公房产、公有住房等三类资产存在的安全隐患，有针对性地建立安全配套管理制度体系和工作机制。

（二）多措并举，全力推进资产盘活运营

财欣资产公司根据接收资产类别、状态和价值的不同，按照“宜租赁则租赁，宜置换则置换，宜处置则处置，宜开发则开发”的工作思路，分类施策，努力实现资产运营收益和社会效益最大化。通过广泛市场调研，分类制定盘活方案，实行问题大梳理、难题大排查，着力打通市场运营中的堵点、淤点、难点，成功招租运营老旧偏远资产，推动实现行政事业资产保值增值。

特别是公有住房，情况更是复杂难解。房改政策结束后，省直单位剩余公有住房管理、使用和维护一直是各单位关注的重点和难点问题。财欣资产公司紧扣改革精神，把公有住房接收、运营作为一项政治任务深入推进，坚持实事求是，积极化解住房遗留问题，理顺资产使用管理关系。对于处于租赁状态的住房，根据市场化原则，会同原划转单位全力推动市场化租赁变更。对于有遗留问题和占用状态的房产，采取成熟一套接收一套的方式，会同原划转单位妥善解决遗留问题与管理运营之间的矛盾。对于空置住房，财欣资产公司创新盘活路径，梳理空置房产清单，走访对接意向客户，了解市场及客户需求，完成了首批90套空置住宅打包租赁，实现了公有住房运营新突破。

（三）创新推动，打造山东行政事业性资产盘活样板

财欣资产公司坚持以打造国内一流的资产管理运营企业、打造行政事业性资产改革运营的齐鲁样板为目标，充分发挥资产公司兼有政策性和市场性的独有优

势，紧盯政策与市场的结合，紧抓增量资本与存量资产的结合，不断推动资产优化升级、国有资产保值增值。自成立以来，面对接收的资产年久失修、产权不清、清理腾退及市场化运营难等问题，财欣资产公司瞄准“老旧资产晒太阳”的尴尬现状，分类梳理各类资产，重点打通不良资产的处置路径。对于相对“老旧”的中性或不良资产，以“打包”方式搭配存量项目，吸引社会资本参与。同时，借助属地力量和资源，将零散、偏远资产进行置换、处置和归集，做好资产的优化整合，将国有资本聚集于优质资产中，实现资产优化升级。

一是完成资产置换。公司接收的山东省武术院房产位于济南市解放东路81号，建筑面积6279.08平方米。该资产所处区域被济南市政府列入济南市中央商务区，纳入拆迁征收范围。经调查分析，该资产位于城市核心地段，地理位置优越，未来升值空间较大。结合上述情况，经与济南市历下区有关部门对接，财欣资产公司选择采取资产置换方式进行补偿，历下区政府将旭辉银盛泰中心C座底商资产置换为我公司资产，实现了资产的“以旧换新”，有效提升了资产质量。同时，通过资产置换变更了资产产权人，为公司后续发行债券、资产证券化等投融资运作提供了资产及现金流保障。

二是推动资产优化整合。为对资产进行优化升级，剥离部分低效资产，财欣资产公司综合考虑管理成本、市场环境等因素，对接收的位于福州市的部分住宅房产，采用公开挂牌出售方式进行处置，实现了小成本产权变更，同时避免了国有资产流失，为后续资产运营创造了有利条件。

三是打造亮点示范项目。推动济南市千佛山西路10号施工改造项目，打造“公物仓＋共享办公、产品展示＋信息化调剂”新功能模式。稳步推进广州市山东大厦、济南市堤口路危楼开发项目，与专业机构共同探索开发路径、政策，拟定初步开发方案。

四是打通外地房产管理运营路径。综合考虑外地房产由于距离和管理幅度的原因，安全隐患大、管理成本高、管理难度和责任成倍数增加。财欣资产公司通过委托管理、设置办事处和子公司等方式有效解决房产管理和运营的问题，不断拓宽公司在国内、省内一线城市资产管理业务范围，打造珠三角经济圈内齐鲁文化展示窗口，创建行政事业性资产管理品牌。

五是创新投融资模式，推进资产证券化。财政部发布的《关于盘活行政事业单位国有资产的指导意见》(财资〔2022〕124号)明确提出，可通过自用、共享、调剂、出租、处置等多种方式盘活运营行政事业性资产，提升资产盘活利用效率。财欣资产公司持续创新投融资模式，不断拓宽投融资渠道，与招商证券、中联证券、中化资本等头部券商、基金公司对接，寻找合作契机；与淄博城运集团、济南历下控股对接，探索解决底层资产设计问题。

（四）完善机制，不断提高资产管理效能

1.加强制度建设

充分考虑社会经济发展及房产市场需求，结合工作实际，财欣资产公司对现有的制度进行全新梳理，对制度的依据进行全新研究，走访调研济南历下控股集团有限公司、山东产权交易中心、万科商业管理有限公司等国有企业，调阅山东省人民政府国有资产监督管理委员会发布的《关于加强省管企业实物资产和无形资产处置管理的通知》、济南市国资委印发的《济南市市属国有企业实物资产出租管理办法》等文件资料，根据工作实际，从党的建设、公司运营、业务管理等方面累计制定 60 余项制度，配套制定相关工作指引和工作实施细则，严格规范资产出租运营流程，不断完善公司治理体系，为资产运营和行政资产公司发展提供了有效的制度支撑，推动了公司市场化经营高质量发展。目前，资产出租业务已经初步建立起第三方评估租金或房产价值、公开市场交易、多部门联动监督的资产运营工作体系。

2.加强房产安全管理

财欣资产公司所接收的行政事业性资产以老旧房产为主，分布较为零散，部分因为房龄较长或者年久老化严重，房产安全管理压力较大。为做好房产安全管理工作，一是建立安全管理制度体系，配套建立安全管理工作机制和应急突发事件处理预案，夯实安全管理的制度和工作基础。二是明确各部门安全管理职责和专责人员，将安全责任落实到岗到人。三是根据房产状态，分类施策。对于租赁状态房产，财欣资产公司与承租方签署房屋安全管理责任书，明确承租人的安全管理责任，适时开展安全抽检和专项检查；对于空置房屋，财欣资产公司在交接完成时及时遴选物业机构进行临时看管，将安全责任压实。四是借助专业团队力量，不断提升安全管理水平。对于房产相对集中的地区，通过采购第三方安全巡查服务，对所接收房产定期进行安全巡查，发现隐患及时解决。

3.加强法律风险防范和管控

在资产接收运营过程中，面临着原划转单位历史遗留问题多、部分租户租金欠缴、投诉等大量问题。为进一步解决相关问题，财欣资产公司立足法律手段解决，制定配套工作指引，加强员工法律知识培训，提升员工合规意识。同时，积极借助法律顾问和律师团队力量，对具体问题深入研判，不断强化风险管控。

4.持续加强资产公司治理能力建设和核心竞争力培育

一是坚持文化引领，打造建立财欣资产公司企业文化体系。二是加强公司法人治理，打造高素质员工队伍。三是加强政策性与市场性相结合、原则性与创新性相结合，用好用足政策红利，打造财欣资产公司在资产运营领域的独有核心竞争力。四是建立科学、完善的绩效考核机制，发挥好考核的指挥棒和风向标的关键作用。五是不断优化、规范资产运营业务流程，有效提升企业的市场竞争力。

（五）以点带面，不断推动产权变更工作

目前，划转资产超半数无产权证或资料遗失，部分资产房地未一体划转、插花资产较多，以及高额税费缴纳无预算及政策支持等问题制约了产权变更工作的推进。财欣资产公司多次与省财政厅、省税务局等部门召开座谈会，梳理目前产权变革政策、税费缴纳依据、制作明白纸，积极寻求相关政府职能部门政策及容缺办理支持。同时，选定采购产权调查服务专业机构，对产权变更试点清单上的对象分批进行产权调查，落实房产土地登记情况和使用性质，形成房源数据台账，为相关房产确权登记手续提出专业意见。

（六）履行责任，充分体现国企担当

针对划转资产遗留问题众多的状况，财欣资产公司主动作为，会同原划转单位厘清有关权属争议、权证和档案资料缺失、水电暖等物业费用分割、房产使用与管理限制、插花资产管理责任分割等大量历史遗留问题。一是妥善处理历史遗留问题。成立以来，公司累计处理资产历史遗留问题、信访投诉 5000 余件。二是坚持市场效益和住房保障相结合。为省直干部职工提供租房便利，先后为省公安厅、省人民法院、省委党校、省监狱管理局等单位 286 名职工提供租房服务。三是坚决贯彻落实国家政策，积极推动租金减免工作。疫情期间，为小微企业纾困解难，对符合条件的 56 家服务业小微企业和个体工商户累计减免房屋租金 1200 余万元。

三、以最大限度地实现国有资产保值增值为目标的省级行政事业性资产盘活运营管理的实施效果

财欣资产公司充分发挥兼有政策性和市场性的独特优势，坚持打造国内一流的资产管理运营企业、打造行政事业性资产改革运营的齐鲁样板，坚持紧盯政策与市场的结合，紧抓增量资本与存量资产的结合，逐步在资产优化升级、国有资产保值增值方面，探索形成集接收、梳理、管理、运营、处置等于一体的全产业链服务体系，推动了企业安全、健康、绿色、可持续发展。

（一）管理水平全面提升

财欣资产公司坚持把完善制度机制摆在突出位置，进一步优化管理流程，提升经营管理效能。一是加快健全公司法人治理结构。按照国企改革部署要求，深入开展对标一流企业法人治理提升行动，进一步规范党组织、董事会、经理层的权责，构建各司其职、各负其责、协调运转、有效制衡的现代化国有企业法人治理结构。二是建立健全高效、科学运转的工作体系。财欣资产公司不断优化业务工作流程，系统梳理了房产经营、维护修缮、安全管理、客户服务、内部考核等业务流程，逐步形成规范、有序、高效的工作体系，进一步为构建现代化商业模式提供有力机制保障。三是逐步完善信息化建设。不断强化数字赋能，积极推进公司数字化转型，重点围绕资产管理、信息推广、内部控制等，搭建财欣资产公司招商运营平台、综合管理运营平台等管理平台，建立资产数字化档案，按照“一资产一档案”的方式，摸清摸透资产底数，实现制度化、流程化、信息化管理。

（二）经济效益全面提高

财欣资产公司聚焦聚力于办公房产和土地资产盘活，不断提升公司经济效益。盘活接收前为闲置状态的办公房产 99 处，面积达 12.4 万平方米，闲置办公房产面积盘活运营率达 75％。其中部分资产已闲置 15 年以上，如济南市市中区南红庙地块、青岛市城阳区棘洪滩房产等；部分资产房屋老旧、无配套设施，如济南市朝山街、佛山苑房产等。截至 2023 年，盘活运营办公房产共计 161 处，面积合计 25.3 万平方米，占已接收房产面积的 85％。

公有住房方面，财欣资产公司积极贯彻落实山东省委、省政府关于省级行政事业性国有资产改革部署，统筹谋划，狠抓公有住房接收、运营、管理和维护工作落实，共完成接收公有住房 1100 套，实现年合同金额 1130 余万元，接收运营实现“双过千”，有力推动了公有住房的盘活运营，同时，发挥存量住房资产优势，成功将首批 1031 套房源纳入“中央财政支持住房租赁市场发展试点”，探索出公有住房管理改革的新路径。

截至 2023 年，财欣资产公司累计实现行政事业性资产运营收入 1.87 亿元，2022 年度行政事业性资产运营收入比资产在原划转单位管理时（按年度口径计算）增长 98％。

（三）新型商业管理模式逐步建成

财欣资产公司联动政策和市场，初步探索打造上游资产证券化、中游资产盘活开发、下游物业管理全产业链运营模式，深度践行财欣资产公司作为省级行政事业性国有资产统筹盘活运营平台的价值。公司通过精细化管理、信息化赋能、优势产业植入等方式深度挖掘存量资产，指导资产全流程开发建设及运营管理，配合国家战略和当地政策，发展相关产业，推动资产提质增效；最终以打造优质项目为目标，以合规性运营为基础，为发行 CMBS 和 REITs 实施资产证券化提供良好的底层资产，形成财欣资产公司的重要利润中心，实现资产价值链闭环运营。

（四）行业互联不断强化

为下好全省国有资产运营“一盘棋”，财欣资产公司受集团公司委托正在主导成立国有资产运营协会，联合市级国有资产管理公司，凝聚行业力量，整合相关资源，积极建立政府、金融机构等相关机构工作联盟，争取政策、金融支持；不断规范市场行为，不断提高企业抵御市场风险的能力。同时，利用市级公司在商业地产开发、资产变性、产权置换等方面的优势和资源，实现优势互补和资源共享，有效推动省级行政事业性资产盘活运营。特别在济南地区，公司紧密结合济南市历下区金融中心、商业中心、文化中心的功能定位，与地方政府合作打造了一批孵化器、加速器和特色街区、楼宇等，有效推动了行政事业性国有资产价值与地方经济社会发展的协同提升。

（五）社会效益不断增强

成立以来，财欣资产公司聚焦主业、夯基垒台，积厚成势，崭露头角。盘活资产成效显著，一大批沉寂多年的闲置老旧资产旧貌换新颜：曾经荒芜 8 年的废弃楼宇变成了窗明几净的活力校园，曾经破败不堪的临街门脸变成了整洁便民的口腔医院，曾经满是灰尘的老旧房舍变成了想洁明快、深受追捧的城中民宿。在运营过程中，财欣资产公司全力推动解决老旧住房修缮等涉及群众利益的实际问题，妥善处理信访及投诉事件，就政策制度变化问题向老百姓耐心解释，疏导民众情绪，以暖心行动真正为群众办实事、解难题；坚持市场效益和民生保障相结合，为省直干部职工提供租房便利，先后为省公安厅、省人民法院、省委党校、省监狱管理局等单位 286 名职工提供租房服务，实现了社会效益与经济效益的双丰收。

成果创造人员：李　晓　刘　杰　王从国　李亚群　盛婧轩

软件科技公司技术与产品创新体系的构建

浪潮软件股份有限公司

摘要：浪潮软件股份有限公司已经度过了软件企业初创期与相对高速发展的“成长期”，已具备一定的市场占有率与知名度，且销售规模已达到较高水平。但随着公司规模进一步扩张，产品销售增长速度放缓、利润增长幅度减慢，因此需要重塑软件技术和产品创新体系，突破浪潮软件进一步发展的瓶颈。

浪潮软件股份有限公司（以下简称“浪潮软件”或“公司”）通过组织创新，建立平台技术研发部，与事业部、区域交付中心为稳固底角，与前台形成“三棱锥体”型支撑配合结构，全力支持市场单位。同时，公司通过服务模式创新，打造产品规划G端（政府）、B端（企业）、C端（用户）融合的三角模型，创新经营模式；提出GBK（政府核心业务模型）理论体系进行业务、数据梳理；制定软件设计标准规范，提升产品管控能力；突破低代码开发、大数据处理、即时通讯、二三维可视化等七大技术，打造六大平台提供共性能力支持；创新提出“三维协同”模式，实现前后台资源协同，解决了项目销售过程中前后台协同手段分散单一、市场应对不及时、协同效率低下、费时费力等问题。

浪潮软件产品创新体系的构建在知识产权、经济效益、社会效益等方面带来巨大成效，有力支撑了公司业务发展。

一、企业简介

浪潮软件股票代码600756（沪市挂牌上市），产权权属清晰，全部资产由包括国家在内的多个出资者投资形成，企业性质为国有控股上市公司，实际控制人为山东省国资委。浪潮软件定位于数字政府全面解决方案头部企业、教育行业解决方案优秀服务商、商业流通企业数字化转型提供商和新商业基础设施服务商，业务涵盖数字政府、监管与民生、教育等领域。

浪潮软件政府数字化转型业务全国引领，位居中国数字政府IT解决方案市场份额及增速双第一（IDC，《中国数字政府应用IT解决方案市场份额》，2022），蝉联中国市场监管行业解决方案市场份额第一位（IDC，《中国数字政府应用IT解决方案市场份额》，2022）；智慧教育业务稳步发展，在丰富完善杏坛系列产品的同时，拓展教育培训新业务，运营浪潮杏坛科普教育基地，成功入选第十二批国家级专业技术人员继续教育基地名单。

浪潮软件是国家规划布局内重点软件企业、国家软件名企、山东省软件行业领军企业、山东省优秀软件企业、中国软件行业协会副理事长单位，中国电子政务理事会副理事长单位，入选山东省软件和信息技术服务业综合竞争力百强企业。

二、软件科技类公司技术与产品创新体系的构建实施背景

（一）软件产业增速放缓

最近二十多年，中国软件产业在经历了萌芽与低谷、摸索与转型后，逐步进入了快速发展时期。特别是最近十多年，随着我国软件和信息技术服务业不断加强创新和研发设计能力，软件业务收入稳步增长，行业收入持续上涨，整体呈现出了良好的发展态势。但近几年整个软件产业的增速开始放缓，同时外部环境日趋紧张，更对中国软件企业的业务连续性和成长性提出了更高的要求。

1.缺乏共性技术开发

传统的软件开发、交付模式承受巨大的压力，难以实现用户需求快速响应和项目交付。同时随着项目的增多，不同项目间缺乏共性模块的复用，重复开发现象、人力资源浪费现象日趋严重，成果的标准化与复用即软件平台化转型势在必行。

2.技术发展方向不明确

市场上IOT、区块链、元宇宙、大模型等创新技术层出不穷，浪潮软件无法将每一项技术都自行研发、掌握，因此为保证企业能够健康发展，需选择几项技术共同发展，且技术之间能够互相配合、优势互补，发挥1+1＞2的效果。但如何制定技术发展战略、打造能够为业务持续发展提供动能的技术平台，如何制定自身的技术发展方向成为浪潮软件技术发展的难题。

3.高端人才缺失

软件产业的竞争优势依赖于新知识的连续生产和适应快速变化环境的能力，

软件产业人才开发是保证这些能力的关键。但当前创新型、复合型、实用型的高级软件人才缺失，阻碍了软件企业做大做强，软件人才的结构性失衡矛盾日益突出。

4.技术创新亟待加强

软件行业已由传统的依靠资源、资本和劳动力为主导的传统发展模式转化为依靠科技知识和人才为主导的创新发展模式，技术、知识等无形要素在企业发展中的作用日渐凸显并逐步趋强。软件企业必须提高技术创新能力，形成自己的核心竞争力才能在市场竞争中赢得主动。

（二）服务对象需求变化

面对数字强国的整体国家战略和“十四五”数字政府建设要求，政府、企业加快数字化转型的步伐，政企数字化转型需求也在发生变化。浪潮软件基于多年服务政企信息化经验，洞察到政企数字化转型需求具有以下发展趋势：一是从 2B 到 2C。随着移动互联网的到来，政企的服务对象没变，但是服务手段、服务时间和地点发生了根本性改变，开始全面拥抱和服务民众用户。以疫情为例，核酸检测是政府的管理和服务行为，但服务地点已经不再局限于大厅、柜台，服务终端也不再是窗口客户端，而是每一个小区、每一个公共场所，通过手机就可以完成一次核酸检测。二是全面互联。随着公共卫生、自然灾害、事故灾难等政府监管能力的全面加强，围绕人和物的全面监管以及互联互通已成为基本需求；传统互联网以“人”为连接对象的关系网已经见顶，Meta 已经连接了 20 亿人，全球互联网的基本趋势就是物联，未来政府的监管设备（比如摄像头、烟感器、井盖等）也会被充分连接起来。三是数据驱动、智能化。基于数据的应用创新，人工智能技术在过去几年的政府数字化转型中发挥了关键作用，随着大模型技术的发展，数据＋智能将成为政府业务创新的主要驱动力。

软件公司产品、技术服务需要满足政企用户多维度、立体化的 IT 能力、组织能力等需求。具体来说，一是提高客户体验能力，不仅能够实时感知客户需求并能快速反应，更能够满足不同用户间的个性化需求。二是提升智慧运营能力，实现精细化管理、智能决策、绿色运营等。三是提高产品创新能力，实现数字化研发设计、预测性维护、产品服务化、数字化新业务。四是增强组织应变能力，实现敏捷组织、人机协同等。五是提高生态协同能力，实现产品协同研发、跨界合作，打造产业互联网平台。六是提升数据治理能力，实现数据集成、数据处理、数据整合、数据服务、数据安全等全生命周期管理，为业务应用提供数据支撑。

（三）产品服务向平台化服务转变

软件行业当今的发展具有以下趋势。一是开源化。技术创新上呈现开源、协作的趋势，极大缩短了从原始创新到产品转化的生命周期。二是智能化。智能驱动成为主基调，基于海量数据处理、智能算法等的软件类平台持续突破创新，行业智能软件也在加速普及，智能驱动成为主基调。三是生态化。单一竞争转向产业链生态竞争，主流厂商围绕着软件平台来构建生态竞争力。四是融合化。软件深度融入产品、业务流程、各个行业之中，能够定义一切，软件平台类企业与传统制造业相比，扮演重要角色，如“软件定义汽车”。五是平台化。平台持续汇聚行业共性服务、模型和算法，提升开发服务效率，聚集行业创新力量，提升资源配置、产业分工、价值创造的协同水平，软件平台是软件定义的基石，是软件赋能、赋值、赋智的加速器。平台化是软件发展的核心，因此，软件公司应通过组织、业务、技术变革和管理构建平台化的产品技术服务体系，实现产品服务向平台化服务转变。

三、软件科技类公司技术与产品创新体系的构建主要做法

浪潮软件围绕大数据、数字孪生、低代码等技术，打造一体化的产品技术创新体系，赋能应用创新，实现应用“五化”，即敏捷化、移动化、数据化、智能化、物联化。

（一）组织结构创新

浪潮软件组织结构变革分为三个阶段：成立初期时，产品不成体系，因此成立不同行业事业部，依靠项目攻关来开拓市场，但因人员、技术等限制，无法快速搜集、响应市场需求，同时项目交付与产品规划之间的矛盾凸显。在成长期，浪潮软件建立区域交付中心负责需求分析、营销支持、项目交付及提供运维服务，各事业部开始专注于行业产品规划与研发，但随着市场的拓展、项目的增加，重复开发现象、人力资源浪费现象日趋严重，难以实现项目需求的快速响应与交付。随着企业进入成熟期，为提升产品研发、项目交付效率，浪潮软件组建平台技术研发部，抽象提炼出共用技术工具，与事业部和区域交付中心联合形成互为支撑的稳定支撑底座，与市场单位形成“三棱锥体”型支撑配合结构（见图1），努力实现软件“四化”能力（软件设计模型化、开发武器系列化、需求服务贴身化、研发力量弹性化），形成合力，共拓市场。

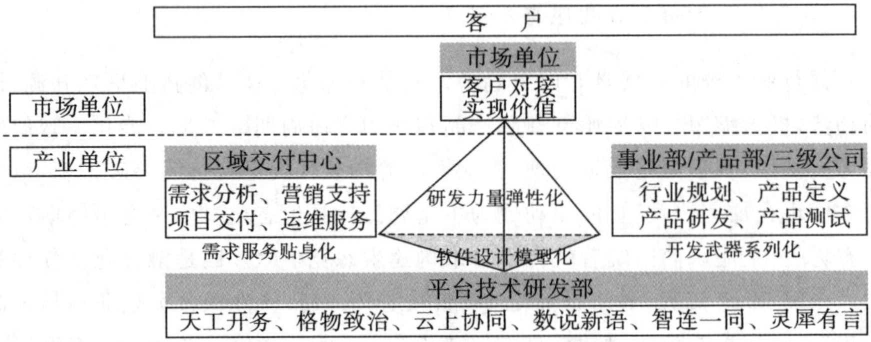

图 1 “三棱锥体”组织模型

平台技术研发部通过打造“天工开务”低代码开发平台、“格物致治”一体化大数据平台、“云上协同”协同工作平台、“数说新语”数字孪生平台、“智连一同”物联感知平台、“灵犀有言”人工智能平台六大关键平台，有效地促进了共性技术与平台的复用，一方面使事业部专注于行业产品的规划和研发，提高研发效率；另一方面支持区域交付中心快速进行项目交付，缩短交付周期、降低交付成本。

（二）服务模式创新

浪潮软件项目多来源于区域政府、行业政府，但从市场发展趋势来看，政府为主导的大投资类 IT 项目逐渐减少，因此以往的“紧盯政府财政预算”服务模式将不再适用，因此浪潮软件积极转变服务模式，由项目转向运营，以政府项目作为驱动，从被服务的对象收取费用，实现 To G（政府）、To B（企业）及 To C（用户）的融合创新，保证企业的可持续发展。

浪潮软件创新归纳 G 端（政府）、B 端（企业）、C 端（用户）融合的行业产品规划三角模型，其中政府端负责政策制定、监管和引流，企业端在政府监管下提供各种服务，用户端是企业服务的对象。以智慧旅游业务场景为例，政府侧包括景区管委会、工商局等多个政府部门，通过政策引导和财政支持，推动项目建设落地，同时对旅游服务进行管理监督。企业侧集聚旅游中介企业、娱乐企业、餐饮企业、交通企业等服务提供方，打造智慧旅游平台，为游客及第三方个人等用户提供出行、景点参观、资源预订等服务。平台一方面能够获得一定的政府财政资金支持，另一方面能够通过用户购买服务盈利。

运用 GBC 三角模型，能够有效汇集技术资源、政府资源、数据信息资源，集聚生态伙伴资源，打造平台产品，服务最终用户，创新经营模式（见图 2）。

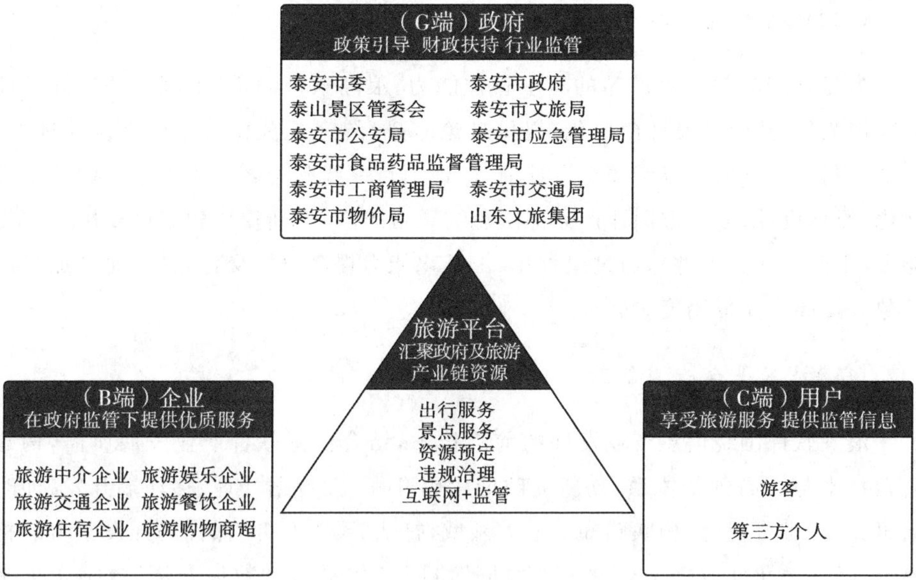

图 2　GBC 三角模型（智慧旅游场景）

（三）方案创新

浪潮软件创新提出 GBK（政府核心业务模型）理论体系，以业务服务对象为核心建立事项目录业务模型，重点建立“政策文件—管理部门—服务对象—管理行为　行政权力”之间的关联关系。GBK（政府核心业务模型）理论体系以业务对象为核心单元，将分散在各部门的业务对象进行汇聚、管理、展示并提供服务。

业务对象稳定且容易明确，因此依据 GBK（政府核心业务模型）理论体系梳理对象数据时，不受信息化系统建设的水平差异影响，同时打破管理机构限制，快速定位数据来源，并进行横向区域间、纵向跨层级的相关数据的关联、合并、拆分，从整体角度看到数据全貌。同时，基于 GBK（政府核心业务模型）理论体系梳理的业务事项及数据目录可在其他地域项目上进行复用。

GBK（政府核心业务模型）理论体系创新实现了基于业务对象的数据资源构建和分层服务模型，以人口、法人、空间地理等为基础，图形化、向导式、智能化地集成整合各类业务对象数据、主题场景数据和专题服务数据，构建以基础库、对象库、专题库、主题库为主要内容的数据资源管理和服务体系，为支撑数据的共享利用和挖掘分析提供有力的支撑。

（四）软件设计标准规范

为提升产品部门对产品的集中管控能力，浪潮软件制定《浪潮软件软件设计标准规范》，为“软件设计模型化”提供理论基础，统一规范化公司软件设计标准。标准的制定一方面可以将原型设计前置，让项目一线基于客户需求进行业务流程优化、原型设计，另一方面让产品部门总结项目需求，不断提炼积累可复用组件化能力（主要是业务组件），通过组件化、工具化能力提高研发交付效率，通过加强产品包装提高产品复用度。

（五）技术平台能力创新

浪潮软件围绕信息产业发展的前沿技术，结合浪潮软件产业发展所需，构建公司技术与产品创新体系，创新突破低代码开发、大数据处理、移动端开发、即时通讯、二三维可视化、物联感知等七大领域，打造“天工开务”低代码开发平台、“格物致治”一体化大数据平台、“云上协同”协同工作平台、“数说新语”数字孪生平台、“智连一同”物联感知平台、“灵犀有言”人工智能平台六大关键平台，支撑一网通办、一网统管、非现场监管、智慧商务等多个行业应用。

1.“天工开务”低代码开发平台

“天工开务”低代码开发平台是基于浪潮在区域政府、行业政府、快消品等领域 20 余年政企全业务电子化的技术沉淀和应用经验，依托浪潮云原生环境，创新研发的面向政企垂直领域的低代码开发平台，满足政企类常规业务快速定制，实现电子化、数据化和智能化。“天工开务”可广泛应用在互联网＋政务、智慧城市、基层治理、烟草、酒及各类政企单位数字化转型场景。“天工开务”创新研发了全栈动态建模、多屏合一、智能流程分发调度、规则引擎、组件工厂等新技术，突破传统开发面向数据库建模的局限，实现应用表单“一次设计”，页面、数据库表、数据接口全部“自动生成”并支持“所见即所得”的动态调整。另外“天工开务”采用容器、微服务、服务网关、分布式存储及分布式调度等云原生技术，满足高性能、高可靠、高频迭代及高安全性的一体化业务应用发布运行与管理的需求。

2.“格物致治”一体化大数据平台

“格物致治”一体化大数据平台是基于浪潮在区域政府、行业政府、烟草、酒、教育、医疗等政企领域 20 余年实践经验和技术积累，面向政企单位创新研发的包含数据集成、整合、管理、服务、安全等于一体的全生命周期大数据治理平台。平台突破跨域多源异构数据库统一适配（DBAPI）、湖仓一体分布式多任务数据处理与调度、全链路智能数据网关、海量实时数据处理（NiFi CDC）等技术，提供强大的数据治理能力，能够从整体上简化开发过程、缩短数据治理周期、降低数据治理成本，适用于政府、企业等各类数据治理服务场景。平台按照云原生体系，采用松耦合、高内聚的分布式微服务架构，各模块既能独立使用也能关联组合。

3.“云上协同”协同工作平台

“云上协同”协同工作平台是为中大型组织提供沟通和协作服务的数字化协同平台，具备安全可控、专属定制、灵活部署、集成开放、协同创新五大特性。它以组织树为基础，创造性设计了组织时间管理的技术框架，以开放式、插件式平台为底座，帮助用户快速建立一体化的移动应用生态体系，提升组织全员协同工作能力，支撑政企数字化转型。“云上协同”平台具备跨平台（iOS、Android、Windows）双端（移动端、PC端）支持能力，实现统一用户组织管理、统一身份认证、统一应用接入和统一服务入口，支持各类服务资源的聚合接入，并创新研发时间轴、悄悄话、阅后即焚、黑白灰名单、微邮等特性，通过技术创新和服务资源整合实现组织和业务协同能力的提升。

4.“数说新语”数字孪生平台

“数说新语”数字孪生平台是浪潮以数字孪生技术为依托，面向城市级、园区级和设备级三大方向打造的孪生场景构建平台，能够基于真实世界物理要素图形化、拖拽式快速构建三维可视化场景，实现物理世界和数字世界的精准映射和交互控制。“数说新语”数字孪生平台基于平台的场景生成、三维仿真、端云协同三大技术能力，能够为一网统管、智慧园区、智慧招商等多个行业提供数字孪生解决方案。

5.“智连一同”物联感知平台

“智连一同”物联感知平台是面向政企单位研发的实现快速构建物联网应用的开发平台，旨在将所有智能化设备信息进行全面感知与互联，形成智慧泛在信息源，实现设备全要素可知、可管、可控、可用。平台具备海量异构设备快速接入、设备智能运维、物联安全保障、智能应用开发等关键特性，创新实现“物联—数联—智联”三位一体架构，提供设备接入管理、规则引擎、云云对接、消息通知等功能，可广泛应用于智慧园区IOC、智慧校园、智慧工厂、智慧城市等业务场景。同时“智连一同”物联感知平台能够与数字孪生平台深度融合，支持数字孪生平台对物联设备的远程控制和多维度物联设备数据展示。

6.“灵犀有言”人工智能平台

“灵犀有言”借助浪潮在行业政府、区域政府、教育等领域20多年的知识积累和技术沉淀，能够提供训、推、标一体化平台和政务领域垂直大模型，同时赋能算法开发者和应用开发者，支持应用开发者通过可视化交互的方式开发大模型产品，满足政府、企业在数字化新时代的 AIGC 场景需要。灵犀有言突破训、推、标一体化智能半自动标注技术，提供数据标注、算力调度、模型训练、模型评测等全生命周期大模型服务能力，现已广泛应用在全域政务知识问答、智能档案编研、智能笔录提取等业务场景。

(六)协同模式创新

销售线索互动指挥平台(以下简称“指挥台”)是面向融合方案类 IT 公司提供的把握全国市场态势、实现前后台资源协同、强化项目管理的销售作战指挥系统，是基于浪潮软件三大平台产品(“天工开务”低代码开发平台、“格物致治”一体化大数据平台、“云上协同”协同工作平台)研发的提高企业收益、客户满意度、员工生产力的新一代企业管理软件。指挥台以研究客(客户需求)、己(我方资源适配情况)、伴(合作伙伴)、竞(竞争态势和竞争对手)四者之间时空变化关系为核心，创新提出了“管理指挥”和“基层作战”的“三维协同”模式。指挥台融合作战沙盘、CRM、即时通讯、时间轴、音视频会议、大数据分析、RBAC 等功能于一体，统一销售语言，规范销售动作，强化过程管理，真正做到项目“四知”(知客户、知自己、知对手、知战场)，解决了项目销售过程中前后台协同手段分散单一、市场应对不及时、协同效率低下、费时费力等问题，既实现了销售作战单元(客户经理、方案经理、产品经理等)的高效协同作战，又支撑了各单元领导随时、全面地掌握商机情况，及时、便捷、科学地进行市场决策和指挥调度，有力地推进了销售业务的开展和业绩目标的达成。

四、软件科技类公司技术与产品创新体系的构建实施效果

(一)知识产权

在软件著作权方面，浪潮六大平台共计取得“浪潮低代码开发平台【简称：天工开务】V3.0”“浪潮一体化大数据平台【简称：格物致治】V2.0”“浪潮数字孪生平台【简称：数说新语】V1.0”“浪潮云上协同平台(Android 版)【简称：云上协同】V4.0”“浪潮云上协同平台(iOS 版)【简称：云上协同】V4.0”“浪潮云上协同平台(电脑版)【简称：云上协同】V4.0”等 12 项软著。

在专利方面，浪潮六大平台拥有“一种基于海量数据处理的数据治理的方法及系统”“一种优化数据抽取的方法”“一种智慧园区访客管理人车绑定的数据勘误清洗方法”及“一种证照 OFD 版式文件快速转图片的方法、系统及装置”四项授

权专利，通过了“一种实现 flowable 引擎自定义条件判断的方法及工具”“销售线索推动指挥推进方法及系统”“基于即时通信系统的多端消息同步方法及系统”“数据质量检测方法和装置、介质、设备”“表单结构预测方法和装置、介质、设备”等 50 多项专利的受理。

（二）奖项荣誉

2023 年 4 月，基于“天工开务”“格物致治”“云上协同”打造的销售线索互动指挥平台获得某系统数字场景创新专业赛三等奖；基于“灵犀有言”打造的政企一体化办公平台全业务智能问答系统入选山东省工信厅人工智能应用场景；“天工开务”“格物致治”“云上协同”入选山东省软件行业协会优秀软件产品。

2023 年 5 月，基于 MQTT 协议的实时高并发即时通讯技术通过山东电子学会科技成果评价，达到国内领先水平。

2023 年 6 月，基于“格物致治”的“基于 GBK 的一体化大数据治理解决方案”入选山东省大数据局 2022 年大数据创新应用典型场景和优秀解决方案；依托低代码开发技术与数字孪生技术，成功申报山东省工信厅“一企一技术”研发中心。

2023 年 7 月，“天工开务”“格物致治”“云上协同”入选山东省工信厅第三批软件产业高质量发展重点项目；基于“智连一同”和“灵犀有言”的“基于新型嵌入式仿真技术的校园智慧物联网平台”“基于政府领域知识大模型训推标一体化平台”入选集团重点研发项目。

2023 年 8 月，基于“格物致治”的“基于政府核心业务理论模型的一体化大数据治理技术及政务应用”获得山东计算机学会科技进步二等奖，“海量数据实时处理”通过山东电子学会科技成果评价，达到国内领先水平。

2023 年 9 月，“天工开务”低代码开发平台 V1.0 获得山东电子学会科技进步二等奖；浪潮数字孪生平台入选山东省工信厅 2023 年度数字经济重点项目。

2023 年 10 月，基于“云上协同”的“基于 TRIZ 的提高协同办公平台多端同功能开发效率的研究”获得 2023 年山东省创新方法大赛暨中国创新方法大赛山东区域赛二等奖。

2023 年 11 月，基于六大平台的“软件科技类公司技术与产品创新体系的构建”获得第三十七届山东省企业管理现代化创新成果一等奖；“基于云智能扩展的快速开发技术与应用”通过山东电子学会科技成果评价，达到国内领先水平。

2023 年 12 月，基于“格物致治”的“基于新一代湖仓一体技术的政府治理系统及其规模化应用”获得山东省泰安市科技局科技进步一等奖；基于“数说新语”打造的“浪潮智慧园区 IOC”获得中国职工技术协会 2023 年职工技术创新成果二等奖，并入选《元宇宙创新示范 100 强案例集》。

2024 年 1 月，基于“格物致治”的“省市两级数据中枢解决方案”入选山东省工信厅 2023 年度大数据优秀解决方案；浪潮数字孪生平台（数说新语）V1.0 通过山东电子学会科技成果评价，达到国内领先水平。

（三）经济效益

基于浪潮软件在区域政务、行业政府、教育等行业的全国市场布局，六大平台主要通过行业融合解决方案的项目模式进行应用推广。截至 2024 年，六大平台已在北京、山东、山西、湖南、重庆、黑龙江、江西、广州、无锡、青岛、福州、沈阳、潍坊、佳木斯等 20 多个省市 230 多个项目中部署上线，带动了浪潮软件业务收入增加。

（四）社会效益

1.创新敏捷开发中心

运用“天工开务”低代码开发平台打造敏捷开发中心，该模式面向政府内多部门的应用统筹规划、建设和运营场景，解决需求响应不及时、系统开发效率低、应用融合共享难、运营评价不科学等问题。通过聚合管理政府、部门、基层以及开发商的需求和资源，建立一体化、可持续的应用开发、融合、运营新模式，打造政府自己的 AppStore。中心已在某省正式上线，同时按照省里出政策、出标准，自上而下的方式探索出了省（敏捷开发中心）、市（数字机关创新应用平台）两级平台联动共建模式。平台创新设计了“组件工厂”，能够灵活集成即时通讯、视频会议、云文档等公共服务能力，并支持后续不断扩展。目前省直机关及各地市围绕数字机关应用创新，累计开发了近 2000 个面向办公、管理、服务、决策等类别的应用，开发效率提升 300％。

2.实现非现场监管新模式

在监管行业，基于“云上协同”打造远程协同监管平台，将各监管部门工作人员全部纳入到本平台中，建立跨层级、跨地区、跨部门的联动响应和协同监管机制。平台可实现原材料采购、生产、加工、检验、存储、流通等环节全程监管，同时平台具备一键截屏和录屏功能，及时保留监管证据。当监管人员发现监管问题时，可通过“云上协同”对企业责任人发起实时通讯，对监管事项进行核对，监管结束后自动生成监管记录并保存录屏文件。平台为监管局提供企业远程协同监管、风险处置等功能，解决了监管任务繁重与监管力量不足的矛盾。目前平台已在某省药品监督管理局上线，监管效率提升 60％。

3.实现园区智能运营

基于“数说新语”打造“智慧园区IOC”数字孪生综合管理平台，将物理世界中的智能化基础设施和数字世界中的软件服务相结合，结合大数据、物联网等技术，整合感知数据、业务数据、三维模型数据，对园区“人、地、事、物、情”全要素数据进行整合分析和可视化应用，为园区提供环境空间、便捷通行、能效管理、园区服务等一体化运营服务。项目已在某学院落地，实现了校园三维全息展示，教职工管理、资产管理、应急演练与应急预案仿真等智慧校园管理。

4.辅助传统业务智能化转型

“灵犀有言”平台在浪潮通用大模型基础之上，依托浪潮软件在政府、教育等领域的行业知识积累，帮助用户快速构建垂直领域的知识库和专属大模型，具备提供文本相似性、阅读理解、摘要生成、内容生成式问答等能力，解决政企传统工作方式下业务效率低、人工成本高、数据利用率低的问题，可广泛应用于智能客服、智能档案编研等场景。目前该方案已在某市“新一代智能档案管理系统”中得到应用，实现了档案（大事记、组织沿革等）智能编研、档案保管期限自动判定、档案密级智能分级，助力档案整理工作效率提升200%。

成果创造人员：张连超　刘　燕　陈晏鹏　荆秀丽　陈　萌　周　双　韩　亮

企业“马蜂窝”安全管理生态系统的构建

山东网瑞物产有限公司

摘要：能源保障和安全事关国计民生，是须臾不可忽视的“国之大者”。党中央、国务院高度重视安全生产工作，习近平总书记多次对安全生产及能源安全作出重要指示和批示，要求加快推动关键技术、核心产品迭代升级和新技术智慧赋能，提高国家能源安全和保障能力。为落实国家及上级公司各项工作部署，进一步增强安全生产管理效能，提升企业安全风险管控水平，山东网瑞物产有限公司结合公司实际创新开展“马蜂窝”安全管理体系研究。通过现场调研、资料分析和调查问卷等方式，在全面分析网瑞公司安全生产现状和总结安全管理经验基础上，结合“马蜂窝”和马蜂群体的生态特性与优点，研究和探索设计了“马蜂窝”安全管理六大理念、六大体系和六大工具。通过六大体系、六大工具的落地实施，在公司形成了独具特色的安全文化，解决了公司管理难、管理成本高等问题，进一步提升了网瑞公司的安全管理水平，为建设具有中国特色国际领先的能源互联网企业提供坚强支撑。

山东网瑞物产有限公司（以下简称“网瑞公司”），现为国网山东省电力公司综合支撑单位、省管产业单位省级平台企业，为省电力公司、送变电公司、超高压公司、电科院、经研院 5 家工会共同持股的有限责任公司，也是省综能公司三大股东之一，注册资本 22175 万元。近年来网瑞公司改革创新突破，产业链价值链纵深发展，已由传统物业公司转变为现代多元经营企业，具有国家一级物业管理企业资质、消防设施维保检测企业资质，特种设备生产许可证（电梯安装项目），承装（修、试）电力设施许可证，建筑业企业资质证书，工程设计资质证书，通过 ISO9001 国际质量管理体系认证。网瑞公司下设 6 个分公司、8 个子公司。经营范围涵盖电力工程设计与建设、新能源汽车运维、新媒体运营、招标代理服务、现代生态农业、电子商务、酒店文旅、教育培训、后勤保障和信息通讯等 20 余个领域，可谓业态种类多、行业跨度大、安全风险分散，安全管控难度不断增大。

一、企业“马蜂窝”安全管理生态系统构建的背景

（一）构建安全管理生态系统是国家对安全工作的要求

安全生产事关人民福祉，事关经济发展大局，习近平总书记多次对安全生产工作作出重要批示，对安全生产提出了明确要求。企业要安全发展必须把安全管理当成一门科学、一项系统工程来抓，用科学的方法和严谨的态度进行顶层设计和过程控制。要坚持安全发展理念，用科学的方法统筹安全与生产、安全与效益、安全与质量的关系，强化安全意识。

（二）构建安全管理生态系统是行业对安全工作的要求

国家电网公司要求深入贯彻党的二十大精神和习近平总书记关于安全生产、能源保供重要指示批示精神，始终保持“时时放心不下”的责任感，进一步增强抓安全的政治自觉、思想自觉、行动自觉，始终坚持“人民至上，生命至上”，牢记发展不能以牺牲安全为代价，统筹好发展和安全，坚决把安全工作摆在首要位置，守牢安全红线底线。山东省电力公司也强调始终绷紧安全“防护弦”，坚决守牢安全“生命线”，坚持抓早抓小，把着眼点放在“前置防线、前瞻治理、前端控制、前期处置”上，针对风险防控强化措施制定和有效落实，针对问题隐患强化照单排查和项目化治理，着力“治未病”“防未然”，从源头上消除安全问题隐患，防止小问题演变为大事故，持续提高安全管理水平。

（三）构建安全管理生态系统也是网瑞公司对安全管理的要求

网瑞公司产业链广泛，涵盖物业管理、酒店餐饮、生态农业、绿化工程、工程建设、招标代理、汽车租赁、媒体业务等20余种业态，具有业态复杂、规模小的特点。各业态虽然认真贯彻“安全第一、预防为主、综合治理”的安全工作方针，严格遵守国家、行业的安全生产法律法规及规程标准，都有各自的管理模式和管理方法，但由于网瑞公司的安全管理具有行业跨度大、外部风险分散、安全生产管理链条长等特点，安全管控难度较大，在网瑞公司层面缺少统一的安全管理主线对各业态展开行之有效的管理。

因此，为加强安全生产工作，在网瑞公司层面探索构建一套既紧密结合国家电网公司安全工作部署，又结合自身特点的安全生产管理体系，形成知行合一、主次分明、简单易行又具有网瑞公司特点的安全文化和安全生态，就变得迫在眉睫了。

二、企业“马蜂窝”安全管理生态系统构建的主要做法

为解决上述问题，网瑞公司结合“马蜂窝”和马蜂群体的生态特性与优点，提出了“马蜂窝”安全管理六大理念、六大体系和六大工具。通过六大体系、六大工具的落地实施，网瑞公司形成了独具特色的安全文化，建立了统一的安全管理主线，解决了公司管理难、管理成本高等问题，进一步提升了安全管理水平。

（一）安全管理体系构建的主要思路

1.广泛征集意见，为新安全管理体系命名

为使新的安全管理体系朗朗上口、易于传播，我们对新安全管理体系的名称进行了广泛征集，最终“马蜂窝”这个名字在几十个候选名单中脱颖而出。首先，因为一提到马蜂窝人们首先想到的就是马蜂窝不能捅、不能碰，碰了就要付出代价！这和我们的安全管理底线、红线不容碰触的观念是相通的，因此我们以“马蜂窝”来命名我们的新安全管理体系，通过“马蜂窝”的外部形象达到“通俗易懂、警示明显、朗朗上口、易于传播”的效果。其次，“马蜂窝”的蜂巢是由许多个蜂室黏结在一起组成的，每个蜂室都是严格的六角柱形体，结构非常稳固，这也预示网瑞公司各业态像蜂巢一样稳固地粘接在一起，安全稳定。

2.进行顶层设计，制定体系构建技术路线

为提高安全生产水平，构建一套既紧密结合上级单位安全工作部署，又结合自身特点的安全生产管理体系，网瑞公司首先，通过现场调研、资料分析和调查问卷等方式全面分析安全生产现状；其次，结合“马蜂窝”生态特征，研究设计“马蜂窝”安全管理体系，以及体系中各要素的主要建设内容；再次，依据网瑞公司安全管理目标需求，形成“马蜂窝”安全管理体系的实践措施；最后，将“马蜂窝”安全管理体系在网瑞公司落地实施，其技术路线如图 1 所示。

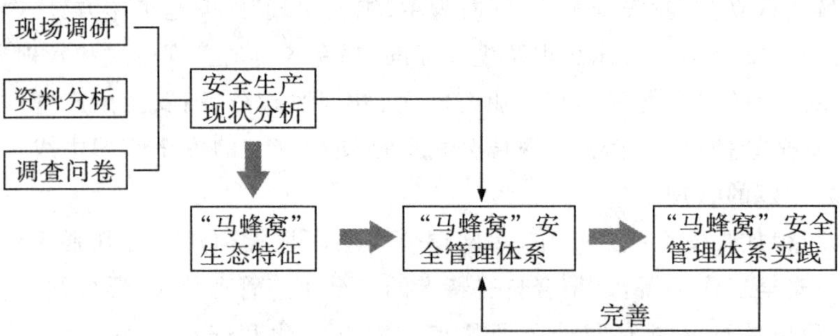

图 1 “马蜂窝”安全管理体系的技术路线

（二）“马蜂窝”安全管理六大理念

1.研究蜂群系统，确立安全管理六个要素

如果对马蜂群体生态系统进行研究，就会找到“马蜂窝”与安全管理之间的联系。蜂群生态特征完美体现了安全管理的六个要素。一是目标：蜂群的和谐共处、生存发展，体现了安全管理的目标明确、安全发展；二是责任：蜂群的分工明确、辛勤劳作，体现了安全管理的职责清晰、逐级落实；三是制度：蜂巢的标准规范、简单实用，体现了安全管理的制度健全、行为规范；四是防控：蜂群的超前预见、群体协作，体现了安全管理的主动预防、精准管控；五是监督：蜂群的个体强悍、行动高效，体现了安全管理的纪律严明、监督到位；六是文化：蜂群的集体参与、共建共享，体现了安全管理的全员参与、共治共享。这六个要素也是我们制定统一安全管理主线的基础。

2.结合六个要素，制定安全管理六大理念

结合安全管理的六个要素，我们总结形成了安全管理六大理念。结合安全管理的目标明确、安全发展制定了理念一：安全管理是公司第一管理；结合安全管理的纪律严明、监督到位制定了理念二：安全底线不容触碰；结合安全管理的职责清晰、逐级落实制定了理念三：安全工作重在责任落实；结合安全管理的主动预防、精准管控制定了理念四：安全风险均应被识别和管控；结合安全管理的制度健全、行为规范制定了理念五：员工安全素质是企业本质安全基础；结合安全管理的全员参与、共治共享制定了理念六：全员参与协同是做好安全工作关键。通过安全管理六大理念指导公司安全文化建设，同时通过安全理念管理员工的思想，引导员工树立正确的科学的安全观，公司上下形成安全发展、和谐发展的安全管理理念，每个人都具备了高度的安全防范意识和自觉的安全行为意识。

（三）“马蜂窝”安全管理六大体系

根据蜂群生态特征及安全管理六大理念，我们总结出了“马蜂窝”安全管理六大体系：一是明确的安全目标体系；二是清晰的安全责任体系；三是健全的制度标准体系；四是精密的风险防控体系；五是严格的安全监管体系；六是鲜明的安全文化体系。这六大体系是“马蜂窝”安全管理体系的主要部分。

1.明确的安全目标体系实践

安全目标体系建设主要是进行安全目标管理，安全目标管理是实现企业安全化的行动指南。首先，网瑞公司围绕公司的生产经营目标和上级安全生产要求制定了网瑞公司“二杜绝二防范七个不发生”的总体安全目标；其次，网瑞公司各部门、二级单位、子分公司再结合自身业态实际及生产经营特点，将公司安全目标进行分解，制定量化的、实际可行的安全目标；最后，班组、个人再根据部门的安全目标进行层层分解，最终将公司整体安全目标自上而下层层展开，形成公司保重伤(不发生)、二级单位保轻伤(不发生)、班组保严重违章(不发生)、员工保一般违章(不发生)的一级保一级的目标体系。明确责任，落实措施，自下而上层层进行，最终保证了公司整体安全目标的实现(如图 2 所示)。

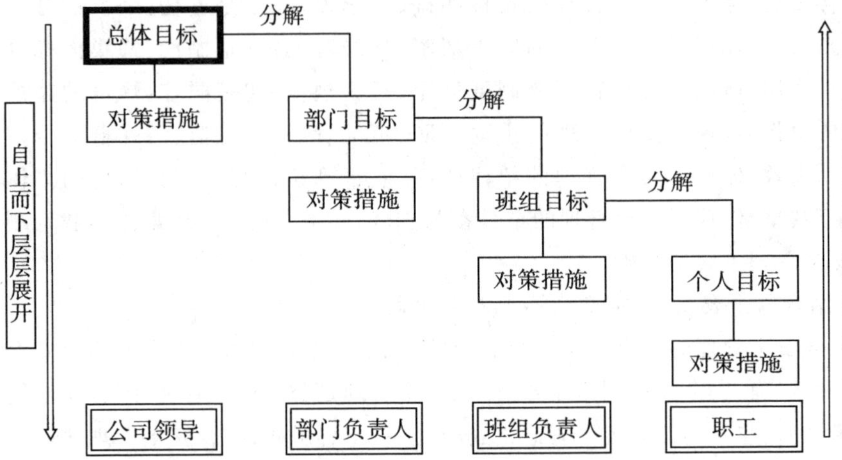

图 2　安全目标管理

为保证安全目标的实现，网瑞公司制定了实施计划和考核办法。公司不但对安全目标和指标实施计划的执行情况进行监测，而且还认真保存有关监测记录资料，定期对安全目标的完成效果进行评估和考核。通过制定《生产目标管理考核标准及评分细则》(见表 1)来实现安全目标的验收与评价。

表 1　生产目标管理考核标准及评分细则

考核时间：　年　月　日　　　　　　　　　考核单位：

一级指标	二级指标	评分办法	本项分值	自评得分	考评得分
一、工作目标(分值 25)	杜绝企业内发生人员死亡的生产安全事故，遏制重伤事故，有效减少职业病发生、轻伤事故和违章行为。	企业年内发生生产安全事故每死亡 1 人扣 10 分；每确诊一例职业病扣 5 分；每重伤 1 人扣 3 分；每轻伤 1 人扣 1 分；每发现 1 次违章行为扣 0.5 分；此项扣分不设底限。	25		

续表

一级指标	二级指标	评分办法	本项分值	自评得分	考评得分
二、工作责任（分值60）	企业内部层层签订安全生产责任书，配套考核奖惩措施。按时参加辖区政府及有关部门召开的安全生产工作会议。	未按规定参加有关会议的，每人每次扣1分；未制定企业安全生产责任制的扣2分；未按照要求签订责任书的扣1分；无配套奖惩措施的扣1分。无年度工作计划的扣1分；此项扣完为止。	5		
	隐患排查、整改方面……	×××	×		
	安全教育培训方面……	×××	×		
	落实新、改、扩建工程项目安全设施“三同时”方面……	×××	×		
	安全投入方面……	×××	×		
	……	×××	×		
三、工作报告（分值15）	企业每年填写一份《安全生产履职报告书》，由主要负责人签署后报送上级单位。	不按要求上报《安全生产履职报告书》的，扣10分；不是主要负责人签署报告的，扣5分。此项扣完为止。	15		

2.清晰的安全责任体系实践

一是应用安全生产责任共担（稀释）原理制定安全生产责任制。网瑞公司按照安全生产责任共担（稀释）原理（如图3所示）制定安全生产责任制，落实“安全全员参与”的准则，通过责任的稀释或分解，按照“明确—履行—落实—检查—奖惩”的流程，通过实施全员、全要素、全覆盖、全过程的安全管理的机制，充分发挥责任制的制约功能、监督功能、评价功能、激励功能，让安全生产得到了有力支撑和保障，避免了在安全生产中因为安全责任不清而导致的推诿扯皮，安全生产、劳动保护工作无人负责、无法进行，工伤事故与职业病不断发生等情况，保证安全生产活动正常进行，最终实现安全生产目标。

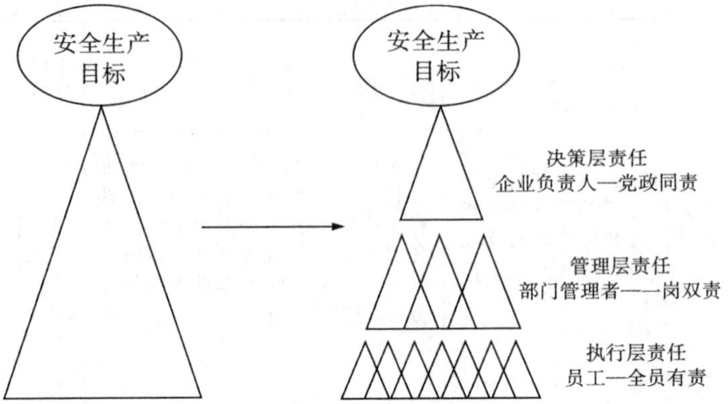

图 3　安全生产责任共担(稀释)原理

二是完善安全生产责任制建设流程。公司从安全生产责任制的制定、宣贯、落实、监督检查、考核、评审和调整等方面进行了探索,建立了一套适用于网瑞公司安全生产责任制建设的体系化流程。安全生产责任制体系化建设流程如图 4 所示。

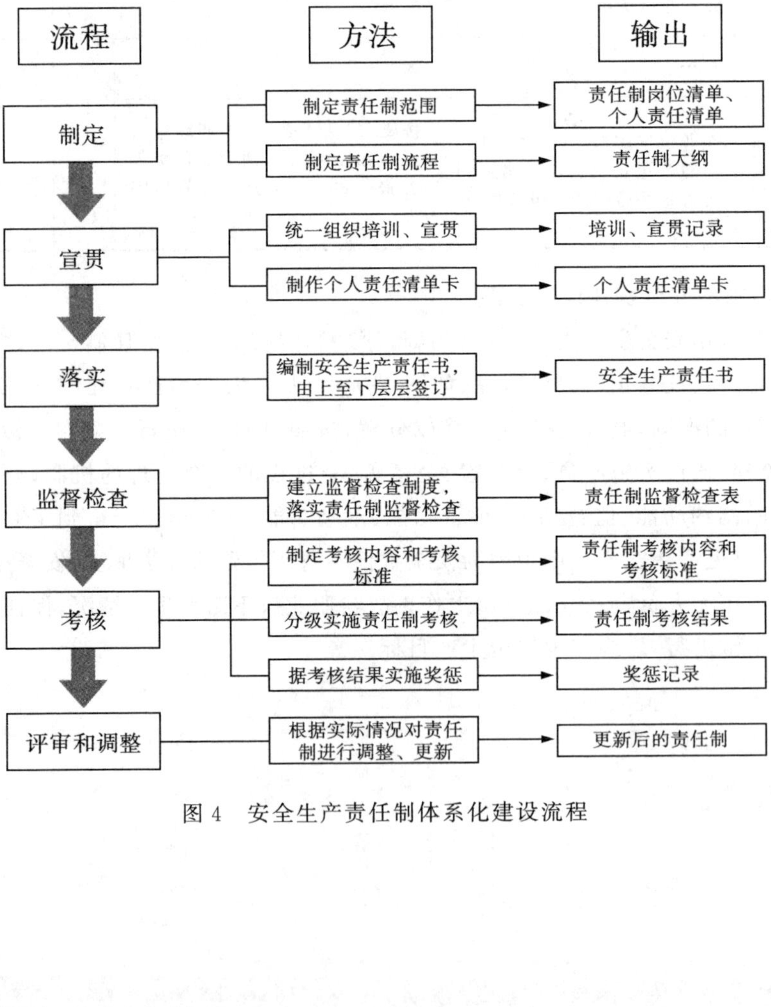

图 4　安全生产责任制体系化建设流程

三是运用好安全责任制实践工具:“两个清单”(安全责任清单和工作清单)。安全生产责任制建设最关键的是责任制的制定,网瑞公司在安全责任制制定时使用的工具是“两个清单”。网瑞公司各部门、各单位落实主体责任,负责本单位安全责任体系过程管理,网瑞公司应将安全生产责任清单及考核指标下发各部门、各单位。各部门、各单位自行组织本单位人员填写安全责任清单,各部门、各单位根据实际情况明确本单位各人员责任清单,并制作安全责任清单卡发到每个员工手上,要求员工张贴在显眼位置,经常查看,确保各岗位人员知责明责,并做到各司其职、各负其责。

3.健全的制度标准体系实践

一是发挥制度标准体系作用强化员工执行力。网瑞公司将安全生产规章制度作为员工行为控制的有效途径及实现由“要我安全”向“我要安全”转变的桥梁,不断强化员工执行力保障安全生产规章制度落实到位。

为确保各项制度及管理文件落到实处,进一步夯实基础管理,解决制度落地“最后一纳米”问题,网瑞公司全面梳理、识别国家电网公司通用制度、国网山东省电力公司现行有效制度及本公司制度,结合实际清理废止有关制度标准,采取管理文件、电子公告等形式发布网瑞公司内部有效文件;组织各二级单位和专业机构全面梳理、识别将与单位业务相关的、有切实工作需求的制度纳入网瑞公司管理制度体系框架中,做到无遗漏、无失效、无差错。

二是按照三步走路径完成制度标准体系建设。第一步是制定制度体系架构。从综合、人员、设备、环境四个方面制定制度体系架构,并罗列这四个方面所包含的制度明细。综合安全管理制度方面主要包括安全生产管理目标、事故调查报告处理制度、应急管理制度、安全奖惩制度等。人员安全管理制度方面主要包括安全教育培训制度、劳动防护用品发放使用和管理制度岗位安全规范、职业健康检查制度、现场作业安全管理制度等。设备设施安全管理制度方面主要包括“三同时”制度、定期巡视检查制度、定期维护检修制度、安全操作规程等。环境安全管理制度方面主要包括安全标志管理制度、作业环境管理制度、职业卫生管理制度等。第二步是编制制度手册。将现行有效的规章制度、管理文件中明确的需要网瑞公司和各部门、各单位开展工作的具体事项、要求、周期、频度等内容择选汇编。各二级单位识别适合本单位业态的标准规范,结合网瑞公司规章制度,形成本单位标准制度手册。第三步是建立考评机制,实现闭环管理。建立制度编制、执行的考评机制,加大对制度标准执行、定期工作落实情况的督导、检查力度,保证制度要求贯彻到位、定期工作落实到位、全员职责履行到位,促进各项工作提质增效。

4.精密的风险防控体系实践

网瑞公司将风险防控作为“预防为主”方针的核心措施,重点建设风险防控体系,建立隐患排查治理常态化机制,加强各二级单位日常自检自查,发挥全体员工的作用,通过全员参与,做到隐患排查全过程覆盖,保证企业安全风险动态可控。

风险防控体系实践主要是双重预防机制建设。构建双重预防机制就是要将安全风险逐一建档入账，采取风险分级管控、隐患排查治理双重预防性工作机制，有效解决安全生产领域“认不清、想不到”的突出问题，强调安全生产的关口前移，从隐患排查治理前移到安全风险管控。通过强化风险管控方法和手段，针对事故发生的全链条，抓住关键环节采取有效预防措施，防范因安全风险管控不到位而演变成的事故隐患，杜绝因隐患未及时被发现和治理而演变成的事故。

为了更好地开展双重预防机制建设，网瑞公司制定了双重预防机制建设流程（如图 5 所示）：第一步是分层级成立工作组，确立组织机构；第二步是培训人员，使员工掌握双重预防机制的技能；第三步是策划与准备，为开展风险分级和隐患排查做好准备；第四步是风险辨识，组织员工对生产经营场所风险进行辨识统计；第五步是风险评估，按照风险等级评价标准对风险进行评估；第六步是划分风险等级，按照风险等级划分表对风险进行分级；第七步是确定风险清单，对风险进行统计形成风险清单；第八步是制定风险管控方案；第九步是形成风险分级管控运行机制（隐患排查治理）；第十步是实施双重预防机制运行评估，组织工作组对各单位双重预防机制运行情况进行评估；第十一步是持续改进，按照评估情况进行整改，确保双重预防机制建设不断提升。

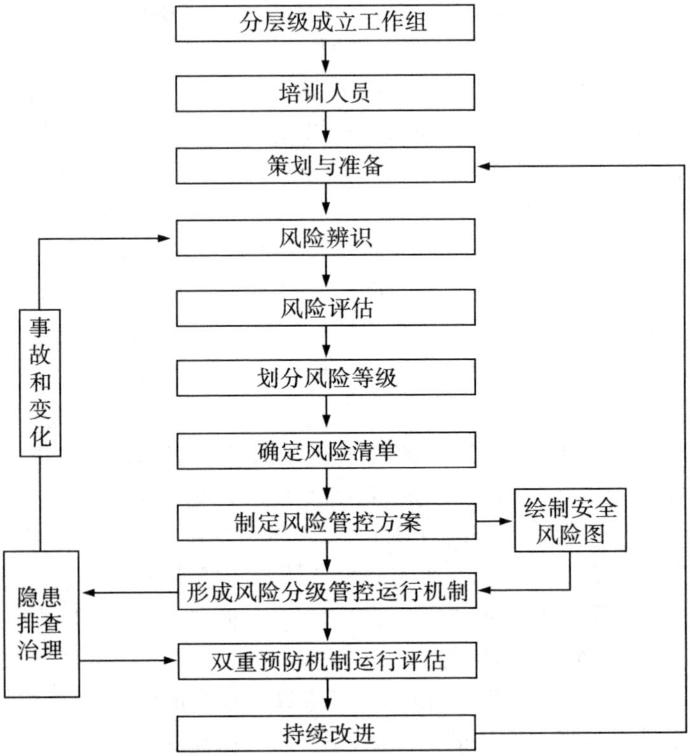

图 5　双重预防机制建设流程

双重预防机制重点工作如下：

一是风险辨识。首先是进行风险点确定，即组织安全、生产、技术、设备等部门管理人员及岗位作业人员进行集体讨论，采取空间位置划分的原则，结合企业自身情况，合理确定风险点。其次是进行危险源辨识，即采用适当的辨识方法，对风险点内存在的危险源进行辨识，一般以最小风险点（岗位、设备、作业）为辨识基本单元，通过对物的状态、环境及管理的因素和人的行为进行辨识，综合考虑起因物、引起事故的诱导性原因、致害物、伤害方式等进行风险分类，并确定各类风险可能导致的事故类别。

二是风险分级管控。首先是风险评估与风险分级，即在风险辨识的基础上，通过一定的评估方法，对风险点存在的各类风险的大小进行定量或者定性评估，并依据不同评估方法对应的风险等级判定准则，对风险按照大小进行分级。其次是编制安全风险分级管控清单，即在危险源辨识和风险评估后，编制风险分级管控清单，包括风险点、作业步骤（场所/设施/部位）、危险源、事故类型、风险等级、管控措施、管控层级、管控责任人等内容的全部风险点和风险信息，最终实现对风险分级管控。根据安全评估和风险分级的结果，制定完善风险管控措施，明确风险分级管控责任人，确定各风险点管控责任人的管控职责和管控措施，并督促管控措施有效落实，确保将安全风险控制在可接受的范围内。按照风险等级越高管控层级越高的原则，上一级负责管控的风险，下一级必须同时负责管控，并逐级落实具体措施。

三是隐患治理。风险管控措施缺失、失效或者弱化即有可能形成隐患。根据隐患整改、治理和排除的难度及其可能导致的事故后果和影响范围，隐患可分为一般隐患、较大隐患和重大隐患，因此，我们分人身、设备、消防、危化品等专业编制隐患排查清单，组织各单位对照隐患排查清单开展隐患排查，将排查出的隐患统一收入隐患库，然后按照隐患类型进行隐患治理。在完成隐患排查治理的同时，进行问题追溯，通过对造成隐患原因的分析，研究查找风险管控措施缺失、失效的原因和规律，不断完善风险管控措施。

5.严格的安全监管体系实践

为保证公司安全生产规章有效落实，严防公司出现员工安全生产不作为和放任不安全状态等情况，网瑞公司开展与风险分级相匹配的安全监管体系建设，采用“四不两直”检查、安全监管平台和三级巡查三种方式对各单位、各施工作业现场开展全方位的安全监督。

一是通过“四不两直＋安全监管平台”实现全方位安全监管。为使安全检查工作更加规范、更加真实，将个人行为对检查结果的影响减少到最小，网瑞公司采用不发通知、不打招呼、不听汇报、不用陪同接待，直奔基层、直插现场的“四不两直”安全检查方式，了解掌握各作业现场的真实情况、发现真实问题。

由于作业现场较多，“四不两直”检查不能保证全覆盖，采用安全监管平台通过远程视频监控对各重大风险作业现场进行实时监控是对安全检查的有力补充，通过“四不两直”检查＋安全监管平台实现对各作业现场全时段、全方位的安全监督。

二是结合三级巡查开展基于安全风险分级的安全监督。网瑞公司针对安全管控对象风险因素的风险水平、等级，实施相适应或匹配的分类分级监管的思想、模式和方法体系，采用安全生产分级监管方式，实现了安全生产监管资源利用的最大化、监管效能的最优化，使安全生产监管工作合理、科学、高效。

网瑞公司结合现有三级巡查制度对于各类风险因素或事故隐患应实施基于风险的分级管控（如图 6 所示），遵循基于安全风险分级的监管能基于风险分级的匹配管理原理要求实现科学、合理的管理状态，针对相应级别的风险对象实施相应级别的管理。

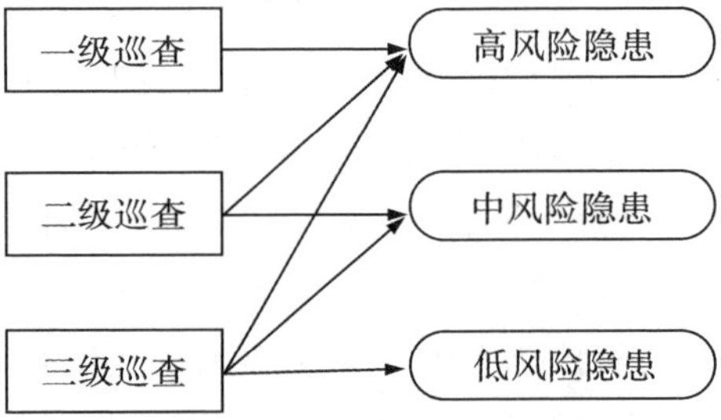

图 6　网瑞公司基于风险分级实施分层管控的模式

为了使三级巡查更具针对性和明确性，网瑞公司组织各二级单位编制安全生产监督检查内容清单，包括定期检查清单和日常检查清单。安全生产检查应本着突出重点的原则进行确定，对危险性大、易发生事故的生产系统、部位、装置、设备等加强检查，例如电梯、升降机、特种车辆等。

6.鲜明的安全文化体系实践

人类传统观念认为，文化是一种社会现象，同时又是一种历史现象。确切地说，文化是凝结在物质之中又游离于物质之外的、能够被传承和传播的思维方式、价值观念、生活方式、行为规范、艺术文化、科学技术等。它是人类相互之间进行交流的普遍认可的一种能够传承的意识形态，是对客观事物感性上的知识与经验的升华。

(1)安全文化建设原则和目标

安全文化是保护企业员工的坚固外壳,引导员工真正达到“想安全”“会安全”“能安全”的状态。“想安全”是一种对于安全的自觉意识,从思想认识上要求学习安全生产知识,要求提供安全的生产条件和保障安全的设备设施、防护用品等;“会安全”是员工对自身安全技能的程度要求,在发生意外状况或存在安全隐患状态下,能及时、准确地反应情况,辨识和处理各种事故的前兆,即使事故发生,也能冷静面对、安全撤离和救援等;“能安全”反映的是对上级、对自己、对家人的一种承诺,也是一种自信,只有在“想安全”和“会安全”的基础上,才敢保证自己“能安全”。

(2)安全文化建设工具

网瑞公司“马蜂窝”安全文化以基层员工为中心,围绕观念和行为两个系统进行建设,提升员工的安全观念、安全技能和安全行为。

一是加强安全观念文化建设,提升员工安全观念。网瑞公司综合运用以下五种安全观念建设活动,提升员工的安全意识、安全观念。活动一:“党建+安全”。充分发挥党建统领作用,党支部以高质量党建引领安全生产、推动“规矩意识+安全意识”全面提升、“党建履责+安全履责”双向落地,用“党建+安全”的模式筑牢企业安全防线。活动二:安全天天讲(晨会)。通过班前会介绍安全形势,明确安全生产任务。落实每个员工的工作任务和责任,并强调工作中的危险因素、安全措施及注意事项,总结工作中的经验和教训,有效预防各类事故发生。活动三:安全活动日。坚持每周一次“安全活动日”活动,认真学习上级安全会议、文件精神,学习安全生产最新政策、法规,学习安全基础知识,进行案例警示教育等。对一周安全工作情况进行总结与分析,安排布置次周安全工作重点。营造安全生产氛围,丰富员工安全知识,提高员工安全意识,增强事故防范能力。活动四:安全大讲堂(人人讲安全)。坚持公司各级主要负责人主持“一把手讲安全课”活动,按照“员工需要什么就讲什么”的运作方式,大力开展安全宣传教育,宣讲内容要贴近实际、贴近生活、贴近群众,宣传人员应加强专业学习。通过情景陶冶、环境暗示、情绪感染的方式,对职工的思想和行为进行潜移默化的影响,提升员工的主观重视意识,提高安全教育覆盖面和渗透性。活动五:细算“安全账”。“安全账”是指安全生产政治账、经济账、社会账、家庭账。各二级单位负责人负责组织对本单位员工每一次不安全行为的细算“安全账”活动,并在安全活动日进行通报,将生产中的不安全行为损失量化,引起全体员工的重视。

二是加强安全行为文化建设,规范员工安全行为。网瑞公司对部分安全事故进行了统计分析,得出大多数事故也是由于不安全行为所导致的结论,有的行业甚至高达 90%以上。因此我们用针对减少不安全行为而开发的行为安全管理方法来作为“我要安全”行为文化建设内容，通过逐步减少作业人员的不安全行为和物的不安全状态，从而达到预防和降低事故发生的目的。为此，我们开展了以下活动。

活动一：人人说“我要安全”。通过分析安全对自己和家庭的意义，反思发生在身边的事故，找出自己身上的不安全行为习惯；公开承诺“我要安全”的决心，并向领导和同事提出关心和提醒自己的事项。由此，我们营造了良好的安全氛围，提高了员工的安全意识，帮助和督促员工养成了良好的安全习惯。人人说“我要安全”，具体就是通过四个话题的讨论，引导全体员工人人说出“我要安全”。其主要工具是一张心形卡片，如图 7 所示。

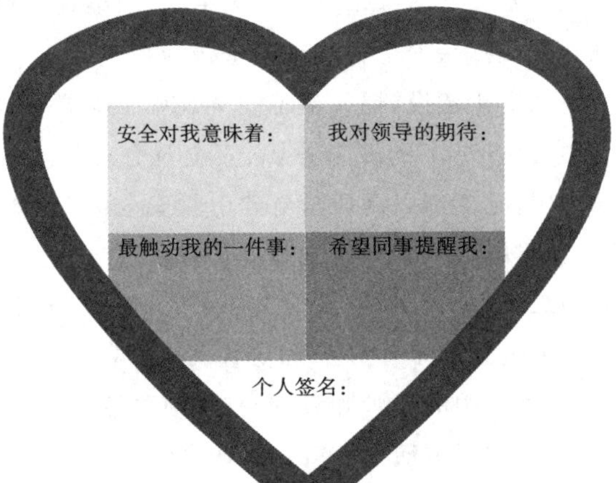

图 7　心形卡片示意图

一张心形卡片，承载着员工对“我要安全”的承诺和期待，公司进行公开张贴展示，让大家相互关爱，相互监督。

活动二：安全 5 分钟。针对许多员工作业时常常因心存侥幸而忽视了安全，因粗心大意而放过了隐患的情况，公司实施安全 5 分钟措施。作业人员在开始作业前，用较短的时间对作业中的危害进行识别、确认，准备好采取的防范措施，以避免意外和事故的发生。安全 5 分钟的工具也是一张卡片，如表 2 所示。我们将施工作业前的准备工作分成五步：

第一步是停下。接到工作任务进行操作前，作业人员先停下来问一下自己：是否已了解工作内容？是否需要办理作业许可？工作条件或场所与以前相比是否有所变化？

第二步是思考。确认第一步之后，施工作业人员要思考如下问题：会不会发生意外？自己或别人会受到伤害吗？会发生坠落、滑倒、跌倒、触电、机械伤害、物体打击、中毒吗？使用的工具或设备会伤到人吗？

第三步是识别。在第二步，工作人员已针对所从事作业可能发生的事故伤害进行了分析，第三步就要针对这些可能发生的事故后果进行相应的危险有害因素识别和分析，即对照第二步可能出现的事故，识别出工作区域中相应的危险及有害因素。

第四步是计划。针对识别出的危险及有害因素，落实控制措施，进行安全工作条件确认；针对识别出的危险有害因素，落实现场作业的防范措施。确认使用的工具符合要求；确认个体防护用品齐备。对可能发生的紧急情况清楚该如何应急。

第五步是执行。安全作业条件具备，可以开始作业，但应保持足够警惕，待条件具备后再进行作业。

表2　安全5分钟的具体要求意图

任何作业都有危险，为了您的安全和家人的幸福，请您使用此卡，落实安全措施。

安全5分钟

1	停下	开始工作之前，回答如下问题： 是否已了解工作内容？ 是否需要办理作业许可？ 工作条件或场所与以前相比是否有所变化？
2	思考	会不会发生意外？ 自己或别人会受到伤害吗？ 会发生坠落、滑倒、跌倒、触电、机械伤害、物体打击、中毒吗？ 使用的工具或设备会伤到人吗？
3	识别	对照上述可能出现的事故，识别出工作区域中相应的危险及有害因素。
4	计划	针对识别出的危险及有害因素，落实现场作业的防范措施。 确认使用的工具符合要求。 确认个体防护用品齐备。 对可能发生的紧急情况清楚该如何应急。
5	执行	条件具备，小心作业。

本卡适用于自有员工和承包商员工进入生产和作业区域的施工、检维修作业以及其他临时作业活动，在作业前使用。网瑞公司各部门根据实际情况、任务特点对卡片内容予以完善。

三、企业“马蜂窝”安全管理生态系统构建的实施效果

（一）“马蜂窝”安全管理体系的管理效益

一是明确了安全管理主线。“马蜂窝”安全管理具有安全目标合理清晰、安全责任明确落实、制度标准适用健全、安全监管专业严格、风险防控精准严密等特点。网瑞公司各单位通过“马蜂窝”安全管理体系构建实施，形成了统一的“马蜂窝”六大体系安全管理主线，有效促进了全员安全生产责任的有效落实；促进了安全生产规章制度的体系化，提升了网瑞公司内部监督机制的专业性；规范了风险防控体制机制，实现了企业安全管理的现代化、专业化和规范化，提升了公司安全管理水平。

二是夯实了安全基础管理。通过“马蜂窝”安全管理六大体系的实施，网瑞公司各项安全基础管理不断夯实，员工安全意识不断增强。2022 年开展“马蜂窝”安全管理体系建设后，通过开展“现场＋远程”双监督，查处规 26 项，规降低 60％；排查六个专业隐患 238 项，排查隐患数量提升 50％；修订应急预案及现场处置方案 22 项，实现应急预案的动态优化和科学规范管理。从源头上杜绝了各类安全事故发生，夯实了安全管理基础，筑牢了安全生产防线。

三是提升了员工安全能力。“马蜂窝”安全文化从强化安全意识和激发员工的安全需要入手，提升企业员工的自我管理水平，实现员工从“要我安全”向“我要安全”“我会安全”和“我能安全”逐级转变，员工主动学习安全知识、提升安全技能。

（二）“马蜂窝”安全管理体系的社会效益

通过建立“马蜂窝”安全管理体系和安全文化，公司管理更加规范，员工更加重视安全，并愿意遵守安全规范和操作程序，有效防范了人身、设备等事故、事件的发生。安全的工作环境使员工感到放心和安心，从而更加专注地投入到工作中，集中精力完成任务，提高了工作效率和质量，超额完成了省电力公司下达的年度经营指标。项目实施以来，网瑞公司圆满完成北京冬奥会、党的二十大等重大活动期间省电力公司保电、安保等工作，“零失误”完成黄河流域创新交流大会以及国网考核组、国资委调研等重大活动保障；网瑞公司实现了全年人身、设备、消防“零事故”，圆满完成公司年初制定的“三杜绝三防范七个不发生”的安全工作目标。同时，网瑞公司的管理措施还减少了社会矛盾，提升了公司的社会形象，维护

了社会秩序稳定，为此，公司荣获“2022 年度电力行业安全生产工作先进单位”。

（三）“马蜂窝”安全管理体系的推广价值

通过研究自然界马蜂生态系统的特点，网瑞公司提出“马蜂窝”理论，并应用于安全生产管理体系，形成了极具特色的安全管理体系和安全文化。经过中国安全生产科学院论证，该体系辨识度高，具有一定的创新性和前瞻性。“马蜂窝”安全管理体系基本涵盖了安全管理的重要内容，体系完整、重点突出，安全理念通俗易懂，实践工具简便易行，在同类企业中具有一定的推广价值。

成果创造人员：常维华　张　军　王军勃　张学田　张　健　汪　振　郭伟东

卷烟企业以绿色低碳为导向的精益化能源管理

山东中烟工业有限责任公司青岛卷烟厂

摘要：山东中烟工业有限责任公司青岛卷烟厂引入数据驱动理念，以企业设备运行数据、能源管理数据为基础，创新能源管理方法，探索以数据驱动的精益化能源管理新方式，针对“水、电、汽、气”四种能源介质，以精准排产、精品质控为目标，全面采集能源管理相关数据，建立企业级数据中心，为数据驱动的精益化能源管理实践奠定数据基础。通过优化供能设备配置，从能源需求出发动态调整供能过程，确保能源精准供应。通过识别基于数据的能源使用需求，开发基于算法模型的开机时间预测模型，缩短非增值能源消耗，实现能源供应按需保障。通过建立能源监控平台，实时监控能源质量指标，分析能源耗用趋势，实现供能质量的动态监测。通过实时监控重要能源参数，依托语音短信报警平台，实时监控重点能耗参数，建立计量仪表关联关系，精准定位耗能异常点，保证异常耗能快速解决。依托节水教育基地、节水宣传周、节能宣传周等宣传载体，促进节能宣传，营造良好节能氛围。细化能源考核目标，闭环能源考核流程，实现能耗由组织调度到供能和用能的全流程考核，实行全流程闭环管控，提升全员参与节能管理工作的积极性，推进节能改善工作持续提升。

山东中烟工业有限责任公司青岛卷烟厂（以下简称“青岛卷烟厂”）始建于1919 年，2006 年 7 月上划山东中烟工业公司管理。企业现拥有固定资产原值 45 亿元，总资产 104 亿元，主产牌号为“泰山”品牌。2023 年在岗职工 1333 人，平均年龄为 38.7 岁。“十五”期间，实施易地技术改造，于 2006 年迁入现址，厂区占地 546 亩。

近年来，青岛卷烟厂坚持以党的建设为引领，落实“抓班子、带队伍，抓基层、打基础，抓重点、带全面，强党建、促发展”的党委工作方针，围绕“全力打造一包好烟”，聚焦提升生产制造水平，持续优化生产组织，持续深化信息化建设、设备管理、工艺质量管理、基础管理、创新管理、队伍建设，有序推进关乎企业长远发展、涉及职工切身利益的重大项目落地实施，抢抓行业坚定不移推进数字化转型战略机遇，加快智能工厂建设步伐，企业运行保持良好状态，指标整体控制水平持续保持行业领先，荣获“全国文明单位”“全国五一劳动奖状”“全国烟草行业先进集体”“烟草行业‘精益十佳’标兵单位”“全国烟草行业卷烟工厂标兵单位”“富民兴鲁劳动奖状”“青岛市工业经济超万亿领军企业”等称号，为国家和地方经济社会发展作出积极贡献。

一、卷烟企业以绿色低碳为导向的精益化能源管理的实施背景

（一）实施精益化能源管理是贯彻绿色低碳发展战略的必然要求

随着中国经济的飞速发展，能源的使用和二氧化碳的排放也在急剧增加，能源已经成为国民经济和社会发展的重要物质基础。党中央、国务院高度重视节能减排工作，2021 年工信部发布《“十四五”工业绿色发展规划》，明确指出，“十四五”时期是我国应对气候变化、实现碳达峰目标的关键期和窗口期，也是工业实现绿色低碳转型的关键五年，到 2025 年，工业产业结构、生产方式绿色低碳转型取得显著成效，绿色低碳技术装备广泛应用，能源资源利用效率大幅提高，绿色制造水平全面提升，为 2030 年工业领域碳达峰奠定坚实基础。该规划要求建立绿色低碳基础数据平台，加快制定涵盖能源、资源、碳排放、污染物排放等数据信息的绿色低碳基础数据标准；分 19 个行业建立产品全生命周期绿色低碳基础数据平台，统筹绿色低碳基础数据和工业大数据资源，建立数据共享机制，推动数据汇聚、共享和应用；基于平台数据，开展碳足迹、水足迹、环境影响分析评价。

“十四五”以来，企业全面贯彻党的十九大及十九届历次全会精神，深入贯彻习近平生态文明思想，认真落实行业绿色低碳循环发展要求和山东中烟“十四五”发展规划目标任务，贯彻行业“十六字”方针，坚持“三个重在”，准确把握新发展阶段，坚定不移贯彻新发展理念，加快构建新发展格局，坚持绿水青山就是金山银山理念，更加注重生态安全、低碳循环、清洁环保和节约集约，落实碳达峰、碳中和重大决策部署，建立健全绿色发展长效机制，加快绿色低碳循环发展。

（二）实施精益化能源管理是推进企业降本增效与智能化生产的内在需求

推动数字化、智能化、绿色化融合发展，是提高企业核心竞争力的重要组成部分，在能源管理方面要求企业打造面向产品全生命周期的数字能源系统，以数据

为驱动提升企业绿色低碳技术创新、绿色制造和运维服务水平。近年来,随着资源紧缺与资源价格的持续上涨,降本增效、优化生产迫在眉睫,要求企业实施创新驱动发展,建立数据驱动的精益化能源管理新模式。山东中烟"十四五"时期绿色低碳循环发展方案工作目标为单位工业增加值能耗降低 13.5%,力争降低 28%;单位工业增加值二氧化碳排放降低 18%,力争降低 28%;万支卷烟能耗持续下降。自 2021 年以来,随着产品结构升级,能耗压力进一步加大,企业完成"十四五"节能降碳任务面临很大挑战。

近年来,企业一直致力于推动卷烟生产组织和能源管理向数字化、信息化和智能化迈进。数字化能源管理主要体现在"管"和"控"两方面,即在实现软硬件系统集成的同时,由统一平台实现数据资源共享,对关键生产流程全程管控,对核心关键供能品质及能耗参数自动收集、自动预警。以绿色低碳为导向,建立基于数据驱动的精益化能源管理模式是推进和实现企业生产经营深度节能的关键。

(三)实施精益化能源管理是实现企业管理水平提升的必然途径

在能源管理过程中,生产计划无法事先掌握生产现场耗能情况,生产现场也无法实时读取计划层数据,容易造成能源管理反应滞后。管理人员和操作人员难以在生产过程中跟踪产品的状态能耗数据,从而很难实现能源消耗的过程管控。现有供能模式可以保障生产车间用能需求,但在高质量发展要求与绿色低碳发展要求下,企业需进一步提升供能品质与能源节约,开展供能模式的创新与尝试。

作为提升能源精益管理水平的有效手段,实现基于数据驱动的精益化能源管理,可以最快捷、最有效地提升企业价值,对企业能源利用效率提升、生产模式优化有着重要作用。

二、卷烟企业以绿色低碳为导向的精益化能源管理的主要做法

(一)以数据驱动的精益化能源管理内涵

企业引进数据驱动理念,以设备运行数据、能源管理数据为基础,细分能源需求,开展数字化挖潜,通过同比分析、基准分析、需求分析,核算企业碳排放数据,寻找节能降碳机会,探索以绿色低碳为导向的精益化能源管理新方式。其核心是,将精益思想贯穿到能源管理过程中,以"消灭一切能源浪费,满足生产需求"为着眼点,以能源计量、统计管理为基础,以管理、技术节能项目为支撑,以能效对标为手段,完善能源考核评价机制,应用 PDCA 实现能源管理的持续改进(如图 1 所示)。

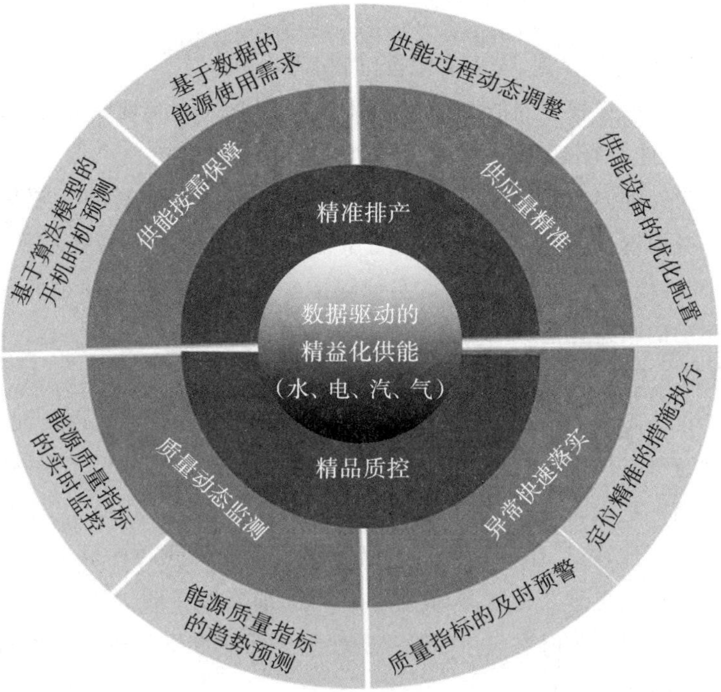

图 1　以数据驱动的精益化能源管理实践的内涵

为此，企业创新能源管理方法，强化源头管控，细化过程管控，实施动态过程考核。将低碳目标层层分解，由传统的能源费用管理向先进的碳排放量管理转变，实现能源目标转换。针对“水、电、汽、气”四种能源介质，以精准排产、精品质控为目标，全面采集能源管理相关数据，建立企业级数据中心，为数据驱动的精益化能源管理实践奠定数据基础。通过优化供能设备配置，从能源需求出发动态调整供能过程，确保能源精准供应。通过识别基于数据的能源使用需求，开发基于算法模型的开机时间预测模型，缩短非增值能源消耗，实现能源供应按需保障。通过建立能源监控平台，实时监控能源质量指标，分析能源耗用趋势，实现供能质量的动态监测。通过实时监控重要能源参数，依托语音短信报警平台，实时监控重点能耗参数，建立计量仪表关联关系，精准定位耗能异常点，保证异常耗能快速解决。依托节水教育基地、节水宣传周、节能宣传周等宣传载体，促进节能宣传，营造良好节能氛围。细化能源考核目标，闭环能源考核流程，实现能耗由组织调度到供能和用能的全流程考核，实施全流程闭环管控，提升全员参与节能管理工作的积极性，推进节能改善工作持续提升。

（二）调研需求，统筹规划，明确总体设计要求

1.统一思想，全局谋划，实现能源全过程管控

企业将精益思想贯穿到能源管理过程中，应用 PDCA 实现能源管理的持续改进，重点是细化能源管理颗粒度，借鉴阿米巴经营管理模式，将全厂用能管理单位由原来的部门管理向用能单元管理转变。在此基础上，将低碳目标层层分解，由传统的能源费用管理向先进的碳排放量管理转变，实现能源目标转换。将“水、电、汽、气”四种能源介质的节能量落实到碳排放减少上，实现以绿色低碳为导向、基于数据驱动的精益化能源管理新方式。

2.强化源头管控，细化过程管控，实施动态过程考核

企业将设备管理与能源管理相结合，坚持源头控制，对用能设备配备进行充分论证，严防产能过剩及用能设备能力过剩，以低碳为导向，从设备采购、维修、工艺流程等方面严把设备能耗关，实现设备低碳的源头管控。

细化过程管控，将工作日分为生产时间和非生产时间两种情况，将生产时间分为夏季、过渡季、冬季 3 种时态，将非生产时间细分为开班、收尾、停产、保养、检修 5 种状态。针对 3 种时态、5 种状态，通过历史耗能数据分析和现场写实，细化每个用能单元的过程管控。

实施动态过程考核，在识别重点耗能部门、主要耗能设备的基础上，控制用能单元，细化耗能工序，识别耗能控制点，明确绩效参数（ENPI），将用能单元进行网格划分，按照管理层级，分析历史耗能数据，识别 4 个耗能部门网格、10 个耗能班组网格、17 个重点耗能岗位网格、86 个重点耗能设备网格，健全能源四级网格单元。从能源运行数据、能源基准数据、能源标杆数据、能源测算数据四个维度制定设备定额，根据设备额定耗能和运行时间进行能源测算。制定能源绩效参数表和能源检查记录表，按照能源网格划分、能源测算方法，动态开展能源绩效考核和能源检查，实现用能过程动态考核。

3.产品侧调研，充分鉴别用能需求

企业从产品侧出发，以实现按需保障、精准供应为目标，以供能质量动态监控、能源异常快速落实为保障，基于用能侧能源需求，以能源品质与精准供能提升为重点，以三个转移（供能控制由“供能”为核心向“用能”为核心转移；供能参数由“静态”控制向“动态”控制转移；供能模式由“按时”供应向“按需”供应转移）为主要途径，结合企业实际发展需求，统筹规划，追求实效，创新基于数据驱动的精益化能源管理模式。基于历史能源数据和实时设备运行数据，解决供能质量提升与能源节约的突出矛盾，实现企业能源管控水平的新突破，助力公司绿色高质量发

展，做好碳达峰、碳中和工作，加快建立资源节约型、环境友好型企业。

科学设计，调研先行。为正确把握以数据驱动的精益化供能总体要求，企业以精准排产、精品质控为目标，按照“水、电、汽、气”能源介质，以实现精益化供能管理为导向，开展能源需求调研。分别对制丝、卷包、动力的主要生产设备，按照产线、区域、型号、原理等方面的差异，从工艺用水、清洗用水、设备用电、生产用蒸汽、压缩空气、生产负压、环境温湿度及天然气等 8 种能源介质进行用能需求调研，本次调研采用现场与线上相结合的方式，针对全厂 260 余台主要用能设备，共计开展 30 余次调研。为保证本次调研的科学性、充分性和有效性，对主要用能设备开展车间级、班组级和岗位级三级梯度调研，结合供能工艺参数、设备类别和生产牌号，整理形成设备的用能需求参数表。

（三）数据驱动，全面采集，奠定能源数据基础

1.开展能源写实，科学制定数据采集标准

在建设数据驱动的精益化能源管理模式过程中，企业广泛收集供能需求数据、能源消耗数据、设备运行历史数据及现有能源管理制度，确定能源管理范围和边界，并在此基础上，采用现场观察、能流分析、能源审计、能量平衡数据分析等方法，从生产流程出发对生产工艺、能源管理现状、能源技术应用和历史用能数据进行统计分析。识别确定四个重点耗能部门、260 多台（套）主要耗能设备，明确基于生产流程的供能链路，为开展数据驱动的供能管控体系奠定了基础；通过确定满足车间供能需求的上下游设备，梳理供能关系，对确定的主要供能设备进行数据采集及存档，编制历史数据存档格式标准文件，为后期的数据清洗打下了坚实的基础。

2.打通信息系统的数据接口，融合能源数据与生产状态数据

对 MES（产量）系统、ERP（企业资源计划）系统、TSPM（设备综合管理）系统、数据采集系统等数据进行充分挖掘，针对管理流程和现场操作进行数据采集管理设计，制定数据采集标准，统一数据命名规则、采集周期和数据格式。搭建技术平台，进行实时数据采集，扩建数据存储单元，提高数据存储质量。以底层 PLC 控制平台为基础，通过数据批处理等工具进行系统实现。实时数据采集路径如图 2 所示。

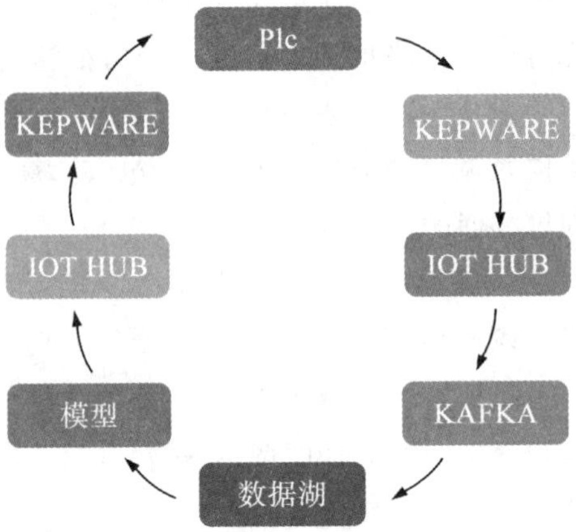

图 2　实时数据采集路径

企业将 MES、ERP、TsPM、能源管理系统、数据采集系统进行深度融合，将用能数据与生产状态信息和产量信息进行融合，对能源使用从采购到消耗进行全过程实时跟踪，实现由供给端控制为主向产品需求侧控制为主的能源保障方式转变。通过开发生产区域总览监控画面，将实时的耗水量、耗气量、空调送风量、耗电量等信息与生产区域信息、生产进度信息集成，实现各生产车间、各工序段、各类设备用能情况的实时展示，打通能源管理部门与生产车间的沟通壁垒，提高工作效率，加强与生产车间的紧密联系，全过程关注“一包烟”生产过程，提供更加精准的能源供应保障，有效实现能源可控管理。

3.集中存储，统一管理，搭建企业级数据中心

企业搭建企业级数据中心，打破各车间、各部门的数据壁垒，打破各生产线间的数据断层，实现数据集中存储。由信息管理处牵头搭建企业级数据中心，涵盖汇总制丝车间、卷包车间、能源动力处、设备管理处、生产供应处等部门的生产信息数据、能源管理数据、设备状态数据等全部数据。对企业级数据中心实行统一管理，集中管控，对网络安全、数据安全、信息安全、存储备份等方面进行统一管理。基于企业级数据中心，通过全面采集重点能耗设备数据，坚持实时的数据传输和细化至机台的能耗分析，为实现用能精准、节能精细和管能精益的精益化能源管理模式奠定了数据基础（如图 3 所示）。

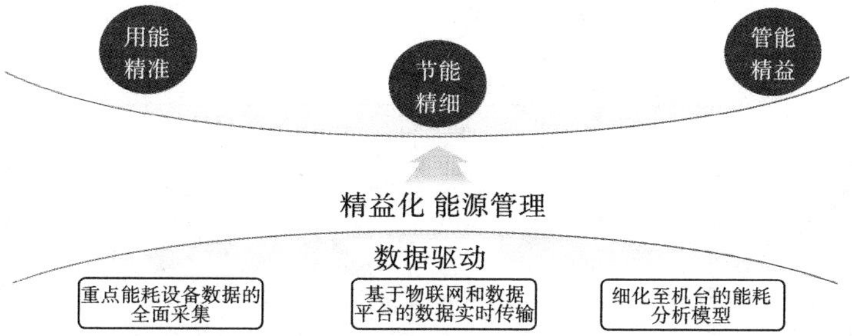

图 3　数据驱动精益化能源管理路径

（四）优化配置，动态调整，确保能源供应精准

1.实时采集车间生产设备运行状态，驱动供能设备动态调整

企业基于企业级数据中心，打造生产设备实时监控画面，实时掌握车间生产设备开台面变化，通过分析历史数据，根据生产设备变化推送能源需求量变化，驱动供能设备开台面动态调整（如图 4 所示）。

2.依据设备运行效率的实际，优化供能设备配置

通过分析设备运行数据和耗能数据，企业在满足车间能源需求的前提下，驱动设备开台面调整。全厂按照供能设备运行效率，细分车间生产组织形式，计算设备开台面最优组合，结合设备运行时间，优化供能设备配置。

通过数据分析，梳理空压系统 85 个数据维度，制作数据统计报表。开展模型开发工作，结合历史数据，运用 Minitab 软件的 DOE 实验，分析负荷与气电比之间的关联关系，利用响应优化器计算出空压机经济负荷区间及最优负荷值。根据车间保养、细支烟单独生产、大线生产 3 种生产模式的用气特征，将车间用气量分为 3 个常用工况与 6 个特殊工况，保证空压开台面判定逻辑合理，实现了群控的全面性。

按照生产保障优先、设备高效优先、低累计时间优先的原则，企业设计空压机开台面推送策略，涉及判定条件共 92 项，输出开台面策略共 34 项，实现空压机开台面自动推送。

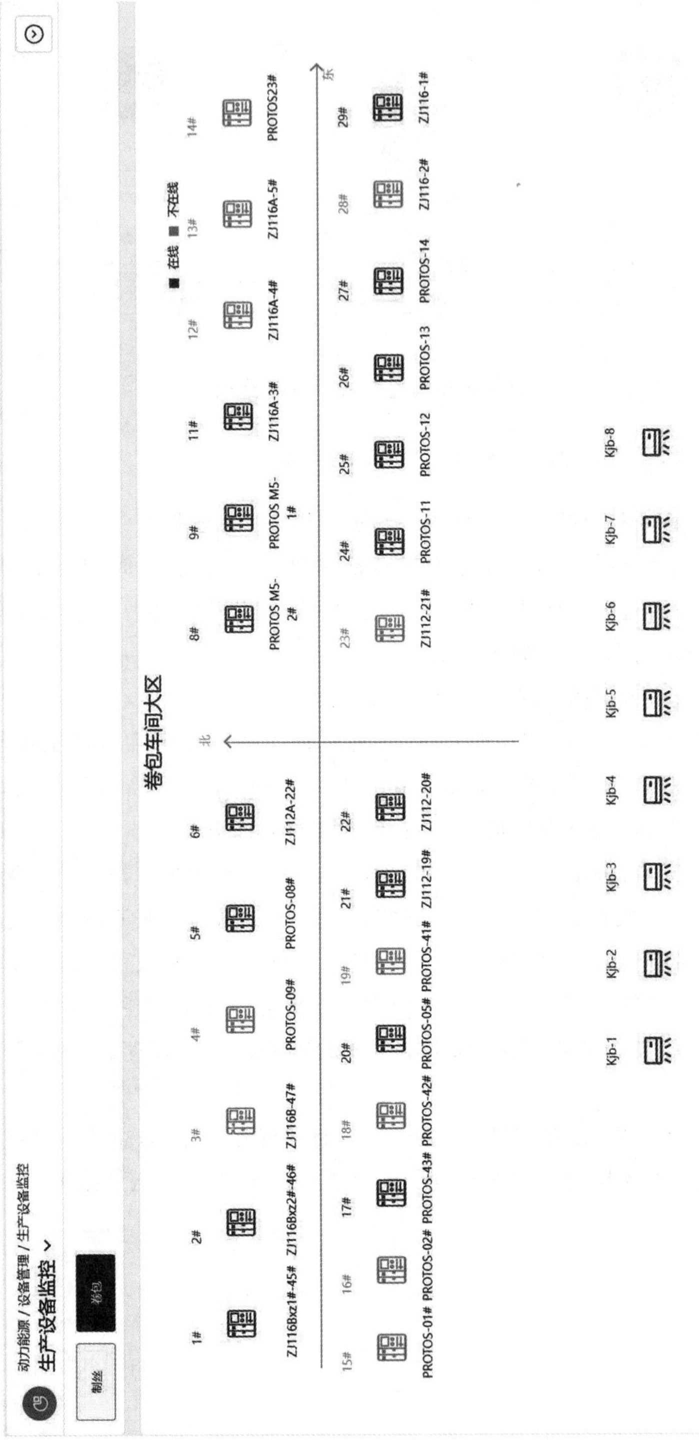

图4 车间生产设备运行状态

3.供能参数控制由“静态”向“动态”转移,确保能源供应精准

供能参数由“静态”控制向“动态”控制转移,优化产品供水压力、蒸汽温度、蒸汽压力、压缩空气压力、负压真空度等用能参数,探索用能品质与能源效率的最优值,实现供能参数与产品、设备、能效的动态调整。开展分时(冬季、夏季;生产、停产等时间维度)、分区(不同工艺要求区域)能源管控模式研究,降低夏季空调用蒸汽压力与温度、优化保养用压缩空气压力,分区控制工艺环境区域与岗位送风区域温湿度等,进一步提升能源供应精准管控水平。

制定空调分区管控方案(见图 5),综合考虑设备布局、生产安排、室外天气和车间符合变化,将企业 43 台工艺空调(包含 22 个生产区域)划分为连续运行、开台面调节和变频调节三种运行模式。打破原来静态的供能模式,实现以需求侧数据驱动的动态能源供应,提高能源供应的精准性。

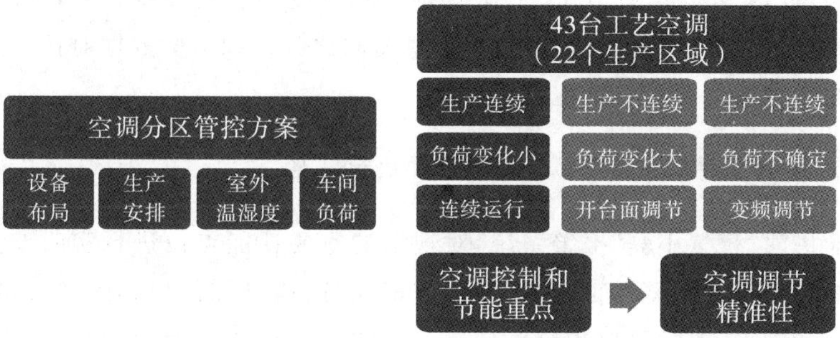

图 5　空调分区管控方案

(五)坚持精准排产,做好算法预测,实现供能按需保障

1.细化能源需求计划,融合生产排产与能源排产

企业按照生产工艺流程,制定不同生产区域的排产计划,基于 MES 生产数据,在系统内自动下发车间的生产调度计划。在此基础上,企业以生产调度计划为基础,根据历史耗能数据,细化能源需求计划,明确各生产区域的能源介质类型、需求时间和能源达标时间,实现生产排产和能源排产的高度融合,提高能源供给的按需保障能力。

2.构建智能预测模型,预测供能设备开机时间

企业根据历史用能数据,依靠数据传输的准确性及生产设备与供能设备的物联关系,构建智能控制模型,精准预测供能需求、供能时间、供能介质。通过设计生产设备拉动供能设备精准开停,依靠生产数据驱动供能设备开机,提高生产设备的能源保障能力。根据不同生产区域、不同能源介质、不同运行工况,预测供能

设备开机时间，实现“按需”供能。

（六）精准监控，趋势分析，建立动态监控平台

基于西门子 PCS7 集中控制系统，企业开发了用水实时监控系统，通过 WinCC 进行数据采集，绘制给排水主系统、凝结水回用系统等监控画面，通过上下级流量计数据的实时显示，实现用水量的实时监控。

企业依托能源管理信息系统，依据兼容性、通用性、实时性、可配置性、可靠性等原则，细化系统内用能单元统计口径、能源介质、用能班组、用能岗位设置，集成生产制造执行平台产量数据、ERP 生产信息数据，实现 4 个部门综合能耗、10 个班组 4 种介质单箱能耗、17 个岗位系统能耗、86 套设备效能的实时统计查询，自动生成能耗统计报表 140 余张，自动完成数据采集、数据分析、数据报警、数据应用等功能，设计开发了水平衡日报表、月报表、季度报表和年度报表，实现用水量自动计算、漏查自动检测，实现企业用水量的同比分析和历史数据对比，保证了全厂供水的准确计量和精益管控。

（七）参数预警，精准定位，保证异常快速排除

企业搭建“智慧小磊”报警系统，对现场的重要耗能点位进行实时监测，并对异常能耗数据进行报警，通过广播告知值班人员，通过邮件告知维修人员以及通过短信告知管理人员，确保相关人员第一时间收到现场问题，在防止能源浪费现象蔓延的同时也提高了排故效率。

为提高异常定位速度，企业将控制措施贯穿于供能设备、输送管道、用能设备，增加蒸汽、空压、真空等系统能源输送管路与用能设备的能源参数采集，将供能控制端前移。建立蒸汽管路散热量动态监控、真空与空压管路损耗异常报警机制，当供能管路出现异常时，管理人员可及时发现异常点位，确保系统稳定，降低能源浪费。

（八）依托基地，加强宣传，营造良好节能氛围

企业依托山东省节水教育基地、节能宣传周等节能宣传载体，增强职工生态环境保护意识，加强节能低碳宣传教育，倡导开展绿色低碳生产生活行动，实现生产生活方式向勤俭节约、绿色低碳、文明健康的方向转变，在全厂范围内形成绿色低碳的生产生活方式。通过调研职工节能意识，规范张贴节能宣传标识，合理利用现场看板、车间显示屏、网络微信等多种媒体形式开展节能宣传工作。通过开展节能征文、节能海报、节能金点子征集、节能知识竞赛及“啄木鸟行动”能源专项

检查等活动，提高了职工参与节能工作的积极性，营造了良好的节能氛围。

（九）细化目标，闭环考核，推进节能持续提升

企业把握“定基准、设目标、找标杆”的原则，将年度综合能耗目标分解为季度管控目标，按照能源介质分类，将综合目标从水、电、蒸汽、天然气四个维度进行分解，下达至部门，作为季度考核依据。季度管控目标由1个供能部门（能源动力处）+4个主要用能部门（制丝车间、卷包车间、安全保卫处和行政管理处）转变为2个组织部门（计划调度处、工艺技术处）+1个供能部门（能源动力处）+5个主要用能部门（制丝车间、卷包车间、安全保卫处、生产供应处和行政管理处），实现能耗由组织调度到供能和用能的全流程考核。全流程闭环管控详情如图6所示。

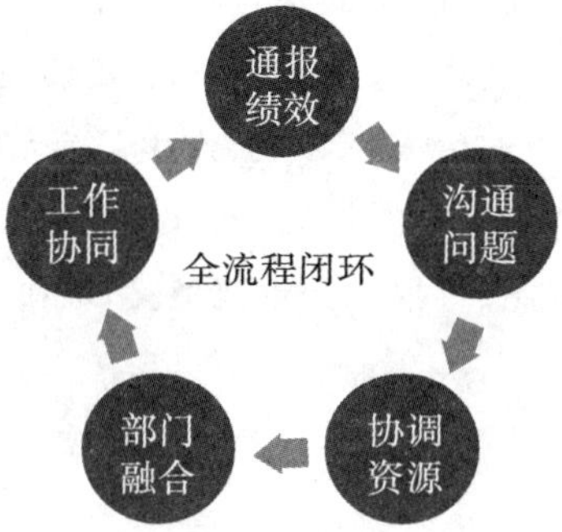

图6　全流程闭环管控示意图

此外，企业推行“能源目标考核”+“节能专项考核”管理措施，增加节能专项考核措施，每季度评选节能先进班组3个、节能改善达人6名，对节能量大于20吨标准煤的节能改造项目进行专项奖励，提升全员参与节能管理工作的积极性，推进节能改善工作持续提升。

三、以绿色低碳为导向的精益化能源管理的实施效果

（一）助力企业高质量发展，提升企业能源管理水平

通过本次项目实施，企业进行了以数据驱动的精益化能源管理实践，增强了对能源消耗的过程控制能力，实现了供能按需保障、能源精准供应、质量动态监测、异常快速落实，将能源管理重点由传统的事后分析改为前期预测、动态过程管控模式。能源管理工作的供给侧结构性改革，使能源管理更加灵活、及时

和高效。

通过本次项目实施，企业实现了能源供应从产品侧出发，供能控制由“供能”为核心向“用能”为核心转移；供能参数由“静态”控制向“动态”控制转移；供能模式由“按时”供应向“按需”供应转移，提高了企业综合管理能力，提升了企业核心竞争力，创新了以数据驱动的精益化能源管理模式，提升了企业能源管理水平。

（二）取得的经济效益和社会效益

通过项目的实施，企业降低了能源单耗，节约了能源费用，营造了良好的节能氛围。2022 年收集了 128 个节能亮点，同比增加 67 个，累计节能量达 77.56 吨标煤，同比节约 31.62 吨标煤，2022 年企业用水量同比降低 9677 吨自来水。

项目实施以来，企业提高了能源的综合利用效率，众多节水和节能举措获得社会认可，水利部、山东省水利厅、青岛市纪委、青岛市机关事务服务中心、市南区政协及青岛市水务局等单位先后来厂参观，产生了良好的社会影响，宣传了企业的节水、节能措施。企业节水工作的相关经验做法被《人民日报》、新华财经、学习强国等媒体报道，具有可复制、可推广的重要意义，取得了良好的社会效益。

成果创造人员：王吉平　张　建　廖克存　闫宪宝　赵　坤　曹　凯　傅培恩

供电企业以提升客户用电体验为核心的数智化供电服务指挥体系建设

国网山东省电力公司胶州市供电公司

摘要：国网山东省电力公司胶州市供电公司以优化营商环境、提升供电服务水平、满足客户高品质用电体验为导向，以数字化和智能化为方向，深层次优化供电服务指挥管理的组织架构，通过大数据分析、人工智能等新技术的应用赋能配网调控、抢修指挥、服务监督等传统业务，构建数智化供电服务指挥管理的"四大体系"，即打造全链条配网数据资产管理体系、数字化配网调控技术支持体系、多维信息融合的故障报修工单智能管理体系、基于"数字员工"的服务监督管控体系，通过实现全业务环节的数字化驱动，全面加强配电网和客户服务的应急响应，全方位促进供电可靠性和客户服务满意度双提升。

胶州市地处黄海之滨、胶州湾畔，陆地面积1324平方公里，海岸线25公里，常住人口98.8万人。国网山东省电力公司胶州市供电公司(以下简称"公司")是全省第一批七个大型县供电企业之一，服务胶州全市62.36万用电客户。2022年，公司售电量完成49.59亿千瓦时，同比增长7.72%；综合线损率2.65%，同比下降0.92%；营业收入31.59亿元，同比增长17.92%。公司先后荣获全国五一劳动奖状、国家电网文明单位、国家电网公司一流县供电企业等荣誉称号，多次被省公司评为先进单位和先进基层党组织。2021年，获得青岛公司"先进集体"、"先进基层党委"、胶州市"先进基层党组织"和"支持胶州发展先进单位"等称号。

一、供电企业以提升客户用电体验为核心的数智化供电服务指挥体系建设的背景

(一)能源产业转型升级的战略选择

能源是经济社会发展的基础支撑，能源产业与数字技术融合发展是新时代推动我国能源产业基础高级化、产业链现代化的重要引擎，是落实"四个革命、一个

合作”能源安全新战略和建设新型能源体系的有效措施，推动数字技术与实体经济深度融合，赋能传统产业数字化、智能化转型升级，是把握新一轮科技革命和产业变革新机遇的战略选择，对提升能源产业核心竞争力、推动能源高质量发展具有重要意义。

(二)电力体制改革背景下营造良好营商环境的需要

随着电力体制改革纵深推进，输配电价改革、配售电业务放开、电网公司盈利模式改变等一系列电改新要求和公司“一体两翼”战略布局，公司发展外部环境面临巨大变化，市场竞争日益激烈。面对新形势带来的前所未有的发展机遇，公司加大电网投资，强化网架水平。同时，大规模的电网建设改造对电网工程的超前规划、精准投资、过程管控也提出了更高的精益化管理要求。传统简单粗放式的管理模式短板逐渐显现，亟须深化利用大数据、移动终端等先进手段提升管理水平。与此同时，须进一步深化“纵向贯通、横向协同、末端融合”管理理念，整合资源、优化流程，以提升供电服务能力为宗旨，营造良好的营商环境，创新配电网运营管理模式，提高管理效率和效益，提高市场化竞争能力和优质服务水平。

(三)“用户中心时代”提升客户用电体验的需要

电力系统的发展走过了“电源中心时代”和“电网中心时代”，如今进入“用户中心时代”。配电网成为基本平衡单元是这一新时代的主要标志，迫切需要以数字化、现代化手段推进经营管理变革，促进发展质效全面提升。但目前在客户端，服务沟通手段单一落后，客户诉求难以高效快速响应；在管理端，各专业信息尚未全面共享，数据分析和监控预警能力不高，对供电服务全流程无法提前预控和预警。亟须消除技术障碍，畅通信息数据传递渠道，强化前端设备运维水平，增强后台分析支撑力度，提升供电服务智能化水平，优化客户服务管理流程，切实让广大客户享受到便捷高效优质的供电服务。

二、供电企业以提升客户用电体验为核心的数智化供电服务指挥体系建设的主要做法

供电企业以优化营商环境、提升供电服务水平、满足客户高品质用电体验为导向，以数字化和智能化为方向，深层次优化供电服务指挥管理的组织架构。通过大数据分析、人工智能等新技术的应用赋能配网调控、抢修指挥、服务监督等传统业务，构建数智化供电服务指挥管理的“四大体系”，即打造全链条配网数据资产管理体系，依托“两系统、一平台”，通过“互联网＋移动终端”手段，实现作业流程自主按需配置、移动端开展和工单驱动业务，实现“业务工单化、工单数字化、数

字绩效化”；打造数字化配网调控技术支持体系，以配网智能调度平台和配电网自动化主站系统为基础，以供电服务指挥平台为支撑平台，构建全景观测、精准控制、故障自愈的新型有源配电网调度模式，实现实体配电网在数字空间的实时动态呈现、计算推演、智能决策和互动调节；打造多维信息融合的故障报修工单智能管理体系，优化自动接派单、可视化抢修功能，提升配网故障研判能力和处理效率，开展靶向式差异化配网运维及检修，加强配电网和客户服务的应急响应，有效降低客户停电感知；打造基于“数字员工”的服务监督管控体系，打破“系统、流程”两大壁垒，应用以“数字监测指挥员”“数字运营管控员”“数字配网调控员”为典型的“数字员工”，开展主动工单驱动配网业务管理和服务风险督办预警。实现全业务环节的数字化驱动，促进供电可靠性和服务满意度双提升。数智化供电服务指挥体系如图 1 所示。

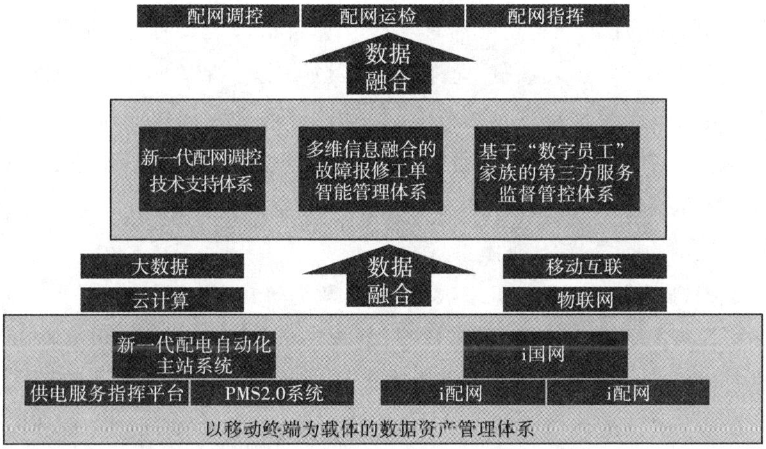

图 1　数智化供电服务指挥体系建设架构图

（一）建立界面清晰、高效运转的组织架构

1.机构设置

为面对社会经济新常态、电改新形势、服务新要求，落实国网公司“拓展集约深度、强化末端融合”“强化营配调专业协同，不断提升供电可靠性和优质服务水平”要求，根据《国网山东省电力公司供电服务指挥中心（配网调控中心）推广建设实施方案》工作部署，坚持以客户为中心，以提升供电可靠性和优质服务水平为重点，整合运检、营销、调度等专业指挥资源，集中配网调控、抢修指挥、配电运营、服务指挥、服务监督等业务，供电服务指挥中心作为“强前端、大后台”服务新体系的中枢，开始实体化运行。内设配网调控班、监测指挥班、运营管控班、配电自动化班 4 个班组。

2.业务职责

供电服务指挥中心作为公司的内设二级业务管理机构，定位为营配调服务资源的统一调配指挥平台。运检部、营销部、调控中心是供电服务指挥中心相关专业的管理部门，对供电服务指挥中心进行业务指导。供电服务指挥中心作为运检部、营销部及调控中心的业务支撑机构，开展配网设备监测、抢修指挥、配网运检指挥、配网调控等工作。县公司作为运检、营销业务的执行部门，接受供电服务指挥中心业务指挥和全过程监督。

（二）打造全链条配网数据资产管理体系

为贯彻落实“推进数据资产化，充分激发数据要素价值”的战略目标，全面促进“数据驱动业务”，青岛公司依托“两系统、一平台”，应用“互联网＋”手段，以“i 国网”移动终端为载体，建立前后端实时互动渠道，以“实时化、可视化、痕迹化”现场作业管控为基础，建成数据“全采集、全贯通、全分析”的全链条配网数据资产管理体系，实现作业流程自主按需配置、移动端开展和常用作业流程的工单提醒、工单快捷处理、工单预警、工单催办、工单监控、工单评价等，实现“业务工单化、工单数字化、数字绩效化”，提升作业人员工作体验与工作效率。

1.建立配网数据资产管理体系理念

配网数据资产管理体系涵盖了数据流通、数据管理和数据运营三个方面。数据流通主要包含数据采集规范、流程规范等，侧重于从数据收集角度提升数据质量；数据管理主要依托数据中台等平台开展数据共享、数据质量筛查和安全管控，侧重于从现场作业角度提升流程规范性和安全性；数据运营主要包含统计分析和数据治理、数据挖掘，侧重于从数据校核、分析总结等角度提升数据资产的长期价值。

2.推进配网设备信息“一码贯通”

青岛公司建立了以“一码贯通、双网交互”为特征的新时代设备运维管理体系，实现了设备管理“在线化、透明化、移动化、智能化”。已开展配变、环网柜两类设备的 RFID 电子标签安装，运维人员根据 PMS2.0 系统自动生成的设备巡视策略，派发工单至“i 国网”App 端，通过工单驱动配网运维巡视业务开展，携带移动终端开展设备巡视工作。通过扫描电子标签，完成设备巡视、缺陷登记、巡视轨迹、图实不符纠错等管理，将相关记录信息同步至 PMS2.0 系统，在系统中完成相关管理之间的自动关联。

3.构建配网全链条实时采集数据网

通过新一代分布式 DTU、低压智能台区、智能公变终端、智能漏保、一二次融合开关、智能电表等标准化、模块化的智能设备及技术，应用“两系统、一平台”实现信息实时全采集，中低压故障综合研判等功能，通过“源端维护、全局共享”，实现配电网从“中压—低压—用户”全链条的设备状态全面可知、可控，全力推进配网设备透明化。青岛公司累计安装一二次融合终端24589台，覆盖率76.31%，台区实时监测覆盖率达94.9%。通过一二次融合终端构建中低压配网“一张图”，对低压出线运行状态实时监测，实现停电实时上送，电压、电流小时级采集，中低压配网实时状态全感知。

（三）建设数字化配网调控技术支持体系，助力配网调控指挥数字化转型

数字化配网调控技术支持体系按照“靠近应用、靠近用户”的思路，以配网调度指挥网络交互系统、配电自动化系统、供电服务指挥平台为主体，通过各系统之间交互图模数据、实时数据和历史数据，实现配电网设备状态透明、运行状态透明，不断提升配网数字化水平，实现智能成票和网络化下令，提升现代电网安全、智能调度水平；同步推进自愈型配电网建设，实现配电网故障智能处置，提高供电可靠性。

1.深化配电自动化主站应用，提升配网数字化安全运行水平

新一代配电自动化主站系统建设通过推动配网图模治理和应用，实现配网电子图模100%全覆盖，打破多专业间系统壁垒，与PMS2.0、供电服务指挥平台等系统实现互联共享，建立在线化的图模维护流程，以“配电自动化＋融合终端”和“配电自动化＋用电采集”为两擎，将配电网各种设备的技术数据、网络拓扑结构数据、设备地理位置和图形数据、遥信和遥控的关系数据、用户负荷数据等接入配电自动化主站工作，获取配变运行状态，结合电网拓扑结构，实现配网设备全面感知，解决“盲调”问题，推动“模糊调度”向“透明调度”转型。

(1)优化数据一致管控流程，实现配网数据互联共享

公司理顺配网数据治理流程，以“图源唯一、图实一致”为原则，实行设备主人数据治理责任制，遵循电网资源中心源端数据维护；研发线上流转流程，自动生成线路、变电站图模推送主站，平均维护时间由20分钟减少到5分钟。创新研发自动成图技术，实现环网图自动生成。针对青岛配网线路环路多、联络率高的现状，按照自动布局布线设计思想，集中攻关生成省内首张基于自动成图技术的配电环网回路图，为调度员提供全局视野范围内的配网连接逻辑关系，成功解决配网调控宏观决策的痛点和难点。

(2)加大主站、终端消缺力度，推进故障FA(馈线自动化)智能自愈

公司利用配电自动化装置及系统，监视配电网的运行情况，及时发现配电线路故障并进行分析定位，执行故障隔离和非故障区段恢复供电的操作。一是完善系统FA功能配置，确保FA动作逻辑精准可靠。根据现场FA应用场景实时追

踪 FA 动作情况,完成 FA 功能优化 44 项。二是多维度分析终端运行情况,实现配网终端精细化运维。创新开发主站 IV 区终端管理、指标分析、缺陷分析等模块,从终端品牌、终端类型、通信方式等维度统计终端运行情况,开展终端在线率、遥控使用率等指标分析,高效指导运维人员提前制定消缺计划,提高终端运维效率。三是研制配网故障快速仿真系统,在培训态提供仿真环境中,通过在图形上设置故障进行故障模拟。根据故障逻辑产生开关变位及保护动作信号,触发 DA 进行故障分析,可验证分析出的故障定位、隔离方案、转供方案、上下游恢复方案是否正确。负荷一键转供功能的流程见图 2。

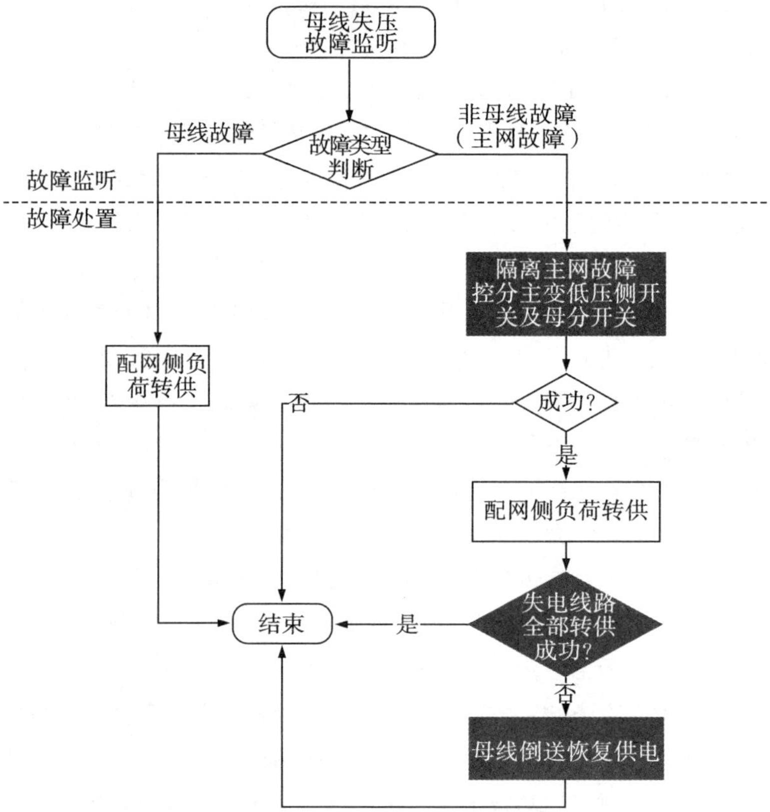

图 2 负荷一键转供功能流程图

(3)完善配网故障处置手段,提升应急智能处置水平

一是对故障信息自动进行综合研判,实现了跳闸高效研判。部署海量配网信号精准识别系统,实现配网开关变位 7×24 小时智能监测,日均监控信号量由 5000 条减少到 30 条,提高调控人员监控效率、缓解监控压力。二是拓展跳闸信息推送渠道,实现故障信息实时发布。部署主站 IV 区故障研判和短信告警模块,

实现多途径实时发布故障信息给设备运维人员，便于及时进行现场排查和消缺。三是研发一键式智能化操控和全站负荷转供功能，自动生成整站负荷转供方案，将传统的重复操作转变为一键式智能化操控，快速恢复用户负荷供应，实现少停电、快送电，提升用户体验。

2.打造配网调度指挥网络交互系统，助力配电网智能化发展

针对传统的配网调度倒闸操作发令模式与不断增长的设备精益运维需求之间的不适应性越来越大的问题，公司推动网络化调度建设，创新开发配网调度指挥网络交互系统，实现传统电话联系向线上网络、移动终端互动转型，构建“智能成票、网络交互、数字防误”于一体的配网智能调度交互平台，配网调度平台从“电话调度”到“无声调度”。

（1）通过“i配调”实现电子化网络发令，促进管理模式创新

基于人工智能技术构建电子化网络发令模式，公司通过配网调度指挥网络交互系统与供电服务指挥平台间数据共享，实现了调度指令交互从传统电话模式向网络智能化模式转变。配调值班调控员通过调度PC端——配网调度指挥网络交互系统和“i国网”中的“i配调”调度运行指挥应用模块开展配调预令“三部曲”和正令“六部曲”全业务流程，预令“三部曲”包括指令票审核、预发和签收；正令“六部曲”包括调度下令、现场复诵、调度确认、厂站回令、调度收令、厂站确认等环节。较传统电话下令，网络化下令节省时长0.3小时/项。

网络下令模式有效解决了业务高峰时段大量并行操作排队等候配调电话指令的窘境，提高了接发令效率，缩短了电网检修计划操作时间，降低了调度员的劳动强度，改善了调度员职业健康水平。

（2）一键智能成票，助力班组提质增效

依托配网调度指挥网络交互系统和配电自动化主站系统，研发基于配电线路环网图的智能成票，实现配网调度操作票由手动拟写到系统自动生成的重大突破。一是点图开票模式下，按照停送电倒闸操作逻辑，对配电设备进行相应操作，同步生成调度操作指令。二是一键开票模式下，依次选中检修范围中的停电设备，系统自动解析所选设备当前状态及网络拓扑关系，基于成票规则库精准匹配算法，一次性生成停、送电操作票。较传统拟票，智能成票平均时间由10分钟缩短至2分钟，极大地提高了工作效率。

3.依托供电服务指挥平台，延伸配网管理深度

供电服务指挥平台，可以实现调度生产管理信息与其他系统之间的互联，以及省、地、县调二级调度业务纵向贯通，形成集调度生产、专业管理和调度业务处理为一体的调度综合管理平台，实现业务数据及功能集成共享，延伸管理深度，建

立贯通省、地、县(配)的数据监测和专业评价体系,从“各自为政”到“统一管理”。

(四)打造故障报修工单智能管理体系,实现多维信息互联融合

公司坚持“以客户为中心”的工作要求,深入推进“五个一”标准化抢修,以故障报修工单驱动配网标准化抢修工作为主线,以营配调数据融合应用促供电优质服务为目标,综合利用多维配网数据信息,重点从 95598 故障报修工单自动接派单、可视化抢修指挥全流程管控方面打造高度人工智能的故障报修工单智能管理体系,提高故障抢修效率和优质服务水平,满足人民向往美好生活的用电需求。

1.开发 95598 故障报修工单智能自动接派单功能,实现监测指挥员职能转型升级

公司通过对 95598 故障报修工单中的地址信息进行提取,基于 6 种匹配方法,对每张工单依次按照用电户号、全地址、短地址、数据分词、管辖范围、拼音的次序进行抢修队自动匹配,自动将故障报修工单派发至低压抢修单位。如最后仍然出现匹配不到抢修队的情况,则进行提示由人工及时处理并派发工单。

公司通过 95598 故障报修工单自动接派单工作模式,改变了以往由人工逐个查询、手工派发至抢修单位的方式,每一件工单派发时间由以往 2 分钟下降至 5 秒钟。对于多个工单同时出现,以往只能通过人工逐一派发,变为串行处理模式,通过智慧匹配和后台计算,可以同时处理所有工单,进行多个工单自动派发,将串形模式变更为并行模式,实现高峰期 95598 故障报修工单秒级响应。

2.建立可视化抢修指挥全流程管控模式,切实提升抢修质效

充分发挥供电服务指挥中心营配调专业集成优势,推进营配调数据贯通和业务融合,创建了可视化抢修指挥平台,建立了可视化抢修指挥全流程管控模式。

(1)开发抢修资源可视化、抢修指挥可视化和抢修流程可视化三个模块

抢修资源可视化。对当日处理工单情况总览以及各供电中心抢修资源(人员、车辆、物资等)进行整体使用情况实时展示。实时分析当日 95598 故障报修工单数、其他渠道工单数、已完成数量、处理中数量。实时统计常备抢修资源:抢修站点、人员、装备、车辆、物资总数量、派出数量以及待命数量。实时显示备用第二梯队待命资源数量,从整体上掌握当日各类抢修资源储备以及使用情况。供服中心依托抢修资源可视化,实时监控各供电中心,结合抢修工作量、人员承载力等因素,统筹调抢修第二梯队力量。

抢修指挥可视化。以青岛国网 GIS 地图为载体,网格化区域展示抢修队负责范围区域,以不同颜色表示各抢修队当日处理工单总数。不同状态(红、黄、绿)图标展示当前抢修队伍承载力,支撑供服中心指挥供电中心抢修专责,实时监控抢

修站抢修资源，受理抢修资源调配诉求，结合抢修工作量、人员承载力等因素，统筹调配抢修资源或向供电中心提出抢修资源调配建议，自主调配抢修资源，强化抢修工单过程管控。

抢修流程可视化。实时统计故障报修工单、其他渠道工单各流程环节处理情况，如自定义时间查询工单数据，统计时间范围内的故障报修工单数量、其他渠道工单数量。依托工单处理全流程图，将故障报修工单按照工作流程分解为指挥派工、终端接单、到达现场、现场抢修、回填工单、工单审核六个流程，实时计算故障报修工单、其他渠道工单各流程环节处置情况，对关键环节自动预警督办，提醒现场抢修人员及时整改，降低服务风险。

(2)构建抢修服务全流程管控体系，切实降低服务风险

一是应用GPS定位功能，强化抢修指挥工作职能。依托现场终端坐标GPS数据，通过安全接入终端上传至配网调控智能决策管理平台数据库，在国网GIS地图上实时显示终端、车辆位置信息。通过终端定位、故障点定位、抢修轨迹查询等信息进行综合研判，对现场抢修人员终端使用、真实到达现场时间、工单回填三项工作流程进行可视化管控。二是自动发送督办短信，提升工单关键环节处置效率。依托工单处理全流程图，实时计算各环节工单情况，对到达现场、故障排除等抢修关键环节加强管控并通过平台自动发送预警督办短信，降低服务风险。三是通过故障报修风险预警功能，将客户报修诉求、历史诉求、计划停电、故障停电等信息进行综合分析、比对，自动计算客户处历史停电次数以及易错工单识别，对存在投诉风险的工单进行预警提醒，降低投诉风险。

3.通过“i配网”构建配网故障主动抢修移动管理模式

公司以数据资产管理体系为基础，通过优化用电信息采集终端、智能电能表等关键设备软硬件开发策略，完善远程及本地通信协议和电能表停电事件主动上报功能，结合低压电网拓扑关系，精准定位停电影响范围，实现低压配网停电故障快速上报，第一时间生成主动抢修工单。从供电服务指挥平台推送至抢修人员移动终端“i配网”，指导现场人员在客户感知之前开展配网主动抢修，提供以客户需求为导向的主动服务，提高主动服务时效性和用户服务获得感。故障主动抢修移动终端流程见图3。

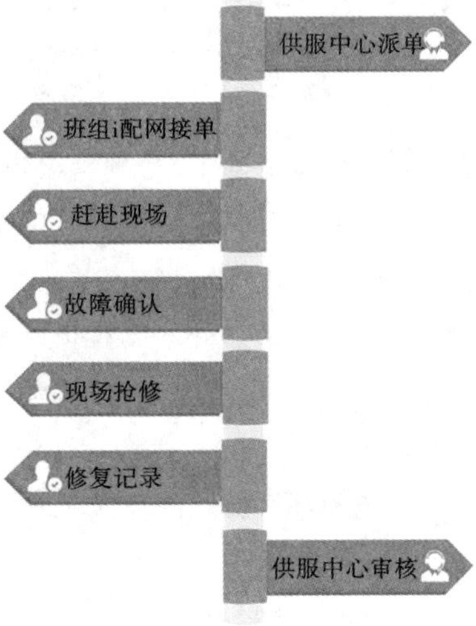

图 3　故障主动抢修移动终端流程

（五）建立基于“数字员工”的服务监督管控体系，促进供电可靠性和服务满意度双提升

供电服务指挥中心作为营销部、运检部、调控中心的业务支撑机构，以第三方的身份，对公司调度指挥和供电服务开展配电网相关数据核查和数据分析。工作开展过程中，存在分析维度多、计算逻辑难、涉及系统广的问题。供电服务指挥中心通过固化流程、操作内容和人员角色，应用 RPA、AI 技术，打破“系统、流程”两大壁垒，根据业务内容，打造由“数字监测指挥员”“数字运营管控员”“数字配网调控员”为成员的“数字员工”家族，具备五大技能，包含服务质量监督、工单过程管控、数据分析核查、服务风险预警以及配网运行监测，共涉及 22 项业务场景，实现业务流与数据流的融会贯通，创新供电服务指挥模式，促进供电可靠性和服务满意度双提升。

1.依托“数字配网调控员”辅助开展配电网调控操作过程管控，提升配网调控管理水平

“数字配网调控员”包括归档操作票开关位置自动核查、计划工作日报编制、跳闸值班记录及故障短信自动编制功能。“归档操作票开关位置自动核查”可基于配电自动化系统当前开关的遥信位置和已执行操作票的指令内容，自动进行开关位置的一致性核查；“计划工作日报编制”可自动登录供电服务指挥中心，爬取配网检修流程中“领导批准”“调度预告”“待开工”等模块中关于第二日的工作，按照指定的格式生成日报文档；“跳闸值班记录及故障短信自动编制功能”可根据配

电自动化系统的FA动作信号，结合台账中有关各供电中心线路明细，按照规定的格式，自动编制值班记录和发送故障短信。

2.依托"数字监测指挥员"开展数字化工单驱动业务，推动配电网管理模式转型升级

供服中心在省公司配网工单驱动体系基础上，进一步发挥营配调融合优势，细化全专业全流程业务管理颗粒度，依托"数字监测指挥员"开展数字化工单驱动业务，在数据校核、服务提升、风险管控三个方面拓展了8类应用场景，推动供电服务能力和专业协同模式转型升级。通过对采集数据进行系统研判，对设备主人提供管理"小策"，为公司管理者提供决策"大略"，为管理数字化提供坚强支撑。

3.依托"数字运营管控员"开展服务风险预警督办业务，助力提升供电服务水平

公司充分发挥供服中心运营监测职能，依托"数字运营管控员"建立服务风险预警督办体系，通过定时监测功能，在电脑夜间空闲时刻跨系统自动对全渠道客户诉求工单进行穿透分析，按照每日预警服务风险工单、每周管控风险工单整改措施、每月分析供电服务领域突出问题的模式建立闭环管控机制。

一是每日预警服务风险工单方面，"数字运营管控员"包含筛查敏感意见工单、重复诉求工单、重复报修工单、频繁停电台区预警工单4项功能；二是每周管控风险工单整改措施方面，"数字运营管控员"包含周报95598工单及服务风险工单情况分析、周报95598业务处理满意度分析、95598工单周分析报表生成等5项功能，每周自动生成全渠道客户诉求工单处置周报；三是每月分析供电服务领域突出问题方面，"数字运营管控员"包含供电服务领域突出问题数据分析、供电服务分析月报数据分析2项功能，可自动分析供电服务领域中抄表收费、频繁停电、电力短信、电网建设、业扩报装等12类突出问题。

三、供电企业以提升客户用电体验为核心的数智化供电服务指挥体系建设的效果

（一）各项指标明显改善，全面提升配电网精益运维水平

通过全方位开展数智化供电服务指挥体系建设，2022年供电服务指挥中心各项指标均显著提升，异常台区治理完成率达到100%；全年共处理故障报修工单33322件，占全省总量的11%，同比下降13.18%；累计无差错执行调度操作指令17511条，妥善处置配电网故障392次，配网智能调度平台通过网络化下令1346项，智能成票2477张，较传统操作方式网络化下令每项节约0.3小时，智能

成票每张节约 8 分钟，共节约配网调控值班员工时 734 小时；可视化抢修指挥平台判定因同一故障引发客户重复报修事件 310 余次，合理规划抢修路径 600 余次，按每次耗时 30 分钟计算，有效节约抢修人员工时 455 小时；全年户均停电时间减少 1.13 小时，配电网调控运维水平显著提升。

（二）供电能力持续提高，取得了良好的社会效益

青岛公司加强数智化供电服务指挥体系建设，彻底消除配电网抢修指挥盲区，确保配电网抢修指挥范围覆盖率均达到 100%，全面掌控配电网的供电状况，实现配电网抢修指挥的最优安排以及事故的快速处置。仅 2022 年市县公司就高效、优质处理全渠道工单 10.6 万件，供电质量类投诉工单同比下降 82.22%。青岛供电公司的安全供电水平和优质服务水平均显著提高，更好地履行企业社会责任，服务青岛经济社会发展。

（三）提升了客户用电体验，经济效益稳步增长

通过数智化供电服务指挥体系的建设，青岛客户故障报修平均处置时长由 53.56 分钟下降至 47.41 分钟，同比下降 11.48%，按 2022 年故障报修工单 33322 件计算，共计减少故障抢修时长 3.4 千小时。配网智能调度及供电服务全过程监督使计划停电时间大幅缩短，综合计算：2022 年台区户均停电时间减少 1.1311 小时，共减少客户停电时间 2.5 万小时，2022 年青岛市县平均电价 624.09 元/千千瓦时，每小时平均耗电量 110 度，经测算共减少 171.6 万元损失。市县人力资源进一步优化配置，市公司监测指挥专业用工定员由 20 人压减至 15 人，减少外委人员 5 名，按照青岛市人均社平工资 7.5 万元/年计算，节约人工费用 37.5 万元，共计节约总资金 209.1 万元。

成果创造人员：刘玡朋　杨　超　孙小涵　刘　鹏　史先好　刘　义　李晓盟

基于长周期可持续发展的极浅海油田专业安全风险预控管理

中国石油化工股份有限公司胜利油田分公司海洋采油厂

摘要：专业安全风险预控管理是固底板、打基础、控风险的有效手段。中国石油化工股份有限公司胜利油田分公司海洋采油厂充分认识到海上安全环保管理的极端重要性、责任重大性和复杂性，围绕长周期可持续发展目标，深刻把握海上专业安全风险管理特点，运用体系思维，以专业安全视角，逐条打开海上原油生产业务流程，从根源上分析每项业务活动中潜在的安全风险，全链条抓实专业安全风险管理，全方位做实专业安全风险管理保障体系，全要素夯实专业安全风险管理运行体系，大力推进安全专业与专业安全一体融合，狠抓各项措施的落实，有效应对海上恶劣的气象海洋环境带来的挑战，主动防范各类风险，安全环保形势总体保持平稳，实现了长周期安全生产，对保障国家能源安全发挥了重要作用。

中国石油化工股份有限公司胜利油田分公司海洋采油厂（以下简称“采油厂”）是中石化唯一从事极浅海石油开发的专业化单位，管辖的埕岛和新北极浅海油田位于渤海湾南部海域，现有员工1800余人，管理各类海上采油平台122座、油气水井870口、海底管线167条、海底电缆130条；荣获全国先进基层党组织、全国青年文明号、山东省五一劳动奖章、中石化红旗采油厂等荣誉称号。近年来，采油厂紧密结合安全管理形势的变化，科学把握极浅海油田安全生产规律，创新安全管理思路，强化专业安全，做实过程管控，实现了长周期安全清洁生产。

一、基于长周期可持续发展的极浅海油田专业安全风险预控管理的实施背景

（一）实施专业安全风险预控管理是扛起保障国家能源安全担当的必然要求

能源安全是国家总体安全的重要组成部分，也是经济社会稳定发展的基础。

党的十八大以来，习近平总书记提出“四个革命、一个合作”能源安全新战略，多次对能源安全作出重要指示和批示。2021 年 10 月 21 日，习近平总书记亲临胜利油田视察，作出重要指示，要求能源的饭碗必须端在自己手里。作为原油生产的主力军，海上油田产量约占胜利油田的 1/7，任何的产量波动都会对保障国家能源安全产生不利影响。急需树立长周期可持续的安全理念，强化体系思维，促进安全生产和生产经营、专业管理深度融合，切实有效监控生产经营各环节，全面管控各类安全风险，持续提升海上安全的管理水平，为原油生产提供安全可靠的有利条件。

（二）实施专业安全风险预控管理是落实安全生产法律法规要求的根本途径

安全与业务从来都是“一体两面”，不能分割对待，更不能对立对待，必须系统对待、一体运行。缺少安全工作这个“1”，其他任何工作都为“0”。2013 年 7 月 18 日，习近平总书记在中央政治局第二十八次常委会会议上，首次提出了“坚持‘管行业必须管安全、管业务必须管安全、管生产经营必须管安全’”这一重要论述。2021 年 6 月修订的《安全生产法》将“三管三必须”写入了法律，进一步明确了安全不是一个部门的职责，而是各方面必须要履行的法定责任。因此，必须严格落实安全生产“一岗双责”，将安全生产作为业务分管负责人、业务管理部门的首要责任，推动各业务部门协同配合，扛起安全生产责任，合力扎牢安全“笼子”，形成安全工作齐抓共管的良好局面。

（三）实施专业安全风险预控管理是实现极浅海油田高质量发展的必由之路

近年来油田赋予采油厂“当标杆、作表率、引领高质量发展”的使命，作为海上油田高质量发展的重要组成部分，安全风险管理也必须走在前。虽然仅隔一层水，但与陆地石油开发相比，海上环境恶劣、制约因素多，油气生产风险密集，安全管理难度大，尤其是半海半陆的极浅海油田开发方式是中石化认定的极为重大风险之一，在国内外油气开发领域内没有先例可循，没有成熟的 HSE 管理经验可以借鉴，安全管理的标准更高、要求更严，所需专业领域知识技能、管理经验更深、更广、更综合。加之政府监管趋严、社会公众对安全风险容忍度降低，海上生产面临着“万无一失、一失万无”的严峻复杂局面，倒逼采油厂统筹高效生产与安全环保的关系，建立专业安全风险识别、排查治理机制，突出专业特点，做实专业安全，压实业务人员责任，打牢安全生产的基础，在长周期可持续高质量发展上蹚出一条新路。

二、基于长周期可持续发展的极浅海油田专业安全风险预控管理的主要做法

采油厂始终秉持“专业的事交给专业的人，专业的人干专业的事”的原则，运用体系思维，以专业安全视角，分析影响安全生产各链条、节点、要素的关键点，落实精准管控点，系统呈现业务活动中蕴含的深层次专业安全风险，推进安全专业与专业安全一体融合，有效应对各类风险，较好地破解了安全管理与专业管理“两张皮”的问题，并在基础管理上进行落地、固化、提升，形成了以“5 个管控抓实专业安全、4 个严格做实保障体系、4 个持续夯实运行体系”为内涵的海上专业安全风险预控管理方法（见图 1）。

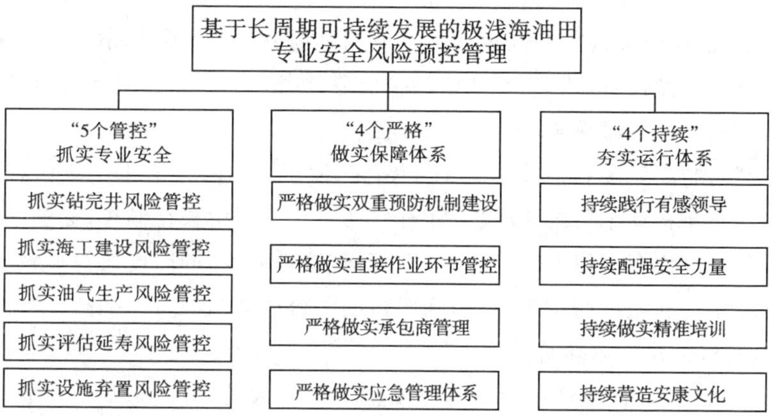

图 1　极浅海油田专业安全风险预控管理内涵示意图

（一）精准落实“5 个管控”，全链条抓实专业安全风险管理关键节点

海上油田勘探开发对胜利油田油气稳产具有重要支撑作用，保障安全开发是端牢能源饭碗的关键因素。采油厂牢固树立“全生命周期”的管理理念，对海上油田勘探开发各节点进行风险识别分析及论证，重点在钻完井、海工建设、油气生产、评估验收、设施弃置五个核心环节形成了专业安全风险管理创新做法，实现了全流程安全风险受控。

1.抓实钻完井风险管控

海上钻完井业务包括探井钻探、开发井钻井、修井作业等环节。近年来，平均每年新钻井约 40 口、作业 140 井次，主要面临着地质性溢油、井喷失控、动平台倾覆等风险。通过精细研究防控地质溢油、精准提级预防井喷失控、精研制度保障拖航安全，把好海上勘探开发源头风险防控第一关。

(1)精细研究防控地质溢油。通过对已钻井资料论证及高精度三维地震资料精准刻画,主体发育 30 余条主断层,均断至海底 300 米以下,无"通天"断层、浅层气藏;与注水开发相关断层 20 条,采用降压开采方式,地层压力系数控制在 0.9 左右,保持了断层闭合,地质性溢油风险可控。

(2)精准提级预防井喷失控。井喷失控是钻完井过程最大的风险。通过实施"251"海上井控提级管控措施,实现了安全高效钻完井。一是抓实两项源头把控。地层压力源头预测,利用测压、测井、地震等资料,精准预测地层压力剖面,设计钻井液密度、指导优化井身结构。井身结构源头优化,设计钻遇异常高压、复杂岩性地层前多下一层技术套管。二是落实五项过程提级。井筒液柱压力提级,调整入井液比重,确保液柱压力高于地层压力。防喷器组合提级,浅层配套 35MPa、深层配套 70MPa 带剪切功能的防喷器组合。液柱高度管控提级,配套"液流报警+自动灌浆"系统,保证井筒液柱高度。油套管材质提级,优选宝钢等大厂 P110 优质油套管,确保井筒长寿命。三是严格井控应急储备。每个平台必备 2 倍井筒容积的加重材料,并配一罐重浆,定期组织井控应急演练。

(3)精研制度保障拖航安全。海上钻完井施工有 60%的工作量由移动平台实施,平均每年移动平台约 80 次。针对移动平台过程中失稳倾覆、碰撞海上设施等风险,采油厂出台了海上移动平台"十不拖"管理制度,同时配套海底调查、地质钻孔、桩腿定位和抛砂防护等措施,确保移动平台作业"就位准、插桩稳"。

2.抓实海工建设风险管控

平台失稳和海管溢油风险是海洋安全工程最大的风险,采油厂树立"全生命周期"完整性管理理念,践行高标准设计、高质量建造、高要求检测、高目标治理,保持海上设施处于良好的运维状态,确保风险受控。

(1)高标准设计,确保本质安全。树立"安全源于设计"的理念,推行海工建设"六化"模式,海洋工程设计执行 API 和 DNV 标准,平台结构 50 年一遇风浪、烈度 8 度地震考虑极端环境载荷,全部采用高强度船用结构钢,对关键节点钢材等级进一步加强,确保平台结构安全。平台设计全部采用标准化选型、全三维建模、一体化集成,推广施工图全流程电子化运行,新建 CB208 平台设计精度提高 20%、效率提高 30%,从源头提高了设计质量,保障了平台本质安全。

(2)高质量建造,保证实体质量。树立"安全源于质量"的理念,执行国际一流的建造检验规范,实行联合报验和第三方发证制度,全部选用中国船级社认证的焊工,采用全自动超声波、RT 射线等无损检测技术,由专业机构进行全过程检验发证,保障平台海管的实体质量。坚持"能在陆地预制就不在海上施工",形成了"分模块预制、整体组装、海上一体吊装"的"搭积木"建设体系,陆地预制率达

90%以上,焊接一次合格率较中石化优质工程标准高出2个百分点,现场高风险作业数量显著降低,施工效率显著提高。

(3)高要求检测,及早发现隐患。海底管道在年度检验基础上,每3年开展一次路由复测、立管探摸、壁厚检测、输送介质检测;每5年开展一次压力试验或内检测。目前所有海管已常态化开展路由复测、立管探摸等8项检测,海管运行状态可控。创新监测手段,利用内外管环空压力监测和泄漏监测系统,实现海管实时泄漏监控;引入光纤光栅检测技术,对海管薄弱点在恶劣气象周期时的应力应变情况进行监测;采用实时3D声呐,及时监测海管在大风前后的在位状态,多种监测手段并用,分辨率由“分米级”提升至“厘米级”,可第一时间发现隐患苗头,避免溢油事故发生。

(4)高目标治理,彻底消除隐患。针对检测发现的海管裸露悬空、管卡失效等隐患,采用水下支撑桩、土工布覆盖、连锁排铺设等多项治理手段,陆续完成100余条海管裸露悬空治理、115端管卡维修,目前海管存量隐患基本治理完成。在此基础上,主动安装立管防碰装置122端,提级防护立管段182端,海管风险逐年降低,整体受控。

3.抓实油气生产风险管控

油气经卫星平台油井采出后,经海管输送至中心平台进行处理、外输。在生产过程中,主要存在生产井喷失控风险以及工艺流程泄漏风险,可引发人员伤害、火灾爆炸、海洋环境污染等次生事故。通过对生产井控系统、地面工艺系统、自控系统三个方面进行升级完善,提升了油气生产工艺系统的本质安全水平,有效管控了油气生产风险。

(1)完善高标准生产井控系统。坚持高于法规要求,对所有油气水井配套井口安全阀和井下安全阀、封隔器安全屏障,安全阀、封隔器均选用国际一流产品,可远程迅速切断油气通道。该系统泄压即关断,即使在平台受到破坏情况下仍能实现自动关断。按照高于原始地层压力一个等级的原则配套采油树:主体馆陶组油藏采用21MPa及以上采油树;东营组油藏采用35MPa及以上采油树;潜山油藏采用70MPa采油树。

(2)完善工艺系统可靠性。地面工艺流程实现本质安全,在设计和施工时采取以下措施:开展工艺流程HAZOP分析,优化设置、完善联锁消除设计缺陷,提升系统稳定性;提高压力等级,输油流程按4MPa-10MPa建造,高出运行压力2倍以上;减少密封点,10余座平台低压阀门连接方式由法兰改为焊接,平均每座平台减少上百个密封点。建成后使用316L不锈钢和橡塑保温,每年全覆盖壁厚检测,发现薄弱点立即更换,将潜在泄漏风险降到最低。关键工艺参数实现全面监控。建立自控仪表、火灾、硫化氢、视频监控等五大监控系统，实现工艺系统 24 小时实时监控、推送报警，确保能够及时发现异常运行工况，及时开展处置。

(3)完善应急联锁关断功能。应用先进的霍尼韦尔 PKS 系统，选用国际一流可靠硬件产品，自控系统稳定可靠；合理设置压力、液位等参数联锁逻辑，实现工艺系统声光报警和联锁关断，每年开展联锁底层逻辑排查，定期进行 SIL 评估与联锁功能测试，确保联锁回路、联锁仪表可靠；设置一键关断程序，中心平台 1 分钟内完成所辖油井关井，每年开展关断验证，确保关断设施可靠。

4.抓实评估延寿风险管控

(1)开展自我评估，系统梳理问题隐患。我厂秉持“全、细、实、严”的工作作风，立足自身，组织各专业委员会、基层单位开展岗位自查、日常督查、专项检查、综合检查及驻点帮扶，分门别类查找安全基础管理中的短板、漏洞和盲区。建立督查问题正向激励机制，拓展现场检查问题提报及基层单位督查交流渠道，为广大员工开设了问题“随手查”录入通道，鼓励员工广泛参与风险识别和隐患排查。建立集输、机电仪、应急、消防等专业海上专家库，充分发挥各专业领域专家作用，开展有人值守平台及集输站库风险自评估，组织专家驻平台、站库系统评估分析，梳理形成了典型问题清单，为推进“零缺陷”现场建设、实现各级检查问题减量打下了良好的基础。

(2)聘请第三方评估机构，排查深层次隐患。严格执行《海洋石油安全生产规定》(第 4 号令)和《海上固定平台安全规则》(2000)要求，聘请中国船级社、海检公司等第三方检验评估机构，每年开展平台年度检验、每 5 年开展换证检验，利用超声波测厚、交流电场探伤、磁粉探伤、腐蚀电位测量、震动检测、声呐检测等技术，对平台及海管进行定量测量，确保及时准确发现环保风险和隐患。

5.抓实设施弃置风险管控

采油厂树立“一次封堵永久有效”的理念，严于国家法规、规章制度及行业标准，延长灰塞长度、增加灰塞数量，优选封堵水泥、严格执行侯凝、试压、探灰面操作，对油层实现彻底封堵。海上平台弃置采用水下电氧切割、高压射流、桩内冲泥等方法切割至泥面一定深度以下，海管弃置通过冲泥、分段切割、吊装等方式全部拆除，满足国家法律法规要求。随着平台海管数量的减少，海上风险将进一步降低。

(二)有力推进“4 个严格”，全方位做实专业安全风险管理保障体系

全方位做实过程管控是提升海上专业安全的有力手段。针对海上油田高风险特征、承包商及高风险施工作业问题突出的现状，梳理安全生产过程中的“难

点、痛点、堵点”问题，进一步从严抓实双重预防机制、承包商及高风险作业环节管控、应急管理体系建设四个方面工作，海上专业安全工作更加扎实。

1.预防痛点，严格做实双重预防机制建设

坚持每半年开展一次全面风险辨识。各专业委员会、基层单位采用JSA、HAZOP、SIL、HAZID等分析方法，每半年对井喷失控、动平台倾覆、海底管道溢油、火灾爆炸等作业活动及设备设施类风险进行识别分析，提出改进措施和建议。2022年共辨识各类厂级安全风险42项，从工程技术、管理等5个方面制定落实了管控措施，实现2项风险降级、4项风险销项，年末管控厂级风险降至38项，安全风险持续受控。强化隐患排查治理长效机制，将延寿改造、隐患治理与平台设备新化和生产能力新化相结合，重点对安全设施改造、平台结构、工艺流程等8个方面的隐患进行了治理。突出抓好安全隐患治理投入保障，严格按照中石化集团公司规定计提和使用安全生产费用，实施安全隐患项目投资成本一体化运行，“十三五”以来，采油厂安全生产实际投入远超法定计提金额。

2.解决难点，严格做实高风险作业环节管控

一是建立“7＋1＋N”高风险作业管控体系。结合海上空间有限、作业面复杂、环境特殊等特点，组织专业部门在“7＋1”制度基础上，对本专业范围内的作业风险进行辨识，识别出动平台作业、抛(起)锚作业、潜水作业等18项高风险非常规作业，完善风险管控措施，全部纳入作业许可管理。二是推行高风险作业JSA日运行机制。以专业部门为主导，成立分析小组，梳理完成119项JSA分析表，基层单位和业务部门提前一天开展施工风险分析、管控措施制定以及系统上报。严格落实JSA分析报备、现场监护、提级管理制度，开发完成电子作业票系统，将所有人员各类证件、承包商验证考核和JSA报备等信息实现关联。

3.疏通堵点，严格做实承包商管理

承包商管理一直是海上专业安全管理的最大风险。通过建立完善海上承包商管理制度体系，发挥“采油厂＋基层”两级管控、“业务＋经营＋廉洁”三道防线的风险管控体系作用，严格落实准入、选商、用商、监督、评价及考核等各个业务环节风险管控责任，承包商风险始终处于可控状态。严把承包商准入关，突出承包商企业资质、人员资质、装备能力、QHSE建设等准入资质审核，对新准入承包商增加资质、人员、装备、业绩、合规性及廉洁等“六项论证”，从源头提高了承包商准入质量。落实油田承包商管理“六个从严”，对一类承包商开展驻点帮扶，指导完善HSE管理体系，每月邀请主要承包商参加QHSE工作例会；强化承包商评价考核，始终把QHSE管理作为承包商诚信经营的依据，实施季度综合评价，从严落实记分、约谈、考核制度，通过提升质量要求、技术标准，形成高质量承包商短名

单，建立战略承包商共建机制，营造优胜劣汰的竞争环境。

4.找准要点，严格做实应急管理体系

一是应急指挥快捷。建设“上下贯通、横向协同”智能应急指挥体系，实现一键启动，应急预案结构化流程化、应急资源快速调派、发展态势动态跟踪、应急指挥协同联动，指令发布实现秒级同步下达，海上应急管理体系进一步完善。二是应急资源完备。油田配备有安全守护、溢油回收、抢险救援等各类船舶 23 艘，全天候驻守守护船 4 艘；配备专业应急人员 80 余人、一线船员 530 余人，应急资源可 30 分钟直达现场处置；与海河北海局、北海救助局等 7 家单位联合构建了“海陆空”应急救援与共享机制。三是应急演练到位。油田每年组织大型综合性实战演练，采油厂每季度至少组织一次厂级专项应急演练，确保队伍和物资“拉得出、用得上”。建立应急热备机制，分类、分区建立应急处置圈，确保大部分事件处置在半小时圈内。

（三）始终践行“4 个持续”，全要素夯实专业安全风险管理运行体系

企业管理是一个持续优化完善、改进提升的过程。采油厂全面运用体系化管理思维，推进安全专业管理、专业安全管理、基层现场管理三个方面融会贯通，在领导层、管理层、操作层三个层面上实现深度融合，推动 QHSE 管理提升，着力打通体系运行“最后一公里”。

1.持续践行有感领导

（1）完善有感领导相关制度。严格落实《海洋石油有人值守平台安全包保责任制办法》，主要领导带头承包海上最大风险，20 座有人值守平台全部由胜利油田和采油厂领导进行安全包保，定期检查指导，解决存在问题。采油厂各级班子成员认真落实“三管三必须”要求，主要负责人落实第一责任，分管负责人落实专业安全责任，基层负责人落实现场安全责任。

（2）坚持有感领导带班机制。制定实施《关于领导干部在重大任务、重大活动、重大施工、特殊时间、特殊气象、特殊事件中发挥示范引领作用的实施意见》，明确“关键少数”要带头担当作为，树立榜样，作出示范，20 座住人平台、5 座陆地站库均有基层班子成员驻点带班。采油厂“三重三特”期间，各级领导干部主动靠前指挥，亲自组织协调，充分发挥“关键少数”的示范引领作用。

（3）落实有感领导全员参与机制。从职责分工、管理内容、监督考核等方面，分层级制修订完善 398 个岗位责任清单，实现了岗位全覆盖，真正把责任落实到各级组织、传递到各个岗位。落实“三个三”工作职责，明确三个最大安全风险、三个安全管理薄弱基层单位、三个安全生产难点问题和工作要求，指导各专业委员

会结合实际建立本系统内“三个三”清单，强化专业安全管理。

(4)构建有感领导能力评估体系。围绕合规管理、领导引领、风险管理、应急管理四种能力，开展关键岗位QHSE履职能力评估，采油厂领导班子成员全部参加并通过油田评估；聘请专业评估机构，完成新任职基层正职及基层管理人员QHSE履职能力评估，各级领导干部QHSE引领作用进一步有效验证。

2.持续配强安全力量

(1)从机制上保障安全力量。强化安全生产(QHSE)委员会一体统筹，设置10个专业委员会，将体系要求融入专业管理制度，专业委员会立足业务工作“守土尽责”，初步建成了设备设施完整性管理、平台海管全生命周期管理、半小时应急圈建设等专业体系，管理体系与生产经营全方位融合。创新设置“一中心两部”的海上特色油公司方式，基层单位指挥部前移到海上平台一线，管理区党支部书记、经理现场带班值守，压缩管理层级；建立“蜂巢式”生产组织模式，缩短运行链条，现场应急处置更加快捷。

(2)从人员上保障安全力量。坚持选优配强安全管理人员，共配备安全总监、副总监、安全监督主任师、主管师等安全专职管理人员62人，占用工总量3.4%，远高于《山东省生产经营单位安全生产主体责任规定》要求。制定实施《注册安全工程师取证激励办法》，鼓励全员考取国家注册安全工程师，目前共有注册安全工程师149人，占用工总量8.1%。

(3)从投入上保障安全力量。以正向激励激发全员安全自主管理活力。坚持“有行动就奖励、大贡献重奖励”，深入开展“全员安全诊断”“五个回归”溯源分析等活动，重奖发现重大隐患的安全环保质量卫士、标兵，每年各项QHSE激励投入600余万元。塑造高素质安全复合型人才，打造QHSE兼职培训师队伍，遴选40余名各专业领域优秀青年担任QHSE培训师。

3.持续做实精准培训

(1)因地制宜，构建“12521”高质量培训体系。即以“人才强企工程”为1个中心，以“系统业务大培训、全员岗位技能考评”为2个抓手，建立“协同高效培训运行机制、新工艺新技术高效普及机制、技能成果优快转化机制、核心业务持证上岗机制、培训与生产有机融合机制”等5项机制，落实“海上采油仿真实训基地、编制完善岗位培训教案”2项措施，打造“培训样板标杆”1个精品。通过整合培训资源、优化培训措施，推动培训工作精准化、常态化开展，员工素质和能力得到提升，做到了“应取证尽取证”。

(2)因材施教，推行矩阵式培训方式。以岗位工作流程、关联设备设施为依据，分岗位建立培训矩阵，纵向上涵盖了领导层、管理层、操作层的451个岗位，横向上明确了包括岗位操作技能、HSE 知识方法、生产受控管理等 5 大方面 57 项培训内容。根据培训矩阵，建立完善了“一人一档”和培训计划，实现专业安全精准培训。

(3)因势利导，开展多形式岗位练兵。创新“互联网＋沉浸式＋互动式”安全培训模式，组织安康海油直播课，参训人数累计达 8000 余人次；坚持每日“安康海油”答题、每周“三学一考”、每月开展实训基地岗位练兵、每季度风险识别 PK 赛、每年组织一季度 QHSE 培训季，全员安全意识、业务素质和操作技能持续巩固提升。

4.持续营造安康文化

开辟“安康海油”安全文化园地，定期发布职工安全漫画、征文作品和拍摄的“三句半”“安全七字歌”等安全创意小视频，营造浓厚安全氛围；开展“亲情助安”，组织家庭助安一线行、童心绘安全等系列活动，用“亲情锤”常敲“安全鼓”，让职工家安、心安、生产安。

三、基于长周期可持续发展的极浅海油田专业安全风险预控管理的实施效果

(一)安全管理水平持续提升，取得了显著的经济效益

专业安全风险预控管理体系日益成熟完善，设备设施本质化水平、各单位安全管理能力、全员安全意识得到有效提升，采油厂长周期可持续发展的安全基础进一步夯实，海上油田安全生产态势保持平稳，真正做到了不安全不生产、不安全不施工、不安全不开工，连续多次被授予中石化、胜利油田“安全生产先进单位”荣誉称号。2022 年扎实有效的专业安全管理，为采油厂完成全年产油量 358 万吨、实现账面利润 80 多亿元提供了安全保障。

(二)共同分享经验做法，取得了良好的社会效益

海上油田抓实专业安全、做实保障体系、夯实运行体系的经验做法已经在胜利油田进行推广，带动了全油田安全管理系统效能的提档升级，得到同行业内外部单位的高度认可，中石化海洋石油工程有限公司、中石化西北油田分公司等石油系统内外众多兄弟单位前来学习交流。近年来，海上油田代表胜利油田迎接中石化董事长、总经理、中石化集团公司外部董事检查团等上级领导检查调研，代表中石化迎接了苏里南国家石油开发考察团的调研，领导对采油厂专业安全管理的创新性做法都给予了高度评价。

（三）具有较高的推广价值，取得了良好的管理效益

海上专业安全风险预控管理，细化了安全体系管理的要求，突出了业务风险管理的专业性，实现了对专业风险排查、识别、监控、治理的系统性管理，有效发挥了风险预控作用。每上专业安全风险预控管理体系思维逻辑清晰、流程节点明确、易于操作执行，虽然具有海洋石油企业行业特点，但是按照“横向抓实各专业，实现全覆盖；纵向抓实业务链条，各环节不漏项”的思路，促进专业安全和安全专业相融互促、同步提升的做法，对其他行业企业来说，具有一定的参考价值。

成果创造人员：孙朝华　韦　敏　王世秋　孟令军　贾瑞高　王玉虎　李　伟

基于电力通信网运行集约的省市一体化通信调度体系构建与实施

国网山东省电力公司信息通信公司

摘要：围绕全省电力骨干通信网全天候调度、220千伏及以上重要生产业务通信方式全环节管控和关键通信设备全过程运维，企业强化运行全程、全时、全线管理，培养全省核心业务自主运维阶梯队伍，助力通信骨干网运行管理从“分级管理”向“集约管控”转变，从“事后应对”向“事前防范”转变，力争“十四五”末实现全省骨干通信网调度控制“一张网”、运行管控“一盘棋”、设备运维“全过程”。

国网山东省电力公司信息通信公司（国网山东省电力公司数据中心）于2012年4月28日成立，作为国网山东省电力公司（国网山东电力）直属单位，主要负责全省电力信息及通信系统的运维管理，涵盖国网山东电力省—市主干信息网络系统、本部局域网系统和集中部署的信息系统的建设、运行、维护工作，以及市级及以上主干通信网络、行政电话交换系统、调度电话交换系统、行政电视会议、应急指挥中心电视会议系统、机动应急等各类通信系统的建设、运行、维护工作。公司设置6个职能部门和4个业务机构，人员配置为182人，本科及以上学历占98.9%，其中博士8人、硕士107人。

国网山东信通公司围绕“开启新征程　推动新发展，为加快建设具有中国特色国际领先的能源互联网企业提供坚强信息通信支撑保障”的战略目标，秉承“努力超越、追求卓越”的企业精神，上下一心，开拓前进，先后荣获山东省“富民兴鲁”劳动奖状、山东省电力行业安全生产工作先进单位、山东省电力行业“青年文明号”、山东省电力行业网络与信息安全管理工作先进单位、山东省职工创新竞赛示范企业、山东省文明单位等荣誉称号。

国网山东省电力公司信息通信公司（国网山东省电力公司数据中心）（以下简称“国网山东信通公司”）聚焦调度控制、系统运行、运维检修三个主要方面，按照“省网规范化、省市同质化、全省集约化”三步走的要求，充分发挥信通公司专业领头羊作用，以同质化提升市级电力通信网基础运行水平、以集约化强化市级电力通信网运行管控水平，强化内生动力与外部管控相结合，实现全省电力通信骨干网运行状态集中调度、系统运行统筹管控、重大共性隐患整改集中推进、运维检修标准统一，建立起适应新型电力系统的省市一体化通信调度体系和电力通信骨干网运行管理集约体系（如图 1 所示）。

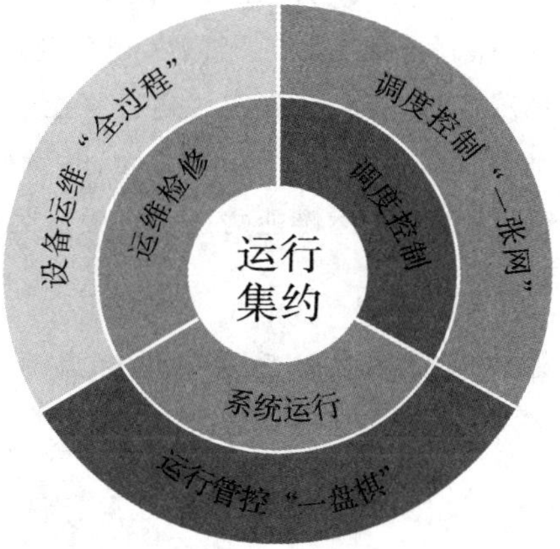

图 1　省市一体化通信调度体系模型

一、基于电力通信网运行集约的省市一体化通信调度体系构建与实施的背景

（一）构建省市一体化通信调度体系是发展国际领先能源互联网企业的战略需要

国网山东信通公司为落实习近平总书记提出的"四个革命、一个合作"重大能源战略思想要求，把"具有中国特色国际领先的能源互联网企业"作为战略目标。建设国际领先能源互联网企业的过程，就是不断推动电力系统向各种类型能源互联互通、共享互济的过程，也是利用互联网技术改造提升传统电网的过程。

电力通信网与电网安全运行、企业经营各环节、各专业密不可分。目前，通信运行工作与管理模式已不适应当前形势，亟待重新梳理、构建适应国网战略、公司发展和各专业需要的全新通信运行管控模式，以实现通信运行规范化、数字化水平提升。强化通信调度，严格运行管理，激发人员活力，调整省市通信调度、运检业务机构及其工作职责，打造扁平化、集约化、智能化的省级通信调度运行集约"矩阵"。

（二）构建省市一体化通信调度体系是建设运行集约通信调度体系的内在需要

为顺应电网发展需要，通信网范围逐渐扩大，站点不断增多，配合电网检修迁改数量多、任务重，通信网安全面临着越来越严峻的考验。

目前，全省电力骨干通信网运行管理已逐步规范，但市级通信网部分工作仍需提升，具体表现为：调度控制方面，工作严谨性、规范性不足，故障分析研判、调度指挥能力仍需提升；系统运行方面，全省统一运行管控还需进一步加强，检修计划统筹性、风险分析准确性仍需强化；运维检修方面，电源和传输设备接入标准不完全统一，运行质量、核心业务自主运维能力还需加强。为此，构建运行集约的省市一体化通信调度体系尤为重要。

（三）构建省市一体化通信调度体系是保障电力通信系统安全运行的现实需要

随着电网规模迅速增长，山东电网高比例新能源、高比例电力电子设备的“双高”特征日益明显，夏冬季“双峰”挑战日益严峻；通信网承载继电保护、安稳精切、自动化等电网业务逐渐增多，通信运行安全愈加重要。

由于各公司通信专业人员数量有限，多数难以满足通信调度“五值三运转”或“四值两运转”的值班模式；队伍整体磨合度差、缺乏稳定性，且安全意识不足，专业性不强，对制度流程重视程度不够，造成市公司网控室对通信调度岗位职责的落实力度不足。

部分市公司存在继电保护、安稳系统、精准切负荷系统的通信方式安排不合理的情况，无法满足“双设备、双路由、双电源”运行要求。同时，检修管理方面存在检修计划执行不彻底、检修风险识别不清、检修平衡分析不足的情况，检修各环节规范性有待提升。

二、基于电力通信网运行集约的省市一体化通信调度体系构建与实施的主要做法

为强化省市两级通信调度，严格运行管理，激发全省通信运行人员活力，调整省市通信调度、运检业务机构及其工作职责，急需逐步打造“扁平化、集约化、智能化”的省市通信调度运行集约“矩阵”。

（一）明确运行集约总体思路，树立省市一体工作目标

1.明确总体思路，推进运行集约管控

调度控制、系统运行和运维检修是保障全省骨干通信网安全稳定运行的有机组成部分。严格的系统运行管控为通信网络筑牢基础，扎实的现场运维检修能提高通信设备本质安全水平，而调度控制能够把通信网络运行的各个环节有机组织起来，协调人力、物力等各类资源，以筑牢通信网的安全运行防线。因此，构建省市一体化通信调度体系，需要在调度控制、系统运行和运维检修三方面协同发力。

公司以集约化、扁平化、专业化为方向，业务集约统一为手段，力求实现通信调度、方式资源和检修计划管理全面集约，重点围绕全省电力通信骨干网调度控制、220 千伏及以上重要生产业务通信方式管控和关键通信设备全过程运维，助力电力通信骨干网运行管理从“分级管理”向“集约管控”转变、从“事后应对”向“事前防范”转变，力争“十四五”末实现全省电力通信骨干网调度控制“一张网”、运行管控“一盘棋”、设备运维“全过程”。基于电力通信网运行集约的省市一体化通信调度体系构建思路如图 2 所示。

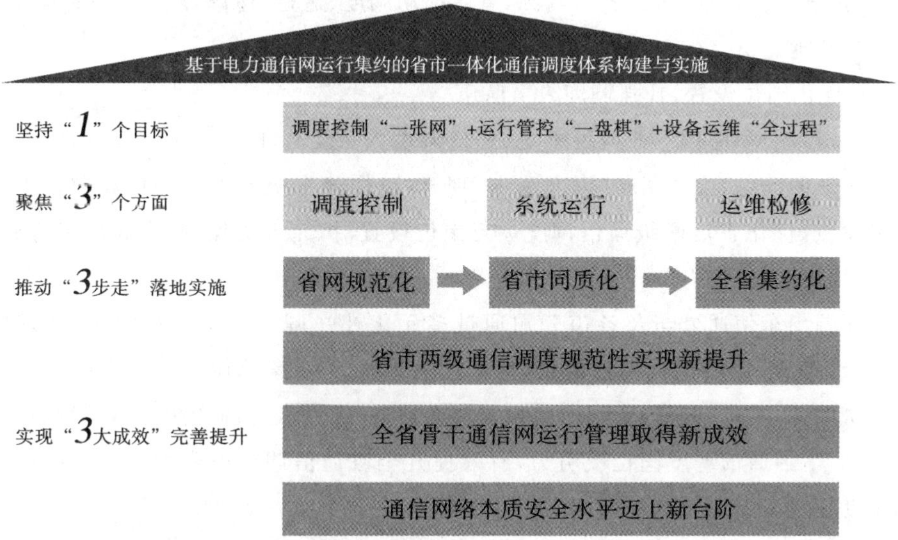

图 2　基于电力通信网运行集约的省市一体化通信调度体系构建思路

2.树立工作目标，建立集约管理体系

聚焦调度控制、系统运行、运维检修三个方面，按照“省网规范化、省市同质化、全省集约化”三步走，充分发挥信通公司专业领头羊作用，以同质化提升市级

骨干通信网基础运行水平、以集约化强化市级骨干电力通信网运行管控水平，强化内生动力与外部管控相结合，实现全省电力通信骨干网运行状态集约管理、系统运行统筹管控、重大共性隐患整改集中推进、运维检修标准统一，建立适应新型电力系统的通信骨干网运行管理集约体系。

（二）构建省地协同组织体系，推动运行集约落地实施

1.成立协同管理工作组，畅通省地协同管理渠道

为提升通信运行集约管控力，坚持权责对等，优化各级职责，成立集约管理工作组。工作组由省调控中心、国网山东信通公司、各市公司组成，负责通信骨干网运行集约管理方案落地，开展集约管理工作监督、评价与考核。

省调控中心作为通信专业归口管理部门，负责运行集约管理的总体组织和协调，审核、下发管理方案以及监督、检查、评价和考核管理。

国网山东信通公司牵头组织落实省调专业管理要求和工作任务，提出市公司通信运行考核意见；负责省市两级骨干通信网的调度指挥、计划平衡、方式审核、风险预警、信息汇报、统计分析等工作。各市公司负责运行集约管理工作方案的实施，按照工作计划，协调各类资源，有序推动调度、运行、检修等多方面的集约管理要求落地。

2.优化岗位设置，补强调度人员队伍

针对市公司通信专业人员不足、通信调度人员工作不够严谨规范、调度指挥能力欠缺的问题，公司坚持“以人为本”理念，以构建系统的人才培养和激励机制为出发点，优化省市两级通信调度运行岗位设置，扩充人员编制、提高岗级待遇，做到“用好人、留住人”。

国网山东信通公司及各市公司通过多元化补强调度值班人员力量，合理搭配、灵活排班，调整优化岗位配置，增加主业人员。18 家单位均建立专职通信调度值班团队，满足“四值两运转”值班需要。另外，通过恢复调度岗位运行待遇、值班补助，增强通信调度岗位吸引力，有效提升全省通信调度值班人员工作积极性和主动性。

（三）创新省市集约管理模式，筑牢通信系统运行防线

为有效提升市级骨干通信网调度控制水平，解决市公司通信调度人员工作不够严谨规范、调度指挥能力欠缺等问题，结合省、市两级电力骨干通信网软硬件部署现状，信通公司探索实践省市两级骨干通信网集约管理模式，实现“省市缺陷统

一管控、告警监视双重防线、关键隐患集中整改”运行模式。为提升通信调度集约管理质效,同步提高全省通信调度业务素质,开展以下工作。

1.组织轮岗锻炼,提升全员业务素质

为切实提升全省通信调度队伍技术水平,带动通信调度人员队伍建设培养,首次在“常态化疫情防控”情况下组织开展全省通信调度人员轮岗锻炼。国网山东信通公司多次征集各轮岗锻炼需求,精准聚焦调度员切实所需,自 2022 年 2 月份开始组织多批次轮岗锻炼。

轮岗锻炼期间,国网山东信通公司组织相关专家和技术人员,参考调研结果准备课题并进行授课。培训讲师包含省骨干电力通信网运维单位各班组主管、通信调度值长、方式检修专责等,具有丰富的通信系统运维经验及调度值班经验,对通信设备、通信传输网管、通信调度规章制度及通信运行规范均有深入的认识。

2.开展集约管理,压实各级主体责任

为解决市级通信调度存在的工作严谨性和规范性不足、故障分析研判和调度指挥能力仍需提升等诸多问题,通过制定“省网规范化、省市同质化、全省集约化”三步走策略,提升省、市两级骨干通信网运行集约管理水平。

通信调度集约管理由省通信调度牵头,涵盖缺陷管控、告警监视、隐患整改和即时汇报四大部分。省级通信调度作为省级骨干通信网的运行监视主体,除完成本级通信网运行监控等相关工作之外,还负责省、市两级骨干通信网的缺陷全程闭环管控和隐患全面排查整改工作。

各市公司每日通过内网云文档向省级通信调度报送运行日报,涵盖当日缺陷相关信息及往日缺陷消缺进度,省级通信调度通过省集中网管、通信管理系统等辅助手段核查市级骨干通信网重要告警,督促整改缺陷定级不规范、派单时效不合规、日报报送不准确等问题,实现通信网运行集约管理和全流程闭环管控。

3.建设制度标准,严格调度值班纪律

为有序推进全省电力通信骨干网集约管理,推动全省通信调度规范化、专业化发展,保障公司通信系统安全稳定运行,国网山东信通公司牵头编制《通信调度运行评价标准》。

《通信调度运行评价标准》从值班设施完备性、组织体系健全性、业务流程规范性、人员队伍成长性四个维度,对通信调度运行情况全过程细致分析,最终形成共 1000 分评价分值。

该标准坚持“集约管理、科学评价”的原则,以“夯基础、促提升”为工作目标,致力于解决在同质化工作推进过程中,调度工作缺少刚性制约与监督检查的问题。标准共分 4 个维度 17 个方向 42 个评价项,从值班设施完备性、组织体系健全性、业务流程规范性、人员队伍成长性，对通信调度运行情况全过程进行细致分析，最终形成共 1000 分评价分值。

基于此建立通信调度“星级评价”机制，将调度发展情况与分值对应。其中“保基固本”达标分值为 700 分，在满足保基固本规范化的基础之上可参与评星，进一步提升调度精益化、智能化水平。

评星分值分为三档，900～1000 分为 5 星级（智慧调度）、800～899 分为 4 星级（全面精益）、700～799 分为 3 星级（基本精益），以评价带动市公司由“规范化”向“精益化”，“精益化”向“智慧化”不断迈进。

此外，为规范全省通信调度值班工作，明确通信调度员的岗位职责分工、细化运行监视及信息通信调度交接班工作要求，信通公司牵头编制《通信调度值班工作手册》，统一公司通信调度员的日常工作流程，明确全网通信调度员的工作标准，规范通信调度监控操作，提升通信调度员的调度指挥能力与应急处置能力。

在通信调度规范用语基础上，考虑集约管理场景，结合通信调度交接班的应用背景，省调控中心印发《通信调度工作用语规范》，针对日常联络、故障处置、应急指挥等场景，规范通信调度用语，提高调度工作沟通效率，强化调度工作规范性、严肃性与可追溯性，保障通信网络的安全稳定运行。

4.发挥引领示范，健全岗位认证机制

开展全省通信骨干网运行培训及岗位普考，支撑省市一体化通信调度体系建设，提升全省通信调度员业务素质，确保所有通信调度员具备良好的业务能力、持证上岗。

由信通公司牵头，先后组织两期通信调度岗位认证考试，来自 17 家市公司的 79 名学员参加理论考试、网管实操及综合面试。考试内容涵盖通信调度相关制度与流程、专业理论知识、专业技能等关键项目。通信调度岗位认证考试一方面锻炼了全省通信调度员能力素质，促进培养了通信调度人员队伍；另一方面将省级通信调度培训考核经验传递给市公司，对推动全省通信调度人员持证上岗制度化、规范化也具有重要意义。

5.优化技术支撑，组织开展流程演练

国网山东信通公司作为建设单位牵头开展新一代通信管理系统建设，明确细化功能需求，致力于为通信调度集约管理提供更强有力的工具。

值班管理方面，支持跨单位组建值班团队，支持交接班一键拉取视频会议。告警监视方面，支持灵活定制账号权限，支持更灵活的告警导出，同时告警的确认定性和跟踪也更加便捷。值班日志方面，支持多达数十名用户同时填报交接班记录，并可与告警监视模块相互推送。缺陷管理方面，进一步完善缺陷自动派单机制和短信推送、电话强呼机制。系统的建设将有力支撑省市一体化调度体系的构建。

结合新一代通信管理系统上线，由国网山东信通公司牵头组织各市公司开展集约管控全业务流程演练，适应新功能，拥抱新变化，重点针对交接班流程、告警监视及故障协同处置进行核对性演练，确保相关组件稳定运行，相关人员熟悉流程。

（四）规范通信系统运行管控，提升通信网络驾驭能力

国网山东信通公司聚焦220千伏及以上电网实时生产控制核心业务，继续推进省市通信方式、检修同质化，细化保护、安控业务方式安排技术标准，逐步完善通信资源保鲜机制和检修计划动态管控机制，建立全省通信运行方式及检修的全过程、全链条闭环管控体系。

1.重构方式模板，做好关键指标分析

国网山东信通公司转变年度运行方式分析“重已有、轻目标，重设备、轻网架”现状，参照国网公司下发的2022年度通信运行方式关键指标，结合山东省市通信系统实际运行情况，编制《山东省电力公司通信运行方式关键指标统计表》。以问题为导向，从光缆、设备、业务等多层面，对通信网架结构合理性、健壮性和承载力开展分析。按照现状梳理—问题分析—优化调整的步骤，修订年度运行方式编制模板，做到问题清单化、指标任务化。

2.强化资源管理，完善方式编制原则

完善通信资源闭环管理。修订发布《通信资源管理规范》，依据规范加强通信运行方式“申请—审查—开通—执行—反馈”全过程管控。健全通信资源申请与回收机制，开展年度业务需求征询，提前掌握业务部门发展动态，做好资源准备；开展流量监测，对于已分配但长期空闲的业务通道，告知业务申请者后予以回收。

完善运行方式管控流程。方式管控关口前移，通信人员深度介入基建、技改项目可研初设前期阶段，提出通信方式优化建议，做到“逢建必优”。结合春秋检，各单位每年组织两次运行方式与资源台账一致性核查，分析评估日常运行方式管理成效。

完善运行方式技术原则。分别针对常态及应急状态下光缆物理层、传输系统层、业务通道层三个网络层级，制定方式资源配置原则，作为新建及优化通信系统、业务通道的技术依据。后续按评估调研、分析论证、优化实施三个阶段，开展系统、业务运行方式优化工作，完成网络瓶颈、业务重载、高危区段等薄弱点补强。在220千伏及以上保护、安控业务上，逐项梳理分析运行路由与冷备路由配置合

理性，预安排“一键迂回”第三路由方式。

3.严格风险评估，细化检修平衡会商

强化外部沟通：省调控中心每月 20 日左右以视频会议形式组织开展全省月度电力通信系统检修计划平衡会，信通公司、市公司通信检修专责参会，通报当月检修执行情况，汇报次月影响省级及以上电力通信系统检修计划、与其他市公司相关的检修计划，对次月影响省级及以上电力通信系统检修计划进行初步汇总平衡。

强化内部管控：细化检修计划平衡，建立“月分析、周评估、日会商”机制，部门内部召开月度检修计划平衡会，对检修影响的光路、重要生产业务进行分析，特别针对同一时间段检修充分辨识风险，制定预控措施，形成月度检修风险分析“一张表”。

4.健全制度保障，提升检修票规范性

完成《通信检修票管控细则》编制和发布，明确检修时间、检修内容、检修设备、影响业务等填写要求，国网山东信通公司每月对票面合规性开展抽查。规范开展检修票 TMS 系统流转，检修过程中应加强开、竣工管控，避免光缆非计划中断，涉及通信光缆改造的检修，需做好光缆验收，满足投运条件方可许可竣工。

（五）强化传输设备运维管理，打造自主运维人才梯队

1.编制管理细则，统一设备接入要求

编制《国网山东省电力公司省集中通信动力环境监控系统运行管理实施细则》《国网山东省电力公司通信集中网管系统运行管理实施细则》，明确各单位职责分工、运行监视范围，规范缺陷处置、投退运管理、检修管理流程。从设备基础环境条件、设备自身配置条件以及设备监控条件三方面入手，统一全省通信设备接入省集中网管技术要求，从源头提高通信设备入网健康水平。

编制《SDH 系统时钟跟踪要求》《SDH 系统 DCN 划分要求》，固化通信设备配置原则和性能要求，规范设备入网配置标准；同时编制《传输设备运行状态评价细则》《通信电源运行状态评价细则》，建立设备运行状态评价体系，对在运设备进行健康水平评价，查改隐患不足，夯实运行安全；制定《220 千伏变电站通信电源方式复核方案》，细化通信电源方式复核要求，筑牢重要站点通信基础设施安全。

2.着眼运行状态，建立设备评价体系

（1）通信电源运行评价体系

建立通信电源和传输设备运行状态评价体系，加强通信电源和传输设备管理，提升运行水平，确保通信电源关键基础设施安全和通信设备可靠运行。

一是校核电源容量，确保通信中心站、通信枢纽站等重要通信站点、承载省际及以上骨干通信网业务或220千伏及以上继电保护、安控业务的通信站点的独立通信电源，整流容量应在模块N-1的情况下，大于全站负载与该套独立通信电源所带全部蓄电池组容量20%之和。

二是校核断路器匹配，确保低压交流断路器灵敏度系数及上下级级差配合要求，高频开关电源系统各级断路器的保护动作电流和动作时间应满足上、下级选择性配合要求，且应有足够的灵敏系数。

三是校核供电线缆，高频开关电源的交流进线电缆型式和截面选择应符合GB 50217—2018第3章和GB/T 19826—2014第5.5.4，通信专用DC/DC电源应满足GB/T 19826—2014附录B2。

(2)通信设备运行评价体系

建立传输设备运行状态评价细则，依托自主研发的通信网健壮指数评价系统，针对性提升传输设备运行水平，确保传输设备关键基础设施安全和业务可靠运行。

板卡保护校核，要求具备板卡保护的传输设备应对重要板卡配置冗余板卡，开启板卡保护功能，方式包括但不限于TPS保护、1+1保护。

设备“三双”校核，要求承载电网继电保护、安稳控制与自动化等生产业务的站点具备双设备，且设备应开通双光路、具备双上联站点。

设备配置校核，要求设备时钟配置标准SSM倒换协议或扩展SSM倒换协议，内部时钟设置为最低时钟跟踪级别，DCN子网数量不得超过各品牌建议的DCN子网规模，且不同品牌设备之间应关闭DCC通道，同品牌各DCN子网之间应做到DCN完全隔离。

3.推进技能培养，提升自主运维能力

国网山东信通公司研究通信岗位技能认证模式和进阶路线，制定《全省通信专业自主运维培养方案》。提升全省主业通信运维人员的网管自主运维水平，具备光路开通、业务配置及应急处置能力，实现省市运维同质，网管自主配置，打造核心业务自主运维队伍。

依托省集中网管和省实训平台，提高主业人员网管操作和故障排查能力。国网山东信通公司负责轮训人员网管账号、权限分配。负责每批培训后培训效果的检查、评价。邀请中电联技能竞赛教练等专家编制理论、实操和面试题库，着眼于运维工作中的常见操作和典型故障，突出重点，重视实效。

三、基于电力通信网运行集约的省市一体化通信调度体系构建与实施的实施效果

(一)聚焦调度控制,省市两级通信调度规范性实现新提升

1.全省通信调度核心业务质效进一步提高

随着同质化、集约化工作的逐步推进,信通公司作为专业领头羊,协助市公司重塑交接班、运行监视、缺陷管理等通信调度核心业务流程,重新树立通信调度的严肃性、权威性,各项业务质效显著提升。截至 2023 年,全省累计无差错执行检修 11065 项,高效处置各类故障 2022 项,圆满完成杭州亚运会、全国两会等 301 项重要保障任务,有力保障了省市两级骨干通信系统可靠运行。

通信调度集约管理的开展,在运行监视、缺陷管理、隐患排查、即时汇报等方面形成规范和标准,为构建省市一体化通信调度体系夯实基础。2023 年累计查改消除光模块、PDP 批次故障等家族性重大隐患 3 类共计 20 项,结合春秋检等日常巡检工作督促相关单位完成隐患整改,减少因隐患诱发的故障,与省市一体化通信调度体系实施前相比,年度故障次数下降 30%,全省每年可节约应急处置成本约 1819 万元。

2.全省通信运行人员业务素质进一步提升

一是通过编发《国网山东省电力公司通信调度人员培训考核工作规范》,有效促进了通信调度员持证上岗工作的制度化、规范化。自 2020 年以来,先后组织两期全省通信调度人员岗位认证考试,79 名同事取得值长、主值、副值岗位资格,为全省通信调度人才队伍建设奠定了坚实基础。

二是省调控中心组织开展两期全省通信骨干网运行培训及岗位普考,来自 17 家市公司的 79 名学员参加理论及网管实操培训。培训邀请国网信通公司、国网经研院等单位专家,讲授新型电力系统背景下的通信网发展与技术展望,交流骨干通信网调度运行及检修管控经验,宣贯传达业务方式安排、设备运维等工作要求,各位参培学员普遍反馈专业理论知识及网管实操技能得到了较大提升。

三是通过组织市公司通信调度人员轮岗锻炼,积极拓展了通信调度人员外送培训渠道,有效加强全省通信调度人员队伍的交流培养。由国网山东信通公司分批次组织开展 17 家市公司通信调度人员轮岗锻炼,轮岗锻炼采取"调度值班为主、专题培训为辅"模式,确保了轮岗锻炼的实效性和针对性,提升了全省通信调度员的核心业务素质。

四是通过"以赛代练、以赛促学",建立通信运行人员竞赛梯队。1 名员工获

全国电力行业职业技能竞赛第三名，被授予“电力行业技术能手”称号；4 名员工分两批次先后参加“技能兴鲁”职业技能大赛、山东省电力通信职业技能竞赛，均斩获“双第一”。

3.全省骨干通信网安全运行防线进一步筑牢

通过实施“省网规范化、省市同质化、全省集约化”三步走策略，省、市两级骨干通信网运行集约管理水平得到有效提升。省通信调度牵头开展缺陷管控、告警监视、隐患整改和即时汇报四项工作，有效提升了省、市两级骨干通信网的缺陷全程闭环管控和隐患全面排查整改工作。

自 2023 年成果全面实施以来，省通信调度共计核查市级骨干通信网重要告警 24243 条，督促整改缺陷定级不规范、派单时效不合规、日报报送不准确等问题 179 项。通信调度运行管理使省市两级骨干通信网运行管控质效得到持续提升，也为各市公司市级骨干通信网的运行监视提供了双重防线。

（二）着力方式检修，全省骨干通信网运行管理取得新成效

1.全省骨干通信网运行方式管理更加精益

一是以年度运行方式修编为抓手，修订运行方式分析指标，通过“以问题为导向、以隐患查改为抓手”，从光缆网架、传输系统、承载业务、支撑系统等多角度、全方位制定 51 项检查评价指标，形成问题清单。核查 1717 条 220 千伏及以上线路保护业务方式，均配置冷备路由，并实现“一键迂回”路由的预安排。

二是加强资源使用和方式单全流程管理，合理配置通道资源，提高方式单数据准确性及保鲜及时性，实现方式单归档信息、TMS 资源数据、实际运行数据“三账一致”。

三是结合数字化提升工作，实现方式的智能开通和校核，补强薄弱断面，建立逢建、逢改必优管理机制，推进继电保护“双接口、三路由”改造 120 条。优化业务通道方式 4000 余条次，实现方式管理数字化、智能化。

2.全省骨干通信网检修计划管控更加科学

一是通过“建章立制”，进一步明确工作标准、固化业务流程、落实层级责任、强化执行监督，让各市公司从事检修管理的人员做到“有章可依、有据可查”，减少人员水平差异对检修工作的影响。省市通信检修人员能力水平显著提升，各级通信检修票实现零退票、检修计划执行率由 86%提升至 97%。

二是通过“畅通渠道”，强化与电网专业协同配合，在计划阶段就充分体现通信专业要求，从源头降低配合电网的通信检修风险。检修计划与检修票提报时长平均提前 2.5 天，为后续上级流转审核留足裕度。

三是通过“规范提升”，实现省市检修计划管理同一标准、同一质效，检修计划、检修票填报清晰规范，检修风险辨识清晰、过渡措施制定合理、现场工作科学高效，做到检修风险可控、能控、在控。自 2022 年以来，省市两级骨干通信网安全执行 772 项检修计划，均实现业务零中断、现场零违章。

3.全省骨干通信网运行分析评价更加精准

一是通过组织年度运行方式评审，深挖省、市级骨干通信网在光缆网架、通信设备、电源等方面存在的薄弱点，累计查找关键隐患 1092 项，并建立健全了隐患“发现—计划—治理—复核”机制。

二是统筹谋划，充分利用基建、技改、租赁、资源互济等多种手段，一年间累计消除通信网运行风险 388 项，未完成整改隐患均制定详细整改计划，并进行挂牌督办。国网山东信通公司多措并举有效推动了各类关键隐患治理，提高了全省骨干通信网运行风险管控规范性。

（三）严控准入运维，通信网络本质安全水平迈上新台阶

1.通信设备入网许可得到规范管控

一是从源头严控通信电源设备入网关，努力提高通信网本质安全水平。全省通信专用 DC/DC 装置的动环接入均按照细则要求实施，设备入网要求有效提高了 DC/DC 装置质量，传动试验要求确保 DC/DC 装置告警准确性为 100%，同时，运行监视、缺陷处置、检修管理的明确，使得省集中动环系统可用性大大提高。

二是省集中网管系统自主运维水平明显提高，同时传输设备入网健康质量得到大幅提升。省集中网管系统在运行维护、安全管理、投退运管理、检修管理、账号及资源管理等方面规范性进一步增强，系统安全、稳定、可靠、高效运行。

2.通信网络关键隐患得到闭环整改

一是通过对光缆、电源、传输设备、基础环境四方面的专项隐患查改，光缆引下三点接地不规范 84 处、导引光缆同沟道 124 项均完成整改，避免了光缆电腐蚀、同路由的隐患。

二是完成全省 3784 套通信专业 DC/DC 装置改造，彻底解决了一体化电源设备老旧、监控信息无法上传等隐患；完成 848 套烽火 PDP 隐患查改，提高了设备供电可靠性。

三是实施“三封一查”专项行动，封堵通信机房窗户 87 扇、孔洞 323 个，治理后的通信机房环境温度平均降低 2.5℃～5℃，保持在 22℃左右，通信设备运行环境得到明显改善。

3.通信网络薄弱环节得到有力补强

自实行《传输设备运行状态评价细则》《通信电源运行状态评价细则》以来，全省已完成1328套通信传输设备、1846套通信电源的全面评价应用，发现薄弱环节138处，已完成整改122处，其余16处均已列入本年度整改计划。状态评价细则的应用，有效提高了通信网薄弱环节的发现能力，持续推动通信网络健康发展。

成果创造人员：李　冬　王晓勇　管　美　王世豪　于秋生　魏永静　刘　磊

EPC 工程总承包模式下的设计管理实践

中铁建工集团第二建设有限公司

摘要：EPC 总承包模式是将设计、采购、施工集于一体，比传统项目管理模式具有更高的集约度，通过发挥前端设计作用来控制项目的成本、质量、工期，成为大型施工企业提升 EPC 管理能力的主要做法。近几年，EPC 总承包模式已经在我国得到大范围推广，该模式已成为企业项目管理发展的方向。随着公司工程总承包业务发展迅速，承接的 EPC 项目数量逐渐增多，EPC 管理过程中暴露出诸多问题，如 EPC 设计管理机制不健全、设计管理能力较弱及设计管理认知不足等问题，在一定程度上影响了发挥 EPC 模式理想中的优势。为了满足企业发展需要，中铁建工集团第二建设有限公司立足企业实际，广泛科学调研，内部剖析和外部对标，大胆创新变革，探索出一条符合大型建筑施工企业 EPC 项目管理新模式，以发挥设计引领作用，推动价值工程，提高企业经济效益，为大型建筑施工企业提供有益借鉴。

中铁建工集团第二建设有限公司（以下简称“公司”）是位列世界 500 强企业的中国中铁股份有限公司的三级子公司，是中铁建工集团法人独资的国有大型骨干施工企业，公司连续多年保持中铁建工集团号码公司前三强，主要经济指标连续多年保持正增长，是集投资、基础设施建设运营、城市片区综合开发、城市更新、工程施工等为一体在山东区域最具影响力的建筑施工企业之一。

近年来，公司积极落实行业要求，敏锐捕捉到工程总承包市场风口，聚焦 EPC 管理，在“由施工总承包向工程总承包转型”的战略引领下，致力于打造“特色 EPC 品牌”。代表项目有中国科学院青岛科教园一期项目、滨州市全民健康文化中心项目、青岛中医院城阳院区项目、新乡东站地下停车场项目、中国算谷产业园项目、济南市市中区城市基础设施提升改造工程等 EPC 工程，工程涵盖医疗类、办公类、学校类、住宅类、工业类、场馆类、市政类等全业态。

一、EPC 工程总承包模式下设计管理机制搭建的背景

(一)建立 EPC 设计管理机制,适应建筑行业变革

国家从 2014 年开始倡导工程总承包模式,并对开展工程总承包业务的相关政策不断完善。2016 年,住建部明确了联合体投标、资质准入、过程中承包商承担的责任问题等问题。《建筑业发展"十三五"规划》提出"十三五"期间要发展行业的工程总承包、施工总承包管理能力,培育一批具有先进管理技术和国际竞争力的总承包企业。2020 年,《房屋建筑和市政基础设施项目工程总承包管理办法》正式实施,标志着工程总承包模式已经在我国得到大范围推广,工程总承包进入加速发展阶段。

2017 年,我国工程行业总营业收入为 22 万亿元,其中工程总承包收入占整个行业收入的 9%,预计到 2025 年,国内工程总承包比例将占行业总收入的 30%,工程市场营业收入将达到 27.8 亿元,其中工程总承包市场将达到 8.4 万亿元。

EPC 模式逐渐成为我国建筑行业未来的重要发展途径之一,各建筑企业都在积极调整管理思路,改变工作方法,以适应工程总承包管理模式需要。因此,公司必须大胆创新变革,探索出 EPC 项目管理新模式,以适应建筑市场变化。

(二)建立 EPC 设计管理机制,提升企业经济效益

EPC 工程总承包模式涵盖了工程项目全过程的工作任务,兼具较高的项目实施难度和较高的项目价值。在该模式下,设计与施工的协同程度大幅增加,对工程总承包单位的综合能力提出了更高的要求。

在该背景下,传统以施工总承包为主要盈利模式的施工单位在建筑市场的竞争中也面临严峻挑战。在传统施工总承包模式下,设计与施工大多情况下处于脱节状态:设计单位成本意识较差,更多地考虑安全因素,若设计单位多采取保守设计,加大安全系数,必然浪费项目功能,往往出现设计成果不符合现场施工实际,施工过程中要进行大量的设计变更,大大降低工程成本优化和控制能力等一系列问题。因此在 EPC 模式下必须发挥设计引领作用,将设计与经营、采购、施工、运维等工作有机结合,实现项目的增值,进而满足企业经济效益的需要。

(三)建立 EPC 设计管理机制,提升企业核心竞争力

公司每年新签 EPC 合同个数占比均在 30%以上,EPC 项目合同额占比均在

40%以上，且呈持续上升态势（见图 1）。因此在 EPC 规模发展壮大的过程中，必须建立务实高效的 EPC 管理支撑体系，为企业盈利、发展提供坚实有力的保障。

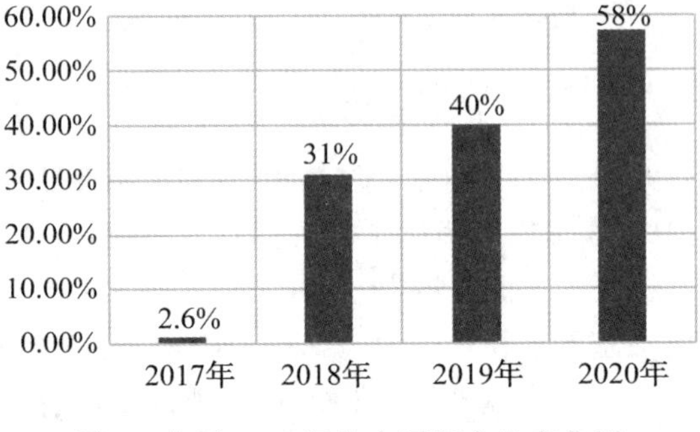

图 1　公司 EPC 新签合同额占比变化图

设计作为 EPC 工程总承包项目的重要环节，其控制着项目的整体造价和关键技术要点，在工程建设中设计贯穿于整个项目生命周期。设计成果文件是采购、施工、竣工验收、运维的基础，因而做好工程设计管理是完成“进度、质量、成本”的关键。根据统计，设计阶段决定了项目 70%～80%的造价，工程施工建造阶段影响项目造价的比例在 10%～20%。因此，设计是工程总承包项目的灵魂，是 EPC 项目管理运行成功与否的关键，设计管理有效才能确保项目进度、质量、成本等目标的实现。

因此，针对工程总承包项目管理，企业必须要加强顶层设计，积极优化管理架构，应对市场的变化；同时，要建立与之匹配的 EPC 管理制度与工作流程，明确各级机构、各岗位职责及标准化管理内容，实现 EPC 项目高效管理。

二、EPC 工程总承包模式下设计管理机制搭建的主要做法

自 2017 年承接了第一个工程总承包（EPC）项目以来，公司便开启了工程总承包管理探索之路。近几年，随着 EPC 项目越来越多，在 EPC 项目管理上面临的突出问题愈发显著，严重制约公司 EPC 项目走高质量发展的道路。因此，在建筑行业推行工程总承包的大形势下，急需找到症结，补足短板，提升企业核心竞争力。

（一）全面剖析，找准设计管理的短板

为了精准找到 EPC 项目设计管理存在的症结，2020 年初由公司技术中心牵头，联合设计、技术、商务等各系统，对公司所属 EPC 项目进行广泛的科学调研，

纵深剖析了EPC项目设计管理面临的问题。同年,又陆续组织公司与中建集团行业先进公司对标,全面审视了EPC项目管理在组织架构、制度建设、人才培养、考核激励等方面的管理经验。

对照行业先进企业,公司在EPC项目设计管理上存在以下短板弱项:一是EPC设计管理机制不健全,虽然有自己的设计人员参与EPC项目的设计管理,但缺乏相关配套制度,往往存在着管理不到位、管理混乱、效率低下、过程把关不严及流于形式等问题。二是设计管理能力较弱,不能适应当前工程总承包设计管理的需要。EPC项目大多为总价合同且常常工期紧张,一般是边勘察、边设计、边施工,存在较多的风险因素,在实际管理中不能提前准确识别风险和制定相应解决措施,会不同程度地出现进度滞后、工程造价超概等问题。三是设计管理认知不足,大多项目部管理人员没有设计概念,往往对设计管理无所作为,或者简单地以与设计单位签订的联合体协议或委托合同作为管理依据,在合同约定的时间节点去要图纸,而并未实际参与到设计管理工作中去,从而失去了EPC项目的核心优势,未将设计、采购以及施工进行有机的结合。如出现设计进度不合理,导致施工进度拖延;设计、采购以及施工相互交叉实施,管理混乱。

因此,结合公司实际情况,必须强化设计管理在工程总承包全过程的核心作用,提升企业设计管理能力,以适应工程总承包管理的需要。

(二)健全设计管理体系,发挥设计全面引领作用

工程总承包管理的精髓是“设计、采购、施工的深度融合”,将采购纳入设计程序,充分发挥“设计”的龙头作用,让设计充分介入工程建设全过程,指导采购和施工,并吸收采购和施工的问题进行反馈调整优化设计,形成高效的互动和互促,更好地保障工程进度、质量安全、项目品质、成本控制。为了规范EPC项目的设计管理工作,打造一流的设计管理能力,从顶层设计上明确“以发挥设计引领作用,将设计与经营、采购、施工、运维等工作有机结合,实现项目的增值,提高企业经济效益”的发展思路。

1.成立工作领导小组,保障管理变革顺利推进

公司成立以公司总经理为组长,三总师为副组长的“设计管理推进工作领导小组”,切实加强组织领导,全面推进管理变革,负责建立健全相关制度,以及过程中重大方案的决策审批。同时成立“设计管理推进工作小组”,组员涵盖技术中心、工程管理部、经济管理部、经营开发部、投标中心等各职能部门负责人,负责创新管理方案的拟订、组织架构的搭建、管理体系的拟订及发现问题的监督整改落实等工作。

按“前端＋后台”的模式搭建“公司-项目部＋设计咨询研究院”的两级组织架构，聚力推进 EPC 项目设计管理工作高效发展。公司 EPC 设计管理部统筹全司设计管理业务，发挥系统联结作用，加强横向沟通、纵向联动，开展体系建设、设计策划、指标下达、过程监督和结果考核等一系列管理工作，指导公司设计咨询研究院服务内部项目；公司设计院是支撑项目设计管理、设计咨询和图纸设计的技术资源支撑性单位，项目部设专兼职设计负责人，负责项目具体的设计管理实施工作。EPC 项目设计管理的四种模式如表 1 所示。

表 1　EPC 项目设计管理的四种模式

	公司层级	执行层级❖			设计分包
模式	EPC设计管理部	EPC管理岗❖	工程咨询院❖	项目部❖	设计分包单位
模式一				★	★
模式二		★		★	★
模式三	★			★	★
模式四	★		★	★	★

同时针对 EPC 项目，在项目前期经营阶段前置明确“铁三角”，在项目中标后在“铁三角”的基础上融入“设计、采购”，建立“铁三角＋设计、采购”五位一体的设计管理架构，强化 EPC 管理能力。

2.梳理全流程工作，确定设计管理提升发展方向

公司积极总结 EPC 项目特点，建立 EPC 项目全周期总览图，梳理全流程、各环节的关键工作和核心管理要求，通过不断研讨和论证，总结发现：一是设计工作处于工程建设的前端，EPC 项目应提早介入，依托我方在设计和施工上的技术优势，可为业主在项目投资研究阶段进行总体把控，也可为业主在项目报批报建中提供咨询，通过直接或间接的参与设计工作，为业主提供最优的问题解决方案。二是作为 EPC 项目，设计与商务的融合是创造价值的关键，必须坚持以商务管理为核心，在商务合约构架基础下，紧密结合项目实际情况，根据不同的计价模式，设计与商务联合研讨，提出针对性的商务策划方向与措施，在满足业主限额设计要求和功能需求下，选择性吸收优秀做法，有的地方做“加法”、有的地方做“减法”，提升项目的价值空间。三是聚力搭建物资资源库、设计资源库和商务指标库三大库，筑牢 EPC 项目管理的根基，为 EPC 项目履约管理能力提供全面支撑。

因此在设计管理提升上，公司向前延伸至项目立项、方案设计等，向后拓展至工程试运行、竣工结算等，充分发挥设计管理的全过程服务能力。同时打好工程总承包项目方案估算、设计概算和施工图预算的“组合拳”，充分运用限额设计，促进各个专业之间的深度联动。真正实现设计与采购、施工等各环节深度衔接，做

到项目的提质增效，为业主化解项目管理风险，也为客户提供增值、超值服务获取增量收益，打造客户持续满意的服务能力，进而提升公司品牌影响力和社会影响力。

3.建立精细化管理机制，发挥差异性竞争优势

随着工程总承包模式大力推行，一批有实力的施工单位由传统的施工总承包模式转型为EPC工程总承包模式。面对EPC的发展趋势和市场环境，公司必须全面强化精细化管理，发挥差异化竞争优势，全面提升企业科学发展、安全发展、创新发展。一是坚持精细化管理的正确导向，着眼EPC新形势发展和建设，立足企业需求，坚持科学精管的态度，大胆进行探索，紧紧扭住企业发展的方向，努力实现向精细化、规范化转变，充分发挥精细化管理的职能作用，努力提高管理工作的质量和效益。二是优化精细化管理手段，首先在思想观念上做好各层级项目管理人员从“C”到“EPC”的转变；然后要着力解决具体标准、基本内容和落实措施落实不好的问题，解决抓什么、怎么抓、抓到什么程度的问题。最后是要明确精细化管理的标准，必须抓住平时、扭住关键、控住重点、管住末端，将管理的触角延伸到每个环节、每个部位、每个人员。三是建立精细化管理的长效机制，优化和完善管理机制是企业的治本之策，对提高企业精细化管理具有根本性和长远性。

鉴于此，公司在总结前期工程总承包管理得失的基础上，一是制定了《工程总承包设计管理办法》并发布，明确各阶段的管理职责、工作流程及考核指标等核心管理内容，规范了公司设计管理业务，使此前的工程总承包设计管理从无到有，从无序到规范，形成符合公司实际的工程总承包设计度管理体系。二是创新摸索出“两级”设计策划、概算划分与复核、设计优化与创效、考核激励等管理方法，形成一套EPC项目管理流程并运用到EPC项目实际管理中。

（三）抓住重点，全面提升设计管理的关键能力

公司结合实际情况，根据“设计管理提升发展方向和精细化管理的要求”，经过深入研讨和论证，明确在提升设计管理的关键能力上狠下功夫。公司从投标联动、设计策划、设计过程管理、监督考核等方面深入开展关键能力提升，通过补短板、强弱项，促进提升企业核心竞争力。

1.标前策划管理

EPC项目在招标时大多标明最高投标限价，且要求投标人以总价、固定平米单价及固定下浮率等形式进行报价，而不会像施工总承包项目按照施工图工程量清单报价，对承包商来说，在投标报价时应充分考虑风险因素，制定防范对策，以

应对诸多的不确定性因素。因此在 EPC 模式下,公司必须突破原有传统投标方式,创新经营开发方法,在标前策划工作机制中融入设计:一是参照同类型工程经济指标,如钢筋含量、混凝土含量、专项工程单方造价等,对投标成本测算文件进行复核分析,促进提高投标成本测算文件的准确度。二是对招标文件中可能存在的设计风险精准识别并拟定应对措施。三是发挥设计技术优势,重点审查招标文件中的设计文件和商务文件,查找设计漏项和设计技术风险,及时提出问题答疑,有效规避潜在风险因素。

2.资源库搭建

实现项目增值是 EPC 项目设计管理的核心指标,在设计管理中,设计创效落地离不开设计单位的配合和支持,而物资资源、商务数据是实现设计创效的支撑,为设计指明方向。因此必须聚力推进“物资资源库”“设计资源库”“商务指标库”三大库的建设,保障 EPC 业务高效、高质量、高标准发展。

一是推进物资资源库建设。EPC 的采购是降低成本、保障履约的重要环节,在物资资源库建设上,公司分级、分类梳理分供商资源,包含品牌信息、规格型号、技术参数、集采价格等指标,并从优选择战略谈判对象,建立战略合作关系。在 EPC 项目投标报价阶段发挥价格优势,同时引领 EPC 项目设计选型,将采购管理前置到投标及设计阶段,促进设计与采购的融合。

二是推进设计资源库建设。充分整合社会优质设计资源,就项目招投标、工程项目设计、设计咨询与策划、项目设计管理、深化设计等方面建立战略合作伙伴关系,能够有效促进设计管理能力的提升以及更好地服务于工程总承包项目管理。2023 年,公司设计资源库已纳入 50 余家国内一线知名设计单位并定期维护与交流。

三是推进商务指标库建设。在 EPC 模式下,如何实现降本增效,各个阶段均需要成本数据支撑。鉴于成本测算对指标库需求的必要性,要聚力搭建商务成本指标库,对已实施完成的项目,复盘分析,修正和不断更新“指标库”,有效指导投标策划和为后期项目低成本管理筑牢基础。如投标期间,EPC 招标文件中业主大多仅提出相对明确的功能要求、技术标准和大概的范围,没有明确的施工图纸和工程量参数。不仅边界模糊,承包人在有限的投标时间截止日之前无法明确设计和施工方案,同时人工、设备、材料等费用的上涨也无法作出合理预估,以及受施工过程中发生的工程变更及出现不可预见情况等不确定因素的影响,进而影响承包人对 EPC 项目作出精准报价。面对上述问题,在商务成本指标库建立完善的情况下,投标时仅需要筛选类似项目工程量指标库,编制工程量清单,进行成本测算，有效提高工作效率和成本测算数据的准确性。

3.设计策划管理

对于EPC项目价值工程开展的最佳时机是设计策划阶段，只有将价值工程植入到策划中，提升项目品质，提高建造便利性、安全性，优化各类资源的配置，才能在履约过程中掌握主动，从源头上确保项目整体目标落地践行。

在设计策划管理上，结合企业现状，建立“两级”设计策划工作机制，分为公司级策划和项目级策划，分别形成《设计策划书》和《设计实施策划书》。项目中标后，由EPC设计管理部牵头组织相关职能管理部门及专业能力强、经验丰富、业绩突出的优秀专家参与设计策划，通过“定目标、定思路、定资源”，重点提升进度策划、商务策划、质量策划等关键能力，促进提升EPC项目履约水平。如在进度策划上，分级制定设计进度计划，如里程碑、全景计划，包含设计、报批报建、施工、招采和商务五项内容的主要节点且明确计划节点的逻辑关系，同时为规避“等图施工”的现象，合理制定分阶段出图节点；在商务策划管理上，侧重于设计概算管理，将“保概控概”贯彻设计全过程，通过各专业合理的造价分配为业主控制预算，为业主项目管理赋能，为项目参建各方提供增值服务。

4.设计界面管理

设计工作主要包含方案设计、初步设计、施工图设计、深化设计四大阶段，设计周期较长且涉及专业较多、分包分供商较多。为解决双方或多方之间的壁垒和矛盾，强化设计界面管理，提高管理的整体效能。在项目实施过程中，公司主要从组织界面、合同界面、技术界面三大方面入手。对于组织界面管理，由设计负责人统筹设计管理工作并负责协调设计方与施工方之间的关系，项目部提供全过程支持，配合设计拉通与业主方、设计方的联系，实现设计与多方的联动；对于合同界面管理，是EPC工程设计管理的基础，其管理目标是通过合同手段保障设计过程中各参建单位之间的顺利衔接，解决过程中相关界面矛盾问题，有效推进设计进度和提高设计质量。根据项目实际情况，在合同界面中尽可能约定限额设计指标，如经济性指标、造价性指标，强化成本管控；对于技术界面管理，主要是解决在项目建设中各参建单位由于设计专业分工不同、技术管理水平差异、对于施工工艺和材料、设备性能理解不一致所造成的设计管理风险。在设计管理中加以识别和解决，其重点应该在控制设计优化风险和设计变更风险上，必须保证各专业技术、工艺之间的有效衔接。

5.设计进度管理

公司在充分调研内外部情况的基础上，建立“二级计划管理机制”，公司层级制定里程碑工期节点重点管控；项目层级制定全景计划精细管理并明确责任人，由项目设计负责人定期组织设计例会对进度偏差进行分析、趋势预测，在保证大节点顺利完成的情况下，细部节点可灵活调整，做到局部服从整体、阶段服从全过程。

在进度控制措施上，主要从编制合理的进度计划、提升设计管理人员设计能力（设计能力、校审能力）、提高设计资料信息收集的及时性和完善性、加强协调管理（技术协调、管理协调）四大方面加强管理，以确保实际设计进度按照设计进度计划执行。

6.设计质量和成本管理

针对设计质量管控，系统梳理关键管理活动（事项），形成重点任务事项清单，主要包含设计任务书的编制、设计评审、设计确认、设计成果签发、设计变更管理等。公司在吸收传统设计院设计质量管控机制基础上，建立“三方会审”和“设计评审”工作机制，项目层面由项目经理组织设计、技术和商务三大版块联动，对设计文件进行全面审查；公司层面由 EPC 设计管理部牵头，组织重大技术方案评审，尽可能在设计阶段发现重大设计技术问题，规避因设计引起的现场返工、进度滞后等问题。

针对设计成本管控，强化设计阶段“三点分”分析能力建设，即盈利点、亏损点和风险点。如强化估算、概算和预算的编制、指导与审核，每阶段的设计对应每阶段造价文件，上一阶段的造价文件为下一阶段设计的约束条件。特别是要把控住施工图预算，通过图纸经济指标分析，查找设计偏差；基于合同技术要求和交付标准下，对设计文件中的主材和大宗设备的技术参数、分包商提交的材料、设备清单进行全面审查，规避难以采购的材料设备项。

7.设计风险防控

公司以在施 EPC 项目为依托，结合 EPC 项目特点，系统总结梳理项目全生命周期的风险要素，总结一套 EPC 风险防控的管理经验并提出针对性的应对措施，形成《EPC 项目风险防控指引》，以供项目管理人员借鉴和参考。在工程总承包项目实践中，重点开展 EPC 风控政策研判，对 EPC 政策法规进行归集与全面解读，将法律审核与论证嵌入 EPC 招投标、商务谈判和签约、项目执行等全过程中，编制风险要素清单，制定和完善风险防控指引，分析风险因素的识别和评价指标，优化责任分配，强化风险管控。

8.复盘总结机制

为了进一步提升 EPC 项目管理水平，总结项目管理经验，梳理、分析重难点，为后续EPC项目提供经验借鉴，在EPC项目管理上，公司建立EPC项目复盘总结机制，就EPC项目管理经验与不足进行了总结，从投标、设计、商务、招采、风控等方面梳理管控重难点及应对措施。同时依据EPC设计管理创效情况，总结优秀做法、先进管理经验、成本数据等内容，编制形成《设计策划书》《复盘总结报告》和《设计管理案例集锦》等成果文件，固化管理成果，在全司内推广学习。

9.EPC人才建设

在EPC设计管理机制中，将“人才培养”置于公司发展战略地位，通过人才培养，打造出更多“能策划、精设计、通商务、会施工”的项目管理人员来应对EPC发展新趋势。一是通过社招、校招、内推等形式，加大EPC人才引进力度，满足EPC业务发展需要。二是结合自有人员的现状、契合公司EPC业务发展需求，有针对性地开展人才培训，覆盖设计、商务、施工、采购等全线条管理人员，定向筛选各岗位优秀的青年人才，作为储备人员，参与公司EPC业务培训、实践和考核，不断滚动优化人才队伍。

三、EPC工程总承包模式下设计管理机制搭建的实施效果

（一）提升了企业经济效益

公司在EPC项目管理上明确以提升设计管理为核心促进工程总承包管理能力建设，搭建设计管理体系并配套相关制度，基本形成了一套EPC项目运作制度管理体系和管理标准。规避了管理不到位、管理混乱、效率低下、变更较多、易超概等一系列问题，减少了组织与资源浪费。据统计，公司工程总承包项目的平均利润率比公司整体项目平均利润率高出2～3个百分点。

（二）提升了企业核心竞争力

为了提高EPC管理竞争力水平，公司有针对性地培育设计管理能力建设，以设计为主线，克服了设计与采购、施工等脱节给项目管理带来困难；发挥设计引领作用促进各个阶段的相互衔接，从而更有利于项目设计方案的不断优化，更有效控制项目投资，建设工期更容易得到保障，大幅提升了企业核心竞争力。2017年实现新签合同额108亿元，EPC新签合同额占比2.6%；2020年新签合同额达到387亿元，EPC新签合同额占比58%。

（三）适应了建筑行业改革发展

近年来，公司践行新发展理念，贯彻落实国家及各省市建筑业改革发展要求，将 EPC 管理作为改革发展的重要着力点和实现公司发展提档升级的重要举措，在"由施工总承包向工程总承包转型"战略引领下，总结形成了一整套经验做法，较好地适应我国建筑行业的改革发展形势，为大型建筑企业从事工程总承包管理提供了可借鉴的经验。

成果创造人员：徐洪祥　刘大军　叶　晗

供电企业基于故障防御能力提升的配电网综合智慧管理

国网山东省电力公司乐陵市供电公司

摘要：国网山东省电力公司乐陵市供电公司以高效、优质为工作目标，基于“四化”管理理念，重组配网扁平垂直管理体系，构建城区供电中心、供电所“二十八项”配电业务千分制考核的配电网专业支撑管理体系，通过机构变革、职责调整、业务重组等多项举措，压缩配电网业务流转环节。集成公司系统内PMS3.0、营销MIS、安监管理平台、“两清理”隐患台账、供电所漏电保护器运维台账、配电自动化系统、“i配网”App、专项工作微信群、供指服务系统、用电信息采集系统等多个业务系统，职责分工明确，将多个平台基础数据维护责任进一步细化匹配至各个部门以及专责人，大幅提升了配电网业务整体运转效率。

国网山东省电力公司乐陵市供电公司（以下简称“乐陵公司”或“公司”）承担全市16个乡镇（街道）的供电任务，供电区域1172平方千米，供电人口72万，服务电力客户28.63万户。公司资产总额8.73亿元，用工总量700人，设9个职能部室、4个业务实施机构、10个供电所、3个产业单位。公司现有220千伏变电站3座，容量690兆伏安；110千伏变电站8座，容量800兆伏安；35千伏变电站14座，容量296兆伏安。110千伏输电线路14条，长248.23千米；35千伏输电线路26条，长248.53千米；10千伏配电线路140条，长2172.95千米，公用配变2850台。公司荣获乐陵市支持地方经济发展先进单位等荣誉称号，连续20年保持省级文明单位称号。

公司以提升网格化抢修管理水平为抓手，全面开展配网网格抢修队伍专业化建设，将配网故障抢修实现由被动抢修向主动获取故障信息转变，建成故障预案快速引导、抢修队伍物资快速调配、现场情况互动反馈的配网故障主动抢修模式。

为使管理落到实处，公司建立了完整的指标考核体系，通过指标分解、过程管控、绩效考核的考核激励手段，大力推进标准流程线上运转，有效保证体系建设的成果固化和规范运行。

一、供电企业基于故障防御能力提升的配电网综合智慧管理的实施背景

（一）实施配电网综合智慧管理是助推经济社会发展和智慧城市建设的需要

随着社会经济的迅速发展，社会用电负荷快速增长，越来越多的控制技术、电子技术、计算机与互联网技术被应用于配电网综合通信方式中，实现对配电网（含分布式电源、微网等）的监测与控制，并通过与相关应用系统的信息集成，实现配电网的科学管理。电网智能化是智慧城市建设的重要组成部分，作为主要的能源供应，电力在城市发展建设中起着重要的作用，特别是在现有发展趋势下，所有高新技术，如物联网、云计算、人工智能等都是以电能作为能源供应，因此可以说电力行业的发展直接影响着智慧城市建设的成效。随着国家对企业发展的重视，保供电已经成为政府向供电企业提出的重要要求，推动电力系统保供电制度，做好故障防御措施的执行已经是供电企业的必然选择。

（二）实施配电网综合智慧管理是大数据时代电网企业管理改革发展的需要

传统配电网管理在信息流上缺乏共维、共享机制，服务提供、数据提取及效率效益等方面相对落后，虽然有一系列现代化信息平台，能够进行大规模信息收集处理，但未能进行高效的信息整合分析，难以实现“1＋1＞2”的效果。大数据时代的到来，不仅在于掌握庞大的数据信息，更在于对这些数据进行专业化处理，通过提高对数据的加工能力，实现数据的增值；建设依托于大数据的配电网智慧管理体系，可以实现内外部数据集成统一和数据管理。当前，公司已经具备大数据基因，数据呈现出体量大、类型多、实时性高等特点，这些数据资源产生于公司各个环节，如何将大数据转化为信息资产，进而建立起基于大数据的配电网柔性管理体系，是大数据应用于配电网的核心问题。

（三）实施配电网综合智慧管理是用电客户对供电质量及可靠性不断提升的要求

随着经济发展水平以及人民生活水平的不断提高，电力已经成为人们日常工作、生活甚至生存中必不可少的要素；电能的持续、可靠、稳定供应，越来越成为与

用电客户生产、生活息息相关的重要组成部分。配电网供电线路多、服务用电客户多，其发生故障的概率相对高压主干电网要高；因配电网故障或电能质量不合格而造成的客户投诉现在越来越多，对电网提出的要求也越来越高。近年来，乐陵公司深入践行优质服务理念，在确保电网运行及电力生产安全的基础上，以服务客户为导向，不断提高客户供电质量，提升公司优质服务水平。因此，梳理配电网业务流程，根据研究发现的问题调整思路，实施流程化业务管控，实现无缝化线上流转，消除管理盲区，就能使业务开展得更顺畅、更高效。

二、供电企业基于故障防御能力提升的配电网综合智慧管理的主要做法

（一）基于同质专业需求，重组配网扁平垂直管理体系

基于“四化”管理理念，供电企业积极构建配电网专业支撑管理体系，重组配电网扁平垂直管理体系。“四化”管理理念及内涵，即专业化、集约化、扁平化、流程化（见图1）。

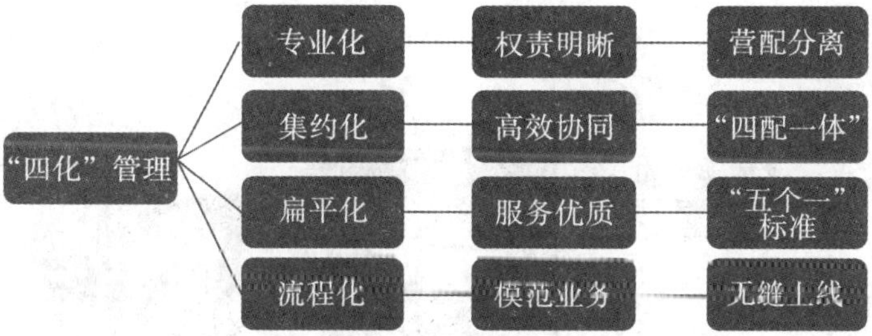

图1　配电网“四化”管理体系示意图

1.以“专业化”管理为指引

在电网运检智能化发展趋势下，公司以权责明晰为目标，实施营配分离，将营销、生产业务分立，实现各类业务的独立运作、相互协同及有效监督。提出将配网运检业务由传统的单一业务执行向分析、评价、管控精益型转变的管理思路，转变业务支撑职能，促进运检队伍精益化。具体做法：一是强化执行者角色。依托无人机、机器人、带电检测等智能运检技术装备改变传统工作方式，高效完成日常巡检、运维、检修等本职任务，极大提升工作质效。二是拓展管理职能。借助管控平台，运检一线供电所、班组及时掌握设备基础信息、运检资源、运行状态、检修策略等信息，高效开展配电线路、变压器等11类主要设备状态评价结果分析。

2.以“集约化”管理为指引

公司统一组织配网抢修指挥工作，成为乐陵市区全部配电网的统一指挥中枢，为深度推进配电网业务融合创造了有利条件。乐陵公司基于配网调控、配网计划、配网抢修指挥、配网监控等业务对象的一致性（即其核心业务全部面向 10 千伏及以下配电网），建立“四配一体”（四配即配网调控、配网计划、配网抢修指挥、配网监控）融合机制，组建了融合“四配”各专业的配网故障抢修指挥中心，负责乐陵地区配电网设备管理，包括设备运维、巡视、检修、消缺、抢修实施等工作；负责向调控中心提报配网检修工作计划、临时性消缺申请，并按照调控中心的指挥进行电网检修操作。

3.以“扁平化”管理为指引

公司以优质服务为目标，推行“五个一”标准化抢修体系（见图 2）建设，依托智能配网调控抢修指挥平台将客户 95598 报修工单直接派发至抢修点，避免效率低下的问题。依托配网调控抢修指挥平台及抢修队伍移动式手持终端的推广应用，进一步压缩了配网抢修指挥业务的流程链条，实现了由配网调控抢修指挥中心直接将抢修指令（工单）派发至距离故障现场最近的抢修点。践行“五个一”标准化抢修，推行故障抢修“五个一”标准，即一个客户报修、一张抢修工单、一支抢修队伍、一次到达现场、一次完成故障处置。

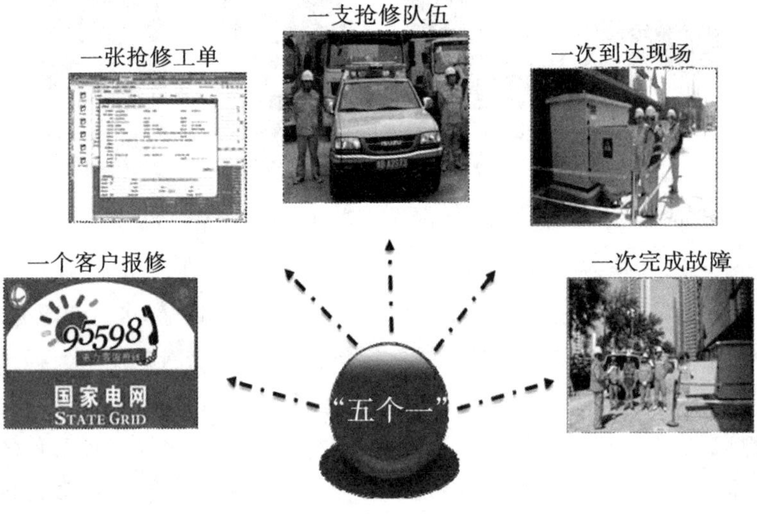

图 2 “五个一”标准化抢修体系

4.以“流程化”管理为指引

公司以规范业务运作为目标，依托信息化系统，实现全业务无缝化线上流转，让所有工作均有迹可循。利用千分制考核等配电网专业支撑管理体系，将区域供电管理单位的配电(设备运维)、营销(客户服务)业务拆分,将配电网运维、检修、巡视等设备运行管理职责整合并统一归口管理。配电网流程管理体系见图3。

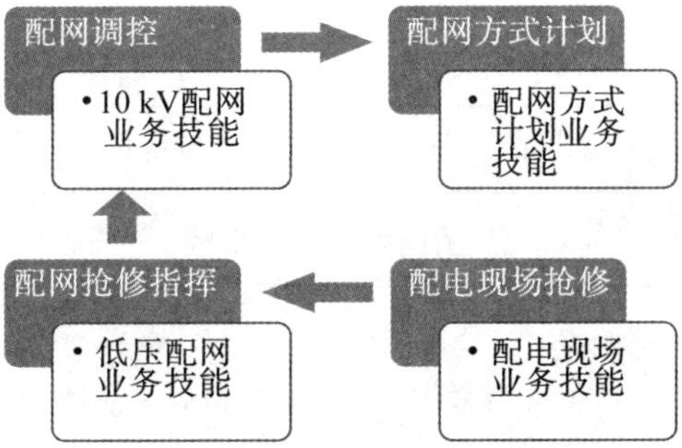

图3 配电网流程管理体系

(二)基于数据智慧决策,提升配网故障主动抢修效率

智慧管理体系的前提是思维方式由线性到非线性的转变,目的在于打破由上到下强制性的刚性管理体系,使最了解自身情况的各级单位发挥自身体系“自愈自强”能力,利用好现有数据平台自觉维护一线“最真实”数据。

具体做法:集成公司系统内PMS3.0、营销MIS、安监管理平台、“两清理”隐患台账、公司和供电所漏电保护器运维台账、能源大数据系统(德电数据服务专区)、供电服务指挥系统、配电自动化系统、“i配网”App、专项工作微信群、用电信息采集系统、配电网运行监控、规划计划信息管理等多个业务系统,明确职责分工,在大数据集成的基础上,将多个平台基础数据维护责任进一步细化匹配至各个部门、各个专责人,一旦数据维护出现问题,通过反馈机制可以直接追究至责任单位、责任个人。

1.完善“两系统、一平台”配网故障智能研判模型

乐陵公司以云架构为基础平台,以大数据为认知方法,以智能分析为决策工具,采用一区分布、四区集中、地县一体的方式,建成新一代配电自动化主站系统,乐陵新一代配电自动化系统已完成与PMS图模交互异动流程,实现了开展配网故障综合研判、接地故障精准定位等多项实用化工作。强化全设备、全状态、全过程、全时域四个维度的穿透分析,实现配网故障智能研判、决策及指挥,保障供电的安全可靠和优质服务。“两系统、一平台”定位及关系见图4。

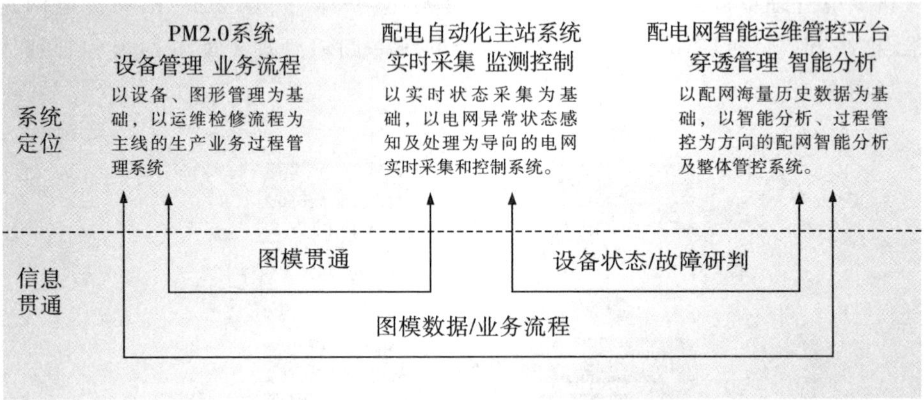

图 4 “两系统、一平台”定位及关系图

2.开展末端故障精准抢修

公司聚焦故障抢修效率提升，强化配网供电指挥中心建设，配调监控与抢修指挥故障研判业务进行融合，强化配电网“全维度”故障实时研判，全面应用配电自动化，缩短故障查找、隔离时间，减少接地试拉停次数。结合低压电网拓扑关系，精准定位停电影响范围，第一时间指导配网抢修，提供以客户需求为导向的主动服务，提高主动服务时效性和用户服务获得感。

利用移动通信技术，智能手持终端可随时随地与配网调控抢修指挥平台实现双向通信，利用 GPS 定位模块，配网调控抢修指挥中心可实时监控一线抢修人员的实时地理信息，系统可自动根据故障报修信息将抢修任务派发至就近抢修点，抢修人员在处理故障报修工单过程中可将实时抢修信息反馈至配网调控抢修指挥中心。

3.故障停电精准分析到户及自动通知到户

通过对站—线—变—户等设备信息监测，依托营配调数据贯通，公司可在第一时间获得电网故障的多方面信息，对配网故障主动研判、准确定位，借助 GPS 车辆轨迹信息和作业现场反馈信息，合理指挥最优抢修力量，及时高效地开展主动抢修服务(见图 5)。

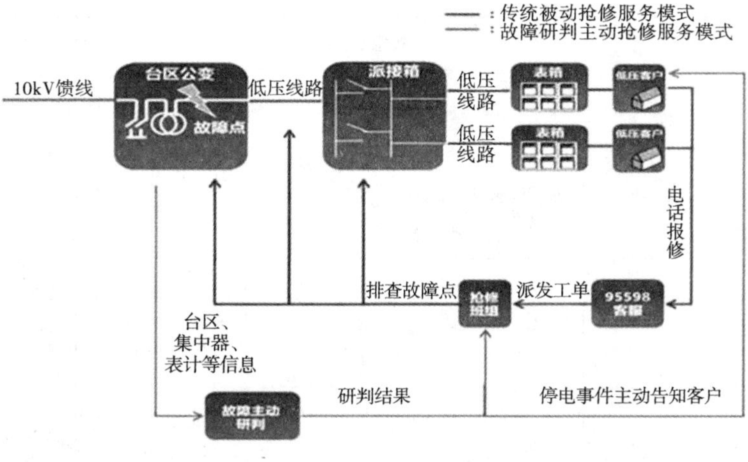

图 5 主动抢修流程示意图

4.实现用户服务的差异化抢修复电

公司以用户分级分类管理为标准，便于指导班组对优先级较高的设备用户进行抢修复电，实现用户服务的差异化。同时开展移动抢修，从电话报修接单开始，实时管控抢修流程各环节，全方位提升抢修效率，提升供电服务水平。针对配网设备基础资料薄弱的问题，坚持“预防为主、抓住机遇、先易后难、分步解决”的原则，加强了配电设备技术监督工作意识，通过建立健全《配网设备基础信息表》《用户设备基本信息表》和《配电柱开设备缺陷清单》，加强配网设备健康水平评估，与相关责任部门一起明确责任范围和整改期限，在下一季度例会上进行核实并通报，形成配电设备技术监督工作的闭环管理机制，确保带病设备逐步完善和淘汰出系统，保证电网安全健康运行。公司还加大对自动化系统的应用力度，配电自动化系统的故障处理适用范围如表 1 所示。

表 1 配电自动化系统的故障处理适用范围

		紧急控制				恢复控制
类型	适用范围	故障切除	故障定位	故障隔离	健全区域恢复	恢复正常方式

续表

			紧急控制				恢复控制
本地智能	继电保护	电缆/架空	快速切除	快速、粗略定位、分支线或用户故障时不会全馈线短暂停电	快速、粗略隔离	快速、不能保证全部恢复	不能
	自动重合闸	架空	不能	不能	不能	瞬时性故障时快速恢复，永久故障时不能	瞬时性故障时快速恢复，永久故障时不能
	备自投	电缆/架空	不能	不能	不能	双电源用户快速恢复，单电源用户不能	取决于备自投控制方式
分布智能	自动开关	架空	不能	馈线短暂停电，需两次冲击，需要较长时间，可定位到分段器之间	馈线短暂停电，需两次冲击，需要较长时间，可隔离到分段器之间	固定模式恢复，且TV断线会造成闭环	瞬时性故障时可恢复，永久故障时不能
	面保护	电缆/架空	快速切除	快速、可定位至所部署的开关之间、健全馈线段不停电	快速、可隔离至所部署的开关之间、健全馈线段不停电	固定模式恢复	瞬时性故障时可恢复，永久故障时不能
集中智能		电缆/架空	不能	馈线短暂停电、可精细定位至故障采集器之间、需要一定时间、依赖通信	馈线短暂停电、可精细隔离到三遥开关之间、需要一定时间、依赖通信	可实现自适应、优化恢复	可恢复

（三）深化设备网格管理，正向融入配网智慧运检提升

公司以提升网格化抢修管理水平为抓手，全面开展配网网格抢修队伍建设，依据现有设备主人制开展相关政策落地。通过统一报修工单派发、统一抢修任务指挥、统一抢修资源管理和统一抢修业务标准，实现一个报修由一个网格负责到底，出现问题能够及时找到负责人。

1.实行网格化设备主人制管理，健全综合评价体系

公司以“中压专业管理、低压业务协同”为原则，将网格管理责任落实到设备主人，健全城区供电中心、供电所“二十八项”配电业务落地千分制考核，综合配网

电源评价、网架评价、运维水平评价、负荷综合性能评价等指标，根据网格建设成效量化分析结果，为精益规划、精准投资提供依据，支撑网格运维服务水平提升（见图 6）。

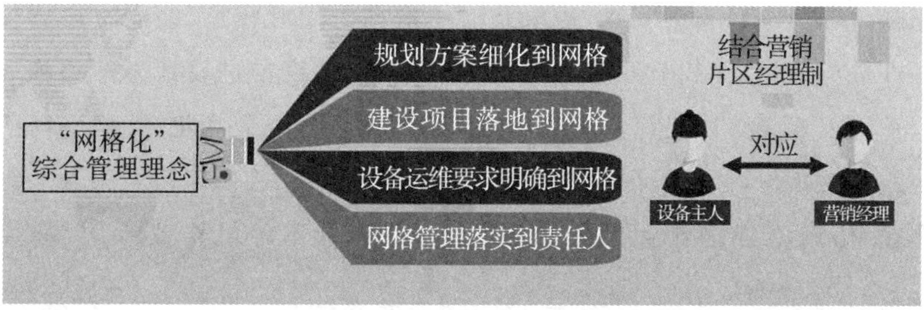

图 6　网格化管理示意图

按照"网格到供电所、班组，设备到个人"的原则，公司将网格和设备与供电所、班组及设备主人紧密关联，完善供电所、班组设备管辖职责和设备主人的运维职责，多措并举，保证各项运维要求穿透到供电网格，落实到设备主人。对于新投运设备，设备主人应履行好验收职责，把好设备投运关。对于故障抢修、检修的设备，设备主人应结合巡视等日常工作，对设备进行重点检查，至少每季度开展一次配电故障分析，加强用户用电安全检查，若发现用户设备存在安全隐患且影响电网安全运行，要及时跟踪用户整改，未按期整改的按规定采取相关措施。

2.全方位、全流程理顺，提升供电可靠性管理水平

根据网格化要求，公司开展了基于供电可靠性的配电网架规划（见图 7）。根据城农网区域用户、地形和线路的现状和发展趋势，有针对性地编制网架改造方案。

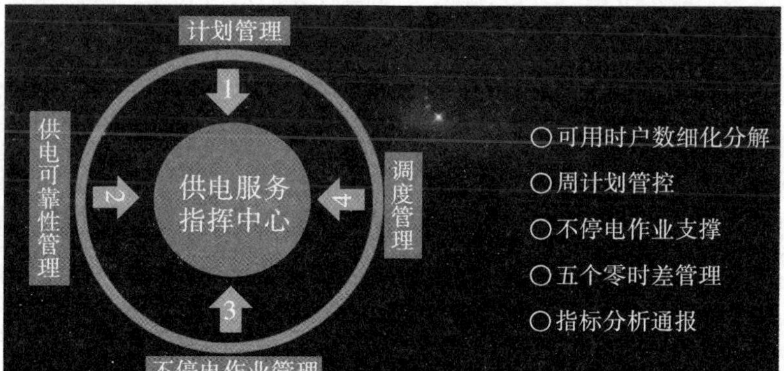

图 7　供电可靠性管理架构图

公司将供电可靠性管理、计划管理、不停电作业管理和调度管理四项职责集于一身，开展“四位一体”管理，实现“精打细算、能带不停”。开展故障恢复送电施工过程全流程管理，由公司牵头，城区供电中心、供电所、施工班组紧密配合，做到准备充分，停电准确，施工紧密，送电及时。定期对用时较长、停电时户数较多的停电事件进行分析，寻找节约时户数的方法措施，持续推进设计方案和施工方式改进。在施工方案阶段组织开展评审，实现时户数损失最优化；计划平衡阶段确保时户数不超指标，协调开展综合检修，避免重复停电；施工阶段大力开展综合不停电作业，拓展不停电作业手段和项目，不断提升不停电作业比例，避免无谓停电。

3.实施“套餐式”抢修，提高抢修效能

根据配抢体系要求，公司依托原有抢修班组分区成立抢修组，由抢修中心统一业务管理和指挥。在城区供电中心和各供电所，统一维护班、营业班抢修人员组成抢修组，统一负责表箱前后的所有抢修，以现有配电组为基础成立运维抢修组。

一是分类制定抢修作业标准。按照梳理出的配网故障类型(低压计量类设备故障、低压电缆故障、台区配电室故障、分支下户线故障、环网柜故障、高压熔断器故障、10 千伏线路故障、高压客户故障)分别编制八种标准抢修作业指导书，明确工作流程、标准。

二是优化抢修准备。实施抢修车辆配套改装，在站点抢修物资三化管理的基础上，对抢修材料及工器具进行梳理集装，形成八类标准抢修配送箱。

三是实现抢修“零准备”。抢修人员接单后直接根据故障类型选择相应的抢修“套餐”进行抢修，对于表箱及以下故障，采取授权或委托方式，由抢修人员统一处理，实现一支队伍、一次到达现场、一次完成故障处理的目标。

4.以“互联网＋智慧主动”为导向，优化配网运检管理模式

通过完善“两系统、一平台”(配电自动化系统、PMS 系统及供电服务指挥平台)中低压故障综合研判功能，公司实现了配电网“站—线—变—线—户”数据全采集和智能感知。

一是健全 10kV 线路、设备的基础台账，进一步做好配网基础数据整治，做好 PMS 系统平台运维，确保做到数据精准、图形到位。

二是从设备重要程度和设备健康状况两个维度，强化对异常设备的采集、监测，分析设备运行状况和健康程度，兼顾重要用户和线路运行环境。

三是依据配电设备供电用户性质的重要程度、配电设备故障引起的停电范围、配电设备在网架位置中的重要性三个维度进行评估，合理制定差异化运维策略。

四是梳理细分配网缺陷大类、缺陷小类、缺陷描述、检修策略，形成缺陷巡视标准化数据库，及时安排消缺工作，建立“分级管理、动态考核”工作机制，通过配电网运行方式调整和不停电作业手段，开展不停电综合检修。

(四)统筹内外有利资源，加快提升配网隐患治理效果

公司常态化开展配电隐患“两清理”(外力破坏隐患、设备隐患)活动，紧紧依靠各级政府和各有关职能部门的联动支持，利用先进技术平台，推进电力设备巡规范化、社企合作标准化、技术管理集约化，以提高电力设备可靠性、提高缺陷隐患消除效率、提升电网稳定性和运行管理水平、保障配电线路安全稳定运行为目的，建立了标准化、规范化、科学化的管理方法，提升了配电设备的巡检和隐患处理效率，保障了配电线路的稳定可靠运行。

1.严防电力设备外力破坏隐患

在防外力破坏工作方面，公司立足于建设“坚强电网”的大局，将电网安全视为电力企业的“生命线”，政企结合，内外结合，上下结合，左右联动，密切协作，坚持经常抓，抓经常，反复抓，抓反复，时刻准确掌握危及电网安全的隐患，并进行及时、全面的清理、整治(见图8)。同时积极与市政部门沟通，使其理解城市电网可靠稳定供电的重要性以及破坏电力设施的法律责任。

建议施工单位尽可能避免在电力设备保护区内进行施工作业，必须在线路保护区内进行作业的行为。施工单位与电力部门协商并签订《电力设施保护区》施工协议后方可进行施工。在其施工时电力部门设立专人监护，施工期间一旦发现违法施工，立即制止。对于进行塔吊作业的，对塔吊人员进行安全知识普及，明确其作业的安全要求和安全责任，并检查塔吊是否设置限位装置；在施工放炮、塔吊起吊旋转过程中，应采取防止损坏电力设施的措施。加强与园林部门的协调和沟通，对于威胁到电力线路正常运行的树木，敦促其及时砍伐。在清理树障和砍伐树木过程中，设置监护人，监督作业人员安全工作，并采取可靠的安全措施。

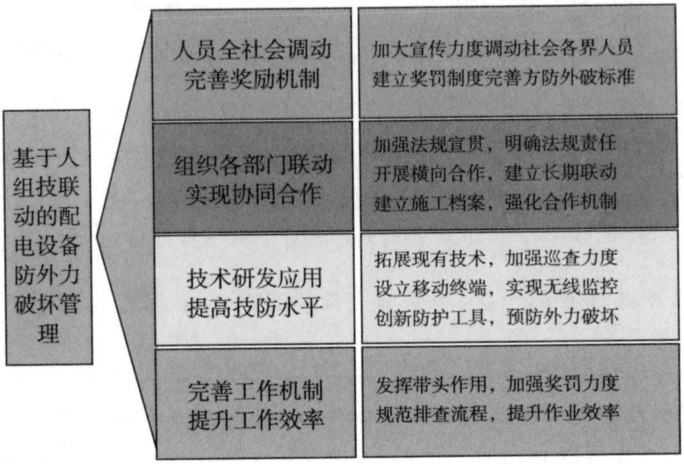

图 8　电网企业政企联动清理电力设备外力破坏隐患管理结构图

2.消除电网设备隐患

依托配电台区远程巡视监控系统和“i 配网”App，公司将配调监控与抢修指挥故障研判业务进行融合，利用红外成像测温等技术，强化配电网“全维度”故障实时研判；全面应用配电自动化，缩短故障查找、隔离时间，减少接地试拉停次数；配调与抢修业务协同，加强与主网信息共享，强化抢修进程跟踪和态势管控，努力实现配电网设备状态管理精益化。

(1)配电台区远程巡视监控系统。配电台区远程巡视监控系统涉及范围十分广泛，从台区整体环境、设备站房标识、警示线及警示标志设置、防外力破坏措施、电缆沟清理及电缆标准敷设到开关柜电缆压接与绝缘封包等全部有所涉及，制定了配电台区的运行智能化、设施规范化、巡视程序化的三化治理方向，真正使配电台区巡视运维管理可控、能控、在控。配电台区远程监控系统设计初期是在配电室安装使用，用于监控配电室运行状态和安全状态。

(2)“i 配网”App。依托“i 国网”平台实现对设备故障的智能查找、及时发现和准确定位，在用户未报修前启动运维服务流程，配网运维指挥人员第一时间将信息推送至故障所在片区运维人员“i 配网”App 上，切实有效地提高配网运维工作效率。按照供电区域及抢修半径合理确定抢修网格，根据实际情况，全面采集地理信息、客户信息和配网运行信息，结合配网抢修指挥平台，显示配网运行状态、故障区域、抢修车辆和人员位置等信息。

3.加大电力设施防护宣传力度

从配电设备自身的防外力破坏入手，加强设备的安全性能，这是防外力破坏的源头。配电线路点多面广，线路分布复杂、线径较长，而电力工作者数量有限，无法对所有配电设备做到全面有效的实时监督、巡视。在电力设备存在的地区均有各界社会人士存在，公司充分调动这一部分力量，努力实现所有电力设备24小时全方位监控。根据不同环境、不同对象和不同场合有针对性地对电力设施防外力破坏的民众参与重要性进行宣传，特别对线路通道附近建筑、道路、市政、各类经济开发区和绿化工程等单位的人员依法保护电力设施的法律意识和安全知识进行宣传，提高行业人员保护电力设施安全运行的自觉性。

4.健全完善防外力破坏的激励机制和引导办法

树立一种能够鼓励社会各界人士参与电力设备外力破坏隐患监督的导向，构建横向到边、纵向到底的社会服务平台，引导社会组织、个人参与监督举报工作。制定针对发现、举报、阻止等外力破坏行为奖励政策，建立奖励基金，不断加大奖励额度，广泛发动群众检举盗窃、破坏电力设施的违法行为。鼓励社会人士投入到电力设备的巡视活动中，增强各界人士参与防范外力破坏工作的积极性，引导社会团体、企业、个体等社会组织投入到电力设施防范外力破坏的工作中，维护电力设备。

（五）围绕指标评价考核，促进管理取得更好实施成效

为使管理落到实处，公司建立了完整的指标考核体系，通过指标分解、过程管控、绩效考核等考核激励手段，充分调动相关责任人的工作积极性和主观能动性。同时，大力推进标准流程线上运转，全面深化安全内控机制建设，有效保证体系建设的成果固化和规范运行，形成覆盖业务全流程、运转高效的标准化工作机制。

1.公司层面指标管控

为使管理落到实处，建立完整的指标考核体系（见表2），强化配网运维指标监控、督办与统计分析，公司通过指标分解、过程管控、绩效考核的考核激励手段，对存在的问题分步指导，实行“周通报，月考核”制度，每周将使用情况形成周报并公布，充分调动相关责任人的工作积极性和主观能动性，形成良好的“比学赶超”势头。

表2　绩效评价指标与考核管理

序号	指标名称	指标质量考评标准	考核单位
1	供电可靠性	对配网事故运维处理不当（如运维方案欠妥当、违反有关规程规定），造成事故范围扩大、客户停电时间过长，每次扣2分。后果严重者按安全考核规定处理。	相关责任部门

续表

序号	指标名称	指标质量考评标准	考核单位
2	电压合格率	配网供电方式、无功调整、故障异常影响客户电压质量，接到客户反馈，每次扣 1 分。	相关责任部门
3	配网运行数据报送正确率	配网运行数据报送信息错误或漏报，每次扣 1 分。	相关责任部门
4	调控操作票合格率	调控操作票错误（如出现错字），每份操作票扣 1 分。	相关责任部门
5	故障研判准确率	误判、研判不确切造成运维延误，每次扣 1 分；已知故障重复派发，每次扣 0.5 分。	相关责任部门
6	遥控操作正确率	遥控误操作造成客户停电每次扣 1 分，若因系统图纸与现场不符造成遥控误操作，相关运维单位扣 1 分。	相关责任部门
7	故障运维工单派发及时率	工单派发超出规定时间每次扣 1 分。	相关责任部门
8	到达故障现场时间	超出规定时间每次扣 1 分。	相关责任部门
9	故障运维工单派发准确率	故障工单派发错误，没有及时、准确派发至运维网点，每次扣 0.5 分。	相关责任部门
10	非故障区复电时间	非故障区域供电恢复时间超出规定时间每次扣 0.5 分。	相关责任部门
11	停电信息报送及时率	漏报一条停电信息，每次扣 0.5 分；错报一条停电信息扣 0.5 分。	相关责任部门
12	故障运维工单填写正确率	故障运维工单填写时间不合理，故障点描述、运维过程填写不完善，每张工单扣 0.5分。	相关责任部门
13	客户满意率	引起客户投诉，每次扣 2 分。	相关责任部门

2.完善城区供电中心、供电所层面量化考核体系

按照“分级管理、逐级考核”的原则，公司将供电可靠性、客户满意率等指标纳入《绩效管理考核细则》，根据公司工作标准考核规定对有关责任单位和管理单位实行指标控制（见表 3），每月定期组织一次月度考核，实行月考核、月兑现的办法，通过激励机制，调动人员的积极性和能动性，使各项指标达到最佳值，并在提高业绩的基础上，逐渐提高绩效标准，进而使工作进入良性循环，最大限度地实现“客户感知”。

表 3　指标体系及目标值汇总

	指标名称	指标说明	目标值
1	区域划分网格和网格化规划配网合格率	区域划分网格和网格化规划配网合格率＝配网不停电作业减少停电时户数/(计划停电时户数＋配网不停电作业减少停电时户数)×100％	100％
2	供电电压合格率	0.5×A 类监测点合格率＋0.5×((B 类监测点合格率＋C 类监测点合格率＋D 类监测点合格率)/3) 其中：监测点电压合格率＝(1－(电压超上限时间＋电压超下限时间)/电压监测总时间)×100％	100％
3	设备标识管理规范率	设备标识管理规范率＝设备标识管理规范台数/设备标识总台数×100％	100％
4	配网用户平均故障停电时间	$\sum$ 配网用户故障停电时户数 / 配网总用户数 其中：停电时户数为每次停电持续时间与每次停电用户数的乘积。	30 分钟
5	居民客户端电压合格率	居民客户端电压合格率＝(1－$\sum D$ 类监测点超偏差时间 / $\sum D$ 类监测点监测运行时间)×100％ 居民客户端电压合格率指 380/220 伏低压客户电压合格率	100％

3.开展台区治理指标监督

针对配网品质、专业协同、工作效能、管控指标等实施过程管控，公司加强工作开展过程管理和考核，真正将个人职责、传导压力、全链接互动落实到每一个班组、传递到每一个人、细化到每一个环节，以考核促进配网品质提升管理的常态化、规范化、持续化，形成可明确、可度量、可实现、可关联的关键绩效管控体系。

(1)关键业绩指标：低压线损率；低压线损可算率；电费回收率；用电信息采集成功率；95598 报修工单指数；责任性投诉件数；居民电压合格率；配电线路运行评价等。

(2)一般业绩指标：隐患排查治理整改计划完成率；配网设备现场巡检维护计划完成率；配电线路通道维护率、清障率；故障抢修及时率；一、二级剩余电流动作保护器安装投运率、正确动作率 100％；低压供用电合同签订率、准确率；计量装置规范率；分类电价执行准确率；现场设备标识规范齐全等。

(3)通用业绩指标：职业道德建设、劳动纪律、值班情况等 3 个。推行线(中低压线路)变(配变台区)责任制，建立包括 A、D 及综合供电电压合格率，“低电压”客户比率，投诉率，处理率，回访率等内容的电压质量考评体系，完善有关管理制度与办法，实施电压质量分级、分压、分线、分台区管理，开展分层、分级考核与奖惩，加大电压质量管控力度。

三、供电企业基于故障防御能力提升的配电网综合智慧管理的实施效果

近年来，公司实施基于故障防御能力提升的配电网综合智慧管理，在新型管理模式下配电网建设更加灵活开放，各区域配电网供电能力得到提升，负荷转供能力得到增强，电网供电可靠性和经济性进一步提高，为乐陵智慧城市建设和乐陵电网的可持续发展奠定了坚实基础，也为电网企业带来了良好的经济和社会效益，主要表现在以下几个方面。

（一）配网管理水平和运行可靠性明显提高

通过实施以增强互供互联为导向的智能配网运维品质提升管理，开展配网运行指标分析，为配网工程、配电运检、配电自动化提供数据支撑和决策依据，为配网调控运行提供重要参照，提高了配网操作的简洁性、直观性。配网供电可靠率和配电网电压合格率均在99.97%以上；已正确处理配网抢修业务3272项，抢修时间平均缩短到42分钟，工作效率提高30.2%。2023年1～6月份，城市用户供电可靠率完成99.99%，农村用户供电可靠率完成99.95%。用户平均故障停电时间为0.35小时，综合电压合格率达到99.97%，农村电网供用电安全保障能力显著提升。

（二）配电网质效管理和故障处置效率明显提升

智能配网针对城区配网线路障碍实现精准研判、定位，自愈能力大幅度提高，高效能的协同智能体系已经进入良性循环。配电网自动化遥控操作6000余次，操作时间平均缩短至2分钟。非故障区域平均供电恢复时间缩短至2分钟以内，故障查找时间平均缩短至23分钟。配网调控人员实时监测配网运行信息，在线监控水平获得长足进步，网架结构更加合理，装备水平显著提升，负荷接带和转供能力大大增强，实现配网异动管理线上流转率、配网线路开关常态化远方操作成功率、配电停电执行率、配网调控操作两票合格率四个100%。截至2023年，共消除重（过）载线路7条、重（过）载台区36个，城区配网绝缘化率达到100%，遥控使用率100%，馈线自动化准确率100%；消除居民“低电压”用户2.1万户，电压质量投诉同比下降70%。

（三）提升了企业的社会品牌和美誉度

公司的配网精益化管理水平显著提升，使配网抢修指挥业务与配网调控班和

95598 系统快速有效联动，实现了变“被动接单”为“主动告知”。2021 年以来，乐陵市区故障报修工单数量同比减少 52.13%，故障平均停电时间同比缩短 54%；跳闸线路非故障段恢复供电时间由原来的 30 分钟缩短至 2 分钟以内，故障段线路的恢复时间也由原来的 70 分钟缩短至 25 分钟，正确恢复非故障区供电 425 次，减少高压用户停电时户数 6270.29 时 · 户，客户诉求处理时间同比减少 30%。通过配电品质运维管理减少了停电面积，缩短了停电时间，兑现了供电服务承诺，满足了客户的用电需要，提高了企业的诚信度。

成果创造人员：孙　雷　孙　超　张　伟　许　彬　崔　琦　王运良　袁　爽

战略实施与精益管理篇

大型能源企业集团以“七个六”体系为重点的高质量发展管理

山东能源集团有限公司

摘要：国有企业作为中国特色社会主义的重要物质基础和政治基础、中国特色社会主义经济的“顶梁柱”，高质量发展内涵丰富、意义重大、影响深远。山东能源集团有限公司作为省属骨干企业，始终坚持以高质量发展为指引，全力抓好深化改革、加快转型、提质增效等工作。特别是联合重组以来，面对全球疫情和经济形势复杂多变、能源行业加速迭代演变等诸多挑战，深入贯彻落实党的二十大精神，牢记“保障能源安全，优化能源布局，优化能源结构”主体责任，准确把握格局之变、产业之变、竞争之变，构建形成“七个六”体系，推动企业经济效益、形象地位、品牌影响力、社会美誉度等显著提升，实现高质量发展。

山东能源集团于2020年7月由原兖矿集团、原山东能源集团有限公司联合重组成立，承担着保障我省能源安全、优化能源布局、优化能源结构的主体责任，是山东能源行业的国有资本投资公司、全国唯一一家拥有境内外四地上市平台的大型能源企业。集团以矿业、高端化工、电力、新能源新材料、高端装备制造、现代物流贸易为主导产业，拥有兖矿能源、新矿集团、枣矿集团等20多家二级企业，境内外上市公司11家，分布在国内22个省(区)和12个国家(地区)，从业人员22万人。2022年营业收入8347亿元、利润总额423亿元，位居中国能源企业500强第5位、中国500强第23位、世界500强第69位。

一、大型能源企业集团以“七个六”体系为重点的高质量发展管理的背景

(一)实施高质量发展管理是推动高质量发展、把握经济发展趋势的必然要求

近年来，国际环境日趋复杂，不稳定性、不确定性明显增加，新冠疫情影响广

泛深远，经济全球化遭遇逆流，世界进入动荡变革期。伴随着国际市场环境和国内要素条件的变化，我国经济发展开始进入新常态。内外部条件的变化，迫切需要转变发展方式、优化经济结构、转换增长动力。习近平总书记在党的十九大报告中明确指出，我国经济已由高速增长阶段转向高质量发展阶段；在党的二十大报告中指出，要加快构建新发展格局，着力推动高质量发展，强调“高质量发展是全面建设社会主义现代化国家的首要任务”，“要坚持以推动高质量发展为主题”。山东省第十二次党代会指出，“走在前、开新局”，其时已至、其势已成，山东发展进入全面求强、大踏步向现代化迈进的新阶段；强调要聚焦“一条主轴”，始终聚力高质量发展。国有企业作为中国特色社会主义经济发展的“顶梁柱”，必须积极主动适应内外部经济形势的变化，改变粗放式发展道路，加快发展模式转型，坚定不移推动高质量发展。

（二）实施高质量发展管理是推动高质量发展、深化国有企业改革的必然选择

国企改革三年行动以改革创新引领国资国企高质量发展，明确了完善中国特色现代企业制度、加快建立健全市场化经营机制、优化国有资本布局等重点任务，增强国有经济的竞争力、创新力、控制力、影响力、抗风险能力。国务院国资委、省国资委多次对建设世界一流企业进行部署，制定印发一系列配套政策和文件，推动企业聚焦做强做优做大目标，加快高质量发展，建设世界一流企业，为服务构建新发展格局、全面推进中国式现代化提供坚实基础和战略支撑。新一轮国企改革深化提升行动更加突出高质量发展首要任务，以提高核心竞争力和增强核心功能为重点，要求加快优化国有经济布局结构，增强服务国家战略的功能作用；加快完善中国特色国有企业现代公司治理，真正按市场化机制运营；加快健全有利于国有企业科技创新的体制机制，加快打造创新型国有企业等部署要求。这些新政策新部署为国企深化改革、高质量发展指明了方向、提供了遵循。

（三）实施高质量发展管理是推动高质量发展、破解自身发展难题的内在需要

联合重组以来，山东能源集团着力推动高质量发展，破解了许多长期没有解决的难题困局，办成了许多打基础利长远的大事要事。但是，与当前转型升级的需要比、与上级要求比、与国际国内一流企业比，仍存在四个方面的明显差距。一是核心竞争能力还未有效凸显。对标世界一流企业，在高水平的人力资源管理、领先业内的核心技术、不竭的创新动力、突出的管理能力、稳固的营销网络等方面

差距较大。特别是化工、新材料等产业领域技术研发能力不强，核心技术人才不足，缺乏自主知识产权的关键技术和知名产品。二是集团管控模式还未高效运行。现代企业治理的“四梁八柱”仍需优化，简层放权、风险管理、内控建设需要加强。安全管控机制不完善，重大灾害治理水平亟待提升。三是市场化机制还未全面建立。存在行政管理色彩偏浓、平均主义“大锅饭”等老问题，三项制度、“两化”融合、人才建设、优良产品等方面与一流企业相比差距明显，发展还不平衡。“庸者下”“劣者汰”的机制不健全。绩效考核的精准性不到位，有的单位考核指标效益导向不突出，“指挥棒”效应未能有效发挥。四是资产质量效益还未优化到位。在产品价格高位运行的背景下，有的单位内部管理大而化之、成本控制不到位、生产组织不力，经营成效差距较大，个别企业亏损严重。有的单位“两金”占用居高不下。有的产业资产结构不优、财务状况不好、造血能力不足、有息债务较多，存续二级公司资产创效能力差，历史遗留问题较多。

二、大型能源企业集团以“七个六”体系为重点的高质量发展管理的主要做法

（一）深化“六项变革创新”，激活高质量发展动力引擎

创新是“五大发展理念”之首，是引领国企改革发展的第一动力。山东能源集团始终以国企改革三年行动为统领，把变革创新摆在企业发展全局的核心地位，推动思维模式、科技研发、发展方式等全方位创新，不断增强企业核心竞争力。

一是思维模式变革创新。思想解放才能跟上时代，观念超前才能引领时代。集团坚持国际化视野、开放式思维、市场化理念，开展“大兴学习之风，提升工作能力”活动，组织党员干部赴华为、浙大等一流企业、高等院校学习培训，定期举办“山能大讲堂”“世界一流国际大讲堂”，引导干部职工提升境界开阔视野，在更高的“坐标系”中提升发展标杆。

二是科技研发变革创新。集团设立科技创新基金，研发经费年均增幅超过20%；建成5个国家级创新平台、81个省部级研发平台，煤液化气化及高效低碳利用全国重点实验室通过科技部重组评审，拥有80家高新技术企业、8家瞪羚企业。高标准建设济南山能科创园，打造引领行业发展的科技创新“两基地两中心”（总部科创基地、国家级平台研发基地；技术研发中心、高等院校科研院所联合创新中心）。大采高开采、综放开采、煤液化气化、智能化建设等技术走在行业前列，成为国内唯一掌握高温、低温费—托合成技术的企业，580项科技成果获得国家级和省部级奖励，荣获“国家技术创新示范企业”称号。开展大数据工程，实施财

务信息系统整合项目，建立省属企业首个业财一体化经营管控平台，实现能源集团 695 家单位全覆盖。深化与华为公司战略合作，成立联合创新中心。

三是发展方式变革创新。集团彻底摒弃高投入、高负债、低效率、低效益的发展方式，创新“资源＋资本”模式，变“全额负债、自主建设、经营积累”为“引进战投、资本运作、兼并重组”，实现由规模速度粗放型向质量效益集约型转变。坚持与强者同行、与智者共舞，与济南、淄博、烟台、海南、鄂尔多斯等地方政府签订战略合作协议，与山东大学、西安交通大学、中国石油大学（华东）等院校共建科研机构，与华为、京东、华鲁集团、山东重工等企业强强联合。树立“进退都是发展，增减都是提升”的全新理念，开展除僵治亏、存量资产盘活、“两金”清理、清仓利库、非主业和工会企业清理等“五大攻坚”，持续推动管理提效、资产提质。累计清退 242 户“两非”企业，2022 年存量资产变现 90 亿元以上。纳入省国资委考核的 52 户重点亏损企业全部完成处置。

四是产权制度变革创新。集团实施混改三年行动，创新国际化兼并重组、股权重组、战略投资者引进等模式，联合重组后 50 户混改任务全部完成，混改资产占比达到 86.65%，国际焦化、新巨龙、新风光公司入选现代企业制度示范工程。兖矿能源入选国企改革“双百企业”，山东玻纤成功登陆 A 股，新风光公司成为省属企业首家科创板上市公司，能源集团资产证券化率超过 60%，形成 6 家主板、1 家科创板、4 家新三板格局。

五是“三能机制”变革创新。集团列出“四个一批”干部类别，按照 30% 比例评选优秀领导班子和管理干部，推行经理层成员任期制、契约化管理，能者上、平者让、庸者下成为常态。着力深化三项制度改革、人力资源管理，推行定责、定岗、定编、定员、定额、定薪等“六定”管理，构建市场化经营机制。创新实施“31789”人才工程和“璞玉”人才培养计划，建成辐射 3 个层级、涵盖 7 大类专业的人才库，先后组织近 1000 名中层管理人员脱产学习，2022 年全职和柔性引进高层次人才 162 人，连续多年被山东省委、省政府评为全省人才工作先进单位。规范员工“招、选、用、育、考、留、下”等程序，在册用工由联合重组时的 28 万人精简至 22 万人。推行宽带薪酬体系，集团及权属企业负责人绩效工资占比达到 80% 以上，中层管理人员绩效工资占比达到 70% 以上。适当拉开管理人员薪酬差距，2022 年二级企业领导人员薪酬最高相差 4 倍以上，累计对 22 家企业实施中长期激励。

六是党建模式变革创新。集团以高质量党建引领高质量发展，持续强化基本组织、基本队伍、基本制度“三基建设”，探索形成以“全面嵌入、深度融入、务实创新、增盈创效”为主要内容的“双入双创”党建工作模式，获全省组织工作创新奖，入选全国企业党建十佳案例。

(二)做强做优"六大主业",夯实高质量发展产业基础

凡是成功的企业,要攀登到事业顶峰,都要靠心无旁骛攻主业。只有做优做强做精主业,才能在激烈的市场竞争中立于不败之地。山东能源集团顺应"双碳"目标要求,聚焦六大主业,深入实施新旧动能转换,做到"三个坚决":坚决淘汰落后动能,坚决改造提升传统动能,坚决培育壮大新兴动能,努力实现绿色低碳高质量发展。

一是推动煤炭产业安全高效、绿色智能。集团有国内外矿井92处,煤炭产能3.4亿吨/年,2022年完成煤炭产量2.65亿吨,位居全国煤炭行业第三位。瞄准安全、绿色、智能、高效"四型矿井"建设方向,近年来投入100多亿元实施智能矿井建设,合作研发全球首套高可靠矿用5G专网系统实现规模化应用,9处煤矿成为首批国家级智能化示范煤矿,建成15处符合国家智能化示范标准的煤矿,智能开采产量占比超过80%,"十四五"期间全部煤矿均建成智能化煤矿。

二是推动化工产业高端延伸、价值增值。围绕煤化工、石油化工融合发展,集团建成济宁焦气化、鲁南高端化工新材料深加工、榆林高端煤制油、鄂尔多斯煤基化工新材料、新疆煤化一体化等"五大化工基地";深度参与裕龙岛炼化一体化项目投资建设,着力打造世界级高端石化产业基地。高聚甲醛、己内酰胺、高端油品等化工产品年产量达到1600万吨,甲醇协同产销量位居国内第一,高端聚甲醛、醋酸产量分别位居全国第二、第三。

三是推动电力产业布局强链提升、多能互补。集团建成一批大容量、高参数机组,现有装机及在建容量1600万千瓦。立足山东省电力结构调整需要,加快建大压小、建新压旧、优化结构,积极建设高参数、大容量机组,有序淘汰小火电;省外积极担当"外电入鲁"战略重任,内蒙古盛鲁2×100万千瓦电厂成为"蒙电入鲁"上海庙区域首个建成投运的项目,累计向山东送电280余亿千瓦时;"陇电入鲁"重点项目甘肃灵台2×100万千瓦电厂正在加快建设。

四是推动新能源新材料培育壮大、集群发展。集团把培育壮大新能源产业作为战略优先方向,搭建省级新能源投资平台,全面布局海陆风电、光伏、储能、地热、氢能、生物质能等清洁能源,推动风光储氢、源网荷储一体化发展。省内融入可再生能源基地规划,正主导推动渤中海上风电资源开发,渤中海上风电场在我国"十四五"五大海上风电基地中率先实现全容量并网,成为全球首个"当年规划、当年核准、当年建设、当年并网、当年达产"的海上风电项目;沂水整县分布式光伏项目实现全场景并网发电。省外打造内蒙古"火电+风电"、甘肃"火电+光伏"等

一体化能源基地,内蒙古杭锦旗风电、甘肃灵台光伏等项目建成并网。按照规划,“十四五”末新能源装机容量达到 1500 万千瓦。组建新材料产业集团,实施新材料产业跨越发展“三年行动”,打造钙基新材料、高端化工新材料、纤维及复合新材料产业集群,山东玻纤玻璃纤维产能居全国第四位,泰星公司获评国家专精特新“小巨人”企业,东辰瑞森公司特种尼龙产品被工信部列为工业转型升级(中国制造 2025)重点新材料项目、入围国务院国资委科改企业,产能位居全国第一位。

五是推动高端装备制造智慧智能、“专精特新”。集团研发制造国内功能最全、加载能力最大的液压支架综合性能试验台,东华重工高端液压支架达到美国(康寿)标准及欧洲标准 EN.1804,成为卡特彼勒液压支架产品全球供应商,轻合金公司成为“复兴号”高铁型材主供商,新风光公司成为高压动态无功补偿装置行业领军企业。

六是推动现代物流贸易提档升级、做实做优。集团坚持依托实体产业、服务实体产业,贸易规模、风险防控和盈利能力得到有效提升。发起成立山东国际大宗商品交易中心,成为我国首个区域协同大宗商品现货交易平台;组建山东电子口岸公司,加快建设更高水平中国(山东)国际贸易“单一窗口”;2022 年山东国际大宗商品交易中心和海南国际能源交易中心交易额突破 5300 亿元。

(三)重点打造“六大基地”,优化高质量发展战略布局

山东能源集团权属企业分布在国内 22 个省(区)、12 个国家(地区)。近年来,山东能源集团主动融入“双循环”新发展格局,精准对接共建“一带一路”、新时代西部大开发、山东新旧动能转换等重大战略,优化区域战略布局,聚焦产业接续、资源协同、人员转移“三个定位”,全力打造六大区域基地。

一是打造山东基地。集团发挥多元产业协同、总部战略引领优势,打造推动新旧动能转换、引领高质量发展的战略核心。升级系统装备,加强智能高效技术攻关,精采细采、绿色开采,推动煤炭产业绿色化高端化发展。坚决退出落后产能、高风险矿井,30 万吨以下矿井全面退出,停止 1000 米以下采掘活动,已退出 7 处矿井、产能 866 万吨。煤炭年产能达 9597 万吨,化工产品年产能达 863 万吨,煤电、生物质、光伏等总装机容量 259.6 万千瓦。

二是打造陕甘蒙基地。集团整合成立西北矿业、山能化工区域总部,成立兖矿鄂尔多斯能化、新矿内蒙古能源,历时三年完成内蒙古矿业增资控股,建成转龙湾、石拉乌素、金鸡滩等一批千人千万吨安全高效示范矿井。煤炭年产能达 10480 万吨,化工企业年产能甲醇 310 万吨、油品及化学品 100 万吨、精制费托蜡

10万吨、催化剂3000吨、硝酸钠10000吨、乙二醇40万吨、液化天然气1.2亿立方米，煤电、光伏、风电总装机容量330万千瓦。

三是打造新疆基地。集团建成“五矿一厂”，打造以煤炭资源开发为基础、以现代煤化工为示范、以电力和新能源为补充，高标准建成大型综合能源基地。煤炭年产能1891万吨，化工企业年产能合成氨30万吨、尿素52万吨、甲醇30万吨、煤制天然气20亿 Nm^3。

四是打造上海基地。集团整合金融服务资源，打造“聚焦主业，以融助产”的金融服务平台，建设贸易金融科技创新发展平台。

五是打造海南基地。集团充分利用海南自贸港政策、制度、区位“三大优势”，聚焦大宗商品贸易、跨境交易结算、新型仓储物流和产业资源园区“四大领域”，建成独具海南自由贸易港特色、服务全球大宗商品能源交易的海南国际能源交易中心，成为海南自贸港建设的先行者、示范者。

六是打造澳洲基地。作为我国第一家成功“走出去”开发海外资源的企业，2004年进入澳大利亚，累计投资64亿美元，先后进行8次重大并购，逐步发展成为澳大利亚最大的专营煤炭生产商，拥有9处生产矿井、参股3个港口，2022年收回全部债权投资，实现利润252亿元。

（四）系统开展“六化融合”，破除高质量发展瓶颈制约

集团坚持先立后破，以市场为导向、以产权为纽带，突破企业长期“改而不深、整而不合”困局，“1＋1＞2”倍增效应持续放大。

一是机构精简化。搭建“指挥中枢”，实行“全体起立，竞争坐下”，总部机关机构减少50％、定员减少31％，机关中层干部平均年龄降低5岁。深化二、三级公司机关机构改革，完成新矿集团、枣矿集团、淄矿集团、临矿集团、龙矿集团等二级公司机构改革，累计减少二级机关机构47个、降低规格95个，减少二级机关定员805人、中层干部定员185人。深化三级单位机构改革，累计压减机关机构466个、机关定员2905人，减幅分别为35％、25％；压减基层机构567个、管理人员定员2468人，减幅分别为34％、29％。

二是组织扁平化。按照“打通壁垒、风险可控、效率提升”原则，加大简层放权力度；推行“大部制、大科室、大区队”，合并职能相近的部门机构；稳妥实施“两压一降一优”，大力压缩管理机构、压减管理层级、降低机构规格、优化岗位体系设置，将最高六级管理层级基本控制在三级以内。

三是管控高效化。集团总部履行战略决策、资本运营、协同共享、风险控制

"四个中心"功能，对省外资源开发、手续办理等实行"十个一体化"管理。

四是产业专业化。打破产业、原二级公司管理架构，整合成立鲁西矿业、西北矿业、新疆能化、新矿内蒙古能源四家区域公司，成立新材料、电力两大产业集团，完成营销贸易、物资供应、化工产业、投资金融、应急救援、设备管理等产业板块整合，完成 183 家企业专业化区域化整合，产业集中度和资源配置效率大幅提升。

五是业务协同化。发挥大集团规模效益和协同效应，实施管理、市场、区域、人员、产业、资源"六大协同"，打造集团化管控和市场化运作有机协调的运行体系，累计实现协同创效 120 亿元。

六是文化融合化。启动"思想聚合、文化融合"工程，开展"团结一致向前看，凝心聚力谋发展"主题教育，确立"创造绿色动能，引领能源变革"使命，明确"建设清洁能源供应商和世界一流企业"愿景，形成"安全、创新、绿色、担当、卓越"核心价值观和新 LOGO 标识，"一家人、一条心"氛围更加浓厚。

（五）创新实施"六精六提"，提升高质量发展质量效益

企业价值最大化是管理的根本目的。集团以完全市场化管理为基础，以精益思想植入和精益管理工具应用为手段，创新推行"六精六提"精益管理模式，用最小的资源投入创造最大的价值。

一是全员创效精益化、提效益。从成本控制、技术改造、产品升级、流程优化等方面入手，着力突破关键制约因素，消除资源浪费，形成"全员参与、全层级贯穿、全产业覆盖、全流程融入"的多维度创效体系。按照"突出效益导向"原则，以机制创新、模式创新全力支持 20 家重点创效企业，在资金资源、生产要素、人员保障等政策上畅通"绿色通道"。

二是生产管理精益化、提效率。优化生产管理，促进煤炭、化工等生产系统安全高效稳定运行。煤炭产业开展优化系统、优选装备，减水平、减头面、减人员"两优三减"，加大压煤搬迁和矿界调整力度，最大限度释放产能、稳量增效。化工产业对标华鲁恒升、烟台万华等先进企业，系统学习技术迭代、柔性生产、产品组合等先进经验，实现"安稳长满优"运行。

三是成本控制精益化、提水平。牢固树立"大成本"控制概念，对企业全价值链关键业务流程进行严格控制，明确成本控制目标，全力消除一切浪费行为。持续开展外部逾期款项集中攻坚，用好法律手段减存量、控新增。采取资金集中管理、低息置换高息等方式，加大资金创效力度。

四是供应销售精益化、提档次。构建集中高效统一的物供体制，创新实施区

域分工和组建专班相结合的精准谈判模式，积极推进重点设备类物资战略合作，最大限度放大物供改革效能。实施精益营销，坚持“增大型、增长协、增直供、控零散”，做好产品、布局、客户、渠道“四个优化”；开展精煤销售提升年活动，推动客户结构优化调整。

五是项目管理精益化、提标准。坚持投向、投速、投量、投效相统一，突出主业、量入为出，制定投资负面清单，严格实行“三个严控”：严控不符合发展战略的投资，严控投资风险大、不具备发展优势的产业项目，严控阶段性自有资金使用，提升投资盈利水平和项目回报率。严格安全、质量、工期、投资、环保“五大控制”，健全“一个项目、一套班子、一抓到底”机制，近年来建成邵寨煤矿、鲁南化工 30 万吨/年己内酰胺、未来能源 10 万吨/年费托蜡精加工、山东玻纤年产 10 万吨玻璃纤维高端制造等 21 个重点突破项目。

六是运营管理精益化、提等级。落实国务院国资委对标世界一流企业价值创造行动部署，全面对标嘉能可、国家能源和陕煤集团等企业，力争“十四五”末基本建成产品卓越、品牌卓著、创新领先、治理现代的世界一流企业，所属兖矿能源、鲁南化工、营贸公司建成行业一流企业，培育山东玻纤、东华科技、齐鲁云商、轻合金公司等 11 家“专精特新”企业和单项冠军企业。集团树立“人人都是经营者，岗位都是利润源”理念，将内部经营单位等同外部市场主体，授予各级市场主体相应的自主经营权、自主用人权、自主分配权，推动内部经营要素与外部市场要素完全连接，外部竞争要求向内部经营管控实时传导，市场化建设经验在省属企业推广。

（六）牢牢守住“六大底线”，筑牢高质量发展支撑保障

集团树立红线、底线、生命线“三个意识”，聚焦安全、环保、稳定、民生、疫情、债务等方面，为企业高质量发展提供坚强支撑保障。

一是守牢安全底线。牢固树立“人民至上、生命至上”理念，把安全摆在优先于生产、优先于效益、优先于发展的位置，坚持“管理、装备、系统、素质”并重，扎实开展“2356”安全生产攻坚行动和“六反六查三确保”活动，全面加强重大灾害治理，细化三级安全管控责任，推行矿（厂）自管、区队自治、班组自主、个人自律“四自”管理模式，全面提升安全治理能力和治理水平，安全工作保持国内先进水平。

二是守牢环保底线。以实现减污降碳协同增效为总抓手，开展两轮环保三年行动，实现火电、化工锅炉超低排放，重点生产煤矿及煤化工企业达到清洁生产一级标准，省内重点煤矿达到绿色矿山标准。

三是守牢稳定底线。深入践行法治信访理念，以《信访工作条例》为根本遵

循，完善制度体系，规范处置流程，提升信访工作法治化、标准化、规范化运行水平。坚持超前防范，常态化开展矛盾纠纷排查化解，把问题解决在基层，解决在萌芽状态。开展信访减存控增三年攻坚行动，实现信访总量下降、大局和谐稳定。

四是守牢民生底线。坚持发展成果与职工共享，常态化开展扶贫帮困、暖心志愿服务、爱心助学等活动，建立覆盖全员的企业年金制度和帮扶救助体系，职工群众获得感、幸福感、安全感持续提升。累计招聘高校毕业生 5353 人、技能工人岗位 3768 人，签约 2023 年高校毕业生 1545 人，连续三年获评“山东社会责任企业”。

五是守牢疫情防控底线。关口前移、精准施策，有效防范了疫情传播；中央调整优化防控措施后，认真落实“二十条”“新十条”，保证了生产经营平稳有序。

六是守牢债务底线。充分利用金融政策和产品导向设计融资方案，争取政策红利和融资优势，拓宽融资渠道；用好创新融资工具，利用资金集中管理、低息置换高息等方式，降低资金成本；以“压负债，调结构”为目标，实施差异化降杠杆，合理压降负债规模。

（七）一体推进“六大监督”，营造高质量发展良好生态

集团坚定扛牢管党治党的政治责任，建立“六位一体”监督制约机制，实现监督资源“全面贯通”、监督对象“全面覆盖”、监督效能“全面放大”。

一是推进纪检监督。深入开展党风廉政建设和反腐败斗争，推动监督体系不断健全，政治监督质效稳步提升，干部作风持续好转。持续加大反腐力度，2022 年共立案 164 起、处分 190 人，严肃查处了多起严重违纪违法涉嫌职务犯罪案件。聚力开展形式主义官僚主义等系列专项整治，查处违反中央八项规定精神及“四风”案件 22 起，党纪处分 27 人。持续开展漠视侵害职工群众利益问题专项监督检查，着力整治基层“微腐败”，查处案件 17 起，党纪处分 20 人。

二是推进组织监督。把好干部“入口关”、防止“带病提拔”，把好“考察关”、防止“带病上岗”，把好“出口关”、防止“带病离岗”，坚持做到对干部成长进行“全程监督”，特别是重要岗位、重点工作等事前严明“规矩”、事中经常“提醒”、事后认真“验收”。

三是推进审计监督。推行审计集中管理模式，加大审计资源集中管控和整合，构建上下级审计部门共同组织、分级负责的联合审计模式。按照“应审尽审，凡审必严”总要求，加大审计力度，敢于亮剑、善于亮剑，国有资本走到哪里、审计监督就跟进到哪里，保障国有资产安全。加大混改企业、驻外企业和境外资产监

督力度，扩大审计职权范围，实现审计监督无盲区、零死角。

四是推进巡察监督。把巡察工作作为全面从严治党的“利剑”，联合重组以来，先后开展四轮巡察工作，覆盖22家权属二级公司和直属公司，立案22件，给予党纪政务处分21人，诫勉谈话8人，组织处理112人，清退上缴违规资金130.6万元，推动各级党组织新建、修订制度270余项。

五是推进评价监督。实施生产经营、安全生产技术“两个评价”，客观全面诊断企业经营管理、安全生产情况，查找短板制约，抓好问题整改，有力提升了企业管理水平和运营质量。

六是推进群众监督。创新开展职工代表民主评价工作，健全职工代表专家库，对建设项目、驻外开发单位、采购销售业务等进行民主评价。

三、大型能源企业集团以“七个六”体系为重点的高质量发展管理的实施效果

(一)规模效益显著提升

2022年，集团年末资产总额突破9500亿元，全年营业收入8347亿元，消化历史潜亏后利润总额423亿元，收入、利润、税金位居省属企业首位。20家重点增收创效企业利润同比增长39%。

(二)经营质量显著提升

集团年化总资产报酬率8.05%、净资产收益率10.09%、研发投入比例(实体)2.87%，迈入行业良好以上水平。“两增三降三提升”活动创效284亿元，其中资金创效25亿元、税务创效32.3亿元、存量资产变现90亿元、争取政策资金15.2亿元、清回逾期款项23.2亿元。

(三)行业地位显著提升

集团位居中国煤炭50强第1位、能源企业500强第5位、中国企业500强第23位、世界500强第69位。兖矿能源市值突破2200亿元，上榜“福布斯2022中国ESG50”，荣获第七届中国工业大奖。

(四)国企责任显著提升

集团实现社会贡献总额1370亿元，上缴税金520亿元。担当能源保供责任，

提前完成迎峰度夏、迎峰度冬政治任务，提前完成 1290 万吨煤炭储备能力项目建设，高效完成迎峰度夏 580 万吨、迎峰度冬 665 万吨煤炭储备任务，向省内电厂供应优质电煤 1444 万吨，保供让利 100 多亿元。为 541 户小微企业减免房租 1428 万元。

（五）社会影响显著提升

集团代表在全国矿山智能化建设推进会、全国煤矿瓦斯和冲击地压重大灾害防治现场会、山东省煤矿智能化建设推进现场会上作经验介绍，在全省安全生产、经济运行、能源保供等会议上作典型发言，所创造的工作经验在不同范围、不同领域得到肯定和推广。

成果创造人员：李　伟　孔　帅　张　涛　任　玮　唐　硕　徐西超　韩钟琦

烟草行业多元化企业“四会一层”权责边界管理模式的构建与实施

山东中烟工业有限责任公司

摘要：山东中烟工业有限责任公司多元化企业数量多、涉及领域广、经营范围宽、情况相对复杂，法人治理结构不够健全完善，在建立现代企业制度中仍然存在一些问题和不足。基于现实需要，建立健全权责对等、运转协调、有效制衡的企业法人治理机制，进一步厘清权责边界，规范权力运行，需要全面梳理多元化企业股东会、董事会、监事会、党组织会议和经营层管理决策事项，分级分类建立权责清单，从而持续提升公司治理能力，保障国有资本规范有序运行。管理决策事项贯穿于企业经营全过程，涉及党的建设、企业战略、重大决策、采购、财务、合同、劳动用工、安全稳定等重点领域。构建与实施烟草行业多元化企业“四会一层”权责边界管理模式，主要是在系统梳理规章制度的基础上，理顺“四会一层”职权谱系和权责边界，形成“四会一层”管理决策事项权责清单、分级管理决策事项权责清单、分项管理决策事项权责清单。通过分级分类应用，做好权责清单的动态调整和优化完善，持续增强权责清单应用的针对性、有效性。截至 2022 年 6 月，公司多元化企业全部建立权责边界管理模式并有效运行。其间，共梳理管理流程 600 余项，整理管理制度超过 300 项，各企业规范行权、科学赋权、依法治权的意识和能力不断加强。

山东中烟工业有限责任公司（以下简称“山东中烟公司”）成立于 2004 年 2 月，是中国烟草总公司的全资子公司、正厅级中央驻鲁国有大型企业，主要经营范围为卷烟、雪茄烟生产销售，多元化经营，资产管理等。近年来，山东中烟公司坚持以习近平新时代中国特色社会主义思想为指导，全面贯彻落实党的二十大精神，完整、准确、全面贯彻新发展理念，坚持“重在状态、重在提升、重在持续”，扎实推进各项工作，保持了持续健康发展的良好态势。“十三五”时期，公司累计实现工业总产值 1515 亿元、工业增加值 1147 亿元、税利 990 亿元；2021 年、2022 年分别实现工业总产值 380.37 亿元、410.96 亿元，工业增加值 314.33 亿元、341.85 亿元，税利 253.62 亿元、284.72 亿元，保持较高速度增长，为地方经济发展做出了积极贡献。

山东中烟公司现有多元化企业 32 家，经营范围涵盖卷烟配套、烟草机械、仓储物流、新型烟草、新型烟用材料、宾馆酒店、文化传媒、物业服务、房地产、资产经营等十大类领域。对多元化经营，山东中烟公司实行“归口管理、分级负责”管理体制，内设投资管理部，实行部门化职能管理，履行监督管理职责；下辖将军集团、颐中集团 2 家法人企业，对多元化单位履行经营管理职能。“十三五”期间，山东中烟公司多元化累计实现营业收入 116.46 亿元、利润 12.5 亿元；2021 年、2022 年分别实现营业收入 26.87 亿元、28.56 亿元，实现利润 2.68 亿元、2.92 亿元，保持了高质量发展“量”上合理增速与“质”的有效提升。

一、烟草行业多元化企业“四会一层”权责边界管理模式构建与实施的背景

（一）构建“四会一层”权责边界管理模式是深化国有企业改革的需要

党的二十大报告强调“完善中国特色现代企业制度”，烟草企业作为中国特色现代企业制度建设的重要领域，要积极推进改革各项工作。2020 年 7 月，国务院印发《国企改革三年行动方案（2020～2022 年）》，首要任务就是要突出抓好中国特色现代企业制度建设，明确中央企业党委（党组）要把方向、管大局、保落实，结合不同层级、不同类型企业实际制定党委（党组）前置研究讨论重大经营管理事项清单，厘清各治理主体权责边界；董事会要定战略、作决策、防风险，全面依法落实董事会各项法定权利；经理层要谋经营、抓落实、强管理，全面建立董事会向经理层授权的管理制度，充分发挥经理层经营管理作用。伴随中国经济由高速增长转向高质量发展，深刻认识到深化企业改革、加强风险防控，需要构建起股东、党组织、董事会、监事会、经营层等公司治理主体之间权责匹配、有效制衡的法人治理体系，从而为建设现代化烟草经济体系、推动经济高质量发展、实现国有资本保值增值的尽责。

（二）构建“四会一层”权责边界管理模式是提升公司治理能力的需要

为积极适应高质量发展的新形势新要求，持续提高国有企业市场竞争活力，2017 年，国务院办公厅印发《关于进一步完善国有企业法人治理结构的指导意

见》，要求从国有企业实际情况出发，以建立健全产权清晰、权责明确、政企分开、管理科学的现代企业制度为方向，完善体制机制，依法规范权责，健全“各司其职、各负其责、协调运转、有效制衡”的国有企业法人治理结构。学术界认为，清单式治理体现着法治行政和简政放权的理念，是实现权力运行“可视化”的基础性工程。优化完善公司治理结构，健全监督制约机制，需要正确区分各法人治理主体的权力边界与责任范围，旨在将公司权力的配置和运行纳入合法性轨道。近年来，山东中烟公司多元化正处于高质量发展的重要阶段，提升多元化治理水平，亟须健全法人治理体系，加强对董监事、经营层的履职管理，这也是贯彻落实“三新一高”要求、推进公司治理体系和治理能力现代化的重要举措。

（三）构建“四会一层”权责边界管理模式是应对经营风险挑战的需要

2022 年，国务院国资委印发《中央企业合规管理办法》，推动中央企业建立健全以风险防控为导向、以合规管理监督为重点的内控体系，完善以管资本为主的国有资产监督体系，切实做到依法合规经营。烟草行业多元化起步较早，20 世纪 90 年代中后期一度形成投资高潮，到 21 世纪初，山东中烟公司多元化由于风险防控意识淡薄、抗风险能力不足、监管缺位、专业人才匮乏等原因，导致企业经营不善，历史问题不断暴露。通过十多年的努力，累计清退了多元化企业 107 家，保障了国有资产保值增值。正是由于清理整顿投入的巨大精力，山东中烟公司深刻体会到，多元化经营管理必须要把风险防控作为头等大事，始终坚持“两个一以贯之”，坚持和加强党的全面领导，扎实推进现代企业制度建设，严密防范新的风险发生。构建并实施烟草行业多元化企业“四会一层”权责边界管理模式，从而有利于妥善应对面临的风险挑战。

（四）构建“四会一层”权责边界管理模式是解决现实发展难题的需要

清理整顿任务完成后，山东中烟公司多元化进入整合优化阶段，拥有 32 家多元化企业，其中全资企业 22 家、参股企业 2 家、分公司 7 家。当前，多元化发展存在许多现实问题：在投资布局上“多小分散”，核心业务不突出，规模效益不明显，资源配置尚待进一步优化；在管理机制上效率偏低，以往烟草主业方式管理多元化的现象比较普遍，决策链条过长，市场化经营的理念没有有效形成，运行机制尚待进一步完善。面对多变的市场形势、多类的经营范围、多量的资金管理、多样的用工形式、多地的管辖区域等复杂情况，多元化企业在日常经营管理和重大事项决策时，需要严格遵守党纪国法企规等依据，将分散的、抽象的权力、责任、管理、服务等事项进行具体化，同时，突出对所投资管理企业的“放管服”要求，从而明确管理重点、难点和风险点。因此，构建并实施烟草行业多元化企业“四会一层”权责边界管理模式，是企业当前解决发展难题的需要。

二、烟草行业多元化企业“四会一层”权责边界管理模式构建与实施的主要做法

山东中烟公司多元化企业的法人治理主体包括股东会、党组织、董事会、监事会、经营层等“四会一层”，各主体之间的管理范围、决策权限、职能职责等均不同，现实中存在议事程序不清、重复决策、决策主体“缺位”“越位”等弊病。企业运行需要严格遵循法律法规、党内法规、行业规定等，在此基础上形成了以公司章程为统领，以议事、薪酬、财务、人力、审计、科研、国资、采购等基本管理制度为支撑，以一般管理制度为延伸的制度体系，这些制度条目繁多，导致在日常经营和决策时，难免会发生缺项、漏项等问题。构建与实施多元化企业“四会一层”权责边界管理模式，主要以将军、颐中两家集团及其所属全资子公司、分公司为主体，全面梳理多元化企业“四会一层”管理决策事项，分级分类建立权责清单，保障国有资本规范有序运行。主要做法有六步，一是明确工作思路，健全组织机构；二是划定工作阶段，统筹推进实施；三是全面摸底调研，梳理制度体系；四是制定权责清单，厘清权责边界；五是发布权责清单，分级分类应用；六是加强应用达标，注重运行分析。具体框架如下所述。

（一）明确工作思路，健全组织机构

1.明确总体目标

自 2022 年年初，利用半年时间，在将军集团、颐中集团及所属全资子公司、分公司范围内，依据公司章程和制度体系，建立“四会一层”管理决策事项权责清单、分级管理决策事项权责清单和分项管理决策事项权责清单，进一步厘清各法人治理主体的权责边界，保障企业规范行权、科学赋权、依法治权。其中，“四会一层”管理决策清单涉及集团公司股东、党组会、董事会及办公会决策和审议事项；分级管理决策事项权责清单主要涉及所属各公司需向集团公司请示审定的权责事项，从而确定母子公司、总分公司之间的权责界限；分项管理决策事项权责清单主要涉及集团公司各部门需要向“四会一层”请示审定的权责事项。

2.明确工作原则

一是坚持党的领导。要坚持党对国有企业的绝对领导，在建立“四会一层”权

责边界管理模式的进程中，正确处理党组织与公司治理结构的关系，重要环节要有党组织前置性审核，确保各项工作始终在正确的方向开展。二是坚持依法依规。建立“四会一层”权责边界管理模式，要始终以党纪国法企规为依据，明确“法无授权不可为，法定职责必须为”，各项清单事项要紧密结合制度条款和实际工作，覆盖党的建设、企业战略、重大决策、采购、财务、合同、劳动用工、安全稳定等重点领域，从而形成系统、科学、高效的清单体系。三是坚持分类授权。山东中烟公司投资部负责对将军、颐中集团“四会一层”权责边界管理模式的建设指引，将军、颐中集团负责对所属公司进行建设指引，各多元化企业作为独立的责任主体，分别负责本层级建设工作。四是坚持放管结合。严格贯彻落实“放管服”改革的各项要求，把简政放权、放管结合、优化服务贯穿到权责清单建设工作的全过程。明确各多元化企业的市场主体地位，把握好宏观政策指导和微观业务干预的度，确保在规范的前提下，保障各企业的经济发展活力。五是坚持持续改进。积极适应企业内外部环境变化，建立动态更新机制，根据企业实际情况，不断更新、完善和调整“四会一层”权责清单，提高运行效率，确保有效性、规范性。

3.把握工作重点

把握工作重点即把握好“一个目标、三个切口”。“一个目标”就是加强党的领导和完善公司治理相统一；“三个切口”就是围绕严格规范经营，依法管理决策，完善法人治理结构，围绕提高工作效率，增强企业活力，形成清晰的权责清单，围绕防范化解风险，突出主责主业，压实监管和股东责任。同时，在推进过程中做到“四个结合”，即与加强党的建设工作紧密结合，与巡察、审计整改工作紧密结合，与依法治理企业工作紧密结合，与制度文件评审工作紧密结合。

4.建立组织机构

在将军、颐中集团层面，分别成立“四会一层”管理决策事项权责清单建设工作领导小组，党组书记、董事长任组长，党组成员、总裁、分管法务工作的副总裁任副组长，其他领导班子成员、法务处、企管处负责人为成员。工作职责为负责对集团公司“四会一层”管理决策事项权责清单建设工作的全面领导，审定管理决策事项权责清单建设工作实施方案，统筹谋划、系统推进“四会一层”管理决策事项权责清单建设工作。领导小组下设办公室，设在集团公司法务处，工作职责为贯彻落实领导小组的决策部署，协调、指导、推进有关部门及所属企业开展“四会一层”管理决策事项权责清单建设工作，组织编制“四会一层”管理决策事项权责清单建设工作实施方案。

（二）划定工作阶段，统筹推进实施

山东中烟公司投资部下发《关于开展多元化企业“四会一层”管理决策事项权责清单建设工作的通知》，统筹谋划、精心组织，强化调度、狠抓落实。该项工作主要包括五个阶段。

1.学习调研阶段

认真学习《中华人民共和国公司法》《中华人民共和国企业国有资产法》等法律法规，深入研究国务院国资委、财政部等相关文件精神，熟悉权责清单涉及的有关内容和各项要求。开展企业权责清单工作调研，准确把握行业各级有关制度文件，汇总企业各项规章制度，设计权责清单体系框架。

2.全面梳理阶段

全面梳理各多元化企业管理决策程序和相关制度，整理出涉及权责分配的具体条款。根据分级分类管理的原则，确定权责类别，明确权责子项，准确描述责任事项，厘清各决策主体权责边界。通过系统梳理，建立全面权责清单体系，完整呈现管理决策事项过程特别是重大关键环节，确保内容全面、严谨、合规，确保符合国家和行业有关制度文件要求。

3.优化完善阶段

在梳理确立权责清单的基础上，对照国家和行业各级文件要求，结合工作实际，优化完善制度文件，优化完善议事程序，优化完善权责清单，确保决策运行畅通、权责履职到位。通过优化完善，进一步规范决策程序、明确决策权限、优化制度文件，防止出现职责空白、职能交叉等“灰色地带”。

4.公布实施阶段

公布“四会一层”管理决策事项权责清单，对照清单确定的事项，严格执行，抓好落实，不断强化清单执行力。建立持续动态完善机制，根据国家和行业各级制度文件，结合自身实际情况变化，实时调整完善规章制度和管理决策程序，动态更新权责清单，确保权责清单的有效性。

5.达标改进阶段

在前期“四会一层”管理决策事项权责清单建设成果基础上，进一步强化权责清单运行机制建设，开展将军、颐中集团清单应用达标工作，推动清单由“建”向“用”的延伸。达标内容包括机构制度建设及其组织实施、清单应用等两部分，覆盖党建工作、重大事项、人事管理、投资和预算、战略和目标管理、创新、制度建设、行政、安全等领域。

（三）全面摸底调研，梳理制度体系

建立“四会一层”权责清单要以企业现行的制度体系为依据，健全组织机构、划定工作阶段后，需要组织各职能部门根据职能划分，对职权范围内的制度进行全面梳理，并根据公司章程和“四会一层”议事规则做好衔接制度的废、改、立工作，完善日常经营管理和经营决策的制度文件及相关程序。经梳理，将军、颐中集团分别梳理制度178项、174项，保障各项制度相互衔接，与法人治理结构内外统一、上下一致。各职能部门具体分工见表1。

表1　山东中烟公司各职能部门分工

序号	部门	制度范围
1	办公室	会议、公文、档案、中央八项规定、印章管理、保密管理、捐赠、值班、车辆管理、董事会工作、“三重一大”管理、因公出国（境）、证照管理等
2	党建处（机关党办）	机关党委、新闻宣传、党组民主生活会、武装统战、基层党组织建设与管理、党员队伍建设与管理等
3	人力处	组织机构设置、人事管理、人事档案管理、干部管理、薪酬分配、劳动合同管理、员工考核、教育培训和职称管理、因私出国（境）管理等
4	经运处	经济运行管理、市场营销、生产计划调度及监控、质量管理、对标管理等
5	企管处（规范办）	战略管理、目标管理、考核管理、组织机构职能、采购管理、专卖内管、规范管理、制度管理、精益管理、授权管理、法人治理、公司章程等
6	法务处	工商变更登记、法律事务、合同管理、风险防控等
7	财务处	财务管理与监督、预算管理、国有资产管理、资金管理、定额管理、产权登记、资产处置预案等
8	审计处	经济责任审计、工程审计、内部审计、审计整改监督等
9	纪检监察处（巡察办）	纪检监察、党风廉政建设和反腐败工作、效能监察、监事会工作等
10	安全处	生产安全、消防安全、职业健康安全管理、生产安全事故应急预案预控管理、劳动保护监督、信访稳定管理等
11	规划处	资产规划、资产出租、兼并重组、股权投资与管理、清理清退等
12	技装处	固定资产日常管理、生产类资本性支出管理、投资管理、工程建设项目管理、设备管理、能源管理、生产废旧物资处置、技术改造等

续表

序号	部门	制度范围
13	科技处(信息中心)	科技发展规划、科技项目管理、知识产权、网络安全、信息化建设、软硬件管理等
14	群团处(工会办)	工会组织建设与管理、民主管理、评优评选、共青团管理、计划生育管理、职业健康和劳动保护监督、妇女职工权益维护等

(四)制定权责清单,厘清权责边界

1.规范清单模板

为高效有序推进权责清单制定工作,公司分别制定3类模板,用于制定“四会一层”管理决策事项权责清单、分级管理决策事项权责清单、分项管理决策事项权责清单(见表2、表3、表4)。

表2 “四会一层”管理决策事项权责清单

编制部门:　　　　　　　　　　　　　　编制时间:

序号	权责类别	履职依据	权责子项	责任事项	责任处室	备注
	股东					
	党组织					
	董事会					
	总经理办公会					
	监事会					

批准人:　　　　分管领导:　　　　部门负责人:　　　　编制人:

填表说明:

1.权责类别,主要是根据治理机构和内设部门职责权限重大事项确定,涉及所属企业监管和权限划分的管理事项都要纳入,各部门根据职责确定。

2.权责子项,主要是权责类别范围内具有单独管理流程和要求,需要单列明示的独立事项。

3.责任事项,按集团层面和所属企业分别填列,要将集团及所属企业分别履行的具体职责关键点描述清楚。

4.履职依据,填写文件名称及文号,集团公司及所属企业本级文件为主,可填写法律法规和行业上级文件。

表3　分级管理决策事项权责清单

编制部门：					编制时间：		
序号	权责类别	履职依据	权责子项	责任事项		责任处室	备注
				集团公司	所属单位		
批准人：			分管领导：		部门负责人：	编制人：	

填表说明：

1. 权责类别，主要是根据治理机构和内设部门职责权限重大事项确定，涉及所属企业监管和权限划分的管理事项都要纳入，各部门根据职责确定。
2. 权责子项，主要是权责类别范围内具有单独管理流程和要求，需要单列明示的独立事项。
3. 责任事项，按集团层面和所属企业分别填列，要将集团及所属企业分别履行的具体职责关键点描述清楚。
4. 履职依据，填写文件名称及文号，集团公司及所属企业本级文件为主，可填写法律法规和行业上级文件。

表4　分项管理决策事项权责清单

编制部门：							编制时间：			
序号	权责类别	履职依据	权责子项	责任事项	责任处室	事项性质	决策机构			
							股东	董事会	党组织	总办会
批准人：			分管领导：			部门负责人：			编制人：	

填表说明：

1. 权责类别，主要是根据治理机构和内设部门职责权限重大事项确定，涉及所属企业监管和权限划分的管理事项都要纳入，各部门根据职责确定。
2. 权责子项，主要是权责类别范围内具有单独管理流程和要求，需要单列明示的独立事项。
3. 责任事项，按集团层面和所属企业分别填列，要将集团及所属企业分别履行的具体职责关键点描述清楚。
4. 履职依据，填写文件名称及文号，集团公司及所属企业本级文件为主，可填写法律法规和行业上级文件。

2.集团层面推进

各集团公司分别制定印发“四会一层”管理决策事项权责清单建设工作方案，贯彻落实管理决策事项权责清单建设工作。一是“四会一层”及分项管理决策权责清单工作开展情况。依据公司章程及现行各部门工作职责，各集团公司领导小组办公室指导各部门梳理、确定涉及“四会一层”决策事项、制度及相关程序，整理涉及股东、党组会、董事会及监事会权责分配的具体条款，确定权责类别，明确权责子项，厘清各决策主体权责边界，召开专题会议审核论证，逐步完善“四会一层”及分项管理决策事项权责清单。二是分级管理决策权责清单工作开展情况。每周填写工作进展调度表、座谈会等，各集团公司领导小组办公室对各所属公司工作开展情况进行指导协调，并按照督导要求，分类施策，制定相应分级管理决策事项权责清单模板。

3.充分征求意见

各集团公司领导小组办公室将“四会一层”、分级、分项管理决策三张清单发至各单位及各部门征求意见，并按照反馈意见对权责清单进行完善。其间，充分征求集团公司领导意见，及时做出修改调整，多次召开专题会，对修订完善的权责清单进行研讨论证，并提报集团公司党组会研究审议通过，予以发布。

（五）发布权责清单，分级分类应用

各集团公司领导小组办公室提报集团公司党组会研究审议后，分别印发“四会一层”管理决策事项、分级管理决策事项、分类管理决策事项三张权责清单。

1.“四会一层”管理决策事项权责清单

该清单涉及集团公司股东、党组会、董事会及领导班子办公会决策和审议事项。将军集团拟定“四会一层”管理决策清单 101 项，包括决策事项 69 项、审议事项 32 项；颐中集团拟定“四会一层”管理决策清单 177 项，包括决策事项 91 项、审议事项 86 项（见图 1）。

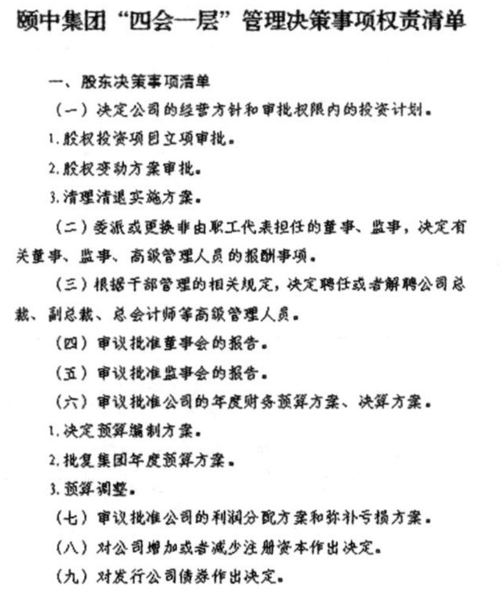
颐中集团“四会一层”管理决策事项权责清单

一、股东决策事项清单

（一）决定公司的经营方针和审批权限内的投资计划。

1.股权投资项目立项审批。

2.股权变动方案审批。

3.清理清退实施方案。

（二）委派或更换非由职工代表担任的董事、监事，决定有关董事、监事、高级管理人员的报酬事项。

（三）根据干部管理的相关规定，决定聘任或者解聘公司总裁、副总裁、总会计师等高级管理人员。

（四）审议批准董事会的报告。

（五）审议批准监事会的报告。

（六）审议批准公司的年度财务预算方案、决算方案。

1.决定预算编制方案。

2.批复集团年度预算方案。

3.预算调整。

（七）审议批准公司的利润分配方案和弥补亏损方案。

（八）对公司增加或者减少注册资本作出决定。

（九）对发行公司债券作出决定。

图 1　颐中集团“四会一层”管理决策事项权责清单（部分）

2.分级管理决策事项权责清单

该清单主要涉及各多元化企业需向集团公司请示审定的权责事项，依据集团公司及各公司章程、年度授权等，确定母子公司、总分公司之间的权责界限，厘清各自责任事项，明确集团公司作为股东的职责权限，以及所属企业作为经营主体

的职责权限。经梳理，将军集团权责类别29类、权责子项44项(见表5)；颐中集团权责类别35类、权责子项81项。

表5 将军集团设定的分级管理决策事项的权责类别及事项等(部分)

序号	权责类别	履职依据	权责子项	责任事项		责任处室
				集团公司	所属单位	
1	经营方针	将军烟草集团有限公司目标管理办法	年度工作目标	1.汇总审核各单位年度目标；2.召开方针目标论证会，经集团公司总办会审定后发布实施	各所属单位根据当年总体工作要求，结合单位职责制定一级工作目标，同时分解制定二级工作目标，提报集团公司	企管处
2	投资计划	将军烟草集团有限公司投资项目管理办法	投资项目审批	1.下发编制年度投资项目计划指导意见；2.汇总并初审各单位提报的集团公司审批权限内(使用自有未分配利润进行投资，投资的股权类项目，经营业务用房项目，以及单项投资500万元(含)～5000万元的非股权类项目，重大经济行为事项项目)的投资项目；3.组织投资管理委员会审核投资项目计划，报党组会前置性审核后，报董事会审定	所属单位提报集团公司审批权限内的投资计划	技装处
			投资项目后评价	1.审查项目实施单位提交的项目自我总结评价报告，委托第三方咨询机构后评价；2.报董事会审定投资项目后评价年度工作总结报告	项目实施单位提交项目自我总结评价报告	技装处
3	董事会	将军烟草集团有限公司所属单位董事管理办法	委派和管理董事	1.集团公司企业管理处和人力资源处根据任职条件和有关要求，提出拟任董事人选的初步建议；2.报集团公司党组研究审定人选；3.董事人选确定后，以集团公司名义办理委派手续	配合集团相关部门完成董事委派或更换事宜	人力处 企管处
			董事会报告	1.汇总审核所属单位董事会报告；2.报董事会备案	拟定董事会报告，提交集团公司审定	办公室

3.分项管理决策事项权责清单

该清单主要涉及集团公司各部门需向“四会一层”请示审定的权责事项，按照各部门工作职责，确定权责类别，明确权责子项，分为决策类事项(需提报“四会一层”审定事项)与管理类事项(涉及部门向“四会一层”汇报事项)两大类，并对管理决策类事项过程管理的各关键环节做出详细描述。经梳理，将军集团权责类别 90 类、权责子项 155 项(见表 6)；颐中集团权责类别 49 类、权责子项 131 项。

表 6　将军集团设定的分项管理决策事项的权责类别及子项等(部分)

序号	权责类别	履职依据	权责子项	责任事项	责任处室	事项性质	决策机构				
							股东	党组会	董事会	监事会	办公会
1	年度会议计划管理	将军烟草集团有限公司会议管理办法	制定年度会议计划	根据省工业公司关于报送年度会议计划的要求，拟订集团公司本部年度会议计划，提交领导班子办公会审定	办公室	决策类					√
2	年度因公出国(境)计划管理	将军烟草集团有限公司外事工作管理办法	省工业公司党组管理干部年度因公出国境计划	根据省工业公司关于报送因公出国(境)计划的要求，省工业公司党组管理干部的年度因公出国(境)计划，制定下一年度出访计划，报集团公司领导班子办公会审议通过后，报省工业公司审批	办公室	决策类	√				
			非省工业公司党组管理干部及人员的年度因公出国境计划	非省工业公司党组管理干部及人员的年度因公出国(境)计划，办公室制定下一年度出访计划，报集团公司领导班子办公会审定后，上报省工业公司外事办公室审核、备案	办公室	决策类					√

续表

序号	权责类别	履职依据	权责子项	责任事项	责任处室	事项性质	决策机构				
							股东	党组会	董事会	监事会	办公会
3	年度捐赠计划管理	山东中烟工业有限责任公司对外捐赠管理办法	捐赠计划和预算	办公室汇总形成集团公司对外捐赠工作方案，经领导班子办公会、预算管理委员会研究审议，并由集团公司董事会批准后，报省工业公司办公室备案	办公室	决策类			√		
			捐赠事项审批	办公室对各公司、集团公司各部门请示事项进行审核，经集团公司领导班子办公会研究审议后，上报省工业公司审批	办公室	决策类	√				

（六）加强应用达标，注重运行分析

为推动权责清单高效规范应用，山东中烟公司印发《山东中烟多元化企业“四会一层”管理决策事项权责清单应用达标评价工作方案》，持续规范权力运行。

1.评价方法及内容

评价实施百分制，按照分级管理的原则，山东中烟公司负责对各集团公司实施评价，同时对各集团公司所属企业的自评情况进行抽查，评价结果纳入各集团公司年度绩效评价。各集团公司负责对所属企业的评价，并将评价结果报山东中烟公司备案。

评价内容包括两部分。一是机构、制度建设及其组织实施情况，占20%；二是清单应用情况，占80%。其中，机构建设、制度建设及其组织实施包括5类24项责任事项，共计20分，全部为必评事项。清单应用包括27类120项责任事项，共计100分，自评单位仅对清单中的实有事项进行评价，对清单中的实有事项漏评的，按漏评项对应分值扣减实有项得分。本部分最终得分=（实有项得分－漏评项扣减分)/实有项分值×100×80%。

2.完善巩固成果

建立动态完善机制,根据自评情况和企业实际,动态更新权责清单,持续完善巩固成果,健全"四会一层"权责边界管理模式长效管理机制,全面梳理管理中存在的问题,找准薄弱环节和问题关键点,深入分析原因,明确措施,落实整改,增强权责清单应用达标活动的针对性、有效性。

三、烟草行业多元化企业"四会一层"权责边界管理模式构建与实施的效果

截至 2022 年 6 月,山东中烟公司所属全资多元化企业全部建立权责边界管理模式并有效运行。其间,共梳理管理流程 600 余项,整理管理制度超过 300 项,多元化企业规范行权、科学赋权、依法治权的意识和能力不断加强。

该模式运行以来,在实践中已展示出强大的适应性和良好的创新性,主要创新点概括为信息公开化、法治体系完善化、权责明晰化、跨部门协同化、监管体制化。(1)信息公开化,即在各项工作开展的过程中,及时向员工传达会议决策和整体推进的全貌,提高了企业管理民主化水平;(2)法治体系完善化,即将权力运行纳入法治化轨道,推动公司治理更加规范化;(3)权责明晰化,即通过理顺权责,把上下级的权责清单有机结合起来,显现出上下衔接、条块结合的特征;(4)跨部门协同化,即通过建立共享共治的信息平台,促进了部门之间的协调配合,避免出现"各自为政"的窘境;(5)监管体制化,即通过信息公开,构建监管、评估与问责之间的有机联系,持续强化内外部监督。具体工作效果可概括为以下五方面。

(一)有力推动业务流程优化

通过项目建设,进一步厘清股东会(股东)、董事会、监事会、党组织会议、经营层的边界,理顺"四会一层"和各部门、各基层单位分级分类管理的关系。对部门职责交叉和分散的事项,清权确权,逐一理顺,并从制度层面强化责任,使权力边界更加明晰,权力事项更加透明,审批服务更加高效,刚性约束进一步增强。

(二)有力推动制度规范管理

在项目建设过程中,将军集团、颐中集团对照上级单位制度规定,梳理评审现有制度文件,查缺补漏,修订完善。其中,山东中烟公司投资管理部修订 1 项制度;将军集团及所属企业新建 55 项制度,修订 51 项制度;颐中集团及所属企业新建 18 项制度,修订 45 项制度。通过项目实施,进一步丰富完善了制度文件体系,

增强了制度刚性约束。

（三）有力推动巡察问题整改

截至 2022 年年底，山东中烟公司党组巡察将军集团、颐中集团党组反馈意见分别涉及 165 项、164 项问题，将军集团、颐中集团分别完成 152 项、150 项问题整改，剩余问题正在按程序积极推进。其中，涉及“四会一层”管理决策事项的 51 项问题，通过清单建设项目实施，进一步明确了整改的方向和措施，有力推动了问题整改。

（四）有力推动治理效能提升

各多元化企业通过项目建设，进一步压实监管和股东责任，规范意识进一步增强，有力推动了工作创新和规范管理。譬如，将军集团借助全面风险防控数字化平台，将“四会一层”管理决策事项纳入平台管理，在“一单清”的基础上实现了“一键明”。颐中集团借势加强参股企业管理，行使股东权利，收取青岛嘉泽包装有限公司 2014 年以来未分配利润 1.38 亿元；研究青岛黎马敦包装有限公司合营期限届满股权优化有关事项，顺利实现外资股东退出，变为烟草全资企业，为做大做强烟标印刷产业奠定了坚实基础。各多元化企业全面加强党的建设，切实推动党组前置研究“三重一大”事项等规定落实落细。

（五）有力推动经济效益提升

项目的实施助推了多元化企业高质量发展，形成了以卷烟配套产业为主体，新型烟草、新型材料为两翼，宾馆酒店、资产经营、物业服务等为补充的“一体两翼多架构”产业发展体系。2022 年，32 家多元化企业实现营业收入 28.56 亿元，同比增长 6.33％；实现利润 2.92 亿元，同比增长 9.23％；资产保值增值率 104.93％，实现了“量”的合理增长与“质”的有效提升。

成果创造人员：李洪砚　沙建波　李　玉　张　涛　李晨宇

金融机构宏观风险因子识别与穿透映射机制建设

中泰证券股份有限公司

摘要：防范系统性风险是资本市场永恒的主题。金融机构作为系统性金融风险防范的关键一环，其风险管理有效与否至关重要。当前在地缘政治、经济不确定性等复杂因素共同交织作用下，金融风险传导源头广泛、路径日趋复杂，对证券公司全面风险管理提出了更高的要求。以往宏观金融风险防范工具多面向监管层面，而对于面向金融机构及其业务的映射落地鲜有研究。本成果从宏观视角拓宽传统全面风险管理体系边界，基于证券经营机构业务结构，挖掘宏观风险演化趋势、业务映射路径，构建符合我国证券行业实际的宏观风险防范体系，以期有效衔接我国证券市场宏观风险管理与经营机构微观业务风险管理，助力防范化解重大风险，更好地服务于实体经济。

中泰证券股份有限公司（以下简称“中泰证券”）是全国大型综合类券商，按照“建设系统重要性现代投资银行”的战略目标，全力推进包括经纪、信用、投行、资产管理、金融创新等在内的全牌照业务体系建设，形成了集证券、基金、期货、直投、国际业务为一体的综合性证券控股集团。截至 2023 年年底，中泰证券实现营业收入 127.62 亿元，同比增长 36.86%；利润总额 25.57 亿元，同比增长 226.99%；净利润 20.61 亿元，同比增长 193.03%；归属于母公司股东的净利润 18 亿元，同比增长 204.94%。2023 年，中泰证券持续做强投资银行、财富管理、投资交易、资产管理、研究与机构五大业务板块，股权项目承销单数、IPO 承销规模等指标均进入行业前十，股权、债券业务数量市场占比连续三年位居山东市场首位。凭借良好的专业能力和业绩表现，中泰证券得到了社会各界的广泛认可，并在投行业务、研究咨询、风险管理、创新能力等方面获得诸多荣誉。

一、金融机构宏观风险因子识别与穿透映射机制建设的背景

（一）贯彻落实党中央关于防范化解重大风险的战略部署

在世界性金融危机与经济衰退中，美国五大世界级投行“全军覆灭”，说明即使在国外成熟市场，金融机构对宏观风险的感知与防范依然具有必要性。党中央高度重视防范与化解系统性风险，把防范化解重大风险放在治国理政更加突出的位置。然而近年来，全球经济危机、新冠疫情冲击、俄乌冲突等一系列外部风险事件层出不穷，多途径波及公司业务，金融风险不断加剧、金融市场遭受全方面冲击。因此，构建全面有效、动态前瞻的宏观风险防范体系是证券公司感知宏观市场变幻、防范化解重大风险的重要工具，更是贯彻落实党中央坚决打好防范化解重大风险攻坚战的有力抓手。

（二）顺应证券行业发展新形势

资本市场多元化进程下证券公司业务多元、机构复杂、流程烦琐，其潜在风险同样展现出复杂化、隐蔽化、交叉性等特点。针对当前发展趋势，监管部门多次强调防范化解系统性风险和强化前瞻性风控要求。2023 年 7 月，中证协制定并发布了《证券公司压力测试指引》，强调压力测试应遵循前瞻性原则，将宏观经济风险因素的先导性作用纳入考虑范围，开展综合性压力测试，特别强调主动触发场景应包含预期或已经出现重大外部风险和政策变化事件，关注个别行业或区域出现整体性风险、地缘政治风险等。2024 年 3 月，证监会主席吴清在十四届全国人大二次会议上提出“两强两严”，强调重点领域的严监严管和严防系统性风险发生的重要意义。

（三）弥补证券公司风险管理“真空”地带

中泰证券在积极拓展发展空间的同时，也清楚地意识到唯有全面、有效管理风险才是公司经营的首要前提。为此，中泰证券坚持稳中求进工作总基调，紧紧围绕风险管理全覆盖的管理目标，从完善风险管理制度体系、健全风险管理组织架构、加强风险管理信息技术系统建设等多个维度全面提升风险管理能力。然而，当前证券公司全面风险管理架构多依据风险类型或所对接业务设置相应的风险管理单元，较易忽略风险间的交叉传导与相互转换，因此，建立宏观风险管理机制，从宏观视角把握风险全貌、跟踪风险交叉传导路径、协同组织相关人员进行必

要的风险管控，成为有效防范业务风险的关键。

（四）推动风险管理变“被动”为“主动”

宏观风险是证券公司面临的最重要的风险之一，而此前证券公司的宏观风险分析管理机制未成体系、尚不成熟，券商行业的全面风险管理体系普遍缺乏对宏观风险的预研预判，宏观风险分析主观多量化少、宏观风险因子识别不足，且评估结果未能有效映射落地到内部经纪业务、证券投资、资产管理等业务的风险管理实践中，无法从根本上解决对风险的“事后处理多，事前防范少”的问题。因此，加强宏观风险管理分析研判，将宏观风险管理真正融入业务风控全流程，实现宏观风险与微观业务风险的一体化管理，成为公司风险管理变“被动”为“主动”的关键。

二、金融机构宏观风险因子识别与穿透映射机制建设的主要做法

中泰证券紧密围绕风险管理全覆盖、控制措施精细化的管理目标，以战略为引领、以业务为载体、以技术为保障，从健全组织构建、完善宏观风险管理基础设施建设、设计宏观风险业务赋能机制等一揽子举措着手，优化全面风险管理体系，以确保中泰证券风险可测、可控、可承受。

（一）制定宏观风险防范体系总体思路和组织架构

中泰证券结合行业特点和公司实际，围绕宏观风险管理机制设计与实施工作，制定多项重点措施，提出总体目标：完善中泰证券全面风险管理体系，全力推进宏观风险管理机制建设，充分发挥其在公司经纪、资产管理、证券投资、承销等业务风险管理决策中的支持作用，提升中泰证券风险管控的前瞻性、主动性、全面性。

中泰证券坚持“合规风控至上”的经营理念，以建设风险管控长效机制为目标，形成了董事会及其风险管理委员会—经理层及风险控制委员会—合规总监—合规管理总部—各部门、分支机构合规负责人（专员）的合规管理组织体系，建立健全了涵盖董事会、监事会、经理层、各部门、分支机构及子公司的全面风险管理组织架构。各层级全面风险管理的职责明确、报告路径畅通，形成相互衔接、有效制衡的运行机制，为公司管理层依据宏观风险监测预警体系做出科学决策、精准决策提供了强有力的组织保障（见图 1）。

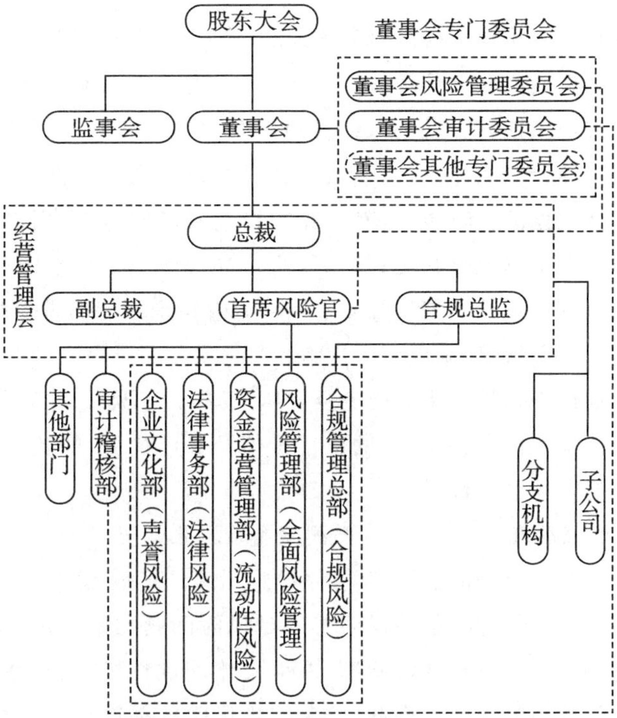

图 1　中泰证券风险管理组织架构

为保障宏观风险管理的顺利实施，中泰证券风险管理部设立专门单元，负责分析、评估、监测及报告宏观风险状况；协同配合外部监管做好系统性风险防范工作，协助公司内部总量风险管理单元提升风险管理前瞻性；及时掌握并分析行业监管动态、重大风险事件影响，识别公司内部重大风险隐患；有效衔接宏观审慎与微观审慎。

（二）构建宏观风险管理工具箱

目前，业内尚未出现成熟的宏观风险管理体系，中泰证券从宏观视角拓宽全面风险管理边界，搭建多层次、多维度宏观风险分析工具箱。通过研发风险偏好综合指数、中国股市风险偏好指数、流动性风险指数以及城投债信用利差地图等宏观风险量化工具，从不同维度和视角分析研判宏观风险，并最终将宏观风险研判分析落实到金融业务层面，并研发了宏观风险一体化分析平台，实现宏观风险、微观主体风险一体化监测预警与可视化展示。

1.构建风险偏好综合指数,全面测度系统性风险水平

中泰证券基于系统性金融风险的跨地域、跨市场、跨产品传导规律,分别从与我国资本市场具有较高联动性的境内外金融子市场中挑选代表性产品指标,构建能够全面反映市场预期与波动的系统性风险预警综合指数与子指数。相较于部分国内已有风险预警指数体系,该指数体系具有以下几个方面突出优势:完全采用基于市场价格数据的实时指标,有效克服指数时滞问题;利用波动率衡量投资者风险偏好与金融市场风险状况;依据风险传导规律确定指数维度与指标选取。基于该框架的系统性风险预警指数体系能够有效识别可能的风险源头,把握风险扩散路径,以便于针对性地采取应对措施。

该指数体系预警结果与市场历史金融风险区间匹配良好,预警误差在预测判别方法可接受范围之内,具有一定的应用价值及突出优势,能比较有效地识别中泰证券所面临的宏观系统性风险。

2.构建系统流动性风险指数,全面测度资金紧张状况

流动性作为金融市场的血脉,其在系统性风险的形成、累积、扩散等整个演变过程中如影随形,市场风险、信用风险等基础风险问题均是通过转化为流动性冲击作用于市场,并可经"流动性螺旋"效应引发流动性危机,流动性枯竭更是历次金融危机爆发最直观的反映。因此,防范宏观风险的关键在于防范流动性风险,对宏观风险的分析不仅需要关注风险本身的状况,还需结合对系统流动性的分析。中泰证券结合流动性风险形成、传导规律,借助波动率在风险计量方面的优势形成系统流动性风险指数(Systemic Liquidity Risk Index,简称 SLI)①,并在此基础上构建系统流动性指数预警体系,涵盖银行间市场、非银市场、离岸人民币市场、企业四个维度子指数与反映整体风险状况的流动性波动率综合指数与流动性水平综合指数。

3.构建中国波动率指数,及时跟踪市场情绪

波动率指数(VolatilityIndex,VIX)又称"恐慌指数",最早由芝加哥期权交易所(CBOE)于 1993 年推出,基于期权的隐含波动率编制而成,高 VIX 往往意味着恐慌情绪蔓延、风险增加,该指标多用以反映投资者对未来市场波动的预期,通常被看作领先市场的风向标。2016 年 11 月,我国上交所和中证指数公司发布上证 50ETF 波动指数,其编制方法与 VIX 相似,简称"中国波动率指数"或 CVIX 指数,但该指数在 2018 年 2 月 22 日已经暂停发布。中泰证券基于方差互换原理,

① 有关系统流动性风险指数内容详见:中国证券业协会 2019 年重点创新课题报告《资本市场系统流动性风险监测预警及防范研究》。

以近月与次近月上证50ETF期权合约为基础进行指数编制，对中国波动率指数(CVIX)进行研究和复刻，并将其纳入宏观风险分析工具，用以反映投资者对未来30天中国股市波动率的预期。

该指数具有以下几个方面突出优势：一是能够对宏观经济事件、资本市场波动性等外生冲击做出预期性、显著性预警响应，是监测重大风险事件的重要宏观指标变量；二是由于波动率指数与股指收益率间负相关，通过分析指数走势能够及时跟踪整体市场情绪，可有效衡量投资者对未来市场波动的预期，有利于公司灵活制定风险管理策略；三是中国波动率指数可通过配合压力情景生成、模型参数设定等方式，分析公司所面临的宏观风险状况、实现业务赋能，为公司业务风险管理决策提供更加前瞻、有效的量化参考。

4.绘制城投债信用利差地图，测度区域性风险

区域性风险作为系统性风险中观层面的体现，是宏观风险的重要组成部分。中泰证券积极探索区域性金融风险代表性指标，通过计算城投债中债估值收益率与同期限中债国开债收益率差值作为城投债信用利差，用以测度城投债风险程度。通过差值计算和构建中债国开债收益率曲线等方法，剔除城投债到期期限差异对数据带来的影响，得到用以评估区域性风险的城投债信用利差的日度高频数据。在此基础上，采用热力图形式建立城投债信用利差地图，以衡量行政区域层面（省级和市级）层面金融风险，为全面风险管理提供区域性分析支持。城投债信用利差地图具有以下优势，一是为宏观风险分析提供了区域层面分析支持；二是采用热力图形式，结果更加直观。

（三）设计宏观风险分析赋能方案

1.风险偏好时钟体系

依据系统性风险和系统流动性两个维度的状态组合，以系统性风险偏好指数(Risk Appetite Index，简称RAI)[①]与系统流动性风险指数作为时钟的纵轴与横轴，以各子指数（风险因子）作为表盘分格，将系统性风险演化周期划分为“形成→扩散→爆发→缓释”四个阶段，依次顺时针循环，对应四个不同的状态象限，形成“风险偏好时钟”（见图2），为分阶段采取有针对性的风险防范措施提供有益参考。

① 参见胡开南等：《跨市场风险偏好指数体系构建及其系统性风险预警应用》，《金融理论与实践》2019年第1期。

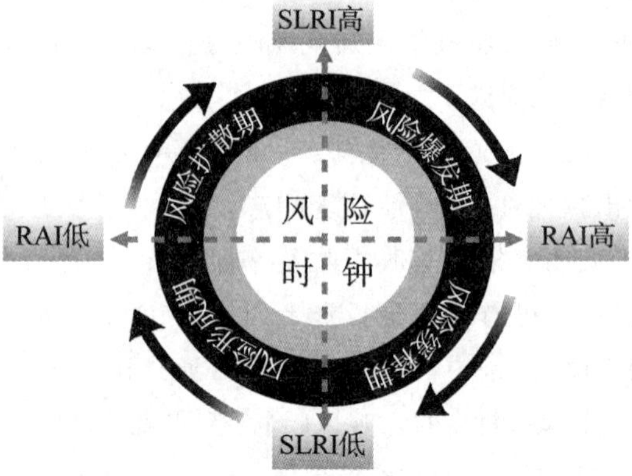

图2　风险偏好时钟

风险状态组合分为以下四类情况：一类系统性风险水平较低、系统流动性宽裕，对应风险形成期；二类系统性风险水平较低、系统流动性趋紧，对应风险扩散期；三类系统性风险水平较高、系统流动性紧张，对应风险爆发期；四类系统性风险水平较高、系统流动性宽裕，对应风险缓释期，如表1所示。

表1　四大周期阶段及其状态特征

周期阶段	状态特征
风险形成期	系统性风险水平较低，系统流动性宽裕
风险扩散期	系统性风险水平较低，系统流动性趋紧
风险爆发期	系统性风险水平较高，系统流动性紧张
风险缓释期	系统性风险水平较高，系统流动性宽裕

尝试结合随机欠采样（RU）、合成少数类过采样（SMOTE）与关联规则挖掘（Apriori）等大数据分析手段（见图3），挖掘周期规律，以更有效地识别周期轮动下各子市场的风险演化情况，为相关业务风险决策提供依据。

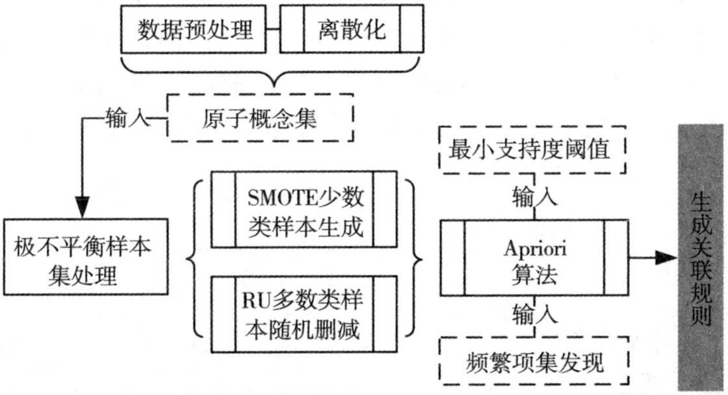

图 3　基于 RU-SMOTE-Apriori 的关联规则发现算法

运行 Apriori 算法，设置关联规则最小置信度（confidence）为 70%，根据频繁项集，列出生成的部分关联规则。

分析置信度最高的关联规则发现，随着风险沿四个阶段顺序循环，发出风险预警的子市场也进行了相应轮动：系统性风险形成阶段，该阶段持续时间最长，金融市场大多处于该阶段，各金融子市场风险相对最小，大多不会出现极端预警情况，个别预警案例中，大陆股市、金融系统出现预警相对较多，利率市场、国外股市、汇率市场次之，商品市场几乎未出现极端预警现象。系统性风险扩散阶段，各金融子市场风险积累扩散临近阈值阶段，存在汇率市场、股票市场等出现预警现象，但大部分金融子市场风险暂处于隐匿状态。系统性风险爆发阶段，各金融子市场风险相继出现预警现象，与国内市场联动性相对较弱的外国股市、商品市场风险相对较小，且该阶段一般伴随着救市现象，利率市场风险会率先缓释。系统性风险缓释阶段，该阶段持续时间较长，各金融子市场预警频率相对最多，汇率市场风险相对最小，其次是国外股市，金融系统风险相对最高，中国股市、利率市场次之。这一周期轮动仅是大致的趋势，而各阶段间同样存在小的周期波动。

2.基于业务结构的宏观风险管理工具的嵌入应用

通过挖掘基于证券公司业务结构的宏观风险监测预警工具的衍生应用，将宏观风险抓手真正融入业务全流程。宏观风险管理工具的应用嵌入过程大体分为两步，一是建立公司业务（产品）与宏观风险预警工具的映射关系，旨在依据对风险周期拐点的判断，辅助风险管理决策；二是配合风险指标分解、压力情景设定、限额管理等常规风控手段全面覆盖市场风险、信用风险以及公司总体风险管理。

（1）基于证券经营机构业务结构的风险映射轮动

目前，证券经营机构既有业务大致可分为证券经纪业务、证券投资咨询业务

(包括证券投资顾问业务、发布研究报告两种形式)、投行业务(证券承销与发行业务、财务顾问业务)、证券自营业务(权益类、利率类、商品类证券及其衍生品投资)、融资类业务(融资融券、股票质押、约定购回)、证券公司私募投资基金子公司业务、国际化业务。根据《中国证券业发展报告 2021》统计,2019～2020 年证券公司各项业务收入占比如图 4 所示。

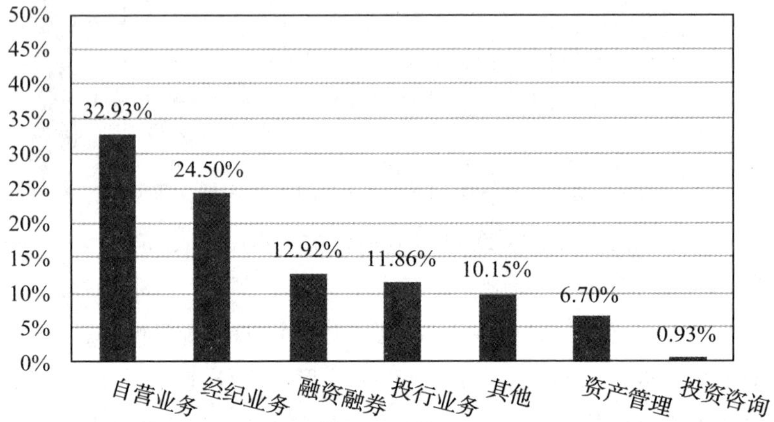

图 4　2019～2020 年证券公司各项业务收入占比

围绕证券经营机构主要业务线,通过深入分析证券经纪业务、投资银行业务等各业务模式、产品结构和流程,分析其业务实质、法律关系和风险特征,按照风险类型穿透式识别金融产品与业务的关键风险因子(操作风险、声誉风险等受系统性风险影响较弱的风险类型除外),进而建立证券经营机构业务(产品)与风险偏好各项子指数维度的映射关系,示例如表 3 所示。

表 3　各项业务“穿透式”风险因子识别示例

业务类型	具体业务	风险类型	主要风险因子	对应风险偏好子指数
经纪业务	交易佣金	企业风险:经营风险	客户数量、客户资产、佣金率、两市股票基金交易总量、投资者情绪等	金融系统
	托管、代销业务			
投资咨询业务	投顾业务			
	研究报告			
投行业务	证券承销业务	金融风险:信用风险、市场风险、流动性风险	包销过程中的市场波动、发行人资信等	
	证券发行业务			
	财务顾问服务			

续表

业务类型	具体业务	风险类型	主要风险因子	对应风险偏好子指数
自营业务	权益类业务（股票、基金、港股通等）	金融风险：市场风险、汇率风险	股票价格、汇率等	中国股市、外汇市场
	固定收益类业务	金融风险：信用风险、利率风险	基准利率和利率债利率、信用利差、债券组合久期、信用评级等	利率市场
	商品市场	金融风险：市场风险	大宗商品价格等	商品市场
	衍生品业务（交易所衍生品、场外衍生品）	金融风险：市场风险、信用风险	各类标的市场价格（权益类、利率类、商品类、外汇类等）、对手方信用等	中国股市、外汇市场、商品市场、利率市场、外汇市场
	融券券源	金融风险：市场风险	股票价格、利率等	中国股市、利率市场
融资类业务	融资融券	金融风险：信用风险 企业风险：经营风险	担保品价格、违约率等	中国股市、利率市场
	股票质押			
	约定购回			
资产管理业务	定向资产管理业务	企业风险：经营风险 金融风险：市场风险、信用风险、流动性风险	标的资产价格发生不利变动、交易对手方信用状况恶化、客户赎回等	各子指数
	集合资产管理业务			
	专项资产管理业务			
私募投资基金子公司业务	股权投资基金	企业风险：经营风险 金融风险：市场风险	标的企业因政策、行业、自身经营等因素引致的证券价格发生不利变动等	
	创业投资基金			
	并购基金			
	其他类基金			
国际化业务	投资银行、资产管理、经纪业务、	金融风险：市场风险	境外股票市场价格、债券市场价格、汇率等	国外股市、外汇市场

资料来源：根据《中国证券业发展报告 2021》等公开资料整理。

基于映射关系，综合考虑证券公司各项业务收入最新占比，确定宏观风险周期轮动下需依次重点关注的业务风险，如图 5 所示，该风险索引可为证券经营机构相关业务风险决策提供一定的思路借鉴。

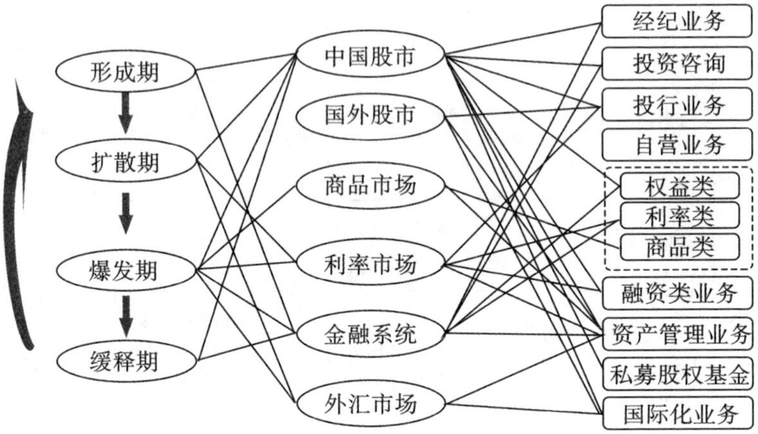

图 5　周期轮动下各业务风险索引示例

(2)宏观风险因子压力测试情景设计

中泰证券将宏观风险计量工具融入内部风险模型，配合风险指标分解、压力情景设定、限额管理等常规风控手段全面覆盖公司自营投资、做市业务以及其他投资活动涉及的权益类、利率类、汇率类与商品类等风险类型，提升各条线风险计量的有效性。目前，中泰证券已完成开发基于 Vasicek 模型的利率区间分布、基于极值分布理论的股票指数因子走势分析等，为公司压力测试提供了更为有效、前瞻的宏观风险因子及触发场景。基于利率是宏观经济最重要的变量之一，对资源配置起着重要导向作用，是资产定价的重要参考指标。中泰证券通过利率的可能走向与波动幅度分析宏观经济形势以及研判宏观风险。具体而言，中泰证券利用 Vasicek 利率模型实现在当前信息集(利率水平)下对未来利率分布的估计，实现对未来任一时期利率分布情况的刻画和走向分析，进而设定不同的利率变动压力场景。

(四)建立宏观风险分析报告机制

宏观风险分析机制有助于公司从宏观的视角把握风险全貌、厘清风险传导脉络，探究风险事件对公司业务的潜在影响，通过识别、分析、监测及报告宏观金融风险，为相关业务风险管理提供宏观风险分析支持。中泰证券借鉴现有成熟宏观风险报告形式，建立起符合自身经营特色的宏观风险分析报告机制，通过线上发布定期、不定期分析报告形式，及时追踪并系统分析重要会议、重大风险事件、宏观数据变化、政策变动影响，为公司提供宏观风险分析支持，实现宏观风险分析与业务挂钩，输出报告赋能券商业务经营，提高业务决策的科学性和有效性。此外，中泰证券利用金融科技优势，持续探索自动化宏观风险分析报告输出机制，以期高效率输出宏观风险分析报告，节省人力及时间成本。

（五）搭建宏观风险分析系统

中泰证券深度挖掘数据价值，打造数据精准、功能强大、展示直观的宏观风险监测预警系统。基于研发的城投债利差地图、风险偏好指数等宏观风险量化工具，综合大数据分析、AI智能等先进技术手段，采用商业智能（BI）框架，建立宏观风险监测预警系统，实现智能化、多维度、多切面数据分析与展示，动态跟踪宏观风险指标变动和风险舆情信息情况，以期辅助相关部门进行动态决策调整，提高风险管理有效性。中泰证券通过打造集风险计量、监测预警、可视化展示等多功能于一体的宏观风险分析平台，实现宏观风险、微观主体风险一体化监测预警与可视化展示。

三、金融机构宏观风险因子识别与穿透映射机制建设的效果

作为金融企业面临的重要风险之一，宏观风险防范体系的设计，不仅是提升金融机构全面风险管理水平的重要措施，更是全面深化金融改革的关键突破，直接或者间接产生了良好的管理效益和社会效益。

（一）提高风险管理的前瞻性、全局性

中泰证券是行业内首批尝试开展宏观风险分析机制建设的证券公司，公司从计量工具、业务赋能、报告机制、系统建设等多方面做出创新突破，填补了行业相关领域空白。中泰证券利用波动率数据衡量市场风险状况，依据系统性风险跨地域、跨市场、跨产品传导规律构建风险偏好指数，结合流动性的内外部影响因素，构建系统流动性风险指数，利用城投债利差地图实现区域性风险可视化展示。经有效性验证，以上工具形成的预警体系结果能够有效反映公司所面临的宏观风险，具有一定的应用价值及突出优势。此外，宏观风险分析赋能框架可在公司各业务条线、子公司等方面进行规模化推广示范，能够有效增强公司风险管理精细化水平，为行业内全面风险管理转型升级带来新的思路。

(二)提升全面风险管理的有效性

中泰证券积极探索风险管理优化实践,实现了公司 2022～2023 年全年重大风险事件“零发生”、各项风险控制指标持续符合监管规定的风险管理目标,公司经营业务在“稳中求进”的发展总基调下实现了新突破。通过日常监测,及时预警异常指标、敏感市场行为,提出核查、客观评估、持续跟踪并反馈处置措施和结果的要求,各业务风险得到了有效防范和及时处置,将系统性金融风险的破坏性降到最低,保证了公司业务在整体风险可控可承担的范围内稳健经营。

(三)提高公司美誉度及核心竞争力

成果内容已分别获得“中国证券业协会 2021 年重点创新课题”“中国证券业协会 2023 年重点创新课题”“山东省金融学会重点课题”“上海证券交易所风险管理委员会课题”等立项,并通过了中国证监会、上交所、中证协等单位及业内权威专家的多方评审,顺利结项。另外,部分内容已公开发表于《金融经济学研究》《新金融》《中国证券报》等国内外核心期刊或媒体,在学界与业界均产生了一定影响力。另外,通过全面、系统地研究宏观风险防范体系建设,中泰证券提升了公司创新项目独立研发能力和创新项目管理能力,强化了公司整体的风险防控意识,优化了全面风险管理框架,提高了相关项目人员的专业知识和技术水平,加强了公司在风险管理领域的核心竞争力。

成果创造人员:李　滨　王　雯　姚晓彤　张靖泽　王沄凡　谭沄昊

构建具有中国特色的现代国有企业公司治理体系研究

山东网瑞物产有限公司

摘要：治理体系是保障企业有效运转的基石，中国特色公司治理体系“特”就特在党的领导。全国国企党建会召开以来，习近平总书记关于国有企业改革发展和党的建设的重要论述精神日益深入人心，重要举措全面落地。山东网瑞物产有限公司通过设置党委研究讨论重大问题的“前置程序”，规范企业“三重一大”问题的内容，进一步理顺了党委与“三会一层”的关系，为“把方向、管大局、促落实”创造了条件。同时结合国有企业改革三年行动部署，深入落实国家电网公司、国网山东省电力公司关于加强党的领导、健全现代企业制度要求，建立了具有中国特色的现代国有企业公司治理体系，提升了公司规范化运作水平和运转效能，为国有企业高质量发展提供了坚强制度支撑。

山东网瑞物产公司（以下简称“网瑞物产公司”），为国网山东省电力公司综合支撑单位，现注册资本22175万元。其前身为山东省电力服务总公司。1998年，改组为集体所有制企业，更名为具有独立法人资格的山东鲁能物业公司。2015年，按照国家电网公司集体企业改革要求，改制为山东网瑞物产有限公司，为国网山东省电力公司机关工会委员会持股的有限责任公司。2017年，按照集体企业瘦身健体深化改革部署，吸收了山东送变电工程有限公司、国网山东省电力公司超高压公司等5家直属单位的11家集体企业，完成了省级集体企业平台第一阶段搭建，成为省级省管产业单位平台企业。2023年改制为国网山东省电力公司全资子公司。

近年来，网瑞物产公司改革创新突破，产业链、价值链纵深发展，现经营范围涵盖电力工程设计与建设、新能源汽车运维、新媒体运营、招标代理服务、现代生态农业、电子商务、酒店文旅、教育培训、后勤保障和信息通讯。公司先后荣获“山东省五一劳动奖状”“国家电网公司文明单位”等荣誉称号，连续21年被评为“山东省重合同守信用”单位，连续 18 年被评为“山东省文明单位”。

一、构建具有中国特色的现代国有企业公司治理体系的背景

（一）习近平总书记对国有企业治理作出重要指示

2016 年 10 月，在全国国有企业党的建设工作会上，习近平总书记发表重要讲话，提出“两个一以贯之”，即坚持党对国有企业的领导是重大政治原则，必须一以贯之；建立现代企业制度是国有企业改革的方向，也必须一以贯之。2017 年 10 月，习近平总书记在党的十九大报告中提出：“要完善各类国有资产管理体制，改革国有资本授权经营体制，加快国有经济布局优化、结构调整、战略性重组，促进国有资产保值增值，推动国有资本做强做优做大，有效防止国有资产流失。深化国有企业改革，发展混合所有制经济，培育具有全球竞争力的世界一流企业。”“国有企业党委（党组）发挥领导作用，把方向、管大局、保落实，依照规定讨论和决定企业重大事项……支持股东会、董事会、监事会和经理（厂长）依法行使职权”被增写进党章。

（二）中央部委对国有企业制度改革作出部署

2020 年 6 月，中央全面深化改革委员会第十四次会议审议通过《国企改革三年行动方案（2020～2022 年）》，强调要坚持和加强党对国有企业的全面领导，更加注重制度和治理体系建设，更多解决深层次体制机制问题。2021 年，中共中央办公厅印发《关于中央企业在完善公司治理中加强党的领导的意见》，首次从顶层设计上对中央企业在完善公司治理中加强党的领导作出制度性规范，成为推进中国特色现代企业制度建设的重要制度成果。国资委印发《中央企业董事会工作规则（试行）》，对落实国企改革三年行动部署，加快各级子企业董事会建设、提升董事会行权履职能力等明确了有关具体要求。

（三）国网总部治理体系不断演变健全完善

2017 年，国网总部落实国务院办公厅《关于进一步完善国有企业法人治理结构的指导意见》《中央企业公司制改制工作实施方案》等工作要求，构建了以章程为纲的“1＋11”公司治理制度体系，为董事会高质量审议战略目标、决策重大项目、防范重大风险奠定了坚实基础，有力地推动了公司治理水平优化完善和提升。2021 年，国网总部再次修订章程，研究印发“14 项制度＋2 项清单”，形成了以公

司章程为核心的“1＋N”公司治理制度体系。同时，首次面向子企业印发《公司子企业董事工作规则（试行）》《公司子企业董事授权管理办法（试行）》，配套出台《公司进一步加强董事会工作方案》等指导子企业董事会建设的制度文件。

二、构建具有中国特色的现代国有企业公司治理体系的主要做法

（一）明确党委在国有企业公司治理结构中的地位

国有企业是中国特色社会主义的重要物质基础和政治基础，是党执政兴国的重要支柱和依靠力量。办好国有企业，党的领导、党的建设在企业精神、领导力、队伍建设等方面发挥着重要作用。中国特色现代企业制度，“特”就特在把党的领导融入公司治理各环节，把企业党组织内嵌到公司治理结构之中，明确党委在国有企业公司治理结构中的地位。

1.避免党委直接成为企业生产经营决策和指挥中心

借口建立现代企业制度否定或取消党的领导无疑是错误的，但把党组织直接作为企业生产经营的决策和指挥中心也不符合企业党组织的功能定位。所以要确保党委在公司治理结构中的法定地位，同时避免党委直接成为企业生产经营决策和指挥中心，既保证党组织的意图在重大问题决策中得到体现，又维护董事会对企业重大问题决策权。

2.明确具有中国特色的现代国有企业公司的规范治理体系

实行现代企业制度的国有独资或控股公司，其法人治理结构一般应由六个治理主体构成，即党委（党组）会、股东会、董事会、监事会、经理层、职工代表。“具有中国特色的现代国有企业公司治理体系”，其主要内容可以概括为：以党的领导为核心，股东会、董事会、监事会和经理层依法行使职权并承担责任，职工群众有序参与，不同治理主体各司其职、各负其责，决策科学、制衡有效、监督有力、执行到位的现代国有企业公司治理体系。

“股东会、董事会、监事会和经理层依法行使职权并承担责任，不同治理主体各司其职，各负其责”，就是要按照《公司法》和《公司章程》的有关规定，在党委（党组）领导和支持下，确保各治理主体组织完善、制度健全、权责明确、运转协调，成为各自作用得以充分发挥的责任和权力主体，从而形成决策规范、制衡有效、工作协调、运行有序的法人治理体系。

3.明确党在国有企业特别是在各治理主体之中居于领导核心地位

“以党的领导为核心”，就是要明确党在国有企业，特别是在各治理主体之中

居于领导核心地位，并按照“东西南北中，党是领导一切的”要求，通过具体的程序和制度设计，对于党组织发挥领导作用作出明确规定。但是，加强党对国有企业的领导，不是搞新的“以党代政”，不是以党的领导取代股东会、董事会、经理层的法定地位和权力，而是要通过党组织对企业各项工作实施有效的政治引领、决策导向、思想引导、组织把关，使“把方向、管大局、保落实”落到实处，从而确保国有企业改革发展的正确方向。

党章规定：“国有企业党委（党组）发挥领导作用，把方向、管大局、保落实，依照规定讨论和决定企业重大事项。”党的十九大报告还要求，“要以提升组织力为重点，突出政治功能”，把包括企业党组织在内的“基层党组织建设成为宣传党的主张、贯彻党的决定、领导基层治理、团结动员群众、推动改革发展的坚强战斗堡垒”。这为新时代国有企业党委（党组）确立领导地位，发挥领导作用指明了方向。

网瑞物产公司在 2020 版《三重一大决策管理办法》中规定：公司党委发挥把方向、管大局、保落实的领导作用。董事长、党委书记是贯彻落实“三重一大”决策制度的主要责任人，领导班子成员根据职责分工承担相应责任。“保落实”突出了主体责任、亲自推动、确保决策落实到位。而在修订后的《三重一大决策管理办法》中规定：党委在公司治理结构中具有法定地位，发挥把方向、管大局、促落实的领导作用，在重大事项决策中履行决定或者把关定向职责。“促落实”更强调监督责任、督促推动、促进决策落实到位。

网瑞物产公司在 2020 版《三重一大决策管理办法》中规定：公司党委发挥把方向、管大局、保落实的领导作用，全面履行领导责任，加强对公司业务工作和党的建设的领导，推动党的主张和重大决策转化为公司决策部署，确保党的理论和路线方针政策的贯彻落实。公司党委在公司治理结构中具有法定地位，全面履行领导责任，加强对公司业务工作和党的建设的领导，充分发挥政治功能和组织功能，把党的领导落实到公司治理各环节，推动党的主张和重大决策转化为公司发展目标、工作举措、广大职工的自觉行动和企业改革发展的实际成效，确保党的理论和路线方针政策、党中央决策部署和习近平总书记重要指示批示的贯彻落实，确保公司改革发展的社会主义方向，为公司高质量发展提供坚强政治和组织保证。而现行的办法条款则指出了党委发挥领导作用的具体方式和途径，确保企业广大党员干部职工始终听党话、跟党走，确保国有企业国有资产牢牢掌握在党和人民手中。

（二）通过“党委前置”规范公司重大经营管理事项决策

1.从制度设计上把党委研究讨论企业重大问题的“前置程序”纳入企业决策

管理的正常化轨道

公司提出"前置程序"的要求,是在原有企业重大决策问题上党的领导薄弱、党组织的作用发挥不够、党委会与"三会一层"关系不明确等情况下采取的针对性措施,是按照规范的公司治理结构要求进行的整体程序设计和制度安排。把党组织研究讨论企业重大事项与"三会一层"依法行使各项权力进行有机衔接,并在决策重大事项的内容、权力边界、表决方式、执行落实的方式方法等方面予以清晰的界定。可以使党组织作为企业治理主体之一与其他各治理主体之间的关系更加明确,界限更加清晰,程序衔接更加顺畅,协调运作更加有效。

2.从制度上统筹规范党委研究决定企业重大问题与股东会、董事会、经理层依法行使决策权的程序、内容以及相互衔接和贯彻执行的不同方式和方法

一是通过设置党委(党组)研究讨论重大问题的"前置程序",规范企业"三重一大"问题的内容,进一步理顺了党委(党组)与"三会一层"的关系,为"把方向、管大局、促落实"创造了条件。二是通过推动"党的建设进章程",党委会不再直接决策经营管理事项,而是以前置研究方式在重大经营管理事项决策中发挥把关定向作用,党的领导进一步融入企业治理各环节。三是通过加强党的建设、完善党内政治生活制度,提高了国有企业党组织的凝聚力和战斗力。

网瑞物产公司在2020版《三重一大决策管理办法》中规定:公司党委对其他法人治理主体决策范围内的"三重一大"事项,履行前置研究讨论程序。而在现行《三重一大决策管理办法》中规定:重大经营管理事项,经公司党委前置研究讨论后,再由董事会按照职权和规定程序作出决定,或经董事会审议通过后按程序报国家电网公司决定。对于董事会授权事项,党委一般不作前置研究讨论。对根据管理实际确有必要前置研究讨论的事项,应予以明确规定。

明确党委前置研究讨论时重点研判决策事项有:是否符合党的理论和路线方针政策,是否贯彻党中央决策部署和落实国家发展战略,是否有利于促进公司高质量发展、增强企业竞争实力、实现国有资产保值增值,是否有利于维护社会公众利益和职工群众合法权益。董事会会议前应当就前置研究讨论形成的意见进行充分沟通。如对建议方案出现重大分歧,一般应当暂缓上会。

(三)梳理明确现代国有企业公司治理体系权责界面

中国特色现代企业制度,是包括功能定位、权责边界、议事规则、决策程序、运行方式等在内的一整套制度建设。坚持和完善中国特色现代企业制度,需要厘清国有企业党组织和董事会、监事会、经理层等其他治理主体的权责,形成各司其职、各负其责、协调运转、有效制衡的公司治理机制。

1.区分企业“三重一大”事项决策权责概念

根据《关于进一步推进国有企业贯彻落实“三重一大”决策制度的意见》，结合企业经营管理实际，“三重一大”事项一般包括：重大决策事项、重要人事任免事项、重大项目安排事项、大额度资金运作事项。

在区分“三重一大”事项时，从定义上，分重大决策、重要人事任免、重大项目安排和大额度资金运作的事项；从决策界面上，分非经营管理事项、重大经营管理事项和一般经营管理事项。在制定治理主体权责清单时，一方面要研究确定哪些分类要上哪些决策会议；另一方面要研究确定同一类别是否需要从额度标准、重要程度、管理层级、进行细化区分上哪些会。

2.明确企业“三重一大”事项决策权责界限

第一，党委直接决定党的建设、人事等方面的重大事项，在公司治理结构中具有法定地位，发挥把方向、管大局、促落实的领导作用。

党的建设相关事项（非经营管理事项）由党委会议直接决策，主要包括：贯彻执行党的路线方针政策、监督保证公司贯彻落实党中央决策部署的重大举措，党的政治建设、思想建设、组织建设、作风建设、纪律建设重要事项，干部任免，以及两会等重要会议文件、二级单位企业负责人业绩考核、思想政治、统战群团、人才工作等体现党的领导的有关事项。

第二，经营管理事项按照分类分层的原则，分别由董事会会议、董事长专题会议、总经理办公会议依据职权或授权决策。

董事会是公司的经营决策主体，定战略、作决策、防风险。经理层是公司的执行机构，谋经营、抓落实、强管理。重大经营管理事项由董事会会议决策，包括贯彻党中央、国务院决策部署和国家发展战略的重大举措、战略规划、综合计划和预算、决算、增减注册资本、基本管理制度、投资负面清单、非主业投资比例、风险管理体系和年度报告、内部审计年度计划和年度审计报告、重大诉讼和仲裁等法律事务处理方案等。一般经营管理事项（董事会授权事项）在董事会授权基础上，综合考虑额度标准、重要程度、管理层级等因素，分别由董事会会议、董事长专题会议、总经理办公会议决策。

董事会建立授权机制，将部分职权授予董事长、总经理行使。按照国资委关于董事会授权决策企业经营管理事项要求，在原有董事会授权董事长决策机制的基础上，向总经理合理授权。董事会制定授权方案，将部分职权授予董事长、总经理行使，董事长、总经理分别通过董事长专题会议、总经理办公会议决策。授权事项党委一般不作前置研究讨论，根据实际确需前置研究讨论的应明确规定。按照决策质量和效率相统一的原则，科学论证、合理确定董事会授权决策事项及其额度。授权管理制度需报国家电网公司备案。董事会不因授权决策而免责，当授权对象不能正确行使职权时，应当调整或者收回授权。

（四）完善现代国有企业公司治理体系的决策形式

构建具有中国特色的现代国有企业治理体系，需要通过一定的形式、选择正确的路径才能实现，决策形式必须要完善。现代国有企业公司治理体系通过“三重一大”制度体系实现决策。

1.基本形成“五类”会议决策机制

网瑞物产公司现行的治理体系中，“三重一大”决策会议共包括五类，即党委会、股东会、董事会会议、董事长专题会议、总经理办公会议，同步加强董事会、监事会、经理层等治理主体建设，以公司治理主体自身建设的加强，推进其规范履职，并不断提高治理能力和水平。

董事会授权董事长决策事项，召开董事长专题会议决策；董事会授权总经理决策事项，召开总经理办公会议决策，决策前应当听取董事长意见，意见不一致时暂缓上会。董事长、总经理在决策董事会授权决策事项时需要本人回避表决的，应当将该事项提交董事会作出决定。

2.有效明确“五类”会议决策事项

党的建设相关事项由党委会议直接决策，主要包括：贯彻执行党的路线方针政策、监督保证公司贯彻落实党中央决策部署的重大举措，党的政治建设、思想建设、组织建设、作风建设、纪律建设重要事项，干部任免，以及公司两会等重要会议文件、二级单位企业负责人业绩考核、思想政治、统战群团、人才工作等体现党的领导的有关事项。

经营管理事项具体分为以下三类。

第一类是由董事会会议决策的事项。包括贯彻党中央、国务院决策部署和国家发展战略的重大举措、战略规划、综合计划和预算、决算、增减注册资本、基本管理制度、风险管理体系和年度报告、内部审计年度计划和年度审计报告、经理层选聘和总法律顾问、董事会秘书、内部审计机构负责人任免，大额单项工程，金融衍生业务资质事项，大额对外捐赠等。

第二类是按一定原则实行分层决策的事项。在董事会授权基础上，综合考虑额度标准、重要程度、管理层级等因素，分别由董事会会议、董事长专题会议、总经理办公会议决策。

第三类是“三重一大”范畴内的其他经营管理事项。如董事长专题会议审议“电网发展、经营管理等方面的重要事项”等。其中，现行的《三重一大决策管理办法》规定重新明确经理层职能定位以及根据董事会授权范围决策“三重一大”事项。经理层是公司的执行机构，谋经营、抓落实、强管理，通过总经理办公会议依据权责清单界定决策一定范围内的“三重一大”事项，主要决策的“三重一大”中重大决策、重要项目、大额资金运作中涉及经营管理的事项。

总经理办公会议坚持集体领导、民主集中、个别酝酿、会议决定的原则，实行科学决策、民主决策、依法决策。总经理办公会议研究事项，应在充分讨论的基础上形成会议决议。会议研究多个事项时，应逐项研究决定。对存在重大意见分歧的议题，可暂缓作出决定，经进一步调查研究、交换意见、达成共识后再作决定。涉及职工切身利益的事项，应当经过职工代表大会审议或者其他形式听取职工的意见和建议。以上修订充分说明了总经理办公会议由总经理负责制转变为民主集中制，同时集体讨论、研究并不等于集体决策。

（五）新增董事会专门委员会的设置和职责

为加强董事会建设、推进董事会履职，根据国家有关法律、行政法规和公司章程，董事会应当设立战略与投资委员会、薪酬与考核委员会、审计与风险委员会（监督委员会）、提名委员会，作为董事会的专门工作机构，对董事会负责，为董事会决策提供咨询和建议。

专门委员会重点推进落实董事会六项重点职权：一是落实中长期发展决策权，包括制定中长期发展规划、制定年度投资计划、开展新业务投资三项内容；二是落实经理层成员选聘权，包括制定经理层选聘工作方案、推行经理层成员任期制和契约化管理、提出经理层成员续聘（解聘）建议三项内容；三是落实经理层成员业绩考核权，包括制定经理层成员业绩考核办法、签订年度和任期经营业绩责任书、确定业绩考核结果三项内容；四是落实经理层成员薪酬管理权，包括制定经理层成员薪酬管理办法、开展年度和任期经营业绩考核薪酬兑现、建立健全约束机制三项内容；五是落实职工工资分配管理权，包括制定工资总额预算管理办法、编制工资总额预算申请方案、加强职工工资及有关指标的动态监控、完善内部收入分配制度四项内容；六是落实重大财务事项管理权，包括制定担保管理制度、制定负债管理制度、落实对外捐赠管理制度三项内容。专门委员会按照公司章程规定和董事会授权履行职责。

董事会战略与投资委员会原则上由5名董事组成，外部董事占多数。董事长担任委员会主任。主要职责是研究公司年度综合计划、财务预算以及需要董事会决策的主业调整、投资项目负面清单、投融资、资产重组、资产处置、产权转让、资本运作、改革改制等方面事项，向董事会提出审议意见。

董事会薪酬与考核委员会原则上由3名外部董事组成。主要职责是研究公司工资收入分配制度及方案；按照有关规定，组织拟订经理层成员经营业绩考核办法和薪酬管理办法，组织开展经理层成员经营业绩考核，向董事会提出考核结果建议和薪酬兑现建议方案。

董事会审计与风险委员会（监督委员会）原则上由3名外部董事组成。主要职责是指导公司风险管理体系、内部控制体系、合规管理体系和违规经营投资责任追究工作体系建设，督导内部审计制度的制订及实施，并对相关制度及其执行情况进行检查和评估；审核公司的财务报告、审议公司的会计政策及其变动并向董事会提出意见；审核年度审计计划和重点审计任务，经董事会批准后督促落实，研究重大审计结论和整改工作，推动审计结果运用；评价内部审计机构工作成效，向董事会提出调整审计部门负责人的建议；与外部审计机构保持良好沟通。

董事会提名委员会原则上由5名董事组成，外部董事占多数。董事长担任委员会主任。主要职责是按照有关规定，拟定高级管理人员选任标准和程序，就总经理人选向董事会提出建议，就董事长提名的董事会秘书人选、总经理提名的经理层副职和总法律顾问人选进行审核并向董事会提出建议。明确董事会会议召开条件“双过半”。规定有过半数董事且过半数外部董事出席方可举行。

三、构建具有中国特色的现代国有企业公司治理体系的实施效果

（一）将党的领导与公司治理体系有机协调起来

中国特色公司治理体系“特”就特在党的领导，作为国有企业平台企业，构建具有中国特色的现代国有企业公司治理体系是落实习近平总书记“两个一以贯之”重要指示精神、发挥中国特色现代企业制度优势的关键之举，明确了国有企业党组织在法人治理结构中的法定地位，发挥了国有企业党组织的领导核心和政治核心作用，保证了党组织把方向、管大局、促落实。依法确立了企业党组织与股东会、董事会、监事会之间的权责关系，将党的领导与公司治理结构有机协调起来。为加快中国特色现代企业制度在基层落地落实、成熟定型，为实现国有企业治理能力现代化夯实了根基。

（二）将党的建设与生产经营工作有机协调起来

治理体系在坚持“精干高效”原则的基础上，进一步理顺了党委的组织、宣传、统战、办公室等职能机构的职责分工。积极推进党的工作部门与生产经营管理部

门在“职能相近、工作关联”基础上实行“业务＋党建”的试点试验，使党的建设、思想政治工作与生产经营工作紧密结合，克服长期以来所形成的“两张皮”现象。通过组织机构的融合带动工作融合，通过部门领导“一岗双责”实现两项工作相互促进，有力推进党的建设与生产经营实现有机融合、无缝衔接。

（三）将社会责任与公司高质量发展有机协调起来

国有企业作为政治和经济功能的混合体，兼有公共属性以及企业属性。国有企业的一个重要公共属性就是国有企业要对社会承担职责。国有企业运营的出发点，并不是简单追求利润最大化，而是要服从社会公共利益和特殊社会目标的需要。中国特色现代国有企业公司治理体系在追求公司经济利益最大化中兼顾利益相关者权益，为共同富裕创造条件。在保障自身营业发展以增进股东利益的同时，对内要为员工提供更好的发展平台，对外多从事促进社会福祉的商业活动，形成了公司发展和社会发展“同构共益”的良好局面。

中国特色现代国有企业治理体系，是包括对功能定位、权责边界、议事规则、决策程序、运行方式等在内的一整套制度体系建设。通过厘清党组织和董事会、监事会、经理层等其他治理主体的权责，形成各司其职、各负其责、协调运转、有效制衡的公司治理机制。

成果创造人员：杨慕华　李鸿佐　张　敏　杨　帆　张　健　姜　珊

电网企业基建工程造价精益化管理

济南鲁源电力设计咨询院有限公司

摘要：济南鲁源电力设计咨询院有限公司根据电网建设提质增效的要求，坚持公司战略目标和“一体四翼”发展布局，针对建设工程造价管理粗放、电网建设成本变动大、对工程项目决策和设计阶段的造价控制不精准的问题，以“精打细算”为目标，通过建立工程造价全过程对标机制，降低造价偏差，提高估概预算编制效率，实现设计变更及签证动态管理，提升造价标准化水平；通过合并模块化计量“同类项”，建立模块化计价“单元”，构建模块化数据库，服务造价全过程，促进造价编制的便捷性和高效性；通过提升估概预算的完整性、准确性、精准度，加强全过程造价审核管控，规范评审机制，实现精细化管理；通过数据共联、资料共享，实行结算审核电子化收资，确保审核可追溯，促进智慧化转型，实现线上管控造价业务；通过全面审核法、重点审核法、对比审核法实现各个环节审核管理流程化，提高造价严谨性，建立全流程造价模式，实现电网企业基建工程造价精益化管理。从源头入手，将全过程各阶段工程造价进行分析对比，及时解决造价风险，严控基建工程建设成本，提升造价精益管控，实现精准投资，用高水平的专业管理支撑高质量建设效率。通过本次管理创新，济南鲁源电力设计咨询院有限公司打造了基建工程造价精益化管理新模式，为设计咨询业务拓宽了一条工程造价管理的新道路。

济南鲁源电力设计咨询院有限公司（以下简称“公司”）是全省一流、具有较强竞争力的电力设计咨询服务单位，工程遍及山东省。公司目前已取得电力行业勘察、设计“双乙级”资质，配置有综合办公室、变电设计室、土建设计室、线路设计室、技经室等部门，综合实力雄厚，工程经验丰富，专家人才汇集。主要承担济南市域内电网规划、输变电工程设计、配电网工程设计等业务。公司自成立以来，认真贯彻、执行国家和勘察设计行业的各项政策方针，加强资质管理、严格执行技术标准，认真推行全面质量管理。公司有着良好的履约能力，近年来完成的主要工程有：35 千伏及以上变电站 50 余座，主变容量 10000MVA；35 千伏及以上送电线路 110 余条，合计 2000 公里；完成了 300 余项大修技改工程和近千项 10 千伏中低压配网工程，工程设计满足施工需要，已投产的工程运行可靠，从未发生设计质量事故，博得了良好社会信誉，有多项工程获得国家电网有限公司、山东省电力公司及省市政府优秀设计奖。

一、电网企业基建工程造价精益化管理的实施背景

（一）电网企业实施基建工程造价精益化管理是响应改革发展新要求、实现经济高质量发展的需要

随着经济持续快速发展，建设投资日益增多，电网企业面临国内国际新形势，背负质量变革、效率变革、动力变革的新使命，在日益繁荣的市场经济下实现可持续发展，亟须响应改革发展的新要求提升创新能力。我国用电需求持续增长，特高压、新能源汽车充电桩等新型基础设施建设将会给中国的新经济带来巨大的加速度。智能电网是影响特高压行业发展的重要因素，但受运动式"减碳"影响和煤价上涨压力，为缓解能源保供压力，需要大力推进支撑性保障电源和各级电网建设，加大支撑性保障电源建设力度，加快接网工程、跨区输电通道建设，做好电源并网服务，实现全国范围电力优化配置，切实提高保供能力。如此大规模的基建投资，在对经济发展产生推动作用的同时，也需要遵循改革发展的规律和适应宏观经济发展的要求。因此，依法规范管理工程建设，持续深化国家监管要求，加强基建工程造价管理，是我国社会主义市场经济发展和有效控制工程造价的迫切需要。

（二）电网企业实施基建工程造价精益化管理是适应经济发展新局面、实现电力工程精准投资的需要

随着电力需求迅速增长、电网发展不断提速、投资规模日益增大，加快城市电网基础设施建设、提升城市供电可靠性、护航电网建设新局面成为对电网企业的新的要求。由于电网建设投资受宏观经济、供需关系、突发事件等因素影响，工程中所需人工费一直呈上涨趋势，设备材料价格波动较大，导致工程项目投资大幅上扬。同时，电价作为电力市场的信号，是电力供求的桥梁。由于我国电价机制的特点，电网企业购电成本日益增加，售电收入却不能相应增长，经营形式非常严

峻。电网企业面临繁重的建设任务，存在工程造价管理基础薄弱的问题，国家电网有限公司作为电网建设和运营的主体，是关系国家能源安全和经济命脉的重要国有骨干企业，建设坚强可靠的电网，满足经济社会发展的电力需求，确保国有企业健康可持续发展，为建设和谐社会打下坚实的物质基础，是国家电网有限公司义不容辞的义务与责任。因此，在满足工程使用要求和质量的前提下，加强电网建设工程造价管理，合理控制工程造价，提高投资效益，是实现电力工程精准投资的需要。

（三）电网企业实施基建工程造价精益化管理是满足供电服务新要求、实现电网企业提质增效的需要

工程造价管理的关键在于前期决策和设计阶段。长期以来，公司将基建工程控制造价的主要精力放在审核施工图预算及结算施工价款阶段，以设计成果作为开工的前提，“边设计、边施工”“白图”“升版图”现象屡禁不止，造价控制源头管控薄弱。工程前期未取得项目相关通过协议、未签订赔偿协议，导致工程实施规模、路径发生变化；初步设计深度不够，易造成施工图预算费用或结算费用超出同口径批准概算；设计阶段未按照批准的可行性研究报告中的投资限额进行初步设计、批准的初步设计概算进行施工图设计，在保证投资额不变的情况下，未实现工程的使用功能和建设规模最大化；施工过程中施工内容多次变更、报废，施工工程量变化巨大，引起设计变更和现场签证，增加工程成本；概预算编制未严格执行国家规定标准，质量不高，未按实际计算直接平移概算，多计、少计、错计费用，编审批敷衍，无明确的量价审核意见，精准度未满足精准管控合理区间，不能全面反映工程造价水平，影响工程资金使用效率和公司投资计划统筹安排。因此，科学分析影响电网工程造价的各种因素，对工程造价的估算、概算、预算、结算、决算实行“一体化”管理，强调用“动态”方法研究和管理工程造价，将工程造价管理的重点转到工程项目策划决策和设计阶段，加大设计深度，精准管控，对于提高项目的经济效益、社会效益至关重要。

二、电网企业基建工程造价精益化管理的主要做法

（一）开创造价管理新局面，实现成本精益管控

公司以“精打细算控造价”为主线，形成造价管控新机制。将全过程各阶段工程造价进行分析对比，及时解决造价风险，严控基建工程建设成本，通过造价标准

化建立全过程对标机制，整理形成作业指导书，编制可研估算与初设概算标准模板，建立可研、初设问题库，优化设计变更及现场签证流程，完成标准化动态管理线上流转；模块化创新造价管理方法，将基建工程进行分解，根据定额及工程量计算规则进行计量、计价，并编制工程造价标准模块，形成计算、计价"单元"，组建造价模块、形成数据库；通过造价精细化管理加强全过程审核管控，规范可研估算评审，重点审核投资估算的合理性，严格初设评审内部管控，审核工程方案的评审条件，规范施工图预算审核，进行定性和定量相结合的综合分析、全面评价；通过造价智慧化实现业务线上管控，建立初设评审全过程管理平台、智慧技经管理平台，实现电子化归档、集中存储和资源共享，线上分配审核计划，实现估概预算审核计划一键导入，实行结算审核电子化收资，链接基建全过程综合数字化管理平台，实现设计变更和现场签证无纸化操作；通过建立全流程造价模式，编制程序流程化，通过全面审核法、重点审核法、对比审核法实现各个环节审核管理流程化。开创造价管理新方法，通过应用成本造价的"标准化、模块化、精细化、智慧化、流程化"管理，实现精准投资，全面贯彻国家电网有限公司"精益求精抓安全、精雕细刻提质量、精心培育强队伍、精准管控保进度、精耕细作抓技术、精打细算控造价"的要求，切实提升成本精益管控水平(见图 1)。

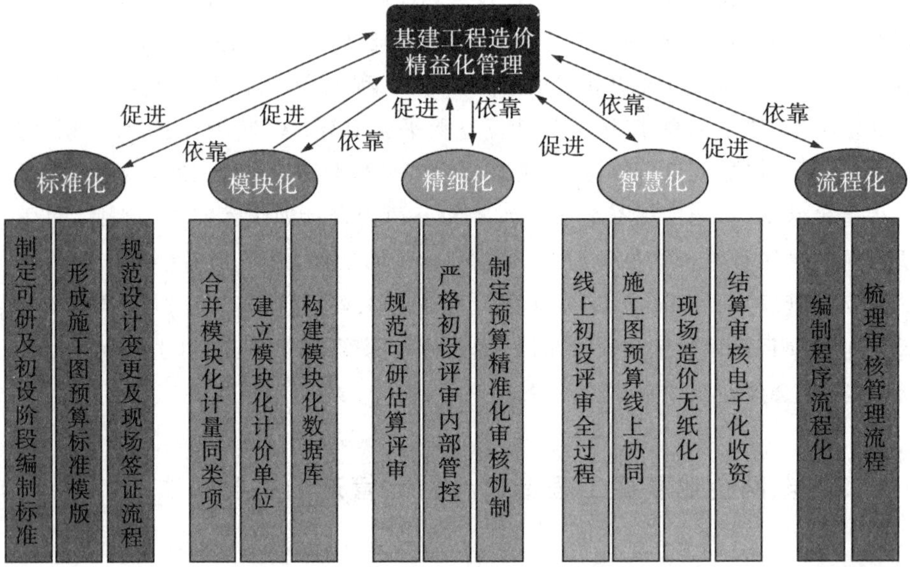

图 1　电网企业基建工程造价精益化管理体系框架

（二）建立全过程对标机制，提升造价标准化水平

随着科学技术的进步，结合电力行业强制性标准，组织制定、修订公司输变电工程建设类技术标准并监督执行。加强国家电网有限公司通用设计、通用设备应用管理，修订完善机制，全面推广输变电工程通用设计、通用设备，以标准化建设提升电网建设质量和技术水平。

1.编制可研估算及初设概算标准，降低造价偏差

在工程的可行性研究与初步设计阶段，将工程造价标准体系中的相关规程规范及上级文件、价差调整文件、政策文件及国家电网有限公司每季度设备材料信息价格、山东省电力公司配网协议库存等整理形成《35千伏及以上基建工程造价人员作业指导书》，此作业指导书作为新员工的培训教材及老员工查阅标准的工具，确保每项费用依据准确无误；精心研究公司常用的国家电网有限公司通用设计方案，编制可研估算与初设概算标准模板，遇到新工程快速估算工程造价，提高工作效率；将每批次可研、初设国网及省公司审查所提出的问题整理成“差错库”，深入分析挖掘问题根源，并提出解决措施，避免可研估算、初设概算阶段重复问题和错误再发生；针对可研、初设阶段影响工程造价较大的变电站和线路工程地质勘查问题，提出标准化详勘要求，减少因地基处理不同造成的造价偏差。通过制定可研估算及初设概算阶段编制标准，工程造价精准度得到显著提升，造价偏差由原来的10%降低至3%，实现了突破性进展，下一步计划实现工程造价“零偏差”。

2.形成施工图预算模板，提高编制效率

在施工图预算及工程量清单编制阶段，提高各专业施工图纸设计深度，实现施工图纸标准化，明确提资报表中设备材料甲乙供；针对土建施工工艺对工程造价影响较大的特点，枚举图集中的标准化图纸，避免因施工图预算及工程量清单描述不一致造成的变更问题；对常用施工图预算和工程量清单进行整理，编制了国家电网有限公司通用设计中常用的110-A2-4、110-A3-3、220-A2-2、220-A2-4等方案标准模板，研究制定《输变电工程概算、预算、工程量清单编制指导意见》，针对组价定额的选择、其他费用中的暂列金额、暂估价应用等48项计价规定及定额使用制定指导意见，进一步提升公司工程造价管控水平和技经人员专业素质，为后期的施工图预算和工程量清单编制提供依据，有效提高施工图预算的编制效率和质量。

3.完善设计变更及现场签证流程，实现动态增补

在设计变更及现场签证阶段，建立了标准化流程。履行分级审批程序，做到

“先审批后执行”，落实主体单位责任，坚持“谁提出、谁负责”原则。各参建单位根据规定行使职责，保证设计变更和现场签证的“真实性、合理性、合规性”。通过规范流程管理，统一执行标准，制定标准化设计变更及现场签证模板，做到审批程序精准、专业术语精准、变更依据精准、支撑性资料精准、专业人员审核把关精准，有效提升工程造价精益化管理水平。搜集公司 2018～2020 年 35 千伏及以上基建工程具有典型意义的设计变更及现场签证资料，对其事由、内容、费用计算、支撑性材料进行归纳汇总，广泛征求建设管理单位和技经专家意见，根据变更原因将设计变更分为 5 大类 13 小类，现场签证分为 7 大类 13 小类，创新“线上审批＋线上盖章＋线上存档”模式，实现设计变更与现场签证管理线上流转，线上操作过程中实时跟踪流程节点、操作留痕、所有资料线上归档且可以导出台账，形成设计变更及签证标准化动态管理流程。近两年来，通过建立设计变更及现场签证标准化流程，公司所设计的输变电工程设计变更逐年减少。据统计，山东济南港沟 220 千伏输变电工程设计变更有 7 个，济南时东 110 千伏输变电工程设计变更有 9 个，而济南魏华 110 千伏输变电工程设计变更曾达到 17 个；经过完善设计变更及现场签证流程，实现动态增补后，设计变更数量明显减少，截至 2024 年 6 月底，雪山 110 千伏输变电工程设计变更减少至 5 个，凤凰 110 千伏输变电工程设计变更减少至 4 个，西沙 110 千伏输变电工程设计变更减少至 3 个，田庄 110 千伏输变电工程设计变更效果最为显著减少至 1 个，公司进一步完善设计变更及现场签证流程，向“零设计变更”努力。

（三）创新模块化造价管理方法，提高概预算编制效率

以往概预算造价文件存在编制周期长、组价多样、工作重复等一系列问题，造价人员工作效率低、编制水平参差不齐，不利于造价成果的交换和共享。公司创新模块化管理方法，提高概预算编制效率，合理控制造价，进一步提升基建工程造价精益化水平。

1.合并模块化计量“同类项”，促进造价便捷性

创新采用“模块化”理念，通过科学分类，将基建工程不同部位进行分解形成大模块，将大量重复性算量工作用数学中“合并同类项”的概念，大模块分解为多个细小、可操作的小模块，分别编制工程造价标准模块，作为模块化计量，并建立模块化造价数据库。前期将工程单独划分为标准模块进行计算，每一项工程都由若干个标准模块组成；后期基建工程在概预算计量时，根据工程性质、组成形式，将不同的模块进行组合，套用标准化模块，再根据特殊情况进行调整，构建整个工程的工程量。创新模块化计量方式，工程量计算过程化繁为简，在节约时间的同

时，又能保证计算的质量，避免大量重复工作，提高工作效率。据统计，2018 年完成的山东济南历下区宏宇路新建电缆隧道工程土建总投资约 5500 万元、计量周期约为 7 个工作日；使用模块化计量方法后，计量土建总投资约 4800 万元的山东济南历下区轻风路新建电缆隧道工程周期约为 3 个工作日、实现计量工作 72 小时内完成，在节省劳动力的同时，又提高了工作效率，缩短了工作周期。

2.建立模块化计价“单元”，提高造价高效性

将模块化的思想运用到工程计价中，在构建模块化计量的基础上，把单项、单位、分部分项工程分别作为计价模块，形成计价“单元”。采用计价软件依据规范的计价原则，选取相应定额，调整设备材料信息价，材机分析、多级较审，形成造价模块。可将各个造价模块数据进行整合，进一步建立数据库，在后期使用过程中，遇到类似工程在算量组价时可直接将计价“单元”编辑修改，根据工程投资选取相应数据，进行组合，简便快捷地形成该工程的造价文件，实现模块化计价，在使用中根据市场的情况不断调整和更新，保证“单元”的适用性。创新模块化计价，在保证造价准确性的基础上，进一步缩短了概预算编制周期。使用模块化计价“单元”及计量方法后，编制的济南克朗山南路新建电缆隧道工程（土建总投资约 6500 万元）及济南奥体西路北延新建电缆隧道工程（土建总投资约 8700 万元）的周期缩短至 2 个工作日，造价编制速度发生了质的飞跃。

3.构建模块化数据库，服务造价全过程

经过校核，将各个计量计价模块数据进行整合收录，建立模块化造价数据库，在使用中根据市场的情况不断调整和更新，保证模块化造价数据的实时性、准确性，重视模块化造价数据的保存、检索，有利于造价人员之间模块化计价文件的交换和共享。由造价人员从模块化数据库中逐一选取相应模块，根据工程实际进行组价，并进一步充分考虑各种土质、地形比例，以及土地征用补偿费、迁移补偿费、青苗、树木赔偿等其他费用的计算，可快速准确地形成精准工程造价文件，提高造价水平，提升工作效率。采用“模块化”和“数字化”理念，减少造价人员主观因素对工程造价精准度的影响，通过建立的数据库对同类工程全过程进行校核，检验费用偏差。从模块化造价数据库中搜索选取相应计价模块，实现造价即时完成，新编制的济南新旧动能转换区黄河大道（横十二路—邢家渡）新建电缆隧道工程（土建总投资约为 11800 万元）编制周期缩短至 1 个工作日，显著提高了工作效率。未来将模块化造价数据库继续优化，为工程造价编制及管理提供更高效的平台。

（四）加强全过程造价审核管控，实现估概预算精细化管理

以往的可研估算、初设概算、施工图预算评审，缺少系统管理，三级校审流程

缺失，无明确的职责分工和各个环节的协调运作，精准度不高。为解决上述问题，规范可研估算评审，严格初设评审内部管控，制定预算精准化审核机制，明确各自职责分工，精细化管理估概预算。

1.规范可研估算评审，确保估算编制完整性

可研阶段在满足投资主体计价需求及合理确定和有效控制投资的基础上，审核人员需掌握专业技术和积累丰富的经验，灵活运用审核技巧，以工程可行性、合规性和经济性作为评审重点，通过对输变电工程线路路径、站址选择和主要技术方案等方面来重点把控，进行多方案比选。重点审核投资估算的合理性，确定"三通一标"、"两型一化"变电站、"两型三新"输电线路，以及新技术、新设备、新材料、新工艺等的应用情况，从路径选择、输电容量、电压等级、回路数、导线截面、地理位置、系统条件、出线条件等方面进行详细分析并编制可研估算，保证投资估算准确、完整，全方位透彻地掌控各阶段的现金流向，提高跟踪审核的质量和速度，达到建设资金运用情况的透明化、科学化、动态化，提高项目资金利用率，促进基建行业健康稳步发展。

2.严格初设评审内部管控，提升概算编制准确率

项目建设单位按照初步设计评审计划，针对设计单位编制的初步设计文件，协调单位内部发展、建设、运检、调控、营销、安监等相关部门，审核初步设计方案及内容深度，并将内审意见形成会议纪要。审核与可行性研究阶段的衔接性、可研核准批复文件、电网项目建设规模是否与可研核准规模一致、初设概算是否超可研估算，重点审查工程项目前期手续、路径协议、站址批复等支撑文件的完备性、初设文件的完整性和规范性，初设较可研方案和费用变化情况、工程建设过渡方案、新技术应用情况等，确认工程是否具备评审条件。对于达不到评审要求标准的项目坚决予以退回，把好初设评审出口关。通过严格初设评审内部管控，细化管理职责，大幅提高了初设评审的效率和质量，提升了概算编制的准确率。

3.制定预算精准化审核机制，提高预算编制精准度

制定施工图预算审核计划，保证预算审核工作有序进行。对建设管理单位报送的工程是否获得初设批复等条件进行审核，对满足条件的工程根据时间节点制定《输变电工程施工图预算和最高投标限价审核工程计划表》，对不满足条件的工程予以退回。通过梳理施工图预算审核所需资料，制定统一收资标准。明确责任分工，提升施工图预算审核工作质量。根据审核计划时间节点安排，在预算审核工作开始前，明确并公布各项工程的工程审核负责人及专业审核负责人，人员分工一旦确定，不得随意调换。工程审核负责人对该项工程预算审核的整体质量和进度进行把控，各专业负责人将施工图预算书分变电安装、变电土建、线路安装、

线路土建专业进行详细审查，并将审查结果汇总至工程审核负责人。提炼评价指标，构建工作考核评价机制。对参与输变电工程施工图预算审核的建设管理单位、设计单位、咨询单位的工作完成情况进行关键指标提炼，构建输变电工程施工图预算审核工作评价指标体系，对施工图预算审核开展情况进行定性和定量相结合的综合分析、全面评价。通过考核评价结果的定期反馈实现施工图预算审核工作的闭环管理，提高施工图预算的审核质量和效果，为提高施工图预算管理质量提供有效支撑。

（五）实现造价业务线上管控，赋能智慧化转型

以往的工程无完整、有效的管理平台支撑，造价编制人员的审核、校核、储存能力缺失，应用智能技术引领数字化运营，应用人工智能等技术开展相关业务智能化基础能力改造。搭建现场造价精准管控模块，实现设计变更与现场签证管理电子化流转、高效办理，有效衔接过程造价和工程结算（见图 2）。

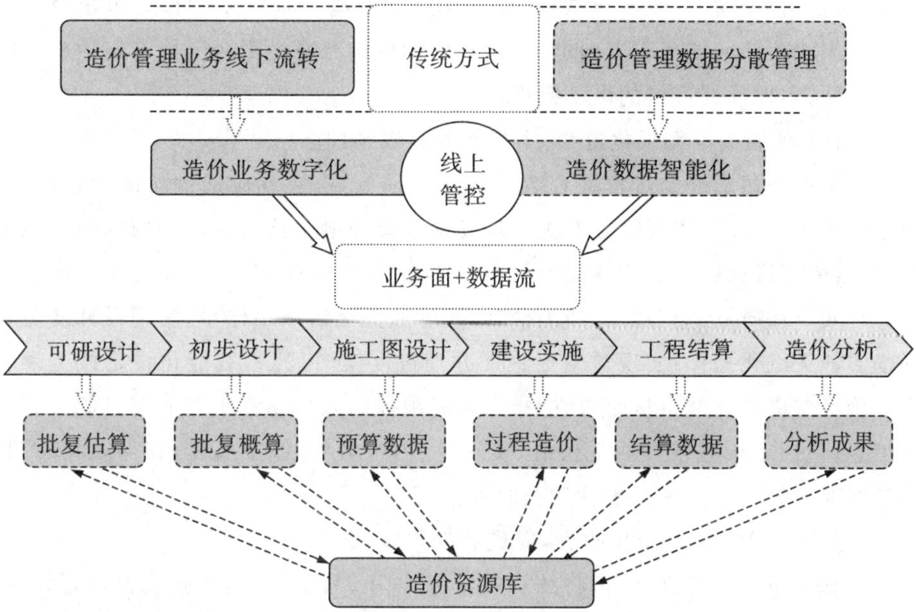

图 2 以智慧化为导向的电网工程造价业务流程

1.打通线上初设评审全过程，实现资料共享

建立初设评审全过程管理平台，辅助管理初设评审全过程，实现电网工程设计资料和评审成果的电子归档、集中存储和资源共享，促进初设评审提质增效。一是工程登记和送审资料线上传输。根据初步设计评审计划，进行工程送审资料

线上传输，实现资料高效共享。二是协同开展工程评审及收口。建设管理单位组织相关部门内审，线上将内审意见提交至评审单位，审核程序流转记录可视化展示。完成收口后填写初设审定静态投资、动态投资以及初设合同评审费，上传概算文件及收口资料。三是设计资料及评审成果电子归档。评审流程结束后，系统自动对已完成评审工程资料自动归档，便于后续按需查阅。

2.支撑施工图预算线上协同，确保审核可追溯

建立智慧技经管理平台，实现工作流程可视化、数据实时共享、数据自动读取和导出，为施工图预算精益化管理提供坚强支撑。线上分配审核计划，实现预算审核计划一键导入，每月分地区智能化分类，各专业负责人以可配置化方式展现。预算资料智能化传输及审查，施工图预算审核电子资料一键入库，施工图预算主管及工程审核负责人可以随时了解当前工程的资料接收情况。预算审核线上协同工作，通过施工图预算管理平台开展协同工作，录入工程各专业审核结果数据并上传施工图预算审核记录表。定制化输出预算审核成果文件，完成预算审核后，平台自动汇总各专业审核结果，线上完成输变电工程施工图预算审核意见的编制。实现预算审核工程资料电子归档，咨询单位可通过平台上传审定的施工图预算文件，实现数据资料的电子归档。

3.推进现场造价无纸化进程，实现业务高效办理

基于省公司基建全过程综合数字化管理平台，搭建现场造价精准管控模块，服务现场造价管理，实现设计变更与现场签证管理电子化流转、实时跟踪、高效办理，有效衔接过程造价和工程结算。算法匹配自动排查，提高设计变更与现场签证管理效率和质量；业务实时线上流转，减少业务全链条工作量，实现设计变更和现场签证无纸化操作；实现对变更签证办理进度实时展示，智能化设定线上预警机制确保变更签证的审核时效，缩短办理时限提高效率。对于完成审批的变更签证信息，包括审核记录等线上留痕，实现“一图＋多单”线上流转、存储，保证结算审核时变更签证信息的准确性和及时性。

4.实施结算审核电子化收资，促进数据共联

依托智慧技经管理平台，将结算审核由“线下”转“线上”，实施线上计划管理，结算审核月度计划。从省公司基建全过程综合数字化管理平台查询工程投产信息，若工程在节点内未报送结算，会形成超期工程预警。实现结算审核线上协同，审核数据共享共联，实现线上管控、标准化流转，保证工程结算按期完成；实现结算审核电子化收资，可实现初步设计批复等结算支撑文件全过程在线获取；实施全程造价资料归档，结算审核过程资料及审定资料可在平台自动完成电子档案归档，固化终审成果、统一数据出口。

（六）建立全流程化模式，促进工程造价规范性

以往复杂且不规范的概预算编制过程，不能系统、条理地实现整个流程的推进，造成人员、材料、机械设备的利用率低下，资源利用率不高，重复性工作量较多，无明确的流程，不能规范工作任务的实施。建立编制、校核、审定、批准等程序化流程，层层把关，严格执行国家及行业标准，就确保了造价管理关键节点“流程”执行有序。

1.实现编制程序流程化，提高造价严谨性

公司规范全过程造价管理程序，从投资决策阶段、工程设计阶段、采购与施工阶段、交付使用阶段进行全过程造价管理，通过可研估算、初设概算、施工图预算进行过程控制，最后通过竣工结算及审计决算进行项目后评价，确保造价管理关键节点“流程”执行有序、管控精准、落地高效，为造价管控体系夯实基础。

在工程的可行性研究阶段，可研估算严格控制在国家电网有限公司三维立体参考价±20%以内，如超过国家电网有限公司三维立体参考价20%需补充专题篇章并进行沟通汇报；在初步设计阶段，初设概算严格控制在可研估算以内，若超过可研估算±10%，需重审可研方案，初设概算若超过可研需履行沟通汇报手续；在施工图审查阶段，若编制的施工图预算超过初设概算±5%时，需进行分析汇报；目前国家电网有限公司对在建基建工程实施分部结算，以地下隐蔽工程为主，若清单工程量超过施工工程量，则按照施工量结算，若清单工程量少于施工工程量，需对设计方案进行变更或者现场签证，对正确的工程量进行补充，重新组价，完成分部结算；对所有的工程量进行复核后，结算金额与概算进行对比，若结算超概，需进行重新审查概算，重新出具评审意见、批复，按照实际的工程量进行结算，出具最终结算报告。

2.梳理审核管理流程，确保有序编制造价

确保造价审核关键节点“流程”执行有序，开展初设概算审核、施工图预算审核、竣工结算审核管理流程化。通过全面审核法，依据现行定额、施工合同及有关造价计算的规定和文件，结合施工图的具体要求，对定额单价、费用计算以及工程数量等进行统一核查；通过重点审核法，抓住工程概预算中的重点核算对象，对关键环节进行精细审核；通过对比审核法，审核环境相似、技术标准相同的类似工程，找到同类工程造价及工料机消耗的规律。通过专业互审、公司内审、项目法人评审、评审单位审定等流程，严格收资标准，出具审核意见，细化管理职责，明确各层级评审重点，有效提升概算、预算、结算的编制质量。

三、电网企业基建工程造价精益化管理的实施效果

（一）为基建工程造价加强精益化管控，有效提升经济效益

一是在可研初设阶段合理控制投资。2021 年，公司共完成山东济南历城董家 110 千伏输变电工程等 9 项基建工程可研、山东济南西沙 110 千伏输变电工程等 10 项基建工程初设，通过基建工程造价精益化管理创新实施，做好工程造价源头的管控，利用“合理控制造价”这一理念，初设概算不超过可研估算，施工图预算不超过初设概算等标准。按照 2021 年度 19 项基建工程进行测算，通过工程造价精益提升管理创新方法实施，每项基建工程节约成本约占总投资的 4.0%。按每节约 1%可节省成本 50 万元估算，公司 2021 年度基建工程节约投资约 3800 万元，有效提升投资效益。二是在施工图阶段创新管理强化提质增效。2021 年，公司共完成济南玉湖 220 千伏输变电工程等 13 项基建工程施工图预算、工程量清单及限价的编制，针对造价管理在施工图预算阶段的薄弱点，通过编制《35 千伏及以上基建工程作业指导书》、统一工程量提资模板等措施，加大纵深管控力度，统一规范管理，切实遵循电网基建“合理造价、合理程序、合理依据，精准高效”管理要求，推进造价管理各环节质量和效益提升。通过工程造价精益提升管理创新方法实施，每项基建工程可创造效益约占总投资的 1.5%。按每节约 1%可节省成本 100 万元估算，公司 2021 年度基建工程节约效益额约 2850 万元，实现基建工程造价管理提质增效。

（二）为全过程造价管理提供精细化标准，显著提升管理效益

一是增强基建工程全过程的造价精益化管理。明确“估、概、预、结、决”各阶段管理流程，通过对基建工程施工费用、设备材料费用、其他费用等全口径费用的统一管理，支撑造价全过程管控。通过基建工程造价质量精益提升管理，基建工程预算精准度显著提高。确保满足国家电网有限公司文件《国网基建部关于进一步加强输变电工程造价精准管控的意见》的要求，进一步实现“结算较概算偏差率≤10%，施工图预算较概算偏差率≤5%，结算较施工图预算偏差率≤5%”的精准管控要求。二是推进基建成本造价管理的标准化应用。基建工程造价标准化管理体系，以成本效益为导向，以责任成本管理为中心，以标准化管理为主线，以监督评价机制为保证，初步形成的理念先进、标准科学、统一规范、可操作性强的标准化管理体系，进一步实现公司基建工程造价精益化管理。严格落实各单位设计

评审责任，强化设计方案优化、标准化应用和减少设计变更、实现精准投资等方面的审查，施工图纸和工程量清单准确率均达100%。

（三）为建设智能电网做出有力贡献，具有较高示范效应

济南鲁源电力设计咨询院有限公司打造了基建工程造价精益化管理新模式，为设计咨询业务拓宽了一条工程造价管理的新道路。目前该成果已经在山东省电力公司系统内进行了推广应用，并从基建工程扩展延伸至业扩工程，提升客户满意度，切实改善营商环境。近年来，公司先后荣获山东省住房和城乡建设厅优秀企业、山东省电力勘测设计协会先进单位、山东省电力公司文明单位、先进集体、先进基层党委、济南市先进单位等荣誉称号。并荣获"山东电力科技进步奖"一等奖2项、二等奖3项、三等奖5项，"山东省电力创新奖"一等奖2项、二等奖2项、三等奖4项，省部级优秀设计一等奖1项、二等奖2项、三等奖5项，"山东电力优秀勘察设计"一等奖8项，QC成果获得省部级优秀管理质量成果一等奖5项、二等奖8项、三等奖3项，促进了管理创新和成果再提升。

成果创造人员：刘双喜　邵传军　李辛鹏　魏玉荣　方　伟　高　峰　周盈慧

基于国企改革三年行动方案的科技体制改革机制的构建与实施

中车山东机车车辆有限公司

摘要：依据《国企改革三年行动方案（2020～2022年）》等文件精神，企业想快速发展，就需要科技创新驱动，只有通过建立以市场需求为导向的科技创新激励机制，才能最大程度激发研发人员的创新活力，增强企业发展动能。中车山东机车车辆有限公司结合企业实际，经过分析、对标、调研，运用"16631"精益研发体系的管理模式、组建专业的研发组织模式、利用科技创新激励机制、创新评价机制、创新协同机制协同发力的作用，选取试点项目实施科技改革。选取"康养"新产业作为首个科改试点，工作小组认真组织开展了广泛的调研和精心研究，最终创新性地提出了模拟跟投、里程碑节点奖励、净利润分红三种不同方式、重建组合的激励模型，形成科改管理办法，明确了项目激励的参与方式、奖励规则及退出机制等。该方案的实施将极大推动公司与项目团队的深度捆绑，建立目标一致，收益共享、风险共担的新模式，同时可以有效地激发项目团队的创新活力，助力新产业的快速孵化和产业化落地布局，形成公司"十四五"发展期间新的经济增长点。

中车山东机车车辆有限公司（以下简称"中车山东公司"）是世界500强中国中车股份公司的全资子公司。中车山东公司前身济南机车车辆厂始建于1910年，地处山东省会济南市，是中国最早的铁路工厂之一，是一个具有深厚文化底蕴的百年企业。中车山东公司注册资本18.5亿元，销售收入70多亿元，现有员工1600余人。

中车山东公司曾先后进行了蒸汽机车、客车、货车修理和蒸汽机车、内燃机车、货车制造。目前，中车山东公司已发展成为集铁路货车、风电装备、大型钢构、环保科技、智能机械五大产业为一体的多元化、集团化和科技创新型的现代化企业，是国内铁路货车研发制造的大型骨干企业、技术领先的国内大型风力发电装备研发制造基地、中国大型钢构特级资质企业、国内铁路旅客列车集便系统研发与制造商、中国真空排导领航企业、中国螺纹组装专家级企业。具备年产7000辆轨道货车、1500套1.5～6MW风力发电机组、30万吨大型钢结构产品、6000套铁路旅客列车集便系统及配套设施的能力。先后被评为“全国企事业知识产权试点单位”“国家安全质量一级标准化企业”“中国专利山东省明星企业”“高新技术企业”“全国文明单位”“国家工信部第四批工业遗产”等，技术中心于2012年被认定为“国家级企业技术中心”，理化检测中心通过国家级实验室认可。近年来承担国家、省、市重大科研计划50余项，获得资金支持近8000万元。

一、基于国企改革三年行动方案的科技体制改革机制的构建与实施的背景

（一）科技体制改革概述

1.科技体制改革

科技体制是指从事对科学技术的机构设置、管理研究、职责范围、权利义务的一整套国家层面的结构体系和制度设置。科技体制改革是指为促进科技发展而进行的一系列制度调整、优化乃至重组的过程。因科学、技术与创新的关联日益密切，科技体制及其改革也通常包含对科技创新活动的复杂性、独特性和综合性进行鉴别，使得制度框架安排需要持续地进行调整和优化，科技体制改革也因此需要不断深化。

2.科技创新

科技创新是指工业企业在科技创新和技术开发方面的具体活动，是指创造和应用新知识和新技术、新工艺，采用新的生产方式和经营管理模式，开发新产品，提高产品质量，提供新服务的过程。

3.精益研发

精益研发就是将精益管理思想从制造环节向设计环节倒退和延伸，通过运用精益工具，形成精益化的研发体系，不断提升研发效率、质量，缩短研发周期、降低研发成本。精益研发通过流程化管理来缩短周期、改善工作质量、固化企业流程、促进团队合作，最终使企业管理标准化和程序化，形成高效的管控体系。

（二）科技体制改革背景

1.国家层面

2020年6月30日，中央全面深化改革委员会第十四次会议审议通过了《国企改革三年行动方案（2020～2022年）》，会议释放了进一步深化国企改革的强烈

信号。

国企改革就是在实践创新基础上的理论创新，不断根据新的实践创造出新的理论，为我们制定各项方针政策、推进各项工作提供了科学指导。

一是明确2020年到2022年这三年是国企改革关键阶段。2020年是“十三五”收官之年，2021年、2022年是“十四五”开局前两年，国企改革三年行动承前启后，是前一阶段国企改革的升级版，也是中国经济转型和产业结构调整的重要保障。二是明确国企改革重点是系统集成和落实落地。三是关于国有经济布局优化和结构调整，与以往相比，国企布局优化和结构调整主要围绕构建现代化经济体系，做强、做优、做大国有企业，不断增强国有经济竞争力、创新力、控制力、影响力、抗风险能力。进一步推进企业战略性重组和专业化整合，中央企业之间、央企与地方国企之间的兼并重组、交叉持股、战略合作将好戏连台。以供给侧结构性改革为主线，加快制造业生产方式和企业形态根本性变革，重复投资、同质化竞争等问题突出领域的重组整合有望提速，装备制造等领域以专业化整合为工作重点。

2.中国中车层面

党的十九届五中全会对科技创新进行了专章部署，科技创新被摆在了国家发展全局的核心位置。习近平总书记更是在院士大会中指出：“如果把科技创新比作我国发展的新引擎，那么改革就是点燃这个新引擎必不可少的点火系。我们要采取更加有效的措施完善点火系，把创新驱动的新引擎全速发动起来。”为深入落实国企改革三年行动方案，《中车改革三年行动方案》提到要按照“科改示范行动”高质量发展和提升自主创新能力的要求，不断推出科技创新政策，激发科技创新动能，形成体制机制创新与技术创新相互促进的良性模式，打造中车科技型企业的改革样板和自主创新尖兵。

以习近平新时代中国特色社会主义思想为指导，深入贯彻党的十九大和十九届二中、三中、四中、五中全会以及中央经济工作会议精神，增强“四个意识”、坚定“四个自信”、做到“两个维护”，深入学习贯彻习近平新时代中国特色社会主义经济思想，深入贯彻落实习近平总书记三次视察中国中车的重要指示精神，以国企改革三年行动方案为统领，抓重点、补短板、强弱项，突出系统集成、协同高效，大胆探索、勇于创新，全面推进改革工作持续走深走实、落实落地，在健全中国特色现代企业制度上取得显著成效，在推动产业布局优化和结构调整上取得显著成效，在提高企业创新发展活力和效率上取得显著成效，实现持续领先领跑，实现高质量发展，实现做强做优做大，为全面完成“十四五”发展战略规划目标奠定扎实基础，为全面建成以“一核两商一流”（以轨道交通装备为核心，具有全球竞争力的世界一流高端装备制造商和系统解决方案提供商)为显著标志、以“好优美高强”(发展前景好、经营绩效优、社会形象美、幸福指数高、党建引领强)为主要特征的世界一流企业提供强劲动力。

3.中车山东公司层面

(1)科研激励市场化机制缺失。良好的科技创新激励机制有利于科技创新成果的不断涌现,目前创新成果与收益存在差距,研发人员的付出和回报未能实现正相关。

(2)科技项目的战略支撑效应不够。研发战略是中车山东公司战略的重要支撑,科技立项要紧密联系中车山东公司战略实现和市场需求。目前研发、经营团队与重点项目和培育项目及战略性的项目未能进行有效捆绑,科技研发与产业发展战略的需求匹配度仍需提升。

(3)科研项目全过程管控、研发质量评价欠缺。项目管理是科研管理工作的中心环节,目前项目过程管控尚不能针对不同的管理阶段有的放矢地采取相应的管理策略或手段,尚无针对各个过程的有效评价机制,无法对研发质量进行定性、定量评价。

(4)产品创新的引领能力不足。中车山东公司各产业的快速发展需要产品创新进行引领,目前创新驱动发展的能力不足,尤其是新产品市场转化率不高,研发产品不能快速推向市场,对产业发展的技术引领作用亟需提升。

(5)各产业技术人员缺乏有效协同、缺少研发人员评价制度。各产业技术人员在本领域专职研发,不能够实现共同创新、合作共赢。没有研发人员评价机制,造成研发人员积极性不高,创新性减弱。

二、基于改革三年行动方案的科技体制改革机制构建和实施的主要做法

(一)“16631”精益研发体系构建和实施

中车山东公司一直采用精益研发的方法,以“精准、效益”为理念,以“模块化”为核心,以“高质量、低成本、短交期”为目标,以“正向设计驱动产品创新”为指导战略,按“从无到有、从有到优”“先试点、后推广”思路,找差距、补短板,将严格的标准要求和质量管控贯穿于精益研发全过程,实现精益研发流程规范化,使得研发知识得到积累与传承,逐步完成以中车“精益研发 11 大专项子体系”为基础、与中车山东公司产业特点相融合的分项研究,从而建设研发业务管理和技术相结合的现代化工业研发体系。

精益研发体系规划采取“总体规划，分步实施”的原则，分期进行规划实施。精益研发一期规划：围绕中车山东公司核心研发业务，对标精益研发理想模型，通过对中车山东公司各产业研发部门的业务和信息化真实现状、问题、痛点进行梳理，找出差距，并重点针对差距开展业务优化、平台建设、管理改进三方面的工作，基于精益研发体系推进研发模式转型，促进核心竞争力的有效形成和全面提升。具体包括需求工程、产品技术平台设计（含平台化、模块化设计）、过程质量、知识工程、管理改进（含研发浪费整改）、对标分析等。精益研发二期规划：针对中车山东公司正向设计能力进行专项建设，形成完整的正向设计流程、方法、工具和平台。具体包括研发流程、综合设计、综合仿真、综合试验、精益项目等。

研究院 2020 年已完成《需求工程管理办法》《对标管理办法》《产品技术平台指南》《知识工程管理办法》《研发浪费处理识别指南》《现场失效问题处理管理办法》《工业产品降成本设计指导手册》和《科技研究开发流程管理办法》等文件并试行。2021 年已完成新增子体系《产品仿真流程实施指南》《产品试验实施指南》《综合设计实施指南》《精益项目实施指南》《研发指标评价管理办法》等文件编制工作，并修订下发了《科技研究开发流程实施指南》。

立足于集团相关要求及发展战略定位，围绕精益研发建设要求，结合多元产业特点，夯实已有工作基础，围绕中车山东公司特色的高质量研发之路，聚焦周期、质量、成本、功能、性能、安全绿色六要素，以正向设计、精益流程、精益项目、过程质量、协同研发、知识工程六大子体系为依托，形成三大精益成果：产品、人才、知识，瞄准一个支撑平台，即智慧研发平台，完成面向各产业研发需求的“16631”精益研发体系手册编制。

（二）“1＋2＋5”专业的研发组织模式

1.为适应战新产业发展，在研究院增设产业孵化和产业数字化业务部门

明确产业发展部门和产业数字化部门职责和人员配置。建立产业孵化部门—产业发展部是为了持续推进管理创新和模式创新，为多元产业提供支撑：不断优化多元产业管理数字化平台，推进新产业选择与评估决策体系的测试和完善，建立适合中车山东公司的新产业选择与评估的方法论，为中车山东公司决策提供依据。实现产业孵化新模式落地，快速打通从理论研究、关键技术研发，到新产品研制、示范应用推广的技术创新链。

建立数字化部门—数字工程中心是为了以集团数字化转型“三舱一体系”战略规划为指引，重点在研发设计、生产制造、经营管理、运维服务等方面开展数字化研究与建设，提质增效，降本节能。围绕智能产品研发数字化体系构建，结合精益研发成果，开展 PLM-ERP 深度应用和系统集成项目一期研发管理功能模块上

线，开展三维结构化工艺建设方案设计与研究。

2.制定产业发展和信息化支撑业务运行管理制度

按照“1＋2＋5”新研发组织模式进行运行（1 代表科技质量部，2 代表产业发展部和数字工程中心，5 代表轨道车辆研究所、风电装备研究所、环保技术研究所、环境工程研究所、智能机械研究所，如图 1 所示）。根据试点项目激励方式的执行情况，完善试点制度内容。

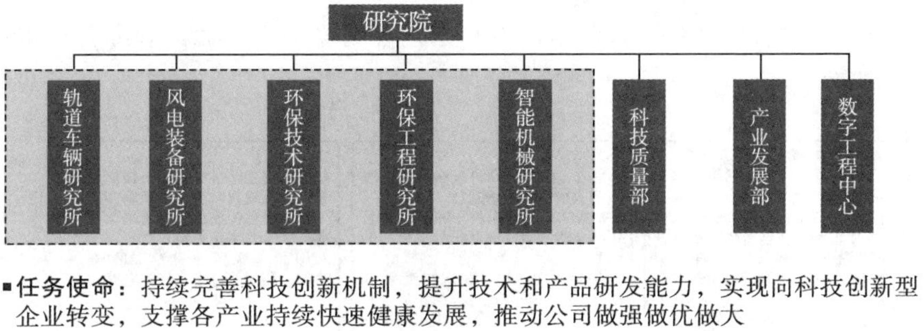

图 1　新研发组织模式

（三）以科技改革三年行动为指导，推进相关机制协同发力

1.科技激励机制

中车山东公司成立科技改革领导组负责全面统筹和策划工作，对科改重大事项进行决策，指导督促科技改革工作推进；成立工作组，负责制定科技改革实施方案，编制任务分解及推进计划，指导协调和评估考核，确保完成科技改革工作目标。定期召开专项工作会，研究改革重点任务进展情况，交流改革工作经验，研究部署下一阶段重点工作任务，推进科技改革工作走深走实，为实现“十四五”发展目标及“十大标杆”工程奠定坚实基础。

一是确定工作思路，明确工作方向。根据中车山东公司发展战略规划，提高自主创新能力，增强科技创新动能，加速新产业培育孵化进程，充分发挥研究院创新主体作用，实施科技改革，建立适应中车山东公司发展的科技激励机制，研究院制定了《科技激励机制改革指导意见》，确定了科技激励机制改革工作的总体思路。

二是深入调研交流，加强知识积累。围绕科技激励机制改革工作，开展广泛调研交流，通过与中车系统内外诸多科技企业的线上或线下交流，学习科技激励机制改革工作的方式和方法，加深对科研激励机制改革的认识，逐步积累学习科技改革工作经验，了解当前科研激励机制现状，完成了《山东公司科技体制改革调研报告》，为科技激励机制改革工作提供了知识积累。

对标示范企业，进行专项调研，调研期间针对现行科技激励机制进行深入交流，了解科技激励机制方式及运用情况，编制科技改革调研报告，对中车山东公司开展科技激励机制研究具有实际的借鉴意义。

三是开展专项研究，创建激励机制。结合中车山东公司新培育项目特点，确定项目试点，开展专项激励办法研究，创新性地提出了模拟跟投、里程碑节点奖励、净利润分红三种不同方式组合的激励办法，形成《项目专项激励办法》，明确了项目激励的参与方式、奖励规则及退出机制等（见图 2）。该办法的实施将极大推动中车山东公司与项目团队的深度捆绑，建立目标一致、收益共享、风险共担的新模式，经过多轮讨论完善后，顺利经中车山东公司党委会和总经理办公会审议通过，并下发实施。

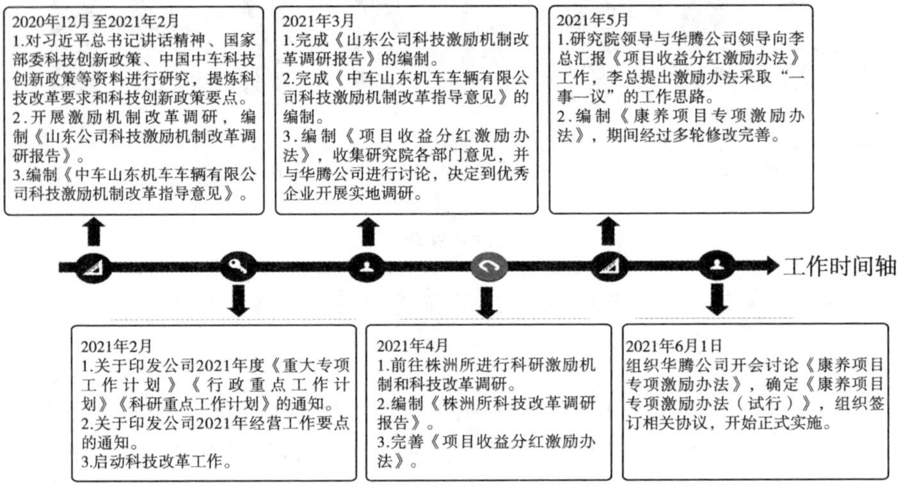

图 2　中车山东公司专项激励办法出台过程一览

2.创新评价机制

以价值创造为导向，激发研发人员的创新活力，提升中车山东公司整体创新水平。建立系统全面的评价准则，多维度全方位评价研发人员工作效能。从实际工作出发，坚持实事求是，做到评价有理有据，结果客观公正。统筹研发全流程工作，坚持创新工作和管理工作有机统一，立足研发岗位，实现研发人员价值创造最大化。编制下发《研发人员岗位评价实施细则》，建立健全研发人员评价机制，提高研发人员的积极主动性，客观评价研发人员的工作业绩和能力，引导研发人员准确的找差距、补不足，提升研发人员的工作效能，统筹研发全流程工作，实现了创新工作和管理工作有机统一，实现了研发人员价值创造最大化。编制下发《研发指标评价管理办法（试行）》，构建了一套研发指标评价体系，对研发工作进行多维度的综合评价，实现了研发工作的纵向评价和横向对比，不断提升创新效能，支撑了中车山东公司高效创新发展，做严做实了科技研发工作，持续推进了精益研发，提高了科技创新效能，提升了研发水平和质量。

3.创新协同机制

中车山东公司编制下发《研究院人员协同流转管理办法》，按照统筹协调、集中力量、攻坚克难、规范高效的原则，进一步实现了集约化管理研究院人力资源，建立和完善乐人员协同流转管理机制，为科研过程中的技术创新、研发管理、重点产业发展方向论证等重大和重点工作进行专项攻关和突破，最大限度地发挥了研究院人才创新效能，为支撑和引领中车山东公司产业创新发展提供了保障。

三、基于国企改革三年行动方案的科技体制改革机制构建与实施的效果

（一）管理效益

1.研发理念转变

科技体制改革试点的成功，明确了研究院“为各产业发展提供服务和支撑”的定位，形成“研发以市场为导向，创造利润为最终目的”的理念，引导研发人员向“技术商人”转变。修订了产品立项管理办法、项目考核办法等管理制度，强化项目立项与市场结合、对产业发展的有效支撑，严控项目质量，使研发人员振奋精神，积极主动地参与到研发项目和市场项目中来。

2.搭建了产业孵化技术平台

聚焦“三极多点”业务领域，深入研究国内外、产业上下游的创新资源，探索建立新型研发机构，促进“政产学研金服用”等关键环节融会贯通。与山东产研院（青岛）就风电、环保领域共建绿色技术研究院开展合作洽谈；组织华腾公司与海尔、山东产研院、深圳创新院等召开了产业合作推动会，加大孵化资源供给，就康养项目创新性地探讨出一套产研院内设机构项目制合作新方式。

3.组建了新型研发部门

成立低碳科技分公司等特殊研发机构，加强各产业人员的协同流转，推进共同创新，合作共赢。完善内部资源共享机制，强化产品研发和产业孵化的协同，组织协调内部各研究所技术领域优势，跨单位组建项目组，集中资源解决关键技术，快速提升技术了创新能力。

（二）经济效益

中车山东公司选取“康养”新产业作为首个科改试点，工作小组认真组织，开

展了广泛的调研和精心研究，最终创新性地提出了模拟跟投、里程碑节点奖励、净利润分红三种不同方式、重建组合的激励模型，形成科改管理办法，明确了项目激励的参与方式、奖励规则及退出机制等。该方案的实施将极大地推动中车山东公司与项目团队的深度捆绑，建立目标一致、收益共享、风险共担的新模式，同时可以有效地激发项目团队的创新活力，助力新产业的快速孵化和产业化落地布局，形成中车山东公司“十四五”发展期间新的经济增长点。

(1)签订市场订单 1088648.2 元，在签订单 20574 元，在商定订单 4550000 元，订单总计 5659222.2 元；已开发票金额 844151.57 元。

(2)公司立足济南、青岛两地，深耕山东市场，探索建立代理销售、线上销售、直销等销售渠道，就线上、线下代理销售及推广与合作方初步达成意向。

(3)与中车金控、金租等金融机构就机构类的设备销售项目开展了融资租赁等商业模式探索工作，目前正在与德州市开展合作交流。

(4)用于完善疾病管理体系的健康驿站，已在青岛完成试点投放。面向社区居家养老服务的康复辅助器具、智能监测设备等已在后田社区、城润家养老院等试用。

(5)加入中国老龄产业协会、中国康复辅助器具协会、青岛市康复辅具产业协会和青岛市智能康复辅具协会，积累了行业及产业资源。

(6)在公司各部门的大力支持下，参加了第七届 2022 中国山东(青岛)国际康养产业博览会，并在本次博览会双十佳评选活动中荣获“2022 山东康养产业十佳创新项目”。

(三)社会效益

1.优化了科技力量结构和布局，新增了就业人员

科改成功使得中车山东公司继续发挥国企在技术创新中的主导作用。组建新型研发部门，盘活人员流转，需要更多的人才加入进来。据统计，2019～2022 年，中车山东公司新增博士 1 人、硕士 50 余人，共计引进人员达到 300 余人，解决了部分就业问题，履行了国企的社会责任。

2.促进了科技与经济的紧密结合

研发人员培育了经营者、技术商人的思维，树立从企业的经营角度给公司创造价值的意识，尽可能围绕着如何降低成本去开展研发工作，以创造利润、追求利益最大化为最终目标，为社会创造更多价值和财富。因此，科改后，实现销售收入突破 70 亿元，科研立项获得中车、国家、省、市、区资金支持达到 3000 多万元。

3.提高了企业对商誉和肩负政治责任的重视，在助力深耕“一带一路”、实现

“碳达峰”“碳中和”道路上捍卫了中车的“金名片”

科改后，中车山东公司以质取胜，以客户为导向，不断提高企业美誉度，科技产出大幅增加，企业的社会责任感与日俱增。作为大国重器，继续深耕“一带一路”共建国家市场，开展新能源、新材料、风电装备产业，助力“碳达峰”“碳中和”。

4.加速了科技成果转移转化

目前，中车山东公司已经拥有专利400余项，在实行科技体制改革后，申请数量和授权数量提高20%。同时发明专利授权成功率显著提高，并且与科研院所积极开展合作，联合申报国家重点科研计划、山东省重大创新工程、泰山产业领军人才等省部级以上重点项目，成为山东省风电产业链链长，经欧标认证的出口欧洲铁路货车唯一供应商。加速风电产业链上下游融合创新发展，使出口铁路高端装备得到持续高质量发展。

成果创造人员：张春雨　王　琼　公维斯　李　佳　杨传锋　刘振娟　宁国龙

老油田油公司增储稳油降本的“675”机制油藏经营融通管理

中国石油化工股份有限公司胜利油田分公司桩西采油厂

摘要：中国石油化工股份有限公司胜利油田分公司桩西采油厂作为习近平总书记“能源的饭碗必须端在自己手里”重要指示首倡地胜利油田分公司（以下简称“胜利油田”）的下属开发单位，立足扛牢保障国家能源安全核心职责，承接油田“六大战略”“三大目标”“三个塑造”，聚焦采油厂“四大任务”，大力实施效益开发“331”工程，持续推动“四增两降”。以建设现代油公司、油藏经营价值最大化赋能企业发展，推行“大部制”“大岗位”，完善采油厂“七大体系”，对上承接油田层面“六项机制”，对下服务采油管理区“五项机制”，理顺各层级“干什么、谁来干、怎么干、干到什么程度”权责关系和职责界面。通过全要素聚合、全链条贯通“675”机制体系，实施油公司运营体系化、勘探开发一体化、业财融合效益化、科技创新集成化、资源配置市场化、引领支撑规范化（“六化”），各领域全过程一体推进油公司油藏经营管理“协奏曲”。企业核心竞争力和核心功能显著增强，企业内生动力及整体活力不断释放，全要素价值创造水平进一步提升，“规范精干、高效顺畅、综合效能最大化”的油公司运营模式日臻完善，对于国有企业深化改革、精细管理具有重要示范作用和借鉴意义。

中国石油化工股份有限公司胜利油田分公司桩西采油厂（以下简称“桩西厂”）位于黄河下游渤海之滨，成立于1989年，是我国目前最大的滩涂油气生产基地，前身为胜利滨海指挥部桩西采油矿，现有职工1650人，开发管理着五号桩等四个油田，探明地质储量1.79亿吨。胜利油田被誉为“石油地质大观园”，囊括了世界2/3的油藏类型，桩西油区又被业界称为地质构造“百花园”，诞生了迄今为止我国石油史上单井日产最高的桩古10井（日产油3635吨），已为国家累计贡献原油3075万吨。2022年在油气勘探开发难度日益加大情况下，实现超产原油2.2万吨，占胜利油田超产总量的31.4%。面对全球百年未有之大变局，桩西人牢记习近平总书记“能源的饭碗必须端在自己手里”殷切嘱托，发扬石油精神，勇于攻坚啃硬，一体推进油藏经营提质创效，当好油气增储增产增效推动者。荣获“全国先进基层党组织”“全国企业文化建设优秀单位”“中石化先进集体”“山东省工人先锋号”等荣誉。

一、老油田油公司增储稳油降本的“675”机制油藏经营融通管理的实施背景

（一）实施“675”机制油藏经营融通管理是端牢能源饭碗、高质量保障国家油气能源安全的战略需要

习近平总书记高度重视能源安全，提出“四个革命、一个合作”能源安全新战略，作出“大力提升国内油气勘探开发力度”等重要指示批示；特别是2021年10月21日亲临胜利油田视察，深刻阐明了“能源的饭碗必须端在自己手里”的重要性，勉励石油战线在确保国家能源安全、保障经济社会发展上再立新功、再创佳绩。当今世界正经历百年未有之大变局，能源发展面临的环境也发生了深刻变化，油价持续保持宽幅震荡，我国石油对外依存度已超过70%，加之俄乌冲突导致的世界能源供给危机，对保障国家油气能源供给带来重大考验。党的二十大报告又对深入推进能源革命作出全面部署，桩西厂深刻认识到，能源安全不能仅仅从经济上去思考，更多地要从政治上去考量，必须强化现代体系思维，冲破传统油藏工程束缚，从全局高度形成新的油藏经营管理机制，加大油气勘探开发力度，解决油气核心需求，坚决打牢保障国家能源安全核心职责。

（二）实施“675”机制油藏经营融通管理是建立现代企业制度、适应市场化经营的发展需要

近年来，胜利油田针对“大而全、小而全”、管理层级多、运行效率低等问题，持续推进油公司体制机制建设，对井下作业等15项业务进行专业化重组，建立了甲乙方市场化运营模式，推行“大部制”“大岗位”建设，构建开发单位“9管理部门＋4服务中心”、专业化单位“管理中心＋服务项目部”模式，完成117个新型采油管理区建设，形成了扁平化、规范化的管理架构。桩西厂作为胜利油田下属开发单位，在改革调整中勇站排头做表率，2018年完成新型管理区建设验收，2020年完成采油厂机关职能优化，实施效果及效率均排油田前列。但“身子进入新时代、思想还停留在过去”的守旧思想尚未完全破除，我行我素的路径依赖还不同程度存在，具体表现为部分机制与现代油公司相比还不够完善、“形似神不似”，制度体系

分散、机制流程不畅，市场化运营“行政管控”思维重、“经营”意识弱，核心人才、关键岗位薪酬竞争力偏弱。这些问题成为改革发展的痛点、堵点、难点，需要通过加快配套油公司运行机制建设，进一步完善现代企业管理体系，更好适应市场化经营机制要求，推动企业转型升级高质量发展。

（三）实施“675”机制油藏经营融通管理是深化油藏经营管理、培育提升“双核”引擎的现实需要

“十三五”期间，低油价“寒冬期”使胜利油田整体效益大幅下滑，从盈利大户变成亏损单位。桩西厂反思后认识到，油气资源禀赋先天不足、油藏经营效益差、整体管理效能低下带来的储采严重失衡、资源规模增储方向不清、长期规模效益稳产基础不牢、投资成本居高不下等问题，严重制约了可持续高质量发展。必须用好用足深化改革“关键一招”，实现油藏经营机制新突破，进行制度体系重构，做大产量规模、降低平衡油价、实施绿色低碳转型，持续推进质量变革、效率变革、动力变革，在提升核心竞争力和增强核心功能上走在前作表率，在服务国家重大战略上立新功创佳绩，蹚出一条老油田高质量发展的新路子。

二、老油田油公司增储稳油降本“675”机制油藏经营融通管理的主要做法

（一）油公司运营体系化，健全优化油藏经营管理

1.加强顶层设计，明确指导思想

胜利油田对未来发展的目标、战略、方向、路径进行深入思考和长远布局，系统谋划了“6335”总体思路，即大力实施价值引领、创新驱动、资源优化、绿色低碳、人才强企、合作双赢“六大战略”；奋力实现能源质量保障能力全方位提升、管理体系管理能力全方位提升、政治生态管理能力全方位提升“三大目标”；统筹发展传统油气、新能源、绿色低碳产业，塑造新型能源体系，深化推动质量、效率、动力变革，塑造内生动力系统，牢记践行“不忘初心、牢记使命”“谦虚谨慎、艰苦奋斗”“敢于斗争、善于斗争”三个“务必”，塑造强大政治优势；推进落实高质量保障国家能源安全、科技自立自强、增强改革管理效能、安全绿色发展、高质量党建引领高质量发展“五个再立新功再创佳绩”工作举措，成为推动油公司建设的总遵循、切入点和落脚点。桩西厂承接油田规划，上下同心、深入调研剖析目前存在的根本问题，践行油田新理念，聚焦采油厂安全环保、经营效益、和谐稳定、人才培养“四大

任务”，实施以“强化三项基础、提升三项技术、打造一个平台”为主要内容的勘探开发工作“331”工程，持续推动“四增两降”（增储量、增产量、增效益、增动能，降盈亏平衡点、降风险），成为桩西厂行动指南。

2.转变观念“换脑筋”，更新理念“促经营”

深化油公司建设，需要彻底丢掉幻想、彻底转变观念。胜利油田连续6年深化开展“三转三创”（转观念、转方式、转作风，创效益、创一流、创和谐）主题活动，形成转变观念更新理念160条和机关职能优化76条，桩西厂深入学习宣贯，召开观念引导宣讲会，入脑入心做好思想引导，植入“算清效益账、多干效益活、多产效益油”“一切资产资源都能创造价值”“能创效就是好岗位”等新理念，把思想文化融入油藏经营管理理念，凝聚干部员工油藏经营共识，为加快推进油公司建设、深化油藏经营管理提供了强大动力。

3.完善体系建设，构建运营机制

2018年以来，胜利油田制定《胜利油田六项机制建设实施方案》《开发单位管理体系规范建设指导意见》《新型采油管理区规范建设管理大纲》，构建形成界面清晰的责任机制体系，油公司运营机制建设驶入快车道。油田层面构建“六项机制”，落实宏观管控、政策调控、风险防控责任，引领统筹开发单位落实“七大体系”、管理区落实“五项机制”。开发单位承接建立“七大体系”，落实增量增效、持续发展、区域管理责任，对上承接油田“六项机制”，对下服务支撑管理区“五项机制”。管理区履行主体责任完善“五项机制”，落实油藏经营管理和风险管控责任，提升油藏经营能力，实现价值最大化。坚持体系思维，聚合人、财、物、技术、信息等资源要素，纵向贯通涵盖勘探、开发、生产、服务等业务，全链条优化实现油藏经营管理全覆盖，横向联动搭建市场化运行、资源资产、经营共享等优化配置平台，全要素聚合提升价值创造能力。桩西厂进一步细化责任、做实标准，形成《桩西采油厂七大体系管理规范》《采油管理区五项机制运行模板》《采油管理区七项经营优化权运行细则》手册，构建了一体化落实责任体系，填补了基层规范责任体系空白，走在前列、作出表率。

（二）勘探开发一体化，实现多能协同高效开发

1.构建以提升储量价值为导向的勘探开发互融机制

胜利油田建立勘探与开发一体化研究部署决策机制，结合开发阶段概念井网设计、开采特征研究、工程技术配套，超前优选勘探目标；结合勘探阶段油气富集规律、区域构造特征、宏观储层认识，前瞻规划产能开发方案，实现信息互通、数据

共享，最大限度提高储量有效动用率。搭建勘探开发工程工艺一体化工作平台，整合勘探、开发、工程等资源，实现地质工程协同运行、技术互通共用、数据资源共享，推动各业务、全节点提效降本，最大限度发挥资源要素价值。构建勘探开发统一的经济评价指标体系，发现储量规模与效益建产一体化评估，实现近期勘探降本增效和长期开发可持续协调统一，提升了商业储量规模和价值。桩西厂通过勘探开发一体化决策部署，2022 年发现一个千万吨级控制储量(1050 万吨)。

2.构建以提产能增效益为核心的增量存量优化机制

胜利油田构建"少井高产"开发模式，推进油藏、钻井、工艺、地面等"四位一体"优化流程，优化油藏设计，增大单井控制储量；优化钻井设计，加强全过程油层保护；优化工艺设计，增加泄油面积；优化地面设计，推进地面系统优化简化，采用"井工厂"模式部署，从传统零散布井向集约布井转变。2022 年此开发模式释放受限储量 654 万吨。实施分类油藏治理，以增加经济可采储量为核心，围绕增产能、提能量、控含水、降递减，针对不同油藏类型定制配套技术套餐，形成流线调整、压驱增能、降粘冷采、调驱调堵等不同油藏类型分类施策、精准治理措施，提升油藏开发管理水平。桩西厂 2022 年新增 SEC 储量 125 万吨，单井平均日产油同比提高 4%；稀油自然递减同比下降 5.9%；原油产量超产 2.2 万吨，老油田经济寿命期有效延长。

3.构建以降碳、扩绿、增长为牵引的油气开发绿色低碳融合发展体系

胜利油田聚焦传统油气、新能源、绿色低碳"三大产业"协同发展，全面优化产业化布局，构建多能综合互济、源网荷储统筹、全产业链协同的绿色开发体系，加快向现代能源企业转型升级，形成第二增长曲线。建立潜在价值转化机制，推动油气开发绿色低碳融合发展，是油田可持续、高质量发展的转型所在，也是未来油田发展的方向所在，绿色低碳短期看是一种成本投入，长期看是降本增效的利润增长点。通过绿色低碳项目、二氧化碳驱油、发展新能源等产业化通道，实现绿色低碳潜在价值的现实转化。光伏发电、风电、地热余热、空气源热泵等清洁能源蓬勃发展，形成以新能源为取向的新用能体系，构筑起油田绿色低碳产业发展的成本优势。构建减碳降本增效机制，建立油气能源产业的绿色低碳发展体系，以节能降耗和绿色低碳技术为突破口，降低能源消费总量及规模，包括减少采出液控含水降电耗，大地面系统改造就近分水减运耗，减少火电增绿电减少碳排放，热采转冷采、微生物采油增产量降能耗，提升高质量发展成色。桩西厂利用场站年光伏发电 1800 万千瓦时，绿电占比 11%，绿电效益 360 万元，减少碳排放 1.56 万吨二氧化碳。

（三）业财融合效益化，推进经营业务提质提效

1.推进战略型集约化财务转型

适应油公司体制机制建设要求，胜利油田深化业财融合，推进财务管控模式转型。优化财务管理模式，油田层面打造“业财统筹＋专家团队”模式，规范和优化业财融合流程，推进业财深度融合；开发单位建立“业财融合＋共享服务”模式，面向业务单位和基层单位，配套支持决策和共享服务机制，提升财务管理服务效能；基层单位构建“业财一体＋市场服务”模式，实施存量资源自主优化，做实基层单位经营责任主体。推行“五到区块”经营管理，把区块作为独立的投入产出核算主体，面向采油厂 4 个储量评估单元，突出投入管理与生产管理的紧密结合，按照增量清、存量清、投入清、产出清“四清”规则，将目标分解到区块、决策优化到区块、核算管理到区块、分析评价到区块、考核兑现到区块，算清区块效益账，提高区块资金使用效益，实现油藏经营价值最大化。2022 年，桩西厂五号桩、长堤、桩西、老河口四个油田 SEC 储量同比分别增加 18 万吨、6 万吨、18 万吨、1 万吨。

2.构建投资成本一体化运行机制

以实现资金使用效益最大化为原则，胜利油田实施投资成本一体化运行。统筹投资成本一体化管理，坚持“今天的投资就是明天的成本，也是明天的效益”理念，注重投资、储量、产量、成本和效益“五统一”，以增量投入优化存量结构，降低固定成本占比，以长期效益回报降低盈亏平衡点，在项目方案编制、审批、实施等阶段实行一体化优化、运行和考核，提升经营目标决策质量。优化投资决策运行，统筹考虑新钻井、侧钻井、二次完井、大修扶停及其地面配套等工作量，优化投资方向，改善增存量结构，开展全生命周期评价，提高投资回报率。优化成本运行管理，围绕增油作业、安全环保、科技信息、节能减排等项目，以项目全生命周期效益最大化为原则，优先保障高效项目、基础投入和长效投入的资金需求，降低资金使用风险，提高投入产出效益。桩西厂 2022 年盈亏平衡点同比下降 0.46 美元/桶。

3.搭建多维度资源经营创效机制

按照市场化配置方式，胜利油田统筹优化资源资产经营，全方位、多维度、全链条提升资源利用率，推动一切资源向价值创造流动。固定资产优化创效，推进资产分类评价，建立增量资产优化、闲置资产运营和报废资产退出机制，分类施策用好高效资产、转化低效资产、推动无效负效资产有序退出，降低资产总体运营成本，实现资产轻量化运营。土地资源优化创效，实施土地资源创效联责承包，节约集约新征用地，合理优化土地空间，以空间叠加发展新能源，实现土地资源效益化运营。人力资源优化创效，成立人力资源服务中心，搭建人力资源优化配置平台、

社会化营销平台，优化主营业务用工，盘活内部用工，开拓外部市场，实现用工价值最大化。桩西厂 2022 年投资利旧 67.5 万元，调剂资产 117 项，土地资产优化创效 1889 万元，盘活内部用工 655 人，实现外闯市场收入 2325 万元。

(四)科技创新集成化，打造技术先导型企业

1.构建"123456"高水平科技创新机制

桩西厂延续胜利油田构建的管理能力现代化的"123456"科技创新管理体系，即达到高效支撑建设领先企业、打造百年胜利、推动高质量发展的"1"个总目标；建设管理、转化"2"个平台；强化问题、目标、结果"3"个导向；深化战略、价值、人才、迭代"4"个引领；提升立项、研究、评价、转化、激励"5"大质量；推进集成化、高端化、智能化、平台化、产业化、标准化"6"化模式，全面提高科技创新效率效能。深化科改转型、完善科研体制机制，搭建高层次实验、高水平开放合作、高效率成果转化平台，常态化实施"揭榜挂帅""大兵团作战"，建立成果共享管理平台，拓宽多渠道转化方式，加强知识产权保护和运营优化，加速迭代创新、协同攻关、成果转化。2022 年桩西厂开展课题研究 30 项，其中集团公司级 3 项，分公司级 11 项，授权专利 22 件(发明专利 2 件)，应用"四新"技术 240 余井次，技术创效 6190 余万元。

2.深化两化融合技术应用

胜利油田搭建勘探开发分析应用系统，包括勘探和开发两大系统，勘探决策支持系统利用地震、录井、测井等数据资源综合开展地质研究，指导勘探井位部署；开发决策支持系统利用开发数据、动态监测与分析、注采关联数据，指导注采动态调整，提升高效勘探、效益开发决策的准确性和科学性，赋能油田增储增产增效。构建油田一体化价值管理平台，涵盖事前算赢、经营核算、分析评价、经营考核四大智能应用模块，全面感知油藏经营管理，实现科学配产配效。深化智能油田示范区建设，依托数字化、智能化，完成智能经营监控管理、油井工况智能诊断、智能注采调优、油藏模拟模型自动更新四套 App 建设，建立开发动态调整业务、工程工艺优化业务、经营财务管理、生产运行协调业务、油气生产现场业务等五大应用场景智能体系，推进工业互联网云平台技术攻关，实现了生产经营活动从传统模式向现代新型油田转型升级。

(五)资源配置市场化，促进质量效率动力变革

1.构建平台化"大市场"运营机制

胜利油田聚焦激发市场活力、增强发展动力，用市场化机制承载一切生产活

动、一切要素配置、一切资源优化。搭建油田内部专业化市场管理平台。整合注汽、作业、运输、维修等分散同质化业务，推行市场运行、质量标准、队伍管理、风险管控“四统一”管理，完善“优质优价、优速优价、高端特价”等配套措施，健全横向协调统筹、纵向专业管控、更加开放透明的市场化运营模式和市场监管体系，促进资源资产高效流动、价值创造能力提升。建立采油厂内部市场化运行机制。以经济关系为纽带，建立采油管理区与内部科研单位、专业化单位合作共赢的市场化运行机制，服务与效益挂钩，“抱团”经营，提升油气主业发展质量效益。完善社会化市场服务创效机制。推行市场分类分级管理模式，按市场业务类别健全完善准入和评价标准，择优引进社会队伍，开展末位淘汰，推动市场主体提升能力素质、服务质量和安全生产水平，满足精细化、多样化和差异化的市场需求，推动承包商从单一业务承揽向综合服务商转型升，合作双方共同发展。2022 年桩西厂与油田专业化队伍发生合同额 18039 万元，比 2021 年增加 3538 万元，内部市场份额占到 52%，与科研所措施合作产量超产 1.5 万吨。

2.搭建油气资源合作共赢机制

胜利油田发挥市场化资源配置作用，利用内外部市场化资源，配套效益分成机制，盘活闲置油气资源，实现合作共赢，推动共同发展。构建以“动起来”为目标的未动用储量开发运营权流转模式，将一年以上未动用储量全部纳入油田储量流转平台，开发单位通过竞标方式获得产能建设运营权，采用市场化运作方式实施产能建设，加快效益动用，盘活储量资产，实现更大价值。构建以“活起来”为导向的未动用储量一体化合作开发模式，与工程公司开展未动用储量合作开发，依托现有管理体制和机制创新，发挥双方优势，推动钻采工艺技术进步、经营管理高效，采油厂有边际效益、工程公司有现金流，实现未动用储量的效益开发。构建以“用起来”为目的的停产停注井风险合作共赢治理模式，桩西厂与石油工程技术研究院、油公司、油气井下作业中心等单位开展风险扶停合作治理，充分发挥各方优势，促进资源优化配置、工艺技术提升，推进长停井高效动用。桩西厂自 2021 年与工程公司合作，盘活未动用储量 884 万吨，新建产能 8.08 万吨，百万吨产能建设投资降低 10.03 亿元。

3.搭建效益导向考核评价机制

胜利油田发挥经营绩效考核“指挥棒”作用，建立“经营绩效＋管理绩效＋党建质量”考核引领机制，完成基本目标保基本薪酬、多创效益挣绩效工资，以价值量化考核评价经营业绩，促进各单位由花钱向挣钱转变；管理绩效突出风险管控，加大安全环保、党建廉洁、风险管控考核力度，与单位领导班子和单位绩效考核挂钩，为油田持续发展提供强力支撑；党建质量突出引领支撑，围绕抓班子、带队伍、强管理、保稳定、促发展“五项任务”架构考核体系，根据党建考核结果分级定档、挂钩绩效，促进层层落实党建责任。配套构建“1+2+2”绩效考核体系，出台1个采油厂绩效考核办法，经营业绩和风险管控责任2个考核细则，人力资源和存量资产优化配置2个指导意见，全面向生产一线贯穿延伸，划小核算单位，考核激励到班站、到岗位、到个人，每个单位成为利润中心，每个班组成为创效单元，每名员工都能创造价值。

（六）引领支撑规范化，推动政治优势转化为竞争胜势

1.构建党建经营融合引领机制

推进油公司建设，坚持党的领导、加强党的建设是关键。胜利油田推动党的领导融入公司治理，加强党的建设与改革发展的体制、机制、制度和工作对接，梳理明确党组织在决策、执行、监督各环节的权责和工作方式，优化党委前置研究讨论重大经营管理事项、党委研究决定事项及“三重一大”决策事项清单，促进党组织作用发挥组织化、制度化、具体化，发挥把关定向作用。推进党建机制与油藏经营相融合，完善与油藏经营体制相适应的责任体系、组织模式和工作方式，实施“基层党建升阶行动”，实行“长板锻造+短板帮扶”计划，加强党建考核与业绩考核有效联动，推动党建工作与油藏经营目标同向、工作相融、责任共担。

2.完善人才培养赋能支撑机制

胜利油田紧跟产业发展优化人才布局，完善“育选管用留”机制，推进“五大人才方阵”建设。人才高效管理，分系统分专业构建人才库，强化人才精准调配、统筹使用，提升人才使用效能。战训结合培养，健全完善“业务深化培训+任职实干锻炼+持续跟踪培养”三位一体模式，提高培训的精准度和实效性，赋能增强全员素质能力。人才分类评价，对领导班子和领导人员的综合考评，强化结果运用、正向激励，推进领导人员末等调整、不胜任退出，推动能上能下机制化常态化。桩西厂涌现出一大批行业领军人才、全国性先进典型，被评为“中国石化技能人才培育突出贡献单位”。

3.打造企业文化创新驱动机制

历经34年扎根滩涂荒原，艰苦创业，胜利油田积淀生成了以“夯基合力”为价值观的“桩”文化，随着时代发展，赋予“支撑”石油事业发展的新内涵（取“桩”之引申义），凝聚新时期干事创业的精神力量，激发“我为祖国献石油”的使命感、责任感。传承石油文化基因，“桩”文化一脉相承石油精神（苦干实干、三老四严）、中石化使命（为美好生活加油）和胜利风范（从创业走向创新，从胜利走向胜利）的内涵基因，扛牢石油旗帜。锻造铁人精神之魂，在端牢能源饭碗、推进国企改革、打造

高端产业链的进程中再立新功、再创佳绩，需要艰苦卓绝的拼搏奋斗、坚强的意志力和自我革命的决心，打牢精神之桩，支撑起新时代油气能源的大发展。

三、老油田油公司增储稳油降本“675”机制油藏经营融通管理的实施效果

2018 年以来，桩西厂油公司建设高质高效、运行平稳有序，“动作很大，动静很小”，国企改革、内生性发展、全要素价值创造等取得新突破，交出了一份“端牢能源饭碗”、再立新功再创佳绩的桩西答卷。

（一）形成了科学高效的油公司运营机制

围绕油藏经营价值最大化，胜利油田构建了一个涵盖油田“六项机制”、开发单位“七大体系”、管理区“五项机制”融为一体的油公司运行机制，整体形成了与市场化发展相适应的现代企业管理体系和科学高效的运营模式。采油厂、管理区机构岗位设置和工作职责实现优化，职能定位更加明晰，以价值流为引领的业务流、管理流、监督流“四流合一”更加顺畅，以油公司运营体系化、勘探开发一体化、业财融合效益化、科技创新集成化、资源配置市场化、引领支撑规范化为主要措施的“六化”融合共促，全要素、全链条、全方位价值创造的能力有了明显提升。桩西厂上下思想观念实现较大转变，创新、经营和创效等意识空前加强，激发了内生活力、能力和动力，大幅提高了企业整体效能。

（二）推动了企业内生性高质量发展

油藏经营机制体系一体互融贯通，推动了企业内生性高质量发展。规模增储方向进一步拓展，桩西厂首口页岩油井桩页 1HF 钻遇油层 1906m/70 层，评价资源量 2.3 亿吨，落实一个千万吨级规模储量、一个五百万吨级商业发现，实现规模资源有序接替。增产增效水平进一步提升，存量地层压力恢复 1.2MPa，综合含水保持稳定，有效解决能量保持和含水控制两个油藏开发根本性问题，增量新井单井产能提高 1.3 吨，油水井开井率提高 15.3%，躺井率 1.1%（达到历史最低），实现新增储量和采出量的平衡，开发态势持续向好。与自然和谐共生的生态文明理念进一步夯实，大力实施绿色低碳经营，打造光伏等新能源项目盈利模式，统筹绿色与发展，推动了黄河流域生态保护和高质量发展。党建引领政治优势得到充分转化，桩西厂将山东省党支部评星定级与集团公司党支部分类定级一体推进，激发了党建内生动力，凝聚了发展奋进力量，所形成的“实施党支部评星定级”经验做法在胜利油田全面推广，2022 年在油田党建考核中评为 A 档。

(三)促进了全要素价值创造和效益提升

油藏经营管理一体推进实施以来，全要素资源进一步优化，价值创造能力进一步提升，各项生产经营指标均达到近年来最高水平，油气产量态势持续箭头向上，2021 年以来，桩西厂实现原油产量"三年升"，累计超产原油 5.48 万吨，形成的油藏经营管理模式、产能建设"四提一降"经验做法在胜利油田进行分享并得到推广。桩西厂 2022 年实现营业收入 15.54 亿元，缴纳税费 2.87 亿元，完成利润 1.38 亿元，综合创效 1.66 亿元，有力支撑保障了国有油气资产持续保值增值，为保障国家能源安全和区域经济社会发展作出了突出贡献。

成果创造人员：马清彪　杜　勇　贺东旭　牛汝东　刘　鸣　孟　冬　张在鹏

基于"三网合一"的分布式光伏源网荷储一体化协同管理

国网山东省电力公司济南市历城区供电公司

摘要：基于"三网合一"的分布式光伏源网荷储一体化协同管理，积极服务国家战略、顺应行业形势、落实国网公司战略及总体发展布局，探索实现分布式光伏可观、可测、可控的管理路径，破解分布式光伏在消纳和并网管理上的技术难题，科学合理地确定配电网转型升级路线体系，形成以"配电网、数字网、客户网"为支撑的分布式光伏管理框架体系，助力分布式光伏源网荷储协调发展。以"双碳"为目标的源网荷储一体化协同管理模式的构建与实践正是以先进技术突破和体制机制创新为支撑，能够强化源网荷储各环节间的协调互动，提升系统平衡调节能力和电网安全运行能力，有效破解新能源消纳制约因素，实现电网高质量发展。

国网山东省电力公司济南市历城区供电公司（以下简称"历城公司"）成立于1964年，是全省大型重点县公司，担负着历城区、南山区、高新区共19个街道办事处的供电任务，服务客户53.76万户。历城公司现有9个职能部门、5个业务支撑和实施机构、9个供电所、11个营业窗口，全体员工419人。拥有35千伏及以上变电站25座，变电总容量245.9万千伏安；拥有35千伏及以上输电线路34条，长度310.05公里；10千伏配网公用线路358条，总长度3218.45公里；大客户专线89条，总长度335千米。2022年电网最高负荷1072.12兆瓦。历城电网与主网纵横交错，高度融合，是济南电网的有机组成部分，为地方经济社会发展提供了坚强可靠的电力供应。2022年，售电量43.87亿千瓦时，同比增长10.84%；综合线损率2.26%，同比降低0.03%；未发生人身、电网、设备事故，队伍保持和谐稳定。历城公司先后被授予山东省文明单位、山东省富民兴鲁劳动奖状、国网公司文明单位、国网公司新农村电气化建设先进单位、国网公司科技进步标杆单位、国家电网有限公司先进集体以及省、济南市公司先进单位、先进基层党委等称号。

一、基于“三网合一”的分布式光伏源网荷储一体化协同管理的实施背景

（一）服务国家重大战略部署，支撑绿色低碳发展

“碳达峰、碳中和”是国家重大的战略决策，实现“双碳”目标，能源是主战场，电力是主力军，新型电力系统建设是重要抓手。以新能源为主体的新型电力系统承载着能源转型的历史使命，配电网是新型电力系统的重要组成部分，是直面终端用户服务民生的重要公共基础设施，是贯彻以人民为中心的发展思想、落实中央重大决策部署的落脚点。“十四五”是碳达峰的关键期、窗口期，加快构建新型电力系统责任重大、任务艰巨，对配电网发展提出更高要求。一是要求提升配电网清洁消纳能力。亟须通过信息通信技术与配电系统的规划、运行、控制、管理等环节的深度融合，促进清洁能源高效转换，支撑高比例分布式新能源就地消纳。二是要求提升配电网安全保障能力。加快推进各级电网协调发展，优化网架结构、提升装备水平、强化新技术应用，保障基本民生用电需求，着力提升配电网安全保障能力。三是要求提升配电网资源配置能力。必须充分利用柔性配电、虚拟电厂、电化学储能、有序充电等技术，加强配电网互联互通和智能控制，推进市县级、园区级源网荷储一体化，满足海量分布式新能源的消纳和大规模电动汽车等多元负荷的灵活接入。

（二）落实国网公司部署，助力源荷结构变革

国家针对源网荷储协调发展制定了一系列促进政策，相关政府部门相继印发了《关于推进电力源网荷储一体化和多能互补发展的指导意见》《关于报送“十四五”电力源网荷储一体化和多能互补发展工作方案的通知》等政策文件，将推动源网荷储协调发展作为电力工业落实“双碳”目标工作要求的重要举措。作为关系国计民生、肩负保障电力供应安全重要使命的大型央企，国网公司在落实国家能源新政策方面率先垂范，提出“建设具有中国特色国际领先的能源互联网企业”的战略目标，以及“一业为主、四翼齐飞、全要素发力”的总体发展布局，明确要求加快电网向能源互联网升级，在源网荷储协同互动等领域打造能源互联网综合示范项目。

国网山东省电力公司顺应国网公司发展新布局，通过优化整合本地电源侧、电网侧、负荷侧资源，探索构建源网荷储高度融合的新型电力系统发展路径，在构建新型电力系统进程中，整县光伏、发展新型储能、推广智慧微网等新业务、新业态的出现，对配电网转型升级提出要求。一是推进配电网形态升级。目前配电网

主体为单一电能供应网络，尚未建成大范围电气热冷多能互补互济系统，资源配置能力不强，亟须推进配电网形态升级，满足分布式电源、储能、电动汽车等多主体的接入，推动源网荷储全环节融会贯通，建成多能互补、多元互动的能源网架体系。二是服务能源消费结构优化。“双碳”目标下，消费侧能源结构不断优化，电能占终端能源消费的比重持续提升，源荷形态和特性出现新特点，多元化新型负荷海量接入，亟须提升配电网安全可靠、互通互济、智能互动水平。

（三）推进配电网转型升级，破解发展难题

随着新能源、交直流混合配电网、微电网、互动式用电负荷的大量接入，配电网在电源侧、电网侧、负荷侧、储能侧等各要素的特征形态发生了变化，配电网由无源网向有源网转变，潮流由单向输送向双向流动转变，终端负荷有源化，由传统的纯消费型，向生产与消费兼具转变，源网荷储协调建设方面迫切需要升级改造。特别是近年来国家大力推进分布式光伏等可再生能源发展，随着国家能源局综合司下发《关于报送整县（市、区）屋顶分布式光伏开发试点方案的通知》，全国开始全面推进整县屋顶分布式光伏开发试点工作，分布式光伏迎来发展机遇，光伏发电已成为我国电力的重要来源，2021 年分布式光伏装机首次超过集中式。分布式光伏的快速发展，使得中低压配电网在电网安全运行、可靠供电和消纳能力等方面面临巨大的考验。一是分布式光伏不公平承担电网调峰任务，风光利用率下降。目前自然人分布式光伏项目、大部分企业分布式光伏项目未配置储能，不承担电网调峰责任，占用系统调峰空间风光利用率下降。二是有的县分布式光伏规划装机规模超过全县用电负荷，可能出现整县上送。预计“十四五”末，山东 70 个试点县整县屋顶分布式光伏装机总规模达到 3153 万千瓦，占 70 个县同期全社会最大用电负荷的 40%，有的县甚至超过春秋季用电负荷。三是户均开发规模大，布局不合理导致用户过电压、反向重过载问题。山东自然人分布式光伏户均装机容量约 21.6 千瓦，远大于农村户均用电负荷，装机规模远超整村用电负荷和配电设施承载力，分布式大发时刻，大量出力向电网输送，引起用户过电压和配变、低压线路反向重过载。

二、基于“三网合一”的分布式光伏源网荷储一体化协同管理的主要做法

以破解中低压配电网在分布式光伏消纳上的难点、堵点为出发点，电力企业积极服务国家战略、顺应行业形势、落实国网公司战略及总体发展布局，探索实现分布式光伏可观、可测、可控的管理路径，形成以“配电网、数字网、客户网”为支撑

的分布式光伏管理框架体系，助力分布式光伏源网荷储一体化管理。“配电网”是指明确未来配电网发展与“双碳”目标实现、新型电力系统构建以及国网公司能源互联网战略实施的统一关系，为应对电力系统“源网荷储”四侧变化，从规划理念上科学指引配电网从传统电网格局向未来配电网的新型架构方向发展。“数字网”是加强数字化转型，提升配电网智慧化水平，研究如何利用当前 4G 网络技术、HPLC 电力载波和智能计量设备，开展现有配变的数字化升级改造，并通过电力网络平台软件，探索研究台区精益管理、停电精准定位和用能柔性控制的管理模式，为分布式光伏可观、可测、可控提供精准的数据采集，实现配电侧和客户侧全量数据的实时感知和精准控制。“客户网”是指客户侧是发展业态最丰富、应用场景最丰富、互动资源最丰富的新型电力系统建设领域，是未来配电网分布式新能源建设的主战场，是聚集源网荷储弹性合力、推进机制技术融合创新及创新业务、机制与商业模式的主阵地，为电网资源高效配置、安全风险防控、智能友好互动和智慧服务提供支撑。基于“三网合一”的分布式光伏源网荷储一体化协同管理总体框架如图 1 所示。

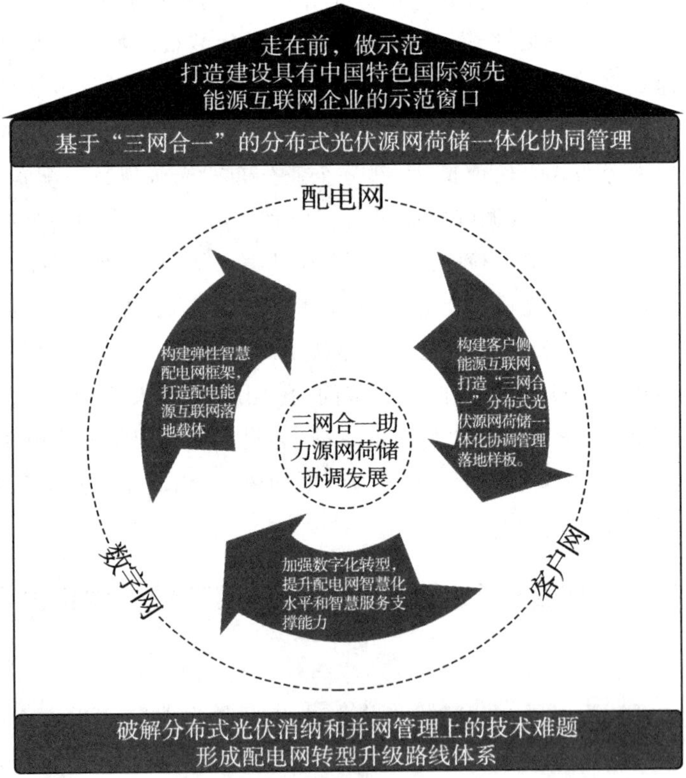

图 1　基于“三网合一”的分布式光伏源网荷储一体化协同管理总体框架

(一)理清电网发展演变路线,科学指引配电网升级方向

1.夯实理论,清晰界定未来配电网内涵与变化

未来配电网将是承载源网荷储高效互动的主要网络,涵盖电力生产、传输、存储和消费的全部环节,具备新型电力系统全部要素,是建设能源互联网的主战场。未来配电网在源网荷储四要素上与传统配电网相比发生了根本性的变化:一是电源结构的变化。电源结构由确定、可控、连续出力,逐步向不确定、弱可控、随机波动的新能源发电装机占主导转变;电源布局由大机组、大容量、集中式开发,逐步向集中与分散并举开发转变。二是电网形态的转变。由输配清晰、分层分区、平面网络向双向互动、多层互联、立体蜂窝的电网结构转变;配电网由无源网向有源网转变,潮流由单向输送向双向流动转变。三是负荷特性的变化。终端负荷有源化,由传统的纯消费型,向生产与消费兼具转变;用电消费弹性化,用电时间、用电规模由刚性需求向可调可控的柔性需求转变。四是储能侧的改变。向集中式与分布式灵活互补、能量型与功率型有机复合、储电与储热、冷、氢多元化方向发展,并与配电网规划、运行深度耦合。为应对电力系统"源网荷储"四侧变化,未来配电网将通过高压坚强支撑、中压灵活互联、低压形态多元等新型架构,重塑垂直单一的传统电网格局,运用人工智能、边缘计算、实时通信等技术为核心的协调管控系统,构建多能耦合互补互济、源网荷储高效互动、交直流多形态混联的未来配电网。

2.深化认识,明确未来配电网升级演变路线

未来的配电网、微网、各类用户与输电系统的差异将逐步消失,具有本地发电和双向电力潮流的特点,区域电网之间的互联性增强,电网结构应日益简化,分区之间应优先自我协调控制,分层之间应高效互动,形成"化整为零、分区自治、分层协调、高效互动"新型配电系统。配电网的迭代升级规划理念必须与配电能源互联网相统一。一是设备形态,在概念上契合能源互联网概念,能够与结构形态一同促使配电能源互联网运行方式发生变革。二是运行形态,在能量形式方面具有多元融合的特点,在能源流动方向与平衡方面存在双向潮流,区域协调与局域自治相结合,"互联网+"大数据下的"源—网—荷—储"互动。三是管理形态,配电能源互联网适合采取分散集中式能量管理模式,围绕不同能源中心形成广泛分散的区域模块,实现"区域自治,全局协调"。

(二)构建弹性智慧配电网框架,打造配电能源互联网落地载体

1.规划引领,构建弹性智慧配电网规划体系

一是加强配电网规划引领作用,做好供电网格能源互联网规划。电源侧,

推动屋顶分布式光伏等新能源开发利用；电网侧，重构目标网架；网架结构上，构建多层互联互通结构。二是提升配电网资源配置能力。根据“源荷储”要素特征构建分层、分级资源优化配置模式，提升新能源消纳能力、负荷平衡能力，提高配电网利用效率。三是配合主管部门开展电网侧储能统一规划布局研究，引导储能科学有序发展。四是以省电力公司建设贯穿“省地县”的分布式电源调度管理系统为契机，加强调度转型升级，提升配电网调度控制水平，强化“5G+”智能电网调控应用，满足分布式电源调度通信需求，实现“源网荷储”资源协调控制。

2.差异规划，确定配电网升级转型总体思路

规划是最大的节约，是全寿命周期资产管理的龙头，因此规划要大气、接地气，科学合理地确定配电网升级转型规划总体思路。一是规划原则的制定要充分考虑电网发展现状、人均用电量和人均装机仍然偏低等因素，对规划费用进行足够详细、多方案的论证，依据电力市场发展情况，规划要及时调整。二是规划要多问题导向，双目标引领。不但要在时间维度上，分析现状问题和发展问题，也要在问题类型上，深刻剖析电网设备、运行、网架等方面存在的问题，在问题充分分析论证的基础上，用远景目标网架定通道，近期目标网架定项目。三是规划中推进差异化设计。按照各网格所处建设发展阶段分为建成区、规划建设区、发展待定区，以此设定规划原则，建成区负荷发展较成熟，合理梳理、做优存量、改造最少，应多以解决现状问题为导向，梳理现有接线，杜绝大拆大建，按照改造量最少的原则逐步向目标网架过渡，形成负荷分组合理、网络清晰、联络有序的网格结构；规划建设区负荷发展快速，规划引领、适时跟进、性价最优，应以目标网架为导向，按照投资最少、后期建设浪费最少为原则，根据负荷发展的时序，合理选择过渡网架，有条件的区域可以按照目标网架一次建成，固化网架；发展待定区负荷发展不确定，满足需求、适当改建、指标提升，以满足可靠性为目标，解决突出问题，待控规覆盖以后，再细分网格，避免盲目建设。

3.输配协调，推进现代智慧配电网建设

一是推进坚强高压配电网建设。加快110千伏董家、唐辛输变电工程建设，构建历城东部高压目标网架，推进南部山区110千伏双拥输变电工程前期工作进度，消除网架结构中的薄弱环节，优化高压配电网结构。二是推动配电网灵活高效发展。拓展配电网规划灵活性、互动性，开展基于电动汽车行为分析的交互式配电网规划，打造面向用户体验的配电网，实施配电网间隔利用率评估与管控。三是打造弹性智能中压配电网。以电网本质安全、提高电网应变能力、防御能力和快速恢复能力以及资源配置能力为目标，构建具有科学的网架结构、必备的容

量裕度、适当的转供能力、合理的装备水平和必要的数字化、自动化、智能化水平的“弹性智能中压配电网”，全面梳理10千伏线路，在现有配网结构基础上，结合在途业扩项目供电方案，以目标网架为指导，以最经济最优的措施方案，构建以蜂巢结构为目标的坚强底层网架。利用软开关连接原有的单环或双环结构，构建模块化的蜂巢结构，在蜂巢内实现源网荷储的优化配置，蜂巢之间可在上级电源点之间进行负荷分割，通过软开关的功率控制功能可实现配电网的合环运行与潮流控制，通过10千伏线路可以在各变电站之间进行资源互补互济，供电可靠性和新能源消纳能力大幅提升。同时结合片区电、冷、热等多种负荷的实际需求，构建综合绿色电力、天然气联供、自然冷源以及光热、储能等技术的多能互补能源系统，实现以电为耦合媒介的多种能源互联互通、互补互济的综合供能系统，大幅提升能源、资源的综合利用水平，打造绿色低碳生活区。

（三）加强数字化转型，提升配电网智慧化水平和智慧服务支撑能力

1.推进配电智慧物联建设

开展配电网全环节智慧物联建设，提升智能感知终端覆盖率；推动感知层终端资源共享共用，实现状态全感知、业务全穿透。

2.推动电网数字化发展

推动实物“ID”应用；开展基础数据治理；深化云平台与企业中台建设和应用；创新“网上电网”网上应用，打通规划、建设、运行等系统，接入设备档案、量测、图形、项目等四类数据，构建“电网一张图”。

3.加强智能感知台区建设

按照统一融合型终端规范，有序开展台区融合型终端建设。为积极响应国家“碳达峰、碳中和”目标和乡村振兴的工作要求，历城公司根据国网公司能源互联网企业战略和数字化转型工作部署，依托仲宫数字化供电所建设，开展付家峪为代表的基于“ECU智能终端—智能量测开关—HPLC电能表”三级台区数字化架构的精品台区建设，应用省公司“客户侧能源互联网智慧”平台，构建台区网络拓扑结构，探索研究台区停电信息精准定位和智慧台区用能柔性控制的管理模式，实现台区数字化管理，提高台区精益化管理，打造“智能量测、透明开放”的智慧台区，提高台区管理及客户服务质效。

4.提升智能运检故障处置能力

配电自动化标准化配置率提升至98%，10千伏线路三级保护覆盖率达95%以上，10千伏线路单相接地故障自动切除率达90%以上。

(四)构建客户侧能源互联网,打造"三网合一"分布式光伏源网荷储一体化协调管理落地样板

客户侧是发展业态最丰富、应用场景最丰富、互动资源最丰富的新型电力系统建设领域,是基层供电所建设能源互联网的主战场。研究如何利用当前 4G 网络技术、HPLC 电力载波和智能计量设备,开展现有台区的数字化升级改造,并通过电力网络平台软件,探索研究台区精益管理、停电精准定位和用能柔性控制的管理模式,提高台区管理及客户服务质效,为服务新时代"三农"工作贡献电力智慧,是当前电力企业面对的重要研究课题。

1.台区数字化升级

JP 柜侧:秉承"一台区一终端、一节点一设备"的原则,代替"台区总表+集中器",JP 柜内安装能源控制器,终端上行通过 4G 与平台通信,下行通过 HPLC 模块与智能量测开关、20 规范智能电表通信。实现台区基础数据的计量采集,精准获取台区低压拓扑图、各节点设备状态、温湿度等环境参量,同时能够按需下发各类调节指令,实现配电侧和客户侧全量数据的实时感知和精准控制。

表箱侧:更换为非金属模组化计量箱,计量箱内部安装了智能量测开关、HPLC 电能表和智能物联锁具,表箱总电量、功率等电气参数的采集分析和计量箱开关状态的实时感知。新一代模组化计量箱覆盖率 100%,实现计量箱运行状态在线智能监测。

用户侧:应用 HPLC 电力载波替换原有 485 线通讯方式,依托智能终端实现了台区客户用能情况的分钟级数据采集和停电事件主动上报,为台区故障主动抢修、增容改造和业扩报装提供基础数据支撑。在建设试点台区配备 2 套 7kW 交流充电桩,建设 8kW 光伏雨棚一座,安装 50 kWh 储能装置 1 台,具备虚拟同步功能。开展充电桩有序充电应用,根据台区实时负荷情况动态调节充电功率和时段,在用电高峰期限制充电负荷,或通过智能通断电的方式调整充电时段,实现充电负荷的有序控制。

2.能源互联网智慧平台应用

完成台区采集方式的升级工作,通过 HPLC 高速载波通讯方式构建台区网络拓扑结构,在客户侧能源互联网智慧平台,利用特征电流数据积累计算,准确构建台区拓扑图,并根据客户变化及时更新。一是实现台区拓扑结构可视化,拓扑档案关系准确率 100%;台区电能表、各级监测单元等物联感知设备分钟级数据采集。基于用电量、电压、电流、地址信息、停电事件等相关数据,采用邻域信息分析和图论与概率论等方法,通过大数据分析和边缘计算实现台区物理拓扑识别,

并通过停电事件等其他维度数据进行校验和修正。二是实现智能表误差在线精确测算和准确定位，有效支撑电能表失准更换落地推广。满足智能电能表失准分析所需数据内容和频度要求，利用 HPLC 高频采集进一步提高模型判别准确度。

3.台区用能友好互动

一是台区用能实现"智慧平"。通过能源控制器、多功能断路器等设备改造实现分布式光伏电压、电流、功率、电量等数据分钟级采集及开关状态监测。以保障台区清洁能源友好消纳、提升容量弹性为目标，结合台区用能优化 App，综合考虑光伏及客户用能情况，利用智能终端边缘计算功能适时调节充电桩的充放电功率，在用电净负荷(用电负荷—光伏上网功率)低谷时段增大充电桩功率，在净负荷高峰时段台区可开放容量不足时两个交流充电桩之间进行有序充电调节，实现台区内光伏、充电桩和客户的友好互动。二是分布式光伏实现"可观、可测、可控"。通过光储一体化和自动控制设备应用，对现有采集终端"按需定制"升级，拓展三相分布式光伏客户表后开关的功能，采用"智能终端＋规约转换器＋逆变器"的技术方案，对分布式光伏即时控制和柔性控制，实现分布式光伏的可观、可测、可控，引导用户通过调节或移时方式针对可控负荷实现光伏台区削峰填谷，通过技术与管理手段促进光伏台区上网电量本地消纳，实现分布式光伏就地消纳，提高光伏可接入容量。三是通过充电桩有序充电应用，根据台区实时负荷情况动态调节充电功率和时段，在用电高峰期限制充电负荷，或通过智能通断电的方式调整充电时段，对充电负荷进行有序控制，实现电动汽车有序充放电，丰富电网可调节负荷资源。

三、基于"三网合一"的分布式光伏源网荷储一体化协同管理的实施效果

(一)构建现代智慧配电网建设体系，助力配电网高质量发展

公司形成一套电网发展管理路径，构建现代智慧配电网建设体系，助力源网协调发展，提升新能源开发利用水平，助力国网公司和电网高质量发展。一是以电网本质安全，提高电网应变能力、防御能力和快速恢复能力以及资源配置能力为目标，坚持"规划引导、专业协同、主配互济、网源协调"，开展构建弹性智能中压配电网专项行动，提升安全运行、配网效率效益、优质服务等管理水平，实现配网均衡、有序、高效发展及电网弹性抗扰能力稳固提升。从蓝图设计、实践探索两方面创新思路举措，绘制配电网转型升级蓝图框架。二是以破解分布式光伏消纳和并网管理上的技术难题入手，形成配电网转型升级路线，助力源网荷储一体化协

同管理，打造台区源网荷储协调发展样板。依托数字化供电所智慧精品台区建设，通过技术与管理手段，实现对分布式光伏“可观、可测、可控”，合理调控分布式光伏出力，实现光伏调峰，引导分布式光伏科学有序发展；实现台区内光伏、充电桩和客户等台区用能智慧互动，促进光伏台区上网电量本地消纳，提高电能质量与光伏可接入容量，助力源网荷储协同发展。

（二）推进源网荷储协调互动，有效提升经济效益

公司依托仲宫数字化供电所智慧精品台区建设，通过“三网合一”的管理手段，对分布式光伏“可观、可测、可控”和台区用能协同互动方面进行了积极探索和尝试，实现台区用能参与调峰市场新模式的手段，实现源网荷储协调互动，有效助力新型电力系统建设，取得显著经济效益。国网济南市历城区供电公司开展了仲宫付家峪为代表的基于“ECU 智能终端—智能量测开关—HPLC 电能表”三级台区数字化架构的台区建设，对台区设备进行了数字化升级改造，实现台区内光伏、充电桩和客户用能的友好互动及分布式光伏“可观、可测、可控”。付家峪台区容量 200kVA，年用电量 1.3 万千瓦时，共有低压客户 64 户，分布式光伏容量 58.1kW，充电桩 2 个 15kW，是历城区政府指定的光伏扶贫村。一是分布式光伏“可观、可测、可控”。可观方面，通过对现有采集终端“按需定制”升级，全部低压分布式光伏实现 15 分钟级采集监控，96 点曲线数据一次采集成功率保持 98％以上。可测方面，通过构建预测模型实现分布式光伏出力的精准预测，预测准确率为 70％～80％。可控方面，通过对三相分布式光伏客户拓展表后开关的功能，采用“智能终端＋规约转换器＋逆变器”的技术方案，实现对分布式光伏的即时控制和柔性控制。春节期间 1483 户低压光伏客户参与电网调峰，一次分合闸成功率 98.5％，压降出力 1.5 万千瓦时。二是台区用能协同互动。通过能源控制器、多功能断路器等设备改造实现分布式光伏电压、电流、功率、电量等数据分钟级采集及开关状态监测。以保障台区清洁能源友好消纳、提升容量弹性为目标，综合考虑光伏及客户用能情况，利用智能终端边缘计算功能适时调节充电桩的充放电功率，在用电净负荷（用电负荷—光伏上网功率）低谷时段增大充电桩功率，在净负荷高峰时段台区可开放容量不足时两个交流充电桩之间进行有序充电调节，实现台区内光伏、充电桩和客户的友好互动，台区总体容量弹性可提高 20％。

（三）助力双碳目标落地实施，取得明显社会效益

公司通过三网合一的构建，助力源网荷储协调发展，推动能源产业链上下游企业的转型升级，助力能源生产、消费的全面升级，创造良好的社会效益。强化示

范引领，国网历城区供电公司深入贯彻党的二十大精神，落实省市公司相关工作部署，加强源网协调发展，提升新能源开发利用水平，服务中国式现代化发展、新型能源体系构建，结合历城区供电公司供电范围内用电负荷和新能源分布不均衡，城区负荷密度大、分布式光伏少，南部山区负荷密度小、分布式光伏多等情况，开展城乡配电网升级研究及三网合一管理机制。一是本项目满足城乡配电网迭代升级需求。多样化的负荷发展区域对配电网提出了不同的升级需求，在精准化投资的建设机制下，急需科学构建城乡配电网分层分群升级方案，基于“最小化采集＋数字计算推演”的配电网感知技术，源网荷储协同运行控制技术，“绿色建造＋新型数字智能”变电站技术，电网运行状态感知与设备状态在线监测技术，变配电站房、输配电线路、地下管廊等智能运维巡检技术，防灾减灾能力提升技术等先进技术，打造新型城乡配电网升级“样板”，提高供电安全水平、提升新要素承载能力。二是提升了充电设施高效承载力。历城区近几年新能源汽车已达到规模化发展，新能源充电设施增长迅猛且大功率充电设施的广泛使用，导致电动汽车充电设施的负荷占比已经较为突出，对历城区电网的安全运营提出新的挑战，以历城区配电网发展现状为基础，以保证配电网潮流由单向转变为双向互动的新型配电网的安全高效运行为原则，通过多种负荷特性的优势互补以及配电网承载能力的动态量化等方法，构建历城区高可靠性、高效承载力的高质量配电网，提高对充电设施等客户用能的高效承载力。三是保证黄河流域生态保护和高质量发展相协调的电力供应。黄河流域生态保护和高质量发展区域作为山东省重点发展建设区域，将构建成“两心、三轴、四区、多点”的区域融合协同发展大格局，通过本项目的实施，为实现与区域建设发展相协调的电力供应机制并实现高质量电网发展，提供新的探索方向。

成果创造人员：李　瑜　徐雪峰　张　凯　李　超　苗　垒　刘爱军　李　波

矿业企业"六位一体"管理体系建设与实践

赤峰柴胡栏子黄金矿业有限公司

摘要：矿业企业"六位一体"管理体系建设，是以安全环保"双零"为出发点，以提升效率效益"双提"为着力点，以精益管理为抓手，以成本费用控制为重心，以数字化智慧化企业建设为依托，在企业内部构建职责、制度、流程、标准、现场、考核"六位一体"管理体系。推行过程中遵循追求两个大目标、落实两个负责制、抓好三个层面建设、强化四个结合的"2234"工作思路，建设了职责划分、管理制度、流程管理、标准管理、现场管理、绩效考核六大管理模块，形成以制度管人、以流程管事、以职责管行为、以标准管指标、以现场管质量、以考核管绩效的企业管理机制；建立了采掘生产、选矿生产、安全、环保、职业健康、物资、设备、能源、工程项目、化验、人力资源、公务接待12大运行模块；实施了"公司—专业—单位(部门)"三级联动运行机制；构建了组织、制度、对标、宣培、考核等保障体系；形成了"思想认知、组织领导、机制建设、氛围营造、问题聚焦、目标导向、工具使用、过程管控、成效总结、考核评价、持续改进"的具有柴矿公司特色的精益管理模式，全面提升了企业管理的效率、效能和效益，为企业安全稳定、高质量发展提供了强有力的支撑。

赤峰柴胡栏子黄金矿业有限公司(以下简称"柴矿公司")位于赤峰市松山区初头朗镇，为国有控股混合所有制企业，始建于1983年，是内蒙古自治区首家集黄金矿石开采、选冶、销售一体化的综合型黄金矿山。2008年加入山东黄金集团后，坚持探矿增储、技术改造、安全生产、节能减排、生态环保五大战略齐头并进，建成了国内最大规模树脂载金工艺选矿厂，树脂载金提金工艺研究应用方面居全国领先地位，各项指标达到同类矿山领先水平，2018年迈入国家吨金矿山序列，经济效益、社会效益、管理效益逐年攀升；2019年正式进入国家级绿色矿山名录，为内蒙古自治区首批、赤峰市首家"优秀企业"；获"2020年度中国矿业高质量发展标准引领单位""中国绿色生态研究基地"及内蒙古自治区"诚信示范企业"等荣誉。先后获得全国五一劳动奖状、全国黄金行业先进集体等四十余项国家级、省部级荣誉，被誉为赤峰市工业企业的典范和山东黄金对外开发的"桥头堡"。

一、矿业企业"六位一体"管理体系建设与实践的实施背景

2021年以来，由于新冠疫情等因素带来的复杂严峻的经济形势，柴矿公司面临的市场压力不断增加，与此同时集团公司提出了"进入世界500强、建成世界一流企业"的战略目标要求，也为柴矿公司的发展带来了新的机遇与挑战。结合矿业行业特点以及自身的经营管理需求，柴矿公司逐步确立了以战略目标为引领，解放思想、转变观念、挖掘潜力，激发内在活力的创新理念，建设职责、制度、流程、标准、现场、考核"六位一体"管理体系，以"导入精益管理理念，营造精益管理氛围"为切入点，力求形成"思想认知、组织领导、机制建设、氛围营造、问题聚焦、目标导向、工具使用、过程管控、成效总结、考核评价、持续改进"的具有柴矿公司特色的精益管理模式，促成公司保持稳定健康总体发展态势，高产高效高质量发展的总体战略目标以及安全环保"双零"和效率效益"双提"的发展目标的实现。

二、矿业企业"六位一体"管理体系建设与实践的主要做法

(一)"六位一体"管理体系建设的总体目标、要求与原则

1.总体目标

柴矿公司推行"六位一体"管理体系建设的目标是通过职责、制度、流程、标准、现场、考核六方面的有机结合，全面提升企业管理质量和水平，增强干部员工的执行力、战斗力和凝聚力，实现公司创建"山东黄金对外开发的品牌示范"和"多彩柴矿"高产高效高质量发展的战略目标。

2.总体要求

以"六位一体"管理体系建设为载体，以提高员工思想道德素质和职业技能为核心，以一线员工和基层管理者为主要对象，以增强广大员工的学习能力和创新能力为重点，以培养企业技能型人才为目标，以提升企业自主创新能力和核心竞争能力为着力点，努力把"六位一体"管理体系建设的各项工作落到实处，为公司安全生产、降本增效、完善管理提供发展新动能，为公司创建"山东黄金对外开发的品牌示范""多彩柴矿"发挥积极作用。

3.总体原则

(1)效益优先原则:推行精益管理体系建设的重心是以尽量少的消耗,持续获得最佳收益,全面增强企业的价值创造能力。

(2)指标量化原则:坚持精益管理工作目标、操作依据和考核标准数量化,能量化的要量化,不能量化的要标准化。

(3)结果导向原则:全面剖析和诊断企业生产经营管理过程中的主要问题、短板与瓶颈,做到靶向发力、精准施策。

(4)消除浪费原则:以减少浪费、提高效率、增加效益为重点,全方位开展挖潜提效。

(5)人本化原则:精益管理是全员、全过程、全面管理,必须致力于企业员工素质的全面提高,充分挖掘其潜能,从根本上保障精益管理的顺利实施。

(二)"六位一体"管理体系建设与实践的推行思路

柴矿公司实施"六位一体"管理体系,遵循"2234"工作思路,即追求两个大目标,落实两个负责制,抓好三个层面建设,强化四个结合。

追求两个大目标:无安全责任事故、环保事故"双零"目标和提升效率、效益"双提"目标。坚持安全发展、绿色发展、科学发展,全力铸就本质安全矿山;实现生产经营成本的全面降低、企业效益及工作效率的全面提升。

落实两个负责制:部门一把手负责制和管理模块负责制。

抓好三个层面建设:一是高层领导重在构建符合企业的融合精益理念的战略和文化;二是中层领导重在建立精益管理体系和流程改进;三是基层员工重在使用精益工具,达到精益管理目标。

强化四个结合:一是体系建设与重在落实相结合;二是考核激励与重点推进相结合;三是对标学习与自主创新相结合;四是体系审核与持续改进相结合。

(三)构建六大管理模块

"六位一体"管理体系由职责划分、管理制度、流程管理、标准管理、现场管理、绩效考核六大管理模块组成,通过这六个方面的深化、细化、优化、强化、一体化、协同化管理,在柴矿公司实现以制度管人、以流程管事、以职责管行为、以标准管指标、以现场管质量、以考核管绩效的精益管理机制。

1.职责划分模块

该模块明确各单位、部门的工作目标、权限和责任,防范因职责重叠而发生的工作扯皮现象。实现劳动用工的科学配置,提高工作效率和工作质量。明确岗位职责是精益管理的基础。

2.管理制度模块

制度管理强调按规则行事，便于沟通，使工作有据可依，减少失误，实现企业运行的规范化、标准化、程序化和透明化，是精益管理的基石。

3.流程管理模块

该模块将企业业务和管理视为整体流程，重视全流程绩效，促进跨单位协作。依据组织架构和管理模式，制定12大精益管控流程图，涵盖生产、安全等关键领域。通过流程再造和创新，简化工作组织，提升效率，维持企业活力，确保精益管理的实施。

4.标准管理模块

企业管理标准、工作标准和技术标准构成管理基础，推动管理现代化。定额标准尤为关键，是支付各类费用的依据，对科学组织生产、实行经济责任制核算至关重要。正确制定和执行定额，有助于挖掘生产潜力、降本增效，是实现精益管理的核心。

5.现场管理模块

该模块旨在优化生产现场组织体系，通过井下作业安全质量标准化和地表作业6S管理，不断改进劳动组织和生产布局，提高劳动效率，降低成本，提升产品质量，推动作业现场的持续改善和安全质量标准化，这是企业精益管理的重点。

6.绩效考核模块

工作成果评估是衡量单位和员工表现的过程，为激励提供依据，指导员工聘用、薪酬、职级调整和发展，是员工与企业目标的直接联系，确保企业战略实施，促进健康发展，是精益管理的实施手段。

（四）建设12大运行模块

“六位一体”管理体系由12个运行模块构成，包括采掘生产、选矿生产、安全管理、环保管理、职业健康、物资、设备、能源、工程项目、质检化验、人力资源、公务接待，基本上涵盖了企业生产经营的主要方面。每一个运行模块都包括了相应的流程、制度、标准、职责、现场、考核六方面内容，通过这些模块的推进和实施，使“六位一体”精益管理体系能够与企业生产经营实际紧密结合，使各项精益管理举措能够落到实处，具有针对性、实效性和可操作性，从而为柴矿公司做优做强、实现高质量可持续发展打下坚实的基础。

1.采掘生产模块

以采掘生产流程精益管控图为主，依据管理制度，管理计划、设计、掘进等关键环节,追求产量和品位双提升。通过细化考核指标、实施岗位责任制、标准化现场安全质量等措施,严格考核,减少浪费,提升效率,解决生产瓶颈,保证产量稳定增长,关键指标稳定向好。

2.选矿生产模块

以选矿生产流程精益管控图为核心,依据管理制度,管理生产计划、配矿等关键环节,目标是提升矿石处理量、金属产量等关键指标。通过细化考核指标、实施岗位责任制、6S 管理、物能耗定额管理等措施,严格考核,加强技术管理和技术创新,确保指标稳定,实现设备长期安全稳定连续运行。

3.安全管理模块

以安全流程精益管控图为主,依据安全管理制度,管理安全计划、应急预案等关键环节,追求"双零"目标。实施安全生产责任制、现场安全质量标准化等措施,执行风险分级管控和隐患排查预防机制,关注无轨设备、采掘顶板管理等重点,严格安全生产考核,提升安全生产管理水平,实现本质安全型矿山建设。

4.环保管理模块

以环保流程精益管控图为主,依据环保管理制度,追求资源节约、高效利用的生态矿业示范区。以减污降碳为目标,紧盯环保目标、环境监测等关键环节,实施环保责任制,加强污染防治和固废管理,推进无害化利用和尾砂充填技术,增加环保改造投入,秉持生态建设理念,融合绿色低碳和智慧开采,建设生态环境友好型企业。

5.职业健康模块

以职业健康流程精益管控图为主,依据职业健康管理制度,以职工健康为核心,实施全员职业危害防治责任体系,管理职业病因素识别、职业健康计划等关键环节,源头治理职业危害,降低健康风险,加强职业卫生防治,做好防尘防毒和个体防护,规范职业健康监护,关注健康机制等四大要素,将健康工作融入企业发展,建设国家级健康企业。

6.物资模块

以物资流程精益管控图为主,依据物资管理制度,追求材料物资零浪费。实施物资管理责任制,管理物资计划、采购等关键环节,完善定额管理和 6S 管理,严格考核物资消耗,遵循 JIT 原则,减少超储积压,实现物料全生命周期管理。

7.设备模块

以设备全生命周期流程精益管控图为主,依据设备管理制度,追求设备零缺陷、零故障、零事故。实施设备管理责任制,管理设备规划、维护等关键环节,完善 6S 管理,严格考核设备运行率,重视检定修和预防维修,通过标准化作业和管理体系完善，提升设备可靠性、稳定性和安全性，实现设备现场管理和检修管理的规范化和精细化。

8.能源模块

以能源流程精益管控图为主，依据能源管理制度，追求节能降耗和零浪费。实施能源管理责任制，管理能源计量、统计等关键环节，严格考核能耗指标，减少能源浪费，降低设备能耗，总结节能案例，树立节能标杆，开展节能降耗对标，实现节能减排和企业绿色发展。

9.工程项目模块

以工程项目流程精益管控图为主，依据工程项目管理制度，追求项目管理零失误。实施项目经理负责制，管理项目规划、施工等关键环节，严格考核工程项目指标，控制投资、进度、质量和安全，加强标准化管理，采取针对性措施，提升工程项目的经济和社会效益。

10.质检化验模块

以质检化验流程精益管控图为主，依据质检化验管理制度，追求质检化验零误差。实施质检化验岗位责任制，管理采样、化验等关键环节，严格考核质检化验指标，做好原矿、尾矿等采样和化验分析，实现质检化验工作的标准化、规范化和数字化，减少成本，确保化验结果精确度，提升效率和质量，保障企业高质量发展。

11.人力资源模块

以人力资源流程精益管控图为主，依据人力资源管理制度，追求全方位人力资源保障。实施人力资源管理责任制，管理人力资源规划、招聘等关键环节，严格干部职工绩效考核，公平分配工资奖金，提升员工素质，培养技能人才，建立学习制度和激励机制，建设学习型组织，强化人才培养和团队建设，让员工成长成才，为公司高质量发展培养输送人才。

12.公务接待模块

以公务接待流程精益管控图为主，依据公务接待管理制度，追求公务接待零失误。实施公务接待岗位责任制，管理接待确认、准备等关键环节，完善规范化流程，严格考核接待指标和费用控制，坚持有利公务、节俭务实原则，提升接待服务效果，展示企业良好形象。

（五）推行“三级联动”运行机制

柴矿公司全面推行“公司—专业—单位（部门）三级联动运行机制，以全员“小改善”汇聚企业“大收益”，打造精益管理常态化、长效化的推进机制，形成自上而下、由点至面的精益改善、创新创效的良好氛围。

1.公司级推动精益管理大项目

针对企业发展瓶颈问题，公司确定了选厂扩能、采掘工程扩能等精益管理大项目，与各单位签订责任状，明确权责，制定实施方案，以项目组形式进行责任分配和节点考核，集中优势力量解决生产经营瓶颈问题。

2.专业级开展流程、标准课题研究

在专业层面，针对采掘、选矿、安全等专业领域，围绕企业制度建设和标准化管理，采取“技术攻关＋生产现场应用”原则，以“切实可行＋快速见效”为目标，推进各专业精益管理，强化管理升级，营造规范效应，助力提质增效。各专业具体实施方法如下：

（1）持续优化精益管理流程，完善流程管事、制度管人等管理机制。各单位根据精益管理办公室提供的流程图、制度、标准等，结合实际工作，逐项梳理和完善相关工作流程，确保流程全面、合理、有效，并落实到位，从而提高工作效率和管理水平。

（2）探索精益管理培训新模式，通过面对面交流、一把手现场讲解、点对点指导增强培训效果。要求各单位一把手现场培训，讨论式讲解，鼓励提出问题和改进建议。专业领导和专家进行重点流程的点对点指导，确保培训效果。各单位内部开展不同层级的流程讲解活动，使员工熟悉和理解流程。举办精益管理讲座和知识轮训，将精益管理理念纳入新员工培训和全员必修课程，提升员工主动学习和应用精益管理的能力。

（3）开展“精益管理流程”合理化建议征集活动，鼓励员工提出流程优化建议。在一把手现场培训后，公司征集关于流程适用性、指标合理性等方面的建议。合理化建议一经采纳，将获得奖励，并作为年度绩效考评依据。

（4）结合智能矿山建设，公司运用钉钉等信息化工具固化最优工作流程，通过IT技术实现流程信息的及时处理和传递，减少人为错误，提升管理效率。将优化后的流程与钉钉结合，开发流程化管理模块，实现流程信息的电子化处理和存档。将流程管理与企业的智能化、数字化建设相融合，推动企业在信息化时代的精益管理转型升级。对在钉钉等信息系统中成功上线的流程功能模块，公司将给予奖励。

（5）公司通过建立“六位一体”精益管理体系，形成标准制度化、职责流程化等管理运行模式，将精益管理作为提升企业管理水平和实现高质量发展的重要手段。在各个业务领域推行精益管理，构建精益文化，探索适合柴矿公司的精益管理模式，实现作业标准化、管理可视化，以最小投入创造最大效益，促进公司内涵式增长和竞争优势，开创新一轮高质量发展。

3.单位级实施精益自主改善

在单位层面,将"持续提高精益自主改善成果产出"作为推动各单位精益管理的核心和工作重点。对各单位按分矿、车间每月3项,其他职能部室每月2项,下达精益自主改善指标任务,并将任务目标纳入各单位、各部门生产经营绩效考核,与月度绩效薪酬挂钩,以调动员工精益思维和主动创新的积极性。

(六)建立"六位一体"管理保障体系

"六位一体"管理是对现有管理理念的再革新和对企业管理水平的再提升。公司推行"六位一体"管理要以现有组织管理体系为基础,不再单独设立组织机构,重点是要在履行现有管理职能的过程中贯彻精益思想、实施精益管理措施、落实精益管理目标,为此,公司建立了五个支撑保障体系。

1.建立组织保障体系

成立以总经理为组长,分管副总经理为执行组长,其他副总经理、总监、总助为副组长,各单位、部门主要负责人为成员的组织保障体系,建立统一领导、分工协作的联动机制,为"六位一体"管理体系的实施提供组织保障。

2.建立制度保障体系

制度管理部门负责完善、建立合理的规章制度体系,解决无章可循的问题,通过考核机制促进制度落实,对违反制度的行为进行严格考核,维护制度的权威性;各专业部门负责制度培训,跟踪制度落实、执行,确保员工掌握和理解规章制度,使规章制度成为各项工作开展的标尺、不可逾越的红线。

3.建立对标保障体系

及时总结"六位一体"管理成效,开展对标工作,树立管理标杆,编制最佳实践案例集。各单位每月提报管理阶段性成果,包括指标对比、亮点、成果和不足。每季度总结精益流程管理进展,树立专业、班组、岗位标杆,推广好经验,收集优秀实践案例,编制《精益管理最佳实践案例集》。对标杆单位及入选案例的单位,经认定后进行奖励。

4.建立培训宣传保障体系

开展"六位一体"管理主题教育,强化宣传引导,坚持文化引领,提升精益执行力。通过"精益从心开始,改善从我做起"等主题活动,强化全员精益意识,追求卓越,主动改善,全员参与,为精益管理推行打下基础。定期组织举办优秀精益成果评选,对改善之星、6S标准化班组等精益改善典范,不但进行公开表彰奖励,而且通过让精益案例成"书"、登"报",让改善明星上"墙"、进入荧屏、精益交流会现身说法等一系列措施,为员工搭建起展示创新才能、实现自我价值的舞台,增强员工职业成就感。充分利用 COP 办公平台、微信群、宣传橱窗、公众号、各类会议等载体宣传精益理念、方法工具、重要意义和阶段任务,在公司内部形成统一而富有特色的宣传格局,加强精益管理理念的宣传报道,营造学习、实践精益管理的氛围,让员工树立精益意识,提高精益执行力,展现公司积极进取的精神面貌和良好企业形象。

5.建立绩效考核保障体系

建立"六位一体"管理激励和约束机制,完善绩效考核体系,进行月评比、验收,并与员工薪酬挂钩。对未提报改善项目的单位,不发放激励工资,同时对中层管理人员进行惩戒。通过绩效考评,将责任和压力传导到个人,结合反向约束与正向激励,调动员工的积极性,支撑"六位一体"管理的全面推行。

三、矿业企业"六位一体"管理体系建设与实践的实施效果

通过"六位一体"管理体系建设,柴矿公司各项工作都取得了显著的成效,主要体现在以下几个方面。

一是提升了公司的安全环保管理水平。2022 年来,查出各类隐患 3252 项,整改闭环率达到 100%,安全生产保持了平稳态势,"三废"实现零排放,绿色矿山保持在国家名录,安全环保工作实现了"双零"目标,生态环境治理和绿色矿山建设有了长足发展。

二是促进了公司生产效率大幅提升。通过精益管理,优化工程设计、完善提运系统、加快采场建设等重点措施,紧密关注生产形势变化,及时调整生产组织,统筹协调调度,确保企业生产有序进行,显著提升了公司工作效率。2022 年黄金产量同比增长 11.81%;关键技术指标实现了"同比有提高、环比有提升",其中,"3 号盲竖井+850m 水平"与"1 号竖井+850m 水平"贯通巷在预测位置安全精准贯通,创建矿以来独头掘进单月进尺最高纪录 242.2 米。

三是促进了公司降本增效,效益显著提升。在降本增效、资金保障、经营指标考核落实等方面取得了显著成效。2022 年利润总额同比增幅 7.86%,净利润同比增幅 7.74%;全年吨矿物资综合单耗同比下降 4.23%,全年累计实现降本增效同比增幅 20.30%;特别是选厂破碎班组改革,定员减少 6 人的前提下,通过流程优化、技术改造、系统自动化升级等,选矿处理量翻一番,黄金产量增幅达 50%。

四是完善了企业经营机制,改变了企业经营理念。实施"六位一体"管理,以关键指标考核、重点项目管控,部室和车间薪酬挂靠结算,使全公司上下一条心、一盘棋,破解安全、生产经营等瓶颈问题,发挥团队作用,合力攻坚,企业经营机制

进一步完善，干部员工树立了制度化、标准化、流程化、规范化经营理念，确保了公司高产高效安全运营。

五是提升了员工素质，促进了公司创新。2022来，柴矿公司累计开展小改小革、征集合理化建议322项，员工创新成果216项，公开发表创新论文62篇，公司首次荣获"中国矿业高质量发展标准引领单位"和"绿色矿山推进会副会长单位"两项殊荣，再次获得内蒙古自治区五一劳动奖状，"深部急倾斜破碎复杂矿体精准开采技术"项目获得中国黄金协会一等奖，员工素质提升明显，创新成果丰硕。

六是强化了公司"管理增值"理念，提高了企业管理水平。通过实施"六位一体"精益化管理，柴矿公司从干部到员工强化了"管理增值"理念，提升了成本意识和创新能力，同时提升了企业的科学管控、精益运营、价值创造、合规经营、自主创新和履职担当能力，为打造"多彩柴矿"品牌企业、推动公司高质量发展提供了强大支持。

成果创造人员：马印禹　郝丁谋　谭国春　崔志夫　王美娟　李梓源　于红爽

电网企业以赋能增效为目标的组织机构优化管理

国网山东省电力公司烟台供电公司

摘要：国网山东省电力公司烟台供电公司适应经济社会发展、国家能源清洁低碳转型新形势，在赋能增效目标指引下，坚持协同高效和优化调整相促进、编制瘦身与健身相结合原则，探索组织机构优化管理模式。通过开展效能评估，确定组织机构优化管理的科学路径和最优方案；应用定员分解，构建科学合理、精准引导的组织机构框架；赋能业务发展，明晰协同联动、灵活响应的组织机构定位；推动数字化转型，提供实时监控、辅助决策的组织机构保障；分析班组承载力，进行精简高效、逻辑闭环的组织机构验证。通过组织机构优化调整，有力保障了组织体系的科学性和先进性，增强了企业核心竞争力，在落实社会责任、服务大局中更好地发挥了“顶梁柱”作用。

国网山东省电力公司烟台供电公司（以下简称“烟台公司”）是山东省电力公司直属供电企业，担负着烟台市七区七市的供用电服务工作，供电面积 1.37 万平方公里，供电客户 387.26 万。2022 年，售电量完成 428.16 亿千瓦时，营业收入 295.69 亿元，分别同比增长 10.78％和 32.91％，增幅均居全省第 1。近年来，国网烟台供电公司精组织优机构、强电网保供电、提服务惠民生，先后荣获“全国一流供电企业”“全国供电可靠性 A 级金牌企业”“全国电力安全生产标准化一级企业”“国网公司先进集体”“国网公司对标世界一流管理提升标杆企业”“烟台经济发展功勋单位”等荣誉称号，连续六届获评“全国文明单位”。

一、电网企业以赋能增效为目标的组织机构优化管理的实施背景

（一）响应中央号召和践行央企责任的必然选择

习近平总书记强调：“要坚定不移深化国有企业改革，着力创新体制机制，加

快建立现代企业制度，发挥国有企业各类人才积极性、主动性、创造性，激发各类要素活力。"2020 年国企改革三年行动初期，国网公司按照国资委部署要求率先示范，围绕"1＋N"政策体系深化改革发展，加快电网转型升级，以科学的组织、先进的管理服务经济社会发展，确保电力可靠供应。在此形势下，基层电网企业必须适应新形势新任务，持续优化组织机构管理和业务流程，促进生产力和生产关系的持续发展，更好地支撑国家战略落地实施，在落实社会责任、服务大局中更好地发挥央企"顶梁柱"作用。

（二）推进国网公司发展战略实施的关键载体

国网公司提出具有中国特色国际领先的能源互联网企业战略目标，要求各级电网企业完善组织体系、优化组织机构，从源头推进能源互联网企业建设。由于历史原因，基层电网企业组织结构复杂，导致组织或员工之间业务协同不足，管理成本增加。随着各方电力供应新需求爆发式增长，各种新技术、新装备、新设备、新工艺、新材料得到推广应用，在一定程度上缓解了电力客户、电网设备快速增长与用工总量负增长间的矛盾，但管理流程不顺畅依旧制约着电网企业的发展质效。基层电网企业必须进一步加强组织机构优化管理，充分发挥集约化的效率优势、精益化的管理优势、专业化的技术优势、标准化的质量优势和数字化的协同优势，更好地支撑国网战略目标落地实施。

（三）提升烟台公司管理质效和规范水平的主要途径

烟台公司传统组织机构是典型的"金字塔"结构，管理层次较多，管理幅度较小，在稳定的市场环境中具有较高的管理效率。在外部环境快速变化的新形势下，缺乏应对变化的快速反应能力和适应性，主要表现为：面对市场需求变化及业务流程不畅，难以快速发现组织管理的薄弱环节和定位组织运转梗阻点；面对各专业劳动效率差异较大、结构性超缺员的表现，缺乏对制定用工策略、合理安排人员流动的决策支撑；面对运检、营销专业边界模糊地带和重大活动保供等临时性、突发性重要任务，缺乏专业间协同高效、灵活响应的应变能力；面对各专业的海量业务数据资源，缺少系统性的整合分析能力，推进组织机构管理变革是当务之急。

二、电网企业以赋能增效为目标的组织机构优化管理的主要做法

（一）加强顶层设计，明确组织机构优化管理的思路、目标和原则

电网企业强化整体统筹，通过开展效能评估、深化定员应用、设置高效机构、

强化数字赋能、进行分析验证等举措，规范推进组织机构赋能增效。

1.厘清工作思路，明确整体目标

坚持“约束总量、因地制宜”，协同高效和优化调整相促进、坚持编制瘦身与健身相结合。其中，“优化”主要强调机构和职能的优化；“协同”强调机构之间的配合联动；“高效”强调体制机制运行的效率效能；“瘦身”强调严格控制机构编制总量，对职能任务弱化的做减法，精简多余的机构编制；“健身”强调提高机构编制使用效率，保障机构编制资源更好发挥效益。

2.坚持五项原则，强化赋能增效

电网企业按照“全覆盖、动态评估”原则，深层次、多角度查找管理短板，引导各类资源向高效能机构倾斜，对低效能机构进行压缩撤并，确保内设机构精简高效（见图 1）。

按照“强化统筹，合理分解”原则，参考新版劳动定员测算结果，对现行内设机构设置标准进行同步优化调整以满足实际生产需求。

按照“全局适配、局部最优”原则，打造政企协同、前端营配融合网格体系，优化贴近设备、专业专注的运检专业机构，完善常柔相辅、平战结合的灵活组织体系，形成赋能增效、灵活施策的组织机构优化管理模式。

按照“事前审批、事中监控、事后评估”原则，持续完善人资信息系统建设，发挥与营销 2.0、运检 PMS 3.0 系统建设管理的协同联动作用，向各类机构提供业务系统数字化转型升级的科学支撑。

按照“数据真实可靠、方法科学有效”原则，以“工作饱和度”为理论基础，分析班组承载力，对组织机构优化管理模式的合理性做出评判。

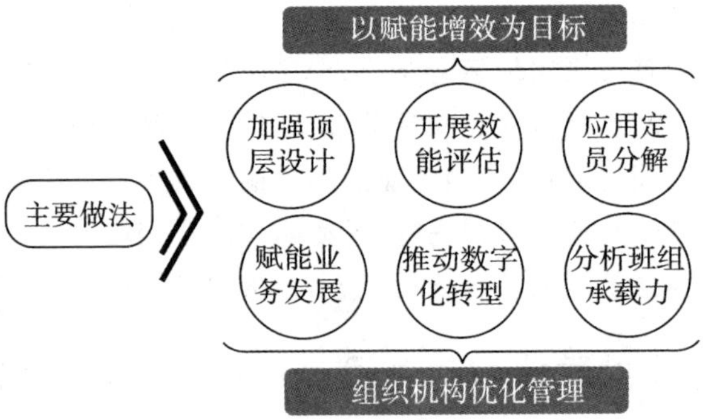

图 1　电网企业以赋能增效为目标的组织机构优化管理示意图

（二）开展效能评估，确定组织机构优化的科学路径和最优方案

以“双模”为切入点、“多维”为发力点，建立“事前论证、事后评估、前后闭环、相互促进”的正向反馈机制，激发“事后评价”诊断、导向、优化、出新的效能。

1.搭建“双模多维”模型（见图2），科学指导组织机构效能评估

（1）“双模”切入，推动评估有序开展。建立定量分析、定性评价相结合的“双模”评估模型，定量分析以指标数据为基础，通过与历史水平、目标水平、行业水平等多视角多维度比较，充分挖掘诊断组织机构运行中存在的问题，客观反映其效率效益水平及变化情况。定性评价采用问卷调查、访谈、资料查阅、工作日写实等方法，精准诊断机构运行中存在的问题。

（2）“多维”发力，推动评估多向穿透。提出“多维”评价模型，将组织架构、责权明晰、沟通协同、队伍建设、效率效益等作为评估主要维度，根据评估对象和评估目的不同，差异化选择、优化、补充评估维度及评估要素、指标，提高机构效能评估的效率质量。

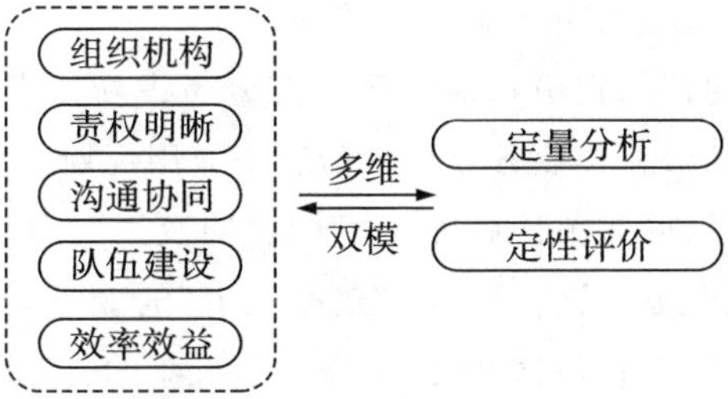

图2 “双模多维”模型示意图

2.靶向精准开展评估，为优化组织机构把脉问诊

（1）“问需”结合，精准定位评估范围。坚持问题导向，从人资管理、专业角度、外部客户和形势研判四大视角设计评估问题。坚持需求导向，精准定位调研对象。结合实际业务需求，让问题服务于结果、服务于报告。

（2）“主客”结合，科学配置评估内容。按照市县公司主体单位、人资部门、地方政府和重要客户等不同的参评群体，设计多类调查问卷。将选项类与问答类有机结合，既有合理的引导，又有发挥的空间。对于关联部门不涉及的业务、员工不熟悉的业务，不强制作答，避免“噪音干扰”。

3.深化评估结果应用，助力组织机构迭代升级

（1）“以评促改”，找准问题短板。在定量评价方面，通过对同类机构的各维度得分对比，查找机构的优势和劣势，发现机构存在的问题。在定性评价方面，总结归纳参评人员提出的问题及建议，为机构优化提升提供科学合理的判断依据。

(2)“以评促进”,明确优化方向。根据“KISS”法则制定组织迭代优化方案,其中,Keep(需要保持的):保持机构成功的关键因素并推动机构效能持续提升。Improve(需要改进的)分析不足并制定计划对其改进。Start(立即开始的):结合在机构效能提升中欠缺的因素,制定改进计划。Stop(即刻停止的):分析机构运行过程中阻碍效能提升的因素或潜在的风险,制定针对性措施予以消除。

(3)“一评多用”,确保实用实效。先后组织开展供电服务指挥中心、项目管理中心机构效能评估,线上发放调查问卷累计 1100 余份,开展 356 人次现场访谈,诊断发现业务职责承接落地、市县一体管理纵深穿透不足等问题 38 项,制定整改提升措施 125 条。

(三)优化定员管理,构建科学合理、精准引导的组织机构框架

以国网公司《供电企业劳动定员定额管理办法》(“1”制度)为指引,以省公司《劳动定员定额管理实施细则》(“N”制度)为落脚点,构建分级管理体系,按照定员定额组织生产,分单位、分阶段差异化制定达标策略。

1.坚持集约高效,确保定员分解科学合理

(1)以发展为导向预测定员供需情况。充分考虑新技术新装备的应用前景、组织方式优化调整,结合相关业务新技术新装备应用规划,如输电运检构建“空—天—地”立体巡检体系,同时关注各专业横向协同及纵向融合,如 10 千伏及以下营配合一的前端供电服务、“设备主人+全科医生”的变电运维一体化等,全面分析现有直接用工的配置现状,科学预测未来三至五年的自然减员、内部流动、解除劳动合同等情况。

(2)以应用为导向构建基于“三系数”的定员修正模型。统筹考虑相关方服务需求、业务发展趋势等因素,针对用工配置率与人员素质、设备水平进行调研分析,确定人员与设备、新增业务等影响因子的相关性系数和权重系数,应用“用工需求等于工作量与人均承载力比值”基本理论,建立回归方程,构建定员要素修正模型,实现核定定员超缺均衡目的,便于定员直接应用于薪酬分配、用工配置等专业。

$$N=\frac{Q}{W}=\sum\frac{Q_i}{W_i}$$

其中,Q 表示工作量,W 表示人均承载力,N 表示用工人数,i 表示不同专业。

2.结合定员分解落地,引导机构编制资源合理分配

(1)“控总量”+“调结构”,提升定员标准引导力。深入分析专业特点,统筹考虑技术革新、组织方式、用工策略等因素,有序推进按照定员定额组织生产。“控

总量”聚焦用工总量和人工成本的压降，“调结构”聚焦用工的地区结构、专业结构、岗位结构以及资源分配的合理布局，统筹组织效能、劳动生产率、人工成本利润率、人才队伍素质能力的提升和人事费用率一盘棋。

(2)“分解路径”+“映射关系”，保证定员分解同步合规。以组织机构为分解路径，即“单位—内设机构—班组—实际岗位”，实现每个组织单元、每个岗位分类、每个定员项均有分解定员数，满足机构、岗位、定员三个视角开展超缺员分析的实际需求。建立实际岗位与岗位分类的对应关系：一个职工只有一个实际岗位，一个实际岗位必须对应一个岗位中类和若干岗位小类，实现以定员推动组织机构优化管理，提升用工效率，压降用工成本(见图 3)。

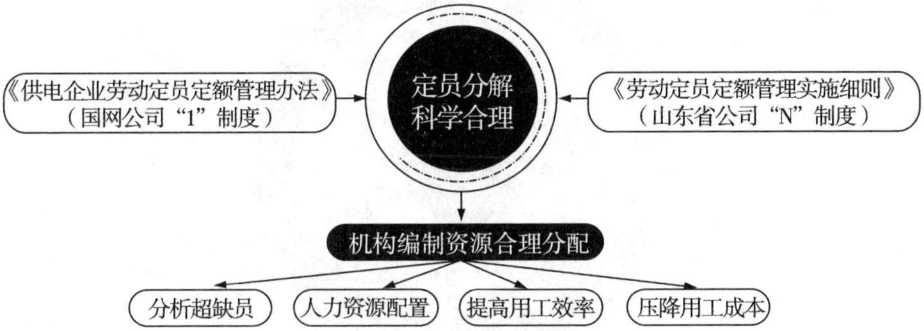

图 3　定员分解示意图

(四)赋能业务发展，明晰协同联动、灵活响应的组织机构定位

加快推进卓越服务组织体系、现代设备管理体系建设，持续加强生产管控、安全管控，满足业务际需要。

1.以共建共治共享为核心，打造网格化的供电服务机构(见图 4)

(1)坚持因地制宜，以“服务共建”推动网格体系深度融合。建立网格供电机构与行政区划“一对一”或“一对多”的对应关系，组织编制“一区一特色”网格融合操作方案，形成网格经理与政府网格员的映射关系。通过供电服务人员、信息进入社区服务大厅、公示栏、微信群、生活圈等方式，推动政企网格深度融合。结合“四进送服务”大走访活动，市、区(县)、班组(供电所)分层分级逐家走访对应网格化管理机构，促请政府单位印发支持政策文件，为网格融合提供强力支撑。

(2)坚持分类施策，以“诉求共治”推动网格业务深度融合。围绕涉及民生供电服务重点，细化融合流程、规范、要点，确保供电服务一般问题不出户、复杂问题不出网格、疑难问题不出社区。聚焦网格涉电诉求共治，全景梳理“9+8”诉求共治清单，政府网格员协助网格经理开展基本业务受理等 9 项供电服务，网格经理协助政府网格员开展特殊人群服务等 8 项社区服务。

(3)坚持互联互通,以"资源共享"推动网格平台深度融合。强化电网调控、指挥、抢修、服务等专业协同,推行直接面对客户的"全能型"岗位,为客户带来最优的服务体验。加快打造"一专多能、人岗责匹配"复合型客户经理队伍,实现业务"协同作业"、服务"一次到位"。例如烟台公司参考外部市场服务行业的经验做法,优化调整前端客户服务等岗位,在提升客户体验的同时,对外适应新型电力系统建设、新能源消纳等改革环境需求,对内推动优化电力营商环境、营配融合等工作在基层落地。

图 4　网格化供电服务机构示意图

2.降低管理重心,打造贴近设备、专业专注的运维检修机构(见图 5)

(1)构建"立体巡检+集中监控"输电运维新机制。全面落实设备主人制,建设设备状态全息感知、设备管理一贯到底的运检新机制,率先建成输电"数字化班组",实现生产作业在线化、移动化、透明化。率先投运山东电力海缆运检中心,系中国北方唯一电力海缆运检基地,与烟台市海事局构建政企联动值班新模式,打造出国内一流的智能化海缆运检体系。

(2)构建"智巡为主、人巡为辅"变电站远程智能巡视新机制。试点建设"降低重心、贴近设备、强化基础、精益管理"的变电运维机制,全面提升运维监控强度、设备管理细度和信息化程度,实施"无人值守+集中监控"运维形式,推动现代设备管理体系建设。增加 128 项变电运维专业运维一体化业务,深度融合变电运维、监控、检修业务,深化设备全寿命周期管理,实现管理流程顺畅、业务运转高效、绩效综合最优,持续打造变电运维、监控、检修复合型人才队伍。

图5　贴近设备、专业专注的运维检修机构示意图

3.强化专业协同,打造资源整合、统筹高效的管控支撑机构(见图6)

(1)注重管理协同,赋能前端业务实施。针对县公司传统供电服务和运检设备业务分散、职责不清、缺乏统一指挥等问题,设立供电服务指挥机构,构建输变配"集中监控"机制,提升城市营配调业务和应急指挥能力。引导职能部门主动变革职能管理机制,强化对各基层机构的管理穿透,加强管理能力与业务能力之间的协同。

(2)注重业务协同,强化前端运营管控。进一步明确生产管控中心和相关部门的职责界面,厘清设备管理、安全监督、供电服务指挥工作的界面,确保一类事项原则上由一个部门统筹,一件事情原则上由一个部门负责,避免政出多门、责任不明。探索供电服务指挥中心与生产管控中心等其他机构合署,按"多中心合一"形式设置,实现跨专业资源集中调配、统一协调。

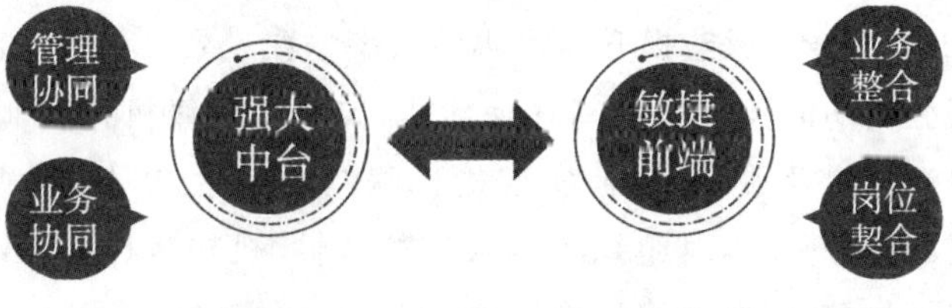

图6　资源整合、统筹高效的管控支撑机构示意图

4.突出快速响应,打造常柔相辅、平战结合的柔性组织机构

(1)常设机构和柔性团队互为补充,提升业务运转效能。以"精干高效、业务融合"为发展方向,整合营销、配电等相关机构,通过"刚柔结合"推动职能优化,建立"常柔相辅+平战结合"的矩阵式敏捷型组织机构。常设机构方面,加强对基层班组的组织机构优化,做强专业管理链条,形成专业指导合力,遵循"同一专业班组合并、相近专业班组融合、跨专业班组协同"的思路,优化业务组织形式和机构设置,精简机构总量。柔性团队方面,建立专业联动的专项工作小组,针对新型电力系统建设等综合性、临时性任务,建立职能部门指导、业务机构支撑,打破专业工作界限,根据工作任务需要,灵活调配人员组建工作团队。

(2)平时运行和战时应急互为支撑,有效应对急难险重任务。建立“平时”和“战时”两种组织运行机制。“平时”,各类机构各司其职、常态运转,遇有紧急情况,迅速切换转入“战时”状态,形成覆盖各专业、各层级的一套完整的应急状态下各机构工作职责、流程、标准,提高跨层级、跨专业响应速度。完善应急指挥人力资源管控机制,“平时”作为应急日常管理辅助工具,“战时”作为突发事件应对指挥、决策支撑工具,构建“市县一体指挥、属地单元管控”应急工作体系,统筹协调人、财、物各类资源,提升执行效率。结合电力负荷管理体系建设、疫情防控等实践,建立“战时”备用机构和工作团队,健全“城县互援、跨市互备”应急互援机制,有效应对“黑天鹅”事件。

(五)推动数字化转型,提供实时监控、辅助决策的组织机构保障

通过数字化手段,实现组织机构调整的流程化、规范化管理,充分发挥人力资源数据与专业信息数据的协同联动作用。

1.制定数字化建设方案,规范机构管理流程

(1)优化组织机构分类,实行线上流程审批。对不同管理层级设置不同的审批权限,实现上级单位对下级机构编制管理的事前审批。将组织机构变更流程固化在人资 2.0 端,全面实现机构变更线上审批流转。根据新版供电企业组织机构分类标准和《人力资源基础信息分类与代码》标准修订情况,梳理 ERP 系统和人资 2.0 中组织机构字段信息,优化修改系统内组织机构分类等各类字段信息。

(2)完善 ERP 人资系统,提升人机协同效率。在人资 2.0 系统新增供电企业组织机构数据分析功能及机构编制管理功能,实现各层级机构编制、职数及实际配置情况的自动提取及展示分析,实现机构编制的下达、申报、批复的全流程管理。设置不同的预警阈值,对组织机构数据规范性、机构数、定员数、负责人职数超批复值等违规告警,规范组织机构管理。

2.强化人力资源数据应用,助推业务平台数字化转型升级

(1)坚持信息共享,推动人资和业务平台深度融合。强化数智赋能,构建信息技术资源的支撑保障体系,逐步加强组织机构信息工作平台建设,实现超缺员动态分析,在线流程审批、信息协同共享、员工数据多维展示等多元化功能。持续发挥机构、岗位、定员管理的协同联动作用,通过在 ERP 中修订实际岗位与岗位分类“一对一”或“一对多”的对应关系,进一步厘清机构编制管理各要素间的逻辑关系,为营销服务一线和运检设备精益化管理等业务平台的数字化转型升级提供科学支撑。

(2)加强系统联动,深化营销 2.0 和 PMS 3.0 应用。加强人资系统与其他业

务系统互联互通，通过信息资源全领域、全业态聚合共享，业务线上化、自动化、智能化高效运转，统计数据跨专业、跨领域同源应用等手段，深化应用营销2.0系统，推动营销提质增效和数字化转型。推动新型数字技术与传统电网设备业务融合发展，建成以PMS 3.0为核心的覆盖全市的现代设备管理体系数字化支撑架构，助力“设备、作业、管理、协同”四个数字化，确保设备管理数字化转型取得实效。

（六）分析班组承载力，进行精简高效、逻辑闭环的组织机构验证

基于业务洞察，结合员工个人情况，深入分析评估班组成员的工作承载力，评估业务与人力资源配置、组织机构设置的匹配关系，进一步提升组织运转和人力资源配置的效率效益。

1.开展班组承载力分析，科学掌握一线工作饱和度

（1）数据建模，构建饱和度分析模型。将工作饱和度由在一定周期内员工或班组实际完成工作量与员工或班组工作承载力之间的比值，简化为实际工作时间（T1）与可提供的有效工作时间（T2）的比值。工作饱和度越趋近1，表明班组承载力合理。可提供的有效工作时间方面，通过引入三角模糊数理论，以“法定工作时长、专业劳动负荷、员工工作准备度”三项关键参数，确定人均可提供有效工作时长。实际工作时间通过跟踪写实、现场访谈和数据分析等手段获取，将主营业务分解为标准业务板块，明确对“年度计划—月度计划—周计划—业务工作事项—SOP清单”进行细化收集，获取相对合理的实际工作量。

（2）建章立制，深度洞察业务。加强专业协同，根据相关业务传统的“上下游”关系，建立双轨数据采集机制，实现业务数据的“互证”，科学全面收集各类业务信息和设备台账。建立标准工作量来源采集体系，将全部工作归纳为专业、专项以及其他工作，确定不同采集方式。建立信度检验机制，对同类型工作多次写实，将数据进行比对分析和信度验证，提升数据准确性，更加客观反映真实情况。

（3）持续完善，提升业务分析精准度。引入发展阶段、运作机制、标准规范、成熟度等要素，将不同类型的业务进行“定位”“打样”“标准化”，拓展评测模型适用范围。基于“5W1H”六何分析法，将所有业务涉及的任务内容、环节、参与人员、地点、耗时、方式进行系统性提问与陈述式回答，依据写实信息数据通过取消、合并、改变、简化四种方法进行业务洞察分析及改善，提高业务量测算的准度。

2.以工作饱和度为标尺，倒推验证组织机构合理性

（1）科学分析，深挖效率提升潜力。深化人员与相关业务匹配分析，以月为单位分析各班组工作饱和情况和人员承载力情况，重点分析“指标”异常的“亚健康”

和“不健康”班组，综合考虑业务周期性和环境变化情况，系统分析生产组织方式、班组人员配置、班组员工流动对工作饱和度的影响，通过对班组和人员的多维分析，找出关键问题。

(2)对症下药，构建实用策略矩阵。通过对饱和度和业务流程、部门绩效、配置率、人才当量、平均工龄等指标的关联分析，建立生产组织方式改进提升“实用策略库”。梳理优化关键任务环节，研究制定有利于提高班组工作效率的生产组织方式，包括深入推进业务融合、合理制定班组任务计划、倡导复合型班组设置等。

三、电网企业以赋能增效为目标的组织机构优化管理的实施效果

(一)组织机构专业指导和管理水平进一步提升

1.提升管理质效，助推业务发展

通过统筹规范、放权赋能，建立完善新形势下供电企业组织机构管控策略，充分发挥管理主体作用和供电企业主观能动性，打通了制约组织机构效率效能的梗阻点，有效解决原模式下工作协同难、管理幅度大、业务不顺畅等问题。作为先行试点单位，参与制定省公司《机构效能评估实施方案》《机构编制管理办法(试行)》《供电企业劳动定员定额“1＋N”管理体系建设指引》《所属单位内设机构管理指引(试行)》等制度标准，进一步激发了组织活力、增强了员工动力，进一步提升了客户服务质效。

2.打造“一专多能”队伍，提升前端业务融合

倡导精简机构和班组数量，积极构建融合型机构和复合型班组，设置复合型班组目录，制定了三个专业复合型人才培养激励实施方案，累计评聘 56 人、发放激励资金 12.18 万元，打造了具备多专业多工种技能的“一专多能”复合型人才队伍，提升了前端业务融合水平和人力资本效率。

(二)人力资源劳动效率水平进一步提升

1.降本方面

定员分解结果深化应用，引导超员单位合理压减用工总量，2022 年全口径用工减少 2.6%，全员劳动生产率年均提升 5.91%，结构性缺员压力得到有效缓解。营配融合的组织形式使营配机构运转更加高效，2022 年电费回收率 100%，营销稽查、反窃查违避免损失 3499 万元，综合线损率 2.38%，市场占有率提升 5.09%。

2.增效方面

构建"宜商三电"服务体系，以客户视角梳理流程、职责、任务"三清单"，优化前端客户服务典型机构及岗位 79 个，营配业务质效得到广泛认可。2022 年，售电量完成 428.16 亿千瓦时，营业收入 295.69 亿元，分别同比增长 10.78% 和 32.91%，增幅均居全省第 1。"三零""三省"服务累计减免客户投资1.45亿元。

（三）支撑电力保供、企业市场化改革发展水平进一步提升

1.扛牢电力保供责任，推动政企融合发展

打造平战结合的灵活组织机构，优化贴近设备、专业专注的运检组织机制，使生产设备状态管控力度得以增强，专业间协同更加高效，为重要保供任务和政府制定突发性救灾处置方案提供强有力支持。2022 年，烟台公司圆满完成迎峰度夏、党的二十大保电等重要任务。党的二十大保电期间，累计出动保电人员 9877 人次、车辆 3367 台次，对 177 条线路、83 座变电站、93 个重要客户实施供电保障。山东省副省长、烟台市委书记江成和市长郑德雁，分别在烟台公司《关于迎峰度夏度冬电力保供情况的报告》上作出批示，充分肯定并表扬烟台公司工作。

2.优化电力营商环境，服务经济社会发展

通过组织机构优化，为优化电力营商环境，服务当地经济社会发展提供了强力引擎。营配融合的组织形式充分发挥了属地协调的优势，诉求响应精准高效，故障反应既快又准，达到"主动抢修、主动服务"的目标。推动政府成立全省首家"水电气暖市政综合服务中心"，减少客户跑腿 3700 余次，在国网公司全球宜商环境评估迎检会议上作典型发言。全国首创的"双经理＋双专员"服务入选了国家发改委百问百答，全国首家成立工商企业"获得电力"服务中心，"5S"办电服务入选全国优化营商环境简报，电力营商环境相关工作获得省政府的高度认可和社会各界的广泛好评。

成果创造人员：朱郑博　李之远　宋焕如　李雪萍　管雪帅　王星原　郝京卫

县供电企业以网格颗粒度为基础的配电网规划管理

国网山东省电力公司烟台市蓬莱区供电公司

摘要：国网山东省电力公司烟台市蓬莱区供电公司针对配电网发展在规划引领、理念落实、精益管理和支撑体系等方面存在的突出问题，公司围绕精细化规划和精益化管理，将网格作为规划基本单元，创新开展配电网网格化精益规划，坚持“一张蓝图绘到底”。一是精细调研，通过配电网现状调查，因地制宜，确立建设实施思路；二是顶层设计，创新体制机制构建，实现配网规划横向协同、纵向联动、内外融合；三是精细规划，多规协调，开展多维度诊断分析，分压分区精准预测网供负荷，科学设计目标网架，逐年优化过渡方案，网格化精益规划“绘蓝图”；四是精益管理，贯通以网格为链条的规划—可研—计划—落地—评估闭环管理流程，确保规划蓝图“绘到底”；五是支撑保障，通过完善管理制度、健全技术标准、建设信息平台、创新对标引领，促进规划体系高效运转，加快建设一流现代化配电网。

国网山东省电力公司烟台市蓬莱区供电公司（以下简称“蓬莱公司”）成立于1979年，1999年划归省公司代管，2010年整体划归省公司直管，2015年由子公司改分公司，固定资产16.31亿元，属国家中Ⅰ型企业。下设9个职能部门、5个业务支撑实施机构和9个供电所，承担着11个镇（街）、41万人口、25万户高低压客户供电任务。蓬莱境内现有220千伏变电站3座，公用110千伏变电站12座，35千伏变电站11座，110千伏主变容量1097兆伏安，台区总数1814个，输配电线路总长2789公里。近年来，公司获得国家电网公司一流县供电企业、蓬莱区政府民生服务工作先进单位等荣誉称号，共有5项工程荣获“国家电网公司配电网百佳工程”，是全省获此殊荣最多的县公司，同时有16项工程获得“省公司配电网优质工程”荣誉称号。

一、县供电企业以网格颗粒度为基础的配电网规划管理的背景

（一）规划好配电网是全面细化落实中央配电网建设战略部署的需要

为加快城乡电力服务均等化进程，国家发改委下发的《关于"十四五"期间实施新一轮农村电网改造升级工程的意见》明确提出，农网改造升级县级规划应做好与本县级经济社会发展总体规划、新型城镇化建设规划、土地利用规划、移民搬迁规划、农业发展规划等相关规划的衔接，重点将35 kV及以上项目纳入相关规划，加快落实各项建设条件。

（二）规划好配电网是落实网省公司"一流配电网"需要

2020 年，国网公司在两会上提出构建新一代电力系统，加快建设一流现代化配电网的要求。同时，为贯彻落实国网公司决策部署，提升山东配网发展水平，省公司决定实施"一流配电网"建设工程，深化开展"功能区、网格化、单元制"配电网目标网架规划。因此，进一步开展配电网规划工作，加快建设坚强的配电网，是落实网省公司"一流配电网"配电网规划需要。

（三）规划好配电网是电网企业义不容辞的社会责任

伴随着全面建成小康社会、新型城镇化建设发快速推进，中心城镇和广大农村的巨大内需将进一步激发，提高配电网规划质量和精益化管理水平，能更好地与城市发展的要求和变化趋势相适应，科学合理地调整城市电网结构的问题迫在眉睫。因此，提高蓬莱配电网的供电能力和供电可靠性，使电网规划与城市发展相协调，电网建设与城市电力管网建设相适应，满足社会发展用电需求，既是促进城市持续发展的客观需要，也是电网企业义不容辞的社会责任。

二、县供电企业以网格颗粒度为基础的配电网规划管理的主要做法

蓬莱公司大力推进以网格颗粒度为基础的配电网规划管理（如图 1 所示）。

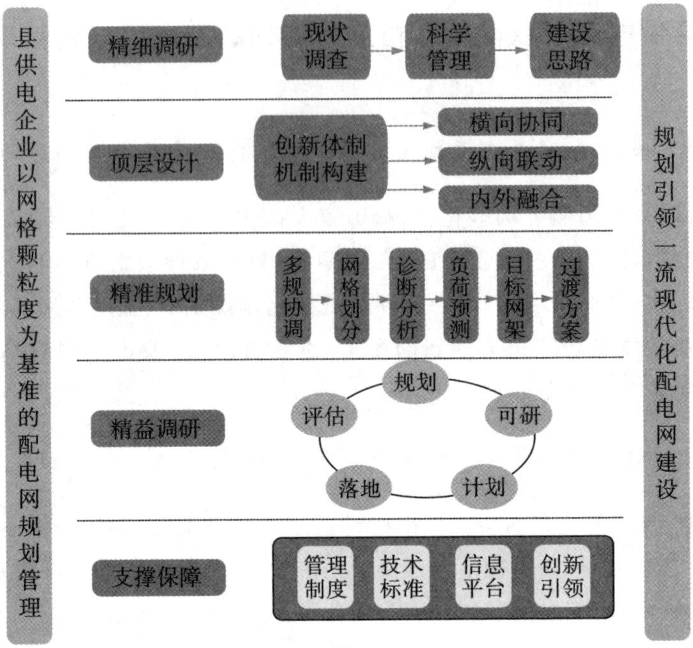

图 1　县供电企业以网格颗粒度为基础的配电网规划管理

（一）以“精细调研”为基础，确立建设实施思路

1.组织力量，开展配电网现状调查

(1)深入调查摸底，逐一建档立卡。按照以村为单位、全面核查、精准识别的原则，组织乡供电所数十名专业人员，采取配电网运行原始数据采集、入村现场核查、入户访问等多种方式，对烟台市蓬莱区全部行政村的配电网设施及运行现状进行全方位、拉网式排查，逐条线路、逐台区、逐变压器、逐户详细摸底，逐村建档立卡。完成 584 个行政村的 170 条线路、1814 台变压器台区、24.86 万户用电农户全方位信息数据录入工作，为精准监测、精准施策、精准改造奠定基础。

(2)建立问题库，实施闭环管理。围绕调研数据，将配电网运行中发现的问题进行梳理和固化，细分出 10 千伏网架结构薄弱、供电半径超标准、变电站布点不合理、变电容量不足、供电设备老化、过负荷等 6 大类 109 个大项、173 个小项问题，形成蓬莱配电网现状问题库。建立“细分问题”(编制问题分类细分信息清单，分送配电网升级改造相关业务部门)—“回收问题”(相关业务部门对各自职责范围内的问题分析汇总，提出改造升级建议)—“解决问题”(基于细分问题和相关建议制定改造升级规划和实施方案，并组织项目建设)—“验证销号”(改造升级项目竣工验收运行半年再次复检合格后，进行任务销号）的闭环管理模式，确保配电网现状问题解决到位。

（3）细分村户类型，确立差异化改造原则。针对调研中反映的配电网分布地域广、范围大、负荷分散，农业生产活动分布点多，各村户用电需求差别较大的实际，依据地域环境条件、户均用电参数、用电量增长预测等数据，将乡村用电综合情况细分为B、C、D三种类型，即一般规模乡镇（B类）、人口居住集中乡村（C类）、偏远农牧区乡村（D类）。突出传统农业村户、新兴农家院、城关小城镇、中心村典型负荷特征，基于各类型乡村典型供电模式，确立改造升级项目的差异化原则，对不同类型村户从电源布置、容量配置等方面指导配电网规划分类设计，做到精细准确。

2.转变观念，推动配电网科学管理

（1）科学确定目标，改造升级全覆盖。截至2023年底，全面完成584个村的电网改造升级任务，确保蓬莱配电网供电水平达到山东省领先水平，供电可靠率达99.9857％，综合电压合格率提升至99.987％，户均配变容量达到2.36千伏安/户以上，电能在农村能源消费中的比重大幅提高，全市配电网升级改造实现全覆盖。

（2）满足发展要求，建设适度超前。以满足农村经济20～30年中长期发展要求为导向，采取“户均容量”“户均用电量”和“村整体容量与用电量”指标量化核定方法，确立配电网规划容量适度超前范围、标准和方式，着力解决重复建设问题。

（3）优化配电网结构，科技进步支撑。深入推广应用电网新技术、新工艺、新材料、新设备，有序推进配电网智能配电台区、智能配电终端、农村用电信息系统等工程建设，加快提高配电网智能化水平。

3.因地制宜，确立配电网建设思路

（1）消除配电网“死角”。针对前期配电网改造中存在的规划设计不合理、设施更新改造缺口大，全面改造范围小、“死角”多，供电质量和供电能力不能满足村户用电需求及影响配电网整体改造成效的实际状况，蓬莱公司在总结历次配电网改造得失，并逐一对村庄配电网状况进行调研的基础上，提出配电网建设新实施方式，即以行政村为网格单元，以整个村庄的所有村民组和农户为配电网改造对象，以统一规划为抓手，以资金集中投入为保障，以解决乡村低电压、供电“卡脖子”等突出问题为重点，以变压器台区、高、低压线路及下户线同步改造与农配网整体改造相衔接为途径，以全力满足村户生产、消费和农业、商业动力用电中长期需求为目标，实现精准投资、精准建设、精准落地。

（2）结合负荷特点，确立建设着力点。以配电网优化布局为着力点，确立“小容量、多布点、短半径、绝缘化、信息化、自动化”改造方法，减少线路迂回，缩短供电半径,提高电压合格率;提升下户线绝缘化和配电网信息化与自动化水平,形成多分段适度联络、辐射接线的网架结构;按照导线截面一次选定、设备一次到位的原则进行建设,提高对负荷增长的适应能力;注重新建与改造相结合,杜绝随意拆除、盲目建设和超标准改造(见图 2)。

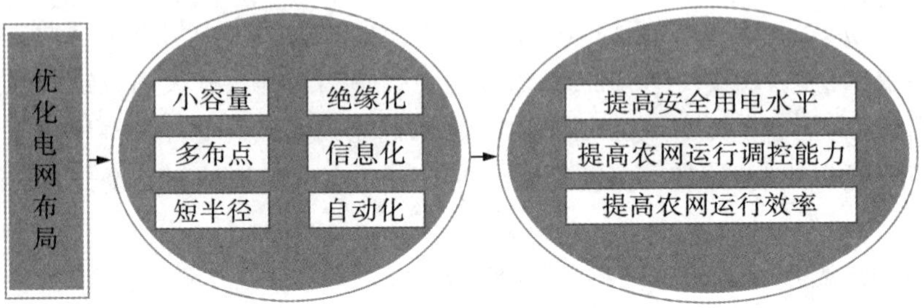

图 2　蓬莱公司配电网优化布局

(二)"顶层设计"促发展,创新体制机制构建

蓬莱公司按照国家配电网建设改造行动计划要求,凝心聚力,全面落实网省公司发展战略,对配电网规划建设和管理模式作出顶层设计和科学谋划,提高配电网的规划设计水平,在优化完善网架结构、提升装备水平、提高服务质量的同时,实现精准投资和精益管理。

1.构建网格化规划管理新体系

蓬莱公司在已有配电网规划管理体系基础上,拓展广度、深度和细度,创新建立远近结合、上下联动的网格化规划新体系。发建部门研究制定目标网架和规划方案,设定建设标准和规划目标,细化规划项目,优化计划安排;相关部门严格按照规划方案和计划安排组织实施,确保目标网架精准落地;设计分公司充分发挥智囊作用,为规划编制和实施提供全流程服务和支撑。

2.建立全方位协同的网格化规划机制

配电网规划是涵盖全业务流程的系统工程,涉及多个部门和单位。蓬莱公司横向打破专业壁垒,纵向贯穿各个层级,建立以网格为链条"横向协同、纵向联动"的全方位协同规划机制。从"多头管理"向"专业协同"转变,强化发建部归口、专业部门协同、技术单位支撑的规划管理体系;贯通规划、建设、运维、调控、营销及信息化平台各环节,统筹规划建设、生产运维和营销服务,开展各业务环节,实现职责明确、界面清晰、无缝衔接的全过程闭环管理。从"各自为政"向"上下联动"转变,创新管理模式、强化顶层设计,加强上级指导下级、纵向一体的规划设计体系建设,统一发展目标,自上而下分层细化任务落实;优化业务流程,以网格为基本颗粒度，自下而上逐级开展规划，充分体现基层发展需求，“多上多下”反复推敲，确保规划工作保持为一个有机整体。

3.建立政企联动、多规合一的共赢机制

在蓬莱公司内部建立全方位协同规划机制的基础上，积极对接各级政府，建立政企联动的常态沟通机制，将电网规划段与地方经济社会发展、城乡建设充分融合，切实提升网格化规划精准度，保障规划高效落地，从源头实现多规合一。要求各级供电企业主动作为，完善与地方规划主管部门的沟通机制，全面参与到各级政府的规划委员会工作中去，将网格化规划成果纳入地方总规、详规，提前预留重要站址和通道，确保配电网规划权威性；与地方各级政府签订电网发展战略合作协议，将政府各相关业务部门纳入电网发展全过程，地方政府做好电网设施与市政工程同步拆迁、同步征地、同步建设等协调工作，有效落实配电网项目实施条件，将电网建设作为政府的政绩考核指标。

（三）“目标引领”绘蓝图，深化网格精益规划

紧紧围绕国网公司新时代战略目标，贯彻精益管理理念，着力提升配电网规划设计水平。在蓬莱公司经营区B类区域全面推广应用网格化规划方法，进一步细化配电网规划颗粒度，科学制定目标网架，实现以网格为单元的问题精准、目标精准、需求精准、方案精准（见图3）。

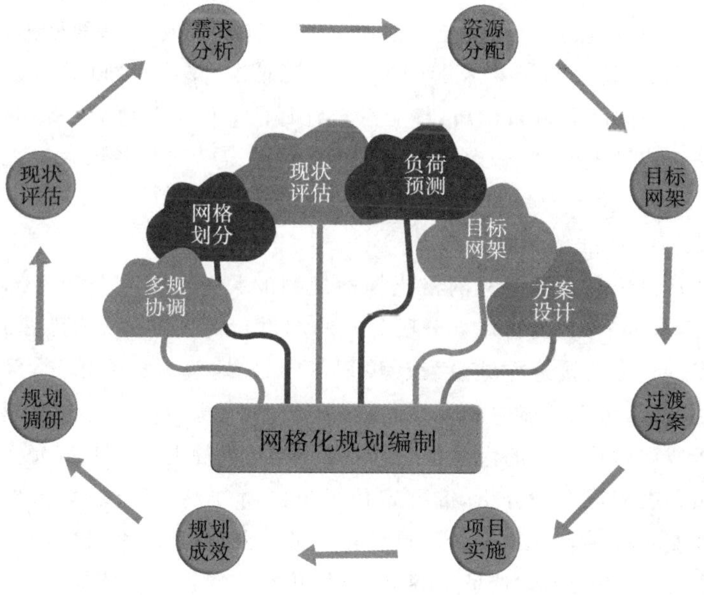

图3　网格化规划流程

1.多规协调,统筹实现规划引领

网格化规划以城乡总体规划、控制性详细规划为依据,将配电网高压供区、主干环网、中压配变三个层级与城市规划分区体系中功能组团、功能分区、功能地块一一对应,遵循土地利用和发展建设规律,将配电网建设空间资源需求与市政、交通等专项规划相衔接,促进多项专业规划合一的空间共享与互动,实现配电网管理体系与城市规划体系有机结合。各级供电企业与地方政府建立沟通协商机制,及时掌握地方经济社会发展和城乡规划信息,使电网发展与城乡发展紧密融合,从而实现电网规划的高精准、接地气、易落实。

2.网格划分,制定标准提升规范

网格划分是网格化规划的基础。为统一规划思路、提升规划规范性,蓬莱公司基于供电区域相对独立性、网架完整性、管理便利性等需求,根据目标网架清晰、电网规模适度、管理责任明确的原则,以饱和负荷预测结果为依据,按规划建成区、规划建设区、自然发展区三种发展形态,开创性制定供电网格划分标准及命名规则。以此为依据,蓬莱公司立足本地区实际,结合“十四五”规划滚动修编,细致开展网格划分工作,B类区域共划分供电网格 4 个。

3.深入分析,细致诊断配网现状

打通配电网 6 大专业环节数据壁垒,建立多部门协同的立体化诊断机制,以“实效、实用”为导向开展大数据分析,从设备、网架、运行、用户四个维度出发,构建多维度的规划诊断指标体系,形成电网发展规模与速度、电网发展安全与质量、电网发展效率与效益、企业经营与效率 4 个大类 88 个指标。以网格为单位,结合年度滚动规划,系统分析历年来配网运行、故障情况,细致摸排问题,同时对配电网发展所要面临的问题进行剖析,综合形成详尽的诊断分析报告。诊断结果全面反映了电网在建设规模、安全运行、利用效率、设备寿命和装备水平等方面的发展情况。

4.分压分区,精准预测电力需求

精准的负荷预测是配电网网格化精益规划的关键。蓬莱公司主动应对新形势,以网格为基本单元,创新建立分压分区的网供负荷预测体系(见图 4),提升负荷预测精度。充分衔接地方城乡发展规划,以开发地块为最小单元,采用负荷曲线叠加方法,统筹考虑新能源和电动汽车等多种因素影响,开展多层级网供负荷预测。基于成熟地块负荷的大数据分析,完善差异化的地块典型负荷密度指标体系。开展负荷发展成熟度分析,准确定位配电网所处发展阶段,为远景负荷测算和目标网架制定提供理论依据。通过细化负荷预测颗粒度,明确“地块—网格”全景负荷信息分布,为变电站选址定容、线路优化布局提供科学依据。

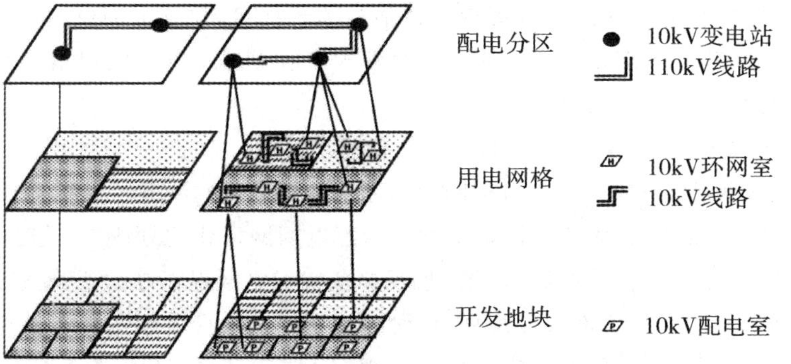

图 4　自下而上的多层级负荷预测体系

5.适度超前，科学设计目标网架

针对全国配电网形态复杂、地区差异大的特点，蓬莱公司充分考虑地区发展、供区类型等要求，深入研究各电压等级配电网结构、建设标准在典型供电区的适用性和匹配性，制定配电网典型供电模式，建立 6 类供区 28 种典型供电模式，形成工具书式标准成果，指导各单位科学设计配电网目标网架。目标网架设计以饱和负荷为视角，结合区域定位，统筹上位规划成果，合理布局环网室、配电室等站点设施和线路路径，在供电网格内搭建规范统一中压配电网主干网架，以供电区域为单位对各供电网格目标网架进行优化与整合，形成结构规范、配置统一、运行高效、协调适配的目标网架，满足供电可靠性的同时提高建设运行经济性，实现目标网架的标准化和模块化。

6.一项多能，逐年优化方案设计

基于现状诊断和目标网架规划成果，统筹考虑内外部建设条件，科学制定逐年过渡方案，形成规划项目库。过渡方案细化到供电单元，按照现状问题逐一提出解决方案，按照目标网架逐组提出优化方案，按照电源建设逐点提出送出方案，按照用户需求逐个提出接入方案。在对过渡方案的可行性、紧迫性的进行充分论证的基础上，综合考虑诊断问题的轻重缓急，结合电源用户、市政建设、地块开发的时间窗口，开展“一项多能”的建设方案整合工作，将路径、位置、线路、设备、时间节点等相关联的建设方案进一步整合优化成规划项目。项目方案达到可研深度，建设与改造并重，一次项目实施解决同区域多个问题，一个项目实现多重效益，实现单一建设方案效益的最大化。

（四）“多措并举”保落地，成效评估闭环反馈

在绘好一张蓝图的基础上，重点解决绘到底的问题。强化规划蓝图的引领作

用，遵循规划项目库管理原则，做精做细项目可研，精准投资精益管控，“一步到位”统筹推进，全方位多层级开展规划评估与项目评价，完善电网设施空间布局规划管理体系，建立无缝链接、规划闭环的管理工作机制，确保规划指导到项目落地，咬定目标不放松，建设成效不走样。

1.做精做细项目可研，咬定目标常态储备

强化规划引领作用，遵循“目标网架引领、分类分级管控、规范灵活并重、强化成效分析”的管理原则，经蓬莱公司审定批复的配电网网格化规划成果，及时纳入配电网规划项目库。一方面强调规划严肃性，严格落实配电网规划方案，以规划目标网架为刚性约束条件；另一方面兼顾规划灵活性，建立健全项目库调整机制和备案机制，分滚动调整、定期调整、应急调整三类实施，根据内外部环境变化滚动更新。

强化规划对可研的指导力度，通过做精做细项目可研落实规划方案，深入论证项目必要性、可行性和经济性，充分论证工程系统方案、站址和关键路径选择比选方案，充分论证设备退役更换和再利用，充分论证电网运行过渡方案和停电方式安排，确保项目可研内容完整、投入合理、结论明确、实施可行。强调可研编制、评审的质量管控，通过可研初设一体化管理，实现规划、可研、设计的深度融合，彻底解决规划与建设“两张皮”、可研初设“常变更”的问题。充分考虑配电网项目“小快灵”的特点，按照随到随批的原则开展可研批复，对项目储备实施常态化动态管理，确保网格化规划成果及时精准落地。

2.精准投资精益管控，统筹推进一步到位

在精准投资上下大功夫，科学安排年度建设方案，效益优先，避免大拆大建和投资浪费。在投资计划安排阶段，以目标导向和问题导向为原则，统筹项目建设时序。一方面以目标网架为引领，遵循资产全寿命周期管理理念，优先安排网架类项目；另一方面聚焦区域配电网薄弱环节，解决生产运行、营销服务的突出问题，消除安全隐患，兼顾投入产出分析、投资效益测算，实现精准投资。

贯彻以可靠性为核心的配电网规划理念，实施城市配电网可靠性提升工程。以重点城市世界一流配电网建设为示范，对于正在向饱和阶段过渡的主要城市建成区，以规划为引领，按照“一张图、一张网”的要求，以提高设备全寿命周期内效率效益为目标，“一步到位”建设主干网架，“导线截面一次选定、廊道一次到位、土建一次建成”，一张蓝图绘到底，一茬接着一茬干，避免大拆大建、重复建设；同步考虑配电网智能化发展，集成运用新技术，大力提升配电网的自动化、信息化、互动化水平，为城市能源互联网和综合能源服务奠定坚实的物理基础。

3.分层分级成效评估，实现规划闭环管理

蓬莱公司本着宏观与微观相结合的原则，全方位开展配电网评估与评价，实现规划闭环，促进管理提升。宏观层面，从管理、技术两方面，提出覆盖公司总部、省、地(市)、县(区)各层级的配电网发展评价指标体系(见图5)，科学系统地评价配电网规划管理制度、工作机制、技术标准、支撑体系四大方面。微观层面，开展基于数据自动获取的全覆盖后评价方法研究，从实施过程、投资效果、经济效益、社会环境影响四个角度对区域配电网项目进行“打包式”整体后评价。通过定期评估与评价分析，及时发现配电网发展规划执行和项目建设过程中的薄弱环节，针对性提出解决方案和提升策略，实现“事前、事中、事后”全过程闭环管理，促进配电网科学可持续发展。

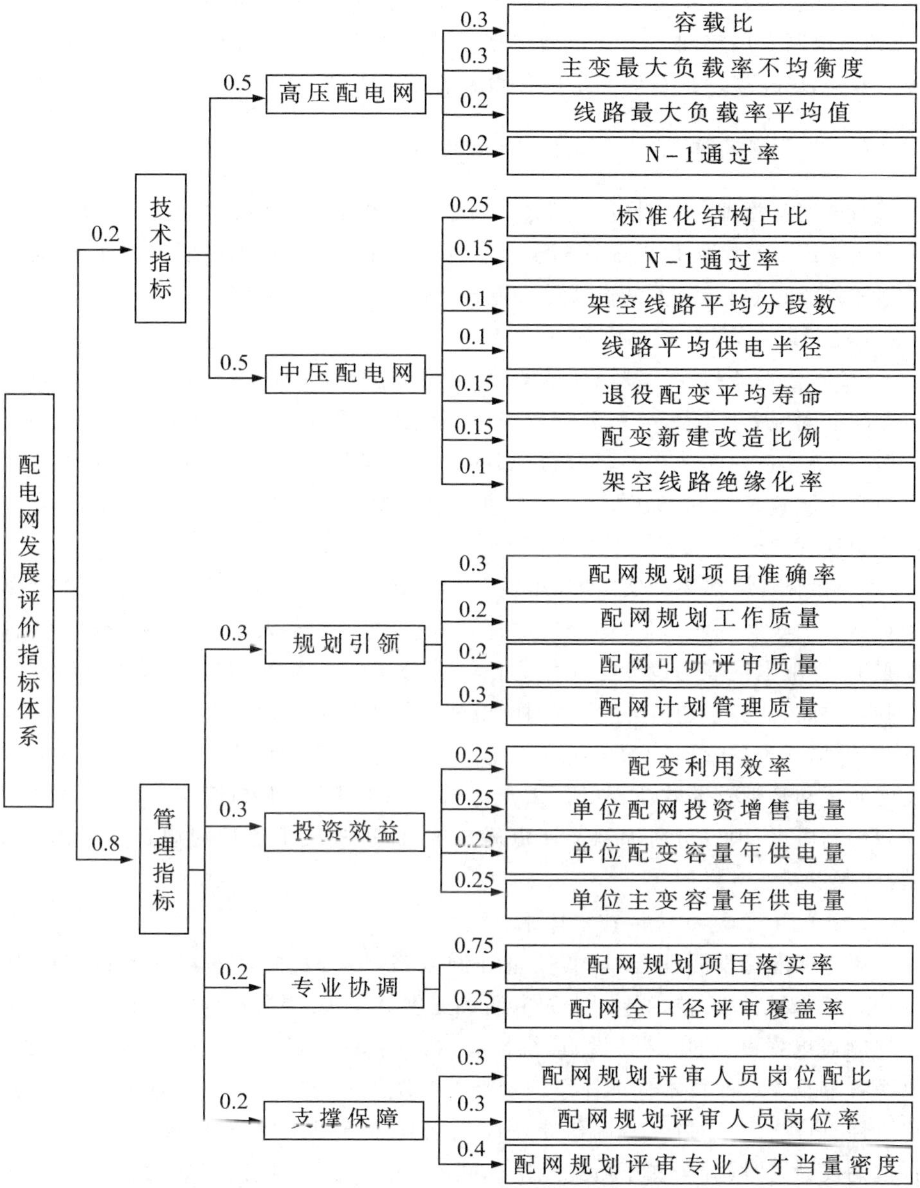

图 5　配电网发展评价指标体系

4.联合编制布局规划,保障规划项目落地

为缓解变电所选址和线路廊道落实的困难,蓬莱公司建立供电企业和政府城乡规划部门联合编制发布电网设施空间布局规划的管理体系,实现保护控制、工程应用、滚动调整三大应用机制。标准先行,制定并发布《电网设施布局规划内容深度规定》企业标准,规范电网设施布局规划工作。要求各级供电企业联合同级政府发展改革、规划建设部门编制配电网发展专项规划和电网设施布局专业规划,由当地政府发布实施,为电网建设项目划定规划黄线,按照远景饱和负荷水平,预留电网发展空间。建立布局规划长效应用机制,结合内外部条件变化及时滚动调整,确保规划项目的站址路径得到有效保护和控制。

(五)"多维保障"共支撑,优化体系运转环境

通过完善管理制度、推广技术标准、建设数据平台、创新示范工程,蓬莱公司着力打造配电网网格化规划管理全流程保障机制,有效发挥规划引领作用,促进规划体系的高效运转,不断夯实管理基础,优化体系运转环境。

1.完善制度,强化规划管理支撑

(1)完善管理制度。按照厘清界面,优化职责的原则,深入推进放管服,切实指导配电网规划发展。公司制定或修订《配电网规划管理规定》《电网项目规划库管理办法》等系列管理文件,下放规划项目立项等管理权限,优化业务流程;落实规划支撑职责范围和工作要求,使规划管理无交叉、无空白、无缝衔接,保障全链条的闭环管理。

(2)强化支撑体系。实施"配电网规划支撑体系提升工程",进一步充实各级经研体系配电网专业力量,健全技术管理体系,配齐配足人员;整合专业部门的工作职责,将配电网规划设计工作作为设计分公司核心业务;在公司系统建立一支专业素质高、业务精通、体系完整的配电网规划设计队伍。

(3)加强过程管理。深化研究配电网专业的同业对标指标设置,促进配电网发展质量和管理效率效益提升。重点考核支撑能力、标准制度执行情况、配电网规划编制质量、项目可研编制及评审质量等,促进基层单位重视规划支撑体系建设,支撑规划业务发展。

2.规范引领,建立统一技术体系

树立标准化发展理念,落实质量强网战略,切实发挥技术标准的指引作用。以《配电网规划设计技术导则》《配电网典型供电模式》等技术标准为核心,进一步建立涵盖规划设计、电网建设、运维检修、物资管理和业扩服务等全环节,贯穿配电网各电压等级的技术标准体系。规划部门统筹考虑各环节技术标准的一致性、连贯性、适用性、针对性,协调各专业优化完善标准,及时响应新形势、新业态、新技术的发展,持续健全和丰富配电网标准体系。落实《配电网规划设计技术导则》

等标准，推广典型规划方案，差异化规划、标准化建设，提高发展效率效益，满足一流现代化配电网发展需要。

3.搭建平台，推动智能辅助决策

以大数据支撑配电网规划，应用云平台、人工智能、“互联网＋”等信息化技术，实施“信息化支撑配电网发展提升工程”。通过“网上电网”平台，推动营配调规数据融合，实现配电自动化与用电信息采集系统的互联互通，从源头真实掌握、客观评价配电网发展情况，支撑常态化规划工作开展，提升配电网规划精准度和科学性。指导基层单位按照“大数据、微应用”要求，探索“互联网＋配网规划”新模式，建立贯基于云平台的统一数据中心和以网格为视角的设计核心，全面提升数据资产的融合应用与规划智能辅助决策水平。

三、县供电企业以网格颗粒度为基础的配电网规划管理的实施效果

（一）社会效益

1.建设高可靠性配电网，保障了人民的美好生活

通过配电网网格化规划，贯彻目标引领下的标准化典型接线，统筹城乡电网协调发展，科学保障多业态个性化供电需求，配电网供电质量提高，蓬莱全区配电网供电可靠率大幅提升。

2.精心服务电力客户，优化了营商环境

通过细化至网格的规划设计深度，切实满足各类地块的差异化供电需求，提前精准储备配电网各类客户的接网方案，规范用户接网方式，高效利用电网资源，全口径用户配套接网工程统筹纳入逐年规划项目，提质提速稳定客户预期，“获得电力”指数逐步提升，营商环境不断优化。

3.有序管理新能源，促进了全接入全消纳

通过网格化规划向电源侧和负荷侧的主动拓展，构建“源网荷储”协同的主动规划体系，配电网目标网架的适应性和包容性不断提升，“以清洁和绿色方式满足电力需求”，引导电源合理布局、有序建设，智能设备实现“即插即用”。目前，蓬莱公司风电装机容量为25.62万千瓦，光伏装机容量为16.6万千瓦。

（二）管理效益

1.配电网精益化规划水平迈上新台阶

配电网网格化规划细化规划颗粒度，落实精细化规划和精益化管理的本质要求，信息化辅助决策手段不断完善，扭转粗放式发展的不利局面；“一步到位”的长

远考虑形成共识,“三个一次”发展理念得到有效落实,强简有序的规划理念执行到位,解决配电网发展不平衡不充分的突出矛盾,实现从规划源头做到精益、精准。

2.强化规划引领配电网发展进入新篇章

面对“两头薄弱”之中的配电网薄弱问题,以网格颗粒度为基础的配电网规划,始终坚持精品导向、精详规划、精准投资、精细实施的思路和管理,为电网科学发展树立标杆。

3.支撑公司战略转型步入新轨道

网格化的配电网管理思路,将安全、优质、经济、绿色、高效的发展理念,贯穿电网规划、设计、建设、运行的全过程,从结构、设备、技术、管理等方面入手,构建安全可靠、优质高效、绿色低碳、智能互动的一流现代化配电网,加快推动配电网从粗放向精益转变,从单一供电向综合能源服务平台转变,有机契合城市能源互联的发展要求。

(三)经济效益

网格化规划全面实施后,配电网规划深度细度和可实施性不断增强,推动了核心业务降本增效,取得显著的经济效益。项目建设以目标网架为导向,落实“三个一次”建设理念,避免大拆大建和投资浪费867.97万元,同时标准化目标网架的建成也减少运维检修786.47万元。

成果创造人员:张远铭　方振伟　万海朝　李树臣　王志凤　郭春晓　王　楠

财务管理与风险管控篇

业财一体化经营管控平台的建设与实践

山东能源集团有限公司

摘要：山东能源集团有限公司聚焦业财融合、数字赋能，以数字化建设推动集团高质量发展，统一信息平台，统一数据标准，重塑业务流程，搭建贯通全集团、全产业链，覆盖人资、财务、共享、物资、生产、销售、设备、合同法务各业务领域的业财一体化经营管控平台。平台建设以ERP为核心辅以计量发运、物资集采、大宗贸易、合同法务、电商、商旅等35个周边系统，横向整合各业务系统，纵向贯通各级子企业，打通了从业务申请、审批、交易到报账、支付、核算、报告的所有环节，实现“业、财、技”一体化管控和协同优化，推动“业、财”信息全面对接和整合，推进经营决策由经验主导向数据和模型驱动转变，重塑经营管控、协同生态、风险防控、创新应用、决策支持五大体系，形成“业财一体、数据驱动、协同共享”的山能特色数字化管控新模式。

山东能源集团有限公司(以下简称“山能集团”)是山东省委、省政府于2020年7月联合重组原兖矿集团、原山东能源集团，组建成立的大型能源企业集团。拥有兖矿能源、新矿集团、枣矿集团等20多家二级企业，境内外上市公司11家，权属企业973余家，职工21万人。山东能源集团以矿业、高端化工、电力、新能源新材料、高端装备制造、现代物流贸易为主导产业，煤炭产业国内外产能3.4亿吨/年，产量位居全国煤炭行业第三位，矿井智能化生产水平居行业前列，9处矿井成为首批国家级智能化示范矿井。2023年集团资产总额突破1万亿元、营业收入8520亿元，收入、利润、上缴税金位居省属企业首位。荣获“全国文明单位”称号，被国务院国资委评为“公司治理示范企业”。位居中国煤炭50强第1位、中国企业500强第22位、世界500强第72位。

一、业财一体化经营管控平台建设与实践的实施背景

（一）因势而动，主动顺应全球科技革命发展趋势

以“云大物移智”为代表的新兴技术正在重塑企业管理模式，传统能源行业面临着巨大的挑战和机遇。传统能源行业在生产管理、经营管理、设备管理等方面呈现条块化分割的局面，在一体化的管理管控方面还有较大提升空间。建塑以新技术驱动的创新管控模式，是数字技术时代山东能源面对竞争激烈的市场环境，提升高质量发展新动能的必然选择。

（二）因时而动，主动践行国家数字化建设相关政策要求

党的十九大就建设数字中国、智慧社会作出全面部署，要推动互联网、大数据、人工智能和实体经济深度融合。2015 年国务院下发《促进大数据发展行动纲要》，要求全面推进大数据发展，加快建设数据强国，抢占新一轮科技革命和产业变革制高点，提升国家竞争力。2020 年为了在“十四五”时期推进数字经济，国资委颁布了《关于加快推进国有企业数字化转型工作的通知》，要求加快推进国有企业数字化转型相关工作。山能集团作为山东省重点国资企业，肩负着保障全省能源安全、优化能源布局、优化能源结构的职责使命，在落实党和国家建设数字中国的重大战略部署上要勇于担当。建设业财一体化经营管控平台是顺应时代趋势、抢占新一轮发展先机的重要抓手，是贯彻国家战略、奋进新征程的关键举措，是消除发展瓶颈、加快赶超跨越发展的重要引擎。

（三）因应而动，及时响应集团迫切的统一管控要求

山能集团与兖矿集团联合重组后，企业规模进一步扩大，业态增多，地域分布更广，且业务标准不一样、数据口径不统一、硬件资源部署分散、系统应用不统一、管控模式差异大，面临着“硬件资源共享难、信息系统整合难、管控战略落地难”的问题，现有系统已成为山东能源业务重组落地实施的瓶颈，亟须统一标准，建立一体化的财务信息管控平台，支撑山东能源多层级、多业态的运营管控需求。

二、业财一体化经营管控平台建设与实践的主要做法

山东能源一体化经营管控平台，统一数据标准、信息平台，重塑企业管控体系，优化业务流程，采用一体化集中式部署，以 ERP 系统为集成核心应用，覆盖人

力、财务、物资、生产、销售、项目、设备等关键业务；无缝集成35个周边业务系统，实现风控、计量发运、影像、法务、物资集采、电商、发票、商旅等业务数据全程共享，系统“横向集成、数据互通”，业务“纵向贯通、一体化管控”。

(一)集成系统，互联互通，创新集成一体化经营管控平台

通过项目建设，统一系统、统一集成、统一应用，以ERP为核心，一体化集成资金系统、计量发运系统、煤质管理系统、生产管理系统、全面预算系统、供应商关系管理系统、主数据管理系统、统一身份认证系统、发票系统、大宗贸易系统等22个配套系统，一举突破硬件资源共享难、信息系统整合难、管控战略落地难的问题，打破信息孤岛，破除业务壁垒，实现横向“产供销协同、人财物协同”、纵向“一体化管控”，为企业管理、管控提供了专业有效的信息化管理工具。同时，依托ERP基础平台，通过标准集成总线、门户、OA工作流、身份认证等支持功能，实现数据“源头录入，全程共享”“一种语言对话，一个标准比较”，全面提升系统经营管控水平。

一体化经营管控平台由四大类应用系统构成。一是ERP核心应用系统，以S/4为核心工具，覆盖人力、财务、物资、生产、销售、项目、设备等关键业务的业财一体核心支撑系统。二是周边业务系统，与ERP核心系统无缝集成，数据共享，包括风控、计量发运、影像、法务、物资集采、电商、发票、商旅等业务系统。三是决策支持系统，包含集团级数据仓库和智能决策支持平台，实现对运营指标的预警监控、统计分析、挖掘预测等，支持集团管理决策层及二级、三级公司多维度、全方位的实时科学决策分析需求。四是基础支撑系统，为一体化平台提供硬件网络支撑、基础数据支撑、身份认证管理和系统运行管理。

(二)业财融合，闭环管理，构建完善的财务内循环体系

从全集团视角规划财务管控体系建设，“一体规划、一体集成、一体实施”。利用安全、可靠的编程工具，自开发财务共享平台，同步建成关联交易及报表合并平台、全面预算平台、智慧法务平台、资金管理平台、决策支持平台等配套系统。以业财融合的全面预算为起点，以标准化、流程化的财务共享为手段，以关联交易、税控平台等系统为支撑，以可视化平台为看板，构建数据来源于业务、控制于过程、结果价值呈现的智能财务管控体系。

1.构建业财税一体化财务共享平台

财务共享平台集财务共享报账、共享运营管理、电子影像与档案管理、资金结算于一体，集成生产、采购、销售、人资、商旅、招投标等多业务系统，打通业务、审批、财务、报告数据链条。一是财务共享与财务预算实现数据打通，实现业务处理前置化预算控制管理。二是利用系统控制优势，实行票据白名单管理，实现资金

预算、结算、银企直连等一体化管理。三是财务业务处理环节将影像采集、信息识别、财务共享业务处理、进项发票管理、电子会计档案进行一体化设计,实现财务档案资料和信息从采集到处理最后到归档的全流程管理。四是通过系统直联将发票系统与国家金税直联,进项发票验真、认证抵扣,销售发票可以通过发票系统直联推送开票信息完成发票开具工作。五是集成主数据管理系统,实现组织、人员、客商、财务主数据的自动校验,以及对主数据的风险辨识和控制管理。六是应用新技术,通过 RPA 技术实现部分资金业务场景的自动化处理。七是建设集团级智慧商旅平台,实现员工出差标准、费用预算系统自动控制、统一结算,员工出行免垫款、免开票、免报销,做到便利出行、报销无忧。

2.构建业财联动的财务预算平台

以战略承接、业财联动、最佳效益为核心,构建全面预算管控体系。一是形成从 BPC 系统“预算编制、审批、下达、调整、滚动”到 ERP 系统“预算执行、控制”,再到 SAC 系统“预算分析、决策辅助”的全面预算信息化管理闭环。二是打通从生产作业环节到成本费用预测的业财联动预算编制模型,在煤炭行业首次建立“以地质模型为起点、以预算模型为核心、以业务为驱动”的业财一体化预算管理体系。三是通过预算系统与核算系统集成,实现全面预算编制、审核、执行、控制、调整、分析的全过程管理闭环,横向贯通各部门间工作协同,实现部门间信息及时有效共享。

3.建立集团一体的资金管理平台

搭建集中统一的资金管理门户平台,实现资金预算、结算、财企直连等一体化管理,支持双财司直连管理,满足集团资金集中管控需求。筹融资台账线上管理、利息自动计提,实现融资、担保、授信等业务线上全生命周期管理。搭建统一的资金风控体系,实现票据白名单管理、风险客商黑名单管理,实现资金运行数据、风险预警数据、决策支持数据可视化展示。

4.构建集团统一的关联交易平台

关联交易平台集成主数据、报表合并和业务主系统,同步更新相应的关联方变更信息,实现关联单位之间的线上审批及业务协同,各合并单位内部关联数据自动校验。通过关联交易主体、关联交易事项等关联交易主数据管理,实现关联交易自动识别、关联交易合并抵销、关联交易自动对账与分析;通过关联交易限额管理,实现关联交易合规控制管理;通过与业务系统、财务系统的集成,实现关联交易多级穿透、追溯管理。

5.构建集团通用财务报表体系,一键出具单体及合并报表

立足管理应用、报表合并、国资委上报等多口径报表数据需求,搭建集团统一版本、统一格式的灵活、易用多层级报表体系,以 S/4 HANA 为基础,实现财务单体报表一键实时出具;以 BPC 为基础,实现各级合并主体合并报表多维度自动合并及出具。

（三）风险导向，三级管控，搭建集团级风险防护体系

搭建"系统控制、共享控制、专业控制"三级风险防控体系，风险防控能力进一步提升。

第一级是系统控制。一是权限控制，明确岗位分权、建立系统岗位制约机制；二是分级授权，根据业务流程、金额大小、事项重要性和管辖范围设置不同策略审批节点和审批级别；三是信用控制，统一客商编码，对客商进行评估分类，确认授信等级和授信额度；设置黑白名单，集中控制客商信用风险；四是标准控制，围绕价格管理、费用标准，嵌入系统控制，超标准不允许报销；五是预算控制，对费用预算、项目预算、资金预算进行系统刚性控制。

第二级是共享控制，发挥共享中心内控监督作用。一是执行统一内控标准，集中审核控制，严控财务风险；二是设置红线清单，杜绝违禁经济事项；三是应用智能技术，设置票据白名单，自动拦截不合规发票和票据，集中控制资金风险。

第三级是专业控制。充分融合专业条线风险管控成效，尤其内外部审计结果应用，复盘财务共享控制风险，通过财务与业务风险资源共享，双向促进风险管控能力提升。

（四）以人为本，科技赋能，实现人力资源信息无阻整合

构建统一的人力资源管理平台，整合组织人事和考勤薪酬系统，改变原系统应用不统一、信息变动传递滞后现状，构建形成完整的人力资源系统。规范人资管理流程，人事变动、工资总额实行线上审批，工资项目和计算规则实现标准统一，工资发放线上打卡，全面统一员工各类信息标准，实现人事档案信息化管理。

1.实现工作流程在线审批

通过分层级权限控制和工作流在线审批等信息化技术手段，集团总部对公司组织机构、编制定员、劳动定员、工资总额等核心业务，实现在 ERP 系统中的事前预测分析、事中管理控制（阻断式或预警式）、事后查询统计分析，增强了山东能源对二级公司和权属单位的业务管控力度。

2.提高信息化管理水平

通过集团全口径、全业务、全周期设计，提高集团人力资源整体信息化管理水平。一是单位范围覆盖到山东能源总部、各二级公司、直属公司及其权属单位；二是员工范围覆盖到全民、集体、从业青年、本部属地招用、外部自主招用、劳务用工等各类用工形式员工；三是业务范围涵盖组织、人事、考勤、薪酬、绩效、培训、员工发展、员工自助服务等人力资源业务；四是全生命周期，实现员工从入职、转正、晋升、调动、离职、退休等全生命周期业务变动管理。

3.打通信息壁垒

通过打通人资部门内部党委组织部(人力资源部)与运营管理部之间、人资与财务之间、人资系统与其他外围系统之间的信息壁垒,劳动薪酬自动过账到财务,实现人力资源组织机构、员工基础数据与其他外围系统之间的信息实时共享、无缝集成。

(五)源头管控,分层管理,支撑集团供应链的精益管理

建立支撑三级集采的采购体系,制定集团统一的采购业务管理规范及管控流程,划定管理界限,统一供应商管理,统一物料主数据管理,统一价格管理模式,统一结算标准,统一应用系统。

1.建立三级采购体系

建立物资公司、权属二级单位物供部门(或物资区域公司)、使用单位三级采购体系。明确各组织物料需求计划提报、平衡利库、采购寻源管理、内部结算价格确认、共享报账等系统流程规范,保障集团采购供应体系有效融合。系统中建立集采目录清单,系统自动区分采购层级采购申请(一级集采、二级集采或三级自采),物资公司确定寻源方式,通过系统分发给电子招投标交易平台或易招标平台进行采购寻源,寻源结果审核后自动回传 SRM,并自动同步合同管理系统。

2.优化价格管理模式

优化原有价格管理模式,设计定价方式,使用库存成本(移动平均价)加成生成销售价;外部订单收货价格根据订单类型确定采购价格;公司间交易定价以库存成本加成定价为主,以需求单位固定价收货为辅;增加批次管理功能,细化加成率维度。

3.健全供应商协同体系

将集采平台 SRM 与中国矿用物资网功能集成,物资供应体系在 SRM 中进行,对外服务由中国矿用物资网交互。通过账户体系整合、供应商整合、招标平台整合、招标公告整合,实现了物资供应一体化协同管理。

4.系统贯通物资管理全流程

一是使用 SAP S/4 作为核心应用系统,实现平衡利库、采购计划、采购订单、价格库管理、库存管理和结算管理。二是使用 SRM 集采平台作为统一的物料需求计划上报平台,制定标准接口,与各单位内部市场化系统共享数据。三是使用矿业物资网作为企业物资供应门户,集成在线询比价平台、电子招标投标交易平台、闲置共享调剂平台、内外部网上商城平台。四是连通智慧法务平台作为统一的合同管理平台。集采平台 SRM 与共享平台深度集成,实现物资共享报账自动化管理。五是将“干将”App 作为物资管理移动化应用平台,整合集采平台 SRM 功能,实现账户体系、收发货模块、质检模块等与供应商的订单协同及交货协同,

提高验收效率和质量，实现实时数据库存、收发货信息移动查询。

（六）产销协同，运销互通，搭建营销贸易业务智慧核心

建立山东能源统一的销售业务管理规范及管控流程，划定管理界限，统一客户管理，统一产品标准，统一结算标准，将 SAP S/4 作为核心应用系统，制定统一的接口标准，实现一体化集成。

1.构建一体化集成销售系统

以 SAP S/4 作为销售核心应用系统，实现客户、价格、信用、销售订单、库存、结算的统一管理。集成计量发运系统，将库存管理统一纳入 SAP S/4 管理。统一煤质系统应用，实现煤质数据与 SAP S/4 系统集成，支撑结算价格管理。使用山能集团 EC 电商平台，实现客户关系管理、合同管理、竞价拍卖等相关业务线上管理。统一税务发票系统接口，实现“元年”“远得”等税务系统与 SAP S/4 无缝集成。

2.建立一体化信用管控策略

对集团客户进行集中统一管理，建立客户信用管理体系，自动校验客户信用余额或预收款情况，通过系统对销售订单实时进行客户动态的管理，检查客户账期、信用额度、预收款情况，进行客户状态追踪与监管，降低企业风险。

3.统一产品计量发运平台

整合原有发运系统，搭建集团统一的计量发运平台。针对计量发运系统各自分部建立、功能差异巨大的现状，在集团开发统一的计量发运系统平台，统一应用功能，逐步统一各二级公司产品发运平台，为山东能源大数据建设打下坚实基础。

4.健全销售定价体系

建立透明的煤炭销售体系，销售发运数据与发票创建自动集成财务凭证，结算单数据推送财务共享平台，形成报账单并联动“元年”税务发票系统，保证业务整体完整度。系统按照用户要求，涉及煤炭结算情况，依据煤质数据、结算数量及结算单价以及在后台维护不同维度的条件价格，自动核算结算价格，减少人工计算。

5.统一贸易管理平台

使用 SAP GTM 全球贸易管理方案，建立统一贸易管理平台。贸易业务从业务方案的制定开始，基于业务方案创建 GTM 的业务合同，并通过 TR 实现贸易现金流管理，有效控制贸易风险。集成智慧法务系统支持在移动端审批，审批完成后采购/销售合同回传到 SAP 系统自动生成采购订单/销售合同。

（七）因业施策，全程追溯，支撑精益生产链式管控模式

统一物料清单管理，统一工艺路线管理，车间执行过程管理，将 SAP S/4 作为

企业生产相关部门核心应用系统,制定统一的接口标准,通过多系统集成实现事前计划、事中控制、事后分析的管理模式,从而优化企业生产管理。

1.统一各业态生产过程标准

根据企业制造特性将实施生产管理模块的工厂划分为煤炭、化工、装备、电力、新材料五个板块。每个板块内统一规范生产过程管理要求,建立标准的、规范的生产管理体系。

2.标准化生产数据

项目上线后所有生产主数据管理由线下转为线上,统一数据管理平台的同时,避免关键参数的数据传递遗漏,实现生产主数据线上权限控制范围内的信息实时共享。借助线上数据维护管理要求优化必要的线下单据传递过程,实现线上与线下同步,使管理层可以迅速、准确把握企业的生产制造数据维护情况,合理安排生产。

3.全渠道生产计划管理

结合企业生产产品特点,灵活选择或组合MTS计划模式(计划驱动)和MTO计划模式(销售订单驱动),增强企业对市场需求的适应性、灵活性,缩短车间响应时间,有效降低因计划变动导致的冗余生产计划和库存。

4.强化生产过程管理

实施生产管理模块的单位统一在系统中进行计划和车间执行业务操作,对于计划下达、车间收发料、完工确认等车间执行过程,以及线边库库存管理均实现线上管理,通过二次开发表单打印方式,将线上数据管理规范与线下业务开展要求完美结合,实现生产过程的无纸化信息传递,避免人为导致信息错误,保证账、物一致性的同时,满足共享、透明的生产信息管理要求。

5.构建生产单位产品追溯体系

依据企业生产制造特点,结合完善的系统功能,在系统中构建企业生产过程中重要的产品追溯体系,实现通过产品批次或序列编号可追溯生产各环节制造过程,乃至采购计划执行过程;保证生产过程产品质量,精确定位产品问题分析,为最佳返工、返修方案提供决策依据。

6.灵活的报表分析

借助系统提供的标准生产订单信息系统与客制化开发报表,满足企业生产过程所需的汇总、分析管理报表,为企业迅速决策提供相关数据基础。

(八)数字法务,业务协同,建设统一的合同法务平台

建立能源集团统一的智慧法务合同管理平台,集合同管理、证照管理、法律事件管理于一体,实现法务事项平台化、集中化管理。平台对合同全生命周期包括签订、审批、用印、履行、归档等各环节进行监控,与采购、销售、贸易、财务等各业

务板块相关系统集成管理，实现数据一致性、信息同步化的要求，达到合同管理的整体管控目的。将合同范围进行全覆盖，覆盖集团各行业、各地域、各专业、各种类型的合同，做到统一标准合同文本库、统一相对方管理、统一合同分类管理、统一合同编码管理。建立适用于采购、销售和贸易等各业务场景的功能系统，可实现对各分子公司合同数据信息采集，将各业务板块相关系统进行串联集成管理。

1.统一系统、统一模板、智能提示

规范合同文本、明确合同条款、统一合同审批流程，有效防范合同风险。在统一管控的基础上，对合同修改的部分进行智能提示，参照标准文本修改的合同文本内容与标准文本进行对比，并提示修改内容，合同创建人依据标准文本模板维护好的待审批的合同文本与合同标准文本模板进行对比，显示增加和修改的内容。根据合同文本条款内容，对选择的标准文本模板进行风险点提示。

2.合同履约刚性管理

严格合同履约管控，合同模块与财务共享系统进行连接，合同模块自动向共享系统推送合同编号、客商信息、履约信息、结算方式等关键信息，实现履约结算集中化、专业化，严格把控合同风险。发挥合同履约清单作用，应用系统化手段实现合同履约风险刚性控制。

3.实现合同全生命周期管理

实现合同与采购、销售等业务和财务强集成，合同履约贯穿业务全过程，通过合同与各业务及财务系统信息互通，实现合同信息有效应用与数据回传反馈，全貌反映合同执行情况。

（九）因实定计，联动预算，精准展示计划业务实景全貌

构建统一的投资计划管理体系，建立各类投资计划管理结构体系，规范明细项目标准和编码规则。项目系统管理模块的建设立足于计划管控标准化、集成化，对专项资金计划（包括维简、基建、技改、大修、安全、科技项目）进行集中划一的主数据的管理、预算控制管理、项目成本归集管理以及项目成本结转的管理，充分满足集团下属单位对项目主数据的管理、预算控制管理、项目成本归集管理以及项目成本结转的管理。

1.各类项目管理高度集成

与采购、维修及财务管理高度集成，资金投入预先控制，预算控制可实现批量导入、分解、下达，并进行信息报表化呈现，为决策层提供翔实的数据分析。

2.打通计划与财务之间的信息壁垒

通过创建计划与财务统一使用的WBS元素，以其作为资金预算、实际使用、预实对比的关键统计元素，实现计划管控有章可循、有据可查、责任到人的目的。

3.全面提升计划管控水平

系统的搭建促使各基层单位改变原有的管控模式和管控理念,更加注重计划管理、源头管控,计划编制更切合实际生产需求,全面提升计划管控水平。

三、业财一体化经营管控平台建设与实践的实施效果

业财一体化经营管控平台建设,以全球化视野、国际化标准,搭建集团级信息管控与运营系统,推动运营机制、管理方式、风险管控变革重构,打破了信息壁垒,贯通了业务数据共享,人、财、物、产、供、销各业务环节自动高效流转和有机整合,充分发挥了信息系统集成管理功能优势,实现了数据标准统一、业务流程优化、管控体系重塑,全方位提升了经营管控水平,有力支撑了集团数字化转型战略目标的实现。

(一)整合体系,聚焦管控,全面提升了经营管理水平

通过整合集团一体化经营管控平台,实现了"横向集成、纵向贯通"目标。支撑集团治理、管控、监督体系建设;统一数据标准,建立支撑"大集团、小总部"产权明晰的多级治理体系,建成、重塑了经营管控、协同生态、风险防控、创新应用、决策支持五大体系,助力山东能源经营管控决策落地实施。一体化经营管控平台应用,将管理触角延伸到业务前端,推动管理流程数字化,做到管理数据可见、流程可控、信息可用,实现了"管理制度化、制度流程化、流程信息化、信息表单化",全面提升了山东能源经营管控能力。

(二)一体集成,核心牵引,大幅提升了降本增效能力

通过对业务流程、规则进行标准化和优化,整合重复的、非增值的工作流,固化管控模式,丰富管控工具,打通端到端的数据集成共享,提升业务执行效率、财务核算效率和自动化程度,最大限度地降低运营成本。一是单点登录实现多流程同一平台展示、多系统自动切换登录,有效提升跨系统登录效率;二是通过销售定价模型、SRM供应商自动对账、发票OCR自动识别、报表编制自动出具等工作流程自动化,降低过程风险的同时,极大提高工作人员数据录入效率和准确性;三是将供应体系由原来的多级供应转变为集团一体化三级集采,优化企业采购环境,减少外来干预,物资集采职能发挥到最大化,实现了大宗采购集中化,大幅提升了降本增效能力。四是充分发挥财务共享集中化、规模化管理优势,大幅降低人工成本,财务成本节约立竿见影。平台应用以来,设备运维成本下降10%,管理人员工作效率提高50%,管理成本降低5%,运输成本下降6%,财务共享覆盖700

余家单位，每年节省人工成本2.1亿元，有效提高了企业经营效益。

(三)业财引领，数据互通，有效提升了财务管理水平

集团级一体化财务共享服务平台，重塑了会计核算等管理流程，统一了会计信息管理和会计信息披露，构建了基于财务共享模式的财务管控体系。一是重塑了财务组织体系，构建了"一体两翼"新型财务管控格局，突出了集团财务管理部战略规划与管控核心地位、资金管理中心资金管理职能和共享中心会计处理职能。二是打通了业务、财务融合渠道，用业务语言解读财务核算，实现了从业务到财务的自动翻译与输出，从业务申请、审批、交易到报账、支付、核算、报告的所有环节全部打通，真正做到数据一点录入、全程共享、互联互通。三是带动财务流程变革，实现财务共享的自动化、智能化。RPA应用改变了财务工作模式，财务核算流程全过程自动化，大幅提升了财务自动化、智能化水平。

(四)打穿壁垒，强化协同，明显增强了公司聚合能力

一体化经营管控平台完全适配集团体量，平台能够支持66678家客户、48613家供应商在线交互，可以支撑884家内部单位线上交易，年处理关联交易2200亿元，集采平台年采购额1152亿元，构建企业生态圈，规模优势显著，量聚利生。一是搭建了多系统协同的一体化架构和双链路环网，实现了数据线上实时传输，打破信息闭塞状态，促进"信息共享、互联互通"。二是实现了供应链业务的全程协同。改进了产供销业务相对割裂的状态，实现了原料匹配库存、寻源采购全程自动化，架设了生产需求与物资采购业务桥梁，运销系统深度协同，矿煤场、化工厂全面实现了ERP系统与计量发运系统的无缝衔接，地中衡、轨道衡、充装流量计等计量发运全程无人值守，杜绝了人工干预，提高了发运工作流程自动化水平。三是实现了人力资源系统与财务系统深入协同。工资总额实现线上审批无纸化，工资项目和计算规则标准统一，改进了传统的薪酬发放模式，拓展了薪酬发放的自动化、高效能空间。薪酬发放自动快速，银行自动发放薪酬，账款实时汇入职工账户，自动即时生成财务凭证。四是实现跨部门、跨公司业务的全域协同。在集团层面统一了供应链管理及物资商城平台、设备管理平台，大宗物资、设备的采购权与调用权收拢至集团公司，由集团公司统一集中采购、调拨调剂；在山东能源集团范围内实现ERP系统线上平衡利库，充分盘活闲置物资，极大降低了库存资金占用率。五是实现同业、产业的广泛协同。实现煤炭与化工的产业协同，在化工产业内部实现了销售资源市场协同，在同业企业之间实现了煤炭化工产品联销业务协作。

(五)内优外扩,引能引智,有力地提升了企业核心竞争能力

一体化经营管控平台建设充分利用数字化手段,通过系统的整合融合,以信息化建设推动管理模式变革,将山东能源管理变革的意志通过系统工具强势落地,建立全方位的业务管控体系,为山东能源战略落地提供信息支撑,实现"固底板,补漏洞"的管控效果,全面提升了公司竞争软实力、品牌影响力,达到行业和全省领先水平。一是重塑管理流程,使管理流程更加透明、工作效率大幅提升、风险防控能力显著增强,经营管理水平的全面提升,最终将转化为特有的竞争软实力,在降本增效、防范风险、堵塞管理漏洞等方面,给公司带来巨大的隐性效益。二是高起点、高标准设计,走在了省管企业最前列,受到众多同行及大型企业、地方政府的重点关注,打造了数字化、智能化新名片。三是打造了具有独立知识产权的ERP行业解决方案,并培养了一大批既掌握行业知识和先进管理理念、又懂信息系统建设和应用的复合型人才,对推动山东能源数字化转型、引领能源行业数智化变革、提升公司国际竞争软实力提供了有力支撑。

成果创造人员:李　伟　刘　健　茹　刚　杨再昌　武玉华　李士鹏　孔祥宏

国有投资公司风险、合规、内控三位一体管理体系建设的实践与应用

山东高速投资控股有限公司

摘要：近年来，受全球经济下行、新冠疫情冲击、地缘政治冲突等多方面因素影响，中国国有企业正身处“百年未有之大变局”中，不可避免地要应对越来越多的风险和挑战。如何预防各类风险的发生，以及如何控制与应对发生的风险，已成为企业发展中不可避免的一项风险防控问题。山东高速投资控股有限公司（简称“山高投控”）全面整合风险管理、合规管理、内部控制三项管控职能，以风险管理为导向，以合规管理监督为重点，以内部控制体系为核心，同时兼顾三项职能各自的特点，构建风险管理、合规管理、内部控制管理相互融合的三位一体管理体系（以下简称“三位一体管理体系”），形成了涵盖三项管控职能的一套集成运行机制。从而使山高投控风险管理、合规管理与内部控制管理资源得到有机整合，进一步提升企业资源利用效率及管控效果，实现国有企业“强内控、防风险、促合规”的战略目标。

山东高速投资控股有限公司（以下简称“山高投控”）成立于2010年3月，注册资本35.98亿元；拥有权属单位11家，业务类型涵盖产业投资、PE投资、融资租赁、应急转贷、资产管理等；企业连续多年获评国内AA＋主体信用评级，是世界500强企业山东高速集团有限公司的全资子公司。作为山东高速集团着力打造的投资与资本运作平台、产融协同平台，山高投控致力于山东高速集团实现以红色、创新、质量、卓越、活力、文化“六型山高”系统工程建设的战略路径，积极融入国家和山东省的重大战略，围绕产业投资、财务投资、金融服务、资产管理四大板块，聚焦新基建、新能源、新材料、智能制造等领域，深入践行高速集团“创享美好之路”的企业使命，不断推动企业实现转型升级的新跨越，努力打造成为国内卓越的产业投资和金融服务集团。截至2022年年底，山高投控及其所辖单位管理资产总额达273.73亿元，当年度实现营业收入12亿元，利润总额6.2亿元，上缴税金2.3亿元。

一、国有投资公司风险、合规、内控三位一体管理体系建设的实践与应用的实施背景

（一）这是满足国资政策监管要求的必然手段

近年来，党中央、国务院高度重视国有企业风险管理、合规管理和内部控制管理体系建设工作，国务院国资委于 2015 年 12 月发布了《关于全面推进法治央企建设的意见》（国资发法规〔2015〕166 号），提出“探索建立法律、合规、风险、内控一体化管理平台”，首次在正式文件中面向企业提出风险、合规、内控一体化管理的概念。2021 年国务院国资委发布了《关于进一步深化法治央企建设的意见》（国资发法规规〔2021〕80 号），明确提出“探索构建法律、合规、内控、风险管理协同运作机制，加强统筹协调，提高管理效能”。2022 年国务院国资委深入贯彻落实习近平法治思想，在总结中央企业合规管理实践、借鉴国际大企业先进做法的基础上颁布了《中央企业合规管理办法》，再次提出“中央企业应当结合实际建立健全合规管理与法务管理、内部控制、风险管理等协同运作机制，加强统筹协调，避免交叉重复，提高管理效能”。国有企业作为我国经济社会发展的“稳定器”和“压舱石”，具有重要的战略地位和作用，建立有效的风险、合规、内控三位一体管理体系，确保企业各项规章制度与经营决策落实到位，符合国家政策对现代化企业管理的客观要求，帮助企业有效规避或降低经营风险，从而实现企业高质量发展的最终目标。

（二）这是助力企业规范化管理、高质量发展的必然举措

一是顺应山高投控高质量转型发展过程中风险防控的需要。随着国际经济形势不确定性持续加剧，国内经济复苏仍存在不确定因素，企业生存发展状况依然不容乐观，各类风险事件高发、频发，对山高投控投资项目的全生命周期管理带来了新的挑战及管理风险。山高投控实施三位一体管理体系建设，实现“一套管控体系、不同管控视角、多维管控成效”的目标，充分发挥各体系在加强内部监督、合规管理和风险管控方面的功能和作用，有效提高风险防控精准度，不断提升合规管理水平，确保实现国有资产保值增值。

二是顺应山高投控优化管控体系、转变管理模式的需要。一方面为确保企业内部控制更加程序化，山高投控健全内部控制合规制度，完善风险管理监督规范，建立重大事项集体决策机制，明确授权审批权限，实现项目投前、投中、投后程序化、标准化管理，保障内控执行的可行性、管理机制的一体化。一方面结合企业实

际，山高投控通过优化制度和流程，完成从以主观上的“人治”转向以制度、规则为约束的“法治”科学管理模式，实现企业风险管理更加动态化，利用信息化系统管理风险、精准识别风险，及时分析风险、整合数据以控制风险，追踪考核评价，实现动态管理，保障企业合法合规经营，不断提升管理能力，实现管理方式的现代化。

三是顺应山高投控降低管理成本、提高经营效率的需要。项目搭建过程中，结合山高投控的实际情况，抽取部分业务场景先行模拟，在同一业务领域同时关注业务风险、合规风险、流程控制风险，采用历史风险事件、合规事项对标、流程环节权责分析等多种方式，分别对各类风险进行分析与评估，并结合山高投控的组织架构、风险承受能力、现有管理技术等多种因素，设计相应的内部控制活动。基于此类模拟，初步形成“三位一体”的建设与运行方法论，进一步推广至所有投资业务及相关管理领域，简化风险管理、合规管理、内部控制管理操作流程，使三项职能有机融合，相辅相成，有效降低企业管理成本，提高运营效率。

（三）这是实现管理职能有机结合、形成协同合力的必经之路

一是三者的管控目标具有一致性，风险管理、合规管理与内部控制管理三者均为依法治企体系建设的重要组成部分，各自具有特定的管控目标，在体系建设与运行方面又存在诸多共同的特性，均以保障企业实现“防风险、促合规、强内控”为目标。

二是三者的管控对象具有统一性，风险管理、合规管理与内部控制管理以保障企业经营与战略目标的实现为导向，是对企业管理与业务操作行为的管控。在厘清各业务领域中存在的潜在风险后，通过运用风险管理、合规管理、内部控制管理的方法与工具，降低风险发生的概率，提高运营保障能力，辅助各项经营与战略目标的达成。

三是三者的执行路径具有同质性，在体系建设的过程中，通过解读三体系相关政策及规范性文件发现，风险管理、合规管理、内部控制管理在管理目标与运行机制方面存在共通之处，均遵循 PDCA（计划—实施—检查—改善）“戴明环”理论，共同的运行机制与管控目标奠定了三类体系理论趋同的基础。

二、国有投资公司风险、合规、内控三位一体管理体系建设的实践与应用的主要做法

（一）三位一体管理体系顶层架构

山高投控通过构造三位一体管理体系顶层设计方案，深入对三位一体管理体

系融合的理论及方法的理解，更加有效指导三位一体管理体系建设工作，为体系未来的高质量运行打下坚实的基础。三位一体管理体系顶层设计方案中包含六大要素：目标、组织、制度、流程、企业文化、信息与沟通。其中，目标管理、组织管理、制度层面、流程层面是顶层设计方案中的核心环节，决定了三位一体管理体系建设的方向；企业文化层面、信息与沟通层面属于辅助环节，是企业建设三位一体管理体系时必须同时考虑的因素。

目标是三位一体管理体系建设工作开展的前提条件。在设计三位一体管理体系建设工作框架时，充分考虑山高投控中长期战略规划和短期目标，深入了解风险管理、合规管理、内部控制的建设与运行现状，为确定三位一体管理体系的建设目标奠定基础。经过系统性的分析和论证，山高投控确定了“建立健全以风险管理为导向、合规管理为重点、内控管理为基础的三位一体管理体系，实现山高投控强内控、防风险、促合规的目标”。根据设立的体系建设目标，山高投控系统评估了实现目标所需的要素和资源投入，确保三位一体管理体系的高质量建设和运行。

组织是实现三位一体管理体系建设目标所需的职能与人员的组合。组织管理包括组织结构、决策机制和胜任能力三项要素。组织结构是指三位一体管理体系下的部门与职能、岗位与职责的匹配关系；决策机制确定企业风险管理、合规管理、内部控制管理活动的决策主体、程序、信息传递与沟通途径；胜任能力是实现三位一体管理体系运行与保障所需的知识与技能。建立完善的“三位一体”管理组织，确保体系的设计与运行合理、有效。

制度是规范三位一体管理体系的基础，为三位一体管理体系的设计与运行提供明确的原则，使企业的战略、组织和人员目标一致，实现协同。制度规范了企业管理的各个环节，包括计划、执行、监控和评估，从而使管理更加系统化与规范化。在三位一体管理体系建设中，以梳理的外部法律法规及监管要求为基础，完善企业内部制度，实现“外规内化、内规强化”。

流程是将三位一体管理体系以顺序作业的形式贯穿于各岗位，覆盖各项业务领域的落地工具。以制度为纲领，以控制活动为作业节点，预防和应对企业面临的各类风险。

企业文化是指导企业员工建立共同价值观的重要手段。企业文化存在于企业成员的行动和工作之中，可以协助企业管理者明确企业经营管理方向，为企业可持续发展提供帮助。在三位一体管理体系建设过程中，通过加强内部宣贯、培训工作，使山高投控员工了解三位一体管理体系运行的基本概念和模式，明确风险管理、合规管理、内控管理对于企业发展的重要性，将“三位一体”管理意识融入到山高投控的企业愿景、行为准则及经营理念中，构建山高投控整体层面的“三位一体”管理文化。

信息与沟通是一体化管理体系必不可少的要素。企业通过信息与沟通，支持各项业务的开展。信息与沟通也是企业内外部要素互动的桥梁，在一体化管理体系中发挥重要的作用。在三位一体管理体系建设工作取得阶段性成果后，通过管控信息化的手段将三位一体管理体系嵌入日常经营管理活动中，以实现三位一体管理体系建设工作成果的有效落地、执行。

（二）三位一体管理体系运行机制

山高投控在开展三位一体管理体系建设工作时，始终以风险为导向、流程为抓手，建立以风险管理为核心的运行机制。实施过程包括风险识别、风险评估、风险应对、风险监控、风险检查、持续优化。以下将重点介绍三位一体管理体系建设的理论成果——以风险管理为核心的一体化运行机制（见图 1）。

1.风险识别

风险管理、合规管理及内部控制一体化运行机制的基础是风险识别。识别因素包括法律法规变化、内部控制运营的薄弱环节、各运营领域风险及风险事件等，识别过程包括风险信息收集、筛选、提炼、对比、分类、组合，识别方式包括制度及流程分析、历史风险事件分析、管理层访谈等，最终形成企业风险管理、合规管理及内部控制领域统一的风险库（见图 2）。

2.风险评估

企业针对风险识别环节所识别出的各类风险，采用风险评估标准，按照风险发生的概率以及影响程度，通过定量和定性分析进行风险评估，根据风险评估结果对各具体风险进行分类并划分风险等级。一般风险评估可将风险分为重大风险、重要风险、一般风险三个等级（见图 3）。

根据风险评估结果，进一步确定后续风险管理的重点，并对相关风险进行分析，基于不同类型风险确定后续的管控策略及应对措施。

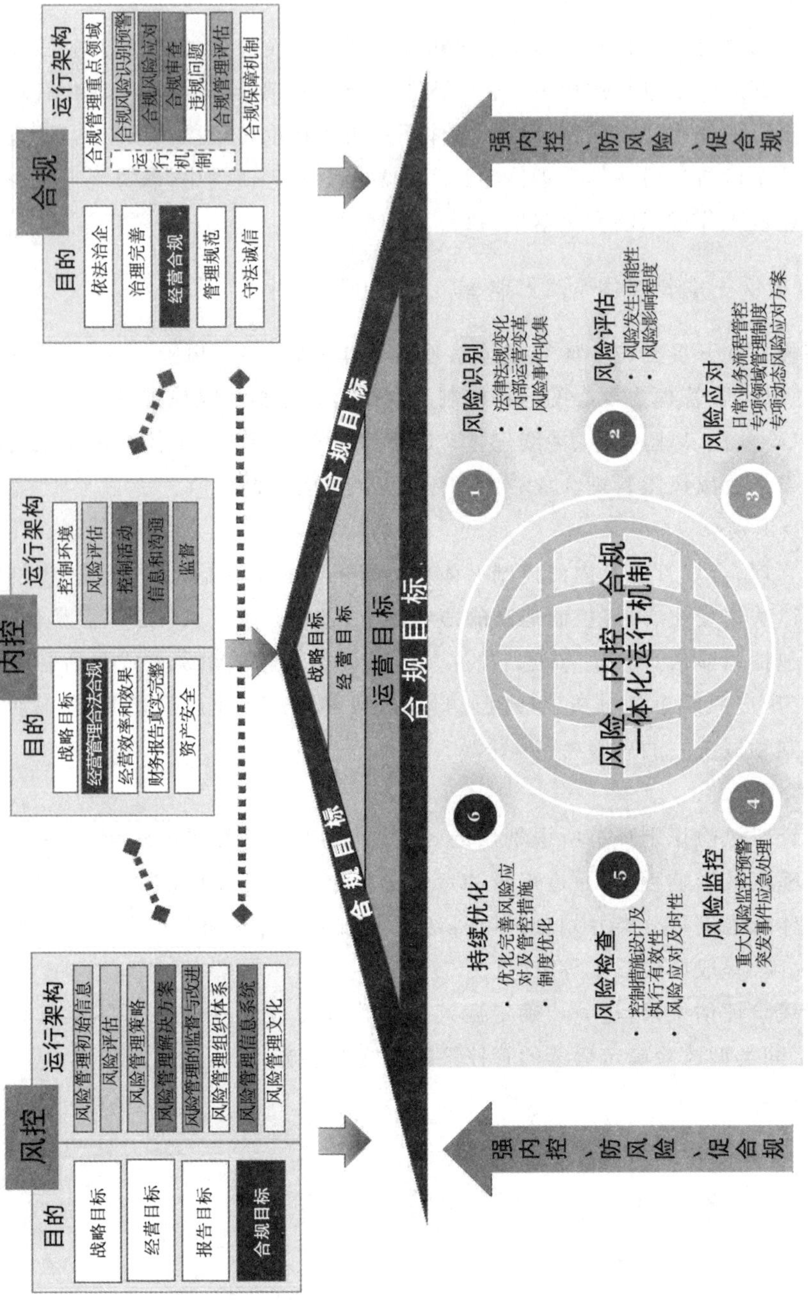

图1 风险管理、合规管理及内部控制一体化运行机制

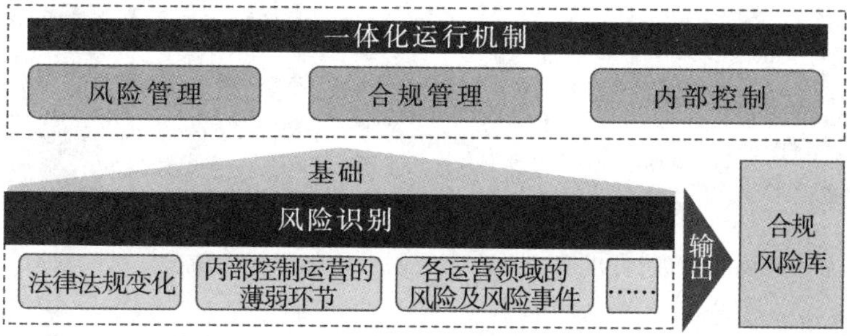

图 2　风险管理、合规管理及内部控制一体化运行机制——风险识别

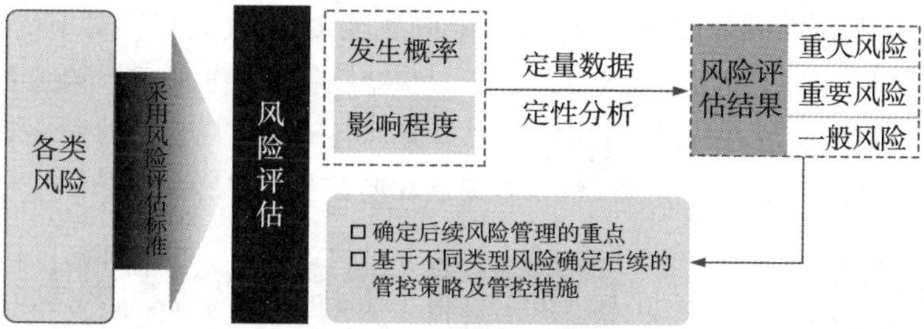

图 3　风险管理、合规管理及内部控制一体化运行机制——风险评估

3.风险应对

根据风险评估结果，企业结合自身业务特点确定风险偏好和风险承受度，选择风险应对策略，即风险规避、风险转移、风险减轻、风险接受等，将风险控制在可承受范围内。企业权衡风险损失与收益，运用风险应对策略组合，以“强预防、重控制、降风险、减损失”为目标，建立符合成本效益原则、契合风险偏好的风险应对模式（见图 4）。企业未来将通过不断优化应对策略组合，持续提高风险防范水平。

针对绝大部分以风险减轻为应对策略的风险及部分流程类合规风险，采用以内部控制为核心的风险防控手段，设计合理有效的控制活动，明确界定岗位职责及授权，将合规管理要求与业务活动紧密结合，建立事前合规审查、审批，事中监控，事后检查等管控方式，有效防范各类风险。

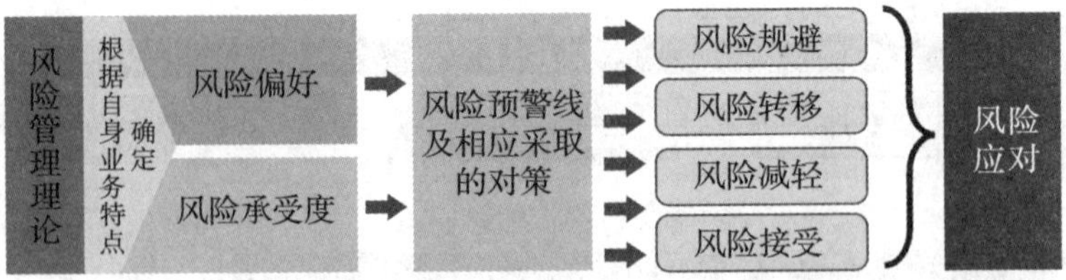

图 4　风险管理、合规管理及内部控制一体化运行机制——风险应对

4.风险监控

针对重大风险及部分专项风险，企业建立重大风险指标监控预警机制和突发事件应急处理机制，依据监管要求、风险偏好、风险容忍度等标准设置风险阈值，对可能发生的重大风险或突发事件，制定应急预案、明确责任人员、规范处置程序，确保突发事件得到及时妥善处理。通过信息化手段推进重大风险监控预警体系建设，对重大风险进行动态跟踪、自动预警、监督评价，确保及时向决策层发布预警信号并提前采取预控对策，将风险遏制在萌芽状态(见图 5)。

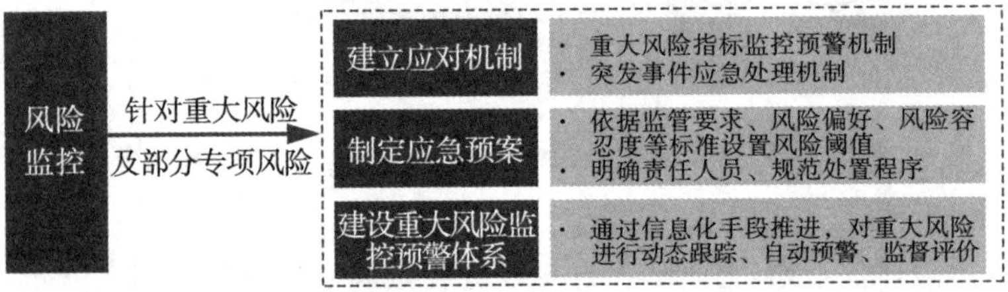

图 5　风险管理、合规管理及内部控制一体化运行机制——风险监控

5.风险检查

风险检查是进一步落实风险管理、合规管理及内部控制一体化的重要手段，在风险应对的基础上，基于各项风险应对所关联的过程文件及证明材料，拟定风险管理的检查测试程序及检查清单，以便企业的第二道防线开展对风险管控措施的设计及执行有效性检查。企业定期以重大风险、重点领域和重大决策、重要管理及业务流程为重点，对风险管理、合规管理、内部控制的实施情况进行自我评估和检查，对变化情况和检查发现的缺陷及时加以改进，形成一体化运行的闭环管理(见图 6)。

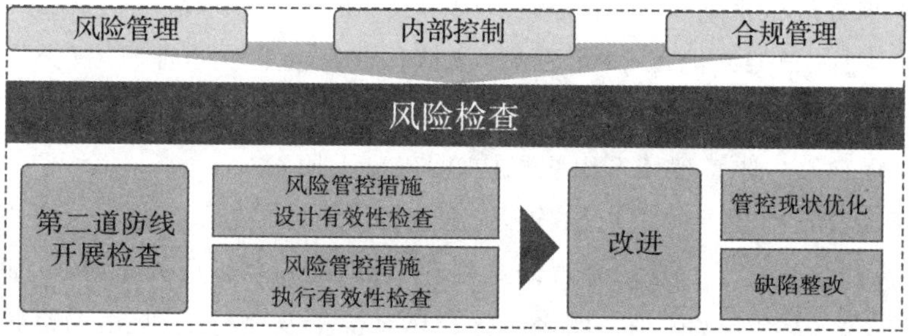

图 6　风险管理、合规管理及内部控制一体化运行机制——风险检查

6.持续优化

建立风险管理、合规管理及内部控制一体化管理体系运行的动态调整机制，通过定期的风险识别及评估机制，持续收集企业内外部风险管理、合规管理及内部控制的各类信息（包括外部法律法规及监管要求变化），调整各项风险应对及管控措施，监控风险的应对情况（见图 7）。企业面临的风险不是一成不变的，一体化管理体系也非一劳永逸的，持续优化是一体化管理体系运行至关重要的一步，通过对已经不再适用的风险或风险管控措施进行调整，同时结合风险检查中发现的设计有效性问题，持续优化一体化体系的管理工具及企业规章制度，不断提高企业一体化管理体系的精准度、增强一体化管控成效、提升一体化管理水平。

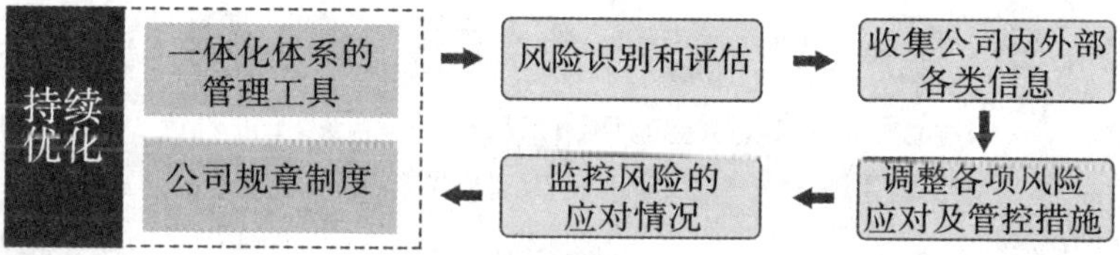

图 7　风险管理、合规管理及内部控制一体化运行机制——持续优化

（三）三位一体管理体系搭建及落地

1.围绕“三位一体”管控目标，聚焦重点业务领域

山高投控在全面开展三位一体管理体系建设工作时，以发展战略、经营目标为出发点，基于三位一体管理体系建设项目目标中“强内控、防风险、促合规”的要求，对山高投控各部门及权属单位进行了全面、深入地经营管理情况摸底；对于风险管理、合规管理及内部控制管理体系的运行现状、体系缺陷及改进措施进行了全方面的分析；对山高投控的业务板块、业务模式、业务布局、经营活动及关键环节、管控模式及特点、组织及职责分工、制度及流程的制定及执行情况、内部审计

及风险事项等进行重新梳理，结合组织架构及职能分工，形成了《“三位一体”管控业务框架》。该框架共涵盖 25 个领域，包括私募基金业务管理、股权类投资项目管理、债权类投资项目管理、融资租赁业务管理等，力求业务全覆盖、领域有重点。

2.设置三位一体管理体系组织机构，明确分工职责

基于山高投控当前的组织架构及职能职责，结合风险、合规及内控协同管控目标，山高投控设计了一套治理层统筹领导，管理层和执行层分工明确、职能边界清晰的“三位一体”组织体系。明确一体化体系决策及执行机构，由山高投控总经理办公会负责决策、部署、指导、监督和评价一体化体系推动与落实工作，审计部（资产管理部）负责落实总经理办公会决议，执行具体的落地及推动工作，形成“有决策、有落实、有监督、有反馈”的闭环组织管理体系。

3.开展风险识别，构建一体化风险库

（1）收集内外部合规信息。本环节的核心工作开展方向是识别内外部风险，除了对重点业务领域的掌握，还需要熟悉内外部监管规定及其变化。因此，山高投控收集企业重点业务领域及关键环节所应遵守的内外部监管规定及其变化，为企业未来合规义务辨识、风险识别、风险应对提供参考依据。内外部合规信息类型见图 8。

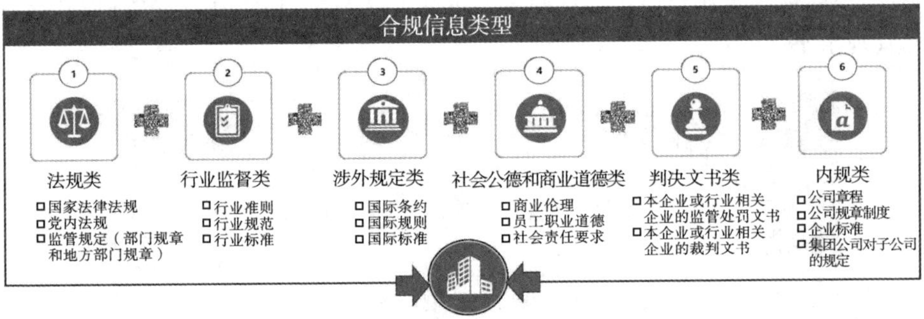

图 8　合规信息类型

（2）开展风险识别工作，形成《一体化风险库》。山高投控通过收集各类内外部风险事件的相关数据，综合考量从驱动因素层面分析诱发风险的主要成因及对企业的影响程度等，共识别七百余项具体风险，如识别涵盖外部监管合规义务、内部控制运营的薄弱环节、各关键业务领域的风险及风险事件等，形成《一体化风险库》。《一体化风险库》分为一至四级风险，层层细化，实现风险的精细化定义与描述，并将风险做交叉分类，在匹配各业务领域的同时，进一步分为经营风险、合规风险及内控相关风险，实现对风险的矩阵式分类管理。

4.编制《风险合规内控管理手册》,合理应对风险

山高投控基于风险识别及评估情况,将合规义务及风险应对策略相融合,通过外规内化、风控措施嵌入业务流程,完善重点领域及关键业务事项的内部管控流程及措施,编制形成《风险合规内控管理手册》(以下简称《手册》)。《手册》涵盖各业务流程的控制目标、面临的各项合规风险及内控风险描述、流程适用范围、相关内部制度和主要外部政策、流程说明、业务流程图、风险控制矩阵及权责矩阵,为山高投控各项业务的开展提供直观、清晰的实践指引,主要内容如下。

(1)业务控制目标:该流程简要描述企业要实现的目标及效果,是为控制活动应完成的任务或达到的标准设定要求。

(2)业务风险描述:主要描述未来的不确定性对企业实现其经营目标的影响,是建立企业内部控制措施的基础。此处展示了每个三级流程对应的风险描述,涵盖经营风险、合规风险、内控风险,并同时对应标注了关键控制编号以便于直接查阅风险的控制措施。

(3)流程说明:流程步骤描述中融合了外部法律法规、监管要求,结合防控风险的内控措施,详细描述了各流程环节中相关部门及岗位所需进行的关键操作,实现一体化管理进程。通过结合内外规要求,列示了在各个环节中需进行关键操作的相关部门及岗位人员,实现一体化管理进岗位。

(4)流程图:流程图中分别使用不同标志进行标识,包含合规关注重点、重要风险点和关键控制措施,实现了管控要点标识化。其中,合规关注重点根据合规风险库,结合各业务流程相关外部法律法规、监管要求,对各业务流程中可以通过内部控制措施防范和管控相关合规风险的控制环节添加了标识;重要风险点是基于企业一体化风险库识别出的经营风险点;关键控制措施是对各业务流程中可以通过内部控制措施防范和管控相关风险的控制环节添加了标识。

(5)风险控制矩阵:风险控制矩阵中的标识是可以固化到信息系统中的控制活动,利用系统的自动化控制实现控制活动强制执行,实现控制活动信息化。

(6)权责矩阵:权责矩阵全面列示企业各部门、各岗位关键决策事项,实现关键业务事项责任精准落实到岗。权责矩阵运用不同标识,梳理和优化各主体谁提交、谁审核、谁审批、谁配合、谁备案,同时,为各项业务流程逐步实现信息化管控提供有力指引,实现职能职责可视化(见图9)。

关键审批事项	公司各部门各岗位				决策机构	上级单位
一、二、三级关键审批事项	发起①		审核②	审核③	√	▲

① —— 表示事项发起　　②③…… —— 审核审批顺序

○ —— 表示参与、配合、建议、提供资料

√ —— 表示审核审批过程的最终环节

▲ —— 表示最终审批/流转完成后报备或抄送

图 9　权责矩阵示例

5.全方面开展体系试运行，推动体系落地

山高投控根据已取得的阶段性成果，开展全方位的三位一体管理体系试运行工作：制定一体化体系试运行实施方案，对体系建设过程中已发现的问题全方面监督、检查及整改，开展一体化体系试运行培训和试运行效果持续跟踪等工作。

(1)制定一体化体系试运行实施方案。山高投控为保证一体化体系试运行工作顺利、高效开展，明确各部门、权属单位在试运行过程中需要承担的责任和需要开展的工作，制定了一体化体系试运行实施方案。方案明晰试运行期间一体化体系决策、执行机构及人员、确定体系建设过程中所发现问题的整改方式、规定试运行培训的时间和范围、指明一体化体系试运行持续完善的方式等，为一体化体系试运行工作开展提供了强有力的保障。

(2)对已发现的问题进行全面整改，实现动态监督、检查。山高投控对体系建设过程中发现的相关问题进行全面梳理，明确各项问题的整改进度并更新问题整改跟踪台账。对尚未整改完成的相关问题，山高投控明确要求各部门、权属单位确定相关问题的预计整改完成时间、整改措施等情况。针对难以整改的问题，各部门、权属单位明确了尚未整改或不能整改的原因。山高投控定期跟进各部门、权属单位对相关问题的整改完成情况，并更新问题整改台账，随时掌握整改进度，全面落实体系建设过程中已识别问题的整改方案，夯实管理基础，稳步提升科学管理水平。

(3)开展试运行培训，强化全员管理意识及企业文化。山高投控全面开展分级分类的试运行培训工作，帮助全体员工深入理解风险管理、合规管理、内控管理的重要性，通过靶向施教，补齐员工思维短板，精准深化全体员工对风险管理、合规管理、内控管理的认知与理解，协助员工更好地使用一体化体系建设成果，推动员工自觉践行一体化管理理念，有效运用一体化体系后期维护方法，助力一体化体系有效落地实施。此外，山高投控针对专项业务领域，如债权投资、股权投资、

融资租赁等业务领域，开展专项风险管理、合规管理、内控管理培训工作，加强相关业务部门人员对于企业核心业务领域开展一体化体系管理的重要性及具体手段的理解，有效降低或规避重点业务领域的各项风险。

(4)开展一体化体系试运行效果跟踪，实现体系持续优化。在一体化体系试运行期间，山高投控对一体化体系运行情况及效果进行持续跟进，于每月末以汇总反馈表的形式对当前各部门、权属单位在体系试运行中遇到的问题进行月度集中反馈。每月召开月度沟通会，就各部门、权属单位在当月反馈的相关问题进行研讨，明确相关问题的后续完善措施、主责部门及完成时间要求等，同时，持续跟进前期反馈问题的后续落实及完成情况，并在整改台账中予以记录，保障体系有效运行并持续改进，精益求精。

(5)落实管控措施信息化，强化信息与沟通。山高投控结合《手册》的信息化固化建议及一体化体系试运行效果情况，通过逐步对风险管控措施的信息化、自动化部署，将管控措施嵌入信息系统之中予以固化，同时，通过信息化手段针对企业重大风险进行动态监控、自动预警、切实保障三位一体管理体系成果的落地实施。

三、国有投资公司风险、合规、内控三位一体管理体系建设的实践与应用的实施效果

山高投控通过实施三位一体管理体系，不断提升运行效率，优化资源配置，在降低管控成本的同时，使经营管理风险得到有效管控，经营管理水平实现稳步提升，在管理水平、经济效益、社会效益等方面取得了显著成效。

(一)提升了企业运营效率，降低了企业管控成本

三位一体管理体系是围绕企业战略发展方向，服务各项管理目标，涵盖全部业务流程的综合管控体系，有效降低了山高投控管理系统的建设成本、运营成本及提升改进成本。一是相较于单独规划建设风险、合规及内控管理体系，三位一体管理体系坚持统筹规划、一体化建设，有效避免了体系建设中重复投入、资源浪费等问题。二是三位一体管理体系要求将各项治理、管理目标有效嵌入到企业决策、管理、操作等各个环节，实现运行过程中的各项资源共享、信息互通。体系实施后，山高投控管理运行的人员配置、控制消耗等成本等均有所压降。三是一体化建设运行要求实现风险、合规、内控三者之间的相互融合、有序衔接，有效避免了传统管控模式下各体系冲突的修正成本。同时，三位一体管理体系自身即是动态运行，内生反馈，不断改进的管理闭环，有效降低了后续管理提升改进成本。

(二)优化了企业管控生态,规避了企业经营风险

三位一体管理体系是改进管理方式,提升管理效能的综合系统,增强了山高投控的风险防控能力及业务规范化水平,培育了良好企业文化,优化改善了治理、管理生态。一是三位一体管理体系的建设、运行以风险为导向,通过风险识别、风险评估、风险应对、风险监控及持续优化等机制全面提高企业风险管理能力。自体系建设工作开展以来,山高投控针对各职能部门及权属单位进行了全面、深入的排查摸底,在 14 项主要业务领域中,共识别出 81 项管控问题,并通过体系反馈整改机制逐一进行整改落实。二是三位一体管理体系依托完善的内控流程,将三体系运行与日常业务相结合,将风险管理及合规要求落实到具体办事规程、输出文档中。体系建设实施后山高投控各项业务的规范化水平及运转效率得到明显提升。三是三位一体管理体系建设工作深入到企业各领域、各层级,全体员工筑牢了合法、合规经营管理理念,提升了风险防范意识,夯实了企业高水平管理的生态土壤。

(三)巩固了国企改革成效,提升了国企社会价值

三位一体管理体系在提升山高投控自身的管理效能的基础上,产生了外溢性社会效应。一是三位一体管理体系是贯彻落实国有企业深化改革的重要举措,也是推进风险、合规、内控一体化管理的重要实践,山高投控在体系融合思路、融合方式等方面均有开创性探索,为全面深化国有企业法制建设、合规建设等方面贡献了自己的力量。二是三位一体管理体系确保企业各项规章制度与经营决策落实到位,消除企业潜在的威胁,规避和降低企业合规风险,有效维护企业信誉与社会形象。三是三位一体管理体系驱动企业资源配置更加合理,助力企业形成竞争优势,促进企业创造和维护价值,进而实现国有资产保值增值。

成果创造人员:李天章　马　宁　姜连梅　温苹芯　李　冉　孙京妍

基于端到端孪生可视监测技术的工程财务风险管理

国网山东省电力公司建设公司

摘要：随着我国电力企业体制改革的深入开展，传统的粗放型管理模式已经被精细化管理模式所取代，电力企业财务管理体系需要进行积极的改革和创新才能满足新形势下的发展。国网山东省电力公司建设公司通过研究工程财务风险端到端孪生可视监测技术，汇聚融合来自ERP、财务管控、基建管控等系统的数据源，建立了一套以风险深度防控为导向、以成本效益提升为主线的端到端智能风险防控中枢，涵盖工程建设从设计、建设、投运、结算、决算到评价的全生命周期。本项目通过贯穿设计、建设、投运、结算、决算等工程财务管理全过程，整合ERP系统、财务管控系统、基建管控系统等数据源，应用大数据处理、建模分析以及各系统的集成应用实现数据孪生。同时，流程执行的所有信息都将存储在数据孪生体中，并随着工程项目实体的建设而实时更新，切实提高转资效率，夯实有效资产认定基础，规范工程资金支付，严控工程造价。本项目积极响应国家电网公司构建三型两网现代企业的要求，推动内部挖潜增效，不断降低企业管理和运营成本，充分体现标准引领生产的指导理念，加快向智能化生产转换速率，促进企业可持续发展。

国网山东省电力公司建设公司（以下简称“国网山东建设公司”）作为国网山东省电力公司（以下简称“国网山东电力”）电网建设专业机构，受国家电网有限公司（以下简称“国网公司”）和国网山东电力委托负责省内特高压、500千伏输变电工程的全过程建设管理工作。国网山东建设公司现有全民职工189人，本科及以上学历占比99%。国网山东建设公司积极履行电网建设职责使命，服务山东经济社会发展，累计建成投产特高压工程3项、500千伏工程39项，共计变电容量5450万千伏安、线路长度3679公里，山东“五交三直一环网”主网架全面建成，“十三五”主网建设任务圆满收官。国网山东建设公司的2项工程获“鲁班奖”，4

项工程获国家优质工程奖,1 项工程获国家水土保持示范工程,8 项工程获安装之星、国网金奖,业绩成效居系统同类企业领先位置。国网山东建设公司自成立以来,获得山东省“五一劳动奖状”、国家电网公司先进集体、国家电网公司重大电网工程建设先进集体、省直文明单位、省直机关先进基层党组织等荣誉称号。

一、基于端到端孪生可视监测技术的工程财务风险管理的实施背景

《国家电网有限公司工程财务管理办法》提出,电网工程财务管理的基本任务是贯彻执行国家有关法律、法规和方针政策,建立健全电网工程财务管理制度,确保电网工程财务各项工作依法合规,办法对工程财务全流程各阶段管理制定了框架性、系统性的流程管理制度。随着电力体制改革的进一步深入和工程财务精益管理的推进实施,国网山东电力逐步形成了一套以 ERP 系统为核心的工程财务管理体系,工程财务管理的标准化、信息化、集约化水平显著提升。然而,随着电力市场化改革的推进及外部监管的加强,对工程财务管理全面性、准确性、实时性、规范性和风险防控能力提出了更高的要求,构建更加规范和科学的工程财务智慧管控体系,对提升电网企业工程财务管理具有重要意义。在实际应用中,国网山东电力需要承接国网公司标准风险管理指标框架,进一步构建适用本地的工程财务风险指标体系,设计工程财务风险定级模式。

(一)实施基于端到端孪生可视监测技术的工程财务风险管理是响应国家大数据战略的重要保障举措

早在 2017 年,习近平总书记提出实施国家大数据战略,加快建设数字中国。要求构建以数据为关键要素的数字经济,推动实体经济和数字经济融合发展。随着数字化经济的蓬勃发展,科技创新及大数据作为新型战略资源的战略高地,日益成为企业高质量发展的核心要素与新动能。持续深入推进数字化转型,是企业应对外部环境和自身发展要求的必然选择,数字化浪潮对供电企业的四个“效应”决定了开展数字化供电企业正当其时。一是领先企业的模式倒逼效应。供电企业如果不重新思考自己在市场中的角色定位并开展相应模式探索和应用,在未来可能的竞争中将处于思维、人才、机制、资金等全方位劣势。二是供电用户的服务倒逼效应。供电企业必须从客户体验出发,运用数字化技术提升服务能力,转变经营模式。三是关键技术的加速成熟效应。供电企业必须跟上步伐,积极探索新的商业模式,开拓市场,在行业变革中占得先机。四是信息传播的破窗效应。供电企业不能再以封闭环境中的优势当作资本而停滞不前,必须在数字化大潮中逐

浪前行。国网山东电力经过长期发展积累了海量数据,更需要深化大数据管理和应用,更好地将数据与业务结合,实现业务与数据价值的最大化,把握住数字经济时代的发展红利,运用大数据推动经济发展、完善企业治理、提升经营质效。

(二)实施基于端到端孪生可视监测技术的工程财务风险管理是实现工程财务精益管理的有力支撑

当前的社会背景下,企业面临的生产经营状况越来越复杂,生产经营模式也在不断创新、改革,更加注重精益管理。近年来,在工程财务建设方面,国网山东电力不断加强实施工程财务精益管理,逐步形成了一套以 ERP 系统为核心的工程财务管理体系,重点解决由于工程项目建设时间跨度长、投资金额高、风险环节多等而带来的工程财务管理难题,实现工程财务管理的标准化、信息化、集成化、集约化。然而,随着电网投资规模的进一步扩大以及外部监管的加强,国网公司对工程财务管理的全面性、准确性、实时性、规范性提出了更高的要求。为此,实现工程建设全过程精益管控、全方位深度融合成为工程建设重点,需全力夯实公司有效资产,构建"业财协同、信息共享"的工程财务管理体系,以数字化、网络化、智能化为电力工程财务风险管控赋值、赋能、赋智,最终实现工程财务精益管理。

(三)实施基于端到端孪生可视监测技术的工程财务风险管理是加强工程财务风险管控的必然要求

电网工程建设普遍存在着建设投资大、工程周期长、施工环境复杂、管理环节繁多等特点,需要调动多方面资源协调配合与管控,而且工程项目的经营模式具有特殊性、沉没成本较高,因此,财务风险防控工作需要对项目进行全程风险监控,这是企业提高经济利润的重要手段,也有利于提高施工企业的竞争力。当前,国网山东建设公司在完成存量在建工程、账面工程物资、工程往来款清理的基础上,仍需建立有效的管控机制,实现增量项目的精准管控;同时提高竣工决算及暂估转资效率,强化工程概算、预算、结算、决算一体化管理及业财协同长效工作机制,增强工程财务内部控制能力,提升全方位风险综合管控水平。在信息化时代背景下,以企业管理目标和财务目标为基础,以保障企业资金良性循环为目标,重视工程全过程数据集成、展示与分析,及时从信息中识别风险并评估风险,为工程财务风险防控手段选择工作提供依据,对工程项目财务风险进行防范控制,以最终实现企业的发展目标。

综上所述,业界亟须研究创新工程业财集成管控方案,实现多系统贯通及业财数据实时共享,以工程项目全流程环节为基础建立一套以风险深度防控为导向、以成本效益提升为主线的涵盖工程全生命周期的端到端智能财务风险防控中枢。重点解决由于工程项目建设时间跨度长、投资金额高、风险环节多等而带来的工程财务管理难题，加强电网工程财务风险与内控端到端管理，规范工程建设成本费用开支，提高项目投入产出与管理效率，实现全过程的财务标准化管理。

二、基于端到端孪生可视监测技术的工程财务风险管理的主要做法

（一）基于全域数据中心大数据平台，实时集成工程全过程数据

1.搭建项目工程全景画像，实现全流程精益管控

基于全域数据中心大数据平台，贯彻数字孪生技术理念，工程项目全景画像通过固化关键管控节点，并将根据工程项目实体建设进度实时更新，及时同步业财数据，确保数据更新与业务发生的同步性，协助财务人员及时掌握工程项目进度，对相应的财务数据进行分析，发现其中可能存在的问题并制定解决方案。

基于多源电网工程全过程财务数据的集成基础，通过 Hadoop 大数据库架构构建工程财务数字孪生模型，通过控制模型与规则，利用 Spark 内存计算实现对工程财务流程、数据与状态的监测、计算、调节、控制和集成。探究基于全域数据中心大数据平台与电网工程数据实时集成机理及关键节点数据清理技术机理，从而实现对工程建设全生命周期的高度虚拟化、数字化，同时结合 Echarts 实现数据可视化，构建项目工程全过程画像，针对每一个工程项目从项目前期到工程转固建设全过程的基本信息、业务信息、财务信息、价值信息和健康评价信息进行集中展示。支持通过录入如项目定义、项目名称或企业级编码等工程项目管理关键字，由系统自动定位项目并判别分析意图，自动对相关信息进行组合后一体式展示，实现一键搜索式应用。

电网工程全过程数据的实时集成与分析应用构建，对于信息安全、性能与可扩展性、数据灾备、应用监控等数据管理保障方面，需要全面的技术支撑。对此，针对数据管理保障能力方面分析具体的专业能力要求，强化专业保障能力（见表 1）。

表 1　电网工程全过程实时集成数据保障要求

能力	专业能力要求描述
安全	防止未经授权的访问，并确保用户只能查看他们被授权查看的数据。根据需要提供静态加密和中转加密。

续表

能力	专业能力要求描述
性能与可扩展性	可扩展性以满足性能目标，因为数据处理负载增加。将高度可用并消化一个或多个架构组件的故障。
灾难恢复	发生灾难时的功能或恢复。
备份与恢复	将先前备份的数据快照还原到集群中。
监控管理	提供平台监控和管理，包括：集群管理，资源管理，访问平台的配置和管理，活动和预警，日志管理。

全域数据中心大数据平台作为企业级统一数据中心和分析中心，具备数据运营和维护所需的所有功能。本项目基于全域数据中心大数据平台集中存储了工程财务的相关业务数据，为数据业财数据共享交换、多维数据分析应用提供了有效的支撑服务。大数据平台可根据源数据的数据种类和接口类型，搭建与其相匹配的接口与处理能力，集成与整合工程项目建设过程中结构化数据和非结构化数据、实时数据和非实时数据，实现根据业务需求进行数据处理和数据分析。同时，具备监控和管理各种活动的能力，例如资源管理、群集管理和日志管理等，满足工程财务精益管理的要求，保障数据传输和存储的安全性，提升工程财务数据质量，强化专业保障能力，夯实企业数字化转型基础。

2.工程项目全过程统计分析，深化工程数据多向赋能

工程项目过程管控以端到端业务场景与流程管理为起点，提炼工程财务全过程管控中的关键节点并以此为基础搭建管理维度，实现工程项目的全过程统计分析、合同执行进度分析、决算执行分析、预算执行管控、竣工决算管控、超期工程治理管控及项目全过程文档管理；同时实现多维度监测结果的实时输出，打通工程财务全过程管控中的痛点，为提升业财数据的融合度提供快速通道。

按照市域、项目类型等多维度实现对项目在工程业务中的基本信息、进度信息、价值信息进行匹配汇总可视化展示，同时支持灵活配置分析维度，支撑各单位及各类型项目执行情况综合统计分析。

3.工程项目全过程明细分析，提升项目管理效率

一是按照项目类型、项目定义等多维度实现单个或批量项目的基本信息、进度信息、价值信息、数据协同信息的明细查询及展示，对项目概算、总投资预算等明细数据逐一进行分析，从而对关键节点进行实时管控，及时发现可能存在的风险问题并采取相应措施。该功能可通过具体项目穿透追溯查询明细信息，解决工程项目信息分散、查询速度慢等问题。二是工程项目合同执行进度分析。通过

支持每一个项目合同基本信息、金额信息及执行情况明细查询及展示，通过对采购订单信息、合同信息、供应商信息、付款比例、发票校验金额、累计支付金额等进行统计，对合同执行的相关信息及付款进度等进行分析，加强合同执行管理。三是工程项目决算执行进度分析。重点分析工程项目转资完成进度并以数字化和图形化的形式同时输出，该功能重点提取工程项目的当年成本数、当年转资数、累计成本数、累计转资数，同时对当年转资完成率及累计转资完成率进行实时计算，帮助财务人员及时掌握工程项目转资完成进度，提高工程项目转资及时性。

此外，本项目制定了一套完整有序的项目文档管理规定，完善项目过程文档，对所有工程管理文档进行集中管理，维护档案的安全与完整。通过对项目全过程进行文档管理，可看清整个项目进展的脉络，把握阶段性文档以掌控项目质量，完善项目过程管理机制，提升项目管理精益化水平。一是实现全量项目数据的全部门流转，记录项目主数据的可研、储备、预算、执行及分析环节的各项数据，保障业财数据流转及贯穿到各个部门。二是实现项目数据逻辑化和结构化展示，通过定义格式和标准模板，固化项目过程管理的基本要素，实现标准信息流的随时随地随处的流动并实现项目信息进行透明、多维展示。三是支持多维度查询与展示，提供工程全过程文档按项目、文档类别、电压等级等维度的精细化查询和管理，同时支持项目文档的精确/模糊查询、在线预览、批量导入及导出等处理（其中单位维度包含省公司、市域及支撑单位、县公司三级；文档类别维度包含可研批复资料、初设批复资料、竣工决算报告、结算批复资料；电压等级维度包含 10kV 及以下、35kV、110kV、220kV、500kV、800kV 及以上）。四是建立标准文档管理机制，明确项目文档目录管理、编号规范、变更管理及文档审核制度。

（二）基于可视化监测智能中枢，全面构建工程财务风险闭环管控体系

1.构建工程财务风险类别，优化风险识别

根据《国家电网有限公司工程财务管理办法》规定，工程财务管理是以工程成本管控、资金管理和竣工决算为核心的贯穿工程前期、建设、投运、决算和后评价全过程的工程财务管理行为规范和监督，根据规定要求及实际业务需求，将工程财务全过程管理目标及核心业务环节的财务管理目标分解。同时基于界定的管理目标，构建了以工程项目预算执行、资金支付、竣工决算三大核心业务环节和其他重点成本管控为总体框架的工程财务风险类别框架（见图 1），促进工程财务风险管理的指标化和规范化。

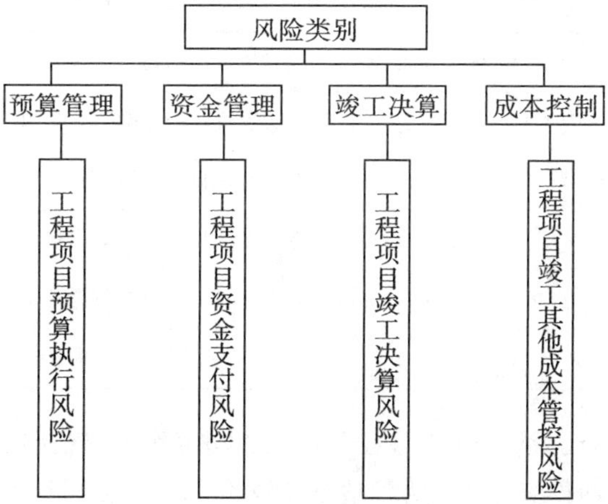

图 1　工程财务风险类别框架

选取由电网工程项目有关的项目管理人员、项目实施人员、技术专家和财务管理人员等共计 9 人组成专家组，利用德尔菲法得出电网工程财务两级风险指标体系、推算逻辑以及指标目标值(见表 2)。

表 2　工程风险类别计算逻辑

风险环节	工程财务风险指标	指标计算逻辑
工程项目预算执行风险	项目成本入账完成率	项目支出入账金额/项目年度预算金额
工程项目资金支付风险	支付融合应用比率	支付融合申请/月度现金预算
	工程投资预算完成比率	实际支付金额/月度现金预算
工程项目其他成本管控风险	项目成本入账率	项目成本发生数/项目总投资预算

2.明确工程财务风险等级，强化风险评估

电网工程财务风险指标体系构建是对工程项目财务风险的定性识别，若要全面把握风险，达到风险预警与控制的作用，还需在风险识别的基础上对其进行进一步评估。在电网工程财务风险指标体系的基础上，采用风险定量评估方法，对风险潜在威胁进行评价，再根据各类风险特点，推导出电网工程财务风险定级。

定义风险发生的可能性为 P，风险发生的影响程度为 I(见表 3)，由此评估的风险值为 R。

表 3　风险发生的影响程度(I)评估维度

影响程度等级	影响金额规模	定性描述	影响程度评分
不显著	200 万以下	风险对实现目标的影响微不足道	0.1
轻微	200 万～500 万(含)	风险对实现目标的影响轻微	0.2
一般	500 万～1000 万	风险对实现目标的影响一般	0.5
严重	≥1000 万	风险对实现目标的影响较为严重	0.7
非常严重	≥2000 万	风险导致几乎不可能实现目标	0.9

取各风险指标近 5 年的风险发生可能性平均值作为评估维度风险发生的可能性 P，项目年度平均投资金额作为评估维度风险发生的影响程度 I，通过对以上两个维度的综合评估，计算风险值 R，根据风险值评估矩阵，确定各工程财务风险等级(见表 4)。

表 4　工程财务风险评估矩阵

风险值(R)＝风险发生可能性评分(P)×风险影响程序评分(I)					
可能性	不显著(0.1)	轻微(0.2)	一般(0.5)	严重(0.7)	非常严重(0.9)
极低(0.1)	0.01	0.02	0.05	0.07	0.09
低(0.2)	0.02	0.04	0.10	0.14	0.18
一般(0.5)	0.05	0.10	0.25	0.35	0.45
高(0.7)	0.07	0.14	0.35	0.49	0.63
极高(0.9)	0.09	0.18	0.45	0.63	0.81

一级风险 R＜＝0.10　　二级风险 0.10＜R＜＝0.30　　三级风险 R＞0.30

3.健全风险督办预警流程，深化风险应对

工程财务风险可视化监控分析智能中枢即工程财务风险监测平台的风险管控模块，它采取闭环督办整改的形式，通过风险指数分析、风险督办预警(见图 2)和风险整改落实，实现了真正意义上的风险闭环管理。风险指标的制定基于当前实际业务管理的需要，对风险问题进行实时监测，并进行风险预警，确保公司能够及时发现存在风险问题的项目并及时进行整改，同时也对整改过程与整改结果进行持续跟踪，直到风险问题消除，使工程财务风险监控既源于实际工作又回归于实际工作。

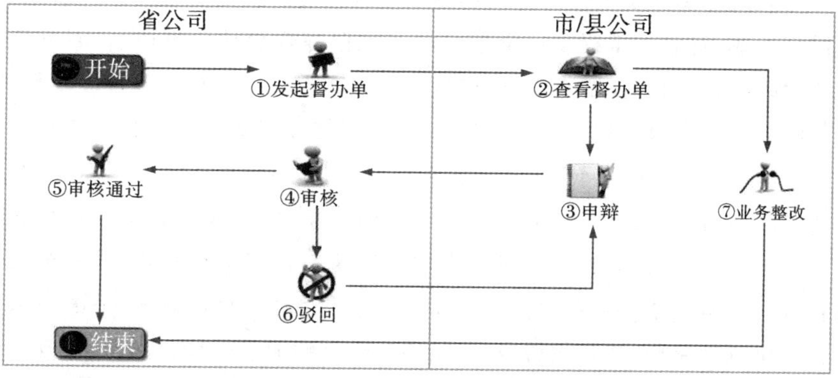

图 2　工程风险督办预警流程

(三)基于实时监测与分析管控模型,建立工程财务风险监测平台

1.风险指数分析

风险指数分析功能按照预先设定完成的风险指标和风险权重配置对各风险指标的级别赋值,分项展示各个市域的风险指数及督办单总数,同时展示已向各项目单位发送的督办单数量,及时提醒各单位关注风险预警。

2.风险督办预警

风险督办预警功能按照不同的风险监控指标展示风险项目的基本信息、问题信息及督办信息,风险监控指标也会随业务的发展变化进行更新,包括超期工程监控、工程多次暂估转资、工程暂估增资及时性、工程进度款超比例列支、竣工决算完成及时性、投产入账及时性等。监管部门可通过"一键发送督办单"功能向各项目责任单位发送督办信息,督促各单位落实整改风险,及时掌握工程项目各阶段可能存在的风险信息及督办信息。

3.风险整改落实

风险整改落实功能对各责任单位的风险整改落实进度进行分析,针对已经监控到的风险信息跟踪落实风险整改进度,确保各单位及时对问题进行整改,尽快消除风险信息,实现闭环管控。

三、基于端到端孪生可视监测技术的工程财务风险管理的成效

项目构建了工程财务风险管控体系,建立了一套涵盖工程建设从设计、建设、

投运、结算、决算到评价的全生命周期的端到端智能防控中枢，实现了海量业财数据的同步集成，建立了工程项目全景画像和数据综合统计分析体系，解决了由于工程建设时间跨度长、投资金额高、风险环节多而带来的工程财务管理难题，实现了工程财务风险实时可视化分析监控，有效提升了工程项目集约化管控能力。

自 2021 年 1 月在国网山东建设公司应用以来，对国网山东建设公司 52 个电网基建工程项目进行监测，完成每一个项目的全景画像，对项目全过程数据进行统计分析和明细分析，对合同执行进度与决算执行进度进行分析，并对全过程文档进行管理。通过工程财务风险端到端可视监测智能中枢，对 52 个电网基建工程项目的决算及时性、暂估增资及时性、竣工决算完成及时性、投产入账及时性等进行监控。通过基于微服务架构下的工程财务风险监控多维分析模型对风险指数进行分析，并对监测到的风险进行预警、督办及整改情况落实。该项目的应用提高了项目成本入账的准确性和规范性，有效控制了业务风险。同时提高了工程项目预转资和决算转资的及时性，项目成本及时转增固定资产，夯实了工程管理和核价资产基础，提高了决算转资质效和工程管理水平，全力夯实了有效资产，构建"业财协同、信息共享"的工程财务管理体系，推动了电力工程全过程数字化转型。

(一)完善项目全景管控机制，实现工程财务管理效率提升

基于孪生可视监测技术的工程财务风险端到端管控体系，从数据收集、数据存储、数据分析、数据应用等多方面入手，集成工程项目从前期到转资全过程的业财信息，并根据标志特征对工程项目进行阶段细分，成功打造工程项目全景画像，同时根据工程项目实体的建设进度对全景画像进行实时更新，实现工程财务线上分析管控与线下建设实时同步，进而达到源头控制、过程分析、结果跟踪全面化的风险管控水平，实现工程财务管理效率全面提升。

(二)力推业财数据多维透视，实现工程项目过程管理强化

基于孪生可视监测技术的工程财务风险端到端管控体系根据电力工程项目特点，以端到端业务场景与流程管理为起点，提取工程项目全过程管控中的关键节点，搭建管理维度，逐一分析、设计每一业务流程中的运营规范和价值记录规则，将工程项目财务相关数据统一纳入公司级财务平台管理，成功构建开放、共享的业财信息反映体系，实现工程项目全过程展示分析，包括成本入账进度、转资进度、合同执行进度等，全面支持工程项目价值信息多维记录与分析，实现工程项目全过程管理强化提升。

（三）建立全面风险监控体系，实现财务风险管控基础坚实

基于孪生可视监测技术的工程财务风险端到端管控体系，通过梳理工程项目建设过程中内控薄弱环节，以问题为导向，查找现有制度体系中的盲点和执行过程中的难点，结合工程项目的特点和财务工作的实际情况，纵向贯穿“成本链、资金链、决算链”三条工程价值链，逐步建立了完善的风险监控体系，对各关键内控环节进行风险指数分析，使得工程项目风险管控从制度约束、人工分析转变为风险自动预警、整改进度自动跟踪，实现工程财务风险智能防控，强化工程项目过程评价能力。工程财务风险监测平台的应用，实现了建设公司投资预算执行偏差率控制在5%以内，工程资金支付准确率和竣工决算完成及时率均提升到100%，显著降低公司经营的风险成本，提升经营效益。

管理效益方面，工程财务风险监测平台现已在全省范围内进行推广并应用于5665项工程项目，有效提高了资产质量和经营效益。

经济效益方面，通过对建设公司52个500千伏及以上电网基建工程（含157个单体工程）进行监测，预计每个单体工程减少2.8万元其他费用、前期费用等项目成本支出，累计减少项目成本支出582.4万元。

社会效益方面，工程财务风险监测平台的应用将进一步降低劳动强度、提高工作效率，产生的间接经济效益巨大，必将推动电网管理水平迈向新的台阶。

基于孪生可视监测技术的工程财务全过程管控体系将随着新技术的应用而不断发展，不断地趋向于智能化，以进一步适应电力企业工程财务管理的需要，在降低企业风险水平的同时提高企业应对风险的能力。同时，这一体系也将随着工程财务业务的发展不断完善，及时高效实现体系内部的更新，以期更好地服务于工程财务风险管控的需要，全面提高公司经营的可持续发展能力。

成果创造人员：刘佳佟　董　轶　吕　鹏　周传涛　苏　楠　王彦婷　张忠浩

“四位一体”预算管控模式的构建与实施

山东鲁抗医药股份有限公司

摘要：山东鲁抗医药股份有限公司作为国有控股大型生物制药企业，在面临实施退城进园、转型升级的关键时刻，革故鼎新，致力于提升企业发展的能力、动力、活力和综合实力，其“四位一体”预算管控模式随着公司发展逐渐成为企业有效治理的重要模式。山东鲁抗医药股份有限公司“四位一体”预算管控模式（即年度预算、生产经营综合计划、千万级增量、管理专项），就是以年度预算为全年工作的目标，通过生产经营综合计划对目标进行任务分解，以千万级增量和管理专项作为落实各项任务的具体措施和抓手。年度预算是公司全年工作的提纲；生产经营综合计划是年度生产经营方针，是年度工作的总体要求，着眼于全方位的管理；千万级增量是聚焦到产品、生产、营销和研发制定的保增量措施；管理专项强调的是落实，通过制定、下发、推进管理专项，把公司的重点工作和中长效工作切实落实到公司高管与部门身上。有思路、有计划、有措施、有管理、有考核、有资源配置，“四位一体”形成年度经营目标完成的保障体系，确保年度预算的实现。

山东鲁抗医药股份有限公司（以下简称“鲁抗医药”，上市代码：600789）是华鲁控股集团有限公司控股的大型生物制药企业，是我国重要的抗生素生产基地。公司成立于 1966 年 10 月 21 日，注册资本 88023 万元。2022 年，公司总资产 872766 万元，营业收入 562144 万元，利润总额 15009 万元，员工 6000 余人，共有全资子公司 8 家、控股子公司 5 家、参股公司 3 家。

鲁抗医药属于医药制造行业，主要从事医药产品的研发、生产和销售等业务。公司产品涉及抗生素类、氨基酸类、心脑血管类、抗病毒类、消化系统类、内分泌类、呼吸系统类、半合成抗生素类原料药等。产品涵盖胶囊剂、片剂、分散片、粉针剂、颗粒剂、干混悬剂等 500 余个品规。

鲁抗医药主要产品国内市场占有率逐年增加，有 54 个品规位列全国前十，大观霉素、青霉素等18个品规居全国第一位。鲁抗医药入选工信部2021年度中国医药工业百强55位;2022年度研发综合实力百强企业中化药排名第44位、医药综合排名第61位。

鲁抗医药为国家级高新技术企业、火炬计划重点高新技术企业,2019年、2020年、2021年被列入"山东省制造业高端品牌培育企业",入选国家"绿色工厂";通过质量、环境、职业健康安全、能源、两化融合5个管理体系认证以及AEO高级认证,盐酸大观霉素等4个产品通过美国FDA认证,酒石酸泰乐菌素等5个产品获得进入欧盟市场的COS证书。

一、"四位一体"预算管控模式构建与实施的背景

(一)实施"四位一体"预算管控模式是鲁抗医药生产经营实现突破发展的迫切需要

"十三五"是鲁抗医药发展历史中最为关键的五年。鲁抗医药为了加快转型升级和寻求新的发展空间,根据《济宁市城区工业企业退城进园办法》(济政发〔2013〕11号),于2015年12月开始实施退城进园,五年间投资40余亿元,打造了"环保领先、经济集约、产能集中、技术集成、智能制造、国际标准"的鲁抗高新生物技术产业园和生物医药循环经济产业园两大新型园区。

实施退城进园、转型升级是一项系统、复杂而浩大的工程,它不仅事关鲁抗医药的生死存亡,而且关系到鲁抗医药未来数十年的发展。能否利用退城进园的搬迁打一场漂亮的攻坚战和翻身仗,一改发展的颓势,使企业发展跃升至新的平台,是鲁抗医药全体员工面临的重要使命。公司高管团队、部室、车间既要肩负年度生产经营任务,又要落实退城进园项目建设的任务,实行双线作战,退城进园与生产经营并重。

为了确保年度生产经营任务目标的完成,实现突破性发展,以生产经营的良性循环发展推动"退城进园"的顺利实施,鲁抗医药领导班子革故鼎新,致力于提升企业发展的能力、动力、活力和综合实力,在企业生产经营、退城进园、产品结构调整、新旧动能转换等各个方面形成一系列新的经营思维和管理理念。这些管理理念和企业文化有力地促进了公司各项工作的开展,对提升企业管理水平起到了很好的引领作用。其中"四位一体"预算管控模式就是鲁抗医药提高管理效率、保障管理效果的基本方法。

(二)实施"四位一体"预算管控模式是鲁抗医药提高企业管理水平的客观要求

2005～2014 年是中国医药获得较快发展的 10 年，而恰在这 10 年，鲁抗医药发展出现了较大问题，一直在努力挣扎以获得生存。为了使企业获得生存发展，鲁抗医药虽然进行了多次调整，但企业发展的根本性问题没有解决，仍然在困境和低谷中徘徊。管理人员团队中弥漫着悲观、失望情绪，对企业发展前景丧失了信心。2015 年鲁抗医药领导班子调整之后，管理人员普遍存在观望心态，公司的重大决策、重点工作、管理理念落实、执行存在不彻底、不全面的问题；许多重点工作和要求得不到有效落实，影响了管理目标、发展目标的实现，重要工作部署、安排在管理链条中存在逐级递减的情况；部分单位和管理人员不能扎实推进和落实公司年度重点工作，工作中存在缺项、漏项、遗留问题和重大损失；一些管理人员履职能力不强，工作态度不端正，重点工作思路不清晰。鲁抗医药急需推行全新的"四位一体"预算管控模式，推动企业实现高质量发展，摆脱多年来在困境与低谷中徘徊的尴尬局面，从而走上持续快速健康发展的良性循环道路，重振鲁抗医药全体员工的发展自信。

(三)实施"四位一体"预算管控模式是鲁抗医药加快国企"三项制度"改革的必然选择

鲁抗医药作为国有控股上市公司，多年来一直努力推行"三项制度"改革，但是在具体施行过程中，改革效果并不尽如人意。普遍存在组织机构不"专注"、管理不"专心"、团队不"专业"等问题；选人用人市场化机制运用不足，管理岗位缺少有效的考核评价指标，内部激励约束机制很难让薪酬与贡献挂钩。分配制度改革是解决上述问题的突破口和总抓手，而分配制度改革的重点和难点在于绩效管理体系建设，制订管理人员的工作业绩标准。鲁抗医药结合国有企业实际和存在的问题，推行"四位一体"预算管控模式，不仅明确了企业年度目标、重点工作，而且为公司高管团队、管理部门的绩效考核提供了强有力的依据，建立了薪酬与效益挂钩、与责任担当挂钩、与能力挂钩的绩效分配制度，扎实推进机构精简、揭榜竞聘、任期制契约化管理、职业经理人、管理人员能上能下、职务职级晋升、规范劳动关系、招才引智等工作，为深化国企改革树立了典范模式。

二、“四位一体”预算管控模式构建与实施的主要做法

预算管理是企业管理的重要组成部分。“十三五”以来，鲁抗医药革故鼎新，致力于提升企业发展的能力、动力、活力和综合实力，预算管理进入了新的阶段，预算的完成率得到了有效保证，预算编制的科学性、客观性得到了很好的证明。“四位一体”预算管控模式随着鲁抗医药发展逐渐成为企业有效治理的重要模式，形成一个年度经营目标完成的保障体系，“四位一体”不可或缺。

年度预算以增长目标、以产定销、主导产品价格预测等为依据编制年度财务预算指标；生产经营综合计划进一步明确鲁抗医药及各板块的工作要求和目标；千万级增量是对鲁抗医药各板块、各子公司、各部室进行充分挖潜，围绕提高产销量、利润率，对标先进企业、先进单位、单位增长目标、产品规划目标，对生产增产降成本、销售增量提高占有率与利润率、新产品产业化与商业化等制定增量目标；管理专项是从鲁抗医药高管、部室的职能和分工出发，编制年度重点工作、专业提升目标，在分管范畴内，要做哪些重点工作、做到什么目标、采取哪些措施、配给什么资源等（见图 1）。

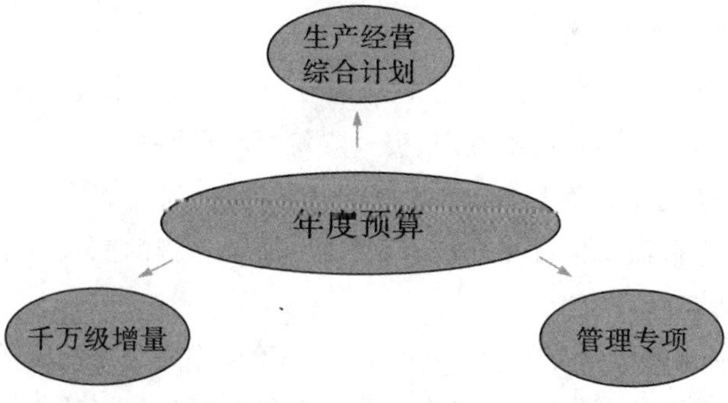

图 1 “四位一体”预算管控模式

预算定目标，生产经营综合计划明确主要工作思路和措施，千万级增量明确增量目标和增量措施，管理专项明确分工。有目标、有思路、有计划、有措施、有考核、有资源配置，确保年度预算的实现。

（一）年度预算

年度预算是公司年度经营目标，并对不同的生产经营主体进行全面预估、测算分解公司整体经营指标。鲁抗医药把年度预算编制作为公司的一项重要工作，

每年四季度成立预算领导小组、工作小组,专门负责下一年度预算编制工作。

1.公司预算的本质是顶层设计和主观努力

通过多年实践经验的总结,鲁抗医药创造性地提出了“公司预算”的概念。“公司预算”是指鲁抗医药要达到的年度发展目标,是在财务部门年度预算的基础上,确定提升措施、配置资源投入、设定年度目标。公司预算和财务年度预算之间的差额要通过增量措施实现。从财务核算的角度对减量因素进行客观的评估是必须的,是大家愿意预测的;但公司预算必须要有增利因素,而且要把增利因素作为年度工作预算的重点。需要生产经营负责人把想要达到的目标和主观努力增加进去。

鲁抗医药认为,公司预算的本质是顶层设计和主观努力。年度预算保障体系的核心是体现主观能动性,致力于把可能变为现实。要强化顶层设计,通过顶层设计明确努力的方向,把潜在可能变为可能。要强化主观努力,没有主观努力,就谈不上预算。公司预算是对市场和政策不确定因素的预测和防范。市场不是固定不变的,应掌握变与不变的辨证关系、年度预算和中长期预算的关系。应充分认识到政策和市场的变化会带来一系列的变化,此消彼长、动态调整是常态。公司预算是对经理班子系统思考和总体把控能力的考验。既要有好的发展思路,又要有对市场、品种整体的把握,还要对企业管理的优势和弱点有深层次的了解。

2.年度预算编制的方法

鲁抗医药按照全面预算编制要求,坚持上下结合、效益增长、质量优先的原则,从生产业务、营销采购、成本费用、资金统筹、投资管控、研发投入等方面,把预算做真做实,科学确定预算目标,降低预算偏离度,确保营业收入、利润总额等指标稳定增长,资产负债率保持在合理水平,进一步改善资源配置效率和资产质量,增强市场竞争力。

鲁抗医药强化公司预算的刚性约束作用。预算作为公司确定的年度目标,具有刚性约束力,原则上不作调整,各个单位以预算为目标加以落实,因市场经营环境、监管政策等发生重大变化导致预算编制基础和假设发生重要变化或出现重大不可控影响,可以申请调整预算,但必须履行相关的预算审批程序。

建立预算执行情况分析制度。鲁抗医药加强对预算执行情况的跟踪分析与监督反馈,组织专门人员及时跟踪检查预算的执行情况,将预算执行差异及对公司预算目标的影响作具体分析,并提出相应的解决措施,防止预算与执行脱节,充分调动员工的积极性,确保预算目标的实现。

3.年度预算编制的总体要求

鲁抗医药加强年度预算对年度工作的指导作用,提高预算、预测和管控能力。

鲁抗医药预算的编制主要基于如下几点：一是市场是持续波动的，不是静止的，增减利因素此消彼长。二是任何市场波动都是周期性的，要在周期转换中寻求机会。把握市场周期性波动的规律对企业的发展至关重要，规律是可循的，不是未知和不可把握的。三是企业生存和发展的关键是发挥团队的主观能动性、扎实的工作作风和高水平的管理，苦练内功，推行精益化管理和卓越绩效管理。

鲁抗医药预算编制围绕公司主体发展战略，以各直属单位、各部室、子公司作为预算编制主体，管理部室对专业提升有系统思路，每个生产经营单位有对生产和经营系统的工作思路，有完整的工作措施保障，并坚持如下原则：一是坚持营业收入持续增长，营业利润增长幅度高于收入增长幅度原则；二是坚持收入利润增长幅度高于成本费用增长幅度原则；三是坚持以价值创造作为预算分配资源的原则；四是坚持工资增长“两低于”的原则（工资总额增长幅度低于企业经济效益增长幅度，职工实际平均工资增长幅度低于企业劳动生产率增长幅度）；五是努力提高价值创造水平，坚持业务预算先行的原则。

（二）生产经营综合计划

生产经营综合计划是鲁抗医药明确公司预算的主要工作思路和措施，综合计划从生产、销售、采购、研发、管理等各个方面细化措施，进行周密部署，主要包括企业年度经营目标和工作方针、医药政策和市场形势预判、年度工作重点与年度重点对策措施。

1.制定年度重点工作

鲁抗医药在制定年度重点工作时，坚持三个导向：战略导向，分解落实公司发展的战略；市场和问题导向，以解决当前影响销售的瓶颈和短板，提升技术质量成本水平；公司年度管理目标导向，贯彻落实公司生产经营综合计划中明确的管理重点和要求。

在坚持三个导向的前提下，每个业务单位都要确定核心发展目标。鲁抗医药高管以强烈的责任感和使命担当精神，更加高效的开展工作，明确责任，提高履职能力，形成协同合力。管理部室实现跨部门工作协同，贴近、服务生产营销一线，干实事、重实效，构建各专业横向到边、纵向到底全覆盖的新型母子公司管控体系。生产系统的核心工作是做好产销计划编排，生产车间按照“以产定销”的原则，按照本单位最大产能编制年度生产计划。销售部门根据“以销促产”的要求完成销售任务，销售管理把销售任务分解到各中心和办事处，人人肩上有指标；加强量化考核，激励要到位，考核要刚性，奖优汰劣。研发系统强化研发顶层设计，加强全周期管理，充分体现效率、精准和创新，从调研、立项、临床、申报、转移交接、生产、现场核查、市场策划、上市等各个环节,都明确责任人和时间节点,做到计划性和高效性。

2.以“六个确保”为抓手,完成年度经营目标

在国家医改政策频出、医药市场竞争加剧、政府环保监管力度加大的新形势下,鲁抗医药提出“六个确保”,以完成年度生产经营目标。年度目标的完成,是完成公司中长期战略的基础与保证。

一是确保年度增量:增量是企业发展的根本保障,没有增量的企业只能维持或者萎缩。确保增长就是年度总量指标的增长、重要指标的增长、重点项目的增长。

二是确保进度:通过考核及严格管控保证年度预算进度的完成,保证重点工作、重点项目的进度完成。

三是确保产量:各生产经营主体要克服威胁产品安全和成本领先的不利因素,要确保产品生产,同时还必须保证产品质量。

四是确保供应:各单位必须保障市场供应,包括国内、国际市场,这是稳定渠道、稳定客户、稳定市场的基本条件。

五是确保资金支付:统筹资金的调配,按照轻重缓急、结构合理、安全高效的原则保障公司资金的支付,确保资金链的高效安全运行。

六是确保核心渠道和核心客户:渠道和客户是公司经营之本,必须全力维护核心渠道和客户,形成市场核心竞争力。

(三)千万级增量

千万级增量体现积极预算的思维方式,是完成年度经营目标的重要抓手和考核重点。鲁抗医药以千万级增量目标项目为抓手,加快优化提升、自动化替代、挖潜增效、提质控费,实施精益管控,提高公司运营效率和质量。提高千万级增量管理,充分发挥主观能动性,以增利因素对冲减利因素,以主观努力、艰苦奋斗化解企业经营风险。

1.千万级增量的编制与实施

鲁抗医药千万级增量以提升盈利能力、新产品产业化和商业化、降成本降费用为重点,编制的目标是确保完成公司年度预算,编制的依据是公司生产经营综合计划确定的年度重点工作,编制的基础是产品前三年的产销指标与未来市场分析预测。

鲁抗医药每年初组织各业务单位做好千万级增量目标分解,明确责任单位、责任人,各业务单位结合具体实际分解千万级增量目标的推进进度,制定完成增

量目标的保障措施。鲁抗对千万级增量目标项目完成进度逐项进行月度总结，重点进行偏差分析，制定弥补措施。针对千万级增量目标推进过程中的严重偏差（30%）及异常（50%），鲁抗医药对相关责任部门下达“关注函”；责任单位须参照公司异常直报制度进行异常直报，落实异常分析、制定纠正预防、弥补措施和目标弥补进度。

2.建立增量驱动长效机制

鲁抗医药认为，企业发展必须具有强大的驱动力，只有增量企业才能生存，只有增量企业才能发展；鲁抗积极推进“增量驱动”，不断挖掘增量，确保企业能够通过有效增量实现效益的支撑，为企业发展提供强大的持续的原动力。

鲁抗医药注重建立“增量驱动”的长效机制，每季度组织梳理新增增量点，进行深入分析，纳入公司“增量源库”，并进行跟踪。各业务单位每半年对纳入“增量源库”的增量点的培育和增长情况进行评价，筛选出重点增量点，纳入公司“增量智库”，进行重点培育；对潜力较大的增量项目鲁抗医药从公司层面调配人力、资金、项目等资源加大支持力度。鲁抗医药定期组织对“增量智库”中的增量项目的增长和壮大情况进行评价，梳理、筛选出符合公司增量驱动战略的增量项目，对公司新增投资的增量项目纳入公司千万级增量目标体系。

3.近三年来千万级增量实施情况

鲁抗医药 2020 年梳理确定了 52 项千万级增量项目，增量总额 93360 万元；2021 年梳理确定了 50 项千万元级的增量项目，增量总额 133055 万元；2022 年梳理确定了 64 项千万级增量项目，增量总额 134000 万元（见表 1）。

表 1　鲁抗医药 2020～2022 年千万级增量实施情况

类别	2020 年	2021 年	2022 年
产值收入增量（项）	8	8	6
降成本增量（项）	6	8	13
销售收入增量（项）	36	21	35
销售增利增量（项）	—	11	10
对外合作增量（项）	2	2	—
合计（项）	52	50	64
增量总额（万元）	93360	133055	134000

（四）管理专项

管理专项是鲁抗医药为完成某一管理任务或解决某一管理问题而实施的管理行为，通过管理专项明确分工，把预算、生产经营综合计划和千万级增量的重点工作形成工作方案，以解决问题为核心，以“始于谁止于谁”为原则加以推进和完成。

1.推动建立长效工作机制

鲁抗医药建立长效工作机制，推行以管理方案为主要内容的管理专项，解决公司长期存在的难以推动、难以解决、制约公司发展的瓶颈和难题。制定管理专项要抓住工作的主要矛盾，把主要矛盾的解决做成管理专项，对制约公司产品竞争力的短板、弱项、障碍单独成立管理专项。管理专项的完成对鲁抗医药生产、经营、管理、研发等各领域具有积极促进作用，推进管理专项需要持续一定时间，需要公司多单位、人员协助，需要调动公司多方资源，目的是通过各专项工作的完成促进对公司中长期存在问题的解决，全面提升公司能力，避免管理工作的漏项和缺项，有明确目标，保计划、保进度、保效果。

2.管理专项的编制与实施

鲁抗医药高级管理人员、各子公司、各部室根据年度预算、生产经营综合计划与千万级增量确定的重点工作，结合专业职责分工，按照管理专项量化目标、可行措施、进度计划、责任人、责任单位“五要素”要求，对年度重点工作进行立项和专项编制。鲁抗医药把管理专项的立项和编制作为管理人员履职能力的体现，将“能否做好本专业的中长期规划和发展目标，并通过制定管理专项将中长效工作落实到实处持续推进”列入中高级管理人员评价标准。鲁抗高级管理人员、各子公司、各部室秉承“对外代表企业最高水平、对内代表行业最高水平”工作要求，针对生产经营管理工作中的堵点、痛点与难点，有效建立管理专项，持续提升管理效率。各专项负责人树立主体意识，以解决问题为核心，以“始于谁止于谁”为原则加以推进和完成。鲁抗医药采取定期调度反馈、跟踪督办，使各管理专项执行与落实保计划、保进度、保效果。2019～2022 年，共实施管理专项 778 项，完成率 90％以上。

管理专项实行档案化管理，并作为对中高管的评价依据之一，各专项负责人严格按照专项进度措施推进各项工作。对管理专项的编制和推进进行分类管理，分别占管理专项分值的 50％。对管理专项编制的质量进行评价，分三类：完全符合管理专项五项要求的为合格专项；部分符合有缺项漏项的，标黄牌；对没有具体工作措施、工作步骤、推进流程及每个节点完成时间的，说明缺乏顶层设计能力，标红牌，红黄牌专项按比例扣减分值。高管自己提报的管理专项和公司最终定稿的管理专项如果有主要内容的差异和漏项，也作为考评的依据之一。管理专项的考评根据专项中的目标完成进度进行考核，视情况扣分纳入月度、季度、年度经济责任制考核。

（五）行之有效的监督机制和考核评价体系

“四位一体”预算管控模式需要强有力的监督机制和考核评价体系。鲁抗医药强化绩效推进的目的就是确保监督到位、督办有力、评价科学、考核激励，实施日常管理考核、绩效推进、稽核审计、纪检监察递进式保证公司管理效率。公司行政管理负责重点工作督办，健全建档督办工作机制；各高管、各单位的工作完成情况和专项落实情况纳入绩效推进评价，与考核挂钩；对不能按时推进完成重点工作和中长效工作的，由绩效推进与稽核审计部进行专项稽核审计，重点评价未能推进的原因、工作态度，评价工作能力；在专项稽核审计的基础上，对那些落实整改不力、玩忽职守、在其位不谋其政、敷衍塞责的，由纪检监察介入。

一是运用智能化手段，强化中长效重点工作督办评价。鲁抗医药上线运行“云之家”“智云督办”平台，建立公司统一的智慧督办中心，实现“督办立项→进度管理→汇报协同→工作反馈→统计分析”全流程管理支撑，为管理专项等中长效工作精准督办、考核评价提供数据支持。对推进异常的中长效重点工作实施挂牌督办。

二是强化对标，全面创新，持续进步，建立按“价值和贡献”取酬的考核分配机制。将“刚性考核”与“正向激励”相结合、“年度考核”与“任期制契约化考核”相结合，综合运用全面预算（财务预算及公司预算）、对标分析、任期目标、考核评价等管理工具，科学设定考核激励指标，将公司年度财务预算指标作为考核“保底”指标，将公司中长期战略分解目标暨公司发展目标（公司预算）作为“摸高”指标，将同行业先进水平目标作为中长期“激励”指标，通过与自身历史最好水平比、与市场平均水平比、与同行业先进水平比，体现考核指标的进步性、赶超性和领先性，落实“三档摸高”机制，建立“绩效考核＋摸高激励＋中长期激励”多要素、多元化的考核激励体系。

三是专项稽核审计。公司高管负责的管理专项有几项甚至十几项，完成情况如何对公司生产经营具有重要意义，对迟迟不能按时推进完成重点工作和中长效工作的，由稽核审计部进行专项稽核审计，重点评价未能推进的原因、工作态度，评价工作能力，出具专项审计报告。

四是纪委监察。在专项稽核审计的基础上，如果不能根据稽核审计的要求进行落实整改，玩忽职守、在其位不谋其政、敷衍塞责，造成公司重点工作徒有形式，纪委办公室进行谈话、问责、记过。

三、“四位一体”预算管控模式构建与实施的效果

鲁抗医药“四位一体”预算管控模式的成功构建与实施，锻炼了管理团队，提升了员工士气，增强了企业发展信心。鲁抗医药员工“说了算、定了干、按期完”，自觉践行“追求卓越，自强不息”的企业精神，以实际行动诠释了“干一事成一事，成一事盈一事”的价值观。鲁抗医药生产经营管理等各方面工作都发生了巨大改观。

（一）年度预算完成率持续提高

鲁抗医药通过实施“四位一体”预算管控模式，收入、利润预算完成率连年提高。2019～2022 年预算收入完成率分别为 100.73％、104.60％、106.37％、107.27％，预算利润完成率分别为 100.99％、102.82％、123.19％、102.39％。

（二）管理人员主观能动性得以发挥

通过千万级增量管理，充分发挥主观能动性，以增利因素对冲减利因素，2019～2022年鲁抗医药千万级销售收入增量分别是 9.45 亿元、5.23 亿元、9.93 亿元、10.55 亿元。2019～2022 年，共实施管理专项 778 项，完成率 90％以上，解决了公司长期存在的难以推动、难以解决、制约公司发展的瓶颈和难题。

（三）三项制度改革进一步深化

鲁抗医药以管理专项、千万级增量为抓手，每月将管理专项、千万级增量推进情况予以量化并纳入对公司高级管理人员、管理部室的考核，有效解决了高管、管理部室的量化考核难题。2021 年鲁抗医药实现产供销研一体化，优化整合公司采购、储运、销售、生产、机动、财务等管理部门，运用市场化机制选人用人，部室中级管理人员和一般管理人员全部通过公开竞聘上岗，子公司推行任期制，推进契约化进程，合理控制用工总量、优化用工结构，完善收入分配秩序，强化考核激励约束机制，进一步提升全员劳动生产率、激发企业高质量发展动力活力。

（四）布局结构持续优化

2022 年鲁抗医药产品管线不断丰富和发展。全身抗感染类药物得到巩固和

提升。新增 6 个全身抗感染类产品研发。公司第二大类产品初见雏形，心脑血管类和降糖类在产、在研产品 15 个。逐步丰富呼吸类、抗癌类、男科类产品管线。创新药 CMS203 进入一期临床试验阶段，创新药 TRN-157 取得临床试验通知书；多索茶碱、艾司奥美拉唑钠 2 个原料药获批，注射用艾司奥美拉唑钠(40mg)获药品注册证书。注射用头孢曲松钠、注射用头孢西丁钠、注射用头孢他啶、注射用头孢噻肟钠等 9 个产品通过一致性评价，其中注射用青霉素钠为首家过评，11 个品种在 CDE 申报一致性评价获受理；鲁抗为国内首家获泰乐菌素欧洲 CEP 证书的企业。

(五)项目建设实现提质增效

“十三五”期间，鲁抗医药投资 40 多亿元，建设两大园区，新园区实现了“环保领先、经济集约、产能集中、智能制造、技术集成、国际标准”六大目标。2022 年鲁抗医药两个国家重点科技攻关项目取得阶段性成果，鲁抗国际合作生物疫苗及高端制剂产业化、关键医药中间体及生物农药科技攻关项目两个项目获批山东省重大项目。其中，年度重点项目包括多功能发酵车间项目与邹城园区 15000 吨中水回用项目均已经投入运行。

(六)企业实现高质量发展

2019～2022 年鲁抗医药年营业收入增长率分别为 12.11%、12.66%、16.36%、14.17%，高于行业平均水平。2022 年鲁抗医药实现营业收入 56.21 亿元，位列“2021 年度中国医药工业百强”第 55 位，较上年度提升了 6 位(见图 2)，被山东省发展和改革委员会认定为 2022 年度第一批总部企业(机构)。

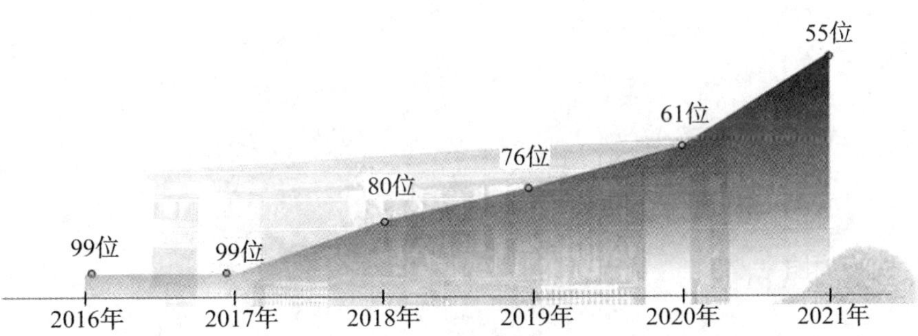

图 2　2016～2021 年鲁抗医药在中国医药工业企业百强中的排名

（七）公司重树突破发展自信

“十三五”期间，鲁抗医药营业收入年均复合增长率为12.5％，利润年均复合增长率为48.3％，资产总额增幅78.7％，人均劳动生产率、人均营业收入分别提高68.2％、65.6％，国有净资产收益率增长362％，总资产报酬率增长154.9％，工信部百强医药工业排名上升23位。鲁抗医药通过重塑研发体系，加快产品结构调整，走上了创新发展之路。2022年，鲁抗医药制剂销售实现新突破，新产品收入实现实质性增长，制剂产品1～12月份收入19.02亿元，新药、普药均有较大幅度增长，新获批产品增加销售收入7000多万元，兽药制剂保持持续增长势头，2018～2022年兽药制剂每年均实现40％以上增长，农药制剂收入实现1.06亿元，同比增长5％。鲁抗医药以千万级增量项目为抓手，深化挖潜、降本增效，稳步推进原料药制剂一体化的产业布局，持续强化产供销有效衔接，进一步提升产品质量、工艺水平、成本控制等方面的综合竞争实力，公司原料生产车间负荷率明显提高。

成果创造人员：彭　欣　包强明　黄贵阁　牛文奇　朱小妮

构建大监督工作体系
促进国有企业项目管理效能提升

中铁十局集团有限公司

摘要：本文紧密围绕国有企业构建和发挥“大监督”工作格局作用进行研究，从构建“大监督”工作格局的必要性入手，深入基层企业调查研究，总结提炼近年来十局纪检组织构建和运行“大监督”工作格局的实践探索，分析归纳在构建和运行“大监督”工作格局中存在的问题，研究并提出构建和发挥大监督工作格局作用的具体措施。将“大监督”工作融入党的建设和企业生产经营管理中心工作，通过构建党委统一领导，纪委协调推动，巡察、审计及其他职能部门共同参与的立体监督工作格局，着力构建互联互通、系统集成、协同高效的“大监督”格局，形成全面覆盖、优势互补、高效运转的监督工作局面，切实把“业务监管”成果转化为“政治监督”效果，真正通过监督推动提升国企管理能力和治理效能，为做强做优做大国有企业提供坚强保证。

中铁十局集团有限公司（以下简称“中铁十局”）为世界双500强企业——中国中铁股份有限公司的骨干成员单位，是以工程施工总承包为主的跨行业跨国经营的特大型企业集团。中铁十局拥有铁路工程施工总承包、建筑工程施工总承包、市政公用工程施工总承包、公路工程施工总承包等六项特级资质和六项甲级工程设计资质，是中国中铁股份公司唯一一家拥有“六特六甲”的企业。拥有多项施工总承包及专业承包一级资质，测绘甲级、勘察乙级资质，拥有对外承包工程资格和对外援助成套项目A级资质。中铁十局注册资本金人民币38亿元，资产总额350亿元，下设19个子分公司，年施工能力600亿元以上。现有员工15000余人，共有各类专业人员10100余人，其中拥有高中级及以上专业技术职务人员4700人，一级建造师900余人，享受国务院政府特殊津贴4人。多年来，公司在铁路、公路、市政、房建施工和房地产开发等诸多领域取得了辉煌业绩。承建的工程项目先后荣获“中国建筑工程鲁班奖”“中国土木工程詹天佑大奖”“国家优质工程奖”等国家级优质工程奖 32 项；荣获山东省“泰山杯”等省部级优质工程奖 155 项；获得国家级工法 38 项，专利授权 382 项；荣获省部级科技进步奖 99 项、省级以上技术创新优秀成果奖 89 项次。

一、构建大监督工作体系、促进国有企业项目管理效能提升的实施背景

当前，中国正处于全面建设社会主义现代化国家、向第二个百年奋斗目标进军的关键时期。国有企业作为中国特色社会主义的重要物质基础和政治基础，作为党执政兴国的重要支柱和依靠力量，更应立足新发展阶段，贯彻新发展理念，融入新发展格局，加快改革发展步伐，实现高质量发展。

进入新发展阶段，国有企业肩负着全面建设社会主义现代化国家的核心使命和加快构建新发展格局的重大任务。国企的改革发展稳定离不开监督。构建“大监督”工作格局，是在党委的统一领导下，建立纪检监督、巡察监督、审计监督和职能部门业务监督协同配合的体系和机制，将监督融入生产经营管理的各个环节，实现全方位、全过程、全覆盖监督，对促进企业依法合规经营、改革创新发展，以及推进全面从严治党和企业党的建设均起到重要作用。

（一）构建大监督工作体系是推进全面从严治党的需要

全面从严治党要求把管党治党的要求贯穿于坚持党的领导、加强党的建设各方面、全过程。党的二十大报告强调：“完善党的自我革命制度规范体系。坚持制度治党、依规治党……健全党统一领导、全面覆盖、权威高效的监督体系……发挥政治巡视利剑作用……落实全面从严治党政治责任，用好问责利器。”国有企业要深入贯彻全面从严治党要求，坚持党对国有企业全面领导的根本原则，建立健全与中国特色现代企业制度相适应的内部监督体系。“大监督”格局力求构建全方位、立体式、多维度的监督体系，是落实全国国有企业党建工作会议精神，围绕形成监督合力，实现监督横向到底、纵向到边的有益探索和实践，这与全面压实从严治党责任的要求高度契合。从横向上看，要求所有部门共同参与，强调“一个都不能少”的监督管理模式，齐抓共管，实现监督横向到边；从纵向上看，监督压力层层传导，有利于改变自上而下的监督压力传导“不力”的现状，解决管党治党、管企治企“上热中温下冷”问题，能够有效覆盖监督盲区，实现监督纵向到底。总体上看，“大监督”格局能够在一定程度上聚合监督力量，推动形成监督合力，不断开创全面从严治党、从严治企的新局面。

(二)构建大监督工作体系是企业防范各类风险的需要

在市场经济的刺激下,国有企业的生产规模都在不断扩大,随之而来的监督工作领域也越来越广,面临的廉洁风险也变得越来越大;同时对专业化的要求也呈现出越来越强的趋势,企业在生产经营管理过程中面临的战略规划风险、财务风险、市场风险、采购管理风险、项目管理风险、营销风险、人力资源管理风险、技术风险、海外运营风险、法律合规风险、廉洁风险等日益加大,其中某一个环节出现问题,都将对企业的效益乃至信誉、形象造成重大的影响和损失。有效防范化解重大风险,是“十四五”时期国有企业高质量发展必须跨越的关口。加强企业内部监督,特别是抓好重点领域和关键环节监督,对企业防范化解风险、持续健康稳定发展至关重要。构建“大监督”工作格局,能够改变以往“事后监督”的旧监督模式,通过各监督主体的定期督导检查,将监督融入企业生产经营管理的全过程,发现苗头性问题及时防范,对不合规行为及时纠偏,实现监督关口前移,为企业高质量发展创造良好的内部发展环境。

(三)构建大监督工作体系是提升监督治理效能的需要

构建“大监督”格局的目的之一,即通过实现对国企全体人员的监督全覆盖,有效规范员工行为,达到防范治理风险的效果。国有建筑施工类企业内部管理流程较为复杂,涉及施工技术、物资采购、机械租赁、劳务结算、安全质量等多方面管理内容,纪检组织受机构定员、专业构成等因素限制,对部分专业性较强的业务监督力度不足,“整合内部监督资源、发挥监督合力”成为企业党委、纪委亟待研究的重要课题之一。当前大多数国有企业虽明确了纪检、巡察、干部、审计和职能部门的具体监督职责,但在实际工作中,各监督主体间各自为政、互不通气,监督力量较为分散,多头监督、重复监督、监督留白等问题不同程度存在,缺乏联动处置、综合施策,监督效果不明显。构建“大监督”工作格局,实际上是建立起企业内部监督的体系和运行机制,从而实现优势互补、信息互通、协同互联,提升监督治理效能。

二、构建大监督工作体系、促进国有企业项目管理效能提升的主要做法

习近平总书记关于完善权力监督制度和执纪执法体系、完善国企监督制度的重要论述精神,为国企构建“大监督”工作格局提供了基本遵循。近年来,中铁十局纪委着力发挥监督保障执行、促进完善发展作用,将构建“大监督”格局作为建

立健全内部监督体系的切入点，聚焦“四个坚持”狠抓落实重点任务，不断细化深化“大监督”工作措施，“大监督”工作的政治性、全面性、精准性和实效性取得明显增强，监督治理效能实现了有效提升，为企业高质量发展提供了有力保障。积极构建了“145”大监督格局，通过科学整合监督资源，以有效防范和及时化解为核心内容，通过采取前期预防、中期监控、后期处理等措施，充分发挥监督的提醒、预防、整改、完善及保障作用，全面提升监督工作的整体效能。

（一）坚持因势利导，凝聚思想共识

“大监督”工作中需建立的履责意识，既包括纪检组织履行“再监督”职责的意识，也包括职能部门履行监督管理职责的意识。欲明人者，必先自明。公司坚持纪检干部先学一步、学深一层，利用纪委办公会等时机，组织纪检干部系统学习“大监督”相关文件办法，从工作方法、措施和目标等方面理清思路，快速扭转了原有“代替职能部门搞管理和监督”的惯性思维，夯实了“五个转变”监督意识，为统筹谋划、深入推进再监督工作打下了坚实思想基础。锲而不舍，金石可镂。在推动职能部门“大监督”认识提升上常抓不懈，在工作会、党风廉政建设和反腐败工作会、交班会等会议上，多次就“大监督”文件精神进行传达，并组织召开反腐败协调会、大监督工作会，解读办法、厘清职责、培训“再监督”工作联络员，职能部门对“大监督”的内涵要义及自身负有的监督管理职责进一步提高了思想认识，为“大监督”工作的全面展开消除了认知偏差、扫清了思想障碍。

（二）坚持体系建设，构建工作格局

“大监督”是一项系统工作，必须科学整合内部监督力量。为此，公司明确“两跳出、两监督”管理理念，即跳出部门、跳出系统，用更大的视野观大局、以更大的合力促整改，监督一系列“卡脖子”问题，监督一系列影响正常机制运作的疑难杂症，形成齐抓共管、各负其责、协同高效的大监督工作格局。

1.着力构建通力合作、共同发力的内部监督工作体系

在打造纪委专责监督、巡察监督、审计监督各业务系统日常监督的立体监督工作格局上持续发力，完善计划共商、信息互通、资源整合、成果共用的工作机制，在线索核查、专项监督等方面充分发挥职能部门和纪检组织各自优势，实现同频共振、有机统一。制定了《构建党风廉政建设和反腐败大监督工作格局实施办法》，总部部门研究制定了年度党风廉政建设监督重点工作计划，共立项监督29项，明确监督要点72条，监督任务100%覆盖总部部门。

2.着力构建紧密配合、一体推进的上下联动工作机制

要求三级企业纪委定期向中铁十局纪委报告"大监督"工作开展情况，对三级企业在推进"大监督"工作中所遇问题和困难积极提醒指导帮扶和工作监督，持续跟进，督促推动落实。在亏损项目违规违纪与履职不力问题专项治理工作中，坚持上下一心，协同一致，抽调纪检、商务、物资、财务等专业人员 17 人次，全力开展核查、追损和问责工作，避免和挽回经济损失 3100 万元。

3.着力构建齐抓共管、协同高效的专项监督工作思路

聚焦影响企业治理效能的重难点问题，将大监督融入专项监督抓紧、抓好。结合项目管理效益提升三年行动，综合运用"查、谈、汇、议"四种方式多维度分析研判，力求精准发现问题、及时分类移交、有效推动解决问题。会同审计、商务、财务等部门，开展工程项目应扣未扣专项监督，组织 343 家单位对超分包合同约定周转材料等 8 个方面内容进行自查，推动 125 家涉及应扣未扣事项的单位扣回 11363 万元。

（三）坚持胸怀大局，突出工作重点

公司在找准"大监督"工作抓手上下更大功夫，做到"三个紧盯、三个有机融合"，突出工作重点，推动"大监督"工作具体化、常态化。紧扣"国之大者"，践行"两个维护"，由"三看"入手，将"大监督"融入政治监督抓深、抓实。

1.看党中央重大决策部署和习近平总书记重要指示批示精神是否落实落地

坚持党中央重大决策部署到哪里，监督检查就跟进到哪里，以纪检组织"再监督"推动职能部门监督管理职责履行。在疫情防控、制止餐饮浪费、保障农民工工资支付、党史学习教育、安全生产领域监督中强担当、严督导，下发通知，定期与职能部门沟通掌握工作推进落实情况，适时开展现场监督抽查，确保工作实效。加强对科技创新的监督，针对科技创新乏力、科研成果转化率低、科研经费使用不规范等问题，向科信部下发了监督建议书。从建设进度、规范化运作和党风廉政建设等方面，对三建公司承建涉及中老铁路的玉磨项目、二公司承建涉及冬奥会的延崇项目进行了督导，推动总书记重要指示精神在重点工程落地。围绕四个专项整治等事项进行专项监督，切断靠企吃企背后的利益链条。

2.看巡察整改是否到位标准

以构建"大监督"工作格局为契机，充分发挥党委巡察综合监督平台作用，持续拓展政治巡察的广度和深度，围绕信息沟通、线索移送、成果共享等环节，加强与审计、财务、法律等监督的协作衔接，构建起系统集成、协同高效的巡察监督工作格局。2018 年以来，先后分 5 批对 36 家单位开展常规巡察，对中铁十局总部和

33 家单位进行了专项巡察，对 2 个重点项目进行了机动式巡察，对 9 家单位进行了巡察“回头看”，均从严推进问题整改验收，实行总部主责部门、纪委和巡察办三方会商，对巡察发现的重点线索及时研判移交，严肃追责问责。探索构建巡察上下联动立体化工作格局，发挥中铁十局党委巡察统筹协调、指导督导作用，充分调动三级单位党组织巡察监督主体责任，整合贯通本部层级部门职能和资源，推动巡察监督直达项目。2022 年以来，中铁十局党委与 11 家三级公司党委联动，同步开展工程项目管理专项巡察，共检查项目 34 个，发现问题 808 项，督促制定整改措施 115 项，挽回经济损失 6055 万元。

3.看企业中心工作是否推进见效

巡察、审计、法律合规等部门履行职能监督责任，聚焦重点领域，紧盯关键环节，发挥职能监督“探照灯”和“监视器”作用，去年以来，围绕“一切工作到项目”，组织开展工程项目管理专项巡察，收缴履约保证金 4013 万元。开展投资项目逾期回款专项审计，全局各类审计项目通过挽回超结漏扣款项、促进清收清欠等措施回流企业效益 5409 万元。围绕合规管理强化年和综合治理专项行动开展法律合规监督，发现违规问题 11 项，推动完成问题整改 8 项，对相关责任人进行了批评教育。纪检组织履行“再监督”职责，加强对“三项制度”改革任务完成情况和总部机构改革过程中选人用人的监督，针对“严肃财经纪律、依法合规经营”综合治理专项行动、大商务管理体系建设、项目管理效益提升等年度重点监督事项进行再监督，向财务部下发工作联系单，对投资管理部、法律合规部、财务部下发监督建议书，持续监督推动问题整改落实。

（四）坚持结果导向，确保治理效能

中铁十局注重用好“三种手段”，切实提升“大监督”工作质效。一是用好“纠偏”手段。定期就问题线索发生领域、管理问题类型等展开数据分析，对履职不到位、问题线索反映较为集中的部门，运用“第一种形态”及时予以纠正。二是用好“问责”手段。强化“大监督”结果运用，将职能部门履行监督管理职责情况与绩效薪酬、评先评优相挂钩，发现违规违纪和履职不力问题，严肃问责追责。三是用好“促改”手段。做好整改的“后半篇文章”，用好发送监督建议书、派员监督民主生活会、召开警示教育大会等手段，推动职能部门和相关单位完善制度，堵塞管理漏洞，规范管理行为。2020 年以来，发出监督建议书 16 份，派员监督民主生活会 98 场，召开警示教育大会 7 场，推动职能部门及各单位修订完善制度办法 210 余项。

（五）坚持党委统一领导，构建大监督一个体系

依据党风廉政建设责任制和构建大监督工作格局实施办法，中铁十局研究制

定年度党风廉政建设和反腐败大监督工作方案，建立党委统一领导，纪委协调推动，巡察、审计、法律合规及其他职能部门共同参与的工作运行体系。综合运用“1＋3＋4”工作方式，即每季度组织召开一次大监督工作会议，根据《监督责任管理清单》《问题处置台账》《问题移交表》三张清单，通过计划共商、信息互通、资源整合、成果共用四项机制，推动形成全面覆盖、协调联动、高效运转的大监督工作格局。

（六）坚持协同联动，搭建大监督四个平台

1.构建分层分类的督查平台

“大监督”工作以日常监督为主要形式，以重点项目专项监督为抓手，通过调研谈话、专项审计、专项检查、重大节假日突击检查等方法，合理将监督工作划分层次和种类，针对不同层面的问题进行分类监督。通过多层次分类监督，更能充分发挥“大监督”中财务审计、工程项目、物资采购、人力资源等人才的专业优势。

2.搭建问题库的闭环监督平台

通过搭建“大监督”工作体系“问题库”，将督查检查发现的问题及时导入“问题库”，形成问题清单，定期对“问题库”里的问题进行分析研判。同时建立“大监督”工作体系“风险库”，对督查检查发现的问题进行风险等级评定、查找风险源头、制定防控措施，形成一套监督检查、发现问题、督促整改、整改完善、研判分析、风险评估、健全制度的有机闭环监督机制。

3.完善动态的考核追责平台

通过建立党员干部纸质和电子双重廉洁档案，采取督查检查、谈心谈话等方式持续收集党员干部思想动态、工作表现、生活作风等“全息图”，把监督对象的成长发展全过程、工作生活各领域、思想行为各方面都置于“大监督”工作体系之下。同时结合容错纠错机制，对被诬陷举报的党员干部予以澄清和证明。

4.坚持协同联动的监督平台

中铁十局以反腐败工作协调会为主要形式落实定期沟通会商机制，通过实施职能部门监督检查备案制度、问题线索移送制度、工作联系单等形式做好日常沟通对接，促进职能部门交流信息、研究问题、协调工作，以实现监督信息互通、整体推进。开展“1＋N”协同监督，一个部门牵头、多个部门协同配合，强化由“单兵作战”向“协同联动”转变，实行年度监督计划共商统筹，优化监督体系，减少重复监督，降低监督成本，做到同向发力。总部部门对监督检查发现的问题线索进行会商研判，对于一般管理性问题，及时对党员领导干部“咬耳扯袖、红脸出汗”，把问题解决在萌芽状态；对于违规违纪问题线索，及时移交纪检组织或相关部门进行处置，纪委对问题核查工作予以指导，综合运用监督执纪“四种形态”。

（七）坚持融会贯通，构建大监督五个机制

1.计划协同机制

发挥好“大监督”的统筹、协同、集成、共享作用，深化职能监督、协同监督、再监督模式，打好监督工作“组合拳”。大监督工作委员会每年通过召开专题会议，让各业务部门提交年度监督工作计划，委员会通过整理、合并后，制定企业年度联合监督工作计划。通过在单次监督活动过程中完成多个监督内容，实现多个监督目标，减少重复监督，减轻被监督对象的配合工作压力，尽量能够保证各监督力量的工作针对性和相对独立性，又能充分整合监督资源、统一行动、相互衔接、协同配合开展监督工作。

2.问题整改机制

坚持发现问题整改闭环管理，协调推动“监督检查＋分析研判＋督导整改＋验收销号”四个监督管理环节闭环运行。完成监督检查后，将发现的问题提炼出来，认定需要相关单位、部门或个人整改的问题，指派专人督促并跟踪监督整改完善，对发现的问题进行研判分析，确定风险源头，对风险的严重程度、产生概率和甄别难易度进行综合讨论分析，确定风险初、中、高三个等级，查找企业制度是否存在漏洞，持续完善企业风险防控体系建设。

3.工作交流机制

围绕工作融合、业务融合、成果互用，充分发挥统筹、协同、集成、共享作用。委员会定期召开例会，通报监督检查情况，研究部署下一阶段监督工作。通过例会，建立委员工作层面监督总结和经验交流机制，不断强化监督人员的工作水平。围绕监督过程中发现的问题或者企业发展过程中可能存在的风险等课题，开展相关业务知识培训。通过各业务系统之间的沟通交流，让全体委员熟悉不同类型监督工作的重点和程序，培养能够适应不同监督工作需要的复合型人才。

4.资源共享机制

针对违规违纪多发易发等重点领域，启动联合调查、联合审查、联合通报，不断优化配置监督资源，使监督更聚焦、更精准、更有力。进一步完善纪检、巡察、审计信息互通机制，在开展监督检查前，组织相关部门针对监督事项及时进行问题交底，汇总形成问题清单，带着问题开展精准监督。建立监督信息沟通群组，各部门及时互通监督计划、推进进度、问题移交、整改跟进、追责问责等，实现监督全过程信息共享。加强监督检查成果分析研究，发现问题线索及时会商研判，移交相关部门，审计部门对资产损失、违规决策等进行追责问责，纪委对涉嫌违纪问题进行查处，形成齐抓共管合力。

5.考核问责机制

不断发现问题、处置问题、整改问题，才能体现真管真严、敢管敢严、长管长严，才能把全、严、治的要求体现在公司治理的各个方面。中铁十局制定流程清晰的工作职责清单，让监督人员清楚地了解自己的工作目标和工作方法，将职责清单作为岗位考核的标准，确保履职尽责；将“大监督”工作体系纳入各业务部门、各单位年度考核，对于不整改或者整改不到位的，对责任部门、单位年度绩效考核扣分，对责任部门、单位的主要负责人要进行责任追究；在评优评先、干部提拔时，优先考虑从“大监督”委员会中选取政治觉悟高、做事能力优、工作业绩好、奉献精神强的委员，开辟企业打造技术型、监督型人才成长的“双向通道”，推动业务监督人才优势与企业改革发展有机融合。

三、构建大监督工作体系促进国有企业项目管理效能提升的成效

自大监督工作体系建设以来，中铁十局总部各业务部门能够按照公司党委、纪委的决策部署，在落实本部门党风廉政建设重点工作任务的同时，不断加强业务管理监督指导，通过系统联动、专项监督、专责监督，形成精准有效的监督合力，为促进企业效益提升做出了贡献。

(一)专责监督措施有力，效果良好

中铁十局建立了党委统一领导，纪委协调推动，巡察、审计、法律及其他职能部门共同参与的监督运行体系，制定总部各部门22项监督计划、62条监督要点有效实施。健全了五项机制，促进总部各职能部门交流信息、研究问题、协同工作；坚持共享问题清单、信息平台、检查成果，形成纪检、审计、巡察等各部门齐抓共管合力。审计部围绕投资项目决策管理、可研指标与实际指标对比分析、投资确认与回款管理、投资项目运行管理等监督重点工作，组织开展投资项目监督检查，发现重要问题16项，规避投资风险5.01亿元。巡察办始终与中心工作同频共振，上下联动开展工程项目专项巡察，共享巡察成果，把巡察问题纳入审计监督、财务监督、纪检监督等大监督范畴，形成贯通融合的大监督格局。

(二)大监督融入业务系统工作，成效显著

中铁十局总部各业务部门聚焦主责主业，落实党风廉政建设和反腐败大监督工作，作了富有成效的工作。战略规划部对国有产权管理四项问题进行监督检查，成立工作专班，明确责任分工，建立协同机制，发现问题23项，通报处置一项，

立案处置一项，切实履行业务监督主体责任。商务管理部加强分包采购招投标管理，切实防范国有资产流失和针对分包采购管理存在的廉洁问题与风险，监督检查发现问题 74 项，针对发现的问题分析原因、落实整改，并修订完善相关制度办法。法律合规部强化对经营业务合规管理监督检查，重点强化部门的合法合规审核把关作用，筑牢了“第二道防线”，并针对年度诉讼案件多发频发态势，发出《限期履行通知书》55 份，对诉讼处置不力的三家子分公司党政主要领导进行约谈。共享中心结合本业务系统重点工作，明确清单式监督要点，细化监督责任，采取线上线下相结合的方式，对业务和权力运行关键环节进行有效监督，同时监控触角向海外延伸，监督事项覆盖全业态、全层级、全口径，贯穿企业各项经济事项的处理过程，确保企业依法合规经营，健康稳健发展。通过总部各业务部门开展大监督工作，有效完善企业治理体系、推动企业管理水平持续提升。

（三）聚焦重点领域关键环节监督效能不断提升

中铁十局坚持“一切工作到项目”的工作理念，开展工程项目应扣未扣专项监督，累计扣回应扣未扣 1.13 亿元，对主观原因造成违规违纪和应扣未扣造成损失的进行严肃追责处理，通过对专项监督问题的处置，实现了既发现问题、纠正偏差，也止损挽损、维护企业利益，更倒逼管理人员取得履职担当、尽责有为的良好效果。开展亏损项目违规违纪与履职不力专项治理工作，挽回经济损失 2637 万元，对存在违规违纪、履职不力的责任人进行了严肃问责。达到了问责一个、警醒一片的目的，逐步营造出“敬畏职责、干好项目”的浓厚氛围，推动各业务系统主动领责、从严履责、担当尽责，为企业高质量发展提供坚强保障。聚焦项目管理乱象，上下联动对 34 个工程项目部开展专项巡察，挽回直接经济损失 6055 万元，推动收取应收未收 4013 万元，督促三级公司修订完善项目管理制度办法 115 项，系统梳理通报共性典型问题 32 项，对相关责任人进行追责问责，强化责任担当、树牢红线底线意识。

构建“大监督”工作格局，是国有企业党纪组织关于党风廉政建设和反腐败理论的创新与实践，对一体推进“三不”体制机制建设、完善国企现代化治理体系具有重大现实意义。构建“大监督”工作格局是一项系统性工程，需要党委统一领导、纪委协调推动、职能部门配合，上下联动、纵横衔接，不断探索和完善“大监督”工作的运行机制，以扎实有效的监督治理效能推动全面从严治党向纵深发展，为企业高质量发展提供坚强保证。

成果创造人员：李景贵　杜建军　王洪军　刘立瑞　马毅鹏　罗建鹏

集团内部资金投资决策支持模型的设计及应用

山东发展投资控股集团有限公司

摘要：为了建立山东发展投资控股集团有限公司内部资金投资合理高效的配置体系，支撑集团战略项目落地实施、提高资金投资收益、强化资金风险管理，山东发展投资控股集团有限公司结合集团实际情况，按照解决“能否用”“用多少”“收益率”“优先权”的思路建立了集团内部资金投资决策支持模型。一是设计资金投资风险量化评估模型，将投资项目、被投资单位对投资的风险影响因素进行量化评估，判断能否进行资金投资，解决“能否用”的问题。二是借鉴企业可持续发展融资模型和商业银行的最高授信额度测算模型，设计集团内部资金投资额度量化测算模型，为投资额度提供科学的预测依据，解决“用多少”的问题。三是设计内部借款风险定价模型，在集团现有统一的内部借款利率基础上，引入风险调整系数，对集团内部借款利率进行调整，解决“收益率”的差异化问题。四是在风险量化、额度测算、风险定价评估的基础上，综合考虑集团战略性、效益性、公平性等因素，对集团有限的资金进行合理配置，解决投资资金分配“优先权”的问题，使资金的投放倾向于集团战略性项目、收益高风险低的项目。

山东发展投资控股集团有限公司（以下简称“山东发展集团”）是山东省政府批准成立的首批国有资本投资公司，是支持全省基础设施建设和X公司发展的投融资主体，注册资本80亿元。山东发展集团为省属一级企业，拥有控股二级权属企业11家，参股权属企业20余家。2021年度，集团实现利润总额6.59亿元、净利润6.13亿元，同比分别增长14.75％、13.49％。截至目前，集团总资产达到376亿元，累计实现投资140多亿元，撬动社会资本1300多亿元。“十四五”期间，山东发展集团将聚焦主责主业，践行“绿色发展”使命，培育“绿色、科技”两大特色，打造“绿色科技产业、绿色投融资与资产管理、园区运营与内引外联”三大平台，夯实“融投管退、资本运作、资源整合、集团管控”四大能力，实现“党建、经营、管理、品牌、责任”五个提升。力争到2025年,实现资产总额翻一番达到600亿元,利润总额突破10亿元,形成独特的产业优势与发展特色,努力建设国内一流的绿色产业投资控股集团和国有资本投资公司。

一、集团内部资金投资决策支持模型设计及应用的实施背景

(一)国资监管层面

2019年,国务院国资委出台关于印发《国务院国资委关于以管资本为主加快国有资产监管职能转变的实施意见》的通知,贯彻落实党的十九届四中全会关于形成以管资本为主的国有资产监管体制的决策部署。同时印发《关于进一步推动构建国资监管大格局有关工作的通知》,统筹推动形成以管资本为主的国有资产监管体制,要求各级国有资产监管机构管好国有资本布局、规范资本运作、提高资本回报、维护资本安全,更多地关注国有资本整体的功能和效率。国有资本投资公司由于承担的特殊职能和政策安排,且对外投资是其主要业务,因此加强对外投资资金风险管理和投资收益管理是实现提高资本回报、维护资本安全目标的关键。

(二)行业运营层面

国有资本投资公司一般具有管理资金规模大、投资项目多、面临的投资风险环境复杂、集团内部资金协同难度大等特点,因此加强对外投资资金管理有利于国有资本投资公司及时掌握集团资金运行情况,以优化集团资金资源配置,达到降低融资成本、提高资金收益及风险防范能力的目的,增强国有资本投资公司整体实力和市场竞争力,实现可持续的高质量发展。

(三)公司管理层面

当前山东发展集团的内部资金投资决策流程是先由权属单位制定项目投资方案或可行性研究方案,报山东发展集团相关投资决策机构审议,审议通过后与投资相关方签订投资协议。各权属单位根据项目投资安排,在自有资金或外部融资不足的情况下,可向集团申请增资或借款筹集资金进行项目投资。山东发展集团在审批资金申请的过程中主要是依据项目投资协议或合同,审批通过后予以资金拨付。由于山东发展集团权属单位和投资项目众多,在内部资金投资分配的过程中,完全基于项目投资合同来进行资金配置和资金审批,存在一定局限性,主要表现在以下几个方面:

1.当前资金的投资分配完全基于项目投资合同,在资金分配导向上没有考虑所投资项目的战略作用、项目投资风险、资金使用成本和项目投资收益等因素;

2.资金分配顺序完全依赖于资金需求方的申请时间,无法将资金优先分配至集团战略性项目、收益高风险低的项目,达到防范资金风险和实现资金效益最大化的目标;

3.各权属单位经营效益、资产结构、投资回报能力、偿债能力不一样,带来的投资风险未能进行充分考量。

因此,为使资金投资分配更加科学合理,在进行资金分配决策时充分考虑集团资金对集团战略的支持、对资金风险的控制、对投资项目和资金需求主体的投资价值的衡量是山东发展集团面临的管理问题,解决该问题具有必要性和迫切性。

二、集团内部资金投资决策支持模型设计及应用的主要做法

(一)组织实施

为进一步提高山东发展集团投资资金风险防范功能和投资资金收益水平,根据国资监管机构对国有企业的目标管理要求和国有资本投资公司运营特点,结合山东发展集团内部投资资金管理现状,山东发展集团决定开展集团内部资金投资决策支持模型研究与应用。山东发展集团成立项目研究小组,集团总经理任组长、财务总监任副组长,财务管理部、投资管理部以及各权属单位相关成员任组员,负责集团内部资金投资决策模型研究与应用实施等工作。同时,下发《关于集团开展部资金投资决策模型研究与应用项目的通知》,组织集团和各权属单位开展数据搜集、模型设计和搭建、数据测试等工作,明确项目进度、质量控制、审核验收等相关工作要求。

(二)总体设计思路

山东发展集团内部资金投资决策支持模型设计主要用于按序解决“能否用”“用多少”“收益率”“优先权”四大问题。

1.通过建立风险评估量化模型解决“能否用”的问题

山东发展集团的权属单位和投资项目众多,各权属单位和各投资项目的投资风险因素差异较大,山东发展集团在内部资金投资决策的过程中,需要采用可量化的风险评估模型对各权属单位和投资项目进行风险评估,判断能否进行资金投资。风险评估主要从投资项目和资金需求单位两个层面进行评估。

(1)投资项目投资风险评估

山东发展集团的资金投资最终会体现在具体的项目投资上,在进行资金投资评估时应首要考虑项目投资的风险。项目风险主要从战略导向、项目收益、项目增长、合作方四个维度进行项目投资风险综合评估。

(2)资金需求单位投资风险评估

山东发展集团是国有资本运营公司,主要通过集团下属各权属单位进行具体项目投资。集团下属各权属单位是资金需求法人主体,在对其进行资金投资前,需要对资金需求单位进行综合评估。

①投资方式判断

一项资金投资为股权投资或是债权投资,对资金需求单位的评估指标存在差异。除均对企业基本情况、盈利能力、资产质量、经营增长性进行评估外,股权投资侧重于从股东的角度对投资回报能力评估,债权投资则侧重于从债权人的角度对借款方的偿债能力评估。

②企业类型判断

根据山东发展集团实际情况,集团下属各权属单位分为实业型企业和投资型企业。不同类型的企业经营模式、资产结构、风险因素、经营指标差异较大,因此需要对企业类型进行区分,根据不同的企业类型设计不同的评估指标和对标值,保障评估结果的合理性。

2.建立资金投资额度量化测算模型解决“用多少”的问题

从资金资源稀缺性的角度出发,构建山东发展集团对权属单位资金投资额度的量化评估模型,计算内部资金借款或投资的限额,解决“用多少”的问题。对于股权投资,主要从项目资金需求、被投资方的留存收益、可自行进行债务融资的进行增资需求的评估;对于债权投资,主要从借款方资产负债率差、偿债风险水平进行评估。

3.建立内部定价模型解决“收益率”的问题

“收益率”主要指债权投资的利息收益水平,采用可量化的内部定价模型解决“费用率”的问题,主要是通过考虑市场化利率水平和借款方的信用评估结果,确定资金投资的实际利息率,保障债权投资的资金收益。

4.建立资金投资排序规则解决“优先权”的问题

在解决“能否用”“用多少”“收益率”的基础上,综合考虑战略性、效益性、公平性等因素,对有限的资金进行合理分配,解决资金分配“优先权”的问题,使资金的投放倾向于战略项目、收益高风险低的项目。

(三)风险评估模型

1.投资项目风险评估模型

内部资金投资风险评估量化模型包括战略导向、项目收益、项目成长、项目合作方四个评价维度,通过计分制对项目投资风险进行量化评价(见表1)。

表1 投资项目风险评估模型

评价维度	评价指标	标准值	实际值	权重		得分
战略导向维度	集团主业符合性			10%	30%	
	国家鼓励产业符合性			2%		
	绿色产业符合性			8%		
	项目重要性			10%		
	战略导向维度得分小计:					
项目收益维度	内含收益率(%)			15%	30%	
	投资利润率(%)			10%		
	动态投资回收期(年)			5%		
	项目收益维度得分小计:					
项目成长维度	年均收入增长率(%)			5%	20%	
	年均利润增长率(%)			5%		
	年均净现金增长率(%)			10%		
	项目成长维度得分小计:					
项目合作维度	合伙方企业性质			5%	20%	
	合作方综合实力			5%		
	合作方资本实力			5%		
	合作方品牌知名度			5%		
	项目合作维度得分小计:					
项目投资价值评估得分合计:						

(1)战略导向维度评价

战略导向维度主要从支持山东发展集团战略目标实现角度出发,通过战略导向因素的评价，使资金配置倾向于符合山东发展集团战略的产业，支持战略重点项目。战略导向维度设主业符合性、国家鼓励行业符合性、绿色产业符合性、项目重要性4个评价指标。

①主业符合性指标

主业符合性指标用于评价投资项目是否符合集团主业，所投资项目的产业是否属于集团主业范围内。主业范围标准值参考山东发展集团发布的《"十四五"发展规划》，属于集团主业范围得100分，不属于主业范围得0分。指标得分权重10%。

②国家鼓励产业符合性指标

国家鼓励产业符合性指标评价投资项目是否符合国家鼓励产业目录，引导投资资金向国家鼓励产业进行投资。国家鼓励产业目录标准值参考国家最新发布的《产业结构调整指导目录》，属于目录内的产业得100分，不属于目录内得0分。指标得分权重2%。

③绿色产业符合性指标

绿色产业符合性指标评价投资项目是指集团绿色产业发展战略，引导投资资金向绿色产业项目进行投资。绿色产业范围标准值参考国家发布的《绿色产业指导目录》，属于目录内的产业得100分，不属于目录内得0分。指标得分权重8%。

④项目重要性指标

项目重要性指标从集团战略、国家、省、市、行业几个方面的重要性影响程度来进行评价，引导资金向重点项目投资。项目重要性指标采用赋分制，最高得分不超过120分，根据项目性质来判断。指标得分权重10%。

(2)项目收益维度评价

项目收益维度主要通过项目收益指标的评价，使山东发展集团的资金配置倾向于项目收益水平高的项目。项目收益维度设内含收益率、投资利润率、动态投资回收期3个评价指标。指标标准值采用集团内全部项目对应指标的最高值，实际值取自该项目的可行性研究方案数据，按照实际值/标准值×100分计算得分。

①内含收益率指标

内含收益率是指对投资项目未来的每年现金净流量进行折现，使所得的现值恰好与原始投资额现值相等，从而使净现值等于零时的折现率。内含收益率是评价项目综合收益水平的重要指标。指标得分权重15%。

②投资利润率指标

投资利润率指标反映项目的利润创造能力水平。指标得分权重10%。

③动态投资回收期指标

动态投资回收期指标反映项目的投资成本回收能力。其中，标准值采用集团内全部项目动态投资回收期的最低值，实际值取自该项目的可行性研究方案数据，按照标准值/实际值×100分计算得分。指标得分权重5%。

(3)项目成长维度评价

项目成长维度主要通过项目成长指标的评价，使山东发展集团的资金配置倾向于成长性较好的项目。项目成长维度设年均收入增长率、年均利润增长率以及年均净现金增长率3个评价指标。

①年均收入增长率指标

年均收入增长率指标反映项目的收入创造增长能力。指标得分权重5%。

②年均利润增长率指标

年均利润增长率指标反映项目的利润创造增长能力。指标得分权重5%。

③年均净现金增长率指标

年均净现金增长率指标反映项目的现金流创造增长能力。指标得分权重10%。

(4)项目合作方维度评价

项目合作方维度主要通过对合作方的评价，使山东发展集团的资金配置倾向于合作方综合实力、资金实力、信用背书好的项目。项目合作方维度设合作方企业性质、合作方综合实力、合作方资本实力、合作方品牌知名度4个评价指标；指标采用赋分值，最高得分100分。

①合作方企业性质指标

合作方企业性质是从资本所有制层面评价合作风险。合作方企业性质分为国有资本和民营资本，其中国有资本又分为央企及下属企业、地方国有企业。指标得分权重5%。

②合作方综合实力指标

合作方综合实力是从综合实力层面对合作方进行评价。合作方综合实力主要从世界综合排名、国内综合排名、行业排名进行评价。指标得分权重5%。

③合作方资本实力指标

合作方资本实力是从融资及投资能力层面对合作方进行评价。合作方资本实力按照上市公司和非上市公司区分，其中上市公司又按照上市板块进行细分评价。指标得分权重5%。

④合作方品牌知名度指标

合作方品牌知名度指标是从信用及背书能力层面对合作方进行评价。合作方品牌知名度按照世界知名品牌、国内知名品牌和省内知名品牌进行区分。指标得分权重 5%。

在全部指标评分后，按照评价指标对应的权重和评价分值计算该项目投资风险评估总分。

2.资金需求单位投资风险评估模型

资金需求单位投资风险评估重点不一样。首先需要按照增资需求和借款需求两种方式进行区分；其次在明确资金需求类型的前提下，根据单位类型进行分类，分别确定不同的评估指标体系。根据集团公司的实际情况，集团权属单位划分为实业型和投资型的两种单位。

(1)实业型单位增资需求评估

实业型单位增资需求评估模型包括资金需求单位的基本情况、盈利能力、资产质量、业务增长、投资回报 5 个维度(见表 2)。

表 2　实业型单位增资需求投资风险评估模型

评价维度	评价指标	标准值	实际值	权重		得分
基本情况	企业规模			5%	15%	
	集团持股比例(%)			5%		
	年度绩效考核结果			5%		
	基本情况维度得分小计：					
盈利能力	销售(营业)利润率(%)			10%	20%	
	成本费用利润率(%)			5%		
	盈余现金保障倍数			5%		
	盈利能力维度得分小计：					
资产质量	平均流动资产周转率(次)			5%	20%	
	总资产周转率(次)			5%		
	资产现金回收率			10%		
	资产质量维度得分小计：					
业务增长	销售(营业)收入增长率(%)			5%	20%	
	总资产增长率(%)			5%		
	资本保值增值率(%)			10%		
	经营增长维度得分小计：					

续表

评价维度	评价指标	标准值	实际值	权重		得分
投资回报	净资产收益率(%)			10%	25%	
	总资产报酬率(%)			5%		
	现金分红率(%)			10%		
	投资回报维度得分小计：					
增资方(实业型单位)投资价值评价得分合计：						

①基本情况维度评价

基本情况维度是对资金需求单位的基本面进行评价，反映单位的最基本的情况。基本情况维度设企业规模、集团持股比例、年度绩效考核结果 3 个评价指标。

a.企业规模指标

企业规模指标用于评价资金需求单位企业规模，参照国家统计局关于印发《统计上大中小微型企业划分办法(2017)》确定，引导资金投向大型企业。该指标采用赋分值，最高得分 100 分。指标得分权重 5%。

b.集团持股比例指标

集团持股比例指标从集团对资金需求单位的控制程度进行评价。参考工商登记的产权比例，对二级以下资金需求单位以最终控制比例为准。标准值100%，引导投资全资公司，实际值取自集团最终控制比例，按照实际值/标准值×100 分计算得分。指标得分权重 5%。

c.年度绩效考核结果指标

年度绩效考核结果指标评价资金需求单位管理层的企业经营能力，参考集团对权属公司管理层的绩效考核评价结果。该指标采用赋分制，最高得分 100 分。指标得分权重 5%。

②盈利能力维度评价

盈利能力维度是对资金需求单位的利润创造能力、现金流创造能力进行评价，是重要的评价维度。资金需求单位盈利能力维度制销售(营业)利润率、成本费用利润率、盈余现金保障倍数 3 个评价指标。指标标准值取资金需求单位所在行业指标平均值，实际值根据该单位财务报表数据计算，按照实际值/标准值×100 分计算得分。

a.销售(营业)利润率指标

销售(营业)利润率指标反映资金需求单位的获利能力。指标得分权重 10%。

b.成本费用利润率指标

成本费用利润率指标反映资金需求单位经营耗费所带来的经营成果。指标得分权重 5%。

c.盈余现金保障倍数指标

盈余现金保障倍数指标反映资金需求单位净利润的现金保障程度。指标得分权重 5%。

③资产质量维度评价

资产质量维度是对资金需求单位的资产经营质量进行评价，反映被投资方的资产经营效率和资产变现能力。资金需求单位资产质量维度设平均流动资产周转率、总资产周转率、资产现金回收率 3 个评价指标。指标标准值取资金需求单位所在行业指标平均值，实际值根据该单位财务报表数据计算，按照实际值/标准值×100 分计算得分。

a.平均流动资产周转率指标

平均流动资产周转率指标反映资金需求单位流动资产的经营效率。指标得分权重 5%。

b.总资产周转率指标

总资产周转率指标反映资金需求单位总资产的经营效率。指标得分权重 5%。

c.资产现金回收率指标

资产现金回收率反映资金需求单位资产变现能力。指标得分权重 10%。

④业务增长维度

业务增长维度是对资金需求单位的发展能力进行评价。资金需求单位经营增长维度设销售(营业)收入增长率、总资产增长率、资本保值增值率 3 个评价指标。指标标准值取资金需求单位所在行业指标平均值，实际值根据该单位财务报表数据计算，按照实际值/标准值×100 分计算得分。

a.销售(营业)收入增长率指标

销售(营业)收入增长率指标反映资金需求单位营业收入增长能力。指标得分权重 5%。

b.总资产增长率指标

总资产增长率指标反映资金需求单位资产增长能力。指标得分权重 5%。

c.资本保值增值率指标

资本保值增值率指标反映资金需求单位资本保值增值情况。指标得分权重 10%。

⑤投资回报维度

投资回报维度是从股东角度对资金需求单位的经营回报及分红能力进行评价。资金需求单位投资回报维度设净资产收益率、总资产报酬率、现金分红率3个评价指标。指标标准值取资金需求单位所在行业指标平均值，实际值根据该单位财务报表数据计算，按照实际值/标准值×100分计算得分。

a.净资产收益率指标

净资产收益率指标反映集团对资金需求单位投入资本的投资回报能力。指标得分权重10%。

b.总资产报酬率指标

总资产报酬率指标反映资金需求单位的总资产回报能力。指标得分权重5%。

c.现金分红率指标

现金分红率指标反映资金需求单位的现金分红能力。指标得分权重10%。

3.增资需求评估（投资型单位）

投资型单位评价指标与实业型单位的增资需求模型一致，主要的不同体现在以下部分：实业型单位的盈余现金保障倍数更改计算方式、平均流动资产周转率变更为不良资产比率、销售（营业）收入增长率变更为投资收益增长率。

（1）盈余现金保障倍数指标

投资型单位盈余现金保障倍数指标按照投资性现金净流量计算指标值。指标标准值取资金需求单位所在行业指标平均值，实际值根据该单位财务报表数据计算，按照实际值/标准值×100分计算得分。指标得分权重5%。

（2）不良资产比率指标

本处不良资产指投资型企业的不良资产，参照央行发布的《贷款分类指导原则》确定。企业将对外股权投资和债权投资按照“可能要承受损失”“大概率要承受损失”“肯定要承受损失”进行评估，分别对应次级、可疑、损失三类不良资产，三类不良资产之和为企业不良资产总额。指标标准值取资金需求单位所在行业指标平均值，实际值根据该单位实际数据计算，按照标准值/实际值×100分计算得分。指标得分权重5%。

（3）投资收益增长率指标

投资收益增长率用于衡量投资型资金需求单位的投资收益增长能力。指标标准值取资金需求单位所在行业指标平均值，实际值根据该单位实际数据计算，按照实际值/标准值×100分计算得分。指标得分权重5%。

4.借款需求评估

借款需求分实业型单位借款需求和投资型单位借款需求，评估维度为5个维度，其中基本情况、盈利能力、资产质量、业务增长 4 个维度的指标与增资需求中实业型单位和投资型单位一致；不同之处在于第 5 个维度为偿债能力维度。

偿债能力维度评价主要用于反映资金需求单位债务偿还能力。偿债能力维度设资产负债率、长期资本负债率、现金流量利息保障倍数、现金流量与负债比率、内外部借款逾期次数 5 个评价指标。

(1)资产负债率指标

资产负债率用于衡量资金需求单位总资产中通过借债来筹资的比例。指标标准值取资金需求单位所在行业指标平均值，实际值根据该单位财务报表数据计算，按照标准值/实际值×100 分计算得分。指标得分权重 5%。

(2)长期资本负债率指标

长期资本负债率是指资金需求单位长期资本的结构。指标标准值取资金需求单位所在行业指标平均值，实际值根据该单位财务报表数据计算，按照标准值/实际值×100 分计算得分。指标得分权重 5%。

(3)现金流量利息保障倍数指标

现金流量利息保障倍数是指资金需求单位 1 元的利息费用有多少倍的经营现金净流量作保障。指标标准值取资金需求单位所在行业指标平均值，实际值根据该单位财务报表数据计算，按照实际值/标准值×100 分计算得分。指标得分权重 5%。

(4)现金流量与负债比率指标

现金流量与负债比率是从现金流角度对资金需求单位实际偿债能力进行考察。指标标准值取资金需求单位所在行业指标平均值，实际值根据该单位财务报表数据计算，按照实际值/标准值×100 分计算得分。指标得分权重 5%。

(5)内外部借款逾期次数指标

内外部借款逾期次数是指资金需求单位通过集团内部以及外部机构办理借款，未按照借款合同约定的借款时限向集团以及外部机构归还本金及利息，造成超出约定期限的总次数。逾期次数为 0 次，得 100 分；逾期次数为 1 次，得 60 分，逾期 2 次及以上，得 0 分。指标得分权重 5%。

5.内部资金投资风险评估总得分计算

内部资金投资风险评估需要综合项目投资风险和资金需求单位投资风险两个层面的评分结果，两个层面各占权重 50%。

内部资金投资风险评估总得分＝项目投资风险评价得分×50%＋资金需求单位投资风险评价得分×50%。

(四)额度测算模型

为了合理配置资金,控制资金风险,因此需要对资金需求单位的资金配置上限和可动用的资金配置额度进行计算,保障集团资金的充分利用,提高资金使用效率和资金收益水平。

资金配置分为增资和借款两种方式,因此需要就不同的资金配置模式设计不同的资金配置额度计算机制。

1.增资资金配置额度计算

增资资金配置额度主要从以下几个方面因素考虑:一是项目投资金额,即资金需求单位对项目的投资资金需求;二是资金需求单位自身的经营盈余,即可进行再投资的部分;三是资金需求单位可以优先进行外部债务融资的额度。

(1)模型前提假设条件:只有资金需求单位自身再投资资金不足和无法进行外部长期债务借款时,才考虑股权融资。

(2)增资资金配置额度上限=(本次申请增资项目投资金额+已申请增资项目累计未动用投资额度)-(资金需求单位截止资金申请日上一个会计期期末留存收益+资金需求单位截止资金申请日的未动用外部金融机构长期债务资金授信额度)×风险调整系数

风险调整系数=资金需求单位增资投资风险综合评估得分/100

(3)增资资金可用配置额度=增资资金配置额度上限-已申请增资项目累计已动用投资额度

增资资金可用能量额度计算表如表3所示。

表3 增资资金可用配置额度计算表

项目	金额
一、项目投资总额	
二、已申请增资项目累计未动用投资额度	
三、截止资金申请日上一个会计期期末留存收益	
四、截止资金申请日的未动用外部金融机构长期债务资金授信额度	
五、风险调整系数	
六、增资资金配置上限	
七、已申请增资项目累计已动用投资额度	
八、可动用增资资金配置额度	

2.借款资金配置额度计算

借款资金配置额度参考金融机构对单体法人企业授信的机制，在其原理的基础上适当进行简化。

(1)金融机构最高额度授信参考方案

$$F_n=\left[\left(\frac{R_m}{1-R_m}-\frac{R_o}{1-R_o}\right)\times N_a+L_o\right]T\times K\times C$$

式中，F_n 为客户最高授信额度参考值；R_m 为最高可承受的客户资产负债率；R_o 为客户基期资产负债率；N_a 为客户基期有效净资产；T 为付息负债占总负债的比例；K 为同业占比；C 为客户风险系数。

(2)集团借款资金配置额度优化方案

①借款资金配置额度上限计算公式如下：

$$F_n=\left[\left(\frac{R_m}{1-R_m}-\frac{R_o}{1-R_o}\right)\times N_a+L_o\right]\times C$$

F_n 为集团内部借款资金借款额度上限；R_m 为集团最高可承受借款方的资产负债率；R_o 为借款方申请期上一会计期期末资产负债率；N_a 为借款方申请期上一会计期期末净资产；L_o 为借款方申请期上一会计期期末内部借款负债余额；C 为风险调整系数，风险调整系数＝资金需求单位借款投资风险综合评估得分/100。

②可用借款资金配置额度＝借款资金配置额度上限－已用借款资金配置额度。

借款资金可用配量额度计算表如表 4 所示。

表 4　借款资金可用配置额度计算表

项目	金额
一、集团最高可承受的资产负债率	
二、申请期上一会计期期末资产负债率	
三、资产负债率差调整系数	
四、申请期上一会计期期末净资产	
五、申请期上一会计期期末内部借款负债余额	
六、借款方单位价值评分	
七、风险调整系数	
八、借款资金配置上限	

续表

项目	金额
九、已用借款资金配置额度	
十、可动用借款资金配置额度	

（五）收益定价模型

集团公司作为债权人，在对权属单位进行借款利率计算时，需要考虑借款方的信用风险。借款基准利率按照《山东发展投资控股集团有限公司内部借款管理办法（试行）》确定。

借款实际利率＝借款方的基准利率×风险调整系数

风险调整系数＝100/资金需求单位借款投资风险综合评估得分

（六）资金配置排序

1.资金分配周期

集团公司每次或每月融资到账。

2.确定可分配总额

集团公司融资到账后，对集团本部需要动用的资金进行计算扣除，剩余部分为可向下级单位可配置的投资资金总额。

可分配资金总额＝融资到账金额－集团本部需要动用的资金

集团本部需要动用的资金包括支付集团本部不可控费用、补充流动资金、偿还到期债务资金等。

3.计算资金分配金额

(1)根据资金投资风险评估得分结果，按照从高到低的顺序进行排序，依次确定已申请资金的各权属单位的得分排名。

(2)投资分配金额计算

集团公司根据各资金需求单位提交的投资资金需求申请，经评估通过后，根据可动用的配置资金额度，确定资金分配金额，资金需求总额不高于可动用的配置资金额度。

集团投资资金分配表详如表 5 所示。

表 5 集团投资资金分配表

排名	资金需求单位	投资上限	已用额度	可用额度	申请额度	分配额度

(七)模型实施应用

在模型建立完成后,自 2020 年起,在集团公司 6 家权属企业 10 个投资项目进行了内部资金分配决策的应用,共涉及实业型权属企业 3 家、投资型权属企业 3 家,项目涵盖风电、光伏、产业并购基金、区域型基金、智慧园区运营等。通过应用上述模型,对各权属企业按照盈利能力、资产质量、偿债能力等多维度进行了综合评价,并对项目从战略导向、项目收益、项目成长等维度进行综合赋分,依照结果对集团内部各企业、各项目间资金配置提出了科学建议,合理配置了 22.88 亿元资金,有效解决了内部资金"能否用""用多少""收益率""优先权"四大问题,进一步提升了资金运用效率及效果。2020 年具体资金配置情况如表 6 所示。

表 6 2020 年山东发展集团资金配置情况

单位:万元

排名	资金需求单位	项目	借款类型	可用额度	申请额度	分配额度
1	X 公司	山东绿色园区项目	增资	55233	3000	3000
2	L 公司	山东风电发电项目	借款	115824	2000	2000
3	Z 公司	深圳区域基金项目	增资	6969	58995	6969
4	Q 公司	深圳区域基金项目	借款	9128	10000	9128
5	H 公司	青岛智慧园区项目	增资	1718	10000	1718
6	X 公司	上海资产运营项目	借款	39043	28000	28000
7	H 公司	山东产业园区项目	借款	5206	6300	5206
8	L 公司	农光互补发电项目	增资	124918	7665	7665
9	S 公司	深圳合作基金项目	借款	21528	10000	10000
10	S 公司	产业并购基金项目	增资	27149	30000	27149

三、集团内部资金投资决策支持模型设计及应用的实施效果

（一）社会效果

山东发展集团作为省属一级企业国有资本投资集团，在创新资金投资决策机制方面发挥了示范引领作用。资金投资决策支持模型的建立与应用实施为国内同类型国有资本投资集团公司提供了案例参考，在防范国有资金投资风险，提高国有资本投资收益、实现国有资本保值增值方面拥有借鉴意义。

（二）管理效果

随着集团内部资金投资决策支持模型的实施，集团资金的投放明显集中于集团战略重点项目、投资收益高的项目、投资风险低的项目；同时，集团资金优先投放在经营状况好、信用风险低、投资回报高的权属单位。从实施结果来看，集团内部资金配置更加科学合理，资金收益水平和资金使用效率明显提高。

（三）经济效果

项目自2020年起实施。2020年度集团公司通过内部借款、增资等方式，支持6家权属企业10个投资项目，累计提供资金支持10.08亿元。除X公司2个项目在建设期未取得投资收益外，上述8个项目2021年度投资收益合计3576.20万元，平均投资收益率5.12%。2021年度集团公司通过内部借款、增资等方式，累计为7家权属企业提供资金支持12.80亿元，投资项目将于2022年度起陆续产生投资收益。

集团公司2021年度实现利润总额6.59亿元，较2020年度增加8468.24万元，增长14.75%。另外，2021年度，集团公司营业利润率、资本保值增值率、全员劳动生产率等指标较上年也有了较大幅度提高。

内部资金投资决策项目的落地实施，建立了内部资本市场资金配置机制，有效提高了集团公司资金的配置效率和收益水平。

（四）改进措施

1.量化模型数据的更新

集团在实施的过程中，定期对模型的数据进行动态更新和定期更新。动态更新包括资金需求单位的重大业务及财务状况变化、已用资金额度及未用资金额度

等。定期更新包括各项评价指标、指标标准值进行定期更新。

2.完善数据信息系统

集团内部资金投资分配模型在投资管理系统结合资金投资分配模型的数据要求,建立相关的取数链接,为模型的应用提供准确的数据使投资资金管理和投资业务通过信息系统有效协同,提高管理效率。

成果创造人员:孟　雷　郭晓东　张希才　赵　鑫　王　琼　刘　典　王讴文

七九网格化降本增效体系的构建与应用

山东高速轨道交通集团有限公司

摘要：近年来，山东高速轨道交通集团有限公司聚焦成本领先发展战略，深入贯彻集团降本增效工作部署，在细致研究企业内部各行业成本构成的基础上，深度挖掘降本增效空间。经历两年多的探索实践，以“源头创效、优本增效、管理提效”为宗旨，强化创效意识，坚持问题导向，运用系统思维，遵循“纵向到底、横向到边”的原则，总结提炼出降本增效“七九工作法”，通过贯通七大环节、九大方法，全面构建起“七纵九横”的网格化降本增效管理体系。采取分级管理的模式，轨道交通集团制定总体成本管控目标，各权属单位依照“一企一策”原则，挖掘自身成本管控要点，建立成本管控实施细则，形成“全员参与降本增效、人人身上有指标”的推进机制。通过全过程降本增效体系的落地实施，实现了成本预测、分析、评估、考核的全过程管理，2022 年全年、2023 年上半年分别实现降本增效 4556 万元、2710 万元，节约现金流 1.76 亿元、1.32 亿元，企业提质增效明显。

山东高速轨道交通集团有限公司（以下简称“轨道交通集团”或“公司”）前身为山东省地方铁路局，成立于 1989 年，总部位于山东济南。2008 年重组加入山东高速集团。现有权属单位 12 家，其中铁路运输单位 4 家、产品制造单位 3 家、资源开发单位 2 家、工程施工单位 1 家、项目建设单位 2 家。设铁路工程质量监督站，主要承担铁路及其他轨道交通建设项目工程质量、市场秩序和招标投标监督工作。

近年来，公司聚焦“轨道交通领域的投资、建设、运营、管理以及配套产业的综合开发”主责主业，推进产业结构调整，着力拓展发展空间，加快科技创新步伐，构建起以铁路运输为主，产品制造、资源开发、建设施工 4 个业务板块协同发展的多元化经营格局，成为山东省内交通运输领域的重要力量。公司运营管理铁路 624 千米，开通运营车站 35 个，机、车、工、电、辆铁路运营管理部门齐全，具备独立自主运输能力,年运量近9000万吨。产品制造业务发展迅速,CRTSⅢ型高铁轨道板、铁路轨枕、高端混凝土制品、CRB600H高延冷轧带肋钢筋等产品年生产能力分别达到10万块、100万根、21万立方米、32万吨,多项技术处于国际领先水平。公司相继荣获"全国五一劳动奖状""全国守合同重信用企业""全国地方铁路先进单位""省级文明单位"等荣誉称号。

一、七九网格化降本增效体系构建与应用的实施背景

(一)这是适应经济形势等环境变化的需要

随着全球经济放缓,我国经济增速呈现放缓态势,由高速增长阶段转向高质量发展阶段,正处在转变发展方式、优化经济结构、转换增长动力的攻关期,经济发展仍然面临"需求收缩、供给冲击、预期转弱"三重压力,材料市场、劳务市场等生产经营要素成本价格持续上升,资金流入持续缩减,企业作为经济市场主体,面临市场竞争越来越激烈,经营发展压力越来越重。这是经济发展螺旋式上升的需要经历的必然阶段,当量的增长积累到一定阶段,必然要转向质的提升。在我国经济向形态更高、分工更精细、结构更合理的演变过程中,由低劳动力成本、高资本生产率推动的发展模式已经结束,必须摒弃过去片面追求高速度的粗放增长,从主要依靠要素投入转换到更多依靠改革创新和结构调整,适应经济新常态。为更好地适应市场环境与经济形势,减少经济波动给企业发展带来的负面影响,缓解生产经营压力和资金紧张的现状,轨道交通集团正视困难、坚定信心,在困境中着眼向内、苦修内功,遵循科学发展观要求,构建可持续发展的降本增效体系,提升可持续高质量发展能力,适应公司长期稳步发展需求。

(二)这是落实政策方针的战略部署

习近平总书记强调:"必须更好统筹质的有效提升和量的合理增长,始终坚持质量第一、效益优先,大力增强质量意识,视质量为生命,以高质量为追求。"没有质量的有效提升,就谈不上高质量发展;没有数量的合理增长,高质量发展就失去了物质和技术的支撑。这就要求我们必须把发展质量问题摆在更为突出的位置,要坚定不移统筹质的有效提升和量的合理增长,着力提升发展质量和效益,推动高质量发展。降成本作为我国供给侧结构性改革的一项重要内容,是助力实体经济企业轻装上阵、提升竞争力的一项重要举措。党中央、国务院已连续7年印发降成本通知,持续推进降成本重要工作部署,凸显这一工作的重要性和紧迫性。

轨道交通集团深入贯彻中央经济工作会议提出的“稳字当头、稳中有进”的会议精神，按照省国资委、高速集团关于加强省属企业降本增效的工作部署，以习近平新时代中国特色社会主义思想为指导，坚持系统观念，努力探索适合公司发展的现代企业降本增效管理体系，构建重点突出、计划周密、执行有力的公司成本管理机制，激发经营活力，突破制约企业发展瓶颈，为公司发展提质增效。

（三）这是推动公司发展的迫切需求

20世纪，现代管理学之父彼得·德鲁克说“企业家要做的只有两件事，一个是营销，一个是削减成本”。在当前严峻的经济环境下，打好“开源节流组合拳”是企业能够保持长期发展和生存的命脉。一方面，需要持续开拓国内外产品市场，加大现有产品的市场开发和推广力度，以市场需求为目标，加快产品创新研究，推动产品迭代升级。另一方面，需要从“小”处着眼，从“细”处做文章，抓源头优化成本配比，抓基础优化生产组织，抓关键细化环节控制，抓难点强化薄弱难关，制定方案，落实举措。目前，轨道交通集团业务板块较多、成本结构多样，各权属单位成本管控水平参差不齐，公司管理层对成本管控缺乏系统性思考，对成本发生全过程未摸准吃透，对成本管控要点情况掌握不够细致，容易忽视经营管理薄弱环节和问题，一线员工未能将成本管控与实际工作深入结合，造成成本控制有缺项、漏项，尚未形成系统性、持续性、整体性的降本增效管理模式。需要通过构建一套长效工作机制，深挖管理潜能、优化成本管控，从根本上降低企业成本，提升自身发展质量和发展效率，提高企业运营能力，实现经济效益最大化。

二、七九网格化降本增效体系构建与应用的主要做法

为更好地适应市场环境与经济形势，提高公司精益化管理水平，提升企业可持续高质量发展能力，轨道交通集团聚焦成本领先战略，深入贯彻高速集团降本增效工作部署，强化创效意识，坚持问题导向，运用系统思维，遵循“纵向到底、横向到边”的原则，总结提炼出降本增效“七九工作法”，通过贯通降本增效七大环节、九大方法，全面构建起“七纵九横”的网格化降本增效管理体系。建立组织保障机制和考核评估机制，实现成本事前预测、事中实施、事后分析、评估考核的全流程管理，形成系统性、持续性、整体性的企业成本管理模式，打造“全员精益管理、全面降本增效”的企业文化，实现公司效益最大化，推动企业可持续高质量发展。

(一)建立“七九工作法”,为体系建设找准路径

轨道交通集团以降本增效“七九工作法”为核心,全面构建起“七纵九横”的网格化降本增效管理体系。通过“一企一策”梳理分析成本形成的关键性诱因,研究分析创效增长点和降本挖潜点,与管理网格节点逐一对应,对适用的降本方法进行细化,实行清单化管理、节点化推进、精准化落实,实现降本增效任务目标。

1.“七九工作法”主要内容

“七九工作法”,就是以企业全链条成本管理为对象,从“战略、采购、生产、营销、研发、人资、综合”七大环节入手,运用“预算、标准、结构、技术、规模、效率、政策、机制、功能”九大降本方法,指导企业降本增效的管理模式。通过颁布《轨道交通集团降本增效实施方案》等保障该方法落地见效(见图 1)。

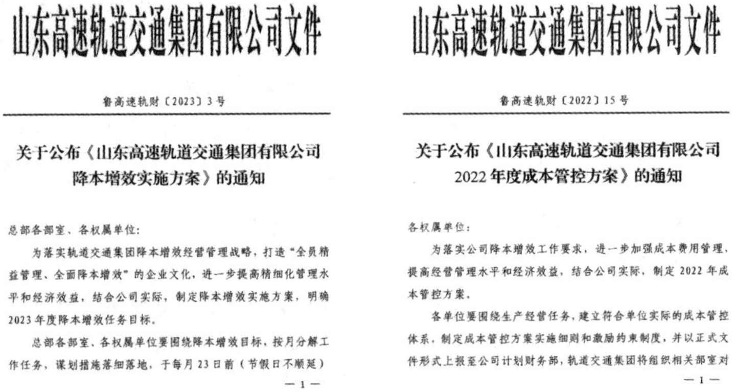
山东高速轨道交通集团有限公司文件

鲁高速轨财〔2023〕3号

关于公布《山东高速轨道交通集团有限公司降本增效实施方案》的通知

总部各部室、各权属单位:

为落实轨道交通集团降本增效经营管理战略,打造“全员精益管理、全面降本增效”的企业文化,进一步提高精细化管理水平和经济效益,结合公司实际,制定降本增效实施方案,明确2023年度降本增效任务目标。

总部各部室、各权属单位要围绕降本增效目标,按月分解工作任务,谋划措施落细落地,于每月23日前(节假日不顺延)

— 1 —

山东高速轨道交通集团有限公司文件

鲁高速轨财〔2022〕15号

关于公布《山东高速轨道交通集团有限公司2022年度成本管控方案》的通知

各权属单位:

为落实公司降本增效工作要求,进一步加强成本费用管理、提高经营管理水平和经济效益,结合公司实际,制定2022年成本管控方案。

各单位要围绕生产经营任务,建立符合单位实际的成本管控体系,制定成本管控方案实施细则和激励约束制度,并以正式文件形式上报至公司计划财务部,轨道交通集团将组织相关部室对

— 1 —

图 1　轨道交通集团降本增效实施文件(部分)

(1)七大管控环节

一是战略管理环节从制定合理的战略目标,选择适合企业发展的战略类型,推动税收、财政、金融等各类优惠政策落地等方面进行管控。主要管控思路为根据利润目标确定成本目标上限,在事前和事中制定相应措施,对成本进行控制,达到降本目标;根据企业实际情况,选择适用的战略类型,实施一体化战略;实时关注国际、国内、地方及行业的惠企政策,深入研究税收、财政、金融等各类政策对公司经营的适合度,将优惠政策落地见效,推动政策红利转化为企业发展红利。

二是采购环节从取得成本、持有成本、资金占用成本以及短缺成本等方面进行管控。主要管控思路为实施供应商评级管理,建立良好信用的供应商库,降低供应商信用风险;通过采购产品通用化、批量化、集中化,以集中采购、联合采购以

及季节性采购方式，扩大采购规模，实施招标限价控制；优化库存管理，确定合理的库存量，降低持有成本；在保持原功能、生产质量不变的前提下，寻找性价比最高的替代方案或材料，挖掘提高功能或降低成本的潜力。

三是生产环节从直接材料成本、直接人工成本、间接费用成本以及效率成本等方面进行管控。主要管控思路为通过编制企业定额，确定料、工、机、费的管控标准，加强生产过程管理，减少资源消耗；规定产品生产材料用量，确定合理库存，严格领料管理，设备使用管理等方式，降低材料设备成本；加强员工技能培训、优化生产工序，制定激励约束机制，调动各岗位员工的积极性，提高生产效率和人工效率；改进成本核算方式，推广作业成本法，准确制定成本分摊比例，为管理决策提供清晰的成本动因，实现成本的动态控制。

四是营销环节从营销策略、客户维护、应收款项占用成本以及销售成本方面进行管控。主要管控思路为积极开拓市场，发掘新客源，建立合理定价机制，实现双赢；优化客户管理，实施客户分级评价管理，做好优质客户维护，提高效益；完善应收账款管理，严格绩效考核，提高应收账款回收率，加快周转，降低资本成本。

五是研发设计环节从研发人工成本、研发材料成本以及研发设备系统方面进行管控。主要管控思路为采用零基预算法编制生产经营预算，实现降本；以问题和目标为导向，控制研发投入成本，注重成果转化，推动创新成果变为产品、产业，转化为现实生产力；各单位根据企业性质的不同，确定各自的研发投入方式。铁路运输业在确保安全的前提下，主要以研发新技术、新装备、新工艺的方式，提高效率；制造业主要依靠研发新产品方式，提高企业效益。

六是人力资源管理环节从取得成本、开发成本、使用成本和离职成本方面管控，即“选、育、用、留”四个方面。主要管控思路为推行扁平化管理结构，减少管理层次，裁减冗余人员，建立紧凑、干练的组织结构，优化人员结构、岗位结构，推行一人多岗、一职多能；推进以机械化、自动化、信息化、智能化为核心的“四化”工作，合理集中生产，减少人工数量；根据各岗位不同需求，制定针对性的培训计划，增强员工技能，提高工作效率；精准选人用人，关注岗位匹配度；五是完善激励约束机制，提高员工积极性，避免关键人才的流失。

七是综合管理环节从内部控制机制、期间费用和资产、资金成本方面进行管控。主要管控思路为日常费用成本属于酌量性固定成本，采用增减预算的方法编制预算；制定期间费用定额指标，严格执行行政综合管理制度，加强内部控制，实行归口分级管理；积极宣传节省文化，提高员工节约意识；加强资金、资产管理，提高资金、资产利用效率。

(2)九大管控方法

一是预算控制降本法。以成本性态分析为前提,根据不同的成本性态特点,分别采取直接增减预算、弹性预算、零基预算等方法控制成本。如研发费、职工培训费、日常费用等可控的酌量性固定成本,受管理短期经营决策影响形成,可依据经营管理实际,采取增减预算的方法控制。如折旧摊销、固定房屋租金、项目长期借款产生的利息费用等不可控的约束性固定成本,不受管理短期经营决策影响,为维持企业的经营能力而必须开支的成本,在业务开始发生时即源头阶段进行控制,执行阶段不过多关注。如制造费用、营销费用、货车占用费、机车燃油费等变动成本,与业务量高度相关,呈同比例增减变化,通过建立成本定额等方式,对其单耗进行控制,采用弹性预算的方式制定预算。如购置专项设备或机车、专项维修费等专项成本,开支相对不固定,且金额较大的成本,逐条逐项分析成本支出的合理性、必要性,采用零基预算的方式制定预算。

二是标准成本降本法。树立各行业板块成本标杆,通过分析各业务板块成本费用的关键环节和关键驱动因素,确定成本控制项目,对各成本项目定量、定价,实现成本项目的定额化管理,作为公司组织和指挥生产经营活动、项目投标报价、计算劳务报酬、编制生产经营预算的成本管理的依据控制成本。

三是结构优化降本法。通过优化产业结构、产品结构、组织结构、资本结构、供应商/客户管理,使各类结构符合公司发展的要求,提高公司整体运行效率,实现降本。优化产业结构以推动产业链纵横双向延伸的方式,拓展产业发展空间,协调各产业板块间协同发展。优化产品结构以市场需求为导向,分析产品用途结构、品种结构、盈利能力和寿命周期,加大绩优产品的销售比例,突出产品竞争优势,培养拳头产品,扩大市场占有率,达到降本增效的目标。对于供应商/客户需求差异和经营状况良莠不齐的问题,通过对供应商/客户评价分级管理,提升客户的精准管理和相互服务的关系质量,并时时关注供应商/客户生产经营和资金状况,及时规避风险,降低企业损失。优化组织结构可以根据企业的不同业务的发展需求,采用扁平化组织结构、金字塔型组织结构等,建立符合企业发展的精干高效的组织结构,达到降本增效的目标。优化资本结构通过科学制定筹资方案,合理安排资本构成及其比例,保持合理的负债水平,达到最合理的资本配置,降低公司综合资本成本率,达到降本增效的目标。

四是技术降本法。利用技术更新、流程优化和标准作业,进一步深挖内驱潜力,减少资源浪费,提高生产效率和工作效率,实现降本。对于生产环节人工成本、维修成本较高的问题,加大"四新"技术研究,增强新技术、新工艺、新材料、新装备在生产环节中的节能降耗,通过技术的更新推动数智化进程,降低人工成本,提高生产效率，实现降本增效；对于流程环节多、耗时长，导致执行效率不高的问题，梳理组织管理、生产制造、采购销售等工作流程，修正完善流程中的低效点，减少资源浪费，提升公司业务执行效率；对于作业不规范、标准化机制不健全的问题，通过作业标准化，工艺流程标准化等改变不良作业习惯，降低重复性故障的发生，达到降本目的。

五是规模降本法。通过对工程、服务、物资等需求统一管理，实现通用化、批量化、集中化，形成规模优势，增强公司议价能力，降低采购频率，降低成本。对于材料配件种类多，型号不同的问题，通过推进生产设备的通用性，降低差异性，提升原材料、维修配件等方面通用规模，降低替代成本，达到降本目的；对于价格不高但数量较大的采购项目，由各单位分散采购，未能形成采购聚集效应的问题，通过批量化采购，增加批次的采购规模，降低采购频率，达到降本目的；通过采用季节性采购、联合采购等多种集中采购方式，降低采购价格，达到降本目的。

六是效率降本法。加强企业自身管理能力，通过提高资源利用效率、生产效率、资金使用效率、工作衔接效率，提高管理效能，降低成本。提高资源利用效率通过提高企业管理水平，制定准确的战略目标，加强资源的合理利用和优化配置，提升企业资源使用效率；提高生产效率通过对员工技能培训、设备升级改造、优化生产工序等，提高生产效率，达到降本目的；提高资产、资金使用效率通过强化资金管理，合理调度，通过资金集中管理等方式，提高资金使用效率，加强资产管理，提高资产使用效率，达到降本目的；提高管理效能通过提高企业管理能力，合理安排工作流程，提高工作衔接效率，达到降本目的。

七是政策降本法。通过关注国际、国内、地方及行业的惠企政策，加强对国家政策、市场发展、货源流向的分析研究，研究各类政策与公司经营的相关度，积极对接，推动优惠政策落地见效，将政策红利转化为企业发展红利，增加效益，降低成本。

八是机制降本法。通过建立健全内部控制管理制度，完善竞争机制、考核机制和监督机制等，提高全员积极性，推动管理提升，达到降本增效的目的。

九是功能成本降本法。通过对比获得功能与付出成本，来寻找对比替代方案的优劣势，选择最适合的投入产出比率，用于替代原材料、工艺设备等，选择最佳工作方案，达到降本增效的目的。

2.“七九工作法”具体实施路径

(1)在战略管理环节：一是采用结构降本法优化组织结构，明确职责定位、提高运行效率。“纵向”打造“三个中心”，即将公司总部打造成决策服务中心，权属单位打造成利润创造中心，基层生产单元打造成成本控制中心，明确各中心职责定位，厘清管理职责界面。“横向”成立包括运输营销中心、投资开发中心、工程养护中心的“三个业务管理中心”，赋予经营开发和业务管理双重职能，关键事项提级管理，重要资源整合管理，确保市场抓得住、管理跟得上、成果留得下。二是采用结构降本法优化产业布局，提升产业发展潜力和抗风险能力。目前公司铁路运输、产品制造、铁路施工及其他板块利润贡献比例为 7∶2∶1，产业发展差距明显。为挖掘产业发展潜力，提升公司抗风险能力，公司以质量变革为导向推动制造业板块发展，对外加快省外、国外产业布局，加快推进中泰铁路轨枕项目、孟加拉国减水剂项目落地，与四川蜀道集团、山西地方铁路集团加强业务合作，布局省外市场；对内深耕集团内部市场，采取补链强链发展策略，全面对接集团内部市场所需混凝土及钢材深加工产品需求，推进新产品研发和既有产品纳入集采目录工作。铁路施工板块采取“差异化竞争”策略，充分利用铁路运营区位优势，深耕沿线市场，打造铁路沿线“多功能型项目部”“专精特新事业部”，增强施工业务发展核心竞争力。争取“十四五”末各产业贡献比例达到 4∶3∶3。三是采用政策降本法，用足用好惠企助企政策。建立惠企助企政策库，指定专业部门负责惠企助企政策搜集、整理、指导、实施，定期调度通报权属单位政策落实情况。

（2）在采购环节：一是采用规模降本法，构建集约化采购管理模式。通过“采上集中、购上分散”的采购模式，对公司范围内工程、服务、物资等需求“打包汇总”、归类整合，将分散的采购量集中起来，开展集约化统一采购，增强议价能力，提高采购质量和效率，形成集聚效应和规模优势。通过定量、定性分析各层级单位既往年度招采项目数据和内容，形成了涵盖 130 余个集约化采购管理类别的需求计划目录清单，并严格按照归类整合后的集约化项目计划组织实施招采工作。二是采用功能降本法，寻找性价比高的替代方案。铁建装备公司通过自产减水剂替代外购减水剂，每吨可节约成本 800 元，年可节约采购成本 224 万元；通过自产掺合料替代外购，预计 2023 年全年节约 136 万元；通过锅炉太阳能框架系统供水工程改造，预计全年可节约天然气 5.1 万方，节约成本 26 万元。在车间顶部安装光伏发电，光伏发电替代外购用电，预计全年可节约 6.5 万元。

（3）在生产经营环节：一是采用效率降本法，提高运输组织效率。以效率变革为导向推进运输板块发展，加强行车组织，提高车辆周转效率和装卸车作业效率，通过定期与国铁和朔黄铁路调度部门召开通班会，对接运输计划、共享运输信息，根据企业需求及时调整运输计划等措施，推进机车燃油单耗下降、车辆周转时间缩短等。以大莱龙铁路为试点推行设备“集中修”，充分利用大机捣固作业封锁线路时间段，开展线路设备、接触网设备集中化维修，提高线路运行效率，预计全年维修作业时间同比压降 20%，减少 169.8 小时。二是采用标准降本法，推行成本定额费用标准和“6S”管理现场作业标准。深入分析影响成本费用的关键因素和关键环节，有针对性地开展成本写实，编制完成成本定额手册，分3篇、18章、1100余条细目，建立了各板块成本费用管控标准，让成本管控真正落实到全体员工和产品中去，实现成本费用全过程管控。推进“6S”现场作业管理，加强人员、机器、材料等生产要素作业标准化，规范现场生产运行和员工行为习惯，提高工作效率，提升安全素养。三是采用功能降本法，优化施工设计方案。坪岚扩改项目通过与当地政府历时半年的沟通协调，成功将科嘉输油管道迁改方案由上管廊敷设改为地埋方式，缩短施工时间40天，节约投资5500余万元；路基边坡防护工程由预制、拼装优化为浆砌片石砌筑，降低邻近营业线吊装施工安全风险，减少投资7901万元。

(4)在营销环节：一是采用机制降本法，建立内部协同激励机制。从高速集团和轨道交通集团内部协同两个层面发力，制定相关激励办法，落地项目予以奖励。积极参与集团内部协同，冷轧钢筋网片、土工格栅、混凝土外加剂纳入集团集采目录，新增集团内部收入2亿元；大力开展“协同＋”，鼓励权属单位利用自身优势开展内部协同，2022年岚山管理处协调日照钢铁集团、日照港集团等单位，为内部单位承揽工程业务2.6亿元。二是采用结构降本法，优化营销管理架构。成立运输营销中心，实现总部和一线联合营销，形成客户定期走访机制，梳理分析沿线大企业运营形势和物流需求，每月形成月度营销信息，根据信息灵活制定营销策略，2022年完成运量8986万吨，同比增长27.2%，预计2023年将突破1亿吨，创公司历史新高。

(5)在研发设计环节：一是采用技术降本法，推动技术升级改造，提升智能化水平。铁建装备公司自主研发建设高铁CRTSⅢ型轨道板智能生产线，对上一代自主研发的生产线进行迭代升级，生产效率提高25%，能耗降低30%，用工减少20%；自主优化设计新模具，单套模具采购成本下降约13.5万元，节约总成本1755万元；高铁轨道板钢筋笼自动绑扎技术目前正处于联合研发阶段，预计年内研发成功，用工人数预计减少50人。二是采用机制降本法，建立“五小创新”激励机制，营造全员创新氛围。公司职工自主研发“机车新型不落轮镟床设备”，较同类产品节省购置成本50万元，年节约镟修成本35万元；自主研发“DF8B柴油机气缸盖喷油器护套维修工装”，单套维修时长由7小时缩短至50分钟，大幅提高维修工作效率。

(6)在人力资源管理环节：一是采用机制降本法，推行全口径用工成本管理机制。在原有工资总额管理基础上，建立涵盖工资总额、工资附加、劳务派遣费用和劳务外包费用在内的全口径用工成本统计、考核机制，以用工成本占营业收入的比重为考核抓手，实现用工成本控制目标。以铁建装备公司为试点，建立全口径用工管理机制，对劳务外包用工进行梳理，定岗定编，实现全口径精准用工，预计2023 年降低劳务用工成本 660 万元。二是采用结构降本法，推行同区域同业务代管模式。目前公司内部已推行的同区域同业务代管包括益羊铁路管理处代管寿平公司、铁建装备公司代管交通装备公司、岚山管理处代管瑞源公司，实行一套机构管理多个单位，节省用工 120 人，年可压缩各类成本 2400 万元，提升管理效率。三是采用结构降本法，推行基层作业单元整合。成立货运中心，整合沿线 25 个车站内勤、计划、核算等岗位，用工减少 27 人，年节约各类成本 540 万元；通过“大站管小站”远程集中控制模式，缩减 12 个车站人员 18 人，年节约各类成本 360 万元。

(7)在综合管理环节：一是采用预算降本法，发挥预算“定盘星”作用。通过“一本预算”，从源头进行管控，根据不同的成本性态特点，采取不同的预算控制方法。2023 年采用零基预算法逐项核定大中修项目，压降维修成本预算 1000 万元；采用增减预算法核定费用类指标，压降管理费用预算 500 万元。二是采用效率降本法，提高资金、资产使用效率。建立资金结算中心，强化资金的统一管理，实现权属单位资金 T＋0 归集，提高资金使用效率；压降融资成本，贷款利率较年初下降 75 个 BP，预计全周期可节省资金成本 1.43 亿元；全年开立各类票据 5 亿元，节约资金成本约 760 万元；大力推进资产盘活提效，以铁路沿线闲置站场、货场开发为重点，2022 年实现资产盘活收益 1700 万元，2023 年上半年实现资产盘活收益 600 万元。

(二)厘定工作思路，为体系构建明确目标

构建降本增效管理体系是“创效”(开源)与“降本”(节流)同时落实的一项系统性、持续性、整体性工作，具有全面、全员、全过程的特点，专业主导性强，贯穿于企业生产经营活动各个方面，不是单一地削减成本、控制资金与资源的投入。要结合企业发展现状，在全面梳理经营管理环节、分析研判薄弱环节和难点问题基础上，通过整合内外部资源，深挖管理潜能、优化成本管控，从创效和降本两个维度谋划与实施创效降本工作，持续推动企业管理提质增效。

(三)确立指导原则，为工作开展把握方向

以“建机制、定目标、抓落实、严考核”为主线，构建全流程降本增效体系。

1.建立全过程全方位的管理机制。遵循“横向到边、纵向到底”原则，将管理下沉、责任下沉，将降本增效延伸至具体单位、部室、岗位及末级生产单元，明确降

本增效职责，层层传导压力、拧紧责任链条，形成“全员参与创效降本、人人身上有指标”的推进机制。

2.以问题为导向科学制定管控目标。各单位按照“一企一策”原则，紧紧围绕生产经营任务，以资产负债表、利润表、现金流量表三大财务报表分析为前提，从“业财融合”的视角掌握经营情况或业务实质，全面梳理分析成本形成的关键性诱因，研究分析创效增长点和降本挖潜点，以问题为导向谋划降本增效任务目标。

3.以一盘棋思维推动工作高效开展。以“分级分行业”管理思维为基础，总部各部室牵头制定实施本业务链条内的重点任务，加强过程监督，强化日常调度，针对执行差异及时分析改进，确保各项提升任务按计划推进。各权属单位结合自身实际，规划实施路径措施，制定实施细则，形成上下联动、执行有力的工作安排。

4.完善考核机制确保取得实效。将降本增效目标完成情况纳入公司年度责任制考核评价，降本增效的全过程管理如图 2 所示。各权属单位制定激励奖惩考核机制，细化考核内容、考核标准、考核方法等，强化降本增效管理体系构建工作的监督考核，确保提升任务取得实效。通过对成本进行预测分析、落实执行、经验总结、评估考核的全过程管理，形成 PDCA 流程闭环，实现生产经营全责任链条式高效管理结构，全面提升成本精细化管理水平。

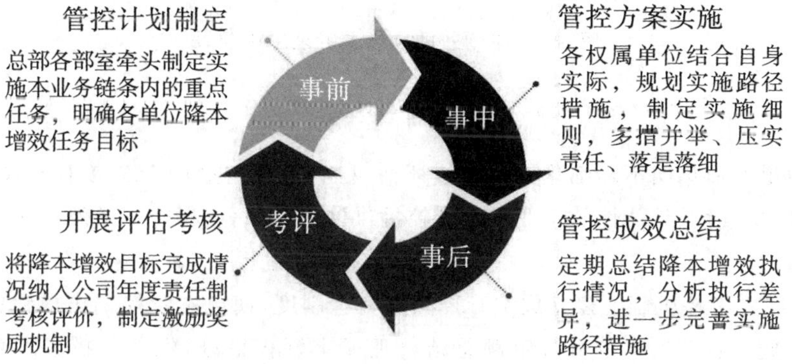

图 2　降本增效的全过程管理

（四）加强组织领导，确保降本增效有序进行

1.轨道交通集团党委高度重视降本增效工作的推进落实，成立降本增效管理领导小组，公司党委书记任组长，党委副书记任副组长，其他领导为成员，全面负责降本增效管理体系构建工作的系统谋划与总体部署，对工作进行总体指导、规

范和监督。

2.领导小组下设办公室，办公室主任由计划财务部分管领导兼任，公司总部各部室、各权属单位主要负责人为办公室成员。成本管控领导小组办公室发挥牵头组织、统筹协调、跟踪调度作用，负责制定降本增效管理体系构建工作实施方案，明确轨道交通集团总体目标，动态跟踪调度任务开展进度及阶段性成果。

3.各权属单位建立降本增效管理体系构建领导小组(见图 3)，负责编制本单位降本增效体系构建实施细则，确定本单位提升任务、提升目标、提升措施及工作安排，不断将成本管理深入业务最前端，高标准、高要求推动各项提升任务，细化成本管控要素，集思广益、多措并举、压实责任、落实到人，阶段性总结并反馈相关工作成果。

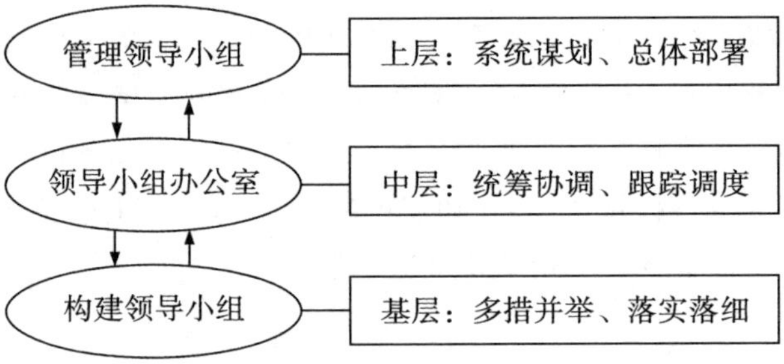

图 3　降本增效的领导及管理组织建设

(五)完善考核评估机制，确保降本增效见实效

轨道交通集团不断细化完善考核评估机制，形成有效的 PDCA 管理循环，为系统性、持续性、整体性的企业成本管控提供体系保障，确保降本增效工作任务取得实效。

1.建立考核机制。建立成本管控激励奖惩制度，使成本管控工作得到更好的贯彻实施。各权属单位每月定额总结整理成本管控措施，汇总分析成本管控成效，让每个成效必有实施措施，使成本管控工作与企业降本增效成果紧密结合起来，激发全员成本管控的积极性、主动性和创造性，形成全员创效、人人降本的良好氛围。

2.建立评估机制。各单位负责牵头总结本责任范围内的年度创效降本任务完成情况，反馈至成本管控领导小组办公室进行整体梳理、形成年度报告，领导小组办公室将及时会商领导小组及总部相关部室组织考核评估工作，将评价结果反馈纳入年度考核。各权属单位同步组织本单位内部考核评价工作。

三、七九网格化降本增效体系构建与应用的实施效果

（一）企业降本增效，实现了高质量发展

轨道交通集团七九网格化降本增效体系是公司管理理念、制度建立、管理方式的全面升级，进一步完善了公司精细化管理体系。轨道交通集团各单位上下联动、多措并举，坚定不移地落实降本增效战略要求，各责任主体脱离舒适区，下沉一线，深入基层，关注细节，打造出"全员精益管理、全面降本增效"的企业文化。充分发挥积极性、主动性和创造性，通过不断发现降本管控点，补充制定任务目标，反复研究管控措施，从根本上降低了企业成本，不断推动工作效率和工作质量的提高，提高了企业运营能力，实现经济效益最大化。2022 年全年、2023 年上半年分别实现降本增效 4556 万元、2710 万元，节约现金流 1.76 亿元、1.32 亿元（见表 1）。2022 年全年、2023 年上半年成本费用利润率均高于行业优秀值，公司核心竞争力有所增强。

表 1　降本管控体系成效汇总表

序号	成本控制环节	2022 年全年（万元）	2023 年上半年（万元）
一	节约成本合计	4556.00	2710.00
1	生产运营环节	2978.00	1204.00
2	营销环节	835.00	285.00
3	研发设计环节	47.00	64.00
4	人力资源管理环节	435.00	475.00
5	综合管理环节	261.00	682.00
二	节约资金合计	17609.00	13265.00
1	战略管理环节	13408.00	12400.00
2	采购环节	4201.00	865.00

（二）推广优秀案例，发挥了引领示范作用

轨道交通集团以座谈会、讨论会等多种形式，总结提炼各单位具有推广价值的实践做法和样板示范点，加强各单位间降本增效工作经验交流，鼓励各单位对

标优秀案例,灵活运用、活学活用,在“干”中求“实”,在“实”中求“新”,在“新”中求“进”,充分发挥样板示范引领作用,以点带面促进企业管理能力全面提升。通过典型引领,示范带动,全面调动降本增效工作积极性,促进各权属单位之间相互取长补短、共同提高,使学先进、赶先进、促发展成为常态。

(三)提升综合实力,树立了品牌形象

轨道交通集团始终秉承“高质量稳步发展为本”的理念,聚焦“主责主业”,主动作为,勇于担当,不断革旧立新,顺应时代的发展,将管理创新工作作为立身之本、发展之基,2022 年至 2023 年获批高新技术企业 2 家,获省“瞪羚”企业、省级制造业单项冠军企业、省级“专精特新”中小企业、创新型中小企业、科技型中小企业等科技型企业称号 12 项,是企业探索高质量发展新路径迈出的坚实一步。公司通过创新降本增效新路径、新模式,为同行业、同类型企业推行管理提升、实现企业提质增效工作提供可复制、可推广的体系样板,进一步提升了品牌影响力。

成果创造人员:傅柏先　张名磊　陈　颖　尹　仲

电网企业最小经营单元的价值评价及应用

国网山东省电力公司泰安供电公司

摘要：国网山东省电力公司泰安供电公司（以下简称“泰安公司”）认真贯彻国资委、国网公司提质增效工作部署，深化多维精益管控探索，从电网企业最小经营单元出发，通过建立科学的价值评价体系，优化现有预算和绩效考核机制，充分调动员工积极性，激发基层活力。首先，提出了输配电价监审规则下最小经营单位价值贡献及成本计量方法。其次，依据MACC价值管理方案，从价值计量、价值分析、价值创造和价值管控四个维度建立评价指标体系，并将四个维度分别对应到经营效益、运营效率、发展质量、治理效能中，对最小经营单元价值进行多维度评价，形成用户画像。再次，将用户画像与预算和绩效相结合，提高预算、绩效目标精准度，“补短板、锻长板”，优化泰安公司资源配置，实现公司价值最大化。在此基础上，以制度的形式对价值创造过程予以规范和明确，确保价值创造能够落地，实现泰安公司价值持续提升。

国网山东省电力公司泰安供电公司始建于1973年，落座在山东省泰安市。现下辖14个职能部室、13个业务机构及新泰、肥城、宁阳、东平4个县公司，服务电力客户269.4万户。泰安公司所属电力行业，以220千伏为主网架，网内有泰山站、岱宗站、新泰站3座500千伏变电站，35千伏及以上变电站166座，变电容量17491.20兆伏安；境内14条500千伏超高压线路长度549.46千米；±800千伏昭沂线过境长度113.18千米；35千伏及以上输电线路376条，线路长度5043.68千米，电缆长度174.40千米；10千伏配电线路1074条，线路长度14341.43千米，电缆长度2322.15千米。近年来，泰安公司先后被授予全国文明单位、全国纪检监察系统先进集体、全国电力行业“用户满意服务”单位、国家电网公司文明单位等荣誉称号，多次被评为省公司先进单位、先进基层党委。

一、电网企业最小经营单元的价值评价及应用的实施背景

(一)对最小经营单元的价值评价与应用,是提升电网价值、深化国企改革的必然选择

党的二十大报告提出,深化国资国企改革,加快国有经济布局优化和结构调整,提升国有资本效率,推动国有企业做强做优做大,提升企业核心竞争力。国务院国资委《关于开展对标世界一流企业价值创造行动的通知》提出,当前国有企业价值创造能力不强、质量效益不高等问题制约其发展,国有企业必须聚焦效益效率,提升治理效能,通过开展价值创造行动,提高产品服务质量和增强企业可持续发展能力,切实增强国有经济竞争力。作为大型电力经营服务企业,国网公司承载着发展社会经济、壮大综合国力、改善民生福祉的庄严使命,通过贯彻党中央、国务院决策部署,提升企业价值创造能力,实现企业内部提质增效,在为党分忧、为国尽责、为民奉献中发挥自身作用,在推动企业高质量发展中走好上坡路。

(二)对最小经营单元的价值评价与应用,是高发展质量、落实国网战略部署的有效途径

《国网山东省电力公司2022年提质增效专项行动工作方案》提出,要深化电网发展和优质服务机制,提高发展质量;深化开源增收和节支降耗机制,提升经营效益;深化数字转型和科技创新机制,提升运营效率;深化改革攻坚和风险防控机制,增强管理效能。提质增效专项行动对供电公司提出了更高的管理要求,供电所与运营班组作为电网经营服务的最小单元,对其进行价值评价与跟踪可以实现电网内部降本增效,从而提升经营发展质效,持续夯实高质量发展基础。

(三)对最小经营单元的价值评价与应用,是制定业财目标、激发基层活力的重要手段

为增强基层创造力和市场反应能力,将价值管理理念根植于企业运营的各个环节,泰安公司对最小经营单元(供电所和运营班组)提出了精益化管理要求。但当前泰安公司现有管理模式中存在以下问题:一是最小经营单元的收入贡献无法核算。当前泰安公司的收入由电力销售收入、可靠性供电收入及自备电厂收入等组成,收入核算未触及最小经营单元,无法有效衡量贡献程度。二是最小经营单元的成本无法可靠计量。运营班组发挥自身使命,对下辖资产进行管理维护,产

生的费用进入末级科目工程项目中核算，各运营班组的成本无法有效核算。三是最小经营单元未进行价值管理。供电所和运营班组作为供电公司的“细胞”，在经营管理、资产管理和客户服务等方面发挥了重要作用，但供电所和运营班组没有价值画像，无法完成价值贡献的横向对比，缺乏基层提质创效的内生活力。实施最小经营单元价值评价，明确最小经营单元的价值创造能力，是从公司层面优化资源配置、提升运营效益、提高治理效能的重要措施，是推动电力企业全面高质量发展的重要手段。

二、电网企业最小经营单元的价值评价及应用的主要做法

供电所和运营班组作为电网公司的最小经营单元，准确计量其投入产出各要素并建立科学的评价体系对其进行价值评价与跟踪，能显著优化资源配置效率，为市公司做出整体决策提供重要依据。最小经营单元价值评价为抓手，以提升企业价值和核心竞争力为目标，基于MACC价值管理方案，明确价值计量基础、构建价值分析体系，优化价值创造路径、落实价值管控措施，推动企业价值管理体系建设，促进业务服务提升。

（一）强化顶层设计，明确总体思路和目标

1.坚持系统观念，确立“一体化”建设思路

一是夯实计量基础。确定以输配电价监审为导向的数据计量基础，区分核准电价和结算电价，从价值创造的角度重新分配最小经营单元收入和成本。二是构建以MACC为要素的最小经营单元价值画像。依据MACC价值管理评价四要素，利用电网多元化数据创建评价指标和模型，对最小经营单元进行价值分析管理。三是最小经营单元价值再创造。将最小经营单元价值画像融入预算及绩效管理中，精准化预算及绩效管理，提升整体管理水平。

2.坚持问题导向，确定体系构建的目标

一是以“推动电网高质量发展”为战略总体目标。将实现电网高质量发展作为建设系统的总体愿景，确保各项工作朝着“相同目标、相同方向”协同共进，并围绕战略目标进一步集中整合资源，推动业务核心竞争力不断增强。二是以“电网企业总体价值提升”价值评价为目标。针对当前最小经营单元存在的问题，突出“价值管理”理念，细化专业管理颗粒度，确保收益、成本、资产能够对应到最小经营单元，从“收益、成本、资产”的维度分析并提升最小经营单位价值，推动电网专业管理能力迈上新台阶。三是以“优化预算和绩效评价体系”为管理能力提升目

标。基于最小经营单元画像，结合绩效和预算管理，优化资源的配置和利用方式，“补短板、锻长板”，确保资源得到最大化利用，从而提高效益。

（二）优化组织结构，形成资源统筹、集约扁平的团队支撑

建立强化统筹的管理体系。成立供电所、班组发展领导小组，统筹全系统资源支持最小价值单元价值要素梳理。国网泰安电力专门成立“最小经营单元价值管理办公室”，定期召开服务例会，协调市公司各部门、各单位，整合各专业力量全力服务最小经营单元价值评价。

优化集约扁平的组织体系。以柔性高效、扁平精简为目标，统筹考虑最小经营单元发展定位和业务特征，深入分析生产运营、价值管理、合规管理等需求，采用新型架构，构建职能部门＋专业中心＋最小经营单元的组织体系，形成结构内连、边界外延的平台型组织形态，实现机构设置、人员配置“轻量化”升级，集约、扁平、高效的现代能源互联网企业初具雏形。

（三）夯实价值计量基础，构建最小经营单元价值画像

1.以输配电价监审导向为基础的数据计量

(1)最小经营单元输配电收入计量

供电所及运营班组作为最小经营单元分别承担了供电服务与保障职责。在对最小经营单元输配电收入计量时，由于运营班组并不直接产生收入，故需将市公司收入进行分摊。以市公司输配电收入为整体，首先，将收入按比例在供电所及运营班组间进行划分；其次，根据供电所和运营班组不同性质，按照供电所以输配电量为基础，进行运营班组以服务的资产总量为标准，结合资产保障系数，进行收入分摊。

(2)最小经营单元成本计量

最小经营单元成本可划分为输配电价核准内的成本和其他成本。输配电价核准内的成本包括折旧费和运行维护费。折旧费是对输配电业务相关的固定资产按照规定的折旧方法和年限计提的费用。运行维护费是电网企业维持电网正常运行的费用，包括材料费、修理费、人工费和其他运营费用。其他成本包括市、县公司管理成本分摊和其他不包含在输配电价核准成本内的成本。

①盘点及明晰有效资产，归集折旧成本

供电所和运营班组的输电线路、变电站、馈线、台区等固定资产根据电气连接方式、生产组织形式、服务管理区域等因素归集到最小经营单元；由市级公司统一管理的固定资产按照实际使用的最小经营单元进行归集，若同一资产多个单元共

用按使用量进行划分，其他无法归集的资产按照贡献比例划分至最小经营单元。在进行最小经营单元成本核算时，按归集的固定资产原值和《输配电定价成本监审办法》规定的输配电固定资产分类定价折旧年限，采用年限平均法确定折旧。

②辨别有效成本，准确归集运行维护费

运行维护费的计算公式为：

运行维护费＝材料费＋修理费＋人工费＋其他运营费用。

其中，材料费指电网企业提供输配电服务所耗用的消耗性材料、事故备品等，包括企业因自行组织设备大修、抢修、日常检修发生的材料消耗和委托外部社会单位检修需要企业自行购买的材料费用；修理费指电网企业为了维护和保持输配电相关设施正常工作状态所进行的外包修理活动发生的检修费用，不包括企业自行组织检修发生的材料消耗和人工费用；人工费指电网企业从事输配电业务的职工发生的薪酬支出；其他运营费用指电网企业提供正常输配电服务发生的除以上成本因素外的费用。主要包括：①生产经营类费用。包括农村电网维护费、委托运行维护费、租赁费等。②管理类费用。包括办公费、会议费、水电费、物业管理费、差旅费等。③安全保护类费用。包括电力设施保护费、劳动保护费、安全费、设备检测费等。④研究开发类费用。包括研究开发费等开展与输配电服务相关的产品、技术、材料、工艺、标准的研究、开发过程中发生的费用支出。⑤价内税金。包括车船使用税、房产税、土地使用税和印花税。⑥其他费用。包括无形资产摊销、低值易耗品摊销、财产保险费、土地使用费、管理信息系统维护费等。

③归集其他成本费用，得到最小经营单元完整成本

对于输配电价核定成本外的成本费用，可以直接归集到供电所或运营班组的直接归集，无法归集的按比例分摊到最小经营单元。

2.构建以 MACC 为要素的价值画像

MACC 价值管理方案的四个要素分别为价值计量、价值分析、价值创造和价值管控。价值计量是价值基础，实现对最小经营单元价值基本要素的计算，价值分析是价值对比，实现供电所、班组同水平的经营效率分析评价，价值创造是价值趋势的反应，可实现对价值持续创造能力与质量的评价，价值管控是价值的保障，实现对价值管控能力的评价。

泰安公司针对 MACC 四要素，分别将其对应到“经营效益、运营效率、发展质量、治理效能”四个维度，按照“易获取，可量化”原则，设计评价指标体系（见表1），构建评价指标模型，达到对最小经营单元准确、科学、合理的价值衡量。

(1)评价指标设计

“经营效益”维度借鉴 MACC 中价值计量标准，以盈利为核心，构建以盈利能

力为主的衡量指标，包括单位固定资产收益率、总成本收益率，净利润率等；“运营效率”维度借鉴 MACC 中价值分析标准，以单位贡献为核心，结合最小经营单位业务性质，构建以人均产值、单位费用、单位电量为主的衡量指标，包括人均电量、人均准许成本、人均费用、单位电量运行维护成本、综合线损率、全员劳动生产率、电费回收率等；“发展质量”维度借鉴 MACC 中价值创造标准，以质量结果为核心，构建以满意度、业务增量为主的衡量指标，包括新增电量长率、收入增长率、客户满意度等；“治理效能”维度借鉴 MACC 中价值管控标准，主要关注企业内部的管理合规、管理效率、管理安全，并以此构建评价指标，包括反窃电治理完成率、安全生产专项整治重大隐患治理完成率、合规与风险管控水平、资产负债率等。

表 1　MACC 价值管理的评价指标

序号	分类	指标名称
1	经营效益	单位固定资产收益率
2		总成本收益率
3		净利润率
4	运营效率	人均电量
5		人均准许成本
6		人均费用
7		综合线损率
8		单位电量运行维护成本
9		全员劳动生产率
10		电费回收率
11	发展质量	收入增长率
12		新增电量增长率
13		客户满意度
14	治理效能	安全生产专项整治重大隐患治理完成率
15		反窃电治理完成率
16		合规与风险管控水平
17		资产负债率

(2)评价指标筛选

评价指标选取应遵循全面性、关键性和独立性的标准。全面性指评价指标应尽可能全面反映最小经营单元经营状况;关键性是指评价指标应选择对最小经营单元影响最大的关键指标组建评价指标体系;相关性是指要尽可能选择相关指标,从而避免指标冗余,减少指标数量,简化评价体系。

根据上述标准,采取主成分分析和相关性分析的方法,对前述评价指标进行初步筛选和简化。保留主成分分析中方差累计贡献率达85%以上的指标,并进行相关性分析,去除冗余指标,最终筛选出最具有代表性指标,建立MACC评价指标体系。

(3)评价模型构建

在确定评价指标的基础上,需要对每个指标进行阈值设定及赋予指标权重,构建完整的评价指标模型。

①指标阈值

由于所取指标全部为相对指标,在设定阈值时,以评价指标历史数据的平均值为基础,结合预算及绩效考核要求,上下浮动一定的幅度得到阈值。

②指标赋权

在确定权重时,先用德尔菲方法确定“经营效益、运营效率、发展质量、治理效能”四个维度分别的权重,再利用熵权法(熵值是一种不确定性的度量值。信息量越大,不确定性就越小,熵也就越小;信息量越小,不确定性越大,熵也越大)得到具体每项的权重。熵权法利用数据熵值信息即信息量大小进行权重计算,适用于数据之间有波动,同时会将数据波动作为一种信息的方法,具有客观性、有序性和透明性。

(4)信息系统赋能,多维度价值画像

根据前述评价模型的构建,指标覆盖全部最小经营单元及岗位,借助信息系统泰安公司可全面了解每个最小经营单元经营效率、运营效率、发展质量和治理效能,形成最小经营单元价值画像,价值画像以管理看板为载体,表现形式分为大屏展示、业务预警、专题报告等。对于电量、停电时间、区域等数据实时反映,对于收益、电费等数据可按月度、季度、年度进行统计。

(四)基于价值画像,提升价值创造能力

1.融合预算,实现资源统筹配置

将价值画像与预算融合,使价值管理理念融入预算编制、预算执行、预算分析、预算调整与预算考核评价等各环节,进一步发挥预算的资源协调和控制作用,

激发内部创效活力，实现公司内部运营管理提质增效。

(1)价值画像提升最小经营单元预算精度

最小经营单元价值画像包含最小经营单元关键经营数据、业财指标、能力特征分布趋势、分值统计及区域排名等要素。泰安公司以历史价值画像对新一期最小经营单元价值管理目标进行预测。价值画像模型中经营效率、运营效率、发展质量、治理效能四个类别下的所有指标得分构成该最小经营单元价值画像得分，最小经营单元价值画像得分与公司期望、实际完成可能性综合考虑，形成最小经营单元的经营目标。

(2)价值画像帮助公司统筹资源配置

将预算下沉到最小经营单元，根据预测的最小经营单元经营目标进行预算编制，从泰安公司层面出发，实现了对关键资源的合理配置和调度，从最小经营单元角度出发，为最小经营单元价值目标的实现提供资金支持和保障，确保最小经营单元能够按目标顺利地开展工作。预算编制需上级公司和最小经营单元进行多轮沟通反馈，实现公司层面对预算编制结果的认可。

(3)价值画像有助于深化预算执行分析

预算执行分析是以预算为参照，对预算执行结果出现重大差异的原因进行分析，并提出改善、消除差异的方法及建议的过程。预算执行分析与价值画像相结合，对核心指标与预算目标执行的差异额、差异率进行分析，深入挖掘产生差异的原因，如外部经营环境、企业运营效率、各项基础管理等，对重大差异进行预警，并落实预算执行责任。

(4)价值画像指明预算调整方向

预算一经批准，一般不得随意更改与调整。当内外部环境恶化、影响预算执行时，首先挖掘与预算目标相关的其他因素的潜力或采取其他措施来弥补，实现向预算价值目标靠拢，只有在无法弥补的情况下，才能提出预算调整申请。当内外部环境有所改善，而且具备中长期的稳定趋势，有明确证据表明经营预算目标可加以提高，公司内部相关部门或最小经营单元应积极主动提出预算调整申请。

将最小经营单位价值画像进行横向和纵向对比。横向对比是指泰安公司管辖下同类型最小经营单元价值画像的对比，纵向对比是指同一最小经营单位不同时期价值画像的对比。通过横向与纵向对比洞察最小经营单元各项评价指标波动情况，结合具体经营现状，判断是否需要对预算进行调整以及调整幅度。

(5)价值画像明确预算考核目标

预算考核评价是管理预算的重要手段，预算考核能充分挖掘组织潜力，推动预算有效执行，推动公司整体高质量发展。预算考核采取日常检查与年终考核相结合的方式，与价值画像相结合，对最小经营单元预算指标完成情况进行总体评价，并将考核纳入年度绩效，激励最小经营单元及员工，提升价值创造能力，实现企业提质增效目标。

2.融合绩效，推动管理能力提升

用户画像与绩效评定挂钩，用户画像指标可对应绩效评价各领域，根据绩效评价标准，优化绩效评价精准度；相反，绩效也可调整最小经营单元价值画像预期分值，为制定下一期间绩效提供依据。根据绩效评价结果，关注投入产出不合理的最小经营单元及岗位，分析问题原因，根据各最小经营单元表现，区分单项问题、共同问题和区域问题，制定方案与措施，实现最小经营单元与岗位的点、线、面整改反馈，优化财务和人力资源管理，提高整体运营效率。

（五）保障有效运行，建立最小经营单元价值管理机制

1.建立最小经营单元价值管理实施手册

聚焦最小经营单元业务范围、工作流程和管理现状，评估管理流程、组织结构、人员配备和信息系统支持等方面管理现状，形成最小经营单元价值评估报告。根据最小经营单元价值管理的原则和目标，结合价值评估结果，建立覆盖最小经营单元业务关键管控节点的价值管理实施手册，手册包含组织架构、规章制度、管理流程、评价指标、应用机制等内容。通过手册建立，为最小经营单元价值管理提供制度依据，提高最小经营单元管理效果，提升最小经营单元价值能力，实现最小经营单元价值增值。

根据实施过程中的实际情况，不断更新并完善实施手册，最终建立一套符合最小经营单元实际情况的价值管理手册，更加系统和有序地进行价值管理，确保其符合组织内部的管理和实践要求，确保其能够有效地管理和保护自身的价值，并最大化实现组织的长期利益和价值。

2.确立内部沟通机制

为确保价值管理工作顺利进行，确定“一横一纵一常态”的内部沟通机制，横向协调机制保障各最小经营单元之间工作良性互动，资源就近协调配置；纵向管控机制保障市公司、县公司对最小经营单元之间在资源调配上统筹规划；常态工作机制保障最小经营单元日常业务有序协作进行。各项机制应确保最小经营单元各岗位权责明确、工作流程清晰，各岗位需确保提供的数据准确、完整、及时。泰安公司建立数据问责机制，制度标准应与岗位相匹配，注重痕迹管理，实现数据采集—分析—问题整改—反馈落实的闭环管理，确保问题“不空转”，效益“不流失”。

3.搭建最小经营单元人力保障机制

根据最小经营单元提质增效、降低经营成本、激发价值创造活力的管理目标，制定具体的人力保障策略，推动完善最小经营单元班组人员配置和人员管理，明确最小经营单元岗位职责和工作标准，依据规章制度、管理流程进行工作，提升工作效率、优化服务质量、降低经营成本。

在人员选择上，配备相关专业知识和技能的人员到供电所和班组，并进行岗位匹配，组建一支专业精通、岗位胜任、能力出色的职工队伍，保障业务完成。在培训和技能提升上，为供电所和班组的工作人员提供必要的培训和技能提升机会，包括业务知识培训、工作技能培训和安全操作培训等，确保最小经营单元员工具备进行工作所需的技能和知识。在人员激励上，通过价值管理与绩效考核强关联，以价值画像对供电所和班组的工作进行评价，以考核结果检验价值管理成效，发现问题并及时采取改进措施，评价结果作为奖励的依据充分调动员工价值创造积极性，以确保员工的工作成果与公司目标相一致。

三、电网企业最小经营单元的价值评价及应用的实施效果

泰安公司从业务的微观视角出发，实现电网企业最小经营单元的价值评价并应用，推动管理对最小经营单元精准施策，提升各级供电所、运营班组价值贡献，达到电网企业提质增效目标。

（一）聚焦精益运营，强化最小经营单元价值贡献理念，提升了劳动产出率

传统的成本、收入核算依靠最小核算主体县级供电公司聚合，预算和绩效考核精度无法触达最小经营单元。这种考核方式一方面导致管理层只注重最小经营单元的业务需求，忽视了经济效益产出，另一方面，最小经营单元所属区域差异、下游客户群体差异使得相同供电量的最小经营单元产生的收益相差巨大，从而忽视了作为价值创造主体的一线员工的付出。泰安市供电公司将核算视角定位于输配电价监审角度，将供电量、人均电量、输配电价等要素作为最小单元的价值贡献计量基础，在下属 10 个供电所、班组落地实施，准确衡量了最小单元的价值，传导了价值贡献理念，激发了末梢创新创效动力，提升了经济效益 3000 万元。

（二）聚焦高效运营，融合 MACC 价值管理方案，推动了管理能力提升

MACC 价值管理体系将价值融入业务，通过业务与价值的紧密关联、多维分析，推动业务全过程精益运营，全要素聚合发力、精益创效。一是市公司层面，通

过对市内各最小业务单元全过程深度分析，动态呈现各项业务策略效益情况、消耗资源状况和价值侵蚀情况，驱动业务自我完善、自我提升，促进消耗最小的资源来实现最大价值创造。二是最小经营单元层面，通过可视化呈现各供电所、基层班组同类业务价值贡献、同等规模资源消耗创效对标情况，促进低质效班组和员工自主提升，提升了管理水平。三是推动班组从业务实施单元到价值创造单元转变，让员工能安心扎根班组，一线班组缺员率得到有效缓解，有100多名管理技术类员工主动从管理岗位竞聘到班组长、技能高岗等一线岗位，使一线班组缺员率从38.72%降到了29.53%。

（三）聚焦可持续运营，探索提质增效路径，促进了生态效益增长

供电所主要提供居民用电服务，居民用电价格低，价值贡献与收入的偏差突出了降低社会用能成本与电网可持续平衡发展之间的矛盾。推动价值贡献理念下沉，驱动业务管理在履行社会责任的前提下探索提质增效路径，实现供电所由电网生产单元向经营单元、价值创造单元转变，持续提供价格适中、品种齐全和质量优良的电力服务，在2022年夏天连日酷暑的供电能力极限考验中，一万余名一线班组运维人员坚守岗位，53个重要枢纽变电站全部恢复有人值守，每日出动2000余人次实施特巡特护，有力保障了电网安全稳定运行；通过有序推进核心业务全面覆盖，一线员工潜能得到极大挖掘，运检投诉下降达63%，触电案件同比下降38%，配电自动化实用化率同比提升29%，以精准真实的成本、收益数据争取合理的补贴政策，为监管定价、产业政策制定提供可靠依据，持续输出生态效益，助力公司和电网持续高质量发展。

成果创造人员：肖　卫　薛晓琳　李　晨　张莹莹　尚秋生　李　宁　曾亚岚

基于全国首个高速公路服务区租金收益权资产证券化融资的应用

山东高速服务开发集团有限公司

摘要：高速公路服务区是交通运输业中重要一环，是履行社会责任的重要窗口，肩负提供高品质出行服务和贡献经营收益的双重使命。近年来随着公路网加密完善，高速公路服务区数量急速增长，并具有良好的盈利能力，但投资额大、融资渠道相对较为狭窄。资产证券化市场主要以高速公路收费收益权的证券化为主实现证券化融资，基于服务区经营权的资产证券化产品仍处于空缺状态。针对以上问题，本文提出以下做法和建议：一是搭建理论体系框架，选择适合服务区底层资产的资产证券化模式；二是加强顶层设计，实施单层特殊目的载体交易结构；三是丰富“特定化”内涵，建立底层基础资产清单；四是全面梳理经营模式，保障入池租金资源的规范性；五是优化现金流预测方案，严格把控系统性风险；六是强化租赁资源后续保障，深入挖掘资产延伸价值。通过以上措施，能有效盘活高速公路服务区附属资产、开辟新的证券化融资途径，为高速公路企业探索了低成本直接融资渠道，有助于高速公路服务区产业扩张和升级改造，提高其效益和竞争力，创新发展新模式。

山东高速服务开发集团有限公司（以下简称“山高服开集团”）是山东高速集团有限公司（以下简称“山高集团”）的全资子公司，主要业务为高速公路服务区的运营管理、商业服务、智慧化建设、路衍产业拓展及能源、农牧等相关产业。注册资本 27 亿元，公司在岗职工 2200 余人，管理 17 家分公司（共运营山东、河南 160 余对服务区）及全资、参控股子公司 13 家。

山高服开集团通过有序开发、优势互补、重点突出的服务区产业布局，实现深度融入地方经济发展，塑造路衍产业发展新优势，不断拓展盈利新空间，实现经济效益和社会效益“双提升”，始终保持在行业第一梯队。近年来山高服开集团在管理、运营上不断创新突破，成功打造全国首个“零碳服务区”，发布行业首份零碳服务区白皮书,构建了“零碳+近零碳+零碳氢能”绿色发展方案;发行全国首单服务区资产支持专项计划,发行规模10亿元;创新打造济青中线国内首条“开放经济带”;行业内率先编制实施《服务区运营管理服务标准规范》,创新实施ABCD分类化运营管理。荣获“中国高速公路服务区优秀管理公司(连续五届)”“全国用户满意服务单位”“山东省质量奖”“省级文明单位”等20余项荣誉称号。

一、基于全国首个高速公路服务区租金收益权资产证券化融资的应用的背景

(一)这是顺应高速公路行业发展的需要

当前国内经济运行总体平稳、稳中有进,长期呈现中低速增长趋势。经济循环必将进一步提升高效交通流通系统的重要性,这为交通服务行业的发展提供了较好的基本面,为服务区发展提供了强有力的发展支撑。到2025年底,山东省高速公路里程将达到8200多千米,还有部分高速公路将进行提升改造。服务区作为畅通内外循环、链接区域经济的重要平台,在以国内大循环为主体、国内国际双循环相互促进的新发展格局下,迎来了千载难逢的发展机遇,将发挥重要作用。服务区作为基础设施建设及衍生产业,持续提升互联互通能力,持续放大平台辐射效应,能够实现消费的不断升级和产业的深入拓展,打造高速公路与地方经济的新引擎。

(二)这是推动高速公路服务区高质量发展的需要

《交通强国建设纲要》中指出运输服务要更便捷舒适、经济高效。高速公路服务区运营是履行社会责任的重要窗口,肩负提供高品质出行服务和贡献经营收益的双重使命。国内宏观经济稳步增长,消费市场展现蓬勃生机,内需潜力不断释放,对经济拉动作用持续增强。国内汽车消费预计将在“十四五”期间保持年均增速5.5%左右,汽车消费量的增长为服务区和路衍产业发展提供强有力的支撑。根据国家“十四五”规划纲要,到2025年,常住人口城镇化率将从目前的60%提高到65%,预计我国服务区年市场规模可达2300亿元以上。公众对高品质出行的要求不断提高,交通及各项服务设施的升级需求将进一步提升。高速公路服务区要深度参与城乡综合开发、融入区域经济发展、推进路衍产业拓展及实现产业链升级。

目前,资产证券化市场主要以高速公路收费收益权的证券化为主实现证券化融资,但基于服务区经营权的资产证券化产品仍处于空缺状态。高速公路服务区

数量近年来急速增长，并具有良好的盈利能力，但融资渠道相对较为狭窄。因此如何有效盘活高速公路服务区附属资产、开辟新的证券化融资途径成为高速公路企业探索低成本直接融资渠道，帮助其进行扩张和升级改造，提高其效益和竞争力，创新企业发展新模式，是需着力突破的关键问题。

（三）这是创新经营模式拓展利润增长点、应对行业竞争的需要

交通方式多元化给服务区带来经营压力。在"碳达峰、碳中和"政策导向下，"公转铁、公转水"运输结构调整将加速推进，高速公路运输市场空间受到挤压，服务区车流、客流相应减少。另外，随着路网加密，新建高速公路将不同程度对既有高速公路产生持续性分流影响。高速公路车流量增幅将逐渐减缓，个别路段交通量存在下降风险。根据预测分析，未来接近 80％的高速路段交通量增长率将低于 4％。而高速公路的新建造成不同路段服务区的不平衡性进一步增加，对服务区引流及存量经营工作都提出了更高要求，服务区整体运营压力增大。

高速公路服务区需要积极寻求多元化发展，通过场景应用拓展驱动经营创新，在广告文宣、文化旅游、特色餐饮、商务出行、综合运输、线上购物、能源供给等方面延伸服务功能、创新经济业态、丰富增值服务，构建特色化、品牌化、流量化的"服务区＋"经济发展模式，开辟新的营收来源。因此高速公路服务区行业存在更多地低成本融资需求。创新国有企业融资，拓宽国有企业融资渠道，是推动国有企业高质量发展的重要保障。在山东省高质量发展和新旧动能转换营造的良好货币金融环境下，国有企业拥有了更为多元化的融资渠道，为国有企业适应新形势下的发展需求提供了强有力的支撑。

二、基于全国首个高速公路服务区租金收益权资产证券化融资的应用的主要做法

山高服开集团以高速公路服务设施资产作为创新融资方式起点，积极开展资产证券化业务，其主要内容为通过金融机构在交易所市场发行资产支持专项计划，以高速公路辖区内服务区运营过程中租赁业务收入所产生的现金流进行还本付息的形式进行融资。以助力企业持续发展为宗旨，以合理利用财务杠杆，有效盘活企业资产为导向，以实现"两低两高"融资模式为目标，即低风险、低成本、高效率、高质量，山高服开集团通过运用专项资产管理计划基本原理，选用合理交易结构、创新设定底层基础资产入池标准、建立完善底层基础资产补充机制等操作，构建形成持续性好、稳定性高、适用性强的专项资产管理计划融资模式。

该模式将高速公路服务设施资产通过证券化技术转变为信用等级高、流通性

好、收益稳定的金融产品，一方面，帮助经营高速公路服务设施的企业实现低成本直接融资，盘活高速公路服务设施资源；另一方面，为市场投资人提供优质金融资产标的，形成多方共赢的投融资模式。主要做法如下。

（一）搭建理论体系框架，选择合适的资产证券化模式

山高服开集团首先从实际出发，结合理论基础，在市场中选择具有可实施性的资产证券化模式。我国资产证券化市场自 2005 年国开行和建行获准首批信贷资产证券化试点起步，目前采用的资产证券化产品主要分类为中国证监会主管的专项资产管理计划（ABS）、交易商协会主管的资产支持票据（ABN）和项目收益票据（PRN）三类产品。山东高速服务集团作为高速公路服务区运营管理企业，其服务区综合楼、加油站等资源能产生可预测现金流，选择专项资产管理计划（具体架构模式如图 1 所示）的创新融资模式，具有比较明显的三点优势：一是资产服务机制安排，将资产支持证券信用等级与企业主体评级独立，使得山高服开集团能够凭借优质资产实现标准化融资，极大提升了企业融资可得性；二是资产支持专项计划为私募发行，信息披露程度要求低于公开发行；三是资产支持专项计划更多的采用簿记的方式发行，且目前发行的产品评级普遍较高，总体成本较低。

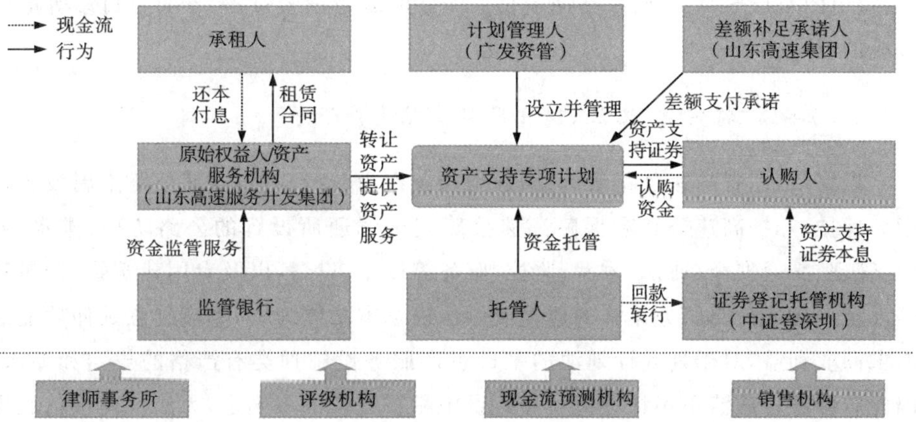

图 1　资产支持专项计划交易结构图

（二）加强顶层设计，实施单层特殊目的载体交易结构

SPV 指特殊目的的载体，也称为特殊目的机构，其职能是在资产证券化过程中，购买、包装证券化资产和以此为基础发行资产化证券。国内主流证券化融资交易结构分为单 SPV 和双 SPV 两种形式，穿透来看两种交易模式下资产支持证券持有人的本息偿付来源均为基础资产或底层基础资产产生的现金流入，最终实

现效果类似，但二者在资产转移、法律关系、现金流划转途径及操作细节上存在诸多差异，需根据基础资产或底层基础资产的具体特征选择、设计合适的交易结构。

山高服开集团选择单 SPV 模式下交易结构，引入高速公路服务设施租赁债权作为基础资产，形成资产支持专项计划偿付的直接来源。将拥有的可产生稳定现金流的各项高速公路服务设施租赁收入作为底层基础资产，通过资金监管等安排使其成为资产支持专项计划偿付的最终来源。单 SPV 的交易结构凸显了高速公路服务设施资产证券化优势：

(1)实现更高的基础资产现金流稳定性和预测精度。高速公路服务设施租赁收益属于未来收益，其现金流预测评估依赖较多的假设条件。相比于商品销售板块，高速公路服务设施收入存在因未来市场环境、政策环境和经营环境发生变化或不可预知事件的发生而导致实际现金流入与理论预测值产生偏差。本项目基础资产为根据《租赁合同》享有的服务区租金债权，基础资产现金流稳定、可精准预测，有助于稳定投资人预期，有利于资产支持专项计划的成功发行。

(2)简化产品结构，降低交易成本及风险。在双 SPV 管理模式下，易出现企业避免基础资产选择，容易出现“非标”转标下的风险；其次，双 SPV 管理相较于单 SPV 增加了混业经营风险，选择单 SPV 管理可以精简产品结构，降低通道成本，避免因双层 SPV 中回款路径较长而产生的账户设置过多、参与方过多等原因造成的风险。

(三)丰富“特定化”内涵，建立底层基础资产清单

根据《山东省高速公路条例》第五十四条作为分析依据，高速公路附属设施是指为保护、养护高速公路和保障高速公路安全畅通所设置的公路防护、排水、养护、管理、交通安全、通信、收费、监控、服务等设施、设备，以及专用建筑物、构筑物等设施。高速公路服务设施的建设应以保证基本功能为主，不应刻意延伸功能或追求商业利益，对于划入计划池的基础资产服务设施种类有严格的规定和要求。因此若服务设施清单不详尽极易导致设施租赁收入的不确定，无法合理预估底层基础资产现金流。

山高服开集团将底层基础资产设定为已经起租的租赁物业享有的特定期间内的租金债权。通过采取“基础资产清单”的形式对服务设施的位置、分布、经营信息进行记录和固定。初始“基础资产清单”包含的发行标的服务设施租赁资源主要包括特定高速公路路段范围内的餐饮、超市、加油站和加气站共 178 笔，范围均为山东省内服务区，对于各服务区产权分布、经营权取得方式均作披露，有效地保证了底层基础资产的稳定性和特定性。

（四）全面梳理经营模式，保障入池租金资源的规范性

山高服开集团租赁板块业务涵盖服务区综合楼及加油站/加气站两大板块的租赁管理业务，在服务区经营模式转租赁的新形势下，板块业务内容由服务区商业运营转型为服务区价值策划及承租方监督管理。具体的服务措施主要有以下三种：一是搭建运营管理平台，进行精细化管理。根据断面流量及主题特色等要素完善服务区分级分类标准，通过合同规范引导不同分类标准下的服务区综合楼经营业态布局，探索分业态招商模式，构建招商矩阵，强化品牌招商能力。二是健全监督管理体系。针对目前综合楼、加油站整体租赁、分业态租赁等不同模式制定事前、事中、事后的管理机制，提升管理水平。通过管理规范标准文件，形成监督管理标准和检查考核标准。建立信息化监管平台，实现对租赁方的日常监管以及经营数据的采集分析，形成履约评价报告及经营效益分析，推动经营布局改善及监管体系完善。三是优化合作模式。明确管控事项及管控边界，建立扁平化沟通机制，实现问题的迅速发现与及时处理，达到公益服务和商业经营、经营单位与监管单位的相互支撑、互为促进。

对于基础资产池的遴选标准，山高服开集团就每一笔基础资产租金债权金额、付款时间都做到了明确、可特定化。在权属明确方面，要求入池资产权属应当权属明确，由原始权益人经营运作并享有收益。

根据《交通运输部关于加强高速公路服务设施建设管理工作的指导意见（交公路发[2009]31号）》（以下简称“31号文”）的规定：高速公路服务区、停车区等服务设施是高速公路的重要组成部分……高速公路服务设施的功能可分为基本功能和延伸功能。基本功能是为满足驾乘人员长途旅行中基本的生理、心理需求，满足车辆加油、维修需求等提供的服务功能。延伸功能是超出基本功能以外的个性化、多样化服务功能。高速公路服务设施的建设，应以保证基本功能为主，不刻意追求延伸功能，不追求商业利益。以旅游、房地产开发、度假服务等经营为主要目的的服务设施建设，不适用国家交通基础设施建设土地等优惠政策。山高服开集团专项计划入池的基础资产对应服务区均是具备基本功能的服务设施，比如餐饮超市、加气站及加油站，应属于高速公路附属服务设施。

在合法合规方面，山高服开集团本专项计划基础资产涉及178笔服务区租赁项目，承租人有58个，入池基础资产均为山东省内服务区，租赁收入资源本身的位置、设置、建设等物理属性的法律法规。同时服务区土地用途规划在当地政府批准后实施。经核查服务区土地证，土地用途主要为公路用地、交通运输用地，属于基础设施建设类用地，与商业物业用途为商业用地存在差异。根据《中华人民

共和国土地管理法(2019 修正)》,能源、交通、水利等基础设施建设用地土地利用总体规划需经省、自治区、直辖市人民政府批准。服务区作为高速公路的重要组成部分,服务区的建设符合上述土地用途,可以用于本项目基础资产所涉及的餐饮超市、加气站及加油站之用途。

在真实、公允方面,确保基础资产的交易基础应当是真实的且交易对价应当公允。首先,山高服开集团对底层基础资产的经营行为符合法律法规规定,即应山东省高速公路管理办法,对服务设施种类和服务区土地用途等提出具体要求,确保开发、经营行为符合规定。其次,形成底层基础资产的服务设施收入应当真实、公允,并能够形成稳定现金流。目前,本专项计划基础资产涉及 178 笔服务区租赁项目,在构建入池服务设施资源上具体依据服务设施租赁业务真实性作为合格标准,所订立的服务设施租赁业务合同及其他相关法律文件在适用法律下均合法及有效,公司在该合同项下已经充分、适当地履行其义务,真实、合法、有效并完整地享有合同项下权利,并且服务设施租赁业务的交易对手未出现申请破产清算、责令停业、被吊销营业执照、被依法撤销等不利于服务区租赁收入实现的不利情形。

(五)优化现金流预测方案,严格把控系统性风险

科学分析市场前景,解析现金流预测影响因素。高速公路服务区租赁合同期限由交易双方协商确定,长短不一,从而服务区租赁业务合同可能超出资产证券化项目存续期,本专项计划入池的 178 笔租金债权截至基准日剩余期限占入池金额的 64.33%在 2～3 年,而 28.74%在 3 年以上。本专项计划基础资产系特定期间(自 2021 年 9 月 1 日(含)起至 2024 年 9 月 30 日(含)止)内《租赁合同》项下的服务区租赁物业租金债权。因此,管理人及现金流预测机构依据已签署的《租赁合同》中约定的租金金额、租赁期限、租金支付方式、支付时间等要素,测算专项计划现金流。其中,特定期间内到期的合同仅计算该合同期内的租金回款现金流,晚于特定期间到期的合同仅计算特定期间内该合同项下产生的租金回款现金流。基础资产相关租赁合同期限与专项计划现金流回款期限相匹配。

(六)强化租赁资源后续保障,深入挖掘资产延伸价值

1.深挖行业难点,剖析管理风险

高速公路服务区租赁资源作为公路路产的附属资产,其状态属性的完整性与经营管理的可持续性与公路路产状况直接相关。相比于写字楼、商场等商业物业类底层基础资产,高速公路服务区租赁资源除了面临空置风险外,还将面临因公

路路产修整、改建、扩建、更改征地红线等导致的服务区停业的风险。本次专项计划设有现金流超额覆盖的增信措施。山高服开集团入池的服务区租金收入约为优先级证券本息总额的1.18倍，并且其所在高速公路封路、服务区升级改造、改扩建、沿线公路改扩建等临时突发事件发生概率较小。总体而言，基础资产现金流对优先级的本息偿付形成较好保障。

此外，本次专项计划设置了山东高速集团提供差额支付承诺。如果因上述临时突发事件影响承租人的经营，从而影响专项计划优先级资产支持证券的兑付，山东高速集团将支付不足以支付完毕应付的专项计划税收、费用、优先级资产支持证券的预期收益的差额部分。

2.选择优质租赁资源，围绕主业产业链、供应链、价值链、创新链深入挖掘资产延伸价值

从2016年以来，山东高速累计投入64亿元，全面实施省政府服务区提升改造三年规划，完成了近140对服务区的提升改造，获评5对全国百佳示范服务区和17对优秀服务区。山高服开集团还相继打造了“体验式‘网红’”泰安服务区、“商业综合体”长清服务区、“文旅综合体”文昌湖服务区、“旅游度假区”沂源服务区、“儒家文化”曲阜服务区、“旅游综合体”崮山服务区、“风筝文化”潍坊西服务区、“牡丹文化”曹州服务区，“菏泽文化”菏泽服务区、“山东会客厅”济南服务区、“城市名片”聊城服务区等一批“一区一特色”服务区。通过带动服务区的产业服务功能，发挥服务区对地方经济的辐射作用，促进租赁方的长期经营，以进一步稳定租赁收入，扩大租赁服务范围。

山高服开集团的“服务区＋”业务拓展计划主要从四大方面深入：一是实施“服务区＋文化”，打造地域特色服务区，推进以山东手造为代表的非遗文化进服务区，以文化场景驱动商业模式创新，在引导群众身临其境感受地方文化的同时，挖掘消费潜力，打造“体验经济”；二是推动“服务区＋旅游”，积极发展旅游产业，增加服务区和当地客流量；三是拓展“服务区＋特色产品”，助力乡村振兴；四是发展“服务区＋物流”，整合优势资源。

“十四五”期间，山东高速集团计划新建、改扩建服务区53对，2021年计划完成9对。截至目前，邹城、平原、禹城、宁阳、曲阜(东区)、枣庄服务区已随京台高速改扩建项目同步投入运营，济广高速郓城服务区、日兰高速菏泽服务区、荣乌高速无棣停车区提升改造已完成；年底前完成荣乌高速利津服务区提升改造任务。新建和改扩建的服务区建筑面积、业态种类等主要功能指标均实现大幅提升，其中，建筑面积增加约23000平方米，停车位增加约1200个，商品种类增加约500种，新增业态10余个，打造主题服务区4个，丰富的业态种类、完善的功能设施、

有力的服务保障，为公众提供了高品质出行服务，实现山东高速服务区建设、运营、管理、服务水平新突破，从而进一步提升山高服开集团的持续经营能力，保障优先级投资人利益。

三、基于全国首个高速公路服务区租金收益权资产证券化融资的应用的实施效果

根据交通运输部 2021 年 8 月 31 日印发的《交通运输领域新型基础设施建设行动方案（2021～2025 年）》，为推动交通运输领域新型基础设施建设，以“到 2025 年，打造一批交通新基建重点工程”为目标，交通运输部提出了“智慧公路建设行动”的主要任务，其中包含了“提升服务区智能化水平”“建设服务区综合信息平台”的细化任务。此外《2022 年山东省政府工作报告》也提及，2022 年工作重点包括全面展开基础设施“七网”行动、建设综合立体交通网等任务。成功发行高速服务区资产支持专项计划有助于高速公路服务区的发展升级、立体交通网的综合服务改造，为高速公路资产带来更多附加价值，提升了山东高速品牌的市场认可度，深入挖掘了交通产业链价值，为进一步探索创新融资模式打下坚实基础。

（一）开拓了高速公路服务区融资新渠道

山高服开集团于 2022 年 3 月成功发行全国首单高速服务区资产支持专项计划，信用评级 AAA，发行总规模 10 亿元，基础资产涉及山东高速集团辖内 109 对高速公路服务区资产，加权平均发行利率为 2.894%，全场认购倍数 3.24 倍。此项目将服务区不动产等流动性不强的资产通过资产证券化方式变现，获得了原有除信贷和债权融资之外的直接融资渠道，增强了企业的融资能力，同时可以降低融资成本，提高资金使用效率。

凭借全国首单高速公路服务区基础设施 ABS 创新领域的突破性贡献，荣获“介甫奖·优秀 ABS 原始权益人奖”“介甫奖·广发恒畅·山东高速服务设施资产支持专项计划”产品奖。

（二）激发了高速公路服务区行业发展动力

资产证券化使得服务区的资产能够在更广泛的投资者之间流通，提高了资产的流动性和市场价值。投资者获得了更多的投资选择，服务区的盈利能力和发展前景被更多的资本市场关注和认可。资产证券化可以提高服务区的市场透明度和竞争力，降低企业的融资难度和成本。通过标准化、规范化、市场化的证券化运作，使得服务区品牌建设和形象得到提升，获得市场认可，提高了服务区在竞争市

场中的竞争力。

（三）优化提升了高速公路企业综合实力

山高服开集团服务区租金收益权资产证券化的实施，通过合理设置交易结构、底层基础资产入池标准、底层基础资产现金流测算方法及底层基础资产置换机制等，使得本次ABS项目的基础资产的现金流稳定，本息报账倍数高，受到多家投资机构青睐。该项融资首年创效2500万元，整体创效约7600万元。

在低成本直接融资的有利支持下，山高服开集团积极拓展，挖潜增收，实现高质量发展。一是2022年建成全国首个“零碳服务区”，发布了行业首份零碳服务区白皮书，荣获全国高速公路服务区十佳创新应用成果。二是高质量完成“山东手造”进服务区工程，联动16地市高质量完成“山东手造”进服务区，成功举办了全省手造“五进”启动仪式，引进手造产品600余种，建成22个示范点，销售产品14000余件，为全省文化产业发展贡献了“高速”力量，为全国探索出了交通领域乡村振兴和路衍产业发展的“山东模式”。三是创新打造了国内首条“开放经济带”——济青中线，济青中线运营后将成为山东省开放发展的新平台、全国服务区产业创新发展的新高地、国际文化交流的新客厅。四是牵头承担了科技部重大课题“氢能高速及氢能零碳服务区”项目研究，研究处于行业领先。通过资产证券化，对服务区的资产进行全面的管理和评估，加强了对服务区的财务、运营和管理等各个方面的监督和评价，从而促进服务区管理和运营的优化，提高服务质量和效率。

成果创造人员：王克成　吴　洁　董　岳　李秀红　任雪霞

基于"四位一体"的智慧预算管控体系建设

国网山东省电力公司济宁供电公司

摘要：围绕财务数智转型"一条主线"，济宁公司充分发挥财务在投资决策中的价值引领作用，抓好管理机制、智慧平台、风险防控、绩效评价四个方面全过程优化升级，形成指标科学、责任清晰、目标明确、过程管控、考评准确、保障有力的"四位一体"智慧预算管控体系。主要创新做法是：一是健全管理机制，创新提出"三维机制"（预算管控信息沟通机制、业务预算精细管理机制、市县两级预算管控机制），将信息、业财、市县有机结合，为预算全过程管理奠定组织基础；二是优化"三个一"信息化流程（一平台、一标准、一链路），拓展数据汇聚能力，为预算智慧管理变革提供高质量数据基础和灵活敏捷的技术工具；三是实施多元化风险防控策略（弹性＋跟踪＋挤压、五维联控、负面清单），通过强稽核、严管理、建机制全面夯实预算风险防控基础；四是建立投资效能绩效评价目标（明确对象、指标联动、考核精准），以投入产出效益为出发点，对执行结果进行评价和反馈。基于"四位一体"的智慧预算管控体系将财务全面预算管理、信息化管理、风险管理和绩效管理有机结合，用中台数据模型代替人工统计，将"智慧"贯穿预算精细化管理全流程，有力支撑财务数字化转型，助推公司发展质效双提升。

国网山东省电力公司济宁供电公司（以下简称"济宁公司"）始建于1966年，是国网山东省电力公司的分公司，坚决贯彻落实国网公司及省公司决策部署，始终坚持人民电业为人民。一是体量规模大。下设14个管理部室，13个业务支撑机构，管辖10个县供电公司和15个直属单位。供电区域约1.1万平方千米，服务客户432万户、居全省第五。管理35千伏及以上变电站239座、输电线路6694.8千米、配电线路2.3万千米，电网规模全省第六。形成以汶上、金多、儒林等3座500千伏变电站、31座220千伏变电站为支撑的"东西开环、两片区、多联络"的坚强网架。2022年完成售电量317.25亿千瓦时，同比增长5.04％，售电总量和增速分别位居全省第六、第八。二是发展底蕴深。国网济宁供电公司被首批命名为全国一流供电企业，连续六届保持全国文明单位称号，先后获得全国“五一”劳动奖状、山东省全员创新企业、山东省管理创新十佳企业等荣誉称号。公司连续5年获评省公司先进单位，公司连续20年在济宁市行风测评活动中名列公共服务行业第一名，业绩考核连续2年全省第7。

一、基于“四位一体”的智慧预算管控体系建设的背景

（一）建设智慧预算管控体系是推进数字化转型变革的外在要求

建设数字中国是数字时代推进中国式现代化的重要引擎，习近平总书记作出一系列重要讲话、重要指示，深刻阐明了数字化推动高质量发展的重要意义和实践路径。近年来输配电价空间持续收窄、市场化交易力度不断加大，“碳达峰、碳中和”、营商环境优化、新基建、乡村振兴等战略部署不断推进，需要电力行业顺应数字技术变革趋势，深入挖掘数据资源价值。面对复杂严峻形势，济宁公司必须充分发挥预算管理在资源配置中的核心作用，抓住数字化转型关键契机，全力推进预算智慧化转型，实现企业高质量发展。

（二）建设智慧预算管控体系是提升公司经营质效的重要举措

近年来，济宁公司投资规模持续增大，电网检修运维成本随之持续攀升，成本投入的精准性和有效性对于公司高质量发展的影响逐步提升。虽然公司持续开展提质增效专项行动，将勤俭节约思想、创新发展思维和精益管理理念贯穿于经营全流程，但是应当看到，深化业财融合仍有提升空间，资源利用效率仍需提高。济宁公司需要利用有限资源，从效益增长进一步拓展至质量提升、效率提高、效能改善，开展管理创新创效行动，运用先进技术，丰富管控手段，实现全面预算管理体系优化，为深入推进提质增效提供有力支撑。

（三）建设智慧预算管控体系是强化公司风险管理的内在需求

为实现央企规范、稳健、高效发展，国资委、财政部等政府部门积极推行央企完善风险防控及内部控制管理，加快构建内部控制体系，切实防范经营风险。智慧预算的编制、执行及考核涉及企业生产经营活动各个方面，风险防控及内控体系流程与预算执行过程中的实施节点呈“紧耦合”关系。面对目前多部门联合监管、监管手段日趋成熟的外部环境，济宁公司必须提升预算管理深度，厘清实施过程的关键节点及责任主体，建立预算实施链条与内部控制流程对应关系，才能全面提升风险管理水平。

二、基于“四位一体”的智慧预算管控体系建设的主要做法

济宁公司围绕财务数智转型“一条主线”，在预算编制、执行、监督和评价过程中，将财务全面预算管理、信息化管理、风险管理和绩效管理有机结合起来，形成全面覆盖、统一通用、横向协同、纵向贯通的智慧预算管控体系，旨在提高预算管理的效率和质量，实现资源的最优配置，促进企业的高质量发展。

（一）基于“四位一体”的智慧预算管控体系总体方案

济宁公司根据预算管理的现实需要，提取了预算管理过程“四要素”，即制度、流程、标准、考核。“四位一体”是以管理机制为保障，以共享平台为工具，以风险防控为底线，以绩效评价为手段，构建指标科学、责任清晰、目标明确、过程管控、考评准确、保障有力的智慧预算管理体系，实现历史数据“看得清”、经营风险“能管控”、经营走势“可预测”的目标，促进资源配置更精准、短板弱项有改进、发展质效双提升（见图 1）。

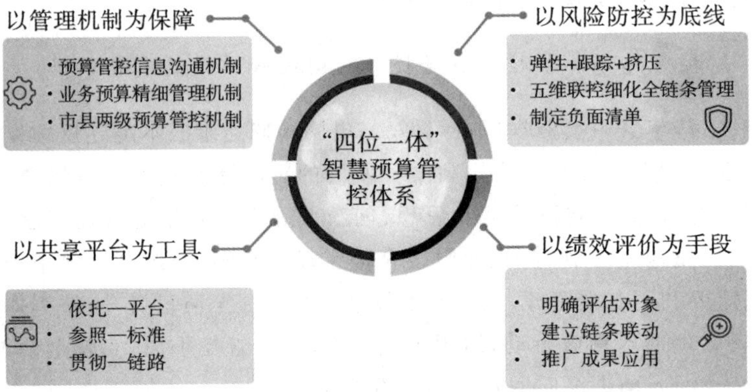

图 1　基于“四位一体”的智慧预算管控体系建设

1.打破业财壁垒，横纵协同推进预算管控一体化

智慧预算管控体系对预算管理流程进行了全面梳理，以预算管理全生命周期为主线，明确各环节每个部门的职责，关键控制点，打破部门壁垒，通过信息沟通机制，使原本分散的各部门流程能有效对接。横向上，推行标准化管理，建立大修、营销、基建等各专业的作业标准，把预算管理责任细化到各项业务的每个环节；纵向上，整合市管县预算标准流程，融合项目储备、预算编制、预算调整、指标考核等流程类型，将割裂层级相互串联、业务流程相互贯通。职责的细分突破部门“块”的概念，从业务“流”的角度出发，为预算编制、预算信息化管理奠定组织基

础。例如:市县公司启动预算编制备案工作后,电网基建、生产大修、营销投入、信息化投入、物资采购预算等各个业务流同时启动,各个业务流每个环节的归口管理部门及时沟通,互相协作,经过层层传递、汇总,形成公司整体预算方案。

2.强化数据服务,目标导向推进预算管控智慧化

"一平台、一标准、一链路"旨在通过信息化手段,实现预算管理的高效化和智能化。在预算编制阶段,利用信息化手段,提高预算编制的效率和质量,制定明确的绩效目标,以便在预算执行阶段进行绩效评价。在预算执行阶段,加强信息化管理,及时掌握预算执行情况,加强绩效管理,及时发现和解决问题,确保预算执行的绩效目标得到实现。以数据中台+财务中台的数据为基础,拓展数据汇聚能力,为预算智慧管理变革提供高质量数据基础和灵活敏捷的技术工具,用数字化技术赋能财务管理精益高效,用数字化思维赋能价值创新创造。在市县公司开展投资能力测算模型的应用工作,通过优化投资规模、结构与时序,以投入产出效益为出发点,以财务、业务关键绩效指标为目标,充分发挥财务在投资决策中的价值引领作用。通过绩效评价,实现多管理体系有机融合,减少管理内耗,避免推诿扯皮,从质效提升上以标准流程为核心,着力消除流程中的重复点、空白点和间断点,变为减负增效"筑基石"。

3.动态跟踪实施,防微杜渐推进预算管控规范化

风险管理是指通过风险识别、评估和控制,实现预算管理的安全性和稳定性。在预算编制阶段,对可能出现的风险进行评估和控制,以确保预算方案的安全性和稳定性。在预算执行阶段,加强风险管理,及时发现和解决问题,确保预算执行的安全性和稳定性。一是严审核。推行"尊制度、立标准、严把关"的管理机制,做到财务审核的"严、细、实"。严格执行项目可行性研究批复文件会签制度,实行对不符合会签程序的项目和投资估算不科学的项目一律退回的机制。二是保质量。转变业务部门"重需求、轻能力,重投入、轻产出,重安全、轻效益"的观念,财务部门在项目可研阶段就积极介入,督促业务部门对可研材料的真实性、必要性进行现场考察上报,上报材料要求真实、可靠,严格按照相应取费定额标准进行项目预算、概算的编制,在预算源头提升风险防控水平。

(二)健全与经营管理相适应的预算管控机制

预算管理委员会对本级资源全盘管控,应从对专业业务的集约管控和对各级预算单位资源合理配置两方面来实现。为此,济宁公司梳理了输配电价改革下业务活动和财务活动的关系,围绕确保市县基层供电企业的所有业务活动以不偏离省公司经营管控总目标为中心的市域管控目标,建立以全地区统筹预算为各级业务和财务活动价值导向的运行体系,优化流程、标准等管理手段,实施市县协调的

完整业务活动价值链的预算全程管理。

1.数据共享,健全预算管控信息沟通机制

预算管理离不开信息的传递与沟通。全面预算实施以来,业务与财务已进入高度融合时期,因此业务与财务、市公司与县公司之间的沟通更加频繁。为了保证预算信息传递更加及时、准确,业务信息与财务信息实现相互转换,济宁公司以市公司本部预算管理办公室为牵头部门,组织建立信息传递保障机制。

财务部作为预算管理办公室,在预算编制、执行、分析各环节都扮演信息传递的角色,对信息的收集、处理、反馈是其应履行的一项重要职责。业务预算管理部门和执行单位是具体预算的管理和实施者,信息取得最及时、准确,也应将信息按照预算管理办公室统一制定的模板、程序和时间节点进行反馈。

2.维度细化,健全业务预算精细管理机制

业务预算管理是整个预算管理的重要基础,其管理水平、精准程度最终反映在综合预算之中。为了促使业务预算管理更加精细化,济宁公司对业务活动进行梳理,明确了每个业务的关键环节都有唯一的业务部门进行管理,即明确了业务归口管理部门的职责,细化了各级业务部门的职责分工(见图 2)。

预算管控职责体系

财务预算		业务预算	关键管控指标	职责权限
各级财务部门	1.损益预算; 2.资产负债预算; 3.资金预算	1.投融资、财务费用、税金、折旧及摊销、营业外及其他业务收支等	1.利润及 EVA; 2.资产负债结构; 3.总收入、总成本; 4.可控费用总额; 5.成本费用结构;	1.确定经营目标和关键指标目标值; 2.平衡及调整业务预算资源; 3.组织经营指标财务分析及反馈; 4.下达及调整地区分目标; 5.预算执行考核
各级业务部门		1.电费销售收入; 2.购电成本; 3.人工成本; 4.委托运维费; 5.归口可控费用专项; 6.农维费; 6.资本性预算	1.电量及线损; 2.购售电价及结构; 3.工资福利及附加; 4.“三公”等双控指标; 5.归口预算偏差指标	1.关键管控指标业务分析及反馈; 2.按财务目标分层授权业务预算; 3.按授权范围实施所转业务预算; 4.按授权范围调整业务预算; 5.提出业务预算执行考核意见

图 2　业务与财务预算管控职责体系

首先，在充分考虑业务性质的基础上对各类业务进行区分，梳理确定了归口部门。其次，为了实现业务预算的精细化管控，针对各业务设定关键指标。最后，为了保证各项管理工作顺利开展，避免职责不清，明确各部门职责权限，其中财务部门既是部分业务的预算归口管理部门，又是预算管理的归口部门。

3.刚性执行，健全市县两级预算管控机制

济宁公司以业务部门为业务管控主体，财务部门为预算管控主体，建立纵横两个维度的县公司全过程预算管控联动机制，县公司各项业务计划和财务预算合并入市公司的相应活动中。市公司业务部门和财务部门的相关管理岗位的管理范围，都自动延伸至县公司，县公司的相关管理岗位，传达、执行和协调执行的工作内容则大大增加，保证了市公司的各项管理制度在县公司的实施应用。在横向到边（业务贯通），纵向到底（市县贯通）的范围内，实现了业务与财务的双重无差别管理，确保预算管理能够适应输配电价改革和财务数智化变革后企业经营管理方式发生的转变，有效发挥预算在企业经营发展中的价值引领和资源优化作用。

（三）优化业财横向协同的信息化预算流程

济宁公司主动对接国网智慧共享财务平台“一个预算操作窗口”，依托新技术应用，推进流程优化整合，配合省公司完成相关场景优化升级等试点应用，提升业务处理效率，实现更多场景、更多资源、更多用户的共享。

1.依托一平台，保证业财数据有效互通

按照企业中台整体架构，打造企业级通用服务能力，确保业务预算与核算一一对应，业务分析与财务分析无缝衔接，在一个平台上实现全量数据共享（见图4）。通过变革数据逻辑、业务逻辑、系统逻辑、管理逻辑，梳理公司经营管理全场景和价值管控全流程，提炼形成标准、规则、数据、服务四类核心元素，沉淀企业级共享能力，并在财务中台统一管理。打造财务领域专业支撑能力，围绕操作自动、流程高效、数据汇聚、体验优越的目标，对现有系统功能进行解耦、重构、升级，建设业务操作类应用和数据分析场景，以数据业务化提高平台灵活性和易用性。

济宁公司积极构建“业务、数据、技术、用户”一体化的两级运营体系，灵活响应业务需求，结合系统数字化优势，把每一项经济业务用数据精准地记录下来，把每一个经营场景用数字鲜活地描述出来，把每一项风险用数字即时地防控起来，把每一个创新机会用数字灵活释放出来，激发数字潜能，提升经营效率，打开价值创造的空间。

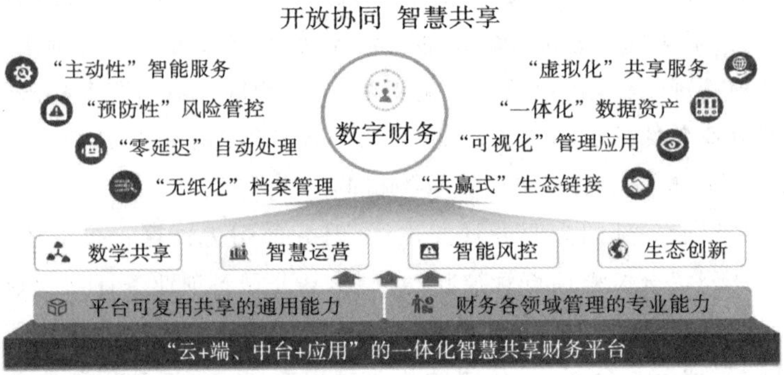

图 4 业财数据智慧共享框架

2.参照统一标准,提高预算数据处理效率

聚焦外部法定凭证和内部业务单据两条主线,在数据载体标准化基础上,推进 272 类单据全面线上化、电子化、无纸化;通过前置规则管控节点、整合数据校验节点、简化数据流转环节,消除重复冗余操作,优化流程操作方式,强化风险防控职责,促进跨专业协同,提高流程处理效率,解放基层财务人员。

依托操作类应用数据沉淀,以数据中台+财务中台的数据为基础,拓展数据汇聚能力,为预算智慧管理变革提供高质量数据基础和灵活敏捷的技术工具。围绕经营全景、专业应用、基层创新开展分析类应用场景建设,通过可视化、智能化的数据应用场景输出,用数字化技术赋能财务管理精益高效,用数字化思维赋能价值创新创造,丰富数据服务能力,发挥数据价值,营造创新生态。

3.贯彻一链路,保障资源配置科学合理

贯彻公司生产运营作业标准成本体系,统一成本价值链。全面贯通"作业—项目—设备—资产—组织"成本链路,搭建可视可测的生产运营成本分析框架,全景反映各层级成本真实状况。坚持"归集为主、分摊为辅",按照"项目自营分类处理,据实量化简单高效"的原则,将生产成本分为项目类成本和非项目类成本逐个分析,统一归集分摊规则;坚持系统资源集约化、通用能力服务化,统一数据管理中台。突出结果导向,定期发布预算执行情况通报,引用数据分析图表直观显示各项目完成进度。根据项目全流程开展分析,剖析影响项目进度的主要因素,从项目储备到项目总结评价,全过程督导市域所有项目各节点进展情况。

(四)夯实精益化全流程的预算风险防控基础

强化风险防控,关键在于把好财务边界、业务边界和行为边界,确保在计划下达、需求提报、招标采购、合同签订、合同履约、物资领用、支出入账、发票校验、资金支付、竣工验收、工程决算等各环节不发生系统性重大风险、一般风险得到有效防控、问题隐患得到有效治理，通过实施“弹性＋跟踪＋挤压”“五维联控”、负面清单等管控手段，细化精益化全流程管理，切实提升风险防控能力。

1.“弹性＋跟踪＋挤压”，坚守规矩底线

(1)实施预算“弹性资金”机制。为保证精准完成成本项目预算，同时考虑到项目实施前期招标采购等时间要求，可在常规预算安排的批次外，提前履行决策程序安排部分成本类弹性资金，按照“资金结余多少补充多少”的原则依次实施，充分利用弹性项目可快速实施的特点，避免预算调整不及时、实施不规范、年底结余资金突击入账等情况。

(2)实施“进度跟踪”机制。财务部联合各部门，建立项目预算“储备、编制、执行、考核”闭环管理机制，实施项目里程碑管理。结合物资部、各专业部门工作安排，预安排项目要与年底招标计划相匹配，并优先保障采购周期长、资金额度大的项目在预安排批次应列尽列。财务部定期对成本项目预算执行情况进行通报，项目归口管理部门组织各单位定期对项目预算执行情况进行分析，提出具体解决措施，确保实施进度与合同约定一致，入账进度与实施进度一致，项目责任主体单位落实项目里程碑管理要求，加快推进项目进度。

(3)实施应付款“两头挤压”机制。针对滞后完工项目暂停付款，未完成审计的项目暂不付尾款，督促项目实施单位在项目实施完毕后，第一时间完成竣工验收和结算手续；定期针对完工项目按合同约定清理应付账款，原则上成本件项目应付款挂账时间不超过一年，避免拖欠农民工工资并防范长期挂账潜在风险。两项强控措施通过对项目付款环节的双向约束，着力治理“重立项、轻进度”“重建设、轻结算”现象。

2.五维联控，细化全链条精益化管理

聚焦“强保障、严审核、提质效、争进度、防风险”五维联控，对六类成本项目(生产性大修项目、营销项目、非生产性大修项目、安措项目、信息项目和科技项目)按照项目全链条分阶段明确管理要求，实行全员、全方位、全过程成本管理，全面落实生产、经营、管理各环节成本管理职责。

(1)规范项目储备，强化需求管控。各业务部门是项目经济性、合规性第一责任人，应强化管理责任落实，做好需求梳理和可研论证；财务部应发挥好监督管理和桥梁纽带作用，会同专业管理部门加强组织协调，做好自主项目动态储备，保证储备项目质效双优，为后续实施打下坚实基础，确保 6 月底自主检修运维项目储备率达到 40％以上，11 月底储备率达到 80％以上。

（2）紧抓环节控制，提高实施效率。各业务部门牵头组织好施工和结算工作，确保施工进度与入账一致；规范合同管理，项目开工前必须完成合同签订，签订的合同实质性条款应与招标投标文件、中标结果保持一致；加强项目物资管控，确保物资台账和实际一致；项目过程资料确保完整、准确，项目竣工验收及时送审。一是加快立项实施，预算决策后，各专业应在 10 个工作日内完成项目计划下达，财务部门同步匹配项目预算。预算下达后，应于 5 个工作日内完成项目创建，并尽快开展后续实施工作。二是提升采购效率，各专业应充分考虑公司年度招投标批次，并结合实际，规范应用授权采购、协议库存、框架标等方式缩短采购周期。三是加强合同管理，各专业应在中标单位确定后 30 日内完成合同签订，合同生效后，按照合同约定工期推进项目实施进度。四是规范项目结算，施工类项目必须在出具项目竣工验收单后 45 日内完成项目资料整理、结算审计及成本入账。五是规范预算结余调整，各专业应根据本专业相关管理办法，结合工程进度和预算执行情况，及时对预算作出调整，按照初步设计评审程序重新进行评审，并办理相关调整手续。

（3）加强绩效评价，实现预期成效。一是完善专业协同监督考评机制，财务与业务部门密切配合，加强成本项目全链条监督考核评价，定期开展执行进度检查、监督及通报。二是建立成本项目“回头看”机制，由财务部牵头，灵活运用“线上＋现场”结合等方式，重点关注项目实施规范性、有效性，有效规避风险，每年 6 月底前完成上一年度成本项目自查，各部门、各单位自查报告及整改措施报送市公司财务部。

3.制定负面清单，强化问题源头治理

根据政策规定、公司具体业务实践，以及各种内外部监督检查发现的问题，以项目全面风险管理的视角，梳理问题隐患和检查风险，制定各专业项目负面清单（见图 5），并强化项目储备评审，引导各专业牢固树立合规意识，强化全员、全业务、全流程风险防控，持续提升项目管理水平。

生产大修项目负面清单

一、项目前期

风险一：可研深度不足

负面清单：项目估算不精准，造成项目大幅超概或结余，资金利用效率低；项目可行性、必要性论证不足，造成项目实施超期或无法实施。

风险二：可研编制内容不规范

负面清单：项目可行性研究报告（项目建议书）未按规定模板编制。项目未编制估算或估算费用不合理，选取预规版本错误。项目估算书及可研报告未按要求履行签字盖章审批手续等。

风险三：重复立项

负面清单：同一设备3年内重复大修，5年内重复改造，或改造工程与基建工程、配网中低压工程重复。

风险四：未批先建

负面清单：未立项违规开展设计、招标、开工等工作，存在造成经济损失和隐形拖欠等不良影响风险。

图5　生产大修项目负面清单(部分)

同时，在项目储备评审方面创新“五个1”工作模式：1个专项培训、1个专家库、1个流程、1套评审标准、1套进度统计表。1个专项培训：对审核要求、审核标准进行进一步宣传贯彻，从源头规范项目储备质量，并对流程、时间节点等进行明确安排。1个专家库：构建市县一体，业财融合的专家团队，对评审标准严把关，审核标准勤宣贯，审核要求勤沟通，一方面固化评审标准，一方面针对不同类型问题可以有针对性地找专家进行解决和答疑。1个流程：划分市县业财工作责任，对时间节点、流程安排进行细化要求，并按照后续工作变更进行滚动更新，及时解决项目储备有关问题。1套评审标准：分专业制定项目储备评审明白纸，根据重复性、基本性问题构建问题库，提出整改建议，指导各项目负责人进行项目报审，规范项目建议书及估算书编写，做到“错误一次更正，问题一次解决”。1套进度统计表：以进度统计表代替通报，在项目评审期间做到及时反映审核进度，配套考核激励，通过划专业、划公司统计退回率和一次通过率，按照评审进度、质量及省公司通报等作为考核标准，对项目储备指标进行二次考核分解。

(五)建立以投资效能为导向的预算绩效评价标准

预算考核评价是企业价值实现的重要环节，也是预算绩效管理的重要组成部分。济宁公司上下牢固树立“花钱必有效、低效必问责”的理念，筑牢高质量发展基础，坚持以投资效能为评价导向，构建“稳增长、防风险”预算绩效评价体系，助力不断提升公司经营发展质效水平。

1.明确评估对象，延伸至微观经营单元

以市域、市、县/供电中心、供电所四级经营单元为对象，综合评价各级组织的效益、效率，切实传导经营压力，激发组织内部活力。市公司负责对所辖县、供电中心、供电所层级进行评估，县公司负责对所辖供电所进行评估。结合内部模拟市场建设，将评估对象范围拓展至专业室（工区）、班组。以 2023 年年度预算下达为例，济宁公司首次优化供电所费用精细管理，深入配合供电所综合业务数字化平台应用推广，积极探索数字化供电所系统与财务管理系统数据整合，深挖财务预算数据价值，以数字赋能赋智，依托智能化“一站式”管控，驱动供电所规范日常费用执行，提升服务效率效能，推动供电所建设转型升级和服务提质增效。

2.建立链条联动，丰富指标评价内容

建立“公司战略—重点工作—战略标签—评价指标”的链条联动关系，深化标准成本应用，围绕效益、效率、质量三个维度，丰富绩效评价指标体系和评价依据，明确细化指标、计量单位、发布频率、数据口径、数据来源等 12 项明细字段，并进行动态更新。深化项目后评价成果对比分析，助力项目闭环管理，提升效能精准评价能力。

3.推广成果应用，实现考核精准激励

市县范围内对比先进找差距、配置资源再优化、考核弱项促提升，全面提高市县预算管理水平。定期晾比指标，按指标发布周期，将投入产出情况与其他地市比、与历史同期比，促进向先进看齐、与自身比拼，深入查找“指标洼地”背后的经营管理短板。优化资源分配，运用投入产出评估结果，纳入年度预算调整及以后年度预算安排方案，指导预算分解，辅助分专业的资源优化配置决策。实施精准激励，承接省公司业绩考核要求，将评价结果应用至各县公司业绩考核管理，充分运用考核激励，增强全员投入产出质效意识，激发各县公司积极探索提高投入产出效率的方式方法。

三、基于“四位一体”的智慧预算管控体系建设的实施效果

（一）延伸了管理长度，增进了业财融合契合度

通过应用统一的标准化模板，业务部门“输入”业务预算，可以准确对应“输

出”财务预算，业务预算与财务预算的契合度显著增强。在定期的跟踪、反馈机制推动下，业务部门能够对财务提供的异常指标做到及时、到位的分析，有效减轻了财务反复督促、提醒的工作量。2022 年上线智慧共享财务平台，开展 6 轮次市县贯通业财互培互训，通用报账业务实现平稳过渡，费用实时监控更加准确便捷。通过全链条精益化项目智慧管控，6 月、9 月、11 月成本性项目支出当年入账率分别高于上年同期 21.85 个百分点、13.56 个百分点、5.79 个百分点，各专业项目执行进度位于全省前列。

(二)拓展了管理细度，提升了经营质效附加值

通过全面加强精益化项目智慧预算管控、投入产出效能评估、作业标准成本深化应用，统筹短期目标与长远发展，有力推动了企业内涵式增长。项目储备可研经济性与财务合规性评审更加标准高效，四项机制配合智慧评审工具提升评审效率 90%以上；预算编制与审核更加规范及时，预算报表编审工具实现“一工具、多场景、微应用”，保障资本性项目预算编制及时率 100%；预算监控与分析更加精准有力，工程财务监控风险发现数量同比下降 16.77%；预算投入产出评价更加全面精细，组织层全面晾比 10 家县公司、116 个供电所指标数据，项目层覆盖运检、营销、安监、后勤、科技和信息 6 个专业全部单体项目。

(三)夯实了管理深度，强化了预算执行规范性

通过预算监控数据的反馈，加强对市县公司的实时监督与现场检查，切实将监督关口前移，充分发挥信息管理系统流程监控和疑点排查的技术管控优势，实时、动态监督业务预算执行规范性，降低财务风险和经营风险，提高一体化风险防控能力。同时，在智慧共享财务平台落地应用的过程中，细致梳理济宁公司经营管理现状，深入研究、细致分析多维数据，全面构建预算经营管控“一张网”，聚焦公司发展全局，多角度开展数据分析、预警、预测，形成网格化、闭环式多维经营智慧管控体系，实现历史数据“看得清”、经营风险“能管控”、经营走势“可预测”，提升了预算执行过程风险防控能力和执行过程监测能力。1 项典型案例入选国网公司提质增效“云课堂”展播，全年解决风险隐患 51 项。

(四)开拓了管理思路，顺应了数智转型新趋势

预算数智化转型是公司财务数智化转型的重要组成部分，涵盖了公司从业务经营到管理决策的核心数据，智慧预算管控体系综合运用多种数字化工具，提高了预算编审和预算执行管控效率，实现了预算全流程的实时管控，为公司经营决

策提供了更加精准、翔实、全面的数据支撑。基于智慧共享财务平台，构建智慧预算管控体系，有助于提升预算管理工作的智慧性、敏捷性、精益性和高效性，全面实现预算管理向数字化、智能化、自动化方向转型，打造公司卓越预算管理新高地。

成果创造人员：杨文思　程　冰　姚　阳　周文新　宋晓萱　刘姗姗　耿商峰

油公司价值管理导向下的三维一体化业财深度融合建设

胜利油田东胜精攻石油开发集团股份有限公司

摘要：国家能源安全的紧迫性和国内原油消费的高需求对油气资源难动用储量开发提出了更高的要求，迫切需要油公司将价值管理全面融入油藏经营全过程，通过财务转型为油公司高质量、高标准发展提供坚实的支撑能力。本项目立足业财融合实践，以价值管理和业财融合相关理论为基础，以价值创造为引领，以价值规划、价值创造与价值分配的价值管理环节为业财融合内容维度，以战略财务-经营财务-管理财务的财务管理与管理会计方法为业财融合方法维度，以业财素质兼备的财务人员与财务部门为业财融合主体维度，并通过财务经营一体化平台系统建设予以赋能，提供信息化支撑，形成油公司三维一体化业财深度融合建设成果。通过实施业财深度融合推进了公司财务转型与升级，为油公司高质量发展奠定了坚实的财务工作基础。

胜利油田东胜精攻石油开发集团股份有限公司（以下简称"东胜公司"）成立于1993年6月，是国内陆上石油行业第一家以股份制形式、油地结合开发难动用储量的油公司，其业务以石油、天然气勘探开发为主，由中国石化集团股份公司控股，胜利油田分公司管理。所辖工区分布在东营、滨州、潍坊、淄博4市11个县区，辖区面积2089平方千米，管辖19个油田66个区块，区块零散，分布范围广，油藏类型以深层特低渗敏感稠油油藏为主。2018年实施"一县一企一管理"改革后，公司经营管理的法人单位由控股子公司和受托管理单位组成，下设16个利润中心，由10个采油管理区管理。截至2022年末资产总额73.9亿元，东胜公司累计生产原油2180万吨，实现利税175亿元。

一、油公司价值管理导向下的三维一体化业财深度融合建设的背景

（一）项目建设的背景与意义

国家能源安全的紧迫性和国内原油消费的高需求对油气资源难动用储量开发提出了更高的要求。油公司资源品味差、规模小、分布散，存在开发难度大、成本高等难点。伴随着国际油价的剧烈震荡，公司效益稳产基础薄弱，成本经营压力与日俱增。法人公司扭亏脱困形势依旧严峻，财务转型的挑战无处不在，财务风险防控任务更加艰巨，这要求公司财务管理需具备更高的的价值引领服务支撑能力。此外，中石化集团公司部署了“对标世界一流管理提升行动”“深化改革三年行动”规划，高标准、高质量发展对公司财务的决策支撑能力也提出更高要求。

首先，推进价值管理下的业财深度融合，是油公司攻克难动用储量技术瓶颈的迫切需要。公司油藏品位差、开发难度大，难动用储量在企业资源中占据着重要地位。在价值管理导向下对难动用储量的开发过程实施业财深度融合，可以将开发成本和效益挂钩，使业务部门与财务部门共同参与开发项目的分析、研究和方案选择工作，有助于有效盘活这部分资源，最大化发挥公司油气区块资源的价值，为公司提供新的效益增长点。

其次，推进价值管理下的业财深度融合，是油公司进行转型升级、搭建灵活高效管理机制的重要依托。通过推进三维一体化业财深度融合建设，有助于推进油公司财务会计向管理会计转型、资产管理向资本运营转型、财务管理向价值引领转型、决策执行向决策支撑转型，推动构建公司新管理会计体系，有利于形成业务部门和财务部门的双向制约，增强公司成本管控能力，为公司转型升级和全面构建灵活高效的管理机制提供有力支撑。

最后，推进价值管理下的业财深度融合，是油公司提高价值创造能力、提升风险管控能力的现实需要。通过推进三维一体化业财深度融合建设，助力实现公司内部经济财务状况与业务活动的互通，统一公司的价值最大化发展目标，有助于制定出科学有效的业务活动方案，引导公司创造出更多的价值。将业财融合嵌入价值链，有助于精准识别业务全价值链中的资金、税务、违约、信用等重要风险节点，可从源头严防风险的发生，推进财务风险全过程管理，确保财务风险受控，促进业务管理规范。

(二)项目创新性

公司价值管理导向下的三维一体化业财深度融合建设,是油公司推进财务转型,促进价值创造与高质量发展的核心抓手。公司运用价值管理理论和业财融合理论等先进管理理念与方法,推进三维一体化业财深度融合建设,取得了重要的创新性成果。具体而言有以下几点:

创新之一:立足业财融合实践,基于价值管理和业财融合相关理论,以价值创造为引领,从内容、方法和主体三个维度出发,以价值规划、价值创造与价值分配的价值管理环节为业财融合内容维度,以战略财务-经营财务-管理财务的财务管理与管理会计方法为业财融合方法维度,以业财素质兼备的财务人员与财务部门为业财融合主体维度,并通过财务经营一体化平台系统建设予以赋能,提供信息化支撑,形成油公司三维一体化业财深度融合建设成果。

创新之二:构造基于战略财务、经营财务、管理财务三个层次的业财融合方法,涵盖战略制定、决策执行到绩效考核全过程,实现公司价值创造。在三个层次中,以战略财务为引导,承接业务科学决策,发挥战略决策支撑与价值引领作用;以经营财务为主体,过程参与公司经营活动,上承公司发展战略,下接基层油藏经营,强化承接能力,发挥协同价值创造功能;以管理财务为保障,主导绩效考核,完善公司激励与约束机制,从以往指标控制型转变为经营目标管理型,深化全层级价值化考核。

创新之三:由财务计划部联合多个部门搭建财务经营一体化平台系统,实现生产流程与财务流程的绑定,将财务活动延伸到生产现场,联通财务信息与业务信息"孤岛",借此推进"投资、储量、产量、成本、效益"一体化优化。

二、油公司价值管理导向下的三维一体化业财深度融合建设的主要做法

(一)油公司价值管理导向下的三维一体化业财深度融合内涵

东胜公司结合自身股份制油公司特点,以公司价值最大化为目标,以财务转型为驱动力,以业财素质兼备的财务人员作为业财融合主体,以价值规划、价值创造与价值分配的价值管理流程作为业财融合内容,以战略财务-经营财务-管理财务作为业财融合方法,并以财务经营一体化平台系统赋能,切实推进油公司价值管理导向下的三维一体化业财深度融合。

(1)内容维度:服务价值管理的业财融合。内容维度的业财融合属于业务与

财务价值融合，突出价值目标导向。基于价值管理的流程，即价值规划—价值创造—价值分配，通过分析与梳理各个价值流程业务活动，明确业财融合节点，进而实现业务与财务在价值管理中的深度融合。

(2)方法维度：战略财务-经营财务-管理财务。方法维度的业财融合属于业财深度融合的载体与呈现形式，是实现价值创造的方法与工具。通过方法创新落实内容维度的价值导向，即以战略财务为引导，落实价值规划引领；以经营财务为主体，实现价值创造功能；以管理财务为保障，完善价值分配机制。

(3)主体维度：财务人员与财务部门。主体维度的业财融合属于组织融合，为价值创造提供组织和人员支撑。通过采取专业知识融合、工作岗位融合、流程规范融合与组织边界融合等多方位措施，促进财务人员深入了解业务内容掌握业务流程，为业财深度融合提供实施主体保障。

(4)“一体化”：财务经营一体化平台系统。通过在业务系统与财务系统搭建纽带，实现数据交换共享，全面支撑业务数据自动生成财务数据、财务数据能够穿透追溯到业务数据，实现业务、财务数据顺畅流转及全面共享，为业财融合提供更好的系统支撑。

(二)战略财务支撑战略规划落地，实现价值规划环节业财深度融合

战略财务从企业长远发展角度出发，承接与支撑企业价值规划落地，对企业的资源进行合理高效的配置，促进资源和管理纵向集中、业务与财务横向集成，是企业进行价值创造的行动指南。因此，油公司通过建立内部市场，协调内部生产活动；通过预算管理，完善优化企业内部的资源配置；通过优化投资结构，提高企业资源的配置效率；通过高质量绩效评价，科学评估战略规划的执行质量，为战略目标的实现提供全方位的基础支撑。

1.全面建立内部市场

东胜公司根据市场化要求和相关的规定标准进行调整测算后形成内部市场价格定额，最终编制完成了 16 个分项 617 个子项的劳务服务内部定额价格体系。在此基础上，油公司按照独立企业之间公平交易原则和财务独立核算需求，立足编制的劳务服务内部定额价格体系，通过服务项目合同拟定、服务项目工作量签认和服务项目收费结算，规范集团本部对各利润中心的收费，突出采油管理区油藏经营管理核心，深化内部的市场化运作，充分发挥出市场配置资源的作用，助力集团高质量发展。

2.科学调配全面预算

东胜公司为发挥预算管理的作用，首先调整了预算观念，主张要完成业务目

标就得主动申请相应资源投入；财务和业务、上级和下级从预算目标的“冲突者”变为“协作者”；主要经济指标的预测从“财务自己编出来的”转变为“各个具体项目预测结果的合集”。其次，坚持当期效益与长远发展相融合，健全油公司的全面预算管理体系，包括修订完善投资成本一体化实施细则、规范维持性投资与维修成本的统筹运行、采取零基预算和目标倒逼相融合的预算编制方法等。最后，形成年度预算目标参与滚动预算的重点突出、上下一体的全局作战图，将预算配置向勘探开发前端延伸，向业务量统筹优化拓展，以效益倒逼投资、产量、业务量结构调整，以成本倒逼投入产出效益，确保油气单位变动成本同口径持续下降。

3.系统优化投资决策

东胜公司以效益为导向，根据对价值驱动因素的分析，业务部门与财务部门共同参与投资决策活动，共享信息资源，将投资与运营和效益同时挂钩，据此对包括单井投资在内的项目投资进行分析、研究和方案选择。树立“大成本”理念，积极推行投资成本一体化运行，建立把会计全要素作为基础数据的问题分析机制，推动生产、投资和财务“三大计划”的深度融合，针对建设、资产和运维三项相关联业务内容、四项成本进行管理和控制，建立网络化体系工作模式。

4.统筹推进高质量评价

油公司以高质量发展为战略导向，充分融合五大新发展理念，考虑油公司自身及利益相关者的利益诉求，综合业务与财务指标、静态与动态指标、定量与定性指标，构建起横、纵向交叉融合的全方位、多层次的高质量评价指标体系，并根据外部形势和内部要求变化进行滚动完善，不断提升高质量发展指标与战略规划目标的适配度。

（三）经营财务强化业务承接能力，实现价值创造环节业财深度融合

油公司通过整合原有财务管理职能，依托业财融合主体维和财务经营一体化平台系统，开展以财资、财经和财险为核心的经营型财务管理。

1.财资管理：强化资金资产管理，统筹内部资源配置

东胜公司为合理筹划内部资源，其财资管理融合了资产管理、税收筹划等业务活动。一方面，东胜公司立足资产价值增值全过程，强化资产的日常监管和控制，确保资产投入和价值创造的高度匹配。东胜公司通过财务部门牵头资产管理部门和资产使用部门，依托财务经营一体化平台，实现资产的分级精细化管理与财务和业务的协同合作；遵循资产全寿命周期的业务特点，加强资产使用的全过程跟踪和动态化管理；同时将资产管理与预算管理、合同管理、成本管理相融合，通过绩效考核为东胜公司相关的业务决策提供依据。另一方面，油公司重视内部

资本运作，强化税务筹划管理，通过搭建业务联动协调机制，立足全产业链，对油公司内部财金资源进行动态优化配置，并外拓多元化资金来源，着力打通内外部价值链，确保价值增值得到有效保障。

2.财经管理：定期开展经济活动分析与高质量评价体系专项问诊

东胜公司财经管理立足于油藏管理区，强化其经济运行管理。一方面，公司开展定期经营活动分析，以效益为目标，业务为导向，将财务指标与业务指标有机结合，基于内部价值链，融合油藏管理区作业成本管理和项目全寿命周期目标成本管理，将财务计划理念融入业务最前端，改变原来“源头自己算、结果财务计划算”为“全程共同算”，高效推进业务全价值链的成本控制，实施业财深度融合。另一方面，油公司借助高质量评价体系专项问诊，深化推进对标评价机制建设，将追标对标体系与高质量发展指标评价体系有机融合，把指标评价融入企业日常经营运行，强化组织领导和过程督导，对照行业一流管理水平，找不足、补差距，形成可复制可推广的典型经验，建立对标提升长效机制，反向推动公司高质量发展评价指标体系的有效应用。

3.财险管理：注重基本防控工作，着力完善风险管控

为有效进行风险控制工作，首先，油公司健全内控常态化运行机制，落实“三书、两报告”制度。以风险管理为导向，以依法合规为目标，以业财深度融合为行动指南，持续强化内控与风控工作责任意识，发挥内控职能，切实抓好内控责任落实、宣贯、自查及日常管理工作。其次，油公司构建“全面覆盖、责任清晰、联动管理、规范高效”的会计工作网格化管理体系，明确职责分工，落实管理责任，形成常态化运行机制，防范财务管理风险，提高会计信息质量。

（四）管理财务深化全级价值考核，实现价值分配环节业财深度融合

通过价值规划与价值创造环节实现油公司价值创造与提升的过程中，需要做好这些价值管理活动的保障工作——价值分配，以此为上述环节的顺利实施奠定基础支撑。

1.优化绩效评价，深入推进全层级员工价值考核

首先，东胜公司按照“提高效率、增加效益、优化运行、规范经营”原则，完善“1＋2＋2”绩效考核政策，提出加快人力资源外闯业务拓展，持续提升人均收入和总量规模，加大低无负效资产优化盘活治理力度，实现存量资产创收创效，持续提升油公司盈利空间等建议，为油公司创效增效添砖加瓦。其次，东胜公司优化调整绩效考核体系，突出价值引领作用，健全绩效考核机制，深化全层级价值化考核，推进全产业链、全要素、全过程经营创效，达到一切围绕价值转、一切瞄准效益

干、让资金发挥最大效益的目标。最后，东胜公司按照“大专业、大岗位、大业务”建设新时代要求，培育精通“业财价值融合”的“业务端到端”管理复合型人才。与“1＋2＋2”绩效考核形成有效对接，通过业财融合实践统一员工思想和共同目标，增强财务部门人员油藏经营理念，深度参与勘探开发、经营管理、市场开拓等工作，形成一专多能，多角度、全方位把脉油公司生产运行，实现油公司全层级价值化考核。

2.股责权对等，全力保障股东收益

东胜公司本着股、权、责对等的原则，积极发挥公司股东各自优势，提升难动用储量开发效果，实现油公司价值保值增值的同时，及时发放股东红利，保证股东收益权。公司以高额回报换取控股股东对其提供的难动用区块的高储量投入，通过保证红利、提供劳务、安置油田富余人员等方式，得到控股股东对公司核心业务的支持，为自身可持续发展提供了坚实的资源保障。油公司通过吸收油区地方政府、地方国有企业作为公司的参股股东，保证其高额投资回报，获得了地方政府在辅助生产、工农关系、油区治安、开发用地等方面的支持，为开发难动用储量提供了良好的社会环境。

3.依法合理纳税，有效平衡地方利益

公司依法属地纳税，增加了地方财政的收入，带动油区所在地 GDP 增加，促进了当地经济的发展。国内税源实行属地管辖的原则，而公司管理的开发管理单元分布在东营、滨州、淄博等 4 市 11 个县区。为此，公司按照属地注册登记了多个子公司，形成了母公司至曾孙公司的四级法人治理体系，以实现当地政府共享公司价值保值增值成果，同时通过将油田开发建设与当地规划相结合，修桥铺路，油地共建，造福百姓。油公司财务部门与业务部门通力合作，注重沟通，共同学习税收政策，形成依法合规纳税意识，统筹争取落实政策，强化涉税事项源头管控，逐步完善了业财税融合制度建设，实现了合法合理纳税，确保了股东利益与地方政府利益的有效平衡。

（五）破除业财组织界限，提供业财融合主体保障

财务组织和业务组织的分离是业财融合问题的关键成因。油公司为破除组织界限，在员工专业素养提升、工作岗位融合、财务管理流程规范以及组织边界融合这四方面实施“大变革”，以实现业财组织与人员层面的深度融合，为业财融合提供主体保障。

1.专业知识融合

为打破专业知识壁垒，油公司开展综合式培训，普及组织内部各领域知识，全

面强化人员综合素质。油公司采用业务培训、企业考察等形式，结合“普降甘霖”和“精准滴灌”，即对经营、法律、财务、人力等基础知识进行普及，并且适时开展生产业务、预算管理等知识培训，改善队伍知识结构，强化采油管理区等基层的价值管理理念，持续提升人员综合素质。

2.工作岗位融合

企业业财深度融合最重要的一部分就是打破岗位壁垒。对此，一方面，油公司采取“请进来”策略，“请”高素质业务人员到财务部门参与交流，为财务提供业务力量。另一方面，油公司实施“送出去”计划，在调整财务部门职能与结构的同时，推动财务人员挂职锻炼或直接输送到采油管理区等基层财务或经营岗位，为业务提供财务力量。

3.流程规范融合

油公司按照胜利油田分公司的部署，将原财务部门的预算、分析等职能与计划部门职能整合，成立财务计划部，突出全面预算、经济评价、投资管理、绩效管理等职能。与此同时，将原财务部门的核算、结算等职能与原合同、定额、基建、物资职能整合，成立经营共享服务中心，突出面向采油管理区的事前算“赢”、事中服务、事后评价，强化了财务对采油管理区经营决策的支撑作用，解决了采油管理区财务管理薄弱与专业素质较弱的问题，切实实现了业财融合对采油管理区的基层业务经营活动的深度嵌入。

4.组织边界融合

油公司聚焦油田稳产难、扭亏脱困等深层次矛盾问题，组建重点勘探项目、开发项目、科技项目等各类专班运行。预算管理上，做实业财一体化预算机制、业务端编制预算、财务端配置预算、审计端监督预算，同时对稳产长效投入实行单项预算、动态评价、跟踪考核。效益开发上，成立未动用储量开发项目组，实行人员独立、核算独立、考核独立，专门设置财务管理岗，负责项目效益把关和经营优化，借助项目化运营有效促进公司业财深度融合，助力油公司价值持续提升。

（六）建立财务经营一体化平台系统，提供业财融合信息保障

业财信息系统的搭建是油公司实现业财融合的基础和关键，信息系统采集业务端信息的标准化和智能化程度越高，其为油公司业财融合打下的基础越夯实。为逐步消除油公司财务信息孤岛，打通业财集成数据线上通道，油公司参照中国石化总部“数据＋平台＋应用”的信息化建设架构，建立了财务经营一体化平台系统。该平台系统包括数据层、平台层和应用层，融合非财务指标和非结构化数据，将业务流程与财务流程进行深度融合，并将财务活动融合到生产过程中，将财务

信息与生产环节的业务信息进行深度捆绑与解析,为强化价值管理、深化业财融合提供了坚实的基础。

1.数据层:搭建业财数据仓库,加强系统整合

油公司按照"源头唯一、数据共享、高效集成、规则统一"原则,由油公司总会计师牵头,整合勘探开发业务协同平台(EPBP)、合同管理等13个业务系统数据,建立176项数据规则,实现数据采集、整合、处理、应用的全过程闭环运行。东胜公司从业务流程管理的角度,打通业务规范流程进行的信息化数据链路,建立起油藏经营管理区数据信息采集标准,依托中国石化勘探开发业务协同平台统一采集基础岗位的经营数据,高效准确共享数据,构建一体化数据采集体系,实现业财一体化运行。数据存储方面,采取主题数据库的形式分类存储,规范信息化标准体系,搭建业务信息和财务信息的桥梁与链接,形成应用层的数据基础,服务于生产管理、运营管理、财务管理等不同需要。

2.平台层:搭建业财融合平台,推动工作协同

油公司按照中国石化总部提出的"一切应用皆上云,一切开发上平台"的要求,遵循业财融合信息平台建设路径,不断完善油藏经营区信息系统顶层设计,依托信息化数据集成,参照相应建设标准实现组件化共享应用,并进一步开发新建功能,搭建功能完善的数字化信息平台,实现数据的"纵向层级贯通,横向业务协同",满足集团公司、子公司、油藏管理区三级业财人员的工作需求,并根据不同岗位的职责要求建设不同的信息化服务。该业财融合平台的搭建进一步打破"碎片化"管理格局,推进了油公司价值管理一体化,同时贯通了业务处理与价值管理通道,实现各部门、各层级的资源共享、系统集成和管理集成。

3.应用层:从初级的业财信息融合迈入高级的业财价值融合

基于上述数据层与平台层,油公司按照"统一标准、共享应用"的原则,整合构建了不同职能的8个数字化功能模块,通过调用相关对象资源,不同模块数据可以合并得以综合展示,并具有高级查询功能,进而使油公司从业财信息融合的初级阶段迈入业财价值融合的高级阶段。通过应用层模块,公司打通了业务系统数据接口,高效集成产量、业务量、技术、质量、财务、投资等分类数据,实现项目效益实时测算、成本运行跟踪测评、项目完成追踪评价、全面预算管理、投资过程管控、管理区绩效考核等生产经营关键节点融合推进,实现了投资成本一体化管理机制的有效落地与全生产环节绩效考核,促进了价值链各环节经营创效能力的提升。

三、油公司价值管理导向下的三维一体化业财深度融合建设的实施效果

东胜公司聚焦价值管理，全力推动三维一体化业财深度融合建设，开辟了业财深度融合进阶之路，主动担当作为，加快改革调整和转型发展，取得了巨大的成效。

（一）经济效益显著，实现攻坚创效

促进公司财务转型，优化资源配置。在效益开发、生产运行、资源整合、服务支持等方面取得了良好的成效。2022 年，东胜公司实现营业收入 43.65 亿元，盈利 11.43 亿元，管理法人公司全部盈利；完全成本 2039 元/吨，同比降低 248 元/吨，油气完全成本持续降低；考核超交利润 9131 万元，绩效考核完成 125%；盈亏平衡点降至 47 美元/桶，为达到“十四五”末盈亏平衡点降至 45 美元这一战略目标打下坚实基础，各项生产经营指标均超计划运行。

（二）风险管控良好，经营平稳有序

完善内控体系建设。在预算规划、投资规划、定期经营分析、绩效考核及风险管理中实施业财深度融合，由财务部门牵头对重点成本和投资项目重新进行效益测算，2022 年累计否决新区产能项目 6 个，估算投资 24479 万元；暂缓实施风险新井 16 口，减少投资 16732 万元；项目前期阶段优化投资项目 10 项，降低投资 2715 万元，全面提高投资收益与创效能力。

（三）社会效益可观，助推和谐发展

助推当地经济发展，保障国家能源安全。2022 年，公司实现营业税金及附加 7.21 亿元，通过上缴利税实现公司责任价值，助推经济发展；累计产销原油 88.2 万吨，为油田稳定生产和可持续能源供应打下了良好的基础。贯彻生态理念，做优安全生产，坚持“在开发中保护、在保护中发展”的绿色发展目标，积极利用新工艺、新技术，确保安全生产、清洁生产，不断增加安全保障费用投入。以人为本，推动公司和谐发展，注重人才的培养和员工的发展，2022 年采用线上线下相结合形式开展业务培训二十三批次，培训人数逾 500 人，整体再优化 300 余人，为人员梯队建设奠定坚实基础。

(四)成果行业领先,提供有益借鉴

通过走业财深度融合“进阶”之路助推企业管理提升、降本增效与持续发展的经验做法,得到了广泛认同,为其他企业推进业财深度融合、建立全方位对标体系提供了有益借鉴,既推动其他企业向标杆企业公司对标与学习,也有助于开展行业对标,弥补不足以求发展。

成果创造人员:袁　燚　马冬梅　李昌伟　盖海峰　李　龑　李　涛　陈　峰

电网企业基于“四全三化”的智慧工程审计管理体系构建

国网山东省电力公司济宁市任城区供电公司

摘要：为深入贯彻国网山东省电力公司战略部署和国网山东省电力公司济宁供电公司党委工作要求，国网山东省电力公司济宁市任城区供电公司立足于内部工程审计在推动公司战略落地中的职能定位，针对工程审计管理任务单一、资源薄弱、线下管理、效率不高的现状，着眼于优化工程审计管理机制、提升审计效能，从公司内部审计的“任务体系、组织架构、工作措施、成果应用”四个方面突破创新，全面构建以“四全三化”为主要特征的智慧工程审计管理体系。其中，任务体系的设计聚焦于工程项目实施的“全过程”，按照“事前、事中、事后”的阶段分别规划预警、监督、结决算审计任务目标，确保了智慧工程审计管理有的放矢。组织架构的搭建聚焦于“全层级”，在市公司的支持下形成上下协同的工作机构设置、专兼结合的人力资源配置，为智慧工程审计管理奠定基础。围绕目标任务，以“全在线”思路创新智慧工程审计工作机制，突破原有线下、低效工作方式，实现工程预警持续审计“智能化”、工程竣工有序报审“标准化”、工程结算决算审计“信息化”三大转变。同时，按照“全方位”的思路设计工程审计服务形式，提供“咨询＋指导”服务窗口、“工程＋专项”微服务、“审计＋专业”联席会议，通过成果共享共用，更好地发挥了智慧工程审计管理体系价值。

国网山东省电力公司济宁市任城区供电公司（以下简称“公司”）成立于1970年，现有全口径用工总量574人，服务客户22.3万余户；供电面积590.57平方千米，为7个镇（街）提供供电服务，现有35千伏及以上变电站10座，主变总容量707.5兆伏安；公司产权的35千伏及以上输电线路共27条，总长度207.514千米；10千伏配电线路共87条，总长度1368.306千米。近年来公司先后荣获国网公司文明单位、国网公司新农村电气化建设先进单位、国网山东省电力公司先进基层党委、先进单位、全省富民兴鲁劳动奖等荣誉。

国网山东省电力公司济宁市任城区供电公司内部审计专业工作整体从属于国网山东省电力公司济宁供电公司“智慧共享、监督服务”构建市县一体审计生态体系，在任城公司层面下设纪委办公室作为公司内部审计工作的归口管理机构，并设立柔性机构审计工作室作为审计工作的支撑机构，配备专兼职审计人员、审计专家9人。近年来，国网山东省电力公司济宁市任城区供电公司多点突破，将审计工作打造为公司依法治企工作的坚强核心。

一、基于“四全三化”的智慧工程审计管理体系构建的背景

（一）构建智慧工程审计管理体系是主动适应党和国家监管问责从严态势的现实需要

2020年初，习近平总书记对审计工作作出重要指示，强调紧紧围绕党和国家工作大局，全面履行职责，坚持依法审计，完善体制机制，为推进国家治理体系和治理能力现代化作出更大贡献。全国审计工作会议要求坚定不移贯彻新发展理念，聚焦经济实现量的合理增长和质的稳步提升，做好大数据审计，推动党中央、国务院各项决策部署和重大政策措施贯彻落实。因此，公司内部审计必须以党和国家重要指示为根本遵循，牢记初心使命，提高政治站位，增强“四个意识”、坚定“四个自信”，做到“两个维护”，积极发挥审计在公司监督体系中的重要作用，全力保障公司治理体系和治理能力现代化。同时，近年来审计署在对国网公司系统内单位开展审计中也发现了公司工程投资管理方面仍然存在风险隐患。因此，内部工程审计工作在公司依法治企方面的作用进一步凸显。公司必须修炼好内审工程审计工作“内功”，主动适应外部监管监督更加严格的环境。

（二）构建智慧工程审计管理体系是全力护航国网公司战略举措落实落地的内在要求

“十四五”期间，国资国企改革、电力体制改革相互交错，国网公司“建设国际领先的能源互联网企业”总体战略向纵深推进，企业改革发展点多面广，经营管理任务繁重，需要审计监督更好履行服务保障职能。国网党组将审计监督作为支撑党中央决策部署、完善公司治理、保障健康发展的重要保障。围绕贯彻国网党组指示精神，国网审计部确立了新时期审计工作“三项职责”，以保障公司战略落地、党组重大决策部署落实为“首要职责”，以推动公司治理体系和治理能力现代化为“重要职责”，以强化公司经营管理风险、重要领域、关键环节和权力规范运行的有

效监督为“基本职责”。在支撑公司战略落地“八大工程”中，“电网升级工程”是打造新型智能电网、构建能源网架体系的关键，涉及大量电网建设投资，因此是内部审计关注的重点领域，需要加强重大风险预警监测和联防联控、风险穿透式管控，进一步优化审计机制、创新方法手段、提升审计效能，以新型管理体系更好地支撑公司决策、助力专业管理、服务基层发展。

（三）构建智慧工程审计管理体系是创新推动公司内部工程审计转型发展的大势所趋

传统工程审计模式往往采用事后监督的形式，审计介入点处于工程项目实施流程的末端。其主要任务是线下审核项目竣工书面资料、测量项目工程量、计算工程结算价。这种任务体系下，缺乏对工程管理的全过程监督，审计资源较为薄弱、审计标准不够一致、审计内容较为单一、审计手段较为原始、审计成果较为简单。难以及时发现工程实施过程中的风险并及时纠正，已不适应公司目前工程项目多、投资金额大、监督范围广、质量要求高的新环境、新挑战，难以满足实际工作对工程审计质量、效率的需求。基于“四全三化”构建智慧工程审计管理体系，有利于工程审计再造工作流程、激发工作潜力、拓展审计范围、提升管控能力，有利于前移监督关口实现全过程、全量监督，有利于持续推动公司的工程投资管理提升，为新时代电力企业发展提供有力支撑。

二、基于“四全三化”的智慧工程审计管理体系构建的做法

（一）聚焦“全过程”，构建纵向延伸的智慧工程审计任务体系

在智慧工程审计管理模式中，公司基于内部审计工作“监督＋服务”的职责定位，围绕“投资有的放矢、采购依法合规、施工安全高效、两算及时精准”这一工程项目管理的主要目标，坚持目标导向、风险导向、结果导向，深入调查研究工程审计的介入点、关注点，以工程项目实施全过程为主线，向前向后延伸审计监督覆盖范围，最终形成以审计“事前预警、事中监督、事后两算”三项任务为要素，纵向贯穿工程项目“立项、实施、竣工”三个阶段的内部工程审计任务体系，实现工程审计与工程项目实施过程的同频共振。

1.创新事前预警任务，聚焦关键点，实现超前管控

积极落实科技强审理念，充分运用数字化手段，深入实践以数据分析为驱动的数字化审计作业模式，聚焦于工程管理精准立项、合规实施、及时增资三个关键

点开展预警，保证工程项目精准高效。

一是进行配网项目精准投资预警，重点关注配网项目投资合理性，对新建项目长期未竣工、投运进行预警，对长期零负荷、低负荷运行等情况进行预警；对改造后出现低电压、重过载、频繁停电等情况进行预警；对长期低电压、重过载、频繁停电的资产未及时改造情况进行预警。

二是进行工程内控管理风险预警，监测工程法务、财务、物资等相关辅助环节在公司实施过程中的风险内控情况，重点关注合同签订、款项支付、物资采购等事项是否符合内控制度，是否即将超期，并发出预警、提示风险。

三是资产增资及时性预警，重点关注资产增资情况，是否存在已竣工的基建、技改项目即将发生未及时转增资产情况等将会影响固定资产折旧计提准确性的情况。

2.细化事中监督任务，聚焦风险域，实现全面监督

将工程项目实施过程拆分为“立项、签约、施工、设计、监理、物资”6 个风险方面，分别研究制定风险事项清单，并明确每项风险事项对应的审计方法、数据来源、评价标准，采用以非现场审计为主、现场审计为辅的方式予以跟踪检查，确保工程实施过程中各项行为依法合规。其中立项方面重点关注项目计划及资金审批制度的落实情况，检查是否存在未批先建、擅自变更项目等违规行为。签约方面重点关注合同签订的及时性及规范性，检查是否存在规避招标、越权采购、后补合同等违规行为。施工方面重点关注施工队伍和现场管理，检查是否存在违规转分包、虚假签证、进度失控等违规行为。设计与监理方面重点关注服务质量，检查是否存在未完全履约的行为。物资方面重点关注及时性和准确性，检查是否存在延迟供货、货不对板、账实不符等违规行为。

3.深化事后两算任务，聚焦真实性，实现精准计价

“两算”是指工程项目的竣工结算和财务决算，其发生在工程项目竣工投产之后，其精准性直接影响到工程成本和资金支付，是违规违纪行为的多发领域，也是工程审计长期关注的重点。在任务体系中，将其划分为 3 个环节进行管控。

一是在竣工报审环节，管理手段上基于数字化系统进行有序报审管理，管理范围上按照市县一体要求将县公司实施的工程项目纳入有序报审体系统一报审，管理标准上按照报审资料填报及二级复核标准进行管控，确保项目两算报审真实有序。

二是在勘察计价环节，重点是运用数字化手段，对第三方审计单位开展常态化、实时化管理，并对审计结果质量进行复核评价，重点关注审计人员现场到位情况、工程量真实情况、计价标准执行情况等。

三是在决算转资环节，重点运用工程财务业务系统对工程成本的准确性、合规性进行审计，关注是否存在费用列支、物资处置、决算转资等方面的违规行为。

（二）聚焦“全层级”，打造市县一体的智慧工程审计组织架构

在智慧工程审计管理体系下，工程审计的审计工作标准化、规范化水平显著提升，审计监督的广度和深度明显增加，对审计资源的承载力提出更高要求。在传统内部审计组织机构设置下，一是工程审计力量整体配置薄弱，其中市公司配置工程审计岗位编制 1 人，县公司层面没有工程审计相关岗位。二是审计部工程审计管理职能与业务职能混淆，工程审计人员既抓管理又抓业务，降低了工作效率和质量。公司在市域“审计中心—审计工作室”框架下探索工程审计资源的有效配置，打造出市县一体框架下的工程审计工作阵地。

1.上下协同，构建贯通的工程审计管理机构

市公司组织部下发《关于成立市域审计中心的通知》，首先在市公司层面构建“审计部—审计中心”一体化运作机制，在此基础上进一步搭建市域审计管理架构，其中明确在审计中心设立“工程专业组”。在县公司层面构建柔性机构“县公司审计工作室”，明确其支撑工程审计工作的职责。最终形成“市公司审计部—市公司审计中心—县公司审计工作室”纵向三级贯通的组织体系，实现“管理层—执行层—支撑层”协调运转，保障审计纵向管控到底。

2.专兼结合，配置充足的工程审计人力资源

在工程审计职责设计上，一是突出审计部的专业管理职能，配置专职工程审计管理人员 1 人，将业务聚焦于政策研究、计划制定、统筹调度、综合管理等领域，在业务链条中主要强化对审计中心的业务领导。二是突出审计中心的业务支撑职能，在工程专业组配置专职工程审计作业岗位 2 人，将业务聚焦于工程审计项目实施、有序报审日常管控、工程审计现场管控、审计成果复核评价等审计一线工作，确保审计部统一安排的工程审计任务接得住、落得实。另外，针对工程预警审计对数字信息专业技术要求较高的特点，将相关职责归于数字化审计技术支撑岗位，其业务包括数字化预警审计课题研究、大数据获取与分析、工程预警审计建模等。三是突出县公司审计工作室的服务支撑职能，在县公司配置工程审计专责人和兼职柔性专家，将业务聚焦于面向审计中心的结算计划上报、工程资料收集报审、审计疑点核实、迎审现场配合等，并在市域审计中心指导下开展自我监督工作，保障工程审计工作在县公司层面落地。

（三）聚焦“全在线”，形成数字赋能的智慧工程审计工作机制

在智慧工程审计管理体系中，审计人员的角色从“事后打分”转变为“场上裁

判”，其作业模式从传统的以事后静态审计为主，转变为贯穿工程全过程的动态审计，推动工程审计实现“防未病、治已病”的更大效能。为适应这一转变，研究创新审计监督有效嵌入工程项目管理全链条的工作机制。审计技术手段上同步创新，大力推进审计数字化转型，开发预警式、嵌入式审计模型，构建好用实用的智能作业系统和辅助工具，实现远程全量审计与现场重点核查一体化。

1.运用数据平台，实现工程预警持续审计“智能化”

针对传统审计方式侧重于事后监督、查错纠弊、亡羊补牢的局限，公司按照“预警＋常态”原则，结合公司数据平台建设较完善、业务数据资源较丰富的特点，因地制宜开展基于数字化的工程预警持续审计工作，初步实现对工程项目事前、事中的智能化即时跟踪审计，充分发挥其监督灵活及时、风险预判、即查即改的优势，及时揭示和防范工程管理风险。

工程预警持续审计的关键，就是依托数字化信息系统和数字化分析工具，将审计关口前置，将审计作业渗透入工程管理的全过程，通过“工程数据自动汇集、预警模型自动分析、审计结果在线发布”，开展“全量、即时、跨域”数据分析，在事前、事中即发现风险和隐患，从而及时纠偏。

一是明确监督重点，重点关注配网项目是否精准投资、工程实施过程中是否存在内控管理风险、资产增资是否及时等，在此基础上明确预警持续审计监督主题，编制每个主题的预警方案，重点明确该主题涉及的业务数据资源、数据间逻辑关系，构建工程审计预警指标等。

二是收集数据资源，建立公司内部跨域、跨系统数据共享机制，实现工程项目计划、项目实施、物资管理、财务管控等相关业务系统在公司数据中台的自动汇集，形成工程项目全覆盖、全过程数据库。

三是建立自动化的预警审计模型，应用大数据分析技术，将工程项目各环节的预警规则和预警阈值固化入数字化审计模型中，并将模型在公司数据中台中运行，自动抓取、分析相关数据，自动对照预警阈值确定预警等级并发出对应的预警信号，进而实现对工程项目风险的动态监控和识别。例如，公司立项“配电网建设精准投资”工程审计预警主题，通过配电网运营监测系统常态化监测配电变压器异常运行状态，并将异常状态与当年配电网建设工程投资计划进行比对，提前向工程管理单位指出工程投资计划不能完全消除配电网运行隐患，存在投资不精准风险。工程管理单位根据审计意见及时调整了投资计划，充分发挥了投资效能。

2.运用信息系统，实现工程竣工有序审计“标准化”

传统工程项目报审采用“线下管理、坐收资料、纸质为主、手动移交”的原始管理方式，存在无计划、易扎堆、难管控、效率低、质量差等问题，工程审计范围无法做到市县项目100%覆盖。公司提出“工程全量有序报审”工作要求，依托以智慧工程审计平台为核心的业务信息系统，对工程报审进行标准化管理。

一是在线聚合项目进度，实现报审计划“标准化”。审计人员运用智慧工程审计平台的报审计划模块，自动提取项目管理部门所使用的生产管理系统、配农网工程管控平台、基建工程全过程综合数字化管理平台等业务系统中的工程项目明细和工程进度里程碑计划。系统自动判断项目是否已到达竣工节点，并将已竣工项目明细推送至智慧工程审计平台，生成工程结算报审计划。审计人员将计划按月下发，督导项目管理单位及时报审。同时，根据每月计划数量的变化，提前配置第三方审计机构资源。从而避免了线下无计划报审带来的瞒报、漏报、迟报问题。

二是在线管理项目文档，实现审计资料“标准化”。公司下发了《工程项目结算资料规范管理细则》，固化了从立项至竣工再到工程结算报告全过程的17项资料标准化模板，明确了工作流程。智慧工程审计平台根据制度，提前设定好工作模板，项目管理单位根据报审计划，对照报审模板整理报审资料，避免了资料漏报、错报情况。资料整理好后，通过平台进行线上报送，传递至审计部门，避免了线下报送书面材料的低效问题。报审时间节点在线可追溯，为后续报审及时性考评提供了客观依据。后期结算报告上线传递，按照标准化要求进行初审、复核、下发，保证客观公正。

三是在线管控工作质量，实现管理过程“标准化”。项目管理人员提报资料后，会通过智慧工程审计平台进入二级审批流程。首先由报审专责人，在时间节点内对本单位报审项目资料的真实性、合规性、完整性进行初审，审核通过后提报至审计中心复审。审计中心专责人会重点复核资料的完整性、规范性，并通过智慧工程审计平台及时将项目资料推送至后端系统，以进入后续派工环节。通过在线二级审批机制，市公司审计中心缩小了管理幅度，明确了工作职责，控制了报审质量，实现了项目管理单位与审计部门的有机衔接。

3.运用智慧终端，实现工程结算决算审计“信息化”

目前，公司结算审计采取“审计人员派工、第三方审计机构承担”的工作模式。在传统工程结决算审计中，对第三方审计机构的管理存在“管理链条长、资料交接多、人员管理难、过程管控难、材料保存难”的痛点。因此，公司提出“工程结算在线全程管控”理念，并开发“工程审计 App”工程审计管控系统固化管理，通过内部网络和移动终端，链接审计管理人员、项目管理人员、第三方审计机构，实现工程项目结算审计全流程可控在控。

一是业务上“云”，全程在线管理。将结算决算业务流程迁移到线上，摆脱原有线下管理过程，通过“工程审计 App”将审计机构嵌入到结决算审核流程中。业务部门在线提交工程资料,审计人员审核后发给审计机构,审计机构通过移动终端核实资料,查看现场,出具审计报告,回传至审计部,审计人员确认完成在线审计过程。

二是进度可控,管理定责到人。审计机构接收报审项目后,录入项目负责人,制定工程审计时间范围,审计人员审批后,开展项目审计。制定审计时间红黄牌制,自动对在审超时项目标示红黄牌,通过量化数据加强对审计中介机构的管理。

三是规范评价,考核客观公正。设计"报审偏差率""审计报告一次规范率"等13个可量化考核指标,通过系统自动统计发布。制定结算审计报告标准化模板,在线实施报告双重复核和背靠背交叉复核,使审计报告质量显著提升,内容更充实,支撑更充分。

四是远程跟审,现场全面掌控。审计机构接到派工后,需要在"工程审计App"中制定并上报现场勘察计划,审计人员可通过"工程审计 App"的远程视频跟审功能,实时检查审计机构在工程审计现场履职情况,并对现场安全、工作质量、工程实情等进行实时掌握。从而克服传统工作模式下对审计机构的"散养"式管理,实现工程审计现场100%到位监督,有效防止了工程信息不真实、审计机构履职不到位的风险。

(四)聚焦"全方位",提供形式多样的智慧工程审计服务产品

监督是审计工作的基本职能,服务是审计工作的价值追求。智慧工程审计管理体系的价值,要通过提供服务产品来进一步彰显。履行服务职责、发挥服务职能,就是针对国家重大政策、公司决策部署、工程管理需求,将工程审计的成果及时转化为工程项目事前事中的风险提示和合规预警,从而更好的服务公司决策、帮助专业管理,进而提升审计效能。

1.探索"工程+专项"有机融合的"微审计"服务形式

将工程审计与专项审计有机结合,在结算审计过程中关注工程管理风险,对于存在的突出问题转入专项审计关注范围,并以"微审计"的形式,瞄准问题点,派出1-2人的精干力量,对问题进行快速核查,即时提供审计结论和审计建议。对于尚未形成问题或是能够立查立改的情况,下发《管理建议书》,提出优化建议,指导被审计单位立查立改。不能立即整改的情况,则下发《风险提示函》,揭示其存在的问题,并予以跟踪督办。对于具有普遍性的问题,必要时调整年度审计计划,对问题涉及领域重新进行审计项目立项。

2.设置"咨询+指导"工程审计服务窗口,提供业务帮扶

创新开设审计咨询服务窗口。开通热线电话、固定邮箱,借助视频交互系统,

接受各专业、各单位工程项目审计咨询，为各专业、各单位遇到的难点、疑点提供常态化审计服务，从审计专业角度提供审计建议。建立窗口人员直接答复、审计专业研究答复、业审协同会商答复“三级响应”工作体系，为规范开展业务提供咨询服务，更好地发挥了内部审计“防未病”作用。在公司集中冬训班、生产专业业务培训、青年干部培训班等培训活动中派出审计人员作为讲师，针对工程审计中发现的典型性、普遍性问题做案例分析，指导工程项目管理单位更好的合规履职。

3.建立“审计＋专业”监督联席会议机制，共享审计成果

强化监督体系内外两个协同，制定公司《关于建立监督服务体系联席会议工作机制的意见》，建立监督体系联席会议工作机制，每年召开联席会议不少于4次。会上审计部门通报工作计划、工作成果，提示内外部监管重点、审计发现风险点，业务部门介绍最新政策制度、业务模式和监督需求，实现“专业＋监督”政策业务和问题风险互联互通，问题风险及时研判，从而发挥“1＋1＞2”的作用，促进“上审下”管理体制在横向上管控到边，协同完善公司治理体系、提升治理能力。以《工作联系单》《移交资料事项清单》为载体，部门间及时通报相关监管事项和监督成果，实现信息共享、成果共用、重大事项共同落实。

三、基于“四全三化”的智慧工程审计管理体系构建的成效

（一）社会效益方面

基于“四全三化”的智慧工程审计管理体系构建后，促进公司审计专业求实笃行，拓展工程审计监督范围，提升工程审计监督质效，经推广，在国网济宁供电公司层面得到全面应用。在2022年以来努力克服报审工程项目繁多、疫情防控形势严峻的“双峰叠加”压力，攻坚克难、精细管理、挖潜增效，采取严控计划、市县一体、线上线下同步推进等措施，保质保量、稳中有进完成全年工程审计任务，有效助力了公司投资领域增收节支，保障业绩指标进位争先。

一是工程审计管理效能进一步彰显。通过前移审计关口，强化风险预警。搭建工期与工程量逻辑分析、物资与工程量逻辑分析、单位容量造价分析、典型设计执行分析等14个预警审计模型，开展事中“预警审计”“微审计”等42次，下发《预警审计工单》《管理建议书》《风险提示函》等60余份，提前预警并规避未竣工先报审、工程质量不合格等风险，有效发挥审计第三道防线作用。特别是原本分散管理的县公司工程审计转变为市县一体集约管理模式，实现监督100％覆盖。

二是工程审计管理质量进一步提高。通过开发应用一平台＋一终端，改变了

依托纸质资料的传统审计模式，根据报审计划远程跟审，实现了“项目线上报审、中介线上派工、现场勘察定案”的结算审计线上全链管理，强化了对工程审计现场的监督和对审计中介的在线管控，初步形成工程项目结算审计“进度可视、质量可控、标准统一、风险预警”的新业态。

三是工程审计管理效率进一步提高。通过市公司层面的统一推动应用，近一年来1280个项目全部纳入工程智慧平台和“工程审计 App”管控，发挥了积极有效的作用，平均定案时长由36天压减至17天，提前发现并预警工程方面问题63个，审计项目线上到位率100%。通过运用“远程跟审”管理方式，疫情期间14项工程的现场审计全部实现“零滞后”。

（二）经济效益方面

在基于“四全三化”的智慧工程审计管理体系下，审计任务承载能力、风险辨识能力、效能分析能力得到强化。本成果实践一年来，合计通过审减、纠弊实现增收节支，合计增收节支约1.96亿元。具体来说：一是完成1280个工程项目报审及结算定案，相较原始报审值审减1.81亿元，有效保障了公司工程资金的精准支出，取得了显著的经济效益。二是发出工程审计预警工单19张，避免损失约87万元。三是发出工程立查立改通知书23份，追缴、避免损失约1440万元。

成果创造人员：周成轩　陆　明　张博宇　赵　莉　张炎鹏　刘明智　陈　强

文化建设与人才管理篇

大型电网企业基于能级评价的一线员工活力激发管理

国网山东省电力公司

摘要:国网山东省电力公司通过构建能级评价激励体系,营造"为能付薪"的氛围,有效提升员工安全素质、业务技能和薪酬待遇,引导员工扎根一线、立足岗位成长成才,为公司安全生产和高质量发展提供坚实保障。

为贯彻国家高技能人才发展战略、推动企业高质量发展、满足广大员工职业发展的需要,国网山东省电力公司(以下简称"山东电力")以能级评价为抓手,全面应用公平理论、马斯洛需求理论,有效激发一线员工活力。一是坚持"目标导向、问题导向、结果导向",通过全方位调查研究,明确一线员工活力激发管理着力点;二是创新建立以安全、能力、贡献为导向的能级评价激励体系,科学设计评价体系、评价标准、评价流程等,对员工进行全方位、多维度评价,实现"精准画像";三是创新构建三维薪酬分配激励体系,依据员工能级评价等级、工作质量、业绩贡献等多种要素,实现"精准激励";四是配套建立支撑保障措施,确保一线员工活力持续激发。

一、大型电网企业基于能级评价的一线员工活力激发管理的背景

(一)激发一线员工活力是贯彻国家高技能人才战略的要求

2022年,中共中央办公厅、国务院办公厅印发《关于加强新时代高技能人才队伍建设的意见》,明确技能人才是支撑中国制造、中国创造的重要力量,加强高级工以上的高技能人才队伍建设,对巩固和发展工人阶级先进性、增强国家核心竞争力和科技创新能力、推动高质量发展具有重要意义。《意见》提出,以行业企业为主体,健全高技能人才培养体系。一线员工作为电网企业技能人才队伍,是

新时代和新发展阶段必须高度重视的力量，需要全方面加强培养，充分激发队伍活力，引导其主动提升素质能力，以实际行动全面落实“技能中国行动”。

（二）激发一线员工活力是实现电网企业高质量发展的需要

当前，我国经济发展正处于增速换档期，对用电需求产生较大影响，电网企业发展面临严峻内外部双重挑战。从外部看，随着电价市场化改革和新兴业务的不断发展，公司经营模式深刻变化，经营创效、优化营商环境的压力日益增加；从内部看，“三项制度”和“放管服”等改革不断纵深推进，企业传统利润日益降低，而电网规模快速增长，人员承载能力不足矛盾日渐突出。为此，必须坚持创新驱动，用创新破解难题，激发员工干事创业热情，引领公司高质量发展。通过更好地激发一线员工的内生动力，推动一线员工能力与素质持续提升，营造“公平、公正、公开”的职业发展通道体系，助力公司提质增效、高质量发展。

（三）激发一线员工活力是满足广大员工全生涯发展的需要

随着互联网和经济社会的快速发展，电网企业对高质量人才需求不断增加，逐年引进高学历优秀毕业生。随着员工学历水平普遍提高，员工追求不只是工作报酬，更是自身的职业发展和工作获得感。当前，公司部分单位“能者多劳、多劳多得”的全方面激励机制落实不到位，“干多干少都一样”等现象依然存在，一线员工获得感、荣誉感不强，加之班组负担逐渐显现，一线岗位吸引力下降。特别是基层一线人员从事岗位差异性较大，工作内容复杂，专业特点不一，从而急需一种新的评价方式，从更加“科学、公平”的角度，全面评价员工所处环境、素质能力和工作业绩，最大限度激发一线员工潜能，激励员工由“推着干”向“抢着干”转变，引导员工扎根一线、成长成才。

为解决企业以前各专业、各单位自行组织评价、标准规则不同、结果应用不力等问题，更好地发挥激励作用，组建柔性团队。开展一线员工能级评价管理机制研究，创新构建了以安全、能力、贡献为导向的能级评价激励体系，科学设计评价体系、评价标准、评价流程等，对员工进行全方位、多维度评价，实现一线员工安全素质、业务技能、薪酬待遇“三提升”。

二、大型电网企业基于能级评价的一线员工活力激发管理的主要做法

山东电力坚持“目标导向、问题导向、结果导向”，大兴调查研究之风，明确一线员工能级评价管理着力点。创新建立能级评价激励体系，科学设计评价体系、

评价标准、评价流程、考核激励等，对员工进行全方位、多维度评价，实现“精准画像”，同时将能级评价结果全面融入员工发展各个方面。健全组织体系、管理体系、技术体系，建立支撑保障措施，促进一线员工活力全面激发。

(一)坚持“三大导向”引领，明确一线员工活力激发着力点

1.坚持目标导向，分析问题产生的根本原因

围绕“阻碍一线员工活力激发”这一目标，山东电力从人力资源管理理论视角分析其根源，分析其产生主要原因。美国著名心理学家亚当·斯密提出了“公平理论”，其核心内容是“激励基于员工感知的公平感”，用中国古话换言之即“人不患寡而患不均”。因此，解决问题的关键方法在于，通过一种全方位科学合理的评价方式，因此，公司对员工进行“科学画像”，对“能者多劳”予以认定，从而为“多劳多得”奠定基础。

2.坚持问题导向，探寻问题产生的表现形式

公司采取“问卷调研＋实地调研”相结合的方式，全面了解一线员工活力激发受阻的表现形式。问卷调研方面，通过开展问卷调研，形成“问题清单、责任清单、典型清单”，全方位显现影响一线活力激发的表现形式。实地调研方面，通过座谈交流、听取汇报、资料查阅、实地走访等方式，对基层班组进行深入了解，对热点、难点问题进行探讨与交流。经过调研，公司认为影响一线活力激发的原因主要有两点：一是一线吸引力不足，二是薪酬分配未按能力拉开差距。

3.坚持结果导向，提供满足需求的针对方案

美国心理学家亚伯拉罕·马斯洛提出的经典“需求层次理论”认为，人的需要由生理需要、安全需要、情感需要、尊重需要、自我实现需要等五个等级构成。因此，公司围绕“员工画像”评价结果，再针对一线员工职业发展的全过程诉求，从各个需求方面进行科学设计，制定针对性解决方案和具体措施。

(二)统筹机制建设，构建一至五级评价体系

1.明确三大培养方向

山东电力以能力素质提升为导向，以全业务核心班组建设为目标，明确人才培养方向，引导员工提升技能水平。结合生产各专业特点，分为复合人才型、全业务链条型和全天候技能型三个培养方向。

(1)复合人才型。针对需要业务复合或融合的变电运维、自动化运维、变电二次检修专业，通过相应的理论、实操技能培训，促使一线员工具备相近专业知识与技能，能够从事两个及以上相近典型岗位工作，打造“一专多能、精一会二懂三”的

高素质人才队伍。

(2)全业务链条型。针对需要具备全部业务自主实施能力的变电检修、输电、配电专业,加强员工本专业理论知识与实践能力培养,全面提升员工全业务链条的自主实施能力,打造“业务全面、技能精湛、结构合理”的高素质人才队伍。

(3)全天候技能型。针对需要开展轮值工作的主(配)网调控运行专业,强化电网结构、系统方式、保护配置、设备运行等专项理论与调控操作、风险分析、故障处置、设备监控等专项实操的培训,切实提高员工电网(设备)运行驾驭能力,打造“专业视野开阔、电网调控能力强”的高素质人才队伍。

2.明确四方职责分工

明确人资、安监、运检、调控各专业职责分工。坚持专业协同,人资专业统一规划设计能级评价实施路径;设备、调控专业按照“谁用人,谁培养”理念,明确员工培养目标及内容,组织开展能级评价;安监专业做好安全评价监督管理,推进安全等级评价工作同步落地。同时,坚持分级管理,公司专业部门组织五级员工评价,市公司级单位组织一至四级员工评价。

3.明确五级培养目标

公司根据员工的安全素质、业务技能、工作年限、综合表现等要素,对员工的安全、专业水平进行全面评价,根据评价结果由低到高分为一至五级员工。

一级员工需具备本专业中级工技能等级或助理工程师职称,且从事本专业工作满 2 年,能够独立承担部分简单的专业工作(专业入门)。

二级员工需具备本专业高级工技能等级或助理工程师职称,且从事本专业工作满 3 年,能够独立承担全部简单工作以及部分较复杂的专业工作(专业熟练)。

三级员工需具备本专业技师技能等级或工程师职称,且从事本专业工作满 4 年,能够独立承担全部较复杂的专业工作(专业骨干)。

四级员工需具备本专业技师技能等级或工程师职称,且从事本专业工作满 6 年,能够独立承担全部较复杂的专业工作,能够组织实施技改大修项目,具备师带徒的能力和素质(本单位业务能手)。

五级员工需具备本专业高级技师技能等级或高级工程师职称,且从事本专业工作满 8 年,能够独立承担全部专业工作,掌握技改大修项目储备、实施流程管理,能够独立组织实施技改大修项目,具备师带徒的能力和素质(省公司级及以上业务能手)。

(三)突出专业主导,细化专业培养评价标准

山东电力在充分调研基础上,结合业务融合实际,针对参与能级评价的岗位

目录，结合岗位职责，以人才结构全面优化为目标，从安全素质、业务能力、工作业绩和综合表现评价四个维度，制定详细的评价标准，实现可量化、可操作、可普及。

1.制定重点培训评价目录

各专业建立统一的重点培训目录，并且对一至五级员工制定不同的重点考核项目，级别越高，越有一些专属的考核项目。以变电检修专业为例，一级员工需要具备充油设备简单渗油处理、设备接头发热处理、设备清扫检查这3项基本检修技能，二级员工需要具备20项检修技能，三级员工需要具备36项检修技能，四级员工需要具备45项检修技能，五级员工需要具备52项检修技能。

2.制定安全素质评价标准

注重员工安全能力素质考核，树牢“大安全”理念，确保安全可控、能控、在控。安全素质考核包括必备知识、必备能力。必备知识包括习近平总书记安全生产重要论述、安全生产法、电力安全工作规程等安全知识，以及“五级五控”、变电“五通”、近三年国网事故通报、新技术应用要求、技术规范、通知通报等制度标准要求及设备结构、原理等基础知识。必备能力包括触电紧急救护、检修作业现场风险辨识、违章识别、隐患排查、一次设备检修、试验、异常处置等业务。

3.制定业务能力评价标准

采取轮岗学习、专题培训、一对一跟班、跨岗交流、参与新建/改造工程等形式，充分应用现有培训设施及方式方法，针对性开展理论、实操培训，并对员工的业务能力进行评价，评价方式分为理论考试、实操考核。以变电检修专业为例，变电检修班包括设备验收、巡视作业、日常运维、缺陷处理、应急抢修、隐患排查治理、通用检修作业等13个项目，以及变压器、断路器、开关检修等专业培训项目88个；电气试验班包括设备验收、缺陷和故障处理、状态评价等3个项目，以及组合电气试验、互感器检测、电容器试验等专业培训项目61个。

4.制定工作业绩评价标准

工作业绩评价包括班组业务贡献度、辐射带动能力、重大缺陷和隐患发现处置能力等内容。

(1)班组业务贡献度

根据日常工作量，结合工作难度、风险系数等进行计算积分，公式如下：

$$贡献度积分=工作票类型系数\times工作角色系数\times工作风险等级系数\times参与工作天数$$

(2)辐射带动能力

包括作为技术负责人带领班组成员开展项目自主实施情况、师带徒技艺传承情况以及作为讲师参加培训授课情况。

(3)重大缺陷、隐患发现处置能力

统计员工近三年发现(处置)设备、电网重大隐患,根据重要程度及工作难易度进行赋分。

5.制定综合表现评价标准

综合表现评价包括政治素质、职业精神、工作态度、安全意识、创新能力及工作贡献度等内容。由评定小组对员工的政治素质、职业精神、工作态度、安全意识、创新能力、工作贡献度等进行评价。以0.5分为最小差值,按照一个分值不得超过20%进行强制分布。

(四)统一分级管理,明确员工能级评价流程

1.实行分级管理,统一评价流程

坚持"分级管理,放管结合"的原则,各专业协同配合,省、市、县上下联动,有序开展能级评价工作。一至四级员工评定,先由市公司业务机构、县公司进行初评,完成基本条件审查、工作业绩评价、综合表现评价等后,再由市公司专业管理部门进行核定。安全素质及业务能力考核按照集中和分散相结合的方式统一组织,市公司专业管理部门组织一至四级员工评定理论考试和实操考核。省公司专业管理部门组织开展五级员工评定,开展五级员工评定理论考试和实操考核。

2.实行强制分布,明确评定比例

为了确保优中选优,公司对一至五级比例统一进行强制分布,按照金字塔形设置评定比例,一至四级员工总数分别不超过市县参评总人数的30%、20%、20%、10%,五级员工总数不超过全省参评总人数的5%,构筑技能人才"金字塔",建立良好的技能人才梯队,促进人才正向流动和良性竞争,为公司高质量创新发展注入持久力量。

3.实行聘任管理,年度动态调整

为确保能级评价各项工作的有效执行及科学管理,推动一线员工活力持续激发,对各级员工采用聘期制动态管理,聘期两年,期满后重新组织评聘。聘任前,组织签订履职合约,明确聘用期限、激励标准,设置解聘条件、降级条件等内容。聘任期间,执行"挂牌亮级",在信息公开栏内展示员工能级。将年度违章记分、安全事件、电力安全工作规程考试结果等纳入聘任"红线",对于出现相关情形的员工,予以降低能级直至解聘,确保"能上能下",实现能级评价动态管理。

(五)设计模型系数,建立三维考核激励体系

坚持"按能付薪、按量付薪、按绩付薪"的原则,建立三维考核激励体系,按照

不同能级标准确定激励基数，根据考核周期内“工作质量”和“工作业绩”进行量化积分排名确定考核系数，通过三维考核，实现“能者多得、多劳多得、绩优多得”。

专项补贴由能级激励基数、工作质量系数、工作业绩系数计算得出，计算公式为：

专项补贴＝补贴基数×工作质量系数×工作业绩系数

1.按“能”付薪，实现“多能多得”

根据不同能级制定不同的激励标准，各级别员工根据能力大小不同合理拉开收入差距，实现了“按能付薪”。

2.按“量”付薪，实现“多劳多得”

根据个人考核周期内工作质量得分确定，工作质量得分在0～10分，分别取值0.3～1.0。工作质量得分为10分，取值1.0；工作质量得分8(含)～10分，取值0.7；工作质量得分6(含)～8分，取值0.5；工作质量得分6分以下，取值0.3。

3.按“绩”付薪，实现“绩优多得”

根据个人考核周期内业绩确定，按照工作业绩积分由多到少分为三档。按照积分排名在本班组前40％、40％～70％、后30％，分别取值1.0、0.7、0.4。

(六)健全保障体系，推动员工活力持续激发

1.建立“顶层设计＋统一规划”的组织体系

公司全面实施一线员工能级评价工作，促进一线员工活力激发。通过履行决策程序，明确能级评价、职业发展、员工激励、评优评先等工作总体要求。建立柔性团队，加强政策宣贯培训，打造一线员工扎根一线、成长成才、活力迸发的主阵地，形成公司上下同心的“合力”。

2.建立“建章立制＋系统实施”的管理体系

明确一线员工活力激发相关要求，并先后出台相关专项文件，严格考评标准，结合评价结果制定针对性提升措施，持续推动基于能级评价的一线员工活力激发工作落地落实。各专业协同配合、定期研究、专项推进，省、市、县三级上下联动，全力推进能级评价体系建设工作。

3.建立“数据监控＋决策分析”的技术体系

开发薪酬大数据系统，深入研究薪酬业务与数据的关系，构建基于管理制度和规则标准的大数据分析模型，深化“三步辅助”决策机制，在薪酬分配一线倾斜度、绩效工资标准差、一线与非一线收入对比等指标决策方面进行应用，全面监控实施能级评价的一线员工薪酬待调执行情况。

三、大型电网企业基于能级评价的一线员工活力激发管理的效果

（一）突出精准激励，一线员工干事创业热情更足

通过开展能级评价，对员工进行“精准画像”，使薪酬分配向一线精准倾斜。统一设置考核模型，对每个人的工作质量和工作业绩进行综合考评，根据个人考核周期内工作质量和工作业绩得分排名确定考核系数，并根据各级别员工能力大小不同合理拉开收入差距，实现“能者多劳，多劳多得”，避免了“良莠不分，大水漫灌”，大力激发员工干事创业的热情，员工队伍活力全面激发。

（二）聚焦能力提升，一线员工职业成长通道更宽

突出“不唯学历，不唯资历，只唯能力”，为一线员工搭建了基于能力提升的职业成长通道，营造了“为能付薪”的良好晋升环境，激励一线员工不断提升自身能力和业绩，实现核心业务“自己干”“干得精”，常规业务“干得了”“管得住”，打造了一支技艺精湛、业务全面、素质过硬、结构合理的高素质人才队伍，构建了以高端人才为引领、技能人才为中坚、青年人才为后备的“雁阵”新格局，持续推动公司高质量发展。

（三）营造良好氛围，一线员工岗位成才意愿更强

通过能级评价开展“公平、科学、合理、全面”激励，一线员工主动“比学赶超”，自我加压，在企业内部营造了“为能付薪”的良好氛围，企业基层班组对青年人才的吸引力和凝聚力更强。通过调查问卷、实地走访等方式调查员工对工作满意度和认同度显著提升。一线员工立足岗位成才意愿更强，为公司高质量发展和安全生产提供了坚实保障！

成果创造人员：王　萌　赵秉聪　张　健　王亚飞　姜　腾　迟　艳　董克前

健康中国战略下以“四项行动”为基础的企业职工健康服务管理

山东中烟工业有限责任公司济南卷烟厂

摘要：健康是促进人的全面发展的必然要求，是经济社会发展的基础条件。党的二十大报告中指出，人民健康是民族昌盛和国家强盛的重要标志，把保障人民健康放在优先发展的战略位置，完善人民健康促进政策。面对新时代下的健康中国建设新要求、新挑战、新诉求和新趋势，山东中烟工业有限责任公司济南卷烟厂以打造高质量职工健康水平为目标，以提高职工健康水平为核心，以“健康中国建设战略”为契机，围绕职工健康知识普及、职工运动参与、职工心理健康和职工关怀慰问四大维度，通过打造以“健康传播”“健康运动”“阳光心态”“健康关怀”四项健康行动为主要内容的“健康济烟行动”，强化“企业大家庭”思路，建立职工健康促进行动与管理体系，营造健康生活方式的支持环境，普及身心健康生活方式相关知识，提供身心健康生活方式指导，培养职工健康意识，提高职工的健康生活水平和生活质量。

山东中烟工业有限责任公司济南卷烟厂（以下简称“济南卷烟厂”）始建于1928年，现为山东中烟公司直属的非法人生产厂，是全国烟草行业重点骨干生产企业，是全国四家雪茄定点生产厂之一。2007年由历城区将军路80号整体搬迁到现址。厂区占地84公顷，主要设置有3条叶丝生产线，36条卷包生产线，33台（套）雪茄卷制设备，14台（套）雪茄包装设备，具备年产百万箱烟草制品的生产能力。企业内设20个职能部门和4个生产车间，现有在岗职工1324人。曾荣获全国“五一”劳动奖状、全国思想政治工作先进单位、全国设备管理先进单位、全国烟草行业先进集体、山东省质量奖、济南市明星企业等多项全国、省、市、行业最高荣誉和专项荣誉。

一、实施健康中国战略下以“四项行动”为基础的企业职工健康服务管理的背景

（一）实施职工健康管理是职工个人幸福美好生活的迫切需求

近年来，职工健康问题越来越凸显。随着科学技术高速发展，网络对人的工作和生活影响越来越大，正常的饮食及生活规律被打乱，作息时间得不到保证，个人平时又缺少锻炼，身体素质下降。不健康的饮食习惯、经常喝酒、抽烟等均可能造成身体出现健康问题。世界卫生组织报告显示，60％的慢性病的发生与不健康的生活方式有关。高血压、高血脂、糖尿病、超重和肥胖患者逐年递增，且越来越趋于年轻化。个人不善沟通、心态出现偏差、家人关系或职工关系出现争端等诸多问题，在心理上的打击导致身心健康出现一些问题。一旦发生重大身体或心理疾病，甚至导致职工死亡，对职工人身健康安全和家庭生活将造成重大负担。因此，良好的职工健康管理，保证职工身心健康对职工个人幸福美好生活具有重要意义。

（二）实施职工健康管理是企业高质量发展的迫切需求

随着经济社会的快速发展，如何提高企业的竞争力，提高职工的劳动生产率，减轻企业经济负担，变得愈发迫切。企业职工是企业生产和发展最重要的因素、最珍贵的财富、最核心的资源。让企业对职工的关怀落到实处，做到提前防范，降低职工发病率和改善亚健康状态，真正落实以人为本的理念，在企业内创造一个让职工身心愉悦的环境，对促进企业的健康发展与职工的全面发展有着重要的现实意义。如何帮助职工化解压力，正确调整心态，积极应对压力与挫折，被越来越多的企业重视。只有坚持把以人为本、以职工为本的精神体现到具体工作中，才能充分调动广大职工的劳动热情，积极主动为企业生产经营献计出力，与企业同舟共济，为实现高质量发展建功立业。按照全面协调可持续的要求，以统筹兼顾的方法去决策，积极开展服务企业、服务职工的相关工作，把企业利益与职工利益紧密结合起来，把职工健康管理放到企业发展的重要位置，在促进企业发展中维护和实现职工权益，是新时代实现企业高质量发展的必然举措。

（三）实施职工健康管理是各级工会组织实现工作突破的迫切需求

长期以来，各企业工会组织把服务职工群众作为工会重要的工作职能，在服务职工群众方面进行了不懈的探索创新，在团结和凝聚职工群众方面发挥了重要

作用。习近平总书记在工会十五大致辞中指出，各级工会要进一步发挥工会组织贴近基层，贴近职工的优势，增强服务职工意识，提高服务职工能力，完善服务职工手段，拓展服务职工领域，形成服务体系，努力为广大职工办实事，做好事，解难事，不断丰富、发展和完善长效机制。服务职工、服务企业是工会服务大局的重要着力点，面对新阶段新形势，工会工作要实现新的突破，必须强化"企业大家庭"思路，下大力内练真功、外树形象。切实加强工会自身建设，提高服务水平，关心职工生活，关心职工身心健康，为职工办好事，在维护职工身心健康等根本的利益上办实事。工会在开展服务职工活动中，只有立足当前，着眼长远，健全机制，努力推动服务职工活动的规范化、常态化，建立职工健康管理工作的长效机制，真诚服务于广大职工，才能使工会真正成为职工合法权益的代表者和维护者，真正成为让干部职工感受到温暖的心灵之"家"。

二、健康中国战略下以"四项行动"为基础的企业职工健康服务管理的主要做法

（一）统筹规划，明确"健康济烟行动"总体规划

济南卷烟厂党委严格落实《"健康中国 2030"规划纲要》，紧紧围绕健康中国建设总体要求，认真落实党中央、国务院决策部署，结合企业实际，坚持以人民为中心的发展思想，牢固树立和贯彻落实新发展理念，以提高职工健康水平为核心，以普及健康生活、优化健康服务、完善健康保障、建设健康环境为重点，把职工健康摆在优先发展的企业战略地位，立足企业实际，将促进职工健康的理念融入企业相关政策制定实施的全过程，加快形成有利于健康的生活方式、工作方式和企业高质量发展模式，实现职工健康与企业效益良性协调发展。

"健康济烟行动"筹划前期，济南卷烟厂党委召开专题会议，明确工作主题和主要任务。在深入一线基层职工充分调查研究的基础上，确定了以"八大健康"（健康文化、身体、心理、职场、饮食、生活、女性、保险）建设为抓手，以"四项行动"（健康传播、健康运动、阳光心态、健康关怀）为主要内容的工作方案，确定各项子方案的具体责任人，充分发挥党、工、团基层组织优势作用，形成推进合力，有力提升工作推进力度，最终实现打造"稳定、和谐、健康"济烟的目标（见图 1）。

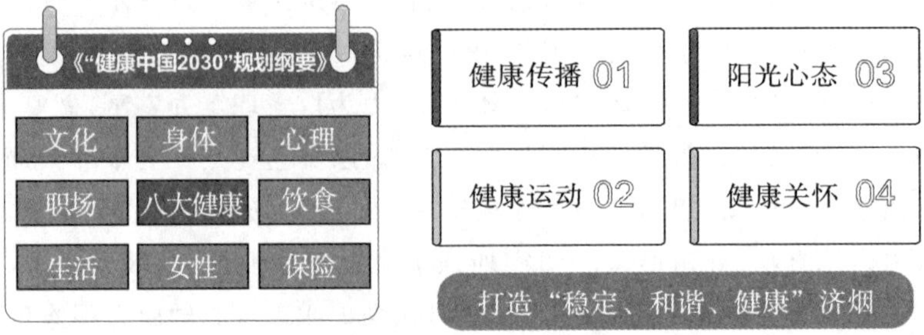

图 1　济南卷烟厂"健康济烟行动"总体规划

(二)建章立制,建立"健康济烟行动"管理机制

济南卷烟厂党委把"健康济烟行动"纳入企业年度重点工作任务,与企业其他重点业务工作同部署、同监督、同落实,一体化统筹推进。成立管理推进机构,建立健全推进机制,确保总体规划有序推进、有效落实。

1.成立管理推进机构

在企业层面,第一时间成立由党委书记、厂长为组长,副厂级领导为成员的"健康济烟行动"领导小组,负责整体规划和目标任务的领导、决策和资源配置、后勤保障等工作。领导小组下设办公室,由工会主席为主任,工会办公室、行政管理处、安全保卫处、企业管理处、计划调度处、团委、离退休人员服务处和各生产车间等部门负责人为成员,主要负责具体工作实施方案制定,组织培训、指导、检查和考核等工作,形成了以上带下、层层推动的领导体制和工作机制。在处室、车间层面,成立"健康济烟行动"具体推进队伍,由工会干部、团干部和综合干事等骨干力量组成,主要负责方案的具体实施以及推进过程中发现问题的收集、总结、反馈。设置"健康济烟行动"网格员,将职工按工段、班组、岗位分片划区,协同推进工作开展,做到工作有部署、基层有落实,确保全员覆盖、全员参与。

2.建立健全推进机制

济南卷烟厂建立健全以领导决策、分工落实、督办评价、综合考核、阶段奖励为主要内容的全过程闭环推进机制,推动工作任务环环相扣、步步落实。健全领导决策机制,建立以党委会、领导小组专题会、工委会为主,以安委会、生产调度会、团委例会为辅的常态化领导决策机制,第一时间调度工作进展、研究工作难点、部署工作任务。健全分工落实机制,制定工作推进方案及配档表,明确各部门目标任务、责任人及完成时限等内容,以旬报、月报为抓手,推动形成各司其职、各负其责、合力推进的工作格局(见图 2)。健全督办评价机制,将会议研究确定的任务作为重点督办内容，狠抓不落实的落实，对不落实或落实效果差的予以提醒，并限期整改完成，为工作有序推进目标顺利达成提供保障。健全阶段奖励机制，按计划分类别、分批次开展各项健康活动，阶段性完成后立即给予完成者精神和物质奖励，持续提高职工积极性和参与度。

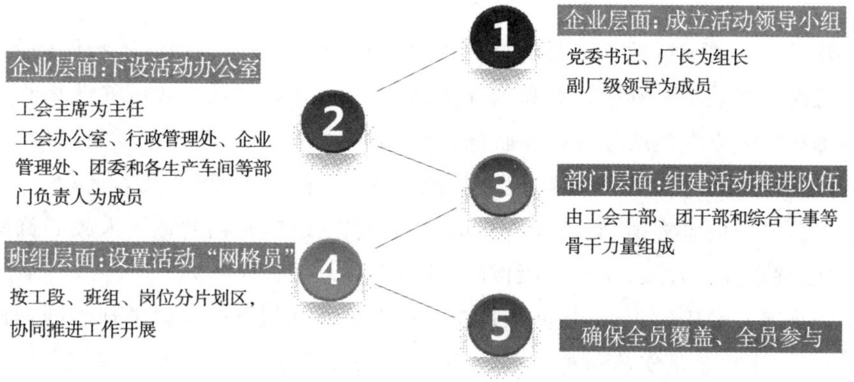

图 2　济南卷烟厂“健康济烟行动”推进管理机构

（三）精准谋划，搭建“健康济烟行动”健康服务管理体系

济南卷烟厂着力建设职工健康关怀和健康服务工作机制，通过制度设计布局引导职工主动关注健康、主动参加活动、主动调整心理状态；建设职工大健康服务保障平台提供精准诊断和指导，开展多元化开展健康传播行动，辅导员工形成正确的健康认识和观念，多形式开展丰富健康运动行动转变员工的行为，多维度开展积极的心理观察、心理辅导和咨询营造职工健康心态，通过健康关怀行动解决健康保障问题；充分利用互联网大数据资源，调动群团组织各项优势，营造健康生活方式的支持环境，普及健康生活方式相关知识，提供健康生活方式指导，培养职工健康意识，提高职工的健康生活水平和生活质量，从而形成愉悦、轻松的工作氛围，引导职工做健康快乐济烟人，持续助推企业职工身心健康可持续发展。

1.搭建职工大健康服务保障平台

在当代职工医疗健康管理保障系统中，职工体检数据、职工就医数据和职工职业病数据发挥着极为重要的汇总分析作用。济南卷烟厂适应时代发展，以“智慧工厂”建设为契机，利用现代化网络优势，聚焦互联网、大数据、人工智能，对与职工健康相关的底层大数据进行总结和管理。通过数据处理和分析，构建职工健康教育系统、动态健康控制系统、职工年度健康体检系统、职工医疗服务系统、职工疗休养系统、健康服务管理系统等职工健康服务保障平台和多种数字化智能健康应用。职工健康服务保障平台是构建数字化智能健康管理服务系统的基础和枢纽，内容包括健康教育、特色功能和管理功能。通过职工大健康服务保障平台，实现数据直达职工身边。平台通过对接多种形式实现数据回传管理分析，职工个人能实时查阅体检报告、疗养信息、健康运动情况、自助检测数据等，搭建数字化、信息化健康管理服务管控体系。

2.多元化开展健康传播行动

开展职工健康行动首先要解决职工思想认识、生活观念和健康技能的问题。济南卷烟厂建立职工健康教育和辅导机制，以多元化的活动方式潜移默化改变职工观念和行为方式。通过“网(互联网)、册(手册)、屏(电子屏)、板(黑板报)”多种方式，开展舆论宣传、健康宣讲、应急救援宣讲、职业健康知识普及等活动，帮助职工建立良好的健康意识、储备健康知识、掌握健康技能，从而营造人人关心健康氛围，加强健康知识普及，完善健康保障，建设健康环境。

一是普及健康知识，传播健康理念。掌握健康知识是树立健康理念的理论支撑，践行健康理念是实施健康行为的保障。通过企业微信公众号，制作“相互守望，传递恩情”心理健康主题公众号，宣传心态调节方法，帮助大家在面对压力时纾解消极情绪与错误认知；制作“远离‘甜蜜’，不做‘糖人’糖尿病防控知识”等心血管疾病防控知识主题公众号，普及心脑血管疾病预防知识，提高职工健康安全意识和防控技能；制作“血压要知晓，降压要达标——高血压防控知识”主题公众号及专题 PPT 在各车间大屏幕播放，宣传高血压防护知识，增强职工健康意识。

二是开展健康宣讲，掌握应急技能。健康作为职工生活中最重要的一部分，健康知识的宣传普及对于职工个人和企业都有着重要意义。通过宣传健康知识，可以让职工更加关注自己的身体状况和需要关注的问题，从而提高职工个人健康意识，注重身体保养和调理，预防疾病发生。济南卷烟厂结合企业职工工作实际，针对心脑血管疾病、腰颈椎病等常见疾病，制定年度健康宣讲计划，从山东大学附属医院、山东省中医药大学附属医院等多家医院科室邀请知名专家教授，为职工现场开展专题培训，将健康理疗送到一线职工身边。开展线上健康知识科普，引导职工正确认识疾病，对自身存在异常的指标进行重点关注，及时就医，防患于未然。拥有应急处置的意识和能力，才能尽最大可能避免事故的发生和防止事故后果的进一步扩大，组织各部门职工开展以触电急救、心脏复苏、自动体外除颤器(AED)除颤等为主要内容的应急救援培训；邀请省红十字会专家进行应急救护知识和技能培训，对来自各部门职工进行现场教学；组织职工开展多期应急救护培训，通过模拟演练方式，提高职工应急救护技能；邀请心理咨询专家以“阳光心态与情绪压力管理”为题，为职工进行身心健康宣讲，缓解心理压力。

三是普及防病知识，增强预防意识。疾病预防是职工健康的重要保障，不仅可以减少疾病的发生率，还可以使职工保持健康的身体和愉悦的心情，降低医疗成本和社会负担，提高职工生活质量和幸福感，进一步促进社会和谐和企业稳定。作为大型生产企业，济南卷烟厂利用《职业病防治法》宣传周开展职业卫生宣传，利用展板、大屏幕及微信工作群等线上线下平台，大力开展宣传活动，广泛普及职业病防治知识。邀请济南市卫生健康监督所专家进行职业卫生档案管理、防护用品、职业健康检查、职业病危害等内容的专题培训。组织职工开展职业健康知识培训，针对《职业病防治法》、职业卫生管理等内容进行授课。通过卡片、手册等普及各类身心疾病防治知识，印发《心理健康教育指南》和《心脑血管疾病防护指南》知识宣传手册，传播普及心理健康和心脑血管疾病防护知识，为职工身体和心理同步健康提供保障。

3.多形式开展健康运动行动

组织全体职工开展全民健身，不仅适应职工生活全面健康发展的需要，更满足职工日益增长的精神文化需求，促使职工养成良好的体育锻炼习惯，不断增强职工身体素质。开展全民健身的关键在于吸引职工参与运动，从而引导职工享受运动。济南卷烟厂为推动职工“迈开腿”动起来，针对不同年龄阶段、不同身体素质、不同兴趣喜好，利用线上线下多种方式，从活动类型、参与形式、活动难度等多方面设计可全员参与的活动，既包含“健步走达标”等低强度活动，满足全员参与，又包含“球类比赛”等竞技运动，激发青年活力，最大限度满足广大职工群众需求。

一是开展“健康管理达人挑战”活动。活动前利用体脂秤测量参赛人员体重、BMI指数、脂肪指数的初始数值，活动结束后测量最终数值，以初始数值和最终数值计算得分，以竞赛的形式督促职工坚持运动，保持健康的生活方式。

二是开展“百日健身”打卡活动。发动职工前往企业职工之家开展健身运动，鼓励职工坚持连续健身运动5天，并每天将运动现场个人照或小视频上传朋友圈，并配统一文案“全民健身，健康有我，健康济烟行动打卡第×天”，激励职工坚持运动锻炼的同时，在职工朋友圈形成全民健身锻炼的良好氛围。

三是开展系列主题登山、跑步系列活动。组织职工开展“千年古道觅初心，绿色环保见行动”主题登山活动，攀登潘家场村北山，强体健身的同时，随手捡拾垃圾，传递文明环保理念，领悟党员的初心和使命。发动职工自发前往龙洞风景区、华山风景区、潘家场村千年古道等景区开展登山活动，让职工享受身心回归自然的喜悦，领略征服困难的豪气，感受历经艰难达到巅峰后的独特境界和乐趣。组织职工参加环厂跑活动，强身健体、愉悦心情的同时，通过竞赛的形式，增强职工向心力和凝聚力，激励职工以更加饱满的精神迎接新的挑战。

四是开展“泰山之星”杯球类比赛。进一步满足青年体育运动竞技需求，营造运动健康氛围，比赛包含乒乓球、羽毛球、篮球、5 人制足球，基层分会选拔后，统一组织厂工会组织的比赛，丰富职工业余文体活动。通过开展合理的竞技比赛，树立运动标兵和运动明星，进一步提升职工参与运动热情，培养职工的运动爱好和运动追求，同时检验职工运动成果、提高职工运动水平。此外，通过场上竞技，增加职工个人自信，减轻精神压力，帮助职工增强意志，提高心理承受能力和抗压能力。

五是开展限酒行动。宣传酒精对健康和公共交通的危害，各基层工会、直属分会以“限酒”为主题制作黑板报，在公共区域展示。通过典型案例警示教育、限酒文化宣传，纠正职工不良生活习惯，持续扎紧职工底线思维和红线意识，不断夯实职工个人健康和家庭责任观念，保障职工身体健康和家庭幸福。

4.多维度保障职工心态健康

长久以来，人们往往关注生理上或躯体上的疾病，而忽视人作为社会的主体，对社会的适应和感知。随着社会的发展，环境的改变，竞争和压力的增加，职工的心理问题逐渐成为企业需关注和预防的重点。舒缓职工心理压力、实现心理畅通，是现代企业管理工作的新内容、新任务。济南卷烟厂将职工心理和心态管理作为健康管理的重点工作内容，建立职工心理问题发现机制、咨询和辅导机制。通过对职工实施心理健康服务，摸清职工心理健康状况，及时干预职工心理问题，使职工心理压力处于最佳状态，提高工作效率，进而增加企业内部凝聚力推动企业的核心竞争力。

一是完善心理咨询管理配置，优化硬件条件。开展全员的心理管理培训，更正员工针对心理问题的处理观念，打破传统的”不敢说情况、不敢找帮助、不敢去诊断”的观念，形成正确、科学的心理管理认知和理念。不断完善心理咨询室设备设施，购置心理健康沙盘等心理辅导用具设施，丰富职工心理咨询、疏导手段，提高企业应对职工心理问题能力。

二是培养心理健康辅导队伍，丰富排解渠道。聘请专业心理咨询机构培养职工心理问题现象的观察技能，培养企业心理健康辅导队伍，让职工关怀职工。建立职工心理安全管理制度，实施职工心理安全“网格化”动态管理，坚持安全第一、预防为主、综合治理的安全理念，及时发现职工心理波动，及时干预排解疏导，确保心理安全问题早发现、早预警、早处理。建立压力分担和排解机制，在生产、工作过程中关注职工压力过大问题，把压力管理作为重点关注问题，通过及时的工作任务调整、艰巨任务完成后必须安排职工休假等措施，避免出现职工长期压力过大的现象。

三是开展心理健康辅导，塑造阳光心态。积极、健康、良好的心理因素可以有效促进人的身心健康，为积极引导职工正向激励情绪，同山东养成教育咨询公司签订心理咨询服务合同，由专业心理咨询师为企业职工提供线上、线下个案心理咨询服务。邀请济南市总工会特聘心理专家，山东心和茗悦信息技术有限公司专业心理辅导师为新入职员工开展心理健康辅导；邀请人合正道管理咨询（北京）有限公司为职工开展拓展训练，为新员工顺利完成角色转变、培养良好的职业健康心理提供保障。

5.创新开展健康关怀行动

济南卷烟厂本着“想群众之所想，急群众之所急，解群众之所忧”的指导思想，职工积极回应职工关注和期盼，主动解决工作和服务过程中的各种工作问题，建立员工满意的健康保障环境，形成有效的企业对职工健康关怀机制。通过加强企业人文关怀、合理搭配营养膳食、分类定向配餐等途径，丰富职工“被关爱”的形式，精准解决职工所想所盼的问题，有利于增进职工对企业的认同感和归属感，增加企业凝聚力，从而加强企业的发展效能。

一是加强企业人文关怀。积极贯彻落实上级工会有关规定，把节日福利、生日送福、互助互济、离岗慰问等政策落到实处。开展节日慰问工作、“夏送清凉”活动，不断增强职工幸福感。为会员职工申请互助互济大病保障，申领救助金，增强职工健康保障。联系济南企事业单位优质青年，持续搭建交友平台，组织开展线上线下青春交友活动，服务企业单身青年，助力青年职工实现家庭幸福、促进岗位建功。通过系列关怀举措，持续构建企业和谐友爱的人文关怀氛围，增强职工的获得感和幸福感。

二是配备应急救护设施。在充分调研的基础上，明确职工需求，针对职工身心健康所需的条件，提供设施保障。配备自动体外除颤器，分别配置在四个车间和综合服务楼，保证突发心脏骤停职工得到及时有效救护；同时完备职工药箱管理，充实职工药箱“危重急”疾病常备药储备，安排专人教授各类药品适用症状和适用剂量，保障职工应急用药需求。在人员聚集区域设置专门的医疗服务室，配置血压仪等医疗器械器具，培养员工医疗观察器械的使用技能和应急处置技巧。通过药品、医械设施的配备，形成职工健康守护机制。

三是合理搭配营养膳食。济南卷烟厂以健康关怀为引导全面梳理食堂服务管理，开展营养健康食堂专项建设，全面改进食堂服务管理。加大资金投入改造食堂设备设施，以更好的服务职工用餐需求。在服务过程中营造健康饮食宣传氛围，针对职工健康需求，制作“三减三健”健康饮食爱心卡张贴在职工餐厅每一张餐桌上，宣传健康饮食知识，提醒职工低盐、低油、低糖饮食，倡导健康生活新方式。同时提供健康饮食服务改造，在职工餐厅设置低盐低油窗口，增加清淡营养菜品，搭配粗粮和水果，丰富食物种类。通过合理平衡职工就餐营养膳食结构，循序渐进改善职工健康状况，减少主要慢性疾病的发病危险，形成职工主动健康饮食、食堂营养健康服务、企业全力健康保障的良好氛围和工作机制。

四是分类定向配餐。济南卷烟厂关注员工特殊需求，通过分类定向配餐开展精准服务。建立特殊需求快速反应机制，各部门根据本部门职工特殊情况、特殊需求或身体状况，将订餐情况报至行政管理处。行政管理处根据职工需求，协调职工食堂制作适合特殊情况职工口味和身体的饭菜。通过针对不同年龄段、不同健康状态等特殊就餐群体，有针对性和选择性配餐制作，实行职工生日餐、病号餐、孕妇餐等的分类定制，满足职工特殊需求，确保职工需求得到满足，进一步体现企业的人文关怀。

三、健康中国战略下以“四项行动”为基础的企业职工健康服务管理的实施效果

（一）激发了职工运动活力，职工身心健康状况明显提升

通过开展“健康济烟行动”，企业健康管理机制持续得到完善，人人关心健康、重视健康的良好氛围逐步形成，广大职工生活习惯、心理状态、身体素质持续向好。一是通过活动的及时宣传引导，全厂职工思想状况健康平稳，无意识形态、思想波动等问题，身心状态良好。在疫情期间，职工团结一心，思想稳定，为企业夺取疫情防控与生产经营双胜利坚定了信心、奠定了基础。二是职工参与企业体育健身活动积极性明显增强，企业健身房、羽毛球馆等运动健身场地使用人次大幅提升，2022 年同比提升 124.57％。篮球、足球、羽毛球、乒乓球、健身等职工运动协会集体活动频次由每月至少 1 次，提升至每周至少 1 次。三是职工健康管理体重、BMI 指数、体脂率数据得分情况提升明显。经过改造前后数据对比，指标为肥胖的职工中有 72％的人员降低了体重；52％的人员体脂率指标降低，职工健康指标明显提高。

（二）激发了职工工作活力，企业高质量发展再上新台阶

通过开展宣传宣讲普及健康知识、开展有益身心的系列活动、提升职工健康管理等工作，全面呵护职工身心健康。活动内容丰富、形式多样、组织有序，得到了广大职工的一致认可与好评职工干事创业劲头进一步激发。一是培养了职工的健康意识，让职工通过不断的学习健康知识，主动认识到健康的重要意义，在生活上养成一个良好的习惯，身体素质和心理素质得到提高和增强。职工在这种氛

围下，更加感受到企业的人文关怀，提高广大职工的获得感、幸福感、安全感。二是广大职工精神面貌饱满、工作热情高涨，比学赶帮超的氛围越来越浓厚，工作质量和效率持续提升，成效明显。三是职工健康状况提升促进了精神状态和劳动热情的提升，职工将更多精力投入到企业中，进而增加了企业的凝聚力和运行效率，激发了企业发展动力，企业高质量发展再上新台阶。

成果创造人员：李东方　孙伟平　黄　静　程先进　王　涛　李　楷　马　俊

电力科研企业知识型员工职业生涯网格化管理体系

国网山东省电力公司电力科学研究院

摘要:国网山东省电力公司电力科学研究院立足知识型员工队伍建设,突破过去单纯以职级晋升为目标的传统职业生涯规划模式,扩展形成“三通道四序列”网格化的职业通道。以全面提升员工素质能力为导向,以培养“创新型、专业化、高层次”人才为目标,按照“系统性、长期性、动态性”原则,建立形成 PDCA 循环的职业生涯成长体系。打破传统选拔人才理念,转变形成全员培养模式,全力营造“人人都是人才、人人都要成才、人人都能成才”的良好氛围。借助数字化技术手段,实现员工职业生涯平台部署,打通绩效管理、薪酬福利、招聘选拔、培训发展等各个应用环节。实现知识能力与岗位匹配、个人意愿与企业需要融合、充分授权与自我激励并举、梯次培育与代际传承贯通的人力资源管理新格局。通过管理体系的持续优化,国网山东省电力公司电力科学研究院组织业绩及人才效能得到量质齐升,科研创新实现全面突破,为建设知识型员工培养体系提供了可借鉴、可复制模板。

国网山东省电力公司电力科学研究院(以下简称“山东电科院”)前身系 1954 年成立的鲁中电业局中心试验所,是省政府唯一授权的全省电力技术监督机构。作为国网山东省电力公司的业务支撑单位与科研创新的“龙头”单位,山东电科院主要承担着电力技术的监督、服务、研发,以及设备状态检测评估、调度控制运行技术支持和物资质量检测等职能。多年来,山东电科院认真贯彻国家“双创”工作部署,引领电力系统科研创新,大力推进科技成果孵化转化,在网源协调、新能源、电工新材料、职业卫生等领域取得一系列具有自主知识产权、应用前景广阔的科技成果。“十三五”以来,山东电科院累计荣获省部级科技奖励 60 余项、授权专利 900 余项,被授予全国文明单位、全国五一劳动奖状、国家电网科技工作先进集体、山东省富民兴鲁劳动奖状、山东省高新技术企业等荣誉称号。创新始终是山东电科院发展前进的不竭动力，全院上下一手抓科研，一手强管理，以管理体制机制的不断创新带动科研水平的逐步提高，成功打造一支创新意识强的知识型员工队伍。

一、电力科研企业知识型员工职业生涯网格化管理体系的实施背景

（一）这是贯彻落实国家科教兴国战略、强化现代化建设人才支撑的必然要求

教育、科技、人才是全面建设社会主义现代化国家的基础性、战略性支撑，党的二十大报告提出要大力实施科教兴国战略，强化现代化建设人才支撑。国家电网公司作为国家能源系统的重要组成部分，在超高压、特高压技术方面引领世界发展，但部分关键技术“卡脖子”问题仍旧十分严峻。随着智能电网、物联网、分布式电源、电力储能等新技术领域的不断探索，传统的电力技术和知识结构将不能满足业务发展需要。山东电科院作为国家电网公司的下属科研机构，需要通过创新性的员工队伍建设管理工作机制，实施人才结构升级，加快培育高层次紧缺型技术人才，加大新产品新技术研发力度，尽快突破关键领域“卡脖子”环节，切实维护和保障国家战略安全与能源安全。

（二）这是实现战略转型、建设世界一流能源互联网企业的迫切需求

当前，我省大力实施人才兴鲁战略，积极推进“2＋N”人才集聚雁阵格局建设，人才发展支撑保障机制不断完善，已形成资金投入、政策支持、平台支撑、转化赋能“四轮驱动”。此外，随着新一轮电力体制改革的持续推进，国家电网公司的生产经营管理模式需要从传统电能供应商向世界一流能源互联网企业实施战略转型。山东电科院作为国家电网公司设在山东省内的唯一一家科研机构，同时承担着省政府委托的全省电力技术监督服务职责，负责对全省开展电网、火电、新能源等技术监督，使命光荣、责任重大。在新时代背景下，持续优化人才成长环境，将众多的高学历员工培育成高层次的专家型人才是我们当前急需解决的重要问题。

（三）这是构建多元化员工成长通道、实现企业与员工共同发展“双赢”的必要途径

长期以来，国有企业在员工职业生涯规划方面，广泛存在“目标单一、通道匮乏”的问题。电网企业中，人才培育体系多是基于岗位设计，缺乏对个人差异化因素的考量，对于知识水平较高、具有一定技术潜力的青年人才，未能有效地开展科

学的职业生涯引导，职工缺乏良好的职业发展平台和更多维度的晋升空间，人力资源无法长期高质高效的保障企业战略目标的顺利实现。山东电科院是国网山东电力系统中人员学历层次最高、人才当量密度最大的知识密集型单位，拥有博士 82 人，硕士及以上学历员工占比 72.61%。知识型员工具有相应的专业特长和较高的个人素质，具有实现自我价值的强烈愿望，传统的基于岗位晋升的发展通道无法充分发挥激励作用。建立基于素质能力导向的知识型员工职业生涯规划管理体系，分析每个人性格特征、职业能力等差异化因素，结合个人愿望，规划未来发展方向，构建以人为本的多元化员工成长通道，可以增强员工的归属感与获得感，有效激发青年员工的成长动力，提升其综合素质和技术技能水平，强力支撑企业高质量发展，形成企业与员工共同发展的“双赢”局面。

二、电力科研企业知识型员工职业生涯网格化管理体系的主要做法

知识型员工职业生涯网格化管理体系，以提升员工能力素质为导向，以培养“创新型、专业化、高层次”人才为目标，按照“系统性、长期性、动态性”原则，形成完整 PDCA 循环，实现员工纵向贯通、横向联通的网格化职业发展路径（见图 1）。其中，系统性原则指针对不同类型、不同特长设立相应的职业生涯发展通道；长期性原则指职业生涯发展规划贯穿于职业生涯的始终；动态性原则指根据公司发展战略、组织结构的变化与员工不同时期的发展目标进行动态调整。

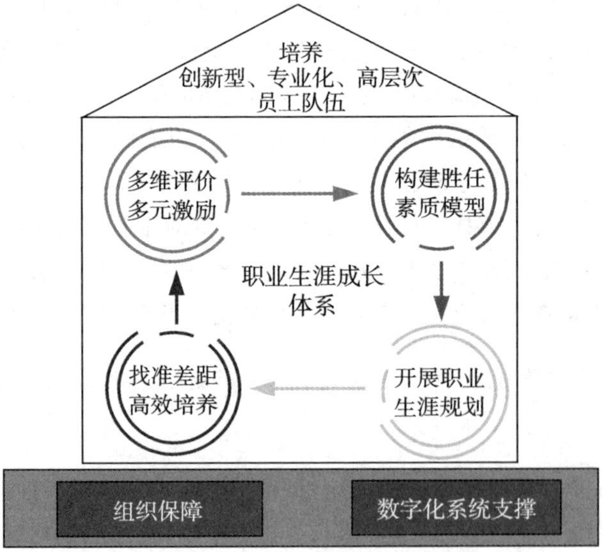

图 1　知识型员工职业生涯网格化管理体系

(一)开展战略设计,合理规划布局

1.明确工作思路

山东电科院强化问题导向,锚定亟待解决的关键问题,系统规划设计职业生涯管理体系:一是当前全院员工队伍建设的顶层设计缺失,整体规划不科学;二是人才工作发展目标不聚焦,服务集团公司重大发展战略的路径不清晰;三是人才引用育留体制机制滞后,优秀年轻干部储备不足,有序更替压力大;四是员工创新意识不强,科研成果转化率低,创新激励力度不够;五是领军人才挖掘培育方法手段不足,有千里马但无赛马机制,高端人才无法“冒尖”。围绕这些“痛点”,山东电科院充分发挥科研思维优势,全面诊断现有人才工作体制机制“卡脖子”堵点问题,同时结合对中国式现代化科研体系的学习领悟,系统科学规划设计全新职业生涯管理体系。

2.提供组织保障

构建院党委统领、人资牵头、专业部门及用工部门相互协调的员工能力素质提升组织体系,组建成立山东电科院员工职业生涯管理与开发工作领导小组,牵头推进落地实施,集聚资源保驾护航。组织体系内各方目标统一、任务明确:院党委负责审定总体实施方案和工作部署,制定重点项目计划,对实施过程进行指导监督;人资部负责研究制定工作机制,健全培养体系,做好人才选拔考核、职称申报评定、培训落实及经费预算等具体管理工作;专业部门负责对各自专业领域的具体项目计划进行专业指导和质量评估;各用工部门是本部门员工培养的主导部门,负责具体工作的组织实施(见图2)。

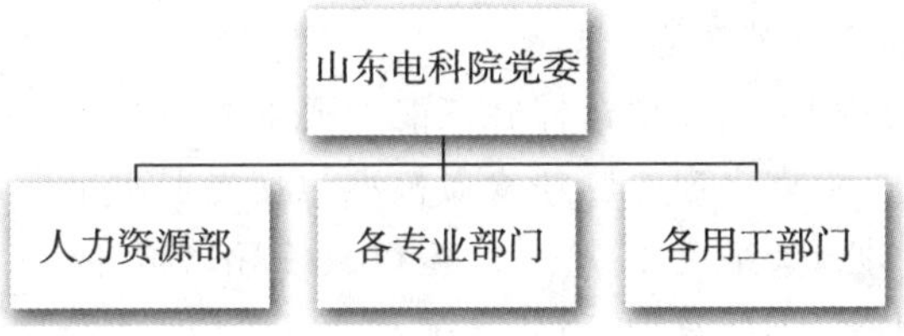

图2　山东电科院组织构架

3.规划发展路径

山东电科院突破传统职业生涯规划模式,构建起横纵交织的“三通道、四序列”员工网格化职业生涯发展平台。“三通道”是指管理行政通道、职员职级通道和专家人才通道;“四序列”是指在管理行政通道下设管理职业发展序列,在职员职级通道下设职员职业发展序列,在专家人才通道下设科研技术、生产支撑两个职业发展序列。

管理通道侧重培养综合型管理人才，主要覆盖管理岗位及行政职务岗位中通过实施管理行为而对组织产生贡献的员工。职员职级通道侧重培养复合型专业技术人才，同时承担技术工作和一定的管理工作，如科研攻关团队的负责人或项目组组长等。专家人才通道侧重培养具有较强科研能力和高水平技术技能的专家型人才，主要覆盖以科研和生产支撑工作岗位、通过专业技术工作对组织产生贡献的员工。

“三通道、四序列”的职业通道，使员工既可以实现在同一个管理层级或同一个技术技能等级上不同岗位或工种之间的横向变动，又可以实现在不同管理层级、技术等级、技能等级上下之间的纵向变动，岗位设置更加灵活，员工在管理和技术方面的复合能力得到充分释放。

（二）精准分析要素，科学搭建模型

1.构建通道胜任素质模型

一是重新编制岗位说明书，细化各岗位胜任要求。说明书中包括基础条件、综合能力、专业通用能力、岗位专业能力等内容。其中，基础条件包括学历、职称、工作年限等基本岗位要求；综合能力包括组织协调能力、总结提炼能力、培训分享能力、导师带徒能力等。基础条件与综合能力为各个通道通用要素。专业通用能力依据各通道序列实际需求制定，为该通道序列的通用能力。岗位专业能力指该岗位具有特殊需求的专业能力。

二是分析典型标杆的典型特征，提炼胜任能力要素。在每个职业通道的各个序列中选取绩效考核优秀的 10～15 名标杆员工，通过对其本人及周围人进行调查问卷、行为事件访谈，总结归纳出该通道与高绩效有关的典型特征和共性特点，提炼出每个职业通道的胜任能力要素。

三是依据岗位说明书、典型标杆胜任能力要素构建起各职业通道、序列的胜任素质模型。其中，管理序列的胜任素质模型包括专业水平、执行力、协作配合、团队管理、战略管理 5 大维度 15 个子维度以及领导风格评估。科研技术序列素质模型包括专业水平、创新意识、团队合作、学习及分享、综合素养 5 大维度 15 个子维度。生产支撑序列素质模型包括技术技能水平、工作业绩、协作配合、培养传承、综合素养 5 大维度 15 个子维度。

2.科学划分职业生涯阶段

将员工职业生涯划分为四个阶段：第一个阶段为成长期，从见习到适岗，实现新员工从学生到员工的身份转换；第二个阶段为成熟期，从适岗到胜岗，此阶段重点在于明确个人发展方向与目标；第三个阶段为卓越期，从胜岗到专家，员工聚焦细分领域成长为不同专业、不同类别的专家人才；第四个阶段是带教期，从专家到

教练，总结提炼个人管理和技术经验，持续发挥专业影响力和传帮带作用。

根据调查统计分析，电科院员工的职业生涯各阶段时间大致时间如下：第一阶段成长期集中在员工入职的第1年至第3年；第二阶段成熟期集中在工作后的第3年至第10年；第三阶段卓越期集中在工作后的第10年至第25年；第四阶段带教期集中在工作后的第25年之后（见图3）。

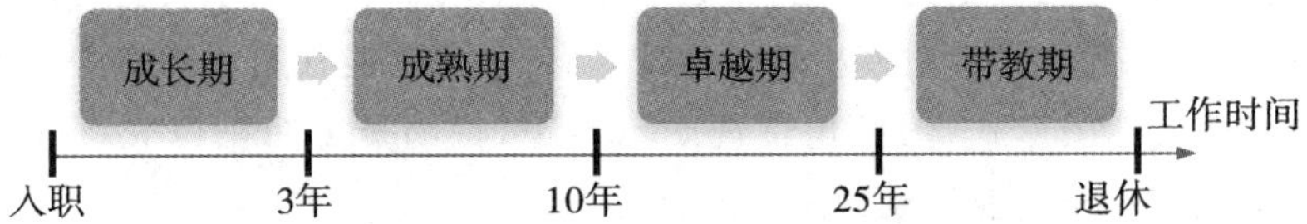

图3　山东电科院划分的员工职业生涯四阶段

（三）个人与企业同频，开展职业生涯规划

1.进行主观评估

自我评估是员工进行职业生涯规划的第一步，其目的在于使员工本人对自己的性格、职业发展兴趣、爱好特长、价值取向以及知识、技能、能力水平等形成相对客观的评价，从而为其职业发展确定合理目标。自我评估在员工整个职业生涯的前三阶段的第一年各开展一次。

一是员工填写自评问卷。全面分析自己的职业兴趣、资质、技能、个人背景等，自我评估在管理、科研及生产等方面的长短板，基于当前能力预测未来潜力。

二是与专业机构共同设计符合全院实际的"职业性格测试"问卷。通过人际特点、思维倾向、情绪动力3个一级维度，以及分析能力、创新能力、情绪管理、内驱力等7个二级维度，判断员工的职业性格倾向。完成测试后向员工反馈测试结论，为员工更好地认识自己、了解自己的职业规划提供参考。通过"职业性格测试"使员工对自身的职业特点、发展潜力、能力优劣势等得到充分认知，初步形成较为清晰的职业发展趋向框架。

2.进行客观评估

在这一阶段，员工将会获知单位对于其技能和知识的客观评价结果，分析判断个人职业规划与单位发展规划的匹配度。

一是开展素质能力测评。依托网络测评系统，采用360°多维测评，按照上级、同级、下级、相关业务部门评价四个维度及不同权重，从4个一级维度、16个二级维度，收集被评价员工的行为能力等有关的信息，评价结果向员工本人反馈。

二是开展谈话调研。人资部与员工所在部门共同研究确定、量身定制员工访谈提纲，与员工进行现场访谈。结合公司发展需要与员工个人职业规划需求，明确调研对象职业发展路径，编制员工发展规划考察报告并向员工反馈，引导员工正确树立发展目标和方向，最终确定个人职业发展通道。

3.设定发展目标

发展目标设定是指员工在选定的职业发展通道中合理确定发展目标，并为自己制定短期和长期职业发展目标的过程。督促全员编制符合自身特点的职业生涯规划，鼓励员工相互借鉴学习，逐步完善个人职业生涯规划。

一是与胜任素质模型比较。利用数字化信息系统，将员工个人能力素质情况与其所选定通道的胜任素质模型进行比较，确定员工在胜任素质模型中各个维度的得分，通过雷达图形式，图像化直观展示差距，帮助员工明确设立目标的难易度，达到员工需求与企业发展的高度契合。

二是开展诊断辅导。帮助员工正视差距，并找到快速提升的方式及方法，修改完善职业生涯规划书，使员工的职业生涯规划书更具实用性、可行性、灵活性。通过结果反馈与现场答疑，员工对自我认知更加清晰，对自身的优劣势分析更加精准，明确职业发展方向与路径，形成可动态调整的近远期职业规划。

4.制定行动计划

员工根据发展目标，进一步分解目标和时间进度，明确到达目标的具体行动计划；组织同步协助明确员工发展所需的资源支撑、培训支撑、人际关系支撑等要素。

一是建立员工成长档案。档案“一人一册”，明确各阶段实现目标所需具备的硬性条件和能力素质，其中，短期目标（3 年内）及中期目标（3～5 年）必须明确需要完成的硬性条件，包括目标职位、职称晋升、证书取得、岗位轮换等要素。

二是压实各部门培养目标责任。要求把目标明晰化、责任具体化，坚持问题导向，加强诊断分析，人资部会同员工所在部门，通过沟通面谈、内部培训、导师帮带、跟踪培养、考核评价等方式，持续优化成长计划。

5.适当调整完善

调整涉及员工与单位两个主体。一是针对职业生涯规划中短期目标无法实现的，员工应重新设计成长计划，并提报《职业生涯发展规划书调整与修订表》，员工所在部门应及时帮助其调整和修订。二是单位结合发展战略、员工队伍及职业状况的变化，动态调整全员职业生涯方案，完善各通道胜任素质模型，使组织更具灵活性、员工工作更具适应性，员工的发展方向、培养重点更具针对性，打造以能力提升为中心的高绩效组织。

（四）多措并举赋能，开展精准培养

1.建立联络机制，营造人才成长良好氛围

院党委坚持党建引领队伍发展，打造“山东电力高端人才聚集中心”，建设“望

岳登高·队伍建设新实践”人才品牌。通过建立院长联络机制和人才协调事项征询机制，统一解决员工在工作生活中遇到的困难。通过搭建院党委班子成员与核心后备人才“一对一”联系服务纽带，集聚资源，在“三重两标”和奖项申报方面帮助核心后备人才积极争取。在生产实践锻炼方面，为核心后备人才提供解决现场重大技术难题历练机会；在人才获评方面，助推核心后备人才申报获评各类高端人才；在组织保障方面，督促有关部门、中心为核心后备人才成长提供资源支持和服务，保障核心后备人才专注科研。打破传统人才选拔管理模式，全力营造“人人都是人才、人人都要成才、人人都能成才”的良好氛围，聚力打造“高端引领、青蓝相继、群雁齐飞”的人才培育新格局。

2.绘制学习地图，开展靶向培养

一是因人而异，开展精准培训。学习地图又称“学习路径图”，指以员工个人的职业能力发展和职业进步为核心的，有计划的、综合性的一系列学习活动。根据每名员工知识、技能的不同，绘制与培养高水平人才目标相匹配的学习地图，通过分析员工角色定位，明确相应履职重点，确定员工在各通道完成履职任务所需的知识、技能和能力素质，建立相应的知识技能清单，开展精准的专业能力提升培训，补齐短板。结合成长计划，截至2023年6月，已开展各类人员培训项目20余项、100余期，全员培训覆盖率达95%。

二是借助数字化手段，让学习变得更主动。依托国网学堂、“一起培训”等丰富的线上培训资源，设立在线培训、直播课程、专题培训、国网MOOC、知识中心、线缆实训、等级评价、自测园地、学习社区等不同板块资源，让员工根据自身需求，选择针对性的内容进行有价值的学习和提升。创新开展攀峰行动、学习执照等闯关式网络自学，让学习更具个性化、更有成就感。

3.聚焦梯次培养，实行导师带徒代际传承

构建梯次培养机制，通过部门、单位上下联动，充分发挥老师傅、高等级专家人才的专业经验优势，开展人才层级间的梯次培养工作；结合员工成长计划，制定培训带教目标，明确不低于1年的带教任务；借助“以教促培”等方式，促进老专家、高层级人才向青年员工、低层级人才传授经验，提升队伍整体专业能力水平。加强层级辐射带动，开展各级人才间、高水平人才与优秀青年员工间的技艺传承，强化高水平人才在员工队伍整体建设中的作用，灵活采用“一对一”“一对多”“多对一”“多对多”等多种师带徒形式实施全方位培养，开展育才成效展示，形成人才层际、代际发展良性循环，确保员工队伍整体水平的提升。

4.借力高端外脑，实行院士联络培养机制

山东电科院依托山东电力院士工作站，签约合作六位合作院士，定期邀请来院指导,引领科技项目立项,进行科技成果鉴定,组织“望岳”学术沙龙活动,近距离接触学习顶尖专家的思路方法。依托山东电力博士后科研工作站,招收引进博士后高端人才,按专业联合院士工作站进行合作培养,创造参与国家重点课题计划机会。通过单位“智库”,整合业界高端人才资源,建立“外脑”专家库和“专业朋友圈”,形成长线合作机制。

5.坚持问题导向,开展多平台实践锻炼

一是坚持需求导向、问题导向、目标导向开展交流培养与实践锻炼。把岗位实践和基层锻炼作为成才的主渠道、主阵地,注重在更高平台、艰苦吃劲岗位进行锻炼,选拔优秀人员参加上级单位挂职、援疆援藏、西部帮扶等工作。有针对性地安排人员承担急难险重任务,在推进重大改革、处置突发事件、应对风险挑战、破解发展难题中提高斗争本领和解决实际问题的能力,持续锤炼优良作风,确保重要岗位“墩得实”,必要时候“拔得动”。

二是丰富任职经历。坚持“岗位要交流、成长要历练”原则,遵循管理人员成长规律,强化在生产、经营等专业管理岗位和党群综合岗位之间交流,丰富成长经历,拓宽眼界视野,提升综合管理能力,着力打造专业化、复合型的管理人员队伍。

三是创新“每人一课”培训实践模式,组织全员开发课程 389 门,通过备课、授课,萃取经验,以教促学、教学相长。依托省公司“一起培训”数字化平台进行学习展播,为员工成长创造更多实践锻炼机会。

四是打造“竞赛培优”人才培育平台。针对不同专业、不同年龄阶段设立新员工技能竞赛、管理专业知识竞赛、生产专业技能竞赛,每年常态组织参加中电联、国家电网公司、国网山东电力等上级单位各类竞赛 10 余项,以赛促学,培育专业拔尖人才。同时依托竞赛平台,委派“老专家”“老师傅”担任竞赛教练或讲师,实现班组、专业绝技绝招的迭代传承。

(五)开展多维评价,强化多元激励

山东电科院贯彻落实“三项制度”改革和省公司“人才强企”行动相关工作要求,发布《国网山东电科院“职务、职员、人才”三通道激励体系方案》《关于大力发现培养选拔优秀年轻中层管理人员的实施意见》等多个文件,健全岗级晋升、薪酬分配、荣誉奖励等机制,将职业发展通道与薪酬绩效、培训发展、招聘选拔、选树选优工作挂钩,形成以人员能力素质为依据的清晰发展通道,合理拉大收入差距,激发职工工作热情。

1.评聘管理专家

在管理序列中,山东电科院除了设置传统的职务级别外,还针对一般管理岗

位的员工设置了能力级别评定标准。发布《国网山东电科院管理岗位人员对标争先实施方案》，根据对标管理思路，设立最高得分者为标杆，其他人员通过与标杆值对比，确定其管理序列级别，并以两年为周期实行动态调整。

2.评聘技术专家

发布《国网山东电科院专业技术人才评聘管理方案》《国网山东电科院绩效考核实施细则》，分别对照人才的成长区、成熟区、卓越区，构建了专业工程师、专业首席工程师和首席专家进阶式的成长通道，以两年为周期考核选拔，切实做到"能者上、庸者下"，破解专业人才成长路径单一难题。

3.激励科研创新

山东电科院建立技术、成果、收益正向反馈循环机制。一是设置攀登激励计划、科技创新成果专项激励计划、人才种子激励计划 3 项激励工具，打造人才"薪酬特区"，进一步激发科研人员立大项、获大奖的内生动力。二是建立绩效工资系数动态调整机制，将科技立项、成果产出与绩效工资系数挂钩，实现收入能增能减。三是成立多个科研攻关柔性团队，鼓励员工"揭榜挂帅"，下放团队奖励分配权，让团队负责人全权负责奖励分配。

4.提升价值影响

除薪酬待遇激励外，山东电科院还赋予专家人才更多话语权、更多典型选树和学术交流机会；组织开展校企联合培养，聘任优秀专家为高校研究生校外导师；组织开展劳模、专家疗养与慰问活动；开展劳模专家宣传月活动，宣传报道相关事迹，进一步提升专家人才的价值影响，让员工"有为必得"。

（六）数字技术赋能，建立成长平台

1.描绘员工职业全景画像，强化系统联动

一是以海量员工数据为依托，构建员工全景画像，记录员工在职业生涯成长过程中的关键路径，使员工素质能力可视化，为员工发展提供培训或提升建议，为公司人才评价、选拔、配置提供全方位的信息支撑。二是以素质模型（见图 4）为核心，全面挖掘员工在创新、科研、支撑、学术传承、知识分享等方面的信息，打通绩效管理、薪酬福利、招聘选拔、培训发展、后备培养等应用环节，建立动态、完整、互联的员工成长平台。

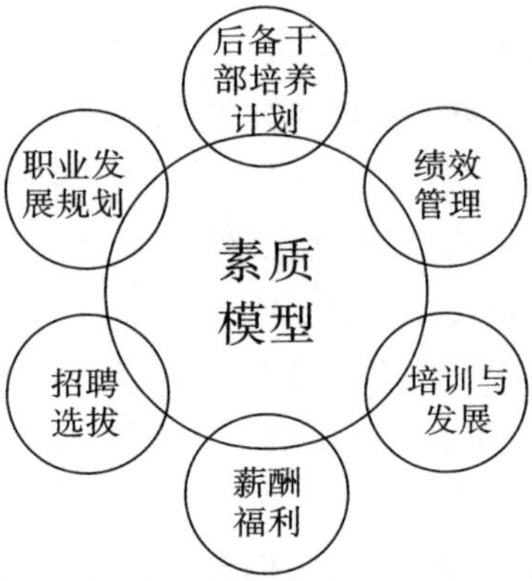

图 4　山东电科院促进员工职业成长的素质模型

2.设立可视化看板,强化能力素质分析

山东电科院针对管理能力、科研能力、专业能力设立可视化分析看板,员工本人及其上级主管、人力资源部等可以通过看板直观看到员工的能力素质评价情况。其中,员工管理能力分析可视化,可实现对管理岗位员工业务指标完成情况,以及能力提升情况的量化,同时可对待提拔待培养的后备管理型员工提供提升方向。科研能力分析可视化,可实现对员工科研业绩的量化分析,识别出不同员工科研能力特点和科研方向,为员工科研能力提升提供辅助决策支撑,为组建柔性团队提供精准人员推荐。专业能力分析可视化,可根据员工岗位、员工类型、员工专业、教育信息、培训经历等多维度综合分析员工专业能力,为员工培养发展导航提供辅助决策支撑。

3.搭建培养导航平台,强化人才盘点

一是根据员工盘点结果和个人职业发展通道情况,员工本人可以通过员工自助端制定个人发展计划,增强个人能力短板,助力山东电科院同步人才与公司发展目标。针对员工的个人发展计划,评估考核计划执行情况,通过员工自评、上级评价等环节跟踪反馈个人发展计划,实现对员工成长的全过程闭环管理。

二是通过雷达图清晰展示员工的优势和短板,可与同时期、同专业的员工进行对比,明确员工能力差距,为员工选拔、岗位调整、员工职业发展等人事工作提供参考依据。通过匹配员工全景画像数据与序列标准,明确员工在每类通道所处位置,明晰自身职业发展的方向,帮助员工塑造和提升自我。

三是以胜任力模型为统计维度,对所有参与评估的人员进行盘点,以九宫格的方式展示盘点结果,并可查看对应能力表格下的员工列表及趋势,为单位人才梯队建设提供有力的支持工具。

三、电力科研企业知识型员工职业生涯网格化管理体系的实施效果

体系运行一年多以来，山东电科院人才培养机制持续优化，员工业务素质不断提升，为推动单位整体效率效益的提升发挥了重要作用。

（一）员工成长体系持续优化，组织业绩人才效能量质齐升

第一，在总体业绩方面，党建登高、管理创新、支撑提质、科研突破，业绩考核等方面连续10年保持山东电力A级，荣获山东电力先进单位，支撑的7大专业21项关键业绩指标均达100%，牵头立项省部级及以上项目12项、获省部级奖励10项。第二，在人才培育方面，新获评国网首席专家1人、山东省技术能手4人、国网青年托举人才2人、山东电力青年托举人才7人，省部级以上人才达19人，人才当量密度提升12个百分点，位居国网系统升级电科院前列。

（二）科研创新实现全面突破，成果转化收益创历史新高

第一，在实验室建设方面，持续提升实验研究能力，完善实验室研究布局，"电工材料环境适应性评价与表面防护技术实验室""高压电气设备全要素状态感知与健康评估技术实验室"列为国家电网公司"赛马"实验室，"双高有源配电网态势感知与运行控制技术实验室"列为国家电网公司"培育"实验室。第二，在科技立项方面，靶向攻坚国重、省重、国网重点项目和国际、国家标准"三重两标"，依托新能源专业优势，成功立项国家重点"储能与智能电网4.3专项"，时隔8年再次牵头国家项目，牵头新立山东电力项目49项，占比首次超过40%，创历史新高。第三，在科研获奖方面，山东电科院自主项目获得中央企业熠星创新创意大赛一等奖，牵头的"输变电设备状态智能感知与大数据评估技术及规模化应用"项目时隔10年再获山东省科技进步一等奖，承担的"新型分布式调相机关键技术研究与涉网性能评估"获评"国家电网有限公司年度优秀科研项目"。牵头的"基于全生命周期管控的电力科研企业危化品安全管理策略研究""山东省煤电领域'三改联动'实施路径及对策研究"、参与的"电力系统碳排放实时监测评价方法研究"等4项成果获得山东电力软科学成果奖，另有7项成果经鉴定达到"国际领先"水平。第四，在成果转化方面，成功孵化创新成果10余项，环氧基带锈防腐涂料等3项成果转化收益大幅增长，实现收入1.77亿元，产业单位实现收入4.68亿元，创历年最好。加计扣除节税2300余万元，同比提升42%。

（三）全面扛起国企责任担当，社会效益价值日益彰显

第一，在服务全省方面，高质量完成省委、省政府委托事项，认真履行技术监督职责。高质量开展全省电网、火电、新能源技术监督，发布实施《核电厂常规岛汽轮机技术监督导则》等标准30余项，完成监督工作1500余项，处理技术难题160余项，电气设备缺陷消除率等33项监督指标全部达到或超过预期目标，为全省电力安全生产和可靠供应提供了坚强保障。第二，在支撑电网方面，员工服务大局意识持续增强，技术支撑价值全面彰显。全年完成七大支撑重点任务160余项，解决银东直流双极停运、机组主设备故障等技术难题400余项，有效保障电网安全稳定运行。检测物资4.2万余套、软件系统60余套，监造设备1800余台，专项监督检测2.7万项，保障软硬件设施安全入网。第三，在电力保供方面，网络安全保障有力。常态开展实战攻防，发现安全隐患106项，挖掘国网首发漏洞57个，圆满完成北京冬奥会等重大活动期间网络安全支撑。积极落实迎峰度夏电力保供要求，完成山东首批虚拟电厂负荷响应能力现场测试，从基线负荷校核、实时负荷调节、聚合主体资源响应速度等多维度开展了评估测试，全面助力迎峰度夏电力保供，获得省政府和国网总部好评。第四，在推广价值方面，"知识型员工职业生涯网格化管理体系"在高知行业具有普适性。山东电科院不仅为国网系统其他兄弟单位提供了高层次人才培育的借鉴样板，而且为中大型企业、政府机构、院校团体人力资源的人才培育转型提供了示范。未来，山东电科院致力成为传统职业生涯规划模式改革创新的先行者。

成果创造人员：徐　鼎　杨允栋　延　野　贯　晶　何毓函　王　婧　张志轩

企业"一甲"管理体系模式的构建与实施

山东中烟工业有限责任公司青州卷烟厂

摘要:为持续提升企业治理能力,适应软实力建设的需要,山东中烟工业有限责任公司青州卷烟厂以企业使命、愿景为引导,紧扣生产经营实际,以夯基、垒台、立柱、架梁、聚势、谋远为"六步曲",以强化管理理念、深化卓越基因、细化流程管理、优化架构设计、硬化体系运行、实化持续改进为抓手,促进"文化"与"管理"一体推进,赋能"一甲"与"卓越"有机融合,实现一个手册"纲举目张"兼容企业管理各方面,多层级文件"舒枝展叶"渗透生产经营全过程,扎实构建组织高效、流程顺畅、管理协同的企业"一甲"管理体系。通过体系构建与实施,激活组织发展动能,提升企业经营质量,巩固争先创优格局。

山东中烟工业有限责任公司青州卷烟厂(以下简称"青州卷烟厂")始建于1948年,前身为华东野战军随军卷烟社,是一家具有光荣革命传统的军籍企业,位于拥有悠久的历史文化和厚重烟草文化的青州市,年生产能力50万箱。企业先后荣获全国文明单位、全国五一劳动奖状、全国五四红旗团委、全国企业文化建设工作先进单位、全国守合同重信用企业、全国质量效益型先进企业、全国工业旅游示范点、全国模范职工之家、全国内部审计先进集体等称号,树立起了良好的烟草形象。2020年以来,青州卷烟厂坚持以习近平新时代中国特色社会主义思想为指导,深入贯彻国家烟草专卖局"十六字"方针,全面落实山东中烟"三个重在",坚持党建引领,坚持企业"八字"方针和"1+483"工作思路,紧扣企业"332"高质量发展模式,深入推进卓越绩效模式,积极构建合规管理体系,搭建首席质量官管理模式,以精益管理增效益,以人才为本求突破,以文化铸魂强根基,坚持"一身正气"做人,"一马当先"做事,推进"一目了然"的企业管理,打造"一尘不染"的精神家园,全面铸就"一甲品质",持续提升企业核心竞争力。

一、企业"一甲"管理体系模式构建与实施的背景

(一)构建与实施"一甲"管理体系是高质量发展的使命要求

打造"五个一流"的现代化卷烟制造强厂,是青州卷烟厂的愿景,"管理一流"作为重要支撑,具有深远意义。企业管理优劣和效率高低,靠的是管理体系整体有效性发挥的程度;当前,虽然制定的标准化文件和制度性公文较多,但文件之间的系统性不强。通过一套管理体系模式对全部生产经营业务全面覆盖,有利于强化内部管理,提高管理效率,激发内生活力,实现绩效增值。

近年来,青州卷烟厂充分认识到,提升管理成熟度是助推企业高质量发展的坚实基础,体系建设对强化顶层设计、夯实基础管理作用突出。企业坚信卓越绩效模式可用、有用、管用,将管理体系整合作为落地卓越绩效重中之重,发挥领导作用,提供资源支持,抓好管理诊断,扎实开展根植卓越绩效管理基因、构建企业"一甲"管理体系等实践及探索,致力于打造特色管理模式,助推企业高质量发展。

(二)构建与实施"一甲"管理体系是企业文化落地的要求

文化理念是引领企业发展、代表企业精神的纲领性文件,理念是企业各项规章制度背后的精神,而规章制度是理念的重要表现形式,理念的贯彻需要依靠规章制度的传播和落地。青州卷烟厂历来高度重视文化建设,从新时代新要求新征程、烟草行业文化、企业发展之魂、青州状元卷人文基因中明确文化主题定位,搭建"一甲"文化理念体系。

文化理念体系建立后,如果企业内部不能为新理念的推行提供一种可靠的、刚性的动力,那么推行的效果会难以保证。规章制度文化是理念文化的延伸与具体实践,在管理体系各层级规章制度文件编写过程中,将各项文化理念融入其中实现文化有形化,通过文件的刚性执行,保证企业各项行为符合文化要求。

(三)构建与实施"一甲"管理体系是标准化建设的趋势要求

为推进管理体系标准制定的标准化,加强管理体系标准之间的协调性和兼容性,国际标准化组织发布了适用于其所有管理体系标准的通用框架,由其制定和修订的管理体系标准都要采用通用框架、通用核心文本内容及相关通用术语和定义。通用框架的推行,为企业实现管理体系一体化创造了良好条件。

伴随着经济社会发展,各体系之间的接口、各要素之间的协调更加复杂化,

“大质量时代”对经营质量要求越来越高。企业要实现高效能治理和高质量发展，需要紧扣综合治理要求和目标任务导向，从顶层设计着手，细化职责分解、资源配置、标准完善等工作。立足 PDCA 循环构建一体化的管理体系，满足各项规章制度要求，涵盖各项活动流程，有助于避免重复管理和管理真空。

(四)构建与实施“一甲”管理体系是企业管理融合建设的要求

当前，企业存在多个体系同时运行、多项制度有所交叉的问题，导致管理不协调、资源不匹配、信息不共享等管理困境，从而浪费企业的人力、物力、财力等。建立一套综合的管理体系，提纲挈领，纲举目张，充分发挥体系的指导性作用，使所有活动和过程规范化、制度化，是企业实现自我发展、自我完善的前提。

立足实际，整合形成紧扣自身特色的综合管理体系，在组织内建立质量、环境、职业健康安全和能源等管理体系相融合的模式，可以进一步优化流程、匹配职责、健全制度，有助于更好地补好管理短板、提升工作效率，实现各领域优势互补，切实增强顾客满意度、实现高效能管理、助推高质量发展。

二、企业“一甲”管理体系模式构建与实施的主要做法

青州卷烟厂以“一甲”文化为引领，紧扣生产经营实际，坚持规范、系统、精益原则，融合先进理念，拓展管理路径，设计企业“一甲”管理体系视图(见图 1)。

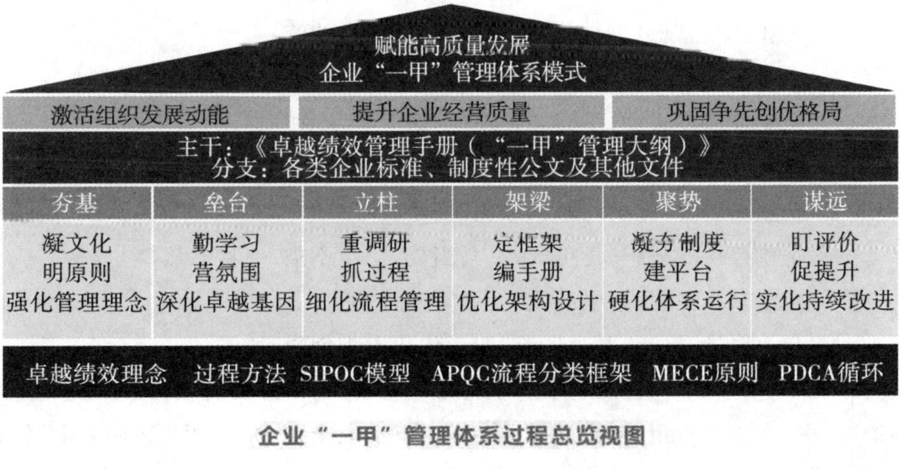

图 1　企业“一甲”管理体系视图

一是涵养企业文化理念、明确体系构建原则，强化管理理念，分“一甲”管理体

系之“基”；二是提升员工素质能力、营造追求卓越氛围，深化卓越基因，垒“一甲”管理体系之“台”；三是推进业务流程分析、科学划分过程类别，细化流程管理，立“一甲”管理体系之“柱”；四是实施文件五级设计、系统编制管理手册，优化架构设计，架“一甲”管理体系之“梁”；五是完善内部管理制度、搭建信息管理平台，硬化体系运行，聚“一甲”管理体系之“势”；六是健全自我评价机制、做好文件改善工作，实化持续改进，谋“一甲”管理体系之“远”。企业形成以《卓越绩效管理手册（“一甲”管理大纲）》为“主干”、298 项文件（标准化文件、制度性公文）为“分支”的“一甲”管理体系，凝聚管理合力，释放管理效力，增强管理成熟度，助推高质量发展。

（一）凝文化、明原则，强化管理理念以“夯基”

1.涵养企业文化理念

淬炼“一甲”文化。青州卷烟厂以习近平新时代中国特色社会主义思想为指导，围绕打造“五个一流”的“专精特”现代化卷烟制造强厂愿景，传承多年来党建和企业文化实践经验，融合军魂品质和明代状元青州人赵秉忠殿试卷“第一甲第一名”人文基因，以“勇担当 创一甲”为文化主题，以“一甲品质”为核心理念，打造形成了“一甲”企业文化体系：

——文化定位：勇担当，创一甲；

——企业使命：报效国家，奉献社会，成就员工；

——企业共同价值观：国家利益至上，消费者利益至上；

——企业指导思想：重在状态，重在提升，重在持续；

——企业精神：厚德坚韧，创新超越；

——企业管理模式：“1＋483”管理模式；

——企业方针：传承，融合，创新，突破；

——企业发展观：优质，高效，绿色，安全；

——企业行动准则：一身正气，一马当先，一尘不染，一目了然；

——企业核心理念：一甲品质；

——企业愿景：打造“五个一流”的现代化卷烟创强厂。

厚植“一甲”思维。青州卷烟厂坚持融入中心，突出价值引领，抓好主责主业，围绕“一甲”文化主题定位，构建了层次分明、系统全面的“一甲”企业文化，包括 10 条文化理念和 12 条经营管理理念。把“一甲”文化融合于企业党建、管理、产品、队伍及文化氛围等各方面，发挥文化凝心聚力作用，激励全员有红旗必扛、有阵地必上、有第一必争。

融合“一甲”管理。青州卷烟厂把文化建设作为企业建设的重要内容，将“一甲”文化培育与传播结合起来，多种途径传播品牌价值观和正能量，汇集和激发广大干部职工的强大合力，在高质量发展上展现新担当、实现新作为。发挥“一甲”文化作用，深化“卓越”理念导入，以党建引领建强厂，以精益管理增效益，以人才为本求突破，以文化铸魂强根基。

2.明确体系构建原则

青州卷烟厂贯彻“依法治企、科学治企、从严治企”管理理念，明确体系构建原则（见图 2）要恪守规范、系统、精益理念。

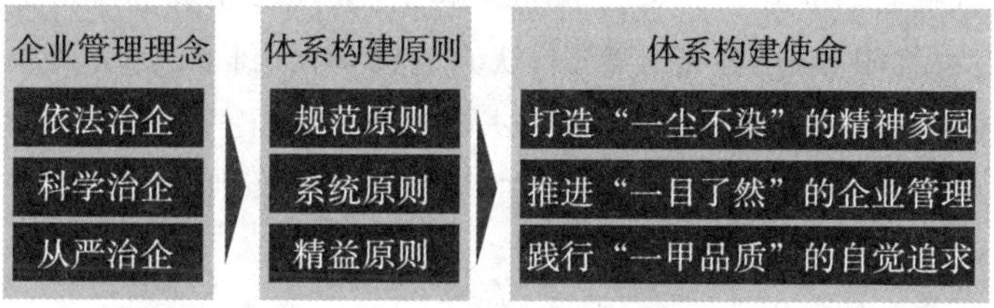

图 2　体系构建原则逻辑

规范原则。“一甲”文化强调“依法治企”，打造“一尘不染”的精神家园。管理体系要满足国家、行业和地方法律法规要求，注重企业标准、制度、流程的“法律”效应，使管理体系切实成为企业工作依据和行动指南，符合相关管理标准与流程要求，确保企业内审、管理者评审以及第三方认证规范。资源是活动的条件，输入是活动的基础，活动是转化的动因。标准编制及体系构建要注重权责明晰，控制各种影响因素，夯实过程管控，激发组织动力，确保过程有效性和高质量。

系统原则。“一甲”文化强调“科学治企”，推进“一目了然”的企业管理。标准及体系构建工作，要认真学习和融合国内外先进管理理论和方法，融合企业发展战略和方针目标，使其更加符合企业管理规律；积极创新、持续改进，吸收优秀管理实践经验，合理配置资源，提高管理体系运行效率。管理体系要贯彻 PDCA 循环管理，确保组织持续有效运行；要统筹考虑问题，强化教育培训，注重领导示范，建立激励机制，营造良好氛围，扎实抓好“一甲”管理体系构建工作。

精益原则。“一甲”文化强调“从严治企”，践行“一甲品质”的自觉追求。管理体系要坚持严字当头、细字当先、实字当家，既追求内容编写质量，更注重体系务实管用，杜绝内容空洞、逻辑混乱等现象；注重指导性和操作性，使企业各种技术、管理和工作事项方法更明确、流程更清晰，确保资料完备、过程可溯。为确保组织高效运行，可以对各种活动和对象流程优化和筛选提炼，剔除非增值、低效能和可替换环节，精练并确定高效能、高质量环节，保持整体精简合理，实现以少胜多。

（二）勤学习、营氛围，深化卓越基因以“垒台”

1.提升员工素质能力

储备专业知识。青州卷烟厂通过创造“请进来、走出去、内分享、自主学”的条件，推动员工系统地学习管理体系整合、卓越绩效管理、标准化建设等方面的专业知识；深入学习《企业再造》《流程管理》《质量、环境、职业安全健康管理体系整合》等书籍，增强知识储备，为“一甲”管理体系模式构建提供坚实的人才保障和智力支持。

开阔思维视野。企业员工通过检索期刊论文、学习相关标准等方式，掌握前沿理论，拓宽思维眼界，增强规范意识；认真查阅知网、维普、万方等前沿期刊，学习《基于多体系的综合管理体系构建方法研究》等专业论文；系统地掌握《企业标准体系—要求》(GB/T 15496—2017)、《卓越绩效评价准则》(GB/T 19580—2012)等标准，确保管理体系建设科学规范。

2.营造追求卓越氛围

夯实组织建设。企业强化“一甲”管理体系模式构建组织保障（见图 3），注重顶层设计，激活管理动能，确保管理体系落地达效。企业成立领导小组，由厂主要负责人担任组长；领导小组下设办公室，设在企业管理部门；成立项目组，在领导小组及其办公室指导下开展“一甲”管理体系构建日常工作；构建自评师队伍，建立自评师评价机制，对自评师库实施动态管理，将管理延伸至企业经营管理各方面。

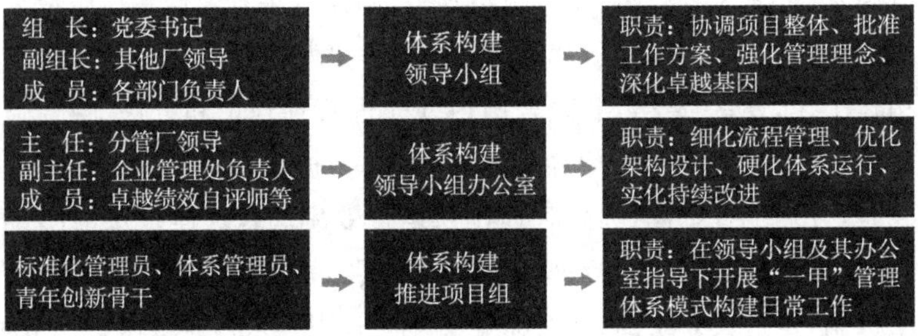

图 3　“一甲”管理体系模式构建组织保障

举办特色活动。企业积极组织主题活动，持续深化卓越理念，推动“一甲”管理体系构建工作走深走实；举办“畅谈感悟谋卓越”活动，鼓励参加人员结合理论学习收获和工作实践探索畅谈体会感悟；开展“理论考试促提升”活动，考察自评师对体系建设等知识的掌握程度，以考促学，以学促用；组织“流程讲解凝共识”活动，安排业务骨干结合工作实际和管理规定，运用 SIPOC 模型、PDCA 循环等方法，汇报业务流程梳理情况。

（三）重调研、抓过程，细化流程管理以“立柱”

1.推进业务流程分析

组织业务调研。调研分析是管理标准化建设的基础。青州卷烟厂强化调查研究，积极召开座谈会、交流会，征集意见建议，发散工作思维，更好地保持“全景”视角看待各项工作，促进“一甲”管理体系切实延伸到各处室、车间及班组，提升整体管理水平。通过管理诊断，企业剖析自身运营的实际情况特别是管理短板弱项，编制出有针对性、指导工作的管理标准。体系管理员和自评师充分发挥积极性和能动性，扎实推进业务流程梳理工作。

梳理业务流程。各处室、车间对负责的职能和流程进行梳理，明确负责流程和配合流程。科学运用 SIPOC 模型，梳理供应者、输入、流程、输出、客户，以运营风险管理为例（见图 4）。

运营风险管理

供应者	输入	流程	输出	客户
风险识别评价小组	工作职能和管理业务流程	1.运营风险识别	部门《运营风险分析及防控措施一览表》	各部门
风险识别评价小组	识别的运营风险	2.运营风险评价	部门《运营风险分析及防控措施一览表》	各部门
各部门	《运营风险分析及防控措施一览表》	3.运营风险控制	签字后部门《运营风险分析及防控措施一览表》	企业管理处
各部门	《运营风险分析及防控措施一览表》	4.运营风险评审	评审更新后厂《运营风险分析及防控措施一览表》	企业管理处
内外环境	内部和外部环境变更	5.运营风险变更	及时评审风险变化情况并制定相应风险应对措施	企业管理处

运用 SIPOC 工具模型梳理业务流程，分批次开展工作交流，对梳理结果进行整合归纳；输出流程清单并实现分级，包括：一级流程 21 个、二级流程 97 个、三级及以下流程 206 个。

图 4　运营风险管理 SIPOC 图

用框架勾勒业务流程，展示跨越职能部门界限的活动。企业分批次组织流程梳理工作交流，研讨核心过程识别、流程管理框架和流程改进方向等内容，对梳理结果整合归纳，梳理一级流程 21 个、二级流程 97 个、三级及以下流程 206 个。

2.科学划分过程类别

青州卷烟厂以前期流程梳理成果为基础，参考美国生产力与质量中心(American Productivity and Quality Center，简称为 APQC)流程分类框架，将流程划分为管理过程、运营过程、支持过程三类，制定分类框架(见图 5)。

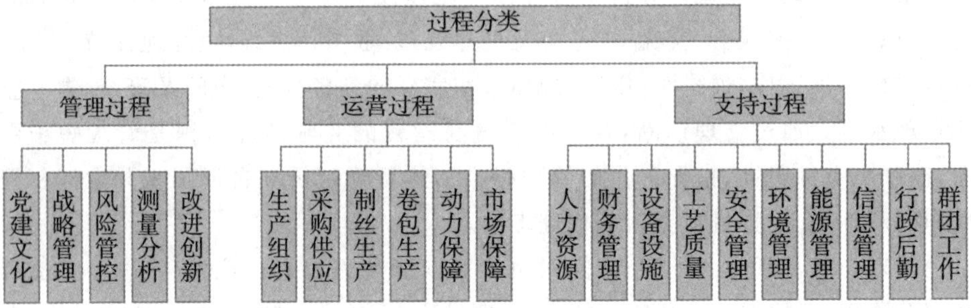

图 5　过程分类框架

青州卷烟厂充分借鉴行业标准《卷烟企业标准体系的构成及指南》(YC/T 177—2011)要素和国家标准《企业标准体系 基础保障》(GB/T 15498—2017)中的标准子体系结构，结合企业管理实践，梳理一级流程，包括：5 个管理过程(党建文化、战略管理、风险管控、测量分析、改进创新)、6 个运营过程(生产组织、采购供应、制丝生产、卷包生产、动力保障、市场服务)、10 个支持过程(人力资源、财务管理、设备设施、工艺质量、安全管理、环境管理、能源管理、信息管理、行政后勤、群团工作)。

(四)定框架、编手册，优化架构设计以“架梁”

1.实施文件五级设计

管理标准是对企业中需要协调统一的管理事项所制定的标准，即对日常管理事项标准化，青州卷烟厂结合自身实际，设计为“综合手册、分手册、程序文件、规定/办法、作业规范”五个层级。以“信息管理”模块为例(见图 6)，《信息管理分手册》统领网信项目建设、网信系统运维、沟通管理、知识管理、文件管理等程序文件，其中文件管理进一步展开为标准化工作管理、卷烟技术标准管理、外来文件管理、公文处理、记录管理等规定或办法；针对每个工作岗位制定具体的工作标准，规范具体业务工作的开展。

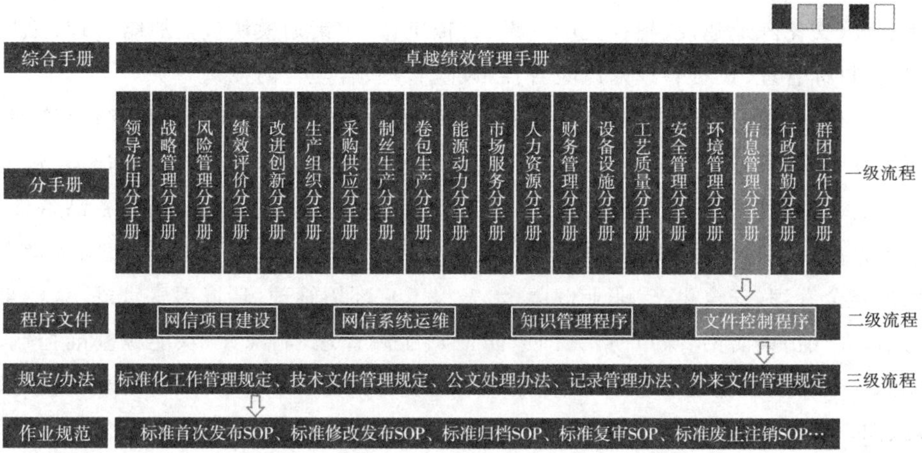

图6 “信息管理”模块示例

2.系统编制管理手册

青州卷烟厂以卓越绩效为指引，基于识别的21个一级流程，采用PDCA循环思路，参照ISO管理体系标准的高阶架构，制定管理手册PDCA循环框架（见图7），着力构建企业《卓越绩效管理手册》——企业“一甲”管理大纲。

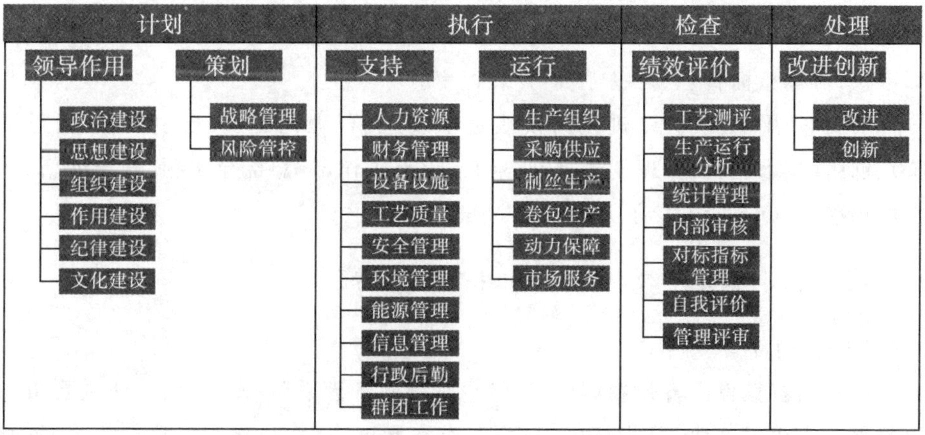

图7 综合管理手册PDCA循环框架

明确“一甲”计划。领导作用模块包括政治建设（党委会、党建工作领导小组会、党建工作考核）、思想建设（党委理论学习中心组学习、党建思想政治工作例会、思想分析会、主题党日、意识形态工作）、组织建设（民主生活会、组织生活会、“三会一课”、民主评议党员、换届选举、党员发展、党员组织关系转接、党费管理、党组织工作经费管理、计生管理、民兵管理）、作风建设、纪律建设（纪律委员会、党风廉政建设、“一把手”和领导班子监督、制度执行监督和责任追究、廉政谈话)、文化建设(文化阵地建设、精神文明建设、宣传工作)。策划模块包括战略管理(工厂规划、目标管理、投资管理)、风险管控(风险管理、合规与内控)。

明确“一甲”执行。支持模块包括人力资源(劳动组织、劳动关系、绩效管理、薪酬福利、教育培训)、财务管理(预算管理、财务分析、财务核算、成本管理、资金管理、资产管理)、设备设施(设备配置、运行维保、更新改造、设备处置、备品备件、基础设施)、工艺质量(工艺控制、质量检验、产品质量安全、不合格品管理、计量管理)、安全管理(安全生产、职业健康、治安保卫)、环境管理(环境因素管理、水污染防治、大气污染防治、噪声防治、固废防治)、能源管理(能源评审、能源基准控制、能源绩效控制)、信息管理(网信项目建设、网信系统运维、网信安全管理、沟通管理、知识管理、文件管理)、行政后勤(文秘工作、行政工作、后勤管理、涉外事务、保密管理、应急管理)、群团工作(工会工作、共青团工作、荣誉推选、班组建设)。运行模块包括生产组织(计划调度管理、生产过程保障、码段管理、现场管理)、采购供应(烟叶管理、烟用材料管理、采购管理、相关方管理)、制丝生产(制丝物料管理、制梗丝、制叶丝、叶丝处理、制丝成品仓储)、卷包生产(卷包物料管理、卷接、包装、封装、入库)、动力保障(变配电供应管理、蒸汽供应管理、供水管理、空调管理、空压管理、除尘管理)、市场服务(成品仓储、成品调运、卷烟销售结算、市场投诉管理)。

明确“一甲”检查。绩效评价模块包括工艺测评、生产运行分析、统计管理、内部审核、对标指标管理、自我评价、管理评审。

明确“一甲”处理。改进创新模块包括改进(合理化建议、自主改善、纠正措施)、创新(技术创新、管理创新、精益项目、重点工作课题/指导课题、安全创新、六西格玛项目、QC 小组活动、质量信得过班组)。

(五)夯制度、建平台,硬化体系运行以“聚势”

1.完善内部管理制度

注重内容宣贯。青州卷烟厂召开《卓越绩效管理手册》发布会,企业主要负责人签署并宣读发布令,从做好学习宣贯、夯实制度建设、强化制度执行等方面,对管理体系运行及制度建设提出工作要求。全体厂领导及中层管理人员参加宣贯会议,项目组汇报“一甲”管理大纲暨管理体系整合工作情况,并发放《卓越绩效管理手册(“一甲”管理大纲)》宣传册。

加强策划协调。青州卷烟厂根据管理体系整合五级文件架构策划和建立《卓越绩效管理手册(“一甲”管理大纲)》,结合现有管理体系文件情况对相关文件“立、并、改、废”情况进行摸排,确定责任部门,形成《管理手册涉及文件编写计划》;确定《工艺过程控制程序》等现行有效文件140个、《备品备件管理程序》等修改文件52个、《自主改善管理办法》等新建文件106个;按照时间节点,对各部门的文件修订情况进行沟通、提醒和督促,确保文件修订工作有序推进。

明确责任分工。青州卷烟厂把握"制度重塑"和"管理升级"关键期,结合"立、废、并、改"文件整理计划,强化顶层设计,抓实各层级的制度建设,提高管理效率和治理效能。各部门对牵头编写的文件,从岗位职责和人员能力素质等方面综合考虑,确定责任人、完成日期,扎实推进制度完善工作。本着"成稿一个评审一个、成熟一个发布一个"的原则,各部门按计划时间节点将征求意见后的文件报企业管理处,经过审定后,由归口部门按照文件控制流程进行审批、发布。

2.搭建信息管理平台

一是通过标准化工作管理系统,搭建标准化文件发布平台,推进工作流程信息化管理。

该系统可实现各项标准化文件的电子发布,同时具备文件检索功能,可按文件归口、体系类别、综合模糊检索所需浏览的标准化文件。除此之外,企业还开发公文管理、综合审批等信息化系统,明确标准化文件流程跟踪路径,实现管理体系有关流程逐步上线运行,通过信息化推进流程固化,同时提升流程运行的精益水平。

二是研发青烟记录共享平台,推进管理体系管理信息化水平,提升管理体系运行效率和效果。

下载并安装Tomcat,搭建开发架构环境,更改Tomcat默认端口。配置Eclipse环境,建立Java开发环境,系统版本信息测试正确率100%。下载并安装MySQL,配置编辑器环境参数,使用测试代码,测试连接成功率100%。使用技术语言、框架等对前端和后端功能进行开发和测试,开发过程中对密码等重要字段数据加密。对前后端模块集成,对数据通信中的部分字段加密,并测试前后端数据交互情况。按照信息管理处要求对服务器进行封闭不必要端口等安全策略配置,满足信息安全要求。制定系统使用手册,完善《记录控制程序》,并申请软件著作权保护。通过青烟记录共享平台,企业实现了记录的随时自主获取,对账户登录、记录下载等情况可进行实时统计分析,实现了自动筛选使用频次高的记录等功能,为重点记录的评审优化提供了支持。

(六)盯评价、促提升,实化持续改进以"谋远"

1.健全自我评价机制

明确评价方向。不同组织和组织内部各层面的关注因素不同,青州卷烟厂通过设立不同层次的评价准则，进一步发挥考核激励导向作用。建立准则过程中，青州卷烟厂把广泛采用的质量奖评价准则作为基础，借鉴欧洲质量奖、日本戴明奖、中国质量奖等的评价准则，参照《卓越绩效评价准则》(GB/T 19580—2012)和《质量管理体系业绩改进指南》(GB/T 19004—2020)等标准的内容，同时结合烟草行业特点和本企业发展战略制定评价准则，融合行业提升核心竞争力指标体系、全面提升行业软实力指导意见等方面，对评价标准分层面进行科学策划，增强目标设置的差异化，提升工作任务的挑战性，加大过程管控力度。

明确评价要求。青州卷烟厂从计划制定、自我评价、综合评审、改进检查、知识管理等方面明确工作流程及要求，形成《卓越绩效自我评价管理程序》标准化文件，构建了涵盖“工厂、部门(处室、车间)、班组”三级评价准则，其中，“工厂篇”明确工厂推进卓越绩效模式关注重点，侧重评价工厂效率和成长性；“处室篇”明确处室推进卓越绩效模式关注重点，侧重评价过程效率和有效性；“车间篇”(见图8)明确车间推进卓越绩效模式关注重点，侧重评价车间运行效率和硬实力指标提升；“班组篇”明确班组推进卓越绩效模式关注重点，侧重评价质量控制和现场管理水平。

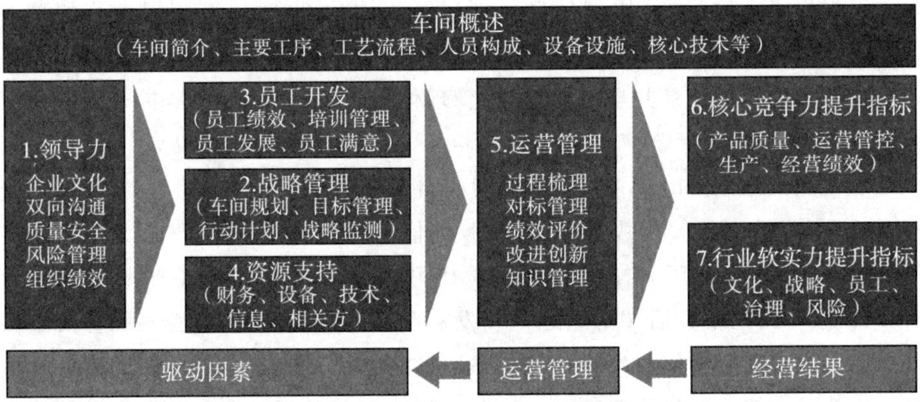

图8 卓越车间自我评价框架

2.做好文件改善工作

列明文件评审依据。文件评审的目的是确保文件持续的适宜性、充分性、有效性和效率，评审的依据涵盖以下方面：适用的法律法规和其他要求，行业政策要求和相关规定，《质量管理体系 要求》(GB/T 19001—2016)、《环境管理体系 要求及使用指南》(GB/T 24001—2016)、《职业健康安全管理体系 要求及使用指南》(GB/T 45001—2020)等国家标准；企业“十四五”发展规划及年度有关工作要求；部门职责/业务的标准化(规范化)情况；文件的整体策划是否遵循 PDCA 过程方法和原则；文件中规定的具体职责是否有相应活动支撑；条款的描述是否遵循 5W1H 原则；相关表格文件是否纳入文件一同审批；记录共享平台中表格是否与文件中表格一致。

确定文件评审流程（见图 9）。一是部门评审，各部门对适用文件（包括部门归口文件及执行的其他部门的文件，具体可见部门形成的《文件清单》）进行评审，根据评审情况编制《文件评审记录》，报企业管理处。二是汇总意见，企业管理处汇总各部门报送的《文件评审记录》，按归口将评审情况转相应归口部门。三是归口评审，各归口部门对评审情况进行研究处理，形成评审结论并填制《文件评审记录》，经相关人员和部门负责人签字后，报企业管理处。四是形成结果，企业管理处汇总归口部门的评审记录，形成全厂文件评审记录，做好文件后续的督办和落实工作。

图 9　文件评审流程

三、企业"一甲"管理体系模式构建与实施的效果

（一）组织发展动能激活，管理效益凸显

《卓越绩效管理手册（"一甲"管理大纲）》助推企业各项管理流程和业务工作融会贯通，通过组织环境、领导作用、策划、支持、运行、绩效评价、改进创新等模块，纲举目张、一目了然，实现了企业的"制度重塑"和"管理升级"。青州卷烟厂以《卓越绩效管理手册（"一甲"管理大纲）》为"主干"，以 298 项文件（标准化文件、制度性公文）为"分支"建立起企业"一甲"管理体系，助推制度更严谨、管理更成熟、权责更清晰、监督更有力，使企业在标准化、规范化管理道路上水平。通过体系构建，发挥卓越组织显著的文化特征，为培养一批管理专家人才奠定了坚实基础，为企业走上卓越发展道路提供了有力支持。

（二）企业经营质量提升，经济效益凸显

作为企业特色管理成果，"一甲"管理体系遵循"计划、执行、检查、处理"

PDCA循环，为洞悉企业管理勾勒了“全景图”，为激活组织动能提供了“金钥匙”，为管理提质增效安装了“驱动轮”，为助推卓越发展打造了“新样板”。《卓越绩效自我评价管理程序》涵盖“工厂、部门（处室、车间）、班组”三级评价标准，有效调动了各部门提升内部管理的积极性，准确挖掘管理的短板弱项和改进空间，推动组织战略规划和目标任务落地、落实、落细，持续提升组织综合绩效。青州卷烟厂贯彻落实“优质、高效、绿色、安全”理念，企业在烟草行业对标指标提升率91.30％，卷接设备运行效率提升0.24，包装设备运行效率提升1.46。2022年，企业入库税金48亿元，同比增长28.08％。

（三）争先创优格局巩固，企业形象凸显

青州卷烟厂坚信卓越过程创造卓越结果，将企业“一甲”文化培育与管理体系构建结合起来，“勇担当、创一甲”氛围更加浓厚，凝聚力战斗力有效提升。企业先后荣获“全国五一劳动奖状”“全国设备管理优秀单位”“全国五四红旗团委”“山东省企业文化建设示范基地”“青州市高质量发展杰出企业”等多项荣誉。《国有企业重点工作项目制管理模式的构建与实施》荣获第七届山东省企业管理创新成果奖。《卓越绩效模式赋能企业高质量发展》等多篇论文在山东省质量管理实践优秀论文评比中获奖。企业“一甲”管理体系模式在行业卷烟工厂层面起到了先行先试作用，并为其他单位开展体系整合和制度建设工作提供良好的借鉴价值。

成果创造人员：孟庆华　董志燕　孙小明　孙晓莹　王永超　李浩杰　杜昱忻

大型供电企业领导梯队全链条培养管理

国网山东省电力公司济南供电公司

摘要：国网山东省电力公司济南供电公司坚持战略引领、问题导向，聚焦四级领导人员队伍，实施全链条培养管理。通过有机整合领导梯队模型与胜任力模型，构建领导力进阶模型，针对新任期、提升期、成熟期三个成长阶段的领导人员提出了加速转型、知行合一、使众人行的发展目标，并从理念与动机、思维与能力、引领与影响三个维度，明确12项关键胜任力及对应的行为等级。在领导力进阶模型导引下，国网山东省电力公司济南供电公司以学习者为中心，以内驱力激发为起点，构建以"胜任力评估—项目制培养—内驱力激发—长效性跟踪"为路径的领导梯队培养链条；引入人才评价中心技术，开展领导力诊断评估，明确培养需求；实施"青蓝·淬炼·领雁"三级进阶培养项目，构建混合学习模式，提升培训效果；优化组织学习架构，营造学习型组织文化氛围；运用精益管理PDCA模型开展项目评估，持续改善建立长效机制。项目实施以来，国网山东省电力公司济南供电公司构建了适应不同梯队、发展阶段的领导人员培养体系，激活了领导梯队的生命力，为企业高质量发展提供了强支撑，取得了可观的管理效益、经济效益、社会效益。

国网山东省电力公司济南供电公司（以下简称"济南供电"）是国家电网大型重点供电企业之一，担负着全市10个区、县的供电任务，服务客户368.4万户。近年来，济南供电认真贯彻落实国家电网有限公司、国网山东省电力公司和济南市委、市政府工作部署，凝心聚力，干事创业，企业管理基础、整体素质、发展能力、发展水平得到明显提升，先后荣获全国文明单位、中央企业先进基层党组织、全国电力行业优秀企业、全国厂务公开民主管理先进单位、国家电网有限公司文明单位、先进集体、管理提升标杆企业、大型供电企业业绩进步单位、安全生产工作先进集体、全国电力行业党建（文化）品牌影响力企业、山东省先进基层党组织、供电示范企业、全员创新企业、企业思想政治工作先进单位、2023 山东社会责任企业、国网山东省电力公司先进单位等称号。

一、大型供电企业领导梯队全链条培养管理的实施背景

(一)实施领导梯队全链条培养管理是贯彻党的组织路线、落实企业发展战略的必由之路

党的十八大以来,以习近平同志为核心的党中央明确提出了新时代党的组织路线,为干部队伍建设提供了根本遵循。2018 年,习近平总书记在全国组织工作会议上指出,贯彻新时代党的组织路线,建设忠诚干净担当的高素质干部队伍是关键,要建立源头培养、跟踪培养、全程培养的素质培养体系。站在"十四五"发展新起点,国家电网有限公司、国网山东省电力公司分别提出了"一体四翼"发展布局和"坚持八个发展,建设现代化强企"总体布局,迫切需要一大批思维活跃、紧跟时代、富有活力、敢于创新、行动力强且具有较高文化素质和专业知识优势、积极的干事作风和先进的思想理念的领导人员肩负新的使命和重任。因此,加强领导人员培养既是一项重大的政治任务,也是一项重要的战略决策。

(二)实施领导梯队全链条培养管理是推进高质量发展、实现企业基业长青的根本保证

近年来,供电企业面临服务"双碳"目标、构建新型电力系统等重点任务的交织叠加,高质量发展的挑战日益加剧,攻坚克难的根源在于人才培养和队伍建设,关键在于领导梯队建设。综观国内外标杆企业,无一不以人为核心,在领导人员培养方面,均形成了自身独特的品牌,只有通过科学有效的人才培养与管理,建设高质量的领导人员队伍,才能不断激活高质量发展的优势,引领带动企业走前列当排头,为企业实现百年长青培育核心竞争力。

(三)实施领导梯队全链条培养管理是践行人才强企、加强领导人员队伍建设的现实需要

四级领导人员身处关键岗位,是企业职能管理和专业管理领域的"火车头""领头雁"。近年来,济南供电高度重视四级领导人员队伍培养,有计划、有针对性地推行了一系列措施,但与事业发展需要相比,领导人员梯队培养体系仍然存在

短板：一是领导人员培养缺乏梯队性。处于不同层级、发展阶段的领导人员所需的理念、领导技能、管理方式各有侧重，但由于对现代领导力的学习研究不足，领导人员培养的层次性不强、目标和标准不清晰。二是领导人员培养缺乏针对性。首当其冲的是缺乏符合企业实际的领导力模型，不知道培养什么样的人才，培养“供给侧”与企业发展“需求侧”响应不到位，一定程度存在“头痛医头、脚痛医脚”问题，难以全面满足领导人员成长规律和个性需求。三是领导人员培养创新性不足。传统的领导人员培养模式以集中培训为主，课程设置较为程式化、单一化，高端前沿培养手段不足，研讨式、案例式、体验式互动教学课程偏少，参培人员参与感、沉浸感、获得感不强，所学所得与管理工作结合不够充分、示范引领作用不强。

二、大型供电企业领导梯队全链条培养管理的主要做法

（一）构建领导力进阶模型，绘制领导梯队成长导图

济南供电以实证调研为基础，深入学习和研究胜任力、领导力等管理研究成果，引入领导梯队理论，将领导梯队模型与胜任力模型进行有机结合，创新构建大型供电企业领导力进阶模型，为处于不同梯队和成长阶段的领导人员明确培养目标、关键理念与领导技能，作为领导力评估和培养提升的重要依据，全力打造科学的人才培养引擎。

1.确定制胜要素，构建胜任模型

胜任力是决定领导人员能否获取与职务相匹配的业绩的关键制胜要素，包括动机、态度、能力、知识技能等。济南供电坚持新时期“20字”好干部标准（信念坚定、为民服务、勤政务实、敢于担当、清正廉洁）和“五过硬”（政治过硬、本领过硬、担当过硬、作风过硬、廉洁过硬）干部队伍要求，综合运用BEI行为事件访谈、焦点小组讨论等胜任力建模技术，确定领导人员胜任力模型。

该模型包含理念与动机、思维与能力、引领与影响三个维度，12项关键胜任力。其中，理念与动机维度涵盖信念坚定、永创最好、勇于担当、持续改善4项胜任力，思维与能力维度涵盖战略思维、高效管理、破解难题、创新求变4项胜任力，引领与影响层涵盖廉洁自律、有效协作、知人育人、激发团队4项胜任力（见表1）。

表 1 济南供电领导人员胜任力模型

维度	胜任力	内涵
理念与动机	信念坚定	不忘初心、牢记使命,为党分忧、为党尽责、为民服务
	永创最好	坚持最高标准,开阔眼界,自我加压,敢打敢拼,敢为人先
	勇于担当	勇于担苦、担难、担重、担险,敢啃硬骨头,关键时刻站得出来、顶得上去
	持续改善	树立终身学习意识,强化自我管理,不断掌握新知识、熟悉新领域、开拓新视野
思维与能力	战略思维	增强前瞻思维、逆向思维、系统思维。超前思考、提前谋划
	高效管理	合理开展计划管控、科学部署安排工作,进行有效决策,确保目标执行
	破解难题	深入研究问题,把准本质规律,找到破解难题的办法和路径
	创新求变	研究新方法、探索新途径,不断实现新突破、攀登新高峰
引领与影响	廉洁自律	强化自我约束,严守廉洁从政的底线;正确用权、秉公用权、廉洁用权,自觉主动接受监督
	有效协作	尊重他人,注重合作,主动打通沟通壁垒,协同整合团队内外部资源
	知人育人	科学选才,合理配置,关注成长,注重培养和持续提升员工能力
	激发团队	创造良好的团队文化氛围,科学进行价值评估和激励,凝聚团队力量,实现共赢

2.划分成长阶段,明确发展目标

哈佛大学教授拉姆·查兰等人在经典著作《领导梯队》中,把领导者从基层经理人到首席执行官的成长路径划分为5～6个成长阶段,每次跃迁过程中,领导者在价值观、时间和管理技能等方面都面临全新挑战。济南供电在实践中发现,不仅是不同梯队的领导人员胜任力要求不同,处于同一梯队的领导人员需求也有区别,特别是新晋升至领导职务的领导人员面临的转型挑战最大。因此,济南供电根据领导梯队、成熟度等标准,将领导人员成长路径分为三级台阶——新任期、提升期、成熟期,在每个阶段,领导力培养和发展的目标和重点各有侧重。

"新任期"对应上任2年内的四级副职领导人员,处于这一阶段的领导人员容易因循以往的心智模式,难以实现角色转身,此阶段领导人员领导力发展目标应为"加速转变",坚持持续改善,自我驱动,尽快适应和融入新角色新要求。

“提升期”对应在岗 2 年及以上的四级副职领导人员，处于这一阶段的领导人员已实现角色转型，但需进一步扩展视野和能力边界，不断总结沉思，实现“知行合一”。

“成熟期”对应四级正职领导人员，处于这一阶段的领导人员从部分专业、部分人员的管理转型至整个部门的管理，需进一步提升统领和驾驭全局的能力，在知人育人、团队激发等胜任力上实现进阶跃升，达到“使众人行”。

3.确立行为等级，整合进阶模型

根据领导人员不同的成长阶段和发展目标，将胜任力的行为表现划分为相应的“胜任—优秀—卓越”三个等级。

新任期阶段的领导人员各胜任力均应达到胜任等级，提升期阶段的领导人员均应达到优秀等级，成熟期阶段的领导人员各胜任力均应达到卓越等级。

最终构建以领导人员胜任力模型为核心，以领导人员成长阶段为划分的领导力进阶模型（见图 1）。

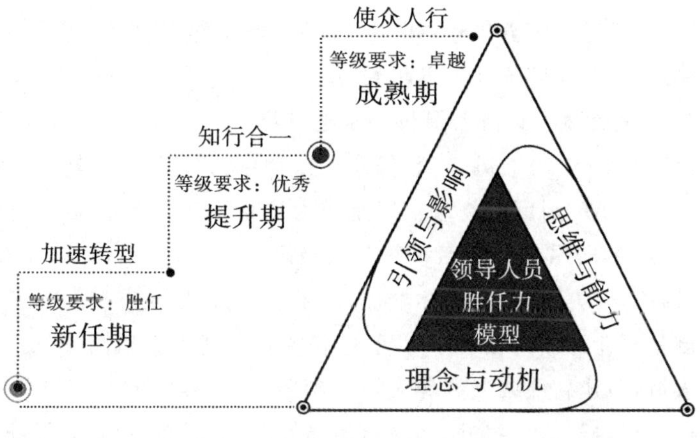

图 1　济南供电领导力进阶模型

（二）开展多维诊断评估，精准剖析培养提升需求

济南供电以领导力进阶模型为标尺，坚持全员评估与重点测评相结合，运用民主评价、问卷调查、人才评价中心技术等多种方式，针对四级领导人员开展领导力诊断评估，明确优势和短板，确定培养与发展方向，输出领导力行动计划和改善建议。

1.实施全员综合评估

济南供电组建由企业高层领导团队、人力资源管理部门、外部专家团队共同组成的领导力评估团队。围绕角色评价、能力评价、业绩评价三个维度，选取360°多层级评价主体，运用民主测评、问卷调查、绩效考核三种方式，从不同角度对领导人员进行全方位的考评和分析。同时，全方位了解四级领导人员政治素质、工作实绩、组织协调能力和群众公认度等内容。

2.实施评价中心测评

无领导小组讨论是评价中心技术的一种重要测评方法，济南供电针对新任四级领导人员，开展两期无领导小组讨论评价会，编制《无领导小组讨论评价指导手册》，引导评价者从参与程度、问题分析和解决能力、语言表达能力、人际沟通能力、领导和协调能力、情绪控制能力六个维度进行观察和评估，并针对每位参与者形成观察手册与评估报告。

（三）按需定制学习模式，打造领导力进阶培养体系

济南供电在领导力评估诊断的基础上，根据领导力进阶模型的胜任力提升需求，以学习者为中心，突出靶向赋能，针对不同成长阶段的领导人员，构建“青蓝·淬炼·领雁”三级进阶培养体系，采用导师制、行动学习、教练辅导等融合并进的混合学习模式，培育品牌人才培养项目。

1.实施“青蓝计划”，以导师制助力加速转型

“青蓝计划”面向40名处于“新任期”的领导人员，以“加速转型”为目标，开展履新基础培训。“青蓝计划”将政治坚定作为培养的首要任务，以提升全维度胜任力为培养重点，突出强化新任四级领导人员思想淬炼、政治历练、实践锻炼、专业训练、作风锤炼，努力涵养“青蓝相继、青出于蓝”的良好生态。

导师制是青蓝计划的核心学习模式，济南供电遴选素质高、阅历深、能力强的优秀领导人员，组建新任四级领导人员导师团队，按照“一对一”或“一对多”形式结对，围绕经验传授、能力提升、实战运用等方面，手把手、面对面帮助新任四级领导人员快速成长。为进一步发挥导师团队的合力，济南供电组织开展六期“夜沙龙”活动，每期针对特定的主题，由成长导师面向学员传授经验心得、分享成长感悟，帮助其加快成长步伐，培养和提升效果得到导师与学员的一致认可。

2.实施“淬炼计划”，以混合学习助力知行合一

“淬炼计划”面向处于“提升期”的领导人员，以“知行合一”为目标，开展胜任轮训。胜任轮训以领导力进阶模型为基础，切实夯实领导人员思想根基，准确把握改革发展形势，全面提升履职尽责综合能力，提振当排头作表率的精气神，打造“四优五过硬”干部队伍，实现“淬火磨砺、百炼成钢”。

混合学习是“淬炼计划”的核心模式，混合学习是指通过多样的形式、内容、资

源、手法等最优搭配进而实现学习效果提升与转化的一种学习模式。“淬炼计划”设置党性修养、战略形势、综合素质三大培训模块，采用面授课程、行动学习、现场学习等学习方式，创新实施跨专业分组、训战结合、分级评价模式，策划开展“两个带来”、主题研讨等特色活动，推动领导人员从传统的学习者，向学习内容的创建者、学习氛围的营造者等全新角色转型。

3.实施“领雁计划”，以教练辅导助力深度转变

“领雁计划”面向 41 名处于“成熟期”的四级正职领导人员，以“使众人行”为目标，开展领导力提升训练。引入外部教练团队，运用专业的领导力训练模块，对学员进行“一对一”定制化辅导。通过聚焦“成熟期”领导人员这个“关键少数”，注重强化“一把手”履职能力，发挥“领头雁”带动作用，推动形成“头雁领飞、雁阵齐飞”的良好局面。

教练辅导是领雁计划的核心学习模式，济南供电引入外部教练团队，实施两期“全方位领导人”训练项目，每期时长为三个月。通过团队集中辅导、个人教练辅导等教练式辅导技术，从思维和行为习惯改变的根源入手，发展和培养领导特质和技能。

（四）推进学习型组织建设，持续激活发展内驱力

学习型组织是通过培育群体学习氛围，充分发挥员工系统思考和创造性思维能力建立起的组织。济南供电围绕学习型组织构建的两大关键：激发员工学习动机、建立组织学习架构，积极营造领导重视、全员参与、终身学习的学习文化和氛围，持续激发个体与组织的学习发展热情。

1.突出愿景引领，强化高层驱动

共享愿景是学习型组织建设的重要特征。作为企业发展蓝图的设计师，高层领导重视引领是学习型组织建设的关键。领导力培养承载着企业战略性人才培育的重大意义，在这一过程中，济南供电充分发挥“一把手”带头示范和使命驱动作用至关重要。

一是在培养计划启动会、关键评估会、总结大会等重要场合，由高层领导主持参加，对领导人员培养工作给予最大重视和支持；二是高层领导团队亲自授课，例如在“淬炼计划”中，每期培训班开班“第一课”由济南供电总经理亲自授课，明确培训目标和学习要求，为学员提要求、压担子、下任务，极大激励了参训学员。

2.突出共享共赢，强化管理协同

为确保培养效果，济南供电在领导人员培养体系构建中，创设“前台—中台—后台”的知识管理和服务保障体系，组建专家教练团队，内容创造团队、流程管控

团队、跟踪培养团队、后勤服务团队、宣传团队等，将各专业、各部门领导人员和员工积极调动起来，促进知识经验的共享，个人发展与组织发展的共赢。

前台负责直接的培养任务，由专家教练团队、跟踪培养团队组成，专家教练团队主要由高层领导、内外部专家构成，跟踪培养团队主要由组织和业务部门构成。两个团队针对领导人员的个性培训需求，进行授课、辅导和日常反馈辅导，是人才培养效果的直接影响者。

中台负责培训体系和内容的设计，由内容创造团队和流程管控团队组成，这两个团队主要由组织部和外部专家构成，负责设计和实施培训项目，进行领导力评测，量身制定培养计划并不断丰富改善培训项目的内容，开展培养效果评估，致力于将现代领导力发展成果与企业实际相结合，确保培养的科学性、针对性与有效性。

后台负责培训服务保障和宣传，由后勤服务团队和宣传团队组成，后勤服务团队主要由培训场所管理和服务人员构成，宣传团队由新闻记者等人员构成，致力于创造良好的培训环境，记录培训的精彩瞬间。

3.突出氛围营造，强化宣传交流

济南供电通过开展“当排头作表率”大讨论，激发学员主动思考、交流共享的积极性；运用企业网站、公众号、楼宇电视等多种渠道，视频、简报、专栏等多种形式，全程跟踪、宣传引导；通过微信群等方式建立非正式学习圈，导师、外部教练、学员针对工作中的问题，实时交流互动，分享和学习经验，提升解决问题的能力。

（五）优化效果评估与应用，健全人才培养长效机制

济南供电坚持长期价值主义的发展理念，围绕培训效果评估和结果应用，引入精益管理 PDCA 模型，根据参培群体、学习模式的不同，设计分类评估模式；强化结果应用，将培训成效纳入领导人员评价体系，设立跟踪培养期，不断建立健全人才发展的长效机制。

1.开展项目评估，持续改善组织管理

PDCA 循环是全面质量管理的思想基础，被丰田视为精益生产的发动机。

“检查”是 PDCA 循环的重要步骤，在培训管理中，即评估环节。济南供电在青蓝、淬炼、领雁计划每一个培训项目实施后，由前台和中台从计划、执行环节进行全面复盘，针对效果突出的学习方式、技术等进行推广应用，纳入行动环节；针对效果欠佳的部分进行改进优化，并将优化列入下一环节的计划，形成阶梯式上升的正向螺旋效果。

2.创新考核模式,科学评价培养效果

(1)青蓝计划。针对新任期四级领导人员,济南供电建立"培训考核+期满考核"相结合的考核评价体系,由培训组织部门评价学习培训情况,成长导师评价结对培养情况,同时结合领导人员日常、年度、任期"三位一体"考核体系,全方位掌握新任四级领导人员的政治表现、思想表现和工作表现,增强考核评价的科学性和精准度。

(2)淬炼计划。为实现从"评价打分"到"充电赋能"的转变,企业全面优化评价规则,变被动考核打分为主动获取"能量值",将个人成绩与团队成绩贯穿培训全流程、全链条,学员通过个人项目比拼,团队对抗成绩可获得相应能量值;通过"充电赋能"榜实时晾晒,营造争先氛围,培养学员勇当排头、走在前列的精神信念;实施分级评价机制,培训结束时依据学员所获能量值开展分级评价,评选优秀学员并通报培训成绩。

(3)领雁计划。济南供电开展结业汇报,采取现场发布的形式,每名学员就学习反思、训练收获、自身改变以及目标完成情况向公司领导进行汇报,集中展示训练成果,总结训练成效,颁发结业证书。

3.强化结果应用,优化后续培养机制

(1)青蓝计划。济南供电将新任四级领导人员培养情况纳入领导人员年终评价结果,评价优秀的优先推荐参加公司四级领导人员进阶培训;建立优秀四级领导人员储备库,开展梯队建设,实行动态管理,对评价优秀的大力选拔使用,对评价一般的及时调整出库,形成"能上能下、能进能出"的良性机制。

(2)淬炼计划。济南供电建立学员训练档案,对学员训练成果进行系统评估,并将学员过程评价和结业汇报情况作为训练成绩,纳入四级领导人员年度测评结果。

(3)领雁计划。济南供电将训练结束后的一年设定为"长尾"跟踪期,建立跟踪评价机制,引导学员将训练内容有效应用于实际工作,解决实际问题,提升管理效能。

三、大型供电企业领导梯队全链条培养管理的实施效果

济南供电通过实施领导梯队全链条培养管理,在多个维度产生了较强的应用价值,取得了管理、经济和社会多重效益,体现了领导人员队伍建设创新创效的新常态,具有较强的示范推广意义。

（一）领导人员队伍建设质效取得突破

济南供电“青蓝·淬炼·领雁”三级进阶培养体系累计举办各类培养活动52期次，市县一体培养领导人员254人次，领导梯队全链条培养管理体系逐步充实完善，有效改善了原有领导人员培养体系目标不清、体系不健全、效果不佳等问题。项目实施以来，企业根据处于不同阶段领导人员的特质和优缺点，进行靶向赋能，精准滴灌，建立了更加符合领导人员成长规律、企业战略需求的人才培养体系，领导梯队结构更加合理，领导人员队伍的胜任力、内驱力得到显著提升。

（二）企业业绩增长和创新发展获得了强力支撑

四级领导人员队伍能力素质的提升，有力带动和支撑了各项业务的高质量推进，助力企业经营业绩稳步增长、创新发展更加强劲。2022年以来，济南供电面对疫情防控、经济下行等各种超预期因素冲击，在领导人员队伍的坚强引领和全体员工队伍的砥砺奋斗下，呈现了登高向前的良好态势。2023年济南供电售电量同比增长10.64％，营业收入同口径同比增长7.37％，服务新能源装机同比增长35％，新能源利用率98.5％，同时获得国网、山东省科技进步二等奖，获得中国电力科技进步三等奖，职工创新取得国家级奖项及交流展示双突破。

（三）服务经济社会发展的能力显著提升

服务经济社会发展是电力企业的战略使命与重要责任，领导梯队全链条培养管理项目实施以来，领导人员自律意识、发展意识与服务意识增强，在履职过程中深刻践行人民电业为人民的企业宗旨，积极服务地方经济社会发展，带动企业品牌形象持续提升。2023年，济南供电圆满完成支援大运、援冀抗洪、援晋抗冰等急难险重任务。此外，企业组织新能源汽车“乡村行”巡展，全省首批实现乡镇充电桩全覆盖，建成21个乡村电气化示范项目，荣获25项省部级及以上荣誉。

成果创造人员：王　晶　孙　岩　王　璐　于洪伟　孙启明　张永青　周　超

基于履行社会责任的鲁北地区电网建设新体系的构建与应用

国网山东省电力公司滨州供电公司

摘要：近年来，国网山东省电力公司滨州供电公司积极承担社会责任，关注员工、环境、社区和公众利益。供电企业履行社会责任是企业自身生存与发展的现实需求，是转型升级高质量发展的内在要求，更是企业可持续发展的战略选择。国网山东省电力公司滨州供电公司立足资源节约型、环境友好型社会建设，创新电网建设中环水保管理模式，优化环水保措施，扎实落地实施环水保工作与电网建设同时设计、同时施工、同时验收制度，注重引领人才培养，畅通人才成长渠道，积极服务新能源并网，促进流程优化，深化营商环境改革，擦亮'滨周到'品牌，助力乡村振兴，积极服务新型城镇化建设，提升服务质量，不断优化客户用电体验，推动绿色发展，奋力打造服务新能源发展典范，最终保障企业可持续发展和社会进步。

国网山东省电力公司滨州供电公司（以下简称"滨州供电公司"）成立于1970年12月21日，是国网山东省电力公司直属大型供电企业，担负着滨州两区一市四县和经济技术开发区、高新技术产业开发区、北海经济开发区的供电任务，服务客户167万户。公司现有14个职能部室、10个业务机构、7家县公司、66个供电所，共有92个营业窗口，全民职工达2149人（其中市公司727人，县级供电企业1422人）。目前，滨州电网已形成以3座500千伏变电站为核心、27座220千伏变电站为支撑、各级电网协调发展的现代化电网。2022年完成售电量249.07亿千瓦时。公司先后荣获全国五一劳动奖状、全国用户服务满意企业、国家电网有限公司文明单位、国网山东省电力公司先进单位和先进基层党委等称号；连续四年被滨州市委、市政府授予"富强滨州"建设"金星奖"；连续六届保持全国文明单位称号。

一、基于履行社会责任的鲁北地区电网建设新体系的构建与应用的实施背景

(一)构建与应用电网建设新体系是企业自身生存与发展的现实需求

供电企业作为关系国计民生的基础产业和社会公用事业,履行社会责任是其赖以生存和发展的关键。经济全球化的推进和市场经济的建立与完善,企业的竞争日趋激烈。谁不适应时代发展的要求,全面提高核心竞争力,就将在残酷的市场竞争中败北。而积极主动履行和承担社会责任,就可以帮助企业树立良好形象,提升企业软竞争力,否则就会“失道寡助”,加快被淘汰的危险。电力企业既是关系国民经济发展的基础产业和战略产业,也是涉及千家万户、关系国计民生和社会和谐的骨干产业。因此,电力企业必须认真履行和承担社会责任,为企业长远发展树立良好形象,从而提高软竞争力。

(二)构建与应用电网建设新体系是企业转型升级、实现高质量发展的内在要求

党的二十大报告提出,加快发展方式绿色转型,推动经济社会发展绿色化、低碳化是实现高质量发展的关键环节。为此,要加快推动产业结构、能源结构、交通运输结构等调整优化。“十四五”开局之年,习近平总书记在多个场合强调,推动“十四五”时期经济社会发展,必须把新发展理念贯穿发展全过程和各领域,实现更高质量、更有效率、更加公平、更可持续、更为安全的发展。随着社会的发展,人们对能源供应的可靠性、能源消耗的环境友好性等方面提出了更高的要求。供电企业若不履行社会责任,可能会面临市场需求下降、舆论批评等问题。在能源领域,政府通常会制定能源政策,要求供电企业遵守相关的法律法规和政策要求。履行社会责任符合相关法律法规和政策的要求,有利于企业与政府保持良好的合作关系,获取政策支持和资源优势。履行社会责任可以提升供电企业的品牌价值,通过采用绿色能源、提高能效、降低碳排放等行动,供电企业树立起环保、可持续发展的形象,赢得消费者和投资者的青睐,有利于企业的品牌建设和市场竞争。

(三)构建与应用电网建设新体系是企业可持续发展的战略选择

履行社会责任可以提升企业的竞争力。如今,消费者对企业的社会和环境责任越来越关注,选择具有良好社会形象和可持续发展理念的企业。通过履行社会责任、推动清洁能源转型、降低碳足迹等举措,供电企业可以赢得消费者的青睐,

增加市场份额，提高自身的竞争力。

履行社会责任可以为供电企业开拓新的业务机会。例如，投资和开发清洁能源项目、提供能源效率咨询服务等都是可持续发展领域的新兴市场。通过积极参与可持续发展领域的业务，供电企业可以扩大业务范围，开拓更多收入来源。履行社会责任还是企业实现长期稳定发展的关键。社会责任不仅仅是对当下的回应，更是对未来可持续性的考量。通过推动清洁能源转型、降低环境污染、促进员工福利等举措，供电企业为自身创造了良好的经营环境和可持续发展的基础，积极履行社会责任，有利于公司进一步创新当前的发展理念、进一步转变新形势下的发展方式，有利于激发公司的创造力、提升公司的品牌形象，进而极大地保障公司的健康、稳定和可持续发展。另外，在经济全球化的大背景下，滨州供电公司也正在逐步向着世界舞台迈进。应该说，积极地履行社会责任，有利于树立公司良好的形象，有利于提升国际影响力和社会覆盖面。

二、基于履行社会责任的鲁北地区电网建设新体系的构建与应用的主要做法

（一）创新电网建设中环水保管理模式，优化环水保措施

滨州供电公司积极落实省公司科技环保工作部署，聚焦滨州市“双型”城市建设，坚持创新创效是前线，环境保护是底线，持续以新型电力系统创新为引领，做优“孙子故里·创新智企”品牌，推动科技环保工作实现“从0到1，从1到N”的突破，在未来竞争中赢得主动、赢得先机。

首先，滨州供电公司坚决落实“六精四化”要求，践行“绿水青山就是金山银山”的发展理念，进一步消除了公众对电网的认知误区和疑虑，为电网建设和发展营造了良好和谐氛围，推动环境保护工作再上新台阶。国网滨州供电公司所有在建工程均已取得环水保批复，投运输变电工程全部达到环水保验收标准要求，建成投运滨州电网首座“城市融合型、环境友好型”变电站——京东110千伏变电站，吴村110千伏变电站工程获评国网山东省电力公司绿色化标杆工程。

其次，强化环水协同机制，实现精准管控。沟通公司建设部、运检部，明确发展部将参加后期基建项目验收会，确保项目环水保“三同时”制度执行。建立环水保定期约谈机制，掌握项目验收进度与难点，按照110kV、220kV输变电工程竣工后4个月、5个月验收时限要求提前完成验收，避免突击情况发生，实现精准管控。对电网建设中的水资源进行科学管理和保护。包括合理利用水资源、推广节水技术、建设雨水收集系统等措施，减少对当地水，资源的消耗和污染，确保水资

源的可持续利用。

最后，国网滨州供电公司将持续学习贯彻党的二十大精神，深入落实各级环境保护要求，加强环保管理体系建设，结合滨州地理环境特点，进一步探索滨州电网与生态环保相得益彰的和谐发展之路。强化排放与净化治理，对电网建设排放的废水、废气等进行有效治理。采用先进的治理技术和设施，确保排放达标，减少对环境的污染，提高电网建设的环境友好性。通过研究环水保管理模式，可以找到电网建设与环境水资源保护的最佳平衡点，实现电网建设的可持续发展。这不仅有助于减少电网建设对环境的影响，保护水资源，还能提高电网建设项目的社会接受度和可持续发展能力。同时，该模式的研究也为其他类似工程项目提供了借鉴和参考。

（二）引领人才培养，畅通人才成长渠道

员工是企业发展的重要组成部分，也是企业履行责任的重要利益相关方。首先，滨州供电公司重视并引领人才培养能推动行业创新和技术进步。能源领域是一个不断发展和变革的行业，引领人才培养可以培养具备创新思维和技术能力的人才，推动行业创新和技术进步。优秀的人才具备前瞻性的思维和敏锐的洞察力，能够发现问题、解决问题，并引领行业在能源转型、智能电网等方面取得突破性进展。其次，公司重视并引领人才培养能提升企业竞争力和核心竞争力。人才是企业最重要的资源之一，优秀的人才是推动企业发展的核心力量。通过引领人才培养，供电公司可以培养具备专业技能、管理能力和领导力的复合型人才，增强企业的竞争力和核心竞争力。这些人才将成为企业战略实施和业务拓展的关键支撑，为企业持续发展提供有力支持。最后，公司重视并引领人才培养以适应行业变革和发展的需求。供电行业正面临着新能源、智能电网、电动汽车等新兴技术和新业务模式的挑战和机遇，引领人才培养可以培养具备综合素质和创新思维的人才，使其具备适应行业变革和发展需求的能力，而这些人才将成为企业转型升级的中坚力量，推动企业在新时代的发展。

滨州供电公司将公司两会精神深入落实到 2023 年人资工作中，推动人资各项工作取得新突破，采取以下措施引领人才培养，承担社会责任。一是服务职工发展“有温度”：着力打造人力资源共享服务中心，强化“六位一体”人才培育体系，持续实施“清零”“育苗”“托举”三项行动，升级“红荆条”青年成才培养机制，加快“2 库 2 平台”建设。二是考核分配激励“有精度”：发挥绩效考评指挥棒作用，稳妥推进业绩指标考核制度优化，构建“一岗多级”的宽带岗级体系，持续深入推动全业务核心班组建设，激发全员工作动力。三是市县专业管理“有深度”：以市县

公司“同质化管理”为目标，深入打造“一专业一团队”，建立全市工作联动共享机制与挂岗锻炼机制，开展“强基固本年”专项提升工作，夯实市县管理基础。四是“党建＋人资赋能”“有高度”：以能力建设和先进性建设为着力点，立足发挥党员的先锋模范作用，以支部班子建设为抓手，构筑坚强有力的党组织战斗堡垒，用心用智用情解决员工困难事、搭建员工发展大舞台。

（三）积极服务新能源并网，促进流程优化

第一，规划与设计阶段。滨州供电公司主动配合政府科学编制新能源发展规划，加快构建新型电力系统，打造智能、开放、友好、互动的智慧电网，全力服务国网海上风电并网检测中心建设、鲁北盐碱滩涂风光储输一体化基地以及分布式光伏并网运行等工作，坚持“严细实”原则，落实“能并尽并”要求，全力当好贴心电管家，根据送电计划倒排工期，确保送电方案“早”落实，工程进度“早”跟进，现场验收“早”介入，整改建议“早”提出，打造滨州新能源发展新高地。

第二，技术创新与发展。公司结合滨州区域电力优势（风电、光伏、源网荷储等），加强科技项目重点优势领域方向引导及多项目配合机制，增强科技项目的特殊性与深度，与电科院、经研院构建定期沟通机制，在国网科技项目申报、国内顶尖高校合作、示范工程试点等方面发力。

其中，滨州供电公司参与申报的《新能源发电并网检测评估与认证关键技术研究及应用》项目荣获2021年度山东省科学技术奖科技进步二等奖，这是滨州公司首次获得山东省科学技术奖。该项目针对山东省新能源高比例接入电力系统现状及清洁低碳、安全高效能源体系变革迫切需求，以新能源发电高效检测评估和全链条并网认证为目标，首次提出了“标准—检测—认证”一体化的新能源发电并网管理体系，设计研发基于云计算的全景式新能源电站谐波特性分析与并网发电远程测试系统，大幅提升新能源电站现场检测效率，提出考虑邻近电站间影响的新能源电站故障穿越能力仿真分析方法，构建基于最优限速率控制的新能源故障穿越有功功率协同恢复和低电压穿越保护策略，提高了新能源有功功率恢复和动态无功电流的响应速度和稳定性，有效地解决了新能源功率恢复中电气部分快速恢复与气动、机械部分慢速响应引起功率波动的技术难题。

第三，运维和管理。新能源接入电网项目完成后，需要建立完善的运维与管理机制，监测和管理接入电网的运行情况，及时发现和处理问题，保障电网的稳定和正常运行。为此，首先，滨州供电公司深化应用“新能源云”“网上国网”平台，构建新能源并网全流程、数字化服务体系，提供“一站式、保姆式”线上并网服务，推进新能源配套接网工程与本体项目同步投产，减轻新能源企业投资压力。其次，在服务沾化光伏开发试点时，项目筹建采用"党委统筹，国有公司统一运作"的模式，确定由供电公司建设并长期运维，实行保底发电加超出提成运营机制，高效运维 20 年，每年保底发电 1300 有效小时数，超出比例提成，发挥专业化程度高、人力成本低的优势。最后，公司加强新能源及碳交易辅助服务，推进分布式新能源参与绿电交易，开展电力辅助服务市场、碳排放权交易代理等业务，为客户提供增值收益。

（四）整合新技术，创新能源管理模式

第一，积极推进零碳智慧能源综合示范区建设。滨州供电公司积极响应"双碳"目标落地、新型智慧城市建设要求，聚焦能源先进技术，按照"数据＋绿色＋经济＋高效"的理念，在郭集建成零碳智慧能源综合示范区，该工程以 220 千伏郭集变电站为试点，在郭集综合区建设光伏站、储能站、数据中心站、电动汽车充电站、电动汽车放电站、5G 基站、北斗地面增强站，与 220 千伏郭集变电站有机融合，实现"八站合一"的整体示范效应，打造成源网荷储绿色微电网生态，融合微电网发展、5G＋北斗共享应用、新兴产业商业模式，实现能源流、业务流和数据流融合互动发展的绿色可循环运营新模式，此举进一步将郭集零碳智慧能源综合示范区建成滨州市创新创效基地、人才培育基地和电力科普基地，该示范区于 2020 年 12 月 24 日投运。2021 年 10 月 18 日，国家电网山东滨州供电公司"郭集零碳智慧能源综合示范区"入选山东省新型智慧城市"强基"领域优秀案例，是全国首家"八站合一"智慧能源综合示范区。具体来说，示范区通过以下两大措施充分生产、利用和控制绿色能源。

一是建设绿色高效的光伏微电网。为推进新能源发展应用，滨州供电公司超前建设多维融合的"智慧微电网"系统。利用郭集办公区的屋顶、车位顶部空间安装光伏板，建设分布式光伏电站。装机容量达 485kWp，年均发电量为 42 万千瓦时，实现园区全绿电供应。微电网内包含光伏发电系统、储能系统、能量管理系统、汽车充放电系统、配电系统及辅助系统。其中，储能站采用交直流结合方式，对光伏电站剩余电能、汽车放电电能进行存储；利用车网互动技术（V2G），电动汽车充放电站主要实现电网对汽车充电、储能对汽车充电、储能向电网售电、汽车向电网售电四大功能，电动汽车作为移动储能可以参与电网削峰填谷并实现经济创收；智能控制系统实现精准控能。构建郭集微网智能调控系统，部署控制装置、节能与能效管理系统等软硬件，将计算能力、通信能力和微电网物理环境进行多维融合与相互协作，微电网层面完成所有信息化控制操作。公司还对用能情况进行实时监测，统计分析电能整体应用情况，发现异常用能及时预警，通过大数据综合分析，挖掘提高电能利用效率的突破点，进行微电网用能协调管控、优化改进等，实现“安全、高效、洁净”的电能应用目标。

二是“互联网＋”技术实现加成效应。园区通过互联网技术实现两项突破，一是基于北斗技术构建立体“数字郭集”。建设北斗基站，信号覆盖半径达10千米，可实现动态厘米级和静态毫米级精准定位。对郭集综合区进行三维扫描，获得层次分明、3D立体的可视化模型，实现物理参数与信息系统的互联互通、设备运行状态实时在控，形成变电站可视化运维新模式。二是“数据中心站＋互联网”商业模式。建设边缘数据中心站，提供对内、对外数据服务“双平台”，满足5G时代对数据的快速处理需求。通过向外部企业提供IDC、云产品等商业服务模式，解决互联网企业迫切需要大量用户侧数据中心资源的问题。

第二，深入挖掘能源数据价值，助推智慧城市建设。传统的电网企业服务社会的主要产品是“电力”，目前“算力”成为电网企业服务城市建设的又一项重要支撑。公司以电力数据赋能经济发展为主线，积极深化大数据场景应用。主要有三大举措，其一，推进能源大数据中心建设，牵头滨州市经济运行大数据分析“七库”之一的电力库建设，推动能源数据全方位汇聚，强化经济数据与电力数据融合分析，助力政府科学研判、精准施策，为滨州经济社会高质量发展助推赋能。其二，创新开发光伏可开放容量地图，精准监控全市台区分布式光伏情况，以热力图形式展现台区光伏可开放容量，助力居民通过分布式光伏创收增收。其三，建立城市“双碳大脑”，以碳排放核算、监测和分析为基础，构建滨州市区域能源双碳地图、行业碳生产分析、企业碳能效分析、清洁能源碳减排分析等四大类场景。

（五）深化营商环境改革，擦亮“滨周到”品牌

国网滨州供电公司认真落实“企业感受第一评价、群众满意第一标准”的理念，积极践行“人民电业为人民”的企业宗旨，深入开展“六个一”暖企服务行动，创新推出“用上电、用好电、不停电”的“宜商三电”九大服务举措，全力优化电力营商环境，服务城市“双招双引”，寓意“滨（宾）至如归，州（周）到服务”的“滨周到”，已成为滨州营商环境的专属名片。滨州供电公司的具体举措如下。

第一，深化信息共享，提升办电效率。强化政务信息共享应用，推出7类、17项办电业务“免证照”办理，营业执照、身份信息、不动产等信息在线调取，实现居民“零证办电”、企业客户“一证办电”“房产＋用电”联合过户。依托“网上国网”App，为客户带来线上办电全流程展示、办电进度在线实时查询。严格“一次告知”和各环节并联审批、并行处理，高压客户、低压居民、低压非居民客户办电环节分别压减至6个、2个、3个，平均接电时长同比减少1.02天。

第二，落实惠企政策，助力企业发展。发布助力复工复产和“电力促经济、同舟保发展”十项举措。加大电价政策、惠民惠企政策宣传和执行力度，疫情期间减免 327 家企业基本电费 695 万元。推出“电 e 贷”“电 e 票”“电 e 盈”等金融产品，为 31 家企业提供融资服务 2951 万元。推广企业电费金融服务，累计为客户节约电费 544 万元。实行 160 千瓦及以下小微企业“零成本”接电，节约客户投资 5130 万元。

第三，开展“四进”走访，精准服务客户。深入落实《滨州市“六个一”服务企业活动工作方案》，开展“喜迎二十大、四进送服务”大走访活动，主动走访高压客户、低压居民、非居民客户，保持客户服务“零距离”。为 298 家星级客户上门提供用能分析、诊断服务，助力客户优化用能结构。在承接滨州市首个大型三甲医院能源托管项目时，托管期内为客户节约电量约 805.83 万千瓦时，减少约 632.57 吨碳排放。

（六）助力乡村振兴，积极服务新型城镇化建设

在脱贫攻坚大战中，滨州供电公司连续四年获得脱贫攻坚“好”的最高等次评价，连续三年荣获“全市脱贫攻坚先进集体”称号，成为全省供电系统唯一一家三年两获省先进集体的单位，用实际行动诠释了“上下同心、尽锐出战、精准务实、开拓创新、攻坚克难、不负人民”的脱贫攻坚精神，具体举措如下。

第一，实行光伏扶贫。全面落实国家政策，捐建光伏扶贫电站 4 座，光伏扶贫项目并网容量、支付上网电费均居全省前列，为 8.1 万贫困群众提供了一份“阳光存折”。2021 年，公司创新实施沾化“全域‘破 10’村集体稳定增收光伏项目”，项目坚持党建引领、资源统筹、试点先行、压茬推进的思路，因地制宜，遴选沾化区 9 个乡镇周围位置偏僻、废弃闲置的边角地块建设光伏电站，助力村集体年均增收 10 万元，通过电力赋能乡村振兴；同时，全链条保障 2914 户光伏扶贫电站高效运营，持续做好增值服务，提升消纳可靠性，保障脱贫群众持续稳定收益。

第二，统筹推进产业扶贫、消费扶贫。4 名驻村扶贫干部圆满完成定点帮扶任务，精选本地 28 种特色优质农产品，上线山东电力“21°商城”电商平台，助力乡村产业可持续发展，消费扶贫完成率全省第一。

第三，推广乡村电气化项目，建成全省首个“三线融合”美丽乡村建设示范点，推动村容村貌改造，引导乡村用能低碳化、智慧化。

第四，开展光伏捐赠、电力爱心超市、彩虹驿站建设，打造政企共建乡村振兴示范点。

(七)提升服务质量,不断优化客户用电体验

滨州供电公司用心赋能市民美好生活,提高供电服务质效,构建以客户为中心的服务体系,连续九年实现除夕夜“线路零跳闸、台区零停电、客户零投诉”的“三零”保电目标。

第一,推动政务服务平台上线“电水气暖”报装联办功能,全市首家“水电气暖信视”共享营业厅成立,无差别受理业务,实现“进一家门、办六家事”,该营业厅还配置了全市首家共享服务终端和电力彩虹驿站,实现水、燃气、热力和通信等费用缴纳自助办理。

第二,联合针对居民充电桩“一网通办”过程中存在的客户在车企、供电营业厅、物业公司之间“三头跑”的问题,国网滨州供电公司积极探索,充分发挥客户经理台区经理网格化服务优势,打造居民充电桩“共享办”及“无证明办”服务。

第三,开展带电作业,力争居民长期不停电。配置不停电作业持证人员 149 人、特种车辆 28 辆,实现滨州市、县配网不停电作业全覆盖,每年开展带电作业 2000 余次,配网不停电作业化率由 2012 年的不足 40%提升至98.9%,跃入全省前 3 的行列,全市范围内建成 8 个零停电示范区,践行“不停电就是最好的服务”的庄严承诺。

第四,提升抢修速度,保障居民全程用好电。实行全渠道工单全流程管控,压缩指挥层级、畅通业务链条,切实保障居民的用电诉求第一时间得到解决。

三、基于履行社会责任的鲁北地区电网建设新体系的构建与应用实施效果

(一)提高了企业的经济效益

滨州供电公司积极履行社会责任,努力树立良好的企业形象和品牌价值,增强了消费者、客户、员工以及社会各方对企业的认可和信任,通过加强合作为企业带来了收入来源和市场增长点。具体来说,滨州供电公司优化营商环境的举措带动相关企业入驻,增加了企业供电和服务收入;新能源扶贫项目帮助企业投资清洁能源并在之后的运维中获得持续收入;对员工的安全保障等举措增强了凝聚力,有利于保持企业自身活力。

(二)推动了行业的优质发展

滨州供电公司积极履行社会责任,帮助供电企业树立良好的企业形象和声

誉,增强了消费者、合作伙伴等对企业的信任和认可,从而起到国有企业的先锋带头作用。同时,从更高的层次上讲,可以推动行业的变革,比如在可持续发展上,滨州供电公司通过环水保、绿色能源开发等的建设,有利于在企业中树立排头兵的地位,从而辐射带动上下游合作伙伴、滨州当地企业等的资源保护和绿色发展,推动各行业沿着可持续的国家战略发展。

(三)创造了良好的社会效益

首先,供电企业通过投资和采用可再生能源,如太阳能和风能等,有助于环境质量改善,减少气候变化的影响,保护生态系统,为社会创造更清洁、健康的生活环境;其次,可靠的电力覆盖可以改善居民生活水平,增加居民幸福水平,新能源扶贫项目还可以帮助居民摆脱贫困,可靠的电力供应也为教育、医疗和其他公共服务提供了支持,促进了社会稳定;最后,供电企业可以为公司提供稳定的电力基础设施,营造良好的招商环境,促进产业发展和就业增长,推动当地经济发展。

成果创造人员:孙洪波　李建杰　成印健　于彦兵　王洪礼　商　振　李　蓬

供电企业“四维四度”思想政治工作机制的构建与实践

国网山东省电力公司诸城市供电公司

摘要:思想政治工作不仅是党的各项工作中心环节和根本保证,也是国企改革发展的有力抓手和动力源泉。国网山东省电力公司诸城市供电企业通过加强员工思想政治工作,把无形的党建转化为有形的发展优势,为推动电网升级、管理升级和服务升级提供坚强的政治支撑和保障。国网山东省电力公司诸城市供电公司聚焦“以员工为中心”一条主线,坚持围绕中心、服务员工原则,充分发挥思想政治工作统一思想凝聚力量,温润人心鼓舞斗志的重要作用,从“思想解惑、精神解忧、文化解渴、心理解压”四个维度,构建“思政研习机制”“分析疏导机制”“文化浸润机制”“诉求服务机制”四大机制,从而实现理论筑基有厚度、思想疏导有精度、文化浸润有深度、诉求服务有温度,达到政治统领正心、解忧释惑安心、文化引领润心、关心关爱暖心的目的,为推动公司“大思政”体系深化落地、高效运转,实现公司高质量发展提供强有力的思想保证和精神动力。

国网山东省电力公司诸城市供电公司(以下简称“国网诸城市供电公司”或“公司”)是国网山东省电力公司分公司,公司设置 9 个职能部门和 5 个业务支撑机构与实施机构,下设 13 个供电所和 3 个产业单位,现有员工 707 人,负责全市 107 万人口、2183 平方千米的供电服务工作。境内辖 500 千伏变电站 1 座、220 千伏变电站 6 座、110 千伏和 35 千伏公用变电站 33 座,变电总容量 663.55 万千伏安,10 千伏及以上输配电线路约 5058 千米。2023 年,公司完成售电量 49.22 亿千瓦时。近年来,公司始终坚持以党建为统领,卓越争先为工作基准,以建设具有中国特色国际领先的能源互联网企业为目标,锚定“再登高、走在前”,争先创优收获丰硕成果。公司先后荣获国家电网公司一流县供电企业、国家电网公司文明单位、国家电网公司企业文化建设示范点、全国职工职业道德建设先进单位、全国模范职工之家、全国职工教育培训示范点、山东省劳动关系和谐企业、山东省职工职业道德建设十佳单位、"富民兴鲁"劳动奖状等称号，连续 36 年保持山东省文明单位称号。

一、供电企业"四维四度"思想政治工作机制构建与实践的背景

2021 年，中共中央、国务院印发《关于新时代加强和改进思想政治工作的意见》，指出"把思想政治工作同生产经营管理、人力资源开发、企业精神培育、企业文化建设等工作结合起来，在思想上解惑、精神上解忧、文化上解渴、心理上解压"。党的二十大报告强调，要坚持不懈地用习近平新时代中国特色社会主义思想凝心铸魂，完善思想政治工作体系，为国有企业加强和改进思想政治工作提供了根本遵循。进入新时代，如何贯彻落实党中央、国务院的指示精神，发挥好思想政治工作的作用，有效凝聚起全体员工的智慧力量，稳健推进企业高质量发展，是摆在国有企业面前的一份政治责任和时代答卷。

（一）构建"四维四度"思想政治工作机制是坚持党对国有企业领导的重要内容

国有企业是中国特色社会主义的重要物质基础和政治基础，是党执政兴国的重要支柱和依靠力量，坚持党对国有企业的领导是重大政治原则，必须一以贯之。为此，要把思想政治工作贯穿所开展的各种活动，多做组织群众、宣传群众、教育群众、引导群众的工作，多做统一思想、凝聚人心、化解矛盾、增进感情、激发动力的工作。国家电网作为国家能源供应的主力军，关系着国民经济的命脉，坚持和加强党的全面领导是国家电网企业义不容辞的责任，最基本的途径就是深入开展思想政治工作，提高职工的思想觉悟和认识水平，引领广大职工坚定听党话、跟党走。

（二）构建"四维四度"思想政治工作机制是推动国网公司发展战略落地的有力保证

思想政治工作不仅是党的各项工作中心环节和根本保证，也是国企改革发展的有力抓手和动力源泉。国网公司提出"建设具有中国特色国际领先的能源互联网企业"的战略目标，国网山东省电力公司党委紧紧围绕国网"一体四翼"发展布局，作出了深入推进"一个统领、四个最好"，更加突出"八个发展"，在"一体四翼"高质量发展中勇攀高峰的战略部署，持续凝聚思想共识、提振全员士气，最终还是要靠思想政治工作。通过思想政治工作教育引导职工自觉防止和抵御各种腐朽

思想和错误思潮的侵蚀和干扰，牢固树立“四个意识”、坚定“四个自信”，做到“两个维护”。通过加强员工思想政治工作，把每条战线、每个领域、每个环节的党建工作抓具体、抓深入、抓落地，把无形的党建转化为有形的发展优势，为电网升级、管理升级和服务升级提供坚强的政治支撑和保障。

（三）构建“四维四度”思想政治工作机制是增强公司职工凝聚力的有效举措

实践证明，思想政治工作为企业持续健康发展提供了有力思想保证。新形势下，党中央深入推进国有企业改革，必然对职工的思想观念、价值取向产生深刻影响，特别是近两年，受经济形势、社会环境、各种思潮和企业改革发展等多重因素影响，个别职工在企业形象维护、工作主动性、归属感和幸福感等方面存在一些苗头性、倾向性问题，还有个别职工存在一定的负面情绪、消极心理，具体表现为对公司发展目标任务不明晰，对公司发展前景信心不足，对所在党支部认可度不高、对思想政治工作认可度较低等问题，严重影响了企业健康发展和内部干群党群关系。面对新情况新问题新挑战，亟须思想政治工作积极作为，主动担负起促进职工思想进步、增强职工凝聚力的重任，通过大力弘扬国有企业精神、培育先进的企业文化、深入开展人文关怀，教育引导广大职工正确认识改革、坚定支持改革，凝聚起改革发展的广泛共识和强大力量。

二、供电企业“四维四度”思想政治工作机制构建与实践的主要做法

“四维四度”思想政治工作机制聚焦“以员工为中心”这条主线，坚持围绕中心、服务员工原则，充分发挥思想政治工作统一思想凝聚力量、温润人心鼓舞斗志的重要作用，从“思想解惑、精神解忧、文化解渴、心理解压”四个维度，构建“思政研习机制”“分析疏导机制”“文化浸润机制”“诉求服务机制”四大机制，从而实现理论筑基有厚度、思想疏导有精度、文化浸润有深度、诉求服务有温度，达到政治统领正心、解忧释惑安心、文化引领润心、关心关爱暖心的目的，推动公司“大思政”体系深化落地、高效运转，持续营造“一盘棋、一家人、一条心”浓厚氛围，为实现公司高质量发展提供强有力的思想保证和精神动力。

（一）以“思想解惑”为导向，建立思政研习机制

只有思想上的清醒，才能做到政治上的坚定。为解决好党员群众“怎么学、学

什么、如何学以致用”的问题，国网诸城市供电公司紧紧围绕“全面系统学、深入思考学、联系实际学”一条工作主线，以动态管理、创新载体、理论研究为着力点，充分发挥党的创新理论凝心铸魂、补钙壮骨的作用，建立思政研习机制，坚持从干部职工不同的思想基础、觉悟程度、道德水准、文化基础等出发，做到分类教育、个别引导、逐步提高，变“大水漫灌”为“精准滴灌”，切实让党员群众“坐得下、听得进、弄得懂、记得牢”，引导广大党员群众听党话、跟党走。

1.组建党建思政研习会

按照“善研究、善策划、善宣讲”的标准，在公司党支部书记、党务工作者、专家人才、先模典型和青年团员等不同人群中选拔 20 名人员组建党建思政研习会，创新开展“集中研讨＋个人自学”“理论研拓＋实践创新”“特色宣讲＋项目推进”等多种形式的研习活动，积极探索全员思想领航的新路径。坚持“接地气、冒热气”，开发贴近时代、贴近基层、贴近职工的精品课程，开展点餐式、集结式、巡回式和专题式宣讲，让基层党员和职工听得“走心”，真正“动心”。

2.搭建“视、听、说”分众研习模式

按照“季度有主线、月度有主题”的工作思路，搭建“视听说”分众研习模式，将供电服务员工党员、省管产业单位党员全部纳入党员统一培训，形成多元要素齐发力的思政教育局面。围绕国内国际形势、党和国家大政方针政策、新时代新征程公司战略目标和使命任务，结合干部员工关心关注的热点，通过支部故事荟、板凳微党课、掌上自习课等方式，把国情党情企情讲明白，把形势政策讲透彻，引导干部员工切实增强贯彻落实的自觉性和坚定性。

3.构建“会、站、点”三级阵地链

深挖地方红色基因，构建“研习会—研习站—研习点”三级阵地链，将王尽美革命事迹教学基地作为红色教育研习站，秉承“尽美精神 电力传承”的理念，开展“协同文化”课题研究，创新“小红船”乡村振兴特色实践，推动思政工作与业务工作全面融合。将中共一大代表王尽美的故乡枳沟北杏村、省乡村振兴示范点蔡家沟村作为新时代文明实践研习点，打造家门口的“彩虹驿站”、百姓身边的“彩虹快车”，架起党和群众的“连心桥”。

(二)以“精神解忧”为目标，建立分析疏导机制

牢牢把握“党建是做人的工作”，突出思想政治工作的政治性、时效性和灵活性。按照“职工在哪里，思想政治工作就延伸到哪里”的工作思路，明确“家庭情况、思想状况、基本素质”的“三项必知内容”“情绪波动、批评处分、岗位变动、发生纠纷”的“四项必谈任务”和“情绪低落、婚丧嫁娶、重病住院、生活困难、家庭不睦”

的“五项必访任务”，建立“三必知、四必谈、五必访”思想疏导机制，了解职工所思所想所需，在职工职业关怀、生活关怀和精神关怀等方面形成良性互动，让职工感受到细致且有温度的组织关怀。

1.三个渠道密切干群关系

明确责任主体、访谈清单和工作流程，坚持多渠道切入，公司层面设立“领导接待日”制度，采取“一对一对接、点对点沟通、面对面交流”的方式，每周固定时间、固定地点由公司领导与职工开展交流，形成“职工说事、领导议事、公司办事”的良好态势，确保职工的大事小情有人听、有人管、有人办。专业部室层面发挥党员责任区、示范岗作用，党员责任区对于公司内外部业务做到“只跑一次腿、多事一起办、事情全办成”；党员示范岗坚持“有问必答、有疑必释”，首问责任人积极帮助职工解决工作困难。支部层面经常性开展拉家常式谈心谈话，因时、因事、因人讲好“微党课”，深入在“人的头脑里搞建设”，就地及时关心关注身边党员群众。

2.两个突出密切党民关系

突出党支部书记在思想政治工作中的关键作用，针对部分党员群众不善表达不愿倾诉不想交流，对自己的感动不言不语、对自己的困难不声不响、对自己的困惑不说不问的现状，通过“管闲事、听闲话、操闲心”，随时掌握部门员工的思想动态、精神状态、情绪心态。突出党支部“党群连心桥”的重要作用，在主题党日活动中用身边人“帮帮说”的方式，分享感动、说出困难、指出困惑，通过听取党员群众这三种声音，让大家一起动脑筋、出主意、想办法，营造团结、和谐、融洽的良好氛围。

3.双向联动密切企家关系

聚焦构建企业与职工的命运共同体，坚持在家企联动上下功夫，遇有重大政策实施、重大改革变革、重大任务攻坚时，通过日常访、专项访、重点访等形式，做好家访沟通，向党员干部职工家庭原原本本讲明形势、清清楚楚阐明政策、明明白白讲明企情，争取家属的理解和支持，征求家属的意见和建议，营造团结一心干事业、凝心聚力促发展的浓厚氛围。密切党与民、企与家、干与群的关系，做到企知家情、家知企事，本着“一人一档”的原则建立职工思想档案，引导家属当好贤内助、严内助、廉内助，争取职工家属对职工本人和企业的最大支持，净化干部职工社交圈、生活圈、朋友圈。

（三）以“文化解渴”为根本，建立文化浸润机制

浓厚的文化氛围能为思政工作提供丰厚滋养。为了满足职工文化上的渴求，围绕“以厚植文化底蕴为依托、以用活阵地设施为关键、以鼓励职工参与为核心、以激发内生动力为根本”这条主线，从盘活存量资源、对接职工需求、延长供给效

能入手，充分发挥文化教育人、鼓舞人、凝聚人的作用，建立文化浸润机制，构建覆盖中华优秀传统文化、革命文化、社会主义先进文化和国家电网公司企业文化的教育体系，并开展各类活动，推进中华民族共同体意识在全体职工中内化于心、外化于行，让职工从文化建设的“旁观者”向“参与者”直至“主导者”转变，以文化浸润让和谐企业从“面子”美到“里子”。

1.盘活资源建设职工文化生态圈

建设职工文化生态圈，成立书画、摄影、羽毛球、马拉松等10大文体协会，按照“小型化、多样化、常态化、普及化”的原则，结合重要传统节日、重大节庆日纪念日，广泛开展群众性文体活动。充分发挥“善小”品牌效应，以“善小”潍电义工、尽美彩虹共产党员服务队为主体，依托“服务队—服务站—联络点”三级网络体系，广泛开展敬老助养、扶弱助困、爱心募捐等“五为”志愿服务，依托蔡家沟彩虹共产党员服务队包保服务先锋实践基地，组织开展新时代文明实践活动，助力乡村振兴和基层治理。

2.对接需求建设专项文化阵地

深化“文化铸魂、文化赋能、文化融入”专项行动，将职工思想政治工作与弘扬电力精神、培育优秀企业文化有机结合。本着“有故事可讲、有现场可看、有资料可查、有特色可鉴、有先模可学、有成果可享”的标准，推动职工思政与安全、服务、法治、廉洁等专项文化阵地一体建设，构建以“同频共振”安全文化、“诸事皆成”服务文化、“清廉诸电”廉洁文化、“人本为家”职工文化为主体的“大文化”体系，将企业文化融入专业管理、基层工作、员工行为。积极开展劳模故事分享会、高端人才第一讲、思政讲师团进班组等形式多样的宣教活动，让员工在春风化雨、润物无声中接受文化洗礼。

3.营造声势输出企业文化价值

利用各种会议、专家讲座和“三会一课”，及时宣传解读上级要求、公司重点任务和成绩亮点。关注基层、聚焦一线，推出“微光成炬耀诸电”等系列榜样故事，策划开展“在诸城、诸事皆成”主题传播活动，用心用情讲述“小人物、大众化、正能量”的身边故事。积极对接中央、省市各级各类媒体，突出报道公司在服务地方经济社会发展、服务人民群众美好生活向往的有效做法和显著成绩，营造良好内外部舆论环境。通过高效、密集的信息传递，输出企业文化价值，对内凝聚干事创业合力，对外扩大“朋友圈”、做大“同心圆”。

（四）以“心理解压”为引领，建立诉求服务机制

为了确保党员群众诉求有人管、有人办，国网诸城市供电公司紧紧围绕“什么

事找党组织、怎么找党组织、党组织怎么做”一条工作主线，建立职工找事、大家说事、协调办事、党委跟事的“有事找书记”诉求服务机制，从思想引领、工作支持、学习关心、生活关爱四个方面，把解决党员群众关心关注的热点难点问题作为切入点，通过畅通渠道、倾听声音、快速响应等三个维度，着力构建“大诉求”格局，切实解决党员群众的“操心事、烦心事、揪心事”，使党员群众切身体会到公司的关怀，享受思想政治工作成果，从而使思想政治工作落到实处，取得实效。

1.尊重职工主体，谋职工之需

职工可以直接与其所在单位的党支部书记进行面对面交流，提出具体问题和诉求，所在支部及时做好登记、建好台账，时刻掌握职工思想动态，并记录在党支部书记的《思政日志》中。另外，职工也可以通过总经理热线、合理化建议等渠道将个人诉求问题反映至公司员工诉求中心。

2.强化领导职责，倾听职工之声

选聘 30 名员工担任基层联络员，负责收集基层职工最关心、最迫切、最急需的意见建议，采用“沉下去、走上来”的方式，定期召开总经理联络员座谈会，辅以公司班子成员不定期下基层调研活动，构建“零距离”沟通网络，让基层的声音能快速、准确反映到公司，并得到最及时、有效的反馈。

3.履行支部职能，办职工之盼

党支部层面能解决的诉求由党支部书记立接立办。党支部层面无法解决的统一上报，由员工诉求中心转交责任部门在 15 个工作日内办理完结，由党支部书记向职工反馈办理情况。对于个别在政策范围外、无法办理的困难和诉求，由党支部书记及时向职工做好政策解释和沟通交流，争取职工的理解。

4.落实绩效考评，践成果之效

建立“反映问题—解决方案—反馈意见—落实跟踪”闭环管理链条，确保一事一对策、事事有着落。诉求解决后及时向职工征询办理情况评价，将各党支部“有事找书记”工作开展情况与公司党建工作绩效考评、党组织书记述职评议工作评价挂钩，作为党支部和党支部书记年度评先树优的重要依据。

（五）以“双向管控”为基准，健全“四维四度”实践保障机制

解决好“一手硬、一手软”问题，考核激励是必要手段。只有从评价维度和管控过程两个方向建立科学可操作的保障机制，将四维四度的工作成效纳入各专业部门业绩考核体系，才能使各专业在抓业务中讲党建、抓党建中促业务成为常态。

1.开展三项考评，实现“四维四度”实践日常对标管理

(1)开展书记履责考评。将加强思想政治工作作为党建工作责任制重要内

容，纳入党支部书记述职评议考核。结合每年书记述职评议考核，开展基层单位党建绩效考核综合评价，进行“基层单位党建＋党支部书记履责”双打分双排名，实现单位党建成效与个人履责双向印证、互融共进。

(2)开展委员履责考评。改变以往党建考评主要考核党组织书记的固有模式，落实党支部书记管党治党“第一责任”，督促委员履责，开展基层党支部书记考评本级党组织委员履职情况，做到党建工作“人人身上有责任、个个肩上有担子”，形成一级抓一级、齐抓共管的良好局面。

(3)开展党建工作成效考评。牢固树立“党建工作做实了就是生产力、做强了就是战斗力”的理念，把思想政治工作纳入党建工作责任制和意识形态工作责任制考评，将考评结果作为业绩考核、评先树优、人才选拔的重要依据，推动思想政治工作“软指标”变为“硬约束”，切实以高质量党建引领业务工作高质量发展。

2.抓好三个过程，实现“四维四度”全链条式管控

(1)抓好落地实施任务链。做实“三进”工作，领导班子每年进基层开展“四个一”活动，党支部书记每周进班组、进宿舍，深入走访调研解决问题，与员工面对面交流，扩宽领导干部服务职工渠道，做到民意随时表达、民情快速反应、民需及时解决。畅通网上互通交流，网上听民意、网下解民忧。做好领导班子基层调研记录，记好《思政日志》，形成问题反馈清单，领导班组和部门负责人对照清单，主动认领，及时处理，接受党员群众监督。

(2)抓好过程管控责任链。运用“调研＋服务”方式，组织党支部书记经常深入基层、走进支部，开展蹲点式调研、“一对一”访谈，深入调研了解基层所需所想、难题难点，从问题改进、经验分享、亮点打造等方面提供细致服务，以务实有效的工作让基层党组织认可、让党员群众满意。

(3)抓好持续改进动能链。坚持问题导向，依托支委会、党员大会、主题党日活动开展，把发现问题、解决问题始终贯穿于思想政治工作实施全过程，形成持续改进的良性循环。针对党员群众存在的问题，鼓励党支部书记不断创新方法、丰富载体、不断提高思政工作的吸引力，持续提升抓业务水平。

三、供电企业“四维四度”思想政治工作机制构建与实践的效果

(一)构建了新时代国有企业思想政治工作的特色实践新模式

“四维四度”思想政治工作机制构建完善了多层次、全方位的思想教育网络，创新丰富了多样化、规范化的工作载体内容，拓宽畅通了信息反馈、问题办理的线

上线下渠道，增强了思想政治工作的精准性、实效性。利用党建思政研习会，国网诸城市供电公司先后开展党委书记形势任务政策宣讲、党支部书记“党的二十大精神”微党课、党务工作者“举旗帜 · 送理论”微宣讲、思政讲师团“进班组、进一线”理论宣讲、专家先模“高端人才第一讲”等多种活动，全方位、多层次基层宣讲矩阵依托对象化、分众化、互动化的“靶向”宣讲，不断拓展了宣传教育的广度和深度，真正让党的创新理论“飞入寻常百姓家”。2020 年以来，公司开展各类宣讲活动 374 次，覆盖 4659 人次。公司先后荣获全国职工教育培训示范点、全国模范职工之家、山东省先进基层党组织等荣誉称号，2022 年被评为潍坊市新时代党的创新理论宣讲基地和学雷锋示范点。

（二）形成了新时代国有企业思想政治的创新理论成果

“四维四度”思想政治工作机制的应用做到了多渠道广纳民意，多层级排忧解难，多部门协同作战，多形式凝心聚力，确保了职工说话有地方、维权有途径、诉求能表达、问题能解决。建立了“我为职工办实事、我为基层解难题”的长效机制，开通了听到就答、马上就办、办就办好的办实事解难题“直通车”，使问题反馈直达上层，问题解决直至基层。2020 年以来，基层反馈信息、问题 445 条，领导班子成员和各党支部书记谈心谈话记录 673 人次，基层单位归纳整理、解决问题 278 件，公司领导和专业管理部门汇总梳理、研究解决问题 167 件，做到了问题在一线落实、困难在一线解决、矛盾在第一时间化解。这些工作催生了一系列党建理论成果，其中公司三项成果入选全国电力优秀党建典型案例、全国电力行业优秀党建成果专辑，一项成果入选《全国电力能源党建创新研究报告(2022)年》，两项经验做法被中宣部核心党刊《思想政治工作研究》刊发推广，一项典型经验做法在省委组织部《党员干部之友》刊发，一项党建创新做法在山东省电力系统内全面推广应用。

（三）发挥了新时代国有企业的思想政治工作的突出价值作用

“四维四度”思想政治工作机制进一步完善了党政工团齐抓共管的思想政治工作格局，做到了常态化形势宣教、动态化思想摸底、及时性排忧解难、持续性整改提升、有序性安全生产，实现了公司内部良性循环互动、快速和谐发展。使公司领导干部树牢了职工利益无小事的思想，使为民请愿、为民解忧成了各级领导干部的主责要务。公司领导开门接访、上门走访，主动进基层参加“谈心会”，搭建了公司领导与一线职工定期零距离沟通交流、现场答复解决问题的新平台，做到了问题在一线落实、困难在一线解决、矛盾在第一时间化解。党支部书记进班组、进一线、到家庭、入岗位走访恳谈，分类、分层次精准做好一人一事的思想政治工作，切实解决职工群众普遍关心的热点、难点问题。通过一对一交流、面对面沟通，以真情动人、真理服人，在实实在在地为员工群众谋利益中做好思想政治工作，有效凝聚起全体员工的智慧力量，把无形的党建转化为有形的发展优势，拉近了党群干群关系，公司被评为山东省劳动关系和谐单位，为民事干特色做法在中央主题教育官网刊发，为其他国企开展新时代思想政治工作提供有效借鉴和启发。

成果创造人员：魏　茜　顾学清　李光辉　刘政彤　陈　策　王海霞

供电企业基于“五强”党支部管理模型的基层党组织建设

国网山东省电力公司安丘市供电公司

摘要:国网山东省电力公司安丘市供电公司针对国有供电企业基层党组织建设面临的“党支部战斗堡垒作用发挥不充分、部分党务工作者缺少过硬方法、思想政治工作方法单一、团队战斗力需要提升、‘党建十’落实缺乏有效途径”等问题,积极探索、深入实践,构建“堡垒基础强、综合能力强、思想引领强、谈心法宝强、全面融入强”为内容的“五强”党支部管理模型,创新运用“35532”方法,采取“党员喊标”等三个创新、增强“加油鼓劲”等五种能力、实施“温暖阳光”等五个引领、运用“和谁谈”等三个技巧、实现“内部外部”两个融入,让基层党支部建设有思路、抓手、方法,有条不紊推进党组织建设。国网山东省电力公司安丘市供电公司基于“五强”党支部管理模型的基层党组织建设,创新探索新时代“党建十”落地“新途径”、全面打造新时代党支部建设“新样板”。被中共安丘市委市直机关工委下发专门文件在全市国有企业党组织中推广学习,被中共潍坊市委组织部作为典型党课推荐到中共省委组织部,被中国社会科学院中国特色社会主义理论体系研究室确定为基层党建课题。

国网山东省电力公司安丘市供电公司(以下简称“安丘公司”或“公司”)是国网山东省电力公司分公司,现有全口径用工 1061 人,其中全民职工 492 人、供服员工 331 人、产业员工 238 人,下设 9 个职能部室、5 个业务支撑和实施机构、3 个产业单位、12 处供电所。担负着全市 14 处镇街(区)、870 个行政村、96.2 万人口的供用电任务。现有基层党支部 29 个,党员 494 人。辖区内有 220 千伏变电站 4 座,110 千伏变电站 13 座,35 千伏变电站 17 座,变电总容量 2819.15 兆伏安;35 千伏及以上输电线路 754.094 千米。全市已形成以 220 千伏系统为主电源,110 千伏系统为骨干网架,35 千伏、10 千伏直配入户的安全、经济、优质、高效的现代化县域电网。安丘公司连续 3 年进入“潍坊市工业企业 100 强”,荣获山东省富民兴鲁劳动奖状、山东电力先进基层党委、山东电力先进单位等荣誉称号。

一、供电企业基于"五强"党支部管理模型的基层党组织建设的背景

（一）加强基层党组织建设是贯彻党中央对国有企业党建工作的要求

党中央高度重视国有企业党建工作。习近平总书记在党的二十大报告中指出，各级党组织要履行党章赋予的各项职责，把党的路线方针政策和党中央决策部署贯彻落实好，把各领域广大群众组织凝聚好。坚持大抓基层的鲜明导向，推进以党建引领基层治理，持续整顿软弱涣散基层党组织，把基层党组织建设成为有效实现党的领导的坚强战斗堡垒。在全国国有企业党的建设工作会议上，习近平总书记强调，确保企业发展到哪里、党的建设就跟进到哪里、党支部的战斗堡垒作用就体现在哪里，为做强做优做大国有企业提供坚强组织保证。面对党中央的重视、习近平总书记的要求，安丘公司必须发挥好国有供电企业"顶梁柱"作用，必须积极行动、强化落实，做好"人民电业为人民"，争当"电力服务先锋"。要积极创新党支部建设新经验新措施，把每个党支部的战斗堡垒作用发挥好，把遍布城乡的电网管理好，把企业和人民的需求服务好，务实高效地把党中央的要求落到实处，让电力在地方经济发展中发挥积极作用，让"电力共产党员服务队"闪耀在安丘大地每一个地方。

（二）加强基层党组织建设是提升电力企业基层党组织工作成效的必由之路

《中国共产党支部工作条例（试行）》明确指出：党支部是党的基础组织，是党组织开展工作的基本单元，是党在社会基层组织中的战斗堡垒，是党的全部工作和战斗力的基础，担负直接"教育党员、管理党员、监督党员""组织群众、宣传群众、凝聚群众、服务群众"的职责。围绕发挥党支部作用，安丘公司在实际工作中发现，部分党支部党务工作者缺少可操作的实效实用的工作方法，不知道如何快速强化党支部建设、不知道如何调动党员干部职工积极性、不知道如何激励人团结人、碰到问题往后躲、碰到矛盾不知道如何化解。这就要求安丘公司必须积极探索一个实战实用的"党支部建设管理模型"，进而更好地教育党员、管理党员、监督党员，更好地组织群众、宣传群众、凝聚群众、服务群众，让每一个党支部都形成"万众一心、众志成城""但凡业绩争第一、但凡工作争冠军"的争先氛围，全面提升电力企业基层党组织工作成效，为国有企业基层党组织建设探索出一条"一看就

懂、一学就会、一用就灵”的管理模型样板。

（三）加强基层党组织建设是推进供电企业基层党组织“党建＋”落地的要求

把党建工作和电力实际工作相结合，是做好“党建＋”、推进党建工作落地落实的关键。安丘公司经调查研究发现，部分党支部对如何做好“党建＋”存在疑惑，想做好却找不到切入点，出现了“脱离实际两张皮”“关起门来抓党建”问题。于是公司围绕“党建＋”落地，不等不靠，迅速开展研究探索，把党建工作和各部门各单位工作业务、管理效率效益、国有企业公益形象紧密结合，确保“党建＋”工作落地落实、见到实效，进而为电力企业抓好“党建＋”探索出一条新途径。

二、供电企业基于“五强”党支部管理模型的基层党组织建设的主要做法

（一）构建“五强”党支部管理模型，明晰工作思路方法

安丘公司立足新时代基层党组织建设，借鉴运用阿米巴管理经验，分析党支部工作现状，创新构建“五强”党支部管理模型；明确工作思路，优化工作体系；编制指导手册，确保“五强”管理模型快速推广，全面提升党组织建设。

1.分析党支部工作现状，构建“五强”党支部管理模型

安丘公司对29个党支部进行调研分析，发现各党支部的优势是：认真学习习近平新时代中国特色社会主义思想，铭记“人民电业为人民”服务宗旨，组织机构全，争先意识强，高度重视党建工作，时刻把落实好党支部职责作为第一要务。缺点是：“党支部战斗堡垒作用发挥不充分、部分党务工作者缺少过硬方法、思想政治工作方法单一、团队战斗力需要提升、‘党建＋’落实缺乏有效途径”等问题，迫切需要一种“一看就懂、一学就会、一用就灵”的工作管理模型。安丘公司总结近年来党建工作经验和存在问题，结合创新实践，建立“堡垒基础强、综合能力强、思想引领强、谈心法宝强、全面融入强”为内容的“五强”党支部管理模型。

2.明确工作思路，优化工作体系

安丘公司借鉴阿米巴组织模型管理模式，围绕“五强”党支部管理模型实践，对各党支部情况进行战略分析，同时按照“产品、地域、客户和价值链”划分不同党支部工作职责，探索党支部阿米巴组织模型（见图1），积极打造各个党支部工作平台，让各个平台借助党支部战斗堡垒作用，发挥出最大优势，推动电力企业管理效率和效益迈上新台阶。

图 1　党支部阿米巴组织模型

为了推动各个党支部积极发挥作用，安丘公司创新研究“35532”“五强”党支部管理模型，通过运用三个创新，实现“堡垒基础强”；提升五种能力，实现“综合能力强”；实施五个引领，实现“思想引领强”；运用三大方法，实现“谈心法宝强”；做好两个融入，实现“全面融入强”，让党支部工作实现逻辑化、流程化(见图 2)。

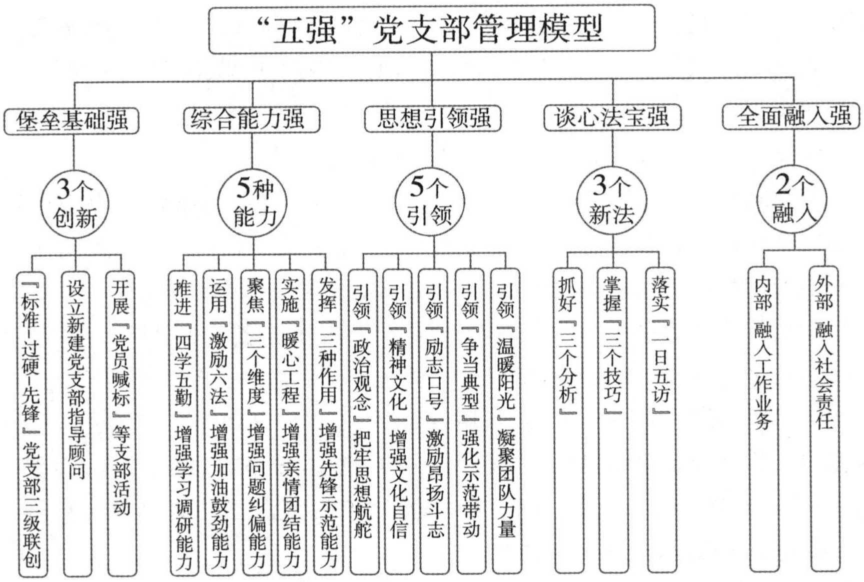

图 2　“五强”党支部管理模型

3.编制指导手册，确保“五强”管理模型快速推广

安丘公司围绕“五强”党支部管理模型，编写《新时代“五强”党支部管理模型操作手册》，让党务工作者能够迅速了解“35532”党建工作方法，创新制作携带方

便的《党支部管理工作指导明白卡》，供随时参考执行，制定下发“五强”管理模型系列文件，推进党务工作者抓好贯彻落实。

（二）运用三个创新，实现“堡垒基础强”

安丘公司通过推进“标准（初级）—过硬（中级）—先锋（高级）”党支部三级联创活动，设立新建党支部指导顾问，开展“党员喊标”等支部活动，解决党支部战斗堡垒作用发挥不充分的问题，实现“堡垒基础强”。

1.“标准—过硬—先锋”党支部三级联创

公司根据各党支部建设的不同情况，开展党支部“标准化党支部——五个标准化”（初级）、“过硬党支部——五个过硬”（中级）、“先锋党支部——三个先锋”（高级）三级联创活动，让各党支部有前进的登高目标台阶，并制定明确评价细则（见表1）和执行标准。安丘公司以“三级联创”为抓手，建立“党委抓统领、专业抓融合、支部抓落实”的“三级联动”工作机制，开展党组织书记抓基层党建工作述职评议考核，推动党支部齐头并进。

表1　党支部“三级联创”评价细则

序号	级别	评价指标	评价维度	指标名称
1	初级	标准化党支部（五标准）	组织建设标准化	支部、支委设置
2				支部委员、书记产生，支部书记配备
3				党小组设置
4			组织生活标准化	会议、党课、主题党日、报告工作制度
5				组织生活会、谈心谈话、民主评议党员制度
6			党员管理标准化	发展党员、党员教育、党员管理、党员监督、党员服务
7				党费收缴、创先争优
8			信息台账标准化	会议（学习）记录本（三本）
9				资料档案盒或专用电子文件夹（六盒）、党费证（一证）
10				党建信息化综合管理系统应用
11			活动阵地标准化	党员活动室、支部宣传栏、支部微信群

续表

序号	级别	评价指标	评价维度	指标名称
12	中级	过硬党支部（五过硬）	基本条件	党支部年度党建工作绩效考评
13			组织建设过硬	班子建设过硬、群众基础过硬、组织生活过硬
14			党员队伍过硬	素质能力过硬、先进典型过硬
15			作用发挥过硬	示范作用发挥过硬、载体作用发挥过硬、凝聚作用发挥过硬
16			业绩成绩过硬	工作业绩过硬、创新创效过硬
17			特色工作过硬	“党建＋”成效过硬、特色亮点过硬
18	高级	先锋党支部（三先锋）	实践创新成果好	实践创新成果加分
19			先进典型选树优	先进典型荣誉加分
20			党建品牌传播广	媒体宣传加分

2.设立新建党支部指导顾问

公司立足于高速高效推进新建党支部发展，聘请中国社会科学院以及公司内部党建理论和实战经验丰富的同志组成智囊团，不定期召开“诸葛亮会”，研究基层党组织建设提升举措。设立 2 名党支部建设指导员，分别负责党支部总体建设和基础工作指导，为基层党支部遇到问题困惑把脉问诊。

3.开展“党员喊标”等支部活动

公司坚持“百花齐放”，推动各党支部搞好“党建＋”，实现“一支部一特色”。结合实际做到“所在单位部门的工作职责是什么，就把党支部工作融入什么”。调控分中心党支部为党员鼓舞士气，开展“党员喊标”行动，让每位党员找出自己的优点，将自己优点和自己名字进行融合，制定并喊出代表自己的口号，如“勤奋敬业，就学厉茂强”，这样不仅鼓励别人、也激励自己时刻积极上进，响亮自信的声音让党支部内充满昂扬向上的正能量。发展建设部党支部根据电网建设特点，开展“强化党建引领、助推电建生态圈”行动。安全监察部党支部开展“党徽闪耀安全第一线”“三亮三比”党员先锋行动。市场营销部党支部开展“当好电力先行官、架起党群连心桥”“电力服务专员”活动。新安供电所党支部开展“构建网格化‘彩虹服务圈’、筑牢支部‘红色底盘’”行动。

（三）增强五种能力，实现“综合能力强”

安丘公司推进“四学五勤”、运用“激励六法”、聚焦“三个维度”、实施“暖心工程”、发挥“三种作用”，全面打造党务工作者学习调研、加油鼓劲、问题纠偏、亲情团结、先锋示范五种能力，解决党支部部分党务工作者缺少过硬方法的问题，实现“综合能力强”。

1.推进“四学五勤”，增强学习调研能力

公司深入开展学理论、学党务、学管理、学文化“四学”活动，增强党员的自觉学习能力；通过眼勤、耳勤、嘴勤、脚勤、笔勤“五勤”示范，提升党员的实际工作调研能力。

2.运用“激励六法”，增强加油鼓劲能力

通过会议、培训、施工现场等途径，充分运用“语言激励法”（采用沟通谈心讲话鼓舞斗志）“表扬激励法”（对工作表现突出的通过多种方式给予表扬）“荣誉激励法”（对优秀的团队和个人授予不同荣誉进行激励）“名人激励法”（借助安丘地域历史名人进行激励）“活动激励法”（推荐特训营锻炼、上级公司联谊活动等）“培训激励法”（开展高端人才培养、专家人才培训等）六种激励方法，为党支部全面增添活力奠定基础。

3.聚焦“三个维度”，增强问题纠偏能力

聚焦“思想动态、行为特点、家庭生活”三个维度，各党支部及时了解每位成员的情况，当发现情绪不稳、行为异常、家庭矛盾等情况时，及时采取“关心关爱、提醒谈话、警示谈话”等方式进行纠正。每季度开展员工思想动态分析，及时解决员工关注的热点、难点问题。公司成立“温暖阳光”心理协会，有针对性地开展个人心理援助和团队辅导，保证员工队伍整体思想稳定，推进企业各项工作稳步开展。

4.实施“暖心工程”，增强亲情团结能力

公司倡导“安电一家人”思想，叫响“实干安电、幸福家园”文化口号，增强亲情团结力。在工作上关心新进青年员工，关心职工健康，关注职工工作环境，关心离退休职工需求。在生活上成立“温暖阳光”关爱心理协会、组建员工关爱微信群、后勤服务中心、离退休人员包靠志愿服务队。在文化上关爱职工业余文化生活，成立“书画摄影、文学读书、乒乓球”等十大文体协会，建成员工关爱中心（三悦书屋、善小超市、健康驿站）和体育活动中心（篮球、乒乓球、羽毛球等训练比赛场地），通过为职工提供多样化、高质量的精准服务，打造有温度的“幸福家园”。

5.发挥“三种作用”，增强先锋示范能力

推行人人先锋示范，发挥党支部书记“头雁”作用，引导全体党支部书记做好“党支部书记在现场”，争做能文能武“李延年式”党支部书记；发挥支部委员“支柱”作用，推进基层党支部委员“全链条”履责；发挥党员“先锋”作用，建立共产党员服务队、共产党员突击队，党员安全责任区、党员安全示范岗，人人签订承诺书，率先垂范、守牢底线。

(四)实施五个引领，实现“思想引领强”

安丘公司结合工作实际，通过“政治观念、精神文化、励志口号、争当典型、温暖阳光”五个引领，解决党支部思想政治工作方法单一的问题，实现“思想引领强”。

1.引领“政治观念”，把牢思想航舵

借助学习习近平新时代中国特色社会主义思想，引领党员增强“四个意识”、坚定“四个自信”、做到“两个维护”、牢记“两个确立”，做到“讲政治、精业务、敢斗争、勇争先”。聚焦党的二十大精神，组织党支部书记开展“学思践悟二十大、凝心聚力启新程”主题访谈活动，掀起大学习、大宣传、大实践的热潮，内化思想、外化行动。

2.引领“精神文化”，增强文化自信

公司弘扬革命文化、中华优秀传统文化、社会主义先进文化以及国家电网文化，组织党员到安丘留山中国共产党历史教育馆、景芝红色革命陈列馆等开展红色主题教育实践活动，重温入党誓词、学唱红歌，从党的历史中汲取精神滋养和前进力量。成立由15名各级劳模、工匠组成的安电劳模工匠服务队，走进社会企业提供电力公益服务，充分发挥劳模工匠主体作用，让劳模工匠精神见行见效。打造党支部“白板文化”文化版面宣传阵地，及时宣传正能量。创新思政工作路径，举办思政公开课、录播微视频，邀请中国社科院教授举办党史学习教育专题讲座，引导全体党员干部做各级文化的引领者和践行者。

3.引领“励志口号”，激励昂扬斗志

各党支部书记叫响“支部书记扛党旗、头雁领飞争第一”，全体党员叫响“党员党员、冲锋在前”，干部叫响“干部干部、先干一步”，职工叫响“职工职工、雷厉风行”，团队叫响“但凡工作争第一、但凡业绩争冠军”，践行口号文化，激励党员干部职工精神斗志。

4.引领“争当典型”，强化示范带动

公司构建先模典型“选育树宣”机制，建好梯级培养后备库，选树各类先进典型，发挥典型引领示范作用，建立由61名先进典型组成的种子库，向上级推出各级先模人物，择优推选“爱岗敬业”“干事创业”“攻坚克难”“专业强基”“巾帼建功”等十类先进典型，号召广大干部员工以先进典型为榜样，推动人人学典型、做典型。

5.引领“温暖阳光”，凝聚团队力量

公司倡导政治工作者具备“阳光使命、阳光心态、阳光智慧”，运用亲情关心法、氛围塑造法等，确保思想政治工作实现“五个进入”，即进入思想、进入人心、进入工作、进入生活、进入环境。采取“思政日志解读＋实践案例教学”的形式，推行党支部书记《思政日志》管理，聚焦每周的“思政重点、学习要点、问题焦点、现场热点、新闻亮点、心得盘点”，指导基层党支部书记做好党务工作与日常工作相结合，推动思想政治工作在基层党支部落地见效。

（五）运用三大方法，实现“谈心法宝强”

安丘公司通过抓好“三个分析”、掌握“三个技巧”、落实“一日五访”举措，解决党支部团队战斗力需要提升的问题，实现“谈心法宝强”。

1.抓好“三个分析”

完善思想动态调研分析机制，通过日常关注观察，做好思想状况分析；通过观察工作积极性和绩效，做好工作状况分析；通过“管闲事、听闲话、察闲情”方式，做好员工个人生活情况分析。通过三个分析，及时了解员工关注的热点、难点、突破点，精准把握员工动态。

2.掌握“三个技巧”

运用“和谁谈”，确定谈话对象，工作方面与先进骨干、入党积极分子、存在问题人员谈，思想方面与出现波动人员谈，生活方面与家庭有矛盾、生活有困难人员谈；采取“谈什么”，确定谈话内容，以“激励斗志、增进团结、解决问题、提升战斗力、增强革命乐观主义精神”进行思想引导；利用“怎么谈”，确定谈话方式，运用“因人而异、因材施教”等方式，确保“集体谈、个别谈”“一次谈、多次谈”谈话质量。

3.落实“一日五访”

设立“书记谈心日”，组织党员领导干部、党支部书记和委员与全体员工广泛开展“一对一”“一对多”等谈心谈话，在职工情绪低落、直系亲属去世、重病住院、生活困难、家庭不和时及时到访慰问，切实把党组织的关怀和温暖传递到员工心里。

（六）做好两个融入，实现“全面融入强”

公司倡导内部融入工作业务、外部融入社会责任，努力解决党支部“党建＋”

落实缺乏有效途径的问题，推进落地落实，实现“全面融入强”。

1.内部融入工作业务

公司围绕更好地发挥党建作用，理顺党的建设与企业发展的逻辑关系（见图3），深入开展“党建＋”工作，提出“所在部门单位工作是什么，就把党建融入什么”的思路，把党支部工作和高质量发展、优质服务、电网建设、生产经营、市场营销等实际紧密结合，避免“两张皮”现象。围绕安全生产，开展“守安规、讲安全、当好安全提醒员”先锋活动，形成“党委—党支部—党员”三级反违章工作机制，打造“党委带动支部、支部带动党员、党员带动职工群众”“人人重视安全、人人抓好安全”的浓厚氛围；围绕电网建设重大重点工程，开展“电网建设＋党建”平安护航行动，党员带头反违章、控风险、守底线、保安全，建设示范工程、精品工程、平安工程。

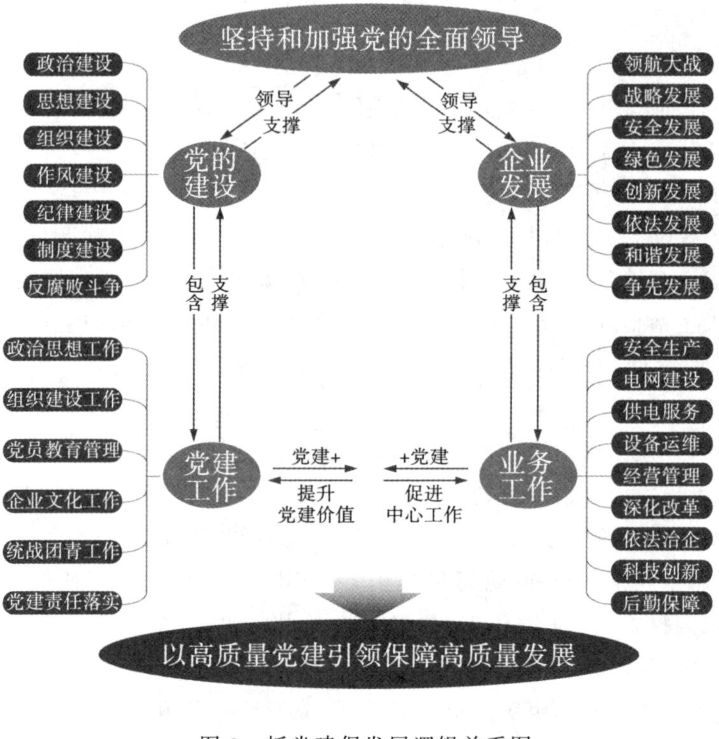

图3　抓党建促发展逻辑关系图

2.外部融入社会责任

公司围绕发挥国企社会责任、树立国企形象，坚持基层党建工作和社会责任紧密融合，防止出现“闭门党建”情况。依托彩虹共产党员服务队和潍电义工协会两支队伍，开展电力助学，为西藏地区捐书捐衣、“善小·圆梦”结对、安全教育进校园、建设“善小图书室”；开展电力助老，组建“红心向党”尊老敬老志愿服务队，深入敬老院开展志愿服务活动;开展电力助农,派驻电力驻村第一书记服务乡村振兴、建设乡村电力彩虹驿站网格化快速服务;开展电力助企,“四进大走访”、送安全进企业、免费帮助企业安全诊断活动;开展电力助捐,组织“慈心一日捐”、义务献血、捐助灾区、捐助教育爱心活动,全面彰显国有供电企业社会责任。

(七)夯实支部管理基础,保障党组织建设提升

安丘公司围绕党组织建设提升,开展“三亮三晒三评”活动,激发党建队伍活力;通过“线上+线下”评价,提升党建工作效率。

1.开展“三亮三晒三评”,激发党建队伍活力

开展亮名片、亮典型、亮经验、晒计划、晒进度、晒案例、综合联评、动态考评、创新奖评活动,定期检验基层党建工作成效,督促党支部对标对表找差距、查不足、补短板,打造一批特色品牌、基层名片、先进典型,形成一批党建经验、思政案例,推动基层党建工作提质增效。

2.开展“线上+线下”评价,提升党建工作效率

开展党支部季度、半年度、年度党建工作检查评价,选派检查人员,明确检查标准和检查重点,进一步强化党建责任意识、提升党务实战能力、落实问题整改责任。

三、供电企业基于“五强”党支部管理模型的基层党组织建设的实施效果

(一)打造了新时代党支部建设的“新样板”

安丘公司基于“五强”党支部管理模型的基层党组织建设,坚持贯彻落实习近平新时代中国特色社会主义思想,坚持实际实效,站在全局高度,建成“一看就懂、一学就会、一用就灵”的“五强”新型模式,成为国有企业基层党支部建设“新样板”。作为新时代党支部建设的有益探索实践,2022 年 6 月,新时代“五强”党支部建设管理模型做法被中国社会科学院中国特色社会主义理论体系研究室确定为基层党建课题;2022 年 8 月,被中共安丘市委市直机关工委作为专门文件下发到全市国有企业党组织中推广学习;2022 年 9 月,被中共潍坊市委组织部作为典型党课推荐到中共省委组织部,同月,被国网山东电力公司党委评为党建专业大讲堂“十大优秀课程”;《国家电网报》《中国电力报》等媒体多次进行宣传报道。

(二)探索了新时代“党建+”落地“新途径”

安丘公司基于“五强”党支部管理模型的基层党组织建设,及时解决了党建工

作“脱离实际两张皮”“关起门来抓党建”问题，尤其是探索的“内部融入工作业务”“外部融入社会责任”两个融合，受到了系统内外、社会各界一致好评。“五强”管理模型的推广，极大地提升了企业管理的效率和效益。发建部党支部强化指标管控，班组对标跃升至山东电力系统内全省第一、同业对标全省第七，同期线损压降0.94%，累计创造效益830余万元。运检部党支部和各供电所党支部通力合作，输电线路跳闸压降35%，供电可靠率达到99.95%以上，线路故障停运率进入全市前3，频繁停电发生率再降50%。五洲安丘分公司党支部党建引领、开拓市场，2022年实现销售收入19903.61万元，利润253.5万元。输配电运检中心党支部大力推行带电作业，全面完成不停电作业次数1911次，多供电241.08万千瓦时，创造价值159余万元。营销部党支部充分发挥党员服务队作用，建设快速充电桩67个，建成党员责任区31个、党员示范岗38个，助力33项县级以上重大重点项目落地投产，全社会用电量和工业用电量增幅居全县市区第二位。

（三）取得了新时代党支部建设“新成效”

安丘公司基于“五强”党支部管理模型的基层党组织建设，实现了“基层党支部堡垒作用突出、党务工作者信心充足、党员干部职工斗志昂扬”，党支部建设登高进阶成效显著。安丘公司标准化党支部达到100%，过硬党支部达标率由2020年的30%提升至2022年的66%，先锋党支部实现了零突破，18个党支部获评安丘市五星级党支部。坚持典型带动、示范引领，2人荣获“中国好人”等国家级荣誉称号，22人荣获“山东省劳动模范”等省部级荣誉称号，98人荣获“潍坊市优秀共产党员”等地市级荣誉称号。安丘公司被推荐为山东省思政工作研究会理事单位，被评为安丘市宣传思想文化工作先进单位。企业文化思政成果《人格化承载、故事化诠释》获山东省优秀企业文化成果一等奖并获评国家电网公司思想文化建设优秀案例，3项党建成果荣获国网潍坊供电公司“十佳”党建优秀成果。

成果创造人员：史大卫　马全云　王　楠　冀学琮　王　玲　马建伟　张　正

构建智库人才队伍“六马培育”全过程联动管理

国网山东省电力公司威海市文登区供电公司

摘要：本文瞄准建设具有中国特色国际领先的能源互联网企业的战略目标，围绕“一业为主、四翼齐飞、全要素发力”的发展总体布局，为实现智库人才培养和企业管理水平双提升，深化智库人才梯队建设，解决智库人才薄弱问题，在系统内外首次创新性提出了“相马、养马、赛马、遛马、扶马、策马”的“六马培育”全过程联动管理，加大智库人才选拔、培养以及激励机制创新力度，合理确定智库专家、专业人才研究和中长期激励机制，促进智库人才“人尽其才、才尽其用”，为国网山东省电力公司威海市文登区供电公司系统加快建设具有中国特色国际领先的能源互联网企业、引领能源电力行业转型发展提供可靠的人力支撑。

国网山东省电力公司威海市文登区供电公司（以下简称“文登区供电公司”或“公司”）是国有中型供电企业、山东省电力公司下属分公司，担负着威海市文登区14个乡镇、3个街道办事处的供电服务任务，供电区域面积1615平方千米。辖区内拥有110千伏变电站7座，35千伏变电站18座。110千伏输电线路15条、总计173千米，35千伏输电线路61条、总计466千米，10千伏配电线路157条、总计2115千米。公司设置9个职能部门、2个业务支撑实施机构，辖属产业单位3家。多年来，公司坚决贯彻执行省、市公司和区委、区政府各项决策和部署，以服务全区经济社会发展为中心，以持续优化营商环境为己任，切实做到让政府放心、让百姓满意，努力为经济社会发展作出应有的贡献。公司先后荣获山东省“消费者满意单位”“安全生产工作先进单位”“电力行业安全生产先进单位”“重合同守信用企业”以及国网山东省电力公司“先进单位”“先进基层党委”“电力营销服务先进单位”等一系列荣誉称号。

一、构建智库人才队伍“六马培育”全过程联动管理实施背景

面向“十四五”，供电企业进入全面建设具有中国特色国际领先的能源互联网企业的战略关键期，世界百年未有之大变局加速演变，国内外形势环境错综复杂，能源清洁低碳转型加快推进，各种问题交织、机遇挑战并存，不确定因素很多，供电企业面临许多两难甚至多难的选择，任何战略决策都将影响企业可持续发展和企业形象。基于现实，进一步加强智库建设，持续深化对有关重大问题的研究，充分发挥智库的决策支撑作用，对准确把握形势、趋利避害、防范风险，更好地贯彻落实国家决策部署，扎实推进战略实施和行业健康发展，具有十分重要的意义。

（一）加强智库队伍建设是服务党和国家事业发展的重要支撑

世界正处于大发展大变革大调整时期，各国尤其是大国间发展的不平衡导致力量对比与战略关系发生显著变化，加之各种“黑天鹅”事件频发，国际局势不稳定性增强，对智库的需求进一步增加。党的十九届六中全会描绘了“十四五”发展蓝图和2035年远景目标，国家制定了构建新发展格局、加快区域协调发展、全面振兴乡村、实现“双碳”目标等一系列重大决策部署，对能源清洁低碳转型和能源互联网建设提出了更高、更紧迫的要求。供电企业作为关系国家能源安全和国民经济命脉的国有重点骨干企业，其运营与中央许多决策部署都密切相关，许多问题需要持续深化研究，这就要求企业不断加强智库建设，更好地贯彻落实国家部署、发挥“大国重器”作用，为推动能源电力行业高质量发展做好智力支持、提供有力支撑。

（二）加强智库队伍建设是推进公司系统战略实施的重要保障

近年来，公司系统在推动战略实施过程中，面临的形势复杂多变、任务艰巨繁重，新老问题交织、机遇挑战并存，许多深层次矛盾、复杂问题和风险挑战需要研究解决，在服务“双碳”目标、深化改革攻坚、激发创新活力、实现稳健经营等方面还有许多问题需要深化研究，这就需要通过加强智库建设进一步提升研究能力，多出快出有针对性、实效性、创新性、前瞻性的研究成果。同时，要持续做好战略环境分析、战略动态跟踪和战略风险防控等，及时应对外部环境的变化和形势发展的需要，助力公司系统战略目标稳步实现，也对智库人员的素质和能力提出了很高的要求。

（三）加强智库队伍建设是推动公司系统智库再上新水平的客观需要

目前的智库发展与满足形势变化、发展要求、国家需要之间还有不少差距，面对层出不穷的新情况新问题和不断涌现的新任务新要求，公司系统一些政策、制度与国家政策匹配度还有待提高，特别是公司系统在智库人才队伍建设方面还存在薄弱点，尤为突出的问题是市县公司在智库人才队伍选拔、培养、激励等方面缺乏一定的科学管理体系。国网山东省电力公司印发了《关于进一步加强智库建设的意见》以及《国网山东省电力公司智库管理办法》，对卓越智库建设组织机构及职责进行明确，到 2025 年，全面建成山东特色系统领先的新型卓越智库，促进公司决策力、创新力、软实力和风险防控能力大幅提升，在“一体四翼”发展布局中永创最好走在前列。这就要求我们必须进一步加强智库研究工作，加快打造一支适应新时代要求的高素质专业化智库队伍，在专业管理、研究支撑、新能源消纳等方面取得更大成效，为服务公司系统“一体四翼”发展布局献智献策献力。

二、构建智库人才队伍“六马培育”全过程联动管理的主要做法

文登区供电公司认真贯彻公司系统关于智库建设的工作部署，树立从全局角度谋划一域、以一域工作服务全局的思想观念，通过“相马、养马、赛马、遛马、扶马、策马”的六马齐驱培育方式（见图 1），加大智库人才选拔、培养以及激励机制创新力度，合理确定智库专家、专业人才研究和中长期激励机制，为公司系统加快建设具有中国特色国际领先的能源互联网企业、引领能源电力行业转型发展作出积极贡献。

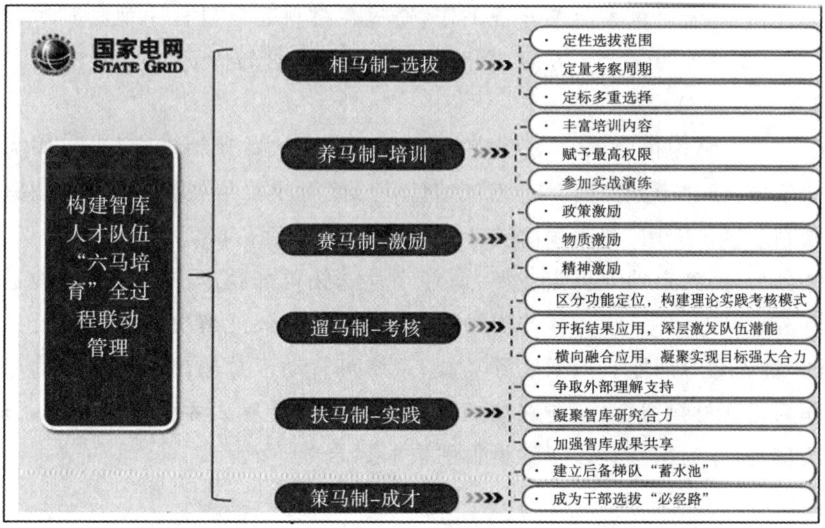

图 1 “六马培育”全过程联动管理

(一)实施“相马”制,建立健全智库人才队伍选拔体系

先进数据分析技术的广泛深入应用,为人们分析处理复杂快变的海量环境信息、提升战略管理的科学性和先进性提供了重要工具和手段。大数据思维下智库人才选拔体系是应用大数据思维和模糊评判技术,建立智库人才选拔系统,搭建新型人才评价体系管理工具,发挥大数据优势,通过数据筛选整理、系统建模等整合员工在工作中所有要素信息,以柱状图和雷达图的形式全方位、立体化地展示智库人员在不同维度、不同层级的位置,使每个人明确自己未来努力的方向,做好职业生涯规划。

1.定性选拔范围

公司充分发挥老师傅的政策理解能力、人际处理关系、长期实践经验以及青年职工的理论学习效率,采取老中青结合和师带徒负责制。对于老师傅,选定年龄在 50 周岁左右,具有行政、技术管理经验的中层管理人员。对于青年员工要求相对严格,首先要将选拔年龄限制在 35 周岁以下,保证其有足够的精力从事研究工作;其次,要求具有研究生及以上学历,至少可以独立完成质量较高的研究生毕业论文,具备一定的研究基础;最后就是需要熟悉公司安全生产、经营管理等基本情况和业务要求,保证研究内容和成果不能脱离实际。

2.定量考察周期

公司将传统考评手段与现代人才评价方式结合,多维度评价人才的现实表现。不能仅仅依靠组织部门推荐或者只关注光鲜的简历,就草草确定智库人才人选,最少需要经历 3 个月的缓冲期,让待选人员充分参与公司月度会、季度会甚至年中会、两会等公司重大会议筹备工作,通过在材料起草过程中观察其对形势的分析、对上级精神的领会等方面,全面考察其是否适合智库研究这一工作。

3.定标多重选择

公司借鉴结构化面试的技术方法,建立结构化人才谈话考察模式,作为综合素质印象分。在“德、能、勤、绩、廉”的基础上,细分出二级指标,通过大数据思维和模糊判断理论应用,利用频次统计功能,实现人才评价指标信息的自动识别、指标归类分析,做到定性评价定量研判,使定性选拔更加精准。通过对各渠道信息的相互验证补充,将定量考核与定性评价相结合,有效地解决了人才评价指标宽泛、操作性不足等问题。根据实际需要,系统可自动汇总输出定性选拔的原始记录并作为记实材料留存,还能够按照设定标准自动计算人才的综合得分,分类输出相关信息,作为撰写人才考察材料的依据和参考。

（二）实施“养马”制，建立健全智库人才队伍培训体系

公司持续加强专业能力建设，不断增强从业人员的理论功底和知识储备，夯实研究根基，以扎实的研究能力支撑智库建设和成效发挥。积极利用现代化科技和信息化手段，创新研究方法和工具，提升研究工作效率。保持在线研究的活跃度，及时准确地收集各类信息，确保研究时效性，形成强有力的动态支撑能力（见图2）。

1.丰富培训内容

构建“四维”战略意识培养模型，通过运用BEI行为事件访谈、焦点小组讨论、学习博弈文化等方法，按照战略目标相关性和能力要求层次两个方向，构建由前瞻力、通用力、横向力和纵向力构成的“四维”战略意识培养模型，并通过开发进阶式领导力课程，促进智库人才队伍素质提升。深化形势任务教育，加深对党中央重大决策部署的认识和理解，做好“六稳”“六保”工作、防范化解风险、深化改革、“四个革命、一个合作”能源安全新战略、新基建、“一带一路”建设、供给侧结构性改革、产业升级、精准脱贫攻坚战、区域协调发展、乡村振兴等11个小类，做到“国之大者、心中有数”，切实把培训成效转化为履行政治、经济、社会责任的能力，确保党中央重大决策部署在公司落地见效。

2.赋予最高权限

一是赋予最高参会权限，方便其敏锐地获取不对称信息，可在上级公司要求许可范围内，选择性参加党委会、总经理办公会以及涉及公司规划、经营的核心会议，解决信息获取渠道不畅等问题。二是赋予本公司级别（例如市公司员工可查看本公司级别）协同办公最高权限，确保可以随时调阅上级单位各类收发文，第一时间掌握政策变化等信息。三是赋予信息审核最高权限，负责公司对外信息报送与把关工作，与政府及行业主管部门建立沟通渠道，方便第一时间获取政策类文件，以便提早做好决策参考。

3.参加实战演练

建立智库研究月度分析例会制度，每月月末，组织安监、财务、营销、产业单位等关系公司经营发展的重要部门召开分析例会，就各部门当前面临外部形势、政策变化等问题，上升至公司层面分析研讨，并提出意见建议，形成会议纪要后报公司领导。建立市县信息周会商制度，以信息会商的形式，研究讨论公司推进工作提升的典型经验做法，并就新出台的地方政策进行集中分析，研判其影响范围及程度，为向上级公司报送各类动态做好信息储备。

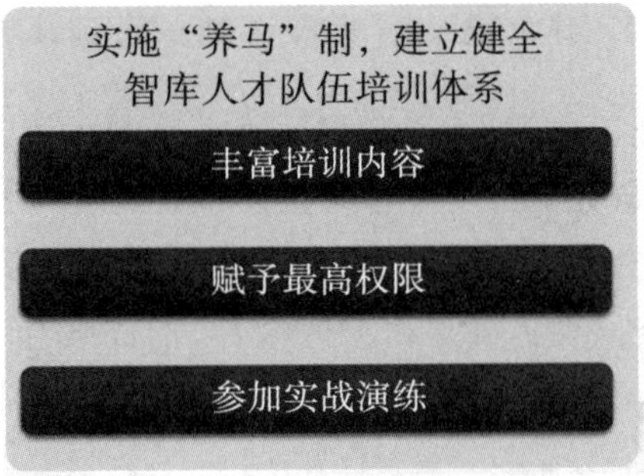

图 2　公司的人才队伍培训体系

（三）实施“赛马”制，建立健全智库人才队伍激励体系

以目标管理为基础从“政策激励”“物质激励”“精神激励”三个层面，分析存在问题对战略落地的影响，寻找解决路径。

1.政策激励

智库研究和分析论证的产品均要输出至公司领导的会议讲话及工作报告中，引起各专业部门重视，以便开展工作时积极配合。将参与省公司“十大课题”研究质效纳入月度、年度绩效考核。建立入库退库旋转门机制，对于每一名智库人员都有明确规划，从事研究任务时有所侧重，方便其出库后从事相关专业的管理工作，确保大家都愿意来智库人才，“退伍转业”后也有很好的发展，形成一种“铁打的智库、流水的兵”的正向流动机制。尤其是办公室新增人员，必须要经过智库培养。

2.物质激励

加大人才激励机制创新力度，合理确定智库专家、专业人才研究咨询费标准和中长期激励机制。建立与创新贡献和绩效挂钩的薪酬激励机制，合理体现智力资源价值。建立与硬科学相对应的、适应软科学特点的专家序列和人才评选机制。建立高效的沟通反馈机制，开展零距离、面对面沟通，实现双向互动，适时在一定范围内通报考核结果，传导压力、增添动力、激发活力，引导智库人员发扬成绩、改进不足。

3.精神激励

把智库人才工作作为“一把手”工程，形成“一把手”抓“第一资源”的高度自觉，争当识才用才的“伯乐”，在思想上重视人才、感情上亲近人才、工作上支持人才。大力实施“揭榜挂帅制”“赛马制”，谁有本事谁揭榜，谁最能干谁挑梁，加强精神层面的过程激励，让人才立志成才、埋头苦干，敢解无解之解、敢闯无路之路，创造更多第一、唯一。建立谈心谈话制度，加强日常沟通交流，注重听取智库人员的意见和建议，积极帮助解决实际困难和问题。

（四）实施“遛马”制，建立健全智库人才队伍考核体系

为解决战略目标压力传递过程中指标颗粒度粗、压力传导不到位的问题，公司针对供电企业政策理论性强、专业化程度高、技术密集和单纯成本中心等非典型特征，综合运用平衡计分卡（BSC）和关键绩效指标（KPI）等绩效管理工具，全面梳理智库人员的功能定位、职责分工、工作内容和流程以及工作成效，提取绩效考核关键成功因素，结合公司承接各项指标和任务分解落责至每一名智库人员（见图3）。

1.区分功能定位，构建理论实践考核模式

牵头项目采用“业绩贡献＋其他协同＋短板提升”考核，全面落实战略落地的实践事项，重点考核其承担目标任务的完成情况。一是强调“业绩贡献”，由公司绩效委员会根据公司级战略承接指标完成情况进行量化考核，将各级领导评价表扬、各级动态发表等作为加分项。二是深化“部门协同”，由办公室、党建部、发展部、组织部分解承接的战略指标，比如管理创新成果、科技创新攻关、精致电网推进等等，量化考核职能部门间工作协同推进情况。三是促进“短板提升”，采用项目制考核的方式，以年为周期，由公司绩效委员会对各专业管理短板提升情况进行考核，通过月度监督、季度点评、年度评价，有效管控提升计划实施，推动公司系统精益管理水平螺旋上升。

2.开拓结果应用，深层激发队伍潜能

一是建立员工全周期成长档案。以个人历年绩效结果为核心信息，涵盖素质能力（学历、职称、技能等级、人才称号）提升信息、业绩成果（学术成果、发明专利、创新成果、竞赛成绩）信息和个人荣誉等信息。对员工成长历程、工作业绩、工作作风进行多维度、多层次、长周期的“精准画像”，为选人用人提供客观量化的决策依据。二是健全智库人员退出机制。连续2年绩效等级为C级的退出智库人才库，推动形成能者上、庸者下、劣者汰的用人导向。三是刚性执行上级绩效考核结果应用规范。持续优化薪酬激励机制，广泛树立“上年绩效等级B级及以上”和“3年累计绩效积分4.5分及以上”在岗位调整、人才评价、评优评先等方面的双红线意识。

3.横向融合应用，凝聚实现目标强大合力

一是按项目额外设立专项考核奖金包，增强激励力度。在部门绩效奖金之外额外设立专项考核奖励包，明确挂钩提升目标，按月监控项目进度，根据成效评估结果按照贡献度对参与人员兑现奖金，变“分工资”为“挣工资”，激励员工担当尽责。二是与精益管理提升融合，推动公司管理提质增效。循环改进提升，做实任

务管理 PDCA 四个环节，提升考核精准度。三是关键提升指标嵌入部门年度考核，将智库人员选取数量、取得成绩等指标，分解落责至部门，测算确定指标年度提升目标，加大考核权重占比，提高工作关注度。

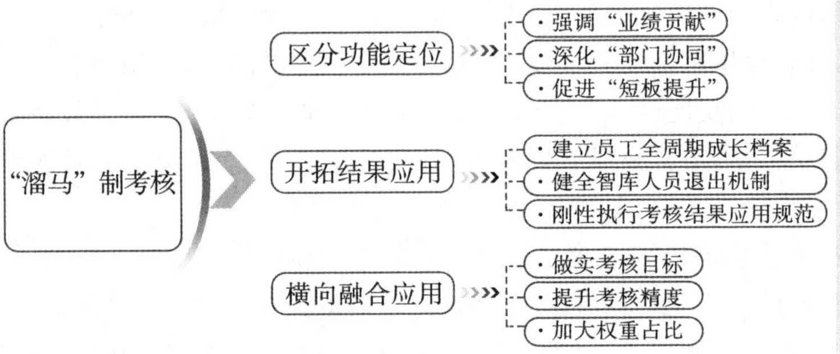

图 3 "遛马"制人才队伍考核体系

(五)实施"扶马"制，建立健全智库人才队伍实践体系

智库是人才密集型组织，智库建设及发展的关键在人，要用好人才、带好队伍。公司实行项目制团队自主管理，与智库人员一起，抽调各部门、各基层单位骨干力量，形成"刚(智库人员)＋柔(抽调人员)"研究团队，完成各类企业管理制度等战略内容编写和策划。

1.争取外部理解支持

公司着力搭建合作共赢的研究联盟，与地方政府研究室深化合作，积极输出核心观点，力争能源互联网、精致电网等系列研究成果在政府工作报告体现。常态开展政府、企业"双走访"，围绕营商环境、综合能源服务等广泛征求有关诉求建议。主动与决策部门对接，通过参与政策研究，提供服务、寻求帮助，积极争取政策支持，特别是围绕实现"双碳"目标、争取合理电价水平、营造良好生态等重要问题加强沟通汇报，为公司发展营造有利的政策环境。动态跟踪热点新闻、主动推送关键数据，常态监测政策发展趋势和重要能源信息，构建"日—周—月—年"战略环境分析服务产品体系(信息快报日刊、每周观察周刊、战略环境月度分析、年底形势报告、不定期的要情快报等等)。

2.凝聚智库研究合力

公司积极开展"交流＋赋能"学习行动，主动对接外部智库机构特别是具有影响力的权威智库，加强研究协作和沟通交流，参与外部学术论坛，搭建稳定的交流平台和渠道，积极宣传公司观点，促进相互理解，合作开展研究，共同为能源电力行业的改革发展提供助力。对于常态沟通，建立智库建设运行月度例会制度，各专业智库人员定期汇报交流智库相关工作动态、研究成果及需要解决的重要事项，并确立阶段性热点问题跟踪研究任务。

3.加强智库成果共享

公司坚持“引进来”和“走出去”相结合，通过项目合作、发表文章、学术研讨、人员往来等多种方式深化内外部智库交流，借助各类宣传平台推广研究成果，传播国家电网观念，不断提升公司智库影响力，促进社会各界对公司的认同理解。深度参与精致电网建设路径设计、变革强企工程项目制定等重点工作，围绕商业模式创新研究，结合精致城市建设，开展虚拟电厂、智慧交通、大数据服务、全景导航器等业务场景设计和效益测算，支撑新业务、新业态拓展。

（六）实施“策马”制，建立健全智库人才队伍成才体系

优先推荐智库人才纳入“职务、职员、人才”三条通道有机衔接、并行互通的职业发展路径，为智库人才创造获得系统内外各类荣誉的条件，以“三维度”助推优秀年轻干部脱颖而出。

1.建立后备梯队“蓄水池”

以省市公司为主体，建立市县一体化后备智库人才干部队伍梯队。根据事业发展对领导班子和干部队伍建设需要，在注重基层一线和班组长工作经历的同时，优先考虑智库人员，选拔培养既懂专业又会管理的年轻、高学历优秀干部，形成职级、年龄、专业搭配合理的干部梯队。

2.成为干部选拔“必经路”

尽早识别出有领导潜质的人才，把综合素质较高、具备优秀领导潜质的智库人员尽早发掘出来并放到合适的岗位上，进行针对性、全方位的培养磨炼，做到优秀人才早发现。建立灵活有效的选拔任用机制，对各方面都比较成熟的人员适时提拔重用、敢于破格使用，为年轻干部的成长搭建良好平台。

3.打造成长成才“主阵地”

设置智库柔性团队专项考核奖励，从公司专家人才库优选组建柔性团队，以任务攻坚模式组织开展重大问题攻关研究，促进专业人才向智库人才转型。加强年轻智库人员的监督激励，坚持“严管”与“厚爱”并重，加强对年轻领导人员的监督考核和正向激励。落实智库人员成长责任制，建立党委、干部管理部门、业务部门、干部自身“四位一体”的智库人员成长责任体系。

三、构建智库人才队伍“六马培育”全过程联动管理的实施效果

近年来，公司持续深化智库实体化建设、实用化运行，融入公司工作重心，丰

富和完善公司智库人才培养，推动重大决策、重要任务精准落地、高效推进，不断打造“卓越智库”品牌。

（一）管理效能显著增强

根据重点工作需要，策划开展基层调研、专业对接等实践，形成为基层办实事清单等调研报告12份，支撑党委决策部署。职工队伍素质提升幅度较大，仅2023年，实现技能、职称及学历提升的就有161人，聘任星级台区经理214人、星级综合柜员50人，职称评定、技能评价实现数量和通过率双提升。1名员工获评国网公司高级专家，9名员工获评县公司级专家人才，是全省唯一一名县公司员工获此殊荣。省公司《党史学习教育简报》12次刊发特色做法，2个社会责任根植项目分别入选国网公司社会责任根植重点项目和优秀案例选编。1名员工获得山东省网络安全大赛一等奖，9名员工先后被授予威海市“优秀职工”“文登区名师”等荣誉称号。

（二）经营效益有效提升

公司售电量、营业收入保持稳健增长。区级乡村振兴乡（镇）电网建设提档增速，低电压、频繁停电投诉同比降低均超70%。人才当量从1.0285提升至1.0419，劳动生产率从53.82万元/人（每年）提升至72.31万元/人（每年）。抓住市县一体机遇，建言献策公司党委决策购置带电作业车及配套装备，率先在全省产业单位进行带电作业施工，年可增加经济效益800余万元。公司在全省率先促成区政府将配电设施代维业务交由供电企业管理以及乡村振兴示范区建设典型经验先后两次被《山东电力动态》在全省推广。

（三）社会知名度大幅增加

构建政企“一年两对接”机制，推动地方政府建立制约电网发展督办机制，公司话语权大幅提升。政府各部门对供电企业工作充分认可，先后20余次获得区委书记批示表扬，连续3年被政府表彰，9名职工先后被政府相关部门表彰。及时回应政府关切，呈报有序用电等专业成果，区委书记批示纳入全区学习范畴。与区政府政研室深化合作，输送核心观点和成果，相关研究成果在《文登政务信息》等政府媒体刊发，电网工作连续5年写入文登区《政府工作报告》，在文登抽水蓄能等重点项目属地协调方面均得到各级政府大力支持和帮助。

成果创造人员：王贻亮　刘　胜　于海成　于嫚嫚　滕　杰　于战文　孙　伟

数字化转型与大数据应用篇

高速公路运营企业数字化转型管理

山东高速股份有限公司

摘要：为认真贯彻国有企业数字化转型战略，提高高速公路运营管理和公众服务水平，山东高速股份有限公司遵照党和国家发展要求，开展了以高速公路运营服务为中心的数字化转型。山东高速股份有限公司制定“12361”数字化转型总体战略布局，全面加强顶层组织、人才建设等保障支撑，通过应用 PDCA 方法，持续推进转型过程的高质量实施。通过打造高速公路大数据中台，实现系统数据联通、规范治理、共享和服务。基于原有业务系统全新打造数智山高平台，通过融合应用人工智能、物联网及云计算等数字技术，持续打造“智慧收费站”“智慧收费稽核系统”“主动交通管控系统”等系列数字化平台应用，推动业务场景智慧、协同、畅通、安全保障管理。依托“畅和通”客户服务平台，持续打造“个性化路况订阅”“伴随式路况播报”“通行码”等系列服务产品，为客户提供高速出行前、出行中的便捷化、智慧化出行服务。通过挖掘高速路沿物流、景点等路沿资源作为客户增值服务资源支撑，不断拓展“高速＋文旅”等系列增值服务，打造“出行服务＋增值服务”的高品质客户服务。山东高速股份有限公司以“人、财、物、事”等内部核心管理业务场景为牵引，打造各业务条线数字化系统，实现深度数字化治理。山东高速股份有限公司通过数字化转型，实现了高速公路的精益化运营管理提质、增效、降本，实现了主业引流和主产互促的发展，有效保障了高速公路运营企业可持续发展。通过打造高速公路数字化转型标杆，对同行业企业提供经验和参考具有重要意义。

山东高速股份有限公司(以下简称“山东高速股份”或“企业”)成立于 1999 年，由山东高速集团有限公司控股，2002 年 3 月在上海证券交易所上市，注册资本 48.11 亿元，主要从事对交通基础设施的投资运营以及高速公路产业链上下游相关行业等领域的股权投资。2022 年，公司实现营业收入 184.86 亿元，同比增长

14.09%，实现归属于母净利润 28.55 亿元，同比增长 6.61%。公司运营管理路桥总里程 2932 千米，其中所辖自有路桥资产里程 1555 千米，受托管理山东高速集团所属的路桥资产里程 1377 千米，是全国高速公路上市企业中运营管理里程最长的企业。一直以来致力于高速公路数字化建设，数字化基础设施完备、数字化系统领先，多项数字化成果先后荣获中国公路学会科学技术奖、最佳产品奖等荣誉。依托数字化建设，高速公路运营管理和公众服务水平始终处于全国行业领先地位。

一、高速公路运营企业数字化转型管理的实施背景

（一）实施数字化转型管理是贯彻落实国家和行业数字化转型的必然要求

党的十八大以来，以习近平同志为核心的党中央高度重视数字经济发展。2020 年 8 月，国务院国资委印发《关于加快推进国有企业数字化转型工作的通知》，要求国有企业需充分发挥国有经济主导作用，将数字化转型作为企业高质量发展的重要引擎、构建创新驱动发展格局的有力抓手。中共中央、国务院发布的《交通强国建设纲要》也要求大力发展智慧交通，推动大数据、人工智能等新技术与交通行业深度融合，通过打造一流服务保障人民享有美好交通服务。

（二）实施数字化转型管理是保障高速公路企业可持续发展的必然要求

随着早期建设经营的高速公路收费期限相继到期，多数高速公路运营企业通过改扩建方式以延长收费期限，获得继续经营权，但改扩建建设周期长、企业经济投入大。车辆通行费收入是高速公路运营企业的主要经济来源，受国家物流降本增效政策、高速公路相关收费政策影响，在进一步让利于民的同时使得高速公路经营收费能力变弱。同时，由于高速公路养护、人工等管理成本逐年上升，企业的生产经营和发展压力变大。高速公路运营企业急需通过高速运营服务数字化转型，探索在役高速运营服务新模式，全面降本增效，提高企业盈利能力和经济效益，推动企业可持续发展。

（三）实施数字化转型管理是推动企业高质量发展的必然要求

经过多年发展，山东高速股份运营管理的高速公路里程长、服务用户多、管理链条长、管理层级多，长期以来坚持高速公路业务数字化建设赋能运营服务，已建成高速公路收费、路管、出行服务及养护等各业务条线数字化系统，在一定程度上

提高了运营管理质效。但仍存在数字化系统“数据孤岛”、海量数据“存而不用”、公众服务内容传统，高速公路运营数智化、协同化、精益化管理水平有待进一步提高等问题。企业传统的“等车主动来跑高速、服务好跑高速的车”的经营理念，已不能完全满足时代发展要求和用户日益增长的服务需求。因此，企业急需通过高速公路运营服务数字化转型，进一步实现高速公路运营管理数智化、协同化、精益化，全面提质、增效、降本，同时通过实现高速用户会员化、服务内容多样化和多元化引车上路管理，不断提高用户服务水平的同时实现高速公路持续增收，不断提高企业可持续性竞争力，全面推动企业高质量发展。

二、高速公路运营企业数字化转型管理的主要做法

（一）明确数字化转型总体部署，强化顶层设计

1.科学系统谋划，战略引领转型

山东高速股份于2020年启动数字化转型工作，结合国内外高速运营企业关于高速公路运营服务数字化转型实践，以需求和发展为导向，科学系统地进行谋划。制定《“十四五”数字化转型发展规划》，明确高速公路运营服务数字化转型作为企业数字化转型中的核心任务。向着“打造国内一流的高速公路运营服务商”的总体转型目标和“数据化赋能、精益化运营、会员化服务”的运营服务转型目标，从强基、赋能、转型三个阶段，构建“11361”高速公路运营服务数字化转型总体战略布局。

“1”指1个数据中心，打造高速公路大数据中心，将数据作为数字化转型过程中的核心要素，建设数据中台作为转型的基础支撑。

“2”指2个数字化平台，建设1个高速公路数智化运营平台和1个高速公路客户服务平台，分别打造“1个平台＋3个窗口＋N项应用”应用模式。

“3”指3个体系，构建高速公路数据管理体系、高速公路数字化运营管理体系、高速公路数字化会员服务体系，并贯穿转型全过程。

“6”指6种转型能力，建设数据开发能力、产品创新能力、运营管理能力、用户服务能力、生态合作能力、员工赋能能力，全面支撑转型实施。

“1”指1个生态，探索建立“高速公路＋”路沿资源的生态合作模式，实现高速运营主业价值链延伸，形成会员服务的资源支撑，打造高速公路主业引流和主产互促的生态发展新格局。

2.构建转型体系，贯穿转型实施

根据数字化转型规划，梳理、评估、改进、重构现有高速公路运营和服务业务管理流程和标准规范，串联构建以数据为驱动、以流程为核心，以组织、流程、技术、平台、能力相融合与支撑的高速公路数字化转型管理体系。

企业以 PDCA（戴明环）方法为基础，以应用为导向、以业务为牵引，建立了一套统筹规划、敏捷高效、行之有效的转型实施流程框架，贯穿转型全过程。一是根据全转型规划周期、年度、季度、月度等时间节点，制定高速公路运营服务转型体系、流程和数字化产品的转型计划；二是根据“成熟一个，上线一个”的原则敏捷化研发上线转型产品，同时采用“点、线、面”三步推进法分阶段推广实施和运营；三是建立用户使用评价、管理效益评价、社会效益评价和经济效益评价的四维评价指标进行体系、流程和产品的动态评价；四是定期对评价结果进行综合评估，对低评分体系、流程、产品进行迭代优化，循环推进转型实施，保证转型产品最优化、价值最大化和最终成效。

3.建立健全新型组织，强化组织和能力保障

企业成立高速公路数字化转型专班，由董事长担任专班组长，总经理、首席数字官、运营服务业务及财务、人力等职能部门分管领导担任组员，负责总体统筹数字化转型规划和部署协调推动实施工作。在数字化转型背景下，全新成立“总部—路段”两级运营调度中心、两级客户服务中心和创客中心作为新型组织。两级运营调度中心负责统筹、协同调度各业务条线进行协同运营管理，两级客户服务中心负责客户出行服务与创新“高速＋”增值服务管理，创客中心负责数据管理以及数字化平台和产品创新研发，全面强化高速公路运营管理、产品创新、客户服务等新型能力建设，协同推进数字化运营服务管理。

（二）打造高速公路数据中台，夯实转型数据要素基础

企业实现业务系统全部“上云”部署应用，将数据作为核心生产和转型要素，将高速公路数据中台作为数字化转型的平台基础。创客中心组建专业数据研发运营团队，打造高速公路数据中台。

1.建设高速数据中台，统一数据可视共享

企业实现了“统一数据标准、构建数据中台、规范数据管理、提高数据质量、推动数据共享”五方面全过程数据管理，形成跨业务流程、跨信息系统、数据集成共享的数据管理框架。围绕高速公路全业务、全流程、全场景，建设高速公路数据中台，面向企业内部管理者、高速通行用户、会员用户和外部企事业单位，实现既有高速公路运营服务业务数字化系统和新建数字化平台的海量数据全量汇聚及全

景可视化展示。高速公路数据中台现已实现数据融合日均3500万条，实时数据算力达到5万条/秒，计算结果延迟不大于3000ms，数据记录数约35亿条。中台面向高速公路数据资源开放共享、交换场景，提供统一数据发布、检索、订阅入口，按照业务主题、技术类型、交付类型提供不同类型数据接口实现数据可视化共享，打造了统一的高速公路数据底座。

2.统一数据全量服务，支撑转型全过程应用

高速公路数据中台与高速公路业务系统应用实现闭环协同，业务平台向数据中台汇聚全量数据，实现数据标准化汇聚、加工、存储，数据中台向业务平台提供数据标签、建模、实时计算、应用服务，循环反复，实现数据的高质量流动。依托数据中台将海量业务数据从多角度、多层级提炼，拓展数据服务应用场景，研发包含高速公路在途通行车辆数据服务、门架抓拍与交易数据融合等70余项基础数据服务，日均提供数据服务调用3.7万余次，为运营管理赋能、专题应用、决策分析、用户画像等高速公路运营服务提供精准全过程数据服务支撑。

（三）深化平台赋能运营，推进数字化高速运营管理

1.打造数智化运营平台，支撑运营全过程管理

针对高速公路业务数字化系统条线垂直应用、联动管理不足、智慧化程度不高等管理难题，企业自研集高速公路收费管理、路网监测、指挥调度、协同处置等全业务覆盖的"1＋3＋N"高速公路数智运营平台(以下简称"数智运营平台")。数智运营平台依托数据中台和高速公路存量现场感知设备、管控设备、物联设备等前端设备，整合再造已有收费、路管、出行服务、机电、养护条线垂直业务管理系统及数据，同时将体系流程固化内嵌平台，打造"一个数智运营PC端平台＋一个掌上运营移动端App＋一个掌上运营微信小程序"三种载体应用模式。同时，建设基于高速公路GIS地图的高速收费稽核、路网监测、智慧管控、指挥调度、养护管理等可视化应用，并能根据业务管理及场景需求实现增量应用持续拓展，实现"系统高度集成、统一平台入口、应用精准授权、分级上下贯通、横向协同联动、精准决策支撑"的"高速公路运营管理后端一平台通办"管理目标。平台确保能够独立完成条线业务管理和场景应用管理，同时通过流程、预案固化实现纵向多级、多层业务集中融合和横向多业务协同联合，打通"全业务链条"，实现"一张路网、一个调度"的全流程智慧化管理，完成从传统单项纵向管理到纵向贯通与横向协同统筹融合管理的管理变革。

2.深化技术赋能，实现多业务场景智慧管理

打造智慧收费稽核系统，实现收费稽核智慧管理。通过打造高速公路收费稽

核机器人,以车辆通行数据为基础,将人工智能、RPA 流程自动化等技术深度融合,构建一站式工单稽核应用,实现车辆跑长买短、大车小标、CPC 倒卡等偷逃通行费行为的全流程自动检测、分析及处理的智慧稽核管理。系统能够大幅提高稽核管理的准确率和效率,实现从传统重复性、低效性的纯人工稽核管理向"智慧化+少人化"的稽核管理转变。

打造智慧监测和决策场景应用,支撑多业务智慧管理。针对高速公路指挥调度、路产管理、养护管理业务的事件发现、路网运行状态等感知监测、现场巡检业务场景,依托固定摄像机、巡逻车载终端、无人机及桥隧巡检机器人等前端设备视频数据,打造多场景 AI 智慧监测分析应用。应用对高速公路实时自动监测行人闯入、道路拥堵、洒落物等 10 余种异常路况事件并通过智慧运营平台进行通知预警,还可对道路、桥梁和隧道的裂缝、坑槽等养护病害进行智能监测及分析预警。高速公路巡查巡检等监测业务实现了由全过程人工现场管理向"智慧化+现场少人化"的管理转变。

3.深化以数治堵,推进行车全过程畅通管理

针对高速公路拥堵问题,企业依托近两年高速公路车流量历史数据及实时数据,从时间维度、空间维度进行多维数据分析,得到不同时间段的高频拥堵收费站、拥堵主线节点及拥堵治理优先级,并依据优先级对收费站、道路主线进行数字化治堵。

打造智慧收费站,加强收费站畅通管理。针对高频拥堵收费站 ETC 车道,研发应用匝道准自由流、智慧诱导等技术,实现 ETC 车辆在匝道提前交易,到达收费站时无需慢速停留即可一次性快速通行。针对高频拥堵 MTC(人工半自动收费)/ETC 混合车道,研发应用车道智慧自助发卡和收费机器人设备,创新基于支付宝和微信等支付渠道的无感支付等支付手段,保障非 ETC 车辆入口快速取卡、出口快速缴费的快速通行。企业先后建成以山东省首个智慧收费站——崮山收费站为代表的智慧收费站,保障客户快速通行收费站,同时也实现了减少收费站入口发卡人员、出口收费人员的少人化管理。

精准智慧管控,加强高速主线畅通管理。针对高速公路主线、枢纽互通、分合流等节点的交通拥堵,建设主动交通管控系统。针对 19 种交通场景研发 151 种管控策略,依托后台算法支撑,基于可变信息标志、红绿灯及定向喇叭等前端设备,实现大交通流、交通事故等原因造成拥堵情形下的主线广域诱导及联动管控、应急车道动态开放管控和"道路主线—服务区—互通立交"协同智慧管控,实现道路智慧扩容和主动管控,保障了主线畅通管理。

智慧指挥调度,快速处置保障道路畅通。企业依托历史数据分析得到常发性

拥堵路段，合理规划救援驻点及救援人员、车辆及物资配置，奠定事件处置快速到达基础。依托业务协同管理系统，实现事件快速发现及救援到达时间、人力、物资的最优解调度，实现事件救援的快速到达、快速处置管理，从而保障了交通事故等情形下的道路快速畅通。

4.深化以数促治，推进行车全过程安全管理

针对夜间疲劳驾驶行车等因素诱发交通事故的高频区域，定点建设智能化道路疲劳唤醒系统，通过激光照射、声音、震荡标线等方式对疲劳司机进行有效唤醒；针对雾天行车事故高发区域，建设智慧雾区诱导系统对司机进行精准声光诱导；针对道路分合流事故高发区域，建设分合流智慧诱导系统进行车辆汇聚、合流的声光诱导。同时，企业利用雨夜反光标线、震荡标线、智能融冰除雪系统等养护管理手段，有针对性地对雨天、雪天、长大下坡、弯道等易引发交通事故的因素进行预防性治理，保障客户行车全过程安全。

（四）丰富客户服务应用，推进高品质出行服务管理

1.丰富“畅和通”客户服务平台应用，打造出行前个性服务

企业打造的“畅和通”客户服务平台围绕客户服务需求，整合升级精细化路况查询、通行路径规划、通行费试算及满意度评价等共性服务内容，通过App和小程序为客户提供便捷化的公共服务内容。同时，面向不同受众客户打造个性化路况订阅服务和社群广场服务，客户可根据通行高速公路频率，选择长期或临近出行前订阅重点关注收费站、路段，系统将在客户订阅时限内动态向客户推送收费站管制、道路拥堵等高速路况实时信息，方便客户提前计划出行。社群广场服务拓展客户可订阅内容，以收费站为信息发布源头，为客户提供订阅收费站除实时路况信息外的收费站概况、周边、景点及美食等信息，并保证信息及时触达客户，不断提高出行前个性化服务水平。

2.构建“伴随式播报”应用，打造行车中伴随服务

针对高速公路在途通行客户，“畅和通”客户服务平台通过整合静态实时路况信息，打造动态伴随式语音播报服务应用。客户可在播报服务应用中自行选择交通事故、道路拥堵、道路施工等播报类型，App将根据客户选择的播报类型、在途通行过程中的实时定位，精准播报行驶过程中的实时路况信息，精准诱导客户提前进行路径规划并做到安全驾驶。同时，“畅和通”客户服务平台对接高德、百度等地图服务商，同步推送实时路况信息，保障客户通行高速公路过程中的行车安全。

3.构建“一键救援”应用，打造救援全链条服务

针对客户因车辆故障、交通事故等原因造成的求援，企业在电话热线服务基础上，依托“畅和通”平台打造一键救援服务应用。求援客户能够通过应用一键即可定位车辆所在道路桩号、行车方向、车道并授权获取电话信息，实现求援信息一键实时触达企业智慧运营平台，路段管理单位将在最短时间内调度最佳适配的救援资源对客户进行救援。救援完成后，客户可通过应用实现救援费用支付、发票开具、过程回溯、服务评价等全流程一站式在线化办理，减少传统救援方式客户需多次来回折返路管大厅进行业务办理的烦恼，实现安全、便捷、高效的客户全链条救援服务。

4.构建“通行码”应用，打造准全天候通行服务

企业联合高速交警打造基于用户信用体系的智慧通行码服务应用。在恶劣天气、交通事故等情景下，系统根据预设管制标准智能化地提供管制方案，对受事件影响的收费站和路段进行精准管制，对受事件低影响的收费站开启“通行码”服务。针对开启“通行码”服务的收费站，具有高时效性通行需求、高信用的客户可通过“畅和通”小程序、App 选择出行路径信息并获得“绿码”通行码，即可按约定行驶不受事件影响或受影响低的高速路段。全天候通行服务实现了恶劣天气等情景下的高速公路“精准管控”“精准调流”目标，在确保安全的前提下保障了客户的高速公路准全天候通行。

(五)开拓“高速＋”服务，推进客户增值服务管理

1.开拓“高速＋”路沿合作，铺垫服务资源支撑

企业依托高速公路运营优势挖掘高速公路路沿资源，对内整合救援服务以及服务区内餐饮、住宿、商品等服务资源，对外挖掘路沿货源和运输等物流类资源、景点和餐饮等文旅生活类资源及车辆维修、加油和保险等车辆服务类资源并开展深度合作，作为客户增值服务的重要资源支撑。企业先后吸引 3700 余家优势企业入驻“畅和通”客户服务平台，将提供的景区、餐饮等服务资源以客户积分权益可兑换的产品、资讯、广告等数字化形式纳入“畅和通”客户服务平台管理，将客户、平台和路沿资源紧密结合，形成良好的价值互动，充分发挥“高速公路＋”路沿资源价值。

2.开展会员化积分管理，推动会员化增值服务

为有效撬动“高速＋”路沿资源，企业打造高速公路会员积分管理体系，建设会员积分管理系统，开展客户会员化积分管理。高速公路通行客户和“高速＋”路沿企业客户可通过“畅和通”客户服务平台注册为个人会员和企业会员，个人会员

是以个体全车型“车辆”作为主体标识通行高速的注册会员，按车型、通行里程、通行费、通行频次作为关键要素进行会员积分；企业会员是以企业为主体标识的注册会员，按为客户增值权益服务的贡献度等要素进行会员积分。

3.丰富“高速＋”增值服务，提升客户通行黏性

打造“高速＋文旅”服务。企业联合已入驻畅和通平台的路沿文旅企业，开展沿着高速打卡文旅景点活动，客户沿指定高速公路路线、收费站通行，并在指定景点活动地点打卡后，可获得现金红包、通行费抵扣等活动奖励。企业先后开展“沿着济青看山东高速惠游畅和通”“畅游烟台　激扬海天”等10余次大型会员文旅活动，持续提高会员通行活跃度，同时也为文旅企业会员进行有效引流。

（六）强化管理场景牵引，打造企业治理应用

企业围绕“人、财、物、事”等内部核心管理业务，以综合办公、人力资源管理、业财协同发展、资源整合利用、风险防控、安全管理、科技创新、法律合规等管理领域的场景为牵引，深化数字技术应用，打造各业务条线数字化系统，实现业务独立管理应用与数据互联互通，促进以数字化为支撑的流程优化、管理创新，全方位提升公司管理手段和现代化治理水平。

三、高速公路运营企业数字化转型管理的实施效果

（一）实现了高速公路运营管理提质增效，数字化管理水平显著提升

山东高速股份数字化转型工作开展以来，运营管理水平显著提升。在智慧管理方面，高速公路收费稽核、路网监测效率分别提升30％、35％以上；在畅通管理方面，收费站车辆整体通行效率提升25％以上，道路主线通过智慧扩容和事件快速处置整体通行效率提升11％以上。人工车道电子发票系统等多项数字化项目的实施实现了企业年度运营降本约300余万元、收费稽核补漏增收约4700余万元、“高速＋”会员服务引流增收100万元，提质降本增效显著。

（二）实现了高速公路客户服务效能提升，客户服务满意度显著提升

山东高速股份“畅和通”平台和服务应用全面推广，已累积为400余万个人和企业客户提供便捷化、多样化、个性化服务内容。其中清障路赔应用在山东、湖北、河南三省应用以来已服务客户处理救援路赔案件2.05万余件，提高客户服务效率约40％，年减少客户跑腿约6.7万千米。智慧通行码应用已在山东、四川2400多千

米高速公路中应用,年度高速公路管制时长减少 350 余小时,放行高时效性通行客户车辆 10.7 万余车次。客户满意度由 2020 年的 94.5%提升至 2023 年的 96.59%。

(三)打造了高速公路运营服务转型标杆,具有行业推广价值

山东高速股份数字化转型围绕运营服务管理体系、流程、数据、平台、会员服务生态及企业治理建设分阶段全面转型,走出了一条契合企业战略和发展实际的转型之路。转型行动获得了社会各界高度认可,除获批山东省大数据局数据创新应用实验室之外,数字化成果还先后荣获中国公路学会科学技术奖、最佳产品奖、山东省数据应用创新创业大赛优秀奖及山东省企业管理现代化创新成果奖等 30 余项荣誉,为高速公路运营行业运营服务转型提供了经验和参考,具有较强的行业推广价值。

成果创造人员:张　军　周　亮　郭玉波　王树兴　韩金玲　戚俊丽　孙凌峰

支撑人机协同业务模式的“数字同事”管理体系的创新与实践

国网山东省电力公司

摘要：随着山东电网规模不断扩大，设备量、客户量、运营工作量随之攀升，与企业用工总量持续下降的管理现状存在显著冲突。国网山东省电力公司牢牢抓住数字化转型契机，适应新时代下的新要求、新挑战，以流程自动化机器人(RPA)、AI等数字技术为驱动，融合行业领域知识构建“数字同事”应用，将公司人资管理体系由自然人员工扩展至以先进技术为核心的“数字同事”。通过精准匹配“数字同事”建设需求，构建人机协同组织体系；通过搭建“数字同事”培育平台，强化人机协同技术支撑；通过规范“数字同事”全周期管理，完善人机协同管理机制；创新以“数字同事”胜任力模型为核心的全方位量化评价标准，合理评估人机协同运营成效；落实组织架构、运营机构、人才队伍三大保障措施，确保人机协同业务模式高效运转。通过发挥数字化技术的应用价值，运用“数字同事”开展标准化作业，将自然人员工从大量的单调、烦琐、重复的事务性工作中解放出来，转向更具价值创造力的工作，提升劳动效率，赋能企业高质量发展。

国网山东省电力公司(以下简称“山东电力”)是国家电网有限公司的全资子公司，下辖17家市供电公司、17家业务单位、3家新兴产业单位及98家县供电公司，用工总量位居国家电网首位，服务电力客户5000余万。山东电力以规划、投资、建设和运营山东电网为核心业务，负责所辖电网之间的电力交易和调度。多年来，山东电力走出了一条创新发展之路，成为全国第一家“中国一流管理的省级电力公司”，先后荣获全国五一劳动奖状、全国文明单位、中国电力行业责任沟通创新卓越企业奖、首届山东工业突出贡献奖、山东十大责任企业等称号，对标、业绩连续多年居国家电网公司前列。

一、支撑人机协同业务模式的“数字同事”管理体系创新与实践的背景

（一）“数字同事”管理体系的创新与实践是适应我国数字经济发展背景的必然选择

近年来，由于新冠疫情的影响，大数据、人工智能、5G成为推动经济转型发展的新动力，数字化转型成为大势所趋。近期中央各层级加快推进数字经济工作，2021年12月国务院正式印发“十四五”数字经济发展规划，2022年1月习近平同志在《求是》上发表重要文章《不断做强做优做大我国数字经济》，数据已成为继土地、劳动力、资本和技术后的第五大生产要素，以数据流引领技术流、物质流、资金流、人才流成为大势所趋。先进的数字技术让社会生产要素的网络化共享、集约化整合、协作化开发和高效化利用成为可能，也将深刻影响当前社会各行各业的作业模式，促进企业生产组织模式创新。

（二）“数字同事”管理体系的创新与实践是电网企业加快数字化转型的重要路径

当前，以RPA、AI为代表的先进技术已普遍活跃在金融、电商、制造、物流等行业，南京银行推出数字员工，突破银行客户经理的服务场景，在网点、电话和手机App等多场景应用服务中提供智能服务；华泰证券发布数字员工产品，模拟真人员工的思路与行为处理金融行业的日常工作；华为研发应用120名数字员工，处理合同到货计划处理、发票审核等大量确定性和重复性信息处理工作，极大地提高了业务处理效率。电网企业用工密度大，利用先进数字技术革新传统的生产方式和运行机制，不断催生新业态，已经成为助推业务创新、提升电网企业核心价值的必然选择。

（三）“数字同事”管理体系的创新与实践是解决企业人力资源现状问题的有力手段

当前，能源转型任务艰巨，电网企业面临前所未有的大变局与新挑战，各部门、专业缺人要人的呼声越发强烈。从“人”上看，企业用工总量和职工人数将持续呈现负增长态势，无法充分满足各专业用人需求，必须聚焦效率效益，利用数字

技术手段探寻有利于提升劳动用工效率的新的解决思路和方案。从“事”上看，企业一线员工的部分工作具有体量大、重复性高的特点，且事务性工作较多，亟须通过数字技术手段将重复体力型劳动转变为高端智力型工作。如何让数据、技术赋能业务产生更高价值，将生产一线人员从重复、低效劳动中解放出来，提升生产一线作业效率效益，增强基层员工数字化获得感，成为企业人力资源管理面临的重要挑战。

（四）“数字同事”管理体系的创新与实践是系统性推广先进数字技术应用的迫切需要

近年来，山东电力一直大力推动数字技术的落地实践，已形成了多领域、全专业、各层级的典型应用。数字技术成本低、触达高效，能够高效处理简单、标准问题，但在读取和解析外界信息、自学习、自适应能力方面仍有难以弥补的缺陷，仍需引入大量人力协同开展创新创造。如何从顶层设计上，实现两者优势互补，打造成熟可复用的人机协同作业模式，推动从“机器替代人”向“机器辅助人”转变，是打破技术应用藩篱所面临的重要问题。同时，数字技术的落地应用尚缺乏对应用成效的科学评估体系，需要从工作时长、工作质量等多个维度制定人机协同业务模式量化评价标准，评估取得的经济管理效率效益，研判人机协同业务模式是否真正起到提升工作质效、降低运营成本、驱动创新发展的效果，为推广应用提供有效依据。

二、支撑人机协同业务模式的“数字同事”管理体系创新与实践的主要做法

（一）内涵

为适应新时代下的新要求、新挑战，山东电力依托 RPA、AI 等数字技术，融合电力行业领域知识，构建“数字同事”应用，将公司人资管理体系由自然人员工拓展至以先进技术为核心的“数字同事”，推动“自然人”与“数字同事”协同合作，共建人机协同业务模式。通过精准匹配“数字同事”建设需求，构建人机协同组织体系；通过搭建“数字同事”培育平台，强化人机协同技术支撑；通过规范“数字同事”全周期管理，完善人机协同管理机制；创新以“数字同事”胜任力模型为核心的全方位量化评价标准，合理评估人机协同运营成效；落实组织架构、运营机构、人才

队伍三大保障措施，确保人机协同业务模式高效运转。通过发挥数字化技术的应用价值，运用“数字同事”开展标准化作业，将自然人员工从大量的单调、烦琐、重复的事务性工作中解放出来，转向更具价值创造力的工作，提升劳动效率，赋能企业高质量发展。

（二）精准匹配“数字同事”建设需求，构建人机协同组织体系

RPA、AI 等数字技术具有 7×24 全勤无休、操作精准等优势，将其作为新的“数字同事”，可助力实现各类工作自动处理，实现技术与人力的充分融合、深度协同。山东电力通过全面梳理企业日常运营各专业业务流程和职责，分析适合数字同事的业务场景，精准收集数字同事建设需求，并将其融入公司流程和岗位体系，在此基础上统一规范数字同事岗位管理，构建完整的人机协同组织体系。

1.基于业务流程调研分析，收集“数字同事”建设需求

一是深入调研需求。山东电力开展数字同事的需求分析，由自然人员工基于本岗位的业务和工作提出需要数字同事协助其工作以减轻部分重复工作量的业务需求。组织各地市公司围绕安全生产、客户服务、企业经营等专业场景，聚焦专业需求，突出问题导向，全面开展各个专业条线和各个组织层级的需求调研；立足一线员工工作实际，依托业务流程、典型岗位职责，深入对接业务需求，挖掘基层重复性高、可替代性强、附加价值低的日常工作，形成全省 11 个专业 699 个数字同事应用需求场景。

二是精准分析研判。山东电力对调研的数字技术应用需求分专业进行分析研判，借鉴德尔菲法开展评审工作。区别共性需求和个性需求，合并重复性需求，形成最终需求场景清单 521 项，并通过对需求场景的预期效益、可推广性、建设难度等维度的研判，估测数字技术应用前后的效率与成本，明确可拓展的应用方向，形成开发建议，实现具体业务工作与技术手段的精准匹配。

三是合理界定场景。山东电力基于实现人机协同作业的总目标，在前期调研梳理的业务需求清单基础上，结合综合技术发展趋势，将数字同事分为四大类落实应用场景（见图 1）：①流程智能类，包括 OA 邮件自助发送、系统自动巡检等场景，实现系统操作点击、数据查询、数据录入、数据导出等固定、流程操作类任务自动化，充分释放人力价值。②数据智能类，包括台区同期线损异常监测、日常报表自动生成、财务未清项数据统计等场景，实现大数据量下数据校核、统计、挖掘分析等任务自动化，提升业务分析能力。③感知智能类，包括发票智能识别、作业安

全违章识别、会议纪要自动生成等场景，实现图像智能识别、语音转录文本等，释放人工处理人力。④认知智能类，包括电网调控人工智能协同决策、智能客服问答助手等，通过人机交互等多方式，实现智能复杂决策及交互问答，弥补知识领域不足。

图 1　应用场景规划

四是专家评审确认。各地市公司专业部门设置数字同事管理专责人（兼职）并组织本部门提出本层级数字同事配备需求，常态化提出补员需求。需求经本专业、部门评议后，由市公司组织部和数字化部组织相关专家进行初步校核和自评价，自评价后由市公司数字化部统筹汇总，提报至省公司数字化部，省公司组织全省专家进行需求评审，最终确认。

2.基于典型岗位体系，建立“自然人员工—数字同事”匹配链

一是建立典型岗位体系，覆盖全部业务职责。山东电力根据生产经营需要，考虑业务规模、装备水平和管理模式等因素，开展业务流程管理，通过工作分析和岗位价值评估，制定省、市、县供电企业及业务单位典型岗位体系，作为岗位管理的最小颗粒度。每一个典型岗位都有明确的岗位职责，定期发布更新，整体保持平稳，相对固化。

二是针对每个典型岗位，形成唯一“数字同事”。山东电力基于每一个典型岗位的所在单位、部门、岗位编码、岗位名称、岗位职责、岗位分类、岗位任职资格等

信息，结合典型岗位在适应外部形势发展需要、支撑和服务公司战略，以及安全生产、优质服务、业务协同等方面的存在的限制性因素或问题，明确各典型岗位可替代职责，研究形成对应的唯一孪生“数字同事”。

三是组合形成实际岗位，实现科学人机关联。实际岗位是基层各单位依据典型岗位体系设置的实际岗位，由典型岗位组合形成，不得拆分，原则上不跨岗位分类合并。每个自然员工每个时刻都处于一个实际岗位上，因此，山东电力以典型岗位为枢纽，建立了“自然人员工—实际岗位—典型岗位—数字同事”的孪生匹配链，映射形成“数字同事”孪生典型岗位体系，并根据业务实际需求组合形成各单位“数字同事”实际岗位体系，以此支持人机协同业务模式开展。

3.基于数字孪生关系，统一规范“数字同事”岗位管理

山东电力将由“数字同事”承担的业务职责全面整合，创设“数字同事”专属岗位，实现自然人员工与“数字同事”协同共存。

一是明确“数字同事”岗位类别。按照工作用途，山东电力将“数字同事”划分三大类岗位：专业数字同事、通用数字同事、组合数字同事。专业数字同事利用各种相关业务系统完成对自然人员工相关专业工作的支撑；通用数字同事是在各专业开展通用业务工作，如“报表汇总统计”“邮件定时发送”等；组合数字同事是将多个专业数字同事及通用数字同事组合成一系列流程数字同事。

其中，针对专业数字同事，将同一典型岗位对应的自然人员工岗位代码定为“X”，数字同事岗位代码定为“Y”，并按照人资管理中的岗位分类标准将岗位分为五大类：“经营类”数字同事负责辅助经营决策岗位人员，岗位代码为“A”；“管理类”数字同事负责辅助业务管理岗位人员，岗位代码为“B”；“技术类”数字同事负责辅助专业技术岗位人员，岗位代码为“C”；“技能类”数字同事负责辅助生产实操岗位人员，岗位代码“D”；“服务类”数字同事负责辅助业务支撑岗位人员，岗位代码为“E”。以电力营销专业为例，其数字同事岗位分类管理情况如表1所示。

表 1　电力营销专业“数字同事”岗位分类管理示意表

中类	中类代码	小类	自然人员工岗位代码	数字同事岗位代码	数字同事应用职责
电力营销	D-05	业扩报装	D-05-01X	D-05-01Y	专用类:新上户档案信息自动录入、冻结数据补招
		智能用电运营	D-05-05X	D-05-05Y	通用类:用采停电台区异常电表时报
		用电检查	D-05-06X	D-05-06Y	专用类:失信行为自动甄别推送
		抄表催费	D-05-07X	D-05-07Y	专用类:产班指标执行管控
		电费核算	D-05-08X	D-05-08Y	专用类:电费核算电价指标执行管控、采集异常监控、费控应用监控及规范性核查
		电费账务	D-05-09X	D-05-09Y	专用类:电费账务指标监控
		装表接电	D-05-10X	D-05-10Y	专用类:抄表自动化及规范性自动核查、超容用电监测
		计量仓储配送	D-05-13X	D-05-13Y	专用类:营销计量点台账数据抓取
		稽查业务与监控分析	D-05-15X	D-05-15Y	专用类:销户余额自动检测应用、拆回表码录入核对应用、窃电嫌疑监测应用、台区户变关系核查应用、供电合同超期预警应用、采集、同期线损自动比对应用、低压客户零火电流不一致筛查、定量定比与分表执行监测应用

企业应明确各岗位“专用类”数字同事所对应的业务系统，当业务系统发生版本升级、变更时，可以更规范地对涉及数字同事进行优化升级或者功能调整。仍以营销专业信息系统为例，其对应的数字同事应用场景如表 2 所示。

表 2　营销专业信息系统对应数字同事应用场景示意表

序号	业务应用名称	专业名称	数字同事应用场景
1	营销业务应用	电力营销	电费核算电价指标执行管控、电费账务指标监控
2	电力用户用电信息采集应用		用电信息采集系统的采集异常监控、异常电压检测
3	营销远程实时费控应用		费控应用监控及规范性核查
4	95598 业务支持应用		95598 工单回访满意率

二是制定“数字同事”岗位命名规则。“数字同事”岗位名称包括岗位序列、岗位名称、版本号、适用范围和研发单位等属性。其中：专业数字同事格式为“研发单位—岗位序列—岗位名称—工作名称—版本号—适用范围”。例如：岗位序列为“技能类”，岗位为“电网调控运行”专业使用的“预警单提醒”数字同事适用于市县公司，是由 DZ 公司开发，为初始版本上线运行，该专业数字同事命名为“0800-D-01-01-预警单提醒-V1.0-C”。通用数字同事格式为“研发单位代码-G-工作名称—版本号—适用范围”，例如 JN 公司研发的“报表汇总统计”通用数字同事适用于市县公司，为第二次更新子版本，则命名为“0100-G-报表汇总统计-V1.2-C”。组合数字同事名称由专业或通用数字同事名称集成而来。

三是界定“数字同事”负面清单。结合安全、保密等管理要求，明确数字同事不适用范围，避免技术影响。“数字同事”负面清单包括：①必须由人工操作确认类业务，涉及安全生产等人员责任高度相关工作。②不符合网络安全、数据安全管理类业务，涉及敏感信息泄露、账号权限信息交叉等工作。③不符合伦理安全类业务，违背当下主流人工智能伦理原则规范，涉及道德规范、隐私安全等规则杜绝类工作。④不符合专业管理要求，涉及业务部门明确禁止类业务。

（三）搭建“数字同事”培育平台，强化人机协同技术支撑

基于试点经验和成熟技术，遵循模块化设计和共性能力复用的原则，山东电力全面搭建“数字同事”培育平台，为基层人机协同业务需求提供智能化、自动化、标准化的解决方案，降低先进技术的应用门槛，为各单位便捷获取数字智能技术研究成果、推进人机协同业务模式构建提供技术支撑。

1.部署应用共享平台，实现快速化定制

山东电力搭建数字同事应用共享平台，明确数字同事的应用形式和应用范围，开发数字同事 PC 和 App 客户端，为每名员工提供 RPA、AI 通用开发服务和定制个性化开发服务，并辅助员工自主迭代优化数字同事功能，助力实现人机协

同。其部署架构图如图 2 所示。

一是需求导向，服务基层。聚焦基层工作难点、痛点，针对一线员工提交的业务应用实际需求，开展智能化应用建设，切实服务基层工作。持续优化升级底层架构，构建云端部署运行的分布式开放平台，不断提升业务适配能力，满足基层业务需求。

二是统筹部署，省市互补。采用省、市两级运行终端部署模式，省公司建立数字同事技术管理组件平台，部署各类数字技术，满足各类通用应用共享需求；地市公司建立数字同事本地平台，部署各地市公司个性化应用，满足个性需求。

三是安全可靠，开放共享。坚持安全底线，多举措确保数据安全、网络安全。开展支撑跨专业、打通内外部资源的应用建设，打造开放合作、共建共享的数字同事平台。加强典型试点成果推广应用，推进各单位数字同事快速落地。

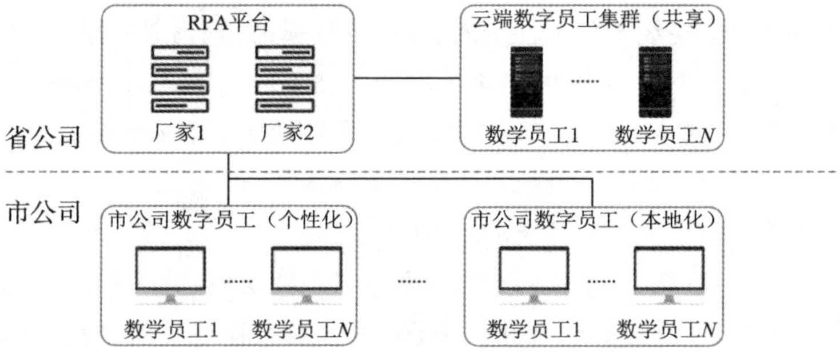

图 2　部署架构图

2.提炼共性技术能力，实现模块化设计

山东电力通过标准化、模块化设计，建设可共享化、标准化的服务，降低了 RPA、AI 技术的应用门槛，提升了对业务需求的匹配度，从而大幅提升技术的通用性和普及性，让技术易用、员工能用（见图 3）。

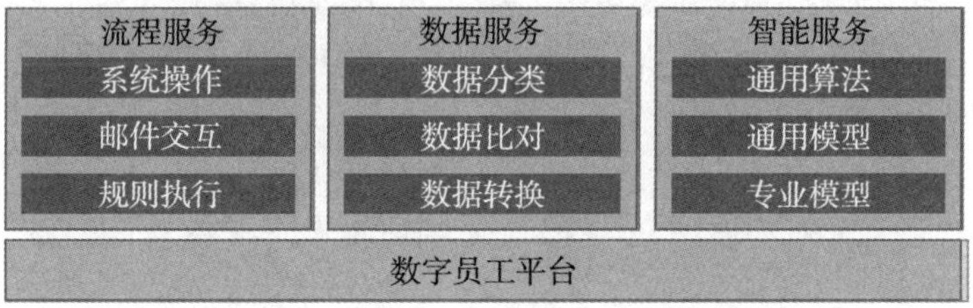

图 3　服务架构图

一是提供流程服务模块提升复用能力。基于平台提供的信息提取、流程配置、任务调度等基础能力，经梳理提炼形成系统操作、邮件交互、规则执行等公共服务能力，支撑标准化程度高、可重复执行等场景的快速建设，提升技术落地开发效率。

二是提供智能服务模块提升拓展能力。基于平台层所提供的样本、模型、算力资源，基于通用算法、通用模型服务和电网专业模型服务，面向各专业应用提供可复用模型服务，实现对同一功能模块的可扩展能力的提升，以便兼容一定范围内的需求或业务的差异性。

三是提供数据服务模块提升分析能力。基于平台提供的数据抓取、文档操作、算力资源等基础能力，提炼形成数据的分类、比对、转换、共享等公共服务能力，支撑跨专业数据融合、报表统计分析等场景的高效落地。

四是提供模型服务模块提升开发能力。建立完善的全专业应用场景模型评估标准和归集流程，持续丰富组件功能、打通数据孤岛、顺畅业务流程，建立“无代码”或“低代码”的开发应用模式，打破不同能力和不同系统之间的壁垒，使人的技能、知识进行复用，成果人人得以共享，全面提升数字同事建设、应用、管理的效率。

3.建立虚拟员工身份，实现拟人化使用

山东电力仿照自然人员工建立“数字同事”人员身份、姓名和虚拟化形象，为数字同事申请相关系统专属账号和权限，采用智能语音等智能交互技术，打破虚拟与现实、机器与人的边界，让交互过程更为和谐，真正实现数字同事拟人化使用与管理。例如人资专业“数晓人”、办公文秘专业“数晓办”、财务专业“数晓财”、安全专业“数晓安”、调控专业“数晓调”等（见图 4）。

一是能力拟人方面，强化数字技术与现实世界交互、感知、认识和沟通的能力，以灵活高效的“去载体”形式开展工作，逐步拓展复杂业务处理和数据侦测分析等精细化事务，打造“Siri”式陪伴。

二是形象仿真方面，深化应用图形建模、动作捕捉、语音合成等前沿技术，拓展微表情识别、图像识别等能力，数字同事逐步从“形似”升级到“神似”，提升人机协同作业的互动性与沉浸感。

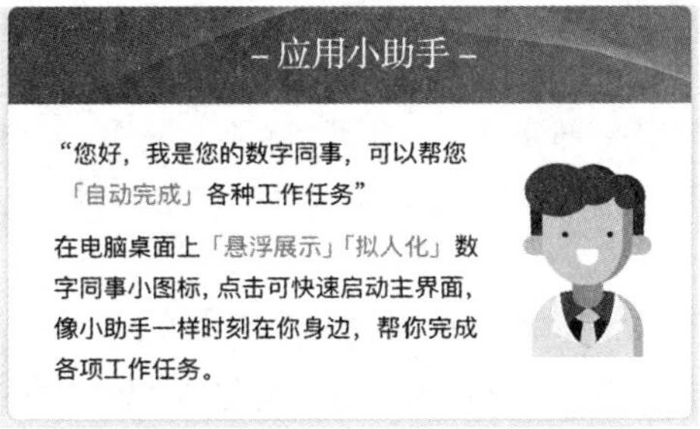

图 4　数字同事应用小助手示意图

（四）实施"数字同事"全周期管理，完善人机协同管理机制

山东电力参照自然人员工的人力资源管理模式，建立配套的"数字同事"全生命周期管理机制，形成"数字同事"专属的入职招聘、试用上岗、员工培训、绩效管理、退休离职等全流程闭环管理体系（见图 5），完善技术应用体系，促进业务管理水平升级以及技术应用规范的建立。

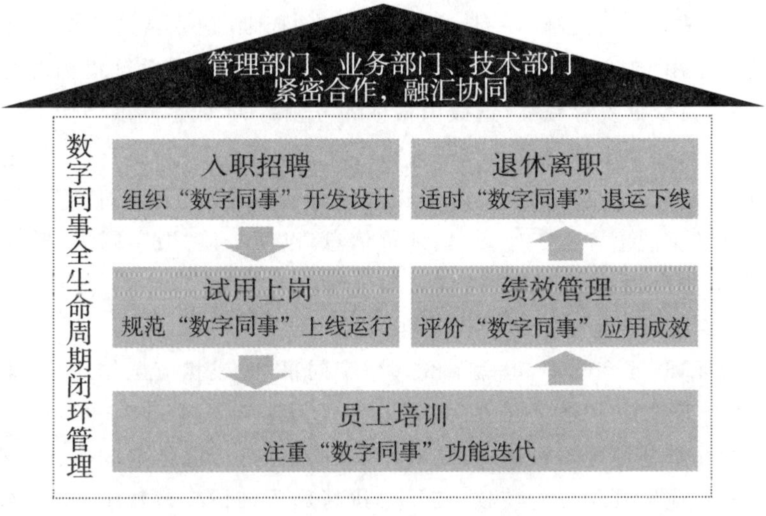

图 5　"数字同事"全生命周期管理

1.入职招聘——组织"数字同事"开发设计

入职招聘即"数字同事"的开发设计，其是由建设单位设计开发符合专业需求的数字同事场景。针对各基层单位提报的业务需求，由省公司数字化部牵头，组织省信通公司、鲁软科技、国网智能成立技术服务团队和业务专家团队，根据审核后的"数字同事"需求清单进行应用建设，开发建设过程中遵循模块化共享设计原则，使用统一的开发语言，确保"数字同事"建设的通用性和适用性。

2.试用上岗——规范“数字同事”上线运行

试用上岗即“数字同事”上线运行，数字同事研发后，需经过需求提报人审核验证，且经省市公司数字化部备案后，方可“持证上岗”。上岗后需经过一定“试用期”，确认适用范围，再进行推广使用，“数字同事”上线应用后所有权归需求提报人拥有。

3.员工培训——注重“数字同事”功能迭代

员工培训即“数字同事”功能迭代升级，是促进“数字同事”进步的有效手段，主要有两种途径：一是主动提升，收集“数字同事”的评价建议、补充需求和其他渠道需求，由专业专家组进行评估，评估通过后交由开发建设人员进行开发迭代升级。二是被动提升，指信息系统功能升级后原“数字同事”为适应新功能做出的适应性调整，由开发建设人员按照专业信息系统升级说明直接进行开发。

4.绩效管理——评价“数字同事”应用成效

绩效管理即对“数字同事”应用效果的评价，是评价“数字同事”优劣的有效手段，其根本目的是提升“数字同事”的工作能力，使之更加贴合岗位工作需要。鉴于“数字同事”的特殊性，结合现有的自然人绩效管理办法，建立更符合“数字同事”的常态化绩效管理机制。一是按照周月年的周期，建立常态化绩效评估管理方法。每周采用“数字同事”量化评估模型，对正确率等岗位关键指标进行自动化统计考核；每月依据统计数据，选拔出指标评分较高的“数字同事”，作为推广宣传的“示范员工”；每年组织“数字同事”竞赛比武活动，设置评分排行榜，促进数字同事能力优化提升。二是自然人员工反馈功能评价方法。“数字同事”主体管理部门定期开展数字同事评价工作，收集评价信息，以便于使“数字同事”匹配适宜度更高，功能更加全面、恰当，功能迭代更加合理。

5.退休离职——适时“数字同事”退运下线

退休离职即“数字同事”退运下线，“数字同事”完成相应工作任务、此岗位不再需要此“数字同事”、“数字同事”长期（以 3 个月为期限）处于“僵尸”运行状态或数字同事由于其他原因不再使用，需对“数字同事”进行退休离职操作。在“数字同事”离职后，应对其相应的授权、资源等进行回收，封存入“数字同事”库。对于“数字同事”的离职原因，“数字同事”管理部门组织人员要进行分析，并写出分析报告，用以对其他“数字同事”的优化或功能调整。

（五）以“数字同事”胜任力模型为核心，创新全方位量化评价标准

结合人力资源管理体系的员工工作评价标准与“数字同事”应用特点，围绕工作时长、工作产出、应用频次、工作质量、综合人力成本、培养成本六大评价维度建立“数字同事”岗位任职资格体系（见图 6），运用神经网络技术构建“数字同事”胜

任力模型，综合评判人机协同业务模式成效，有针对性地迭代提升。

1.建立“数字同事”岗位任职资格体系

从人资管理角度，自然人员工工作岗位任职要求一般包括工作时长、工作产出、岗位绩效、质量要求、综合人力成本、培养成本等各方面，映射到“数字同事”，就是将其融入人力资源管理体系中，构建囊括工作时长、工作产出、应用频次、工作质量、综合人力成本（技术开发成本与技术运行维护成本）、培养成本（自然人员工配合使用成本）六大维度的“数字同事”岗位任职资格体系。

其中工作时长为每月在每个应用单位的工作小时数，工作产出为每月在每个应用单位的工作产出数量，应用频次为每月在每个应用单位调用的次数，工作质量为完成任务的准确率，综合人力成本为按照生命周期均摊到每月需要投入的技术开发与技术运行维护经费，培养成本为均摊到每月需要投入的功能迭代开发经费。

图 6　岗位任职资格体系

2.构建“数字同事”岗位胜任力评价模型

一是确定各维度评价基准值。山东电力收集已建成的 300 余项“数字同事”的应用运行数据，以及相关 11 个专业、139 个典型岗位的业务评估数据，并组织专家根据工作经验和实际情况，明确各“数字同事”的岗位任职资格基准值，其中工作时长、工作产出与应用频次的基准值由各需求单位提出，省公司组织相关专业专家评审确定；工作质量基准值为综合行业发展水平和需求单位要求制定；综合人力成本、培养成本根据技术领域支出情况合理制定。

二是构建胜任力评价模型。内置“数字同事”任职资格体系各评价维度，将各维度要素进行各种类型的交叉排列组合，乘以不同的权重参数后求和得到“数字同事”的评价得分，形成带有众多待定参数的方程。以所有“数字同事”的任职基准值的各要素作为已知条件，以最优化思想为指导，编写软件代码自动求解方程，得到所有的权重参数，形成“数字同事”胜任力评价模型。

三是迭代优化评价模型。采用标准的神经网络参数训练流程，将“数字同事”运行数据和任职资格基准值输入模型，通过机器学习的方法不断迭代完善模型参数。组织“数字同事”使用者围绕任职资格体系对“数字同事”进行主观综合评价，并将评价结果与模型初步评分进行对比，依据偏离程度迭代改进和动态优化胜任力评价模型，确保科学合理。

“数字同事”胜任力模型训练与参数确定过程如图 7 所示。

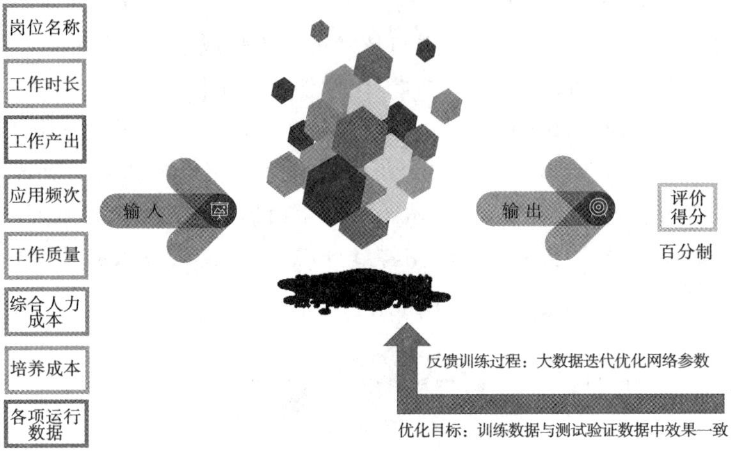

图 7 “数字同事”胜任力模型训练与参数确定过程

3.开展“数字同事”应用成效评估

一是定期开展应用评价。山东电力基于“数字同事”胜任力模型，开发评价工具，实现标准化服务。将岗位名称、任职资格体系中各项要素、各项运行数据输入模型，可以获得“数字同事”的综合评价得分，为数字同事全生命周期的评价反馈、迭代优化提供数据支撑。

二是科学设定成效标准。“数字同事”最终得分在 90 分以上为优秀，可以正常运行使用；得分在 80～89 分之间为良好，需要缩短评估周期，进行重点跟踪；得分在 70～79 分为中等，需要立即分析原因，组织专家针对短板采取补强措施；得分在 70 分以下，需要立刻上报省公司，由省公司组织专家确认，等待待岗或者退运处理。

三是促进应用成效提升。对“数字同事”的应用和评价情况进行跟踪，形成“数字同事”成长趋势图，对其优劣势变化趋势开展诊断分析，实现针对性补强提升。对全部“数字同事”评价情况开展横向对比，探索人机协同业务模式的发展重点和发展趋势，为后续“数字同事”的迭代开发、人机协同模式的深入推进提供数据支撑。

（六）完善三大保障措施，确保人机协同业务模式高效运转

为确保人机协同业务模式高效运转，山东电力采取了以下三大措施。

1.建立“纵横贯通”的组织架构

横向上，坚持“业务＋管理＋技术”一盘棋思路；纵向上，构建“自上而下顶层设计＋自下而上基层发起”的双向贯通工作模式，加强组织协调，进一步明晰业务部门、人资部和数字化部各专业、各层级职责。

横向“三维一体”：以专业部门为业务主体，负责开展业务和流程诊断分析，提出人机协同业务模式应用需求。以人资部为管理主体，对人机协同业务模式开展综合评估，保障“数字同事”岗位落地，构建自然人员工和“数字同事”协同共存的人力资源管理体系。以数字化部为技术主体，统筹开展支撑人机协同业务模式的共性平台、基础设施建设以及“数字同事”开发迭代。

纵向“双向贯通”：自上而下统筹人机协同业务，组建数字化部牵头、各专业部门配合的管控组，审定“数字同事”建设方案、实施计划，统筹推进建设进度；组建以鲁软科技、国网智能为主体的建设组，负责各类“数字同事”平台及应用建设；组建省市两级运营团队，加强技术、平台、应用运营，统筹管理“数字同事”全生命周期，推动实现全面应用落地。自下而上建立顺畅的需求提出和响应机制，鼓励基层员工积极发现需求、提出需求，全省统筹资源予以支持开发。

2.成立“柔实相辅”的运营机构

依托信通公司和各地市数字化部专家成立“数字同事”运营维护柔性团队，明确消缺优化组、建设响应组、宣传推广组职责分工，形成人机协同业务模式后台运营保障机制。消缺优化组负责建立运维的长效保障机制，加强问题实施反馈跟踪，全面提升“数字同事”服务能力，系统开展“数字同事”运营工作，打破应用壁垒，深化技术共享。建设响应组负责聚焦双碳目标、经济转型、社会民生和企业提质增效等领域，持续打造高价值数字同事应用产品和服务，释放“倍增效应”保障人机协同业务模式的稳定运转。宣传推广组负责直接对接员工的人机协同业务需求，调研监测“数字同事”运行状态，负责本地化运维迭代和个性化更新完善，确保“数字同事”能够切实和自然人员工工作紧密结合，提升协同效能。

3.打造“一专多能”的人才队伍

一是实施“全栈式”数字化复合型人才培养工程，通过在揭榜挂帅、青年托举、工匠塑造等人才培养工程中融入数字化元素，鼓励员工在精研本专业工作的基础上提升数字化思维、素质和能力，做到“一专多能”。二是开展“嵌入式”数字化知识技能培训，在各类专业业务轮训班中融入相关数字化知识技能，开辟业务与技术融合专项培训模块，助推数字技术全面应用和人机协同模式的高质量落地；依托一起培训 App 的共享平台，实现智能化、个性化推送数字化课程，鼓励知识共享，激发基层创新内生动力，构建员工自驱良好“生态系统”。三是建立“多元化”数字化人才激励机制，设置数字化人才专项补贴，健全人才选拔、培训、考核及储备机制，通过开放合作和项目实践，逐步建立公司“数字同事”建设及应用人才队伍，加强省市两级技术协作，为人机协同业务模式落地奠定人才基础。

三、支撑人机协同业务模式的“数字同事”管理体系创新与实践的成效

本成果已经在山东电力广泛应用，创造了“数字同事”与自然人协同作业的全新用工管理模式，提升了企业劳动效率，推进了企业数字化转型与管理增效，为企业发展提供了坚实的保障。

（一）创新了企业管理模式，激发了员工内生动力

在创新企业管理模式方面，通过“数字同事”岗位设置，链接自然人与“数字同事”的匹配关系，建立健全“数字同事”开发设计、上线运行、功能迭代、评估模型等全周期管理机制，将“数字同事”融入现有的人力资源管理体制中，实现了对人力资源管理的拓展与创新。相关成果先后荣获 2021 年国家电网有限公司管理创新推广成果二等奖、2021 年山东省企业培训与职工教育重点课题一等奖、2021 年度山东电力科技进步奖二等奖等 10 余项荣誉，在工具研发和应用过程中，获得计算机软件著作权 1 项，授权发明专利 4 项，得到各方充分肯定。

在激发员工内生动力方面，人机协同业务模式的全面应用聚焦基层频繁性、重复性作业痛点，让数据、技术真正走到生产一线人员身边，破解日常工作中的各类实际难题，将员工从重复、低效劳动中解放出来。数字技术的拟人化管理，推动了人机和谐交互协作，为员工提供了高效、快捷、便利的数字化服务，让更多的自然人员工转向更具创造力、更具价值的岗位，主观能动性得到了充分发挥。近三年山东电力人才当量密度上升 3.1%，培养四级四类人才 5000 余名，竞赛调考勇夺国网十年八冠，业绩考核保持国网系统内前三，人资专业同业对标连续为国网标杆专业。山东电力荣获国家电网有限公司人力资源先进单位、人力资源专业对标标杆单位、职业教育和技能人才队伍建设先进单位等称号，被山东省人民政府行文表彰为 2021 年度山东省人才工作表现突出单位。

（二）降低了企业用工成本，有效提升了工作质效

在降本方面，通过人机协同业务模式的构建和共享应用平台的推广，新型数字技术的通用性和普及性显著提升，大幅减少了数字化应用的时间与技术成本，解决了各专业独立开发成本过高的问题。截至目前，山东电力已在多领域、全专业、各层级建成 300 余项典型数字同事应用，累计节约工作量 9 万余人天，实现了

业务提质、基层增效。例如采集异常数据补招“数字同事”可研判异常数据，将每天平均 1 小时的工作量缩短至 5 分钟，上线应用 130 天以来累计运行 3000 余次，节约 1050 人天，相当于 3 个人的工作量。

在增效方面，山东电力已建成多领域、全专业、省市县各层级的人机协同业务模式典型场景，涵盖财务、人资、发展、物资、运检、安监、营销等 10 余个专业，实现了业务提质、基层增效。山东电力劳动生产率大幅上升 12%，人均服务客户数提升 13.86%，人均输电线路长度提升 15.28%，人均变电容量提升 21.74%，人均售电量提升 24.67%，利润总额在国网系统排名提升至前三。部分人机协同业务模式典型案例先后获得全球管理会计最佳实践大奖、公共采购和国企采购示范案例等荣誉。

（三）助推企业数字化转型，发挥了良好示范效应

一是构筑了创新发展生态。本成果以需求和问题为导向，在各专业领域推行人机协同业务模式，并优化配套保障体系、业务管理制度、技术支撑平台，建立了量化评价标准，推动了人机协同业务模式与公司生产经营管理全过程深度融合，实现了对技术、业务、管理、机制等生产要素的融合提升，引导催生了新业态、新模式，为公司加快建设具有中国特色国际领先的能源互联网企业提供了强大引擎。

二是助力了数字经济发展。未来各行各业都必将向工业化迈进，标准化的产品、规模化的生产、流水线式的作业将成为技术辅助自然人实现产业化的发展方向。山东电力在实践中沉淀的大量人机协同作业经验，将可以通过开放平台扩散至其他电力企业甚至其他行业，为横向多行业赋能，助力数字经济发展。

三是打造了全新生产方式样板。本成果大量应用大数据、人工智能、神经网络等技术手段，构建了人机协同作业的全新管理模式，支撑人力资源高效管理与资源优化，深刻影响了企业分工协作的组织模式，促进了生产组织方式的集约和创新，实现了生产要素的全领域共享、集约化整合、协作化开发和高效化利用，改变了传统的生产方式和经济运行机制，显著提升了投入产出效率，为电网企业乃至全社会提升作业效率、深化数字化转型提供了一套行之有效的解决方案，成果可广泛应用于各类大型企事业单位，具备较好的示范效应。

成果创造人员：李　刚　张　鹏　王　勇　靳占新　王　悦　栾松涛　朱郑博

供电企业数智化驱动全链条合规管理的电力营销体系构建

国网青岛供电公司

摘要：随着经济社会的发展，人民对美好生活的需求日益增加，国网青岛供电公司深入贯彻以人民为中心的发展思想，落实数字化转型要求，以数字化技术和智能化应用全面融入市场营销业务为主线，深度结合内外部数据变革传统经营模式，创新性构建"数据驱动、深度融合、精准识别、智能监测、防控有力"的电力营销体系，推动营销业务高质量发展和服务水平持续提升。国网青岛供电公司明晰体系构建"三大原则"，推动营销工作高位开展；强化组织体系"三级联动"，搭建"一部两中心三团队"的高效运作组织架构；充分应用数字技术创新数智营销"三大工具"，夯实数据基础；聚焦"过程化管控"及"结果性稽查"，事前强化嵌入式校验、事中抓"三化"预警、事后深化"三位一体"，推动全链条规范管理；构建营销专业培训、专业协同融合、绩效考核"三维保障体系"，确保电力数智营销体系有效运转。通过实施这一系列创新举措，国网青岛供电公司推动新型电力营销体系落地实施，营销业务风险防控和自愈能力不断提升，提质增效持续深化，营商环境评价位列全国第 11 位，获评"标杆"，客户满意度、获得感持续提升。

国网青岛供电公司（以下简称"青岛供电公司"）是国网山东省电力公司直属供电企业，是国家电网公司大型供电企业之一，担负着青岛市七区三市供用电服务，供电面积 1.13 万平方千米，服务 560 万用电客户（其中居民 494 万户）。公司设 14 个职能部门、15 个业务机构，管辖胶州市、即墨区、黄岛区、平度市、莱西市 5 个县供电公司，公司员工 7289 人。近年来，公司先后荣获全国一流供电企业、全国文明单位、全国五一劳动奖状、全国基层理论宣讲先进集体、中央企业先进集体、富民兴鲁劳动奖状、国网文明单位标兵等荣誉称号。2022 年，青岛市全社会用电量 576.47 亿千瓦时，同比增长 4.31%；公司售电量 513.32 亿千瓦时，同比增长 3.06%；公司发展总投入 45.35 亿元（其中电网投资 40.4 亿元）。

一、供电企业数智化驱动全链条合规管理的电力营销体系构建的背景

(一)构建新型电力营销体系是贯彻人民为中心发展思想、提升营销服务质量的客观要求

随着经济社会的发展,人民对美好生活的需求日益增加,我国社会的主要矛盾已经转化为人民日益增长的美好生活需要和不平衡不充分发展之间的矛盾。以习近平同志为核心的党中央指明,解决当前发展主要矛盾的根本着力点,就是坚持以人民为中心的发展思想,不断推进高质量发展、满足人民对美好生活的向往和需求。电网企业作为关系国家能源安全和国计民生的国有特大型骨干企业,各项工作与人民群众生产生活息息相关,人民对供电服务的需求已不再满足于持续安全的电能供给,而更加注重良好的电力服务品质和服务体验。电力营销作为接触客户的最前端环节,是面向市场和客户的核心专业,承担着市场主体和人民群众从办电到用电的全周期服务需求职责,服务效率和质量关乎客户体验。因此,通过建立新型数字化、智能化营销服务体系,常态化开展服务过程监控,从而不断满足客户需求、持续提升用电感知是当前的客观要求。

(二)构建新型电力营销体系是落实数字化转型工作要求、强化企业风险防控的必要手段

近年来,国家高度重视大数据在经济社会中发挥的作用,“十四五”规划纲要中明确提出推进产业数字化,充分激活数据要素潜能,推动数据赋能产业协同转型。国家电网公司积极顺应能源革命与数字革命相融并进大趋势,研究确立建设具有中国特色国际领先的能源互联网企业战略目标,提出以数字化业务、数字化管理、数字化技术为主线,深化数字技术在营销全业务、全环节的全面应用,推动公司数字化转型。同时,国家电网公司、国网山东省电力公司、青岛供电公司领导高度重视营销稽查工作,多次在调研会和营销工作总体部署会上强调,要充分发挥营销稽查作为营销专业内部监督管控的重要手段,推动业务合规管理和风险防控能力持续提升。电网企业掌握着海量、高价值的数据资源,营销服务作为接触客户的最前端环节,其营销系统、采集系统等集成了客户基础数据、用能数据、设备数据、业务流转信息等多维度、高密度的数据资源,为营销服务的精益管控和风险防范提供有效数据支撑。基于此,亟须利用数字技术整合数据资源,推动数字化转型赋能营销业务发展,以数据为抓手强化营销全链条稽查管控,提升营销业

务风险识别、防控和自愈能力。

（三）构建新型电力营销体系是变革传统营销运营模式、促进企业提质增效的必然选择

新一轮电力体制改革纵深推进，明确了面向社会资本放开配售电业务，传统的售电端市场进入多元竞争时代；加之电网企业近年来连降电价、收入利润减少、盈利能力降低，使得电网企业面临着前所未有的挑战、经营发展承受巨大压力。另一方面，营销服务涉及专业、环节较多，业务执行过程中因涉及数据庞杂交错、工作人员质量参差不齐、专业间协同配合度差，导致营销服务中问题点、薄弱点频发，且传统营销业务开展以来存在响应不快、效率不高等"顽疾"。内外部形势变化给传统的营销运营模式提出了挑战，原有粗放式、单一式的业务模式已无法满足当前发展形势。因此，急需要重塑现有业务流程，变革管理模式，深化营销多专业协同和问题闭环整改，针对营销核心业务、关键指标、重要数据进行全面稽查监控，尤其对涉及公司经济效益领域，通过运营模式再造打造新的利润增长点，推动企业提质增效。

二、供电企业数智化驱动全链条合规管理的电力营销体系构建的主要做法

青岛供电公司以营销全业务、全环节、全流程、全要素数字化为驱动，聚焦"过程化管控"及"结果性稽查"的全链条规范化管理，以促进营销业务合规管理、营商环境有效改善、经济效益显著提升为目标，推进电力市场营销业务与数字技术、智能应用深度融合，构建"数据驱动、深度融合、精准识别、智能监测、防控有力"的电力营销体系，推动营销业务高质量发展和服务水平持续提升。

体系构建过程依托"四个三"保障基础。公司明晰体系构建"三大原则"，强化组织体系"三级联动"，充分应用数智营销"三大工具"，构建营销保障"三维体系"，着力打造"事前校验、事中预警、事后稽查"一体化预控模式。事前强化嵌入式校验、事中抓"三化"预警以全力提升"过程化管控"能力，事后深化"三位一体"以全力提升"结果性稽查"，确保电力数智营销体系有效运转，营销服务风险识别和防控能力全面提升（见图 1）。

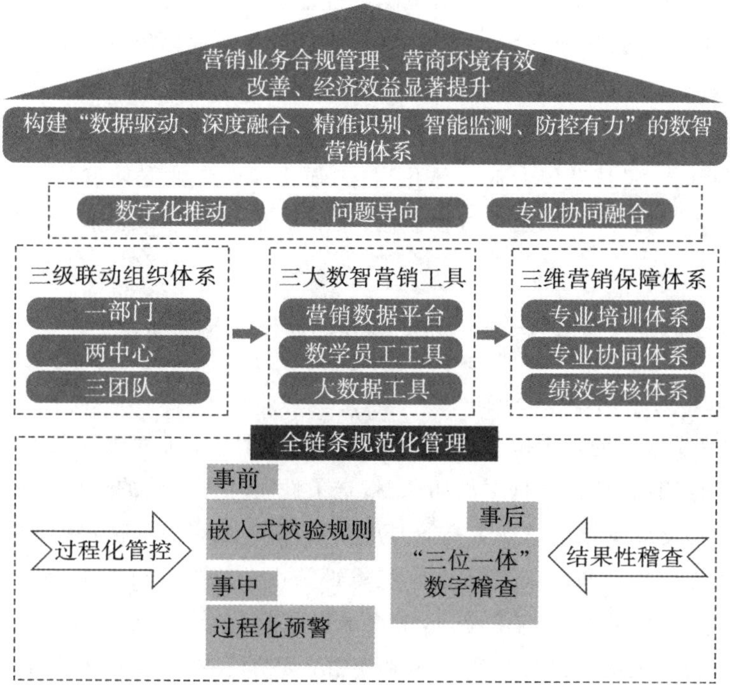

图1 供电企业数智化驱动全链条合规管理的电力营销体系内涵图

体系构建的主要做法如下：

（一）明晰体系构建"三大原则"，推动营销工作高位开展

近年来电网企业面临的监管趋严，内外部巡视巡察和监督检查均暴露出营销基础管理工作存在薄弱环节。营销服务业务链条长、专业点多面广、人员队伍庞大但职业素养参差不齐、业务知识迭代速度加快，种种因素导致营销服务过程中问题点、薄弱点频发，迫切需要加强对服务过程和结果的监督管控，全面提升营销业务风险识别防控能力，促进营销业务高质量开展。基于此，青岛供电公司针对现有营销服务体系重新梳理，统筹谋划新体系的构建与实施思路。

一是坚持数字化推动原则。青岛供电公司贯彻落实国网公司营销数字化转型及公司数字化转型工作要求，以数字化技术全面融入市场营销业务为主线，深度融合跨专业内外部数据，充分挖掘营销数据价值，创新数字化工具应用，推动营销全业务、全环节、全流程、全要素数字化转型。二是坚持问题导向原则。聚焦营销全业务全环节全流程存在的疑点、难点、风险点等突出问题进行全生命周期监督管控。充分发挥营销稽查专业内审的职能定位，依托营销稽查监控中心对各级营销业务执行情况及重点工作落实情况进行重点稽查，全面梳理历次内外部监督检查、供电服务与营销业务质量检查问题，建成历史问题典型案例库，问题入库时同步触发闭环销号流程，实时派发至整改责任单位，实现问题整改在线跟踪、闭环管控，达到“发现一个问题，解决一类问题，预防一片问题”的目标。三是坚持专业协同融合原则。坚持营销专业一体化运作，强化横向专业联防联治、纵向各级联动，构建职责分明、运转高效的过程监控、异常分析、督办整改机制，推动营销服务规范化、精益化。

（二）强化组织体系“三级联动”，推动营销工作高效开展

1.明确市场营销部核心地位

通过建成以市场营销部为核心，营销稽查监控中心和负荷管理中心为两翼，以 RPA 柔性团队、负荷管理柔性团队、稽查柔性团队为辅助的全市县营销业务监控组织体系，全面支撑营销业务高效开展。坚持市场营销部统筹管辖原则。按照国网、省级工作要求和重点工作安排，统筹部署市县范围营销工作，制定年度市场营销工作要点，深化数字技术应用，聚焦主责主业，坚持问题导向，大力推进数字化转型，明确了优化电力营商环境、市场开拓、营销稽查等 15 个方面 48 项重点工作，加强执行过程精益化管控和事后稽查精准化监督，有效破解客户急难愁盼、履治屡犯的服务堵点和难点，推动公司市场营销工作实现高质量发展。

2.设立两大监控管理中心

市场营销部下设营销稽查监控中心和电力负荷管理中心，按照要求统筹管辖市县范围内稽查监控和负荷管理工作。营销稽查监控中心负责统筹市县范围内稽查业务，牵头开展营销全业务全生命周期监督管控工作，进行异常数据和各专业风险的实时监测，定期组织异常问题专业会商，协同专业查找漏洞、提出管理建议。按照内稽外查职责分工，设立营销稽查一班和二班。营销稽查一班负责线上稽查，主要负责营销业务异常问题的收集和分析、线上稽查工单的派发和审核，配合省公司开展稽查主题开发设计，跟踪监督异常问题闭环整改以及所辖单位营销业务质量评价。营销稽查二班负责线下督查，主要负责全市范围内重点稽查问题的现场核查、客户用电异常情况的抽检和营销重大事项的提级稽查。负荷管理中心聚焦电力供应安全保障、负荷资源精益管理、客户多元互动服务，统筹市县范围内负荷管理工作，科学编制度夏、度冬负荷管理方案，联合政府开展度夏、度冬实战演练，规范、刚性推动全市县执行负荷管理措施，推动源网荷储各环节协同发力，细化系统建设、负荷管理、需求响应、能效服务等业务流程，确保业务开展规范、高效。

3.成立三大柔性团队

为确保市场营销工作能高效迅速落地执行，青岛供电公司在一部两中心的基础上，成立三大柔性专家团队，充实营销管理基础力量。一是为充实稽查队伍力量，在市县范围内选调业务能力优秀、专业知识过硬的各专业业务骨干，成立营销稽查柔性团队，重点在稽查主题设计、现场稽查工作开展、稽查工单审核等方面发挥支撑作用。二是为深化 RPA 技术在营销业务领域应用、充分发挥青年人才队伍作用，选取 12 位系统熟悉度高、学习主动性和创新能力强的青年员工组建了营销数字员工开发应用柔性团队，深入挖掘营销 RPA 应用场景。三是为确保“战时”对响应工作快速规范展开的要求，在市县范围内选拔负荷管理精兵强将成立 20 人负荷管理柔性团队，强有力地支撑运行监测、通知督导、舆情防控、现场督导等方面的工作。

青岛供电公司数智化驱动全链条合规管理的电力营销体系组织体系变革情况详见图 2。

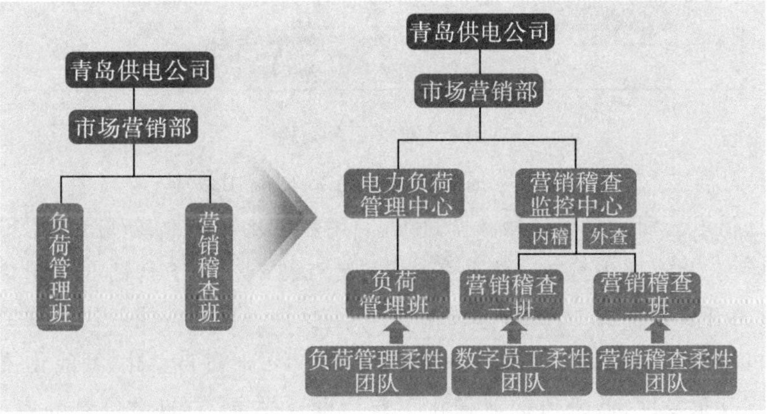

图 2　供电企业数智化驱动全链条合规管理的电力营销体系组织体系变革图

（三）创新数智营销“三大工具”，推动营销工作精准开展

1.建设营销业务数据平台，夯实营销业务数据基础

青岛供电公司全面加强信息系统“企业级”统筹建设，站在企业全局开展系统规划与建设，沉淀共性业务和数据能力，打造依托营销 2.0 系统的包含业务中台和数据中台的企业级中台。基于企业级中台，拓展汇聚采集 2.0 系统、稽查微应用系统等多套已有业务系统数据，包括采集 2.0 系统电压、电流等多项实时量测数据，稽查微应用系统校验数据、预警数据等异常监测数据，整合优化成一个完备的营销大数据平台。在此平台上多系统间数据贯通融合，具备数据接入、数据存

储、数据计算、数据模型管理、数据治理、数据安全等能力。依托数据平台，实现移动连接应用，通过与“i 国网”移动作业 App 实时互联，打通内外网数据传递，实现支撑人、业务、资源高度融合，系统、数据、工单的末端融合，提高网格化综合服务工作效率效益，延伸服务管控精度。通过与网上国网 App、微信官方服务号等客户侧移动终端互联，主动推送服务信息，获取客户数据信息与评价信息，进一步提高客户体验(见图 3)。

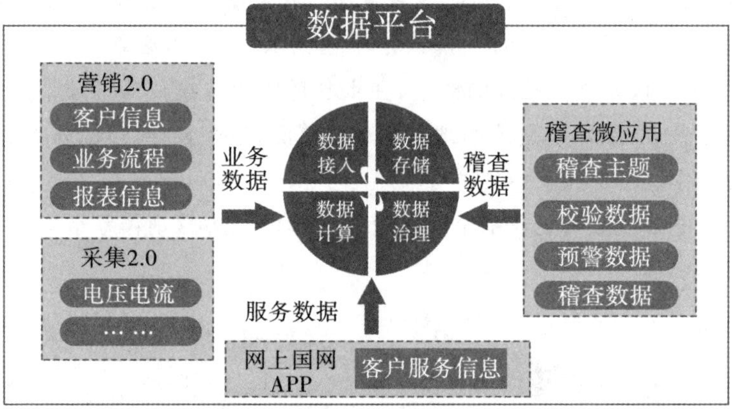

图 3 数据平台架构

2.大力推广数字员工工具，提升营销业务数据应用效率

青岛供电公司立足营销服务全过程，利用数字化新技术、新应用，扎实推进数字对内赋能工作，聚焦营销一线业务痛点、堵点、难点，基于营销 2.0、采集 2.0 等系统，大力开发数字员工，实现一线常规性、重复性工作的智能替代。数字员工的基础是机器人流程自动化，它是一种智能化软件，可通过自动化、智能化技术来代替人进行高重复性、低价值的流程化工作。青岛供电公司以“问题导向，需求驱动”为原则，以“基层减负、提质增效”为目标，积极推动数字员工研发、应用落地，实现业务需求与应用开发的强耦合，重点开发工作替代类 RPA 和稽查监控类 RPA。自主研发完成覆盖分布式光伏电量异常、稽查专项主题统计、体外循环问题筛查等 22 个业务场景的 RPA 流程机器人，其中立足解放人力、减少重复性操作的工作替代类 RPA 10 项，立足精准定位问题所在、提高稽查针对性和灵活性的稽查监控类 RPA 12 项(见图 4)。

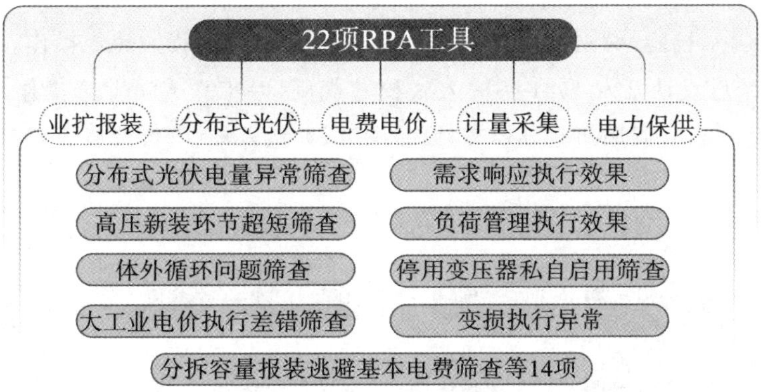

图 4　RPA 工具研发图

3.深化应用大数据工具，强化营销业务数据分析能力

青岛供电公司依托营销 2.0 系统，深化应用大数据工具，优化完善营销 2.0 报表中心应用，区分固定需求和灵活需求，设置固定报表和灵活报表，降低数据应用门槛，以方便各个管理层级、管理专业进行数据统计、分析工作。固定报表主要针对各专业定期的统计需求，按日、周、月、季度、年度区分统计频率，设置固定的报表栏目，营销 2.0 系统根据统计周期自动从数据中台调取数据生成报表；灵活报表主要针对各专业的不定期统计需求，工作过程中根据需要自由组合分析维度，应用拖拉拽的方式灵活获取数据，提升数据分析能力。

(四)强化事前嵌入式校验，提升源头封堵问题能力

营销服务业务链条长、关键信息多、知识更新换代快，工作人员在服务过程中极易出现人为差错导致问题和风险发生的情况。为避免人为差错，公司强化数字化技术应用，针对全业务、全流程、全环节在营销 2.0 系统嵌入事前校验功能，对工作人员业务操作结果进行实时校验、提醒，有效降低人为差错。按照“专业自控、稽查防控”原则，针对基层重复发生的“习惯性违章”问题，结合营销稽查、审计巡察、综合监管等发现的历史敏感突出问题，细化分解相应问题和风险的整改措施和专业管控意见，建立成熟有效的校验规则库。

营销 2.0 系统中各业务环节增加字段校验，根据营销业务相关制度、规程、标准，梳理客户关键信息(用电类别、电压等级、运行容量、行业分类等)关联关系，形成前置字段清单，在营销业务应用系统流程部署内嵌校验，在信息录入界面，通过即时校验实现字段自动关联、选项智能限定，减少误操作，降低人为差错发生概率。同时增加环节校验，在环节下发前强制校验该环节所涉及客户信息的完整性

和计费参数的完整性、准确性，对疑似异常操作设置页面强弱提醒功能，对可弹性处理业务提示校验，对刚性执行业务采取强制校验，全量拦截违规操作。目前，营销 2.0 系统已设计开发 1521 条嵌入式校验规则，对工作人员业务操作过程进行实时校核，重点开展用户基础档案、设备参数、计量采集、电价策略等规范性、准确性验证（见图 5）。

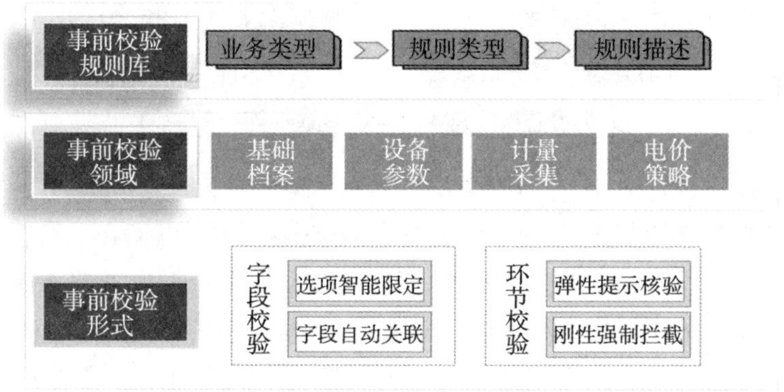

图 5　事前校验逻辑图

（五）强化事中过程化预警，提升风险防控能力

针对营销服务过程中尚未办结工单，建立预警防控标准，重点针对流程时限、业务收费、现场质量开展三大防控，并通过实时共享及时将问题通报至相关处理人员和管理人员，实现事中过程化预警，提升风险防控能力。利用大数据建模技术，分专业分环节批量抽取在途工单，结合历年巡视巡察和稽查成果经验，分析问题特征并溯源至相关流程环节，建立涵盖全业务的过程化预警防控主题库。针对供电方案制定、竣工检验与装表送电、归档审核等关键业务环节，在营销 2.0 系统中并联部署预警防控主题，对正在办理中的业务开展实时监测，根据预警防控标准进行系统提醒、短信告知，及时通知管理人员进行异常分析，并督促业务人员进行问题整改，确保差错不传导至下一个环节，实现对营销业务风险的过程性防范。

依托经验证有效的预警防控主题，整合电网结构、地理位置、运行设备、财务往来等数据，部署 22 个预警防控主题，对在途业务进行合规性审查和预警性防控。一是对电价执行、业扩时限、光伏档案等常见差错实施“精准化”预警，确保差错及时预警、尽快更正，避免问题最终形成；二是对变损漏计、高可靠费差错等隐蔽性问题实施“智慧化”预警，确保公司电费颗粒回收；三是对客户用电异常行为实施“数字化”预警，确保客户用电安全。由稽查专业牵头开展事中预警管控，协助各专业及时发现和处理业务风险，按照日监控、周通报、周反馈的闭环管控机制，稽查专业每周将异常明细及压降情况发送至专业和管理单位，由相关专业牵头各管理单位进行异常整改压降，逐步提升管理规范度和风险防控力（见图6）。

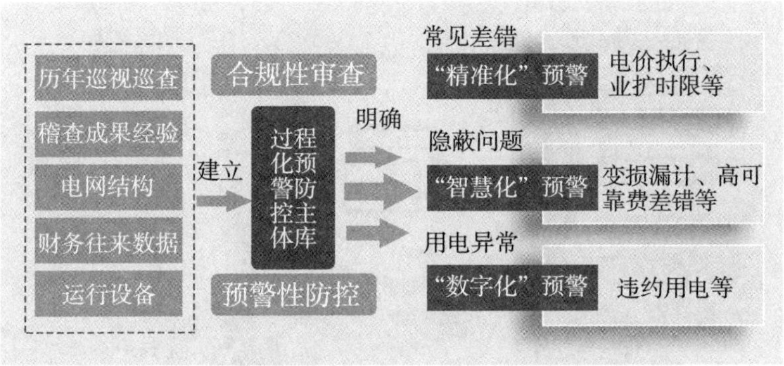

图6　事中预警异常分布图

（六）强化事后结果性稽查，筑牢异常查改防线

青岛供电公司认真贯彻落实国网公司、省公司关于深化营销稽查监控体系建设的要求，明确稽查专业是“营销专业内控、内审中心”的职责定位，依托稽查监控中心，充分发挥稽查专业对全市县全业务全流程的监督管控作用，构建“纵向到底、横向到边”全面覆盖的监控体系，持续拓展稽查深度、广度和精度，重点围绕国家重大决策部署落地、电力保供及客户服务、内外部监督检查发现问题，常态化实施在线、专项、现场“三位一体”数字稽查。稽查专业牵头梳理历年来公司内外部供电监管检查、供电服务检查、专项治理、审计、营销稽查等工作中发现的主要问题，归纳常见的风险要素，按照“一级专业分类、二级业务分类、三级风险分类”的原则，明确营销服务7大领域重点风险防控方向，建立涵盖抄表示数异常、供电方案不合理、业扩报装接电时长超短、居民电动汽车大电量等109个三级风险点的风险防控主题库（见图7）。

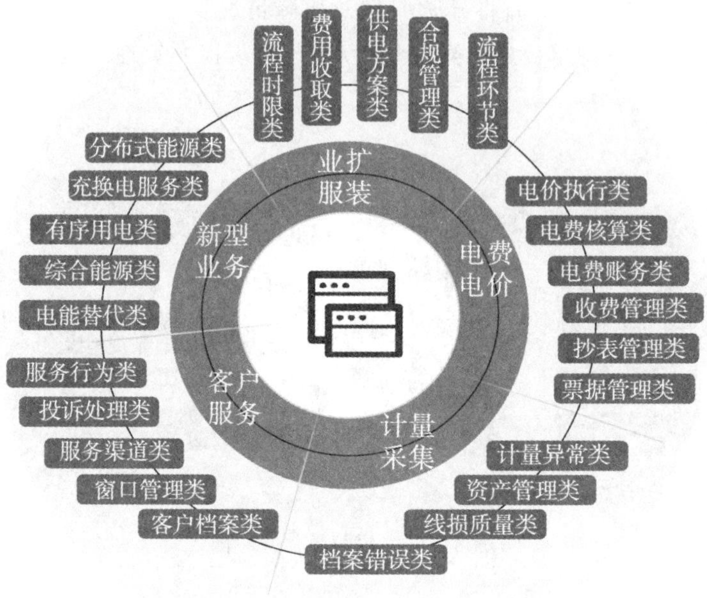

图 7　事后稽查校验主题图

1.精准化开展在线稽查

青岛供电公司根据风险防控主题库成熟有效的稽查规则和取数路径，依托数据平台海量数据，充分利用 RPA、报表中心等大数据工具，深化大数据在业扩报装、电价执行、电费抄收、装表接电、光伏电站并网结算等领域稽查应用，常态化开展主题监控，每月抽取异常数据开展在线稽查。对每月抽取的异常数据采用线上线下双路线派发的稽查方式，异常数据较少的主题，通过稽查系统生成线上工单，异常数据较多的主题，为提高问题核查速度，通过公司内网邮箱派发线下表格，无论线上线下均需由管理单位组织开展现场核实，并据实反馈、组织整改，确保异常反馈及时高效、问题整改真实到位。

2.针对性开展现场稽查

稽查一班针对在线稽查、专项稽查和工单质检中发现的存疑问题以及营销服务过程中发现的风险隐患，将线索提交稽查二班；稽查二班组织开展提级现场稽查，深入开展现场复核，通过系统核实、资料调阅、现场访谈或现场检查等方式开展现场核查，收集佐证材料，如实记录现场工作情况，最终编制现场稽查报告。稽查二班每月根据一班通过线上分析发现的问题线索、随机抽取的线上稽查工单组织开展现场稽查，调动稽查专家团队人员力量，深入管理单位、客户现场了解实际情况，确保问题核查到位、工单内容真实。

3.机动性开展专项稽查

青岛供电公司针对典型性、集中性的营销业务质量问题、阶段性管理需要、重点跟踪督办任务等，全方位、多维度地挖掘突出问题，组织开展线上线下一体化专项稽查。稽查专业相关人员根据管理需要，编制专项稽查工作方案，明确工作内容和稽查方向，确定相关稽查规则，抽取异常数据，通过系统数据分析、现场检查或专业会商等方式开展核查，确认异常问题属性。公司组织开展营商环境领域专项稽查，针对业扩报装“三指定”“体外循环”“一址多户”三个历年巡视巡查屡查屡犯的重大问题开展专项稽查，开展相关数据分析 20138 项、系统工单复核 923 项、电话回访重点客户 267 个、资料查验 56 份、提级现场稽查 52 次；组织开展营业管理领域专项稽查，针对电费电价“特殊电价执行差错”“定量定比异常”“基本电费少收错收”“大电量核查”“变损执行异常”“两部制电价执行异常”“学校电价执行错误”七大领域开展专项稽查，其间开展相关数据分析 24369 项、核查客户档案 4459 项、提级现场稽查 168 次。

（七）构建营销保障“三维体系”，推动营销工作有效运行

1.构建营销专业培训体系，持续提升人员业务素质

青岛供电公司建立“市—县—班所”三级培训体系，强化营销培训对人员的服务导向，持续提升营销专业队伍能力。各专业、各单位综合考虑年度工作重点和工作薄弱点，靶向定位培训需求，开展市级专业培训不少于 30 期，加大营销班所内部培训频次，推动营销各层级开展内部知识共享交流和业务技能培训，灵活采取线上培训、班组“大讲堂”、现场培训等方式，改善培训时间与场地限制，做到层层学、全面学、全覆盖、人人学、处处学、时时学，推动营销员工不断学习业务知识和新技术新应用，持续提升一线业务人员的专业能力和数字化思维，全面提升人员业务素质。

2.强化专业协同体系，推进联防联治闭环管控

为改变原有营销管理模式中各专业存在壁垒较深、沟通不畅、协调困难的问题，营销专业重塑管理流程，强化专业协同体系，按照“问题定性、责任定位”原则，强化“稽查发现问题、专业处理问题、稽查复核整改”专业＋稽查联防联治闭环管控。稽查专业针对发现的异常问题，联合各个专业督促相关单位进行整改，根据风险层级下发风险预警单，对于管理不规范、功能不完善等问题给相关专业下发业务联系单并提出管理建议，整改完成后由专业反馈整改情况，强化问题联防联

治闭环管控。每月召开问题会商例会，会上通报近期稽查专业发现的营销服务中的问题和风险点，并对此提出整改建议，各专业对稽查监控工作进行分析评价，提出优化改进意见以及近期的稽查需求，专业间全面协同，共同提升营销全业务管控能力。

3.完善绩效考核体系，科学评价营销工作质量

建立营销业务质量考核评价办法，结合供电服务奖惩规定和营销重点工作安排，将营销工作质效与绩效管理挂钩，严格考核业务差错和营销风险事件。各专业结合关键业绩指标和班组对标，量化专业工作评价考核指标，围绕组织管理、任务执行、工作成效等方面，设置多维度考核指标，通过每月度计算指标得分对各基层单位进行综合评价，评价各单位专业开展情况，并纳入月度考核，以评价促进各单位工作质效的提升。

三、供电企业数智化驱动全链条合规管理的电力营销体系构建的实施效果

（一）管理效益凸显，风险防控能力显著提升

青岛供电公司深化数字化转型，深入挖掘大数据应用，重塑营销管理模式，聚焦营销全业务全流程全环节开展全链条过程管控，从业务源头封堵问题和差错，筑牢风险管控新防线，针对结果性差错全方位开展“三位一体”事后稽查，从问题追根溯源优化营销管理，保障营销业务规范管理水平持续提升。改变了原有专业内部零散低效、专业之间协调沟通不畅的管控模式，构建稽查＋专业联防联治的闭环管控机制，精准定位营销服务工作中存在的薄弱环节和管理漏洞，实现对营销服务风险的事前校验、事中预警、事后稽查，显著提升营销业务风险识别和防控能力。2022 年青岛供电公司全年分析派发稽查工单 1407 项、查实整改问题 984 项，组织处理线下异常数据 16040 项、查实整改 11818 项；对“定价策略异常”等“事中预警”异常进行每周分析通报、督办整改，全年同主题异常问题数减少 117.16万项、下降率为 76.14％，营销业务风险防控和自愈能力不断提升。

（二）经济效益显著，提质增效持续深化

青岛供电公司针对营销核心业务、关键指标、重要数据进行全面监控，尤其对涉及公司经济效益的领域，刀刃向内要成效，重点针对电价执行差错、计量异常、超容用电等结果性差错进行事后稽查。针对失压断相、电流电量等少计电量的计量异常场景开展常态化稽查，年监测百万户次，派发异常工单 70 项，追补电量

588.12 万千瓦时，追补电费 419.05 万元。针对两部制电价执行异常、少收错收基本电费、电价执行错误等电费电价异常场景开展稽查，发现并派发疑似异常 135 项，追补电费 145.87 万元。针对超容用电、临时用电户私自转正式用电、违约转供电等违约用电场景开展重点稽查，派发疑似异常工单 89 余项，查实问题 16 项，追补电费 144.52 万元，追补违约使用电费 326.04 万元。通过对差错事实进行事后稽查，从内部挖掘潜力实现提质增效，2022 共为公司追回经济效益 1745.29 万元。

（三）社会效益突出，客户满意度持续提高

通过构建数智化驱动全链条合规管理的电力营销体系，深入贯彻以人民为中心的发展思想，致力于不断提升电力服务品质、提升客户获得感和满意度。坚持问题导向，对营销客户服务过程中存在的难点、痛点等突出问题进行监督管控，2022 年组织开展营商环境专项稽查，发现涉嫌业扩报装“三指定”问题 8 件、“体外循环”问题 12 件、“一址多户”问题 9 件，追根溯源查找专业管理漏洞和薄弱点，持续优化营商环境、提高服务质量。深化数字化导向，在工作人员服务过程中最大化应用数字技术，在工单流转过程中实现事前校验、事中预警，将差错消灭在源头；同时深入研究开发 RPA 工具，减少机械性操作、提高工作效率，最大限度地避免人为差错，持续降低营销服务风险。青岛供电公司营商环境评价位列全国第 11 位，获评“标杆”。2022 年，在全省率先完成需求侧管理体系建设，揭牌全省首个“7 合 1”共享营业厅，圆满完成党的二十大和跨国公司领导人青岛峰会等重大活动客户侧供电保障。客户满意度、获得感持续提升，95598 投诉数量同比下降 81.69％、意见工单数量同比下降 38.23％。

成果创造人员：程　超　公维帅　崔希伟　邱成龙　李晓晗　石立国　姚福宾

数字化转型背景下的烟草商业企业创新管理体系建设与应用

济南市烟草专卖局(公司)

摘要:当今时代,世界百年未有之大变局加速演进,科技创新无论在广度、深度、速度、精度上都呈现加速跃升趋势。党的二十大报告强调,要坚持创新在我国现代化建设全局中的核心地位,加快实现高水平科技自立自强进程,加快建设科技强国。进入新发展阶段,实现“十四五”时期烟草行业改革发展目标,奋力开创行业高质量发展新局面,对加快科技创新提出了更为迫切的要求,行业发展已经进入依靠科技创新全面塑造发展新优势的阶段。本成果聚焦数字化转型背景下烟草商业企业创新管理工作面临的机遇和挑战,完善创新体制机制,实施科技创新与体制机制创新“双轮驱动”,发挥创新乘数效应,让科技创新的“关键变量”成为企业高质量发展和现代化建设的“最大增量”,为烟草商业创新体系建设提供了有益借鉴。

济南市烟草专卖局(公司)(以下简称“济南市局(公司)”),组建于 1984 年 2 月,1998 年前与济南卷烟厂“三位一体”合署办公,1998 年 8 月实施工商综合配套改革,2000 年与济南卷烟厂工商分离。目前,济南市烟草专卖局、山东济南烟草有限公司合署办公,实行“统一领导,垂直管理、专卖专营”的经营管理体制,负责全市的卷烟经营和市场管理。下辖 10 个县(区)局(营销部)、1 个物流公司、1 个 1532 公司,内设 16 个处室,在职职工 1077 余人,服务全市 27276 个零售户。近年来,济南市局(公司)认真贯彻落实国家局、省局(公司)和市委、市政府部署要求,牢固树立“实真细精深严”工作标准和“归零、强基、创新、超越”工作基调,坚持不懈抓基层、打基础、强管理、重创新,扎实推进“智慧烟网”建设和数字化转型战略实施,保持了持续健康发展态势。2022 年,全市销售卷烟 26.2 万箱,增长 1.16%;单箱销售额 36034 元,增长 7.41%;实现利税 23.4 亿元,增长 10.5%,三项指标均列全省局(公司)系统第一位,连续多年居全市服务业前列,为济南市经济社会发展做出了积极贡献。济南市局(公司)先后被授予全国卷烟打假工作先进集体、烟草行业物流工作先进集体、全省卷烟打假工作特殊贡献单位、省局(公司)卷烟销售任务特别奖、全省卷烟物流精益管理先进单位、山东省管理优秀企业、山东省劳动关系和谐单位、济南市建功立业先进集体和创建全国文明城市先进单位等一系列荣誉称号,连续多年通过省级文明单位复查。

一、数字化转型背景下的烟草商业企业创新管理体系建设与应用的背景

(一)烟草商业企业创新管理体系的建设与应用是落实国家创新驱动发展战略的必然要求

党的十八大以来,以习近平同志为核心的党中央高度重视科技创新,大力实施创新驱动发展战略,推动我国科技事业取得历史性成就。党的二十大报告用一整个篇章对“实施科教兴国战略、强化现代化人才支撑”作出系统部署,凸显了党中央把握发展大势、立足当前、着眼长远的战略擘画。烟草行业作为国民经济的重要组成部分,始终坚持创新核心地位,大力推进科技创新,行业科研原始创新能力、共性关键技术研发能力、科技基础支撑能力显著增强,以此为支撑,创新活力涌动于产业链各环节,汇聚成推动行业高质量发展的澎湃动力。迈入“十四五”,立足新发展阶段,完整、准确、全面贯彻新发展理念,积极融入构建新发展格局,科技创新至关重要。当前,行业发展外部环境限制和资源条件约束日益加剧,新一代信息技术、生物技术、新材料等新兴技术与烟草产业加快融合,行业发展进入依靠科技创新全面塑造发展新优势的阶段。抓创新就是抓发展,谋创新就是谋未来。为此,我们必须坚持创新在企业高质量发展全局中的核心地位,把高水平科技自立自强作为企业改革发展的战略支撑,全面加强对科技创新的部署,加强创新链和产业链对接,牢牢把握创新发展主动权。

(二)烟草商业企业创新管理体系的建设与应用是顺应企业数字化转型的现实需要

当前,我国数字经济活力迸发、快速发展。新技术、新产业、新业态层出不穷,云计算、大数据、物联网等新技术产业已经渗透到经济社会发展的各个角落。数字经济不仅是新的经济增长点,而且是改造提升传统产业的支点,是构建现代化

经济体系的重要引擎。近年来，行业坚持数字化转型、加强融合创新，以全国烟草生产经营管理一体化平台建设为抓手，加快推进数字技术与烟草经济深度融合，系统推动烟草农业、工业、商业、政务的数字化，数字化转型迈出坚实步伐。从实践看，信息化与烟草产业融合的深度与广度持续拓展，智慧农业、智能制造、零售新模式、“互联网＋监管”等方面取得积极成果，全国烟草生产经营管理一体化平台加快构建，云平台、二维码应用等项目加速落地，农、工、商、政数字化转型持续推进，为行业高质量发展插上“数字翅膀”。进入新发展阶段，烟草商业企业更应牢牢把握信息化发展趋势，实施全链条数字化转型战略，全面提升关键核心技术自主掌控能力，将新型数字技术与企业业务链、服务链、价值链深度融合，促进体验提升、效率提升、模式变革，推动企业治理水平和治理能力现代化。

（三）烟草商业企业创新管理体系的建设与应用是推进企业高质量发展和现代化建设的有力举措

高质量发展，是创新成为第一动力的发展、创业兴业蔚然成风的发展、创造活力竞相迸发的发展。烟草行业高质量发展的远景绘就，既要全面地转变发展方向、发展速度、发展方式，也要转换发展动能，没有新的强劲发展“引擎”，发展就谈不上质量和效益。当前，与高质量发展的要求相比，行业创新工作还存在创新动力不强、创新活力不足、创新政策协同不够等突出问题。行业发展已经进入依靠科技创新全面塑造发展新优势的阶段，亟须从“要素推动”向“创新推动”转型升级，对传统动能进行改造提升。行业高质量发展“1＋6＋2”政策体系已经布局了中长期科技发展规划、建设行业科技创新体系配套政策措施，并制定出台了《全面加强新时代烟草行业科技创新工作的指导意见》，努力让各类创新机构、人才、资金、项目“活”起来，构建和完善全行业一体化创新大格局。因此，作为地市级烟草商业企业，更应抢抓战略机遇期，聚焦“创新动力强、全要素生产率高、环境成本低、综合效益好”的高质量发展基本特征，在推动高质量发展中建立新机制、尝试新办法、采取新举措，打造可复制可推广的创新体系建设样板，让创新成为推动企业高质量发展和现代化建设的关键支撑。

二、数字化转型背景下的烟草商业企业创新管理体系建设与应用的主要做法

近年来，济南市局（公司）立足数字化转型战略机遇期，坚持改革创新在高质量发展全局中的核心地位，加速实施创新驱动发展战略，健全创新机制，培养创新

人才，探索建立并运行适应企业数字化转型的创新管理体系，从“理念、数据、管理、考评”四个维度建构创新管理模型，把机制创新、管理创新、应用创新植入数字化转型和企业发展各领域、各环节，形成特色鲜明、要素集聚、活力迸发的科技创新体系和创新治理体系，破除一切制约创新的思想障碍与制度藩篱，形成各类创新主体协同互动和创新要素顺畅流动、高效配置的创新生态系统，营造有利于创新驱动发展的实践载体、制度安排和环境保障。

（一）理念赋能，在思想“频道”上同频共振

济南市局（公司）深化推进创新管理理念导入和工具方法应用，以价值引领涵养创新文化氛围。

1.持续开展创新培训

济南市局（公司）坚持“人人都是创新主体”，抓实自主培训和末端验证，通过领导、骨干、员工三个层级的持续渗透，做到“让领导成为行家，让骨干成为专家，让员工成为能手”。建立分层分类、滚动进阶的培训课程体系，通过济烟讲堂、“走出去”学习、一点课教学开展沉浸式、体验式、“菜单式”靶向培训，养成全员用创新思维推进工作、解决问题的行为自觉。发挥“知汇中心”创新实训基地作用，强化线上线下互融共促，线上开辟数字化创新学习空间，累计发布短小实新、通俗易懂的创新知识 2 万余条，访问量超过 18 万人次；线下围绕“企业数字化转型”“数字化发展与创新实践”等主题开展专题讲座 12 次，培训人员 1100 余人次，真正让懂业务的人懂创新。

2.营造浓厚创新氛围

济南市局（公司）构建网、微、屏、栏一体联动宣传模式，升级“济烟精益之家”公众号，搭建“创新管理知识汇”网络平台和“泉 · 精益”App，为员工提供创新管理知识沉淀、分享、沟通、协作的综合服务平台。完善创新管理应用标准，编制创新工具技术标准，修订 A3 图册，制作配套 SOP，要求每名员工能熟练运用六种以上工具。组织开展创新工具案例征集和“十佳案例”评选活动，结合业务实践，总结常用工具方法使用案例，通过大家喜闻乐见的方式加强推广和应用。建立创新人才储备库，组织业务骨干参加中质协、省质协 QC 诊断师、卓越绩效、创新体系等认证培训，充分发挥诊断师、内训师在精益改善、课题挂靠和工具应用上的带动作用。探索建立管理创新导师制，以“师带徒”模式强化创新人才培育。截至 2022 年年底，全市聘任精益内训师 2 名、QC 诊断师 69 人（其中高级 2 人、中级 13 人、初级 54 人），基层服务站覆盖率达 45%。

3.激发全员改善活力

济南市局(公司)切实增强全员创新意识和质量意识,畅通员工建言献策渠道,推广应用日常诊断卡、浪费点查找、合理化建议征集等载体,广泛开展全员微改善和岗位创新活动。完善"问题导向、全员改善"长效机制,搭建"问题掌上办"管理平台,领导层围绕"发展战略、体制机制、资源配置"进行系统优化;中层管理人员围绕"质量、效率、效益"进行流程优化;基层员工围绕"创意、创造、节约"进行工作优化,大力弘扬"济烟工匠"追求卓越的创造精神、精益求精的品质精神、用户至上的服务精神,让创新力量充分涌流,让创新创造蔚然成风。

(二)数据赋能,在创新"跑道"上打造精品

济南市局(公司)深入实施创新驱动发展战略,坚持顶层设计与基层首创相结合,积极谋划突破方向进行重点攻关,以改革创新推动企业发展转型升级。

1.搭建创新孵化平台

一是完善工商研协同创新机制,整合烟草研究院、中烟、驻济高校等资源,组建工商研创新联合体,加强关键技术联合攻关。拓宽交流合作领域、拓展合作交流方式,强化信息互通共享,定期举办"济南烟草发展论坛",对国内外烟草行业发展动态及前瞻性问题进行研讨,结合济南烟草面临的现实问题探索解决方案,充分发挥科研、教育、企业在功能与资源优势上的协同与集成化,完善技术创新上、中、下游的对接与耦合。二是建立市局(公司)数字化创新联合实验室,在县区局和基层服务站联动建立"劳模创新工作室""数创工作室""众创空间",搭建市县站三级创新孵化平台(见图 1)。推进跨区域结盟和课题互动,打造覆盖各业务领域的数字化应用场景 120 个,推动 64 个重点项目在基层落地落实。

图 1　建立创新实验室和众创空间

2.优化创新攻关机制

推广创新积分、揭榜领题、抢单接单、创新竞赛等管理模式，推动全员在创新赛道上从并跑向领跑跨越。建立“项目＋团队”攻关机制，将重点工作项目化，打破层级和部门壁垒，通过人才画像和双向选择，遴选出71名业务骨干和青年人才，采用“项目＋团队”方式开展业务攻关，有效破解资源优势分散、创新效能不高的问题。坚持问题导向，建立“五来源问题倒逼”机制，从对标短板、业务流程上挖掘痛点难点堵点，找准创新改进与业务提升的结合点，精准解决实际工作中的顽症痼疾。一是从对标指标中找方向。贯彻落实行业和省局（公司）提升企业核心竞争力对标工作部署，加强对标管理与企业发展规划、高质量发展评价、业绩考核等工作衔接，挖掘数据背后的深层次原因和管理漏洞，找准改善靶点，推进短板消缺。二是从职责管理中找方向。结合工作实际，看是否存在职责不清晰、缺位、越位、交叉、落实不到位或者责、权、利不对等的情况，从中找出短板，明确努力改进的方向。三是从业务流程中找方向。用好“领导干部走流程”活动载体，围绕“人事物法数”五要素，根据外部环境变化、目标分析、评估反馈、执行效率、岗位负荷等触发流程优化，打通业务的工作流、物流和信息流，解决落地执行中的突出短板，开展优化提升。四是从管理诊断中找方向。开展“管理诊断基层行”，通过“望、闻、问、切”四步法，针对管理现状、存在问题、现有资源、改善目标进行系统诊断，寻找各主要业务条线制约发展的最主要、最迫切因素，解决影响战略目标实现、基层实现需求和重点工作推进机制中的难点问题，有针对性地开展课题攻关和精益改善。五是从现场管理中找方向。全覆盖推进5S管理，通过定点拍照、红牌作战、看板管理等工具，开展全面整顿清理，将5S现场管理的浪费点、改善点作为倒逼工作改进的关键点，实现全员思维方式转变和规矩意识养成。

3.升级创新技术手段

实施数字化转型战略，激活数据要素潜能，优化业务流程和管理流程，推进“业务数字化”向“数字业务化”迭代跨越。以互联网＋、大数据、人工智能等新技术应用为支撑，建设大数据平台、微服务平台、新兴技术平台，提高营销精准化、物流智能化、专卖网络化和管理精益化水平。开展数字场景应用需求征集，全员、全业务、全链条梳理业务流程，实现以数字化重塑工作场景，实现了借“数”发力和乘“数”而上（见图2）。

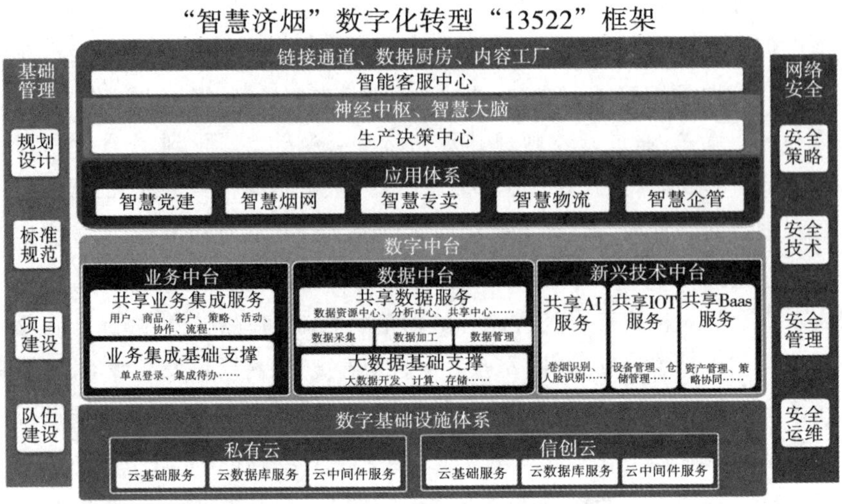

图 2　企业数字化转型框架图

一是打造数字化“终端网”。把零售终端数字化作为推进数字化转型的入口和基础，以提升渠道掌控力为目标，着力打造“渠道可控、体系健全”的终端网（见图 3）。①打造“市场感知器”。依托 7 户直营终端、771 户加盟终端、8629 户现代终端和 68 户合作终端，构建起覆盖全市烟草市场的数据采集网，完成新版云 POS 系统推广，二星、三星云 POS 占比达到 77%。做好“全商品扫码”，定期实盘检验数据质量，从进、销、存、价等多维度，实现对市场的精准感知、智能分析、动态把握，为数据化决策提供可靠依据。②打造“经营大管家”。针对终端经营管理的难点、堵点，升级数字门店管理系统，借助终端数据分析功能，提供 360°智能体检、“人货场”数据分析、消费者画像等数据产品，帮助零售户以数据找问题、以问题开处方；应用人工智能、物联网等新技术，配备移动盘库设备、自助购物大屏等经营助手，推动现代终端向“场景数字化、管理智能化、服务精准化”的智慧终端迭代升级。③打造“品牌培育场”。发挥终端品牌培育功能，完善工商零共同面向消费者的营销体系，畅通“产品引进—营销传播—消费体验—反馈改进”品牌营销链路，开展多渠道会员引流，构建私域化门店流量，通过会员精准识别、精准营销，实现工商零共同面向市场、共同引导消费、共同培育品牌。累计吸纳消费者会员 95 万人，今年以来一类烟销售增长 29%，重点品牌集中度达到 95.6%。

二是打造数字化“服务网”。①推行一站式智能客服。作为国家局“优化 12313 热线服务与数字治理”试点单位，我们把优质高效服务作为落脚点，在承接 12313 热线分中心职能基础上，建立了上下贯通、内外一体的一站式智能客服中心，打造“六全”服务新模式，提供满意度调查、个性服务预约、投放政策查询、许可证到期提醒等15项服务内容，让服务更具特色、更有温度。②推行特色化智慧拜访。按照“前台职业化、后台智能化”的思路，我们持续推进营销队伍职能转型，建立服务对象智能派单、服务策略智能匹配、服务质量智能监测的智慧拜访服务模式，解决了以往拜访谁凭主观、拜访做什么凭经验、拜访怎么样反馈慢的问题，提高了客户经理工作效率和服务质量。自推行特色化智慧拜访以来，月均派单量超过27000单，任务处结率达100%，客户满意度保持在96%以上。③推行全链条智慧物流。打通工、商、零层面物流数据壁垒，建立卷烟从出厂到入库、再到入店的全生命周期管理系统，实现物流自动预约、智能排队、全程跟踪。2022年，商业库存周转次数达27.59次、增加3.25次，平均送货响应时间缩短至24小时以内，送货服务满意度达到99.6%。

图3　打造数字化“服务网”

三是打造数字化“监管网”。①提升集成化作战效能。整合“九部六网、三层五员”，建立涉烟案件研判中心，实现了数据导侦、立体防控、快速反应、精准打击，破解了物流寄递监管和人、车、物轨迹分析的难题。借助作战体系破获全省第一起类烟案件，查获加工窝点7个、生产设备6台、烟丝20余吨、刑拘40人。②提升全天候监管效能。围绕抓实日常监管，将涉烟违法线索举报纳入“泉城·义警”工作平台，形成18万社区“义警”与烟草联防联治工作格局，累计接收举报1000余条，形成有效案源400余条。破题电子烟市场监管，建立信息自动派发系统和六维客户数据库，落实“三看、三查、三提醒”工作法，推动电子烟监管更科学、更有效，查处向未成年人销售电子烟案件5起。③提升智慧化办案效能。聚焦办案程序不规范、证据链不完整等问题，升级移动办案系统的信息采集、文书制作、数据上传等功能，实现办案流程、证据标准、审理规则“三固化”和办案质量、效率“双提升”，案卷评查平均分提高到99.8分。对接专卖、财务信息系统，建立专卖费用透视体系和案件对标体系，有效破解了专卖费用管理难题，专卖费用申请效率提高

56%、驳回率降低至6.6%。

四是打造数字化"生态网"。①营造数字化小组生态。落实"自组织、自运行、自提升"要求，构建服务诚信互助小组的第一生态层，优化升级"智慧小组"小程序，联合工业企业开展形式多样、富有吸引力的线上抢单活动，有效调动了小组成员培育品牌、提升终端的积极性和主动性，累计开展抢单活动2000余场，实现小组线下学起来、线上动起来、数据聚起来。②营造数字化平台生态。聚合金融、物流、终端、数据、信用等多方资源，构建服务品牌商、经销商和零售户的第二生态层，依托烟草商誉和渠道优势，建设"涌泉云商"新零售平台，入驻供应商600余家，上架单品达到28000余款，通过"涌泉悦付"金融平台为零售户提供"0元进货、免息还款"服务，帮助零售户降低进货成本、提高获利水平。③营造数字化社区生态。聚焦服务最后一百米，构建服务社区消费者的第三生态层，依托"涌泉鲸选"消费服务平台，首批严选4000个零售户作为线下服务点，倾力打造家门口的社区便民生活圈，上线推出网红商品、海外直邮、美食外卖、线上便利店等特色服务，疫情期间为消费者搭建了高效、便捷的物资采购渠道，以社区小中心服务百姓大民生，得到市领导和有关部门的高度认可。

（三）管理赋能，在标准"轨道"上规范运行

济南市局（公司）按照科学布局、优化配置、完善机制、提升能力的要求，健全完善创新管理制度、标准和流程，强化创新管理内控机制建设。

1.完善创新管理制度体系

修订创新管理程序、科技项目计划与创新奖励管理规范、知识产权管理规范等标准文件，建立涵盖科技立项、项目管理、科技奖励、成果转化等工作的管理体系和工作流程，实现科技管理工作标准化、规范化。规范项目立项、结题、奖励、群众性创新等活动流程，启用综合管理平台，对课题注册申报、过程控制、阶段评审、课题验收和成果推广进行全链条管理，抓实每个环节的研讨和论证，用扎实的过程确保成果质量。

2.强化科研创新经费保障

完善和优化经费使用和管理方式，健全稳定性和竞争性相协调的科技投入机制，确保每年科研项目经费投入占销售收入比重达到0.4‰以上、年均增速2%左右。进一步扩大科研经费管理自主权，简化项目预算编制，优化预算评审内容，扩大经费使用调节权限。逐步建立科研机构科学合理的基本支出定额标准，健全创新基础设施和创新实验室运行费用保障机制，确保费用使用规范、高效。

3.建立创新成果孵化机制

鼓励能创新敢创新的实践者开展创新研究，提前介入、主动保护研究中产生的成果，积极申请专利、注册软件、形成专著，形成完善的成果保护体系。加大落地、应用课题的立项及获奖比重，优化应用推广机制，开展“成果回头看”活动，重新评估成果运行环境、数据渠道、技术算法、适用场景和用户群体等要素，做好成果应用的动态跟踪和优化迭代。

（四）考评赋能，在实干“赛道”上比学赶超

“创新之道，唯在得人。”完善创新评价激励机制，实施更加灵活高效的创新人才政策，形成战略科技人才、业务专家、青年科技人才等组成的结构合理、素质优良的创新人才队伍，构建充分体现知识、技术等创新要素价值的收益分配机制，做好创新人才的“引育用留”，为科技创新涵养“源头活水”。

1.健全创新评价奖励体系

建立以创新质量、绩效、贡献为导向的科技成果评价体系，把技术转移、成果转化、标准形成等作为重要评价指标，全面准确地评价科技成果创新水平、转化应用绩效和对企业发展的实际贡献。完善创新考核和科技奖励机制，调整奖励标准、规范发放流程，形成以项目课题成果奖为主，标准创新贡献奖、专利奖和计算机软件著作权奖为补充的科技奖励体系，加大对创新成果和创新先进个人的奖励力度。2022 年，全市结题评审项目课题 177 项，评选出市局（公司）优秀课题成果 71 项，评定省级以上创新成果奖 33 项，其中一等奖 7 项（见表 1）。

表 1　省级管理创新获奖情况统计表（2022 年度）

项目	奖励级别	获奖数量
省局（公司）处级干部领题精益课题	一等奖	1
	二等奖	3
	三等奖	1
省局（公司）科学技术进步奖	一等奖	
	二等奖	1
	三等奖	1
软件著作权		1
标准页献奖		
创新争先奖		

续表

项目	奖励级别	获奖数量
优秀岗位创新成果		
山东省现代化管理创新成果	一等奖	2
	二等奖	3
	三等奖	
国优小组		
省局(公司) QC 成果奖	一等奖	
	二等奖	1
	三等奖	
	优秀奖	1
省质协 QC 成果奖	一等奖	1
	二等奖	1
	三等奖	1
市质协 QC 成果奖	特等奖	1
	一等奖	2
	二等奖	2
	三等奖	1
省质协质量信得过班组	一等奖	
	二等奖	1
	三等奖	2
市质协质量信得过班组	一等奖	1
	二等奖	1
	三等奖	2

续表

项目	奖励级别	获奖数量
烟草学会论文	一等奖	3
	二等奖	
	三等奖	3
	优秀奖	6

2.完善创新考核体系

制定企业管理专项考核办法,创新类指标占比60%以上,对科技项目、精益课题、创新成果、学会论文、知识产权、班组建设等内容进行考核评价,各直属单位凭创新工作成果、成效争奖金,赛高下。开展重点创新项目专项考核,拿出100万元对“互联网+联合实验室”、省局(公司)机关亮点特色打造、处级和科级干部领题及其他在研课题等五大类“百个项目”进行专项考核,通过“难度系数”“项目得分”双维度加权积分制考评,提高评价的科学性和全面性,奖励覆盖研发人员600余人。

3.助力员工职业生涯发展

将创新奖励作为年度评先树优、干部选拔任用、技术职称评聘、机关员工遴选的重要依据。员工年度岗位考核中,创新奖励以加分项的形式纳入考核得分计算,与员工岗位考核和工资晋档挂钩,给予优秀员工长效的分配倾斜,进一步强化薪酬激励,落实“实干者得实惠”,让参与创新的人员有更多的成就感、认同感和获得感。

三、数字化转型背景下的烟草商业企业创新管理体系建设与应用的实施效果

创新管理体系运行以来,济南市局(公司)广大干部职工发扬实干精神、前列精神、潮头精神,以舍我其谁的使命感、争先领先的进取心和埋头苦干的执行力,扎实推进数据应用、资源整合、职能转型提质升级,推动发展中的问题开始逐步破解,数字化企业治理体系渐露雏形,全领域数字化转型取得阶段性成效,高质量发展迈出了新步伐。

(一)在推动高质量发展方面取得新成效

发挥数据在创新应用中的主引擎作用,以数字化手段赋能精准施策、终端建

设、客户服务、市场监管等业务工作，客户信心和市场活力不断增强，渠道掌控力和生态黏合力持续提升。将“数字、数治、数智”理念融入企业管理的各领域、各层级、各环节，推动数据资源要素集聚、流程再造、高效协同，企业管理效率、管理质量显著提升，数字化企业治理体系渐露雏形，企业核心竞争力不断增强。2022年，济南市局(公司)实现利税 23.35 亿元，增长 10.46%，增幅连续两年排名省局(公司)系统第一；纳税额 20.9 亿元，增长 48.8%；商业增加值 26.86 亿元，增长 9.99%；销售卷烟26.2万箱，增长 1.16%；单箱销售额 36088 元，增长 7.44%；实现销售总额 94.57 亿元，增长 8.68%，三项指标增幅连续两年排名省局(公司)系统第一；零售户毛利率达到 17.5%，为全市零售户贡献盈利超过 20 亿元。

(二)在推进全域数字化转型方面取得新成效

深化创新驱动，把握行业数字化转型“新动能、新手段、新支撑”的工作定位，把数字化转型作为推动高质量发展的重要突破口和着力点，确立“三步走”战略，搭建“13522”工作框架，推动数字化与烟草产业深度融合、创新应用，畅通数据要素循环，提升数据治理能力，丰富数据服务供给，加大数据产品对经营、管理、服务的支撑力和引领力。以数据驱动、平台赋能、融合发展为特征的数字化转型基本完成，数字化、信息化、智能化水平大幅提升，企业资源整合优质高效，全要素生产率显著提高，数字化转型继续保持省局(公司)系统领先优势。企业核心竞争力对标指标，济南有 12 项指标排名省局(公司)系统前三，其中列第一位的有 8 项，指标提升速度及排名达到近年最好水平。

(三)在造就创新型队伍方面取得新成效

聚焦适应企业高质量发展的实际需要，着力打造知识型员工、思想型干部、研究型班子、创新型组织，干部职工攻坚克难的能力和素质显著提升，创先争优的拼劲干劲空前高涨，团结奋进的干事氛围更加浓厚，只争朝夕的奋斗姿态充分彰显。2022 年以来，围绕“如何实现高质量发展”“为什么推进数字化转型”，在市局(公司)上下组织开展解放思想大讨论，组织各层级人员 800 余人次，到华为、阿里、浪潮等高科技企业和行业先进单位观摩学习、开阔眼界，成立创新项目团队 17 个，选树“济烟工匠”60 名，结成“创新师徒对子”299 对，考取大数据分析师、网络工程师、信息系统项目管理师 10 人，此外，还有 9 人次荣获行业和省级技能竞赛个人奖励，7 人次获评行业和省局(公司)“技术能手”。

成果创造人员：刘洪涛　王光灿　赵丛丛　肖春峰

电网企业以提质增效为目标的基建业务链数字化转型管理

国网山东省电力公司烟台供电公司

摘要：国网山东省电力公司烟台供电公司以贯彻国家数字经济战略为引领，以助力山东数字化发展战略为契机，聚焦电网智慧数字化转型和促进企业管理提升目标，省内率先建设状态全面感知、信息数据互联共享、业务全程在线管控、诊断预测高效智能、成本管理高度精准、安全管控强力有效的“智慧基建”管理模式，推动新形势下电网建设高质量发展。通过加强顶层设计，建立责任分工体系，创建立体协同构架，完善业务链管控流程，加强制度标准建设，实现业务链协同管控规范化。构建智能场景，提升智能贯通能力，深化进度、质量、安全、技术、技经、队伍六大业务感知应用，打造基建数字化工地，实现基建全过程业务融通和数据融合。强化支撑保障，构建复合型数字化人才队伍，强化数字化网络建设，加强信息安全防护，促进全业务链运营高效协同，实现电网建设管理提质增效。

国网山东省电力公司烟台供电公司（以下简称“国网烟台供电公司”）是山东省电力公司直属供电企业，下属 14 个职能部室、15 个业务机构和 10 个县级分公司，截至 2022 年底，职工总数为 5061 人，服务客户 387.26 万。烟台电网位于山东电网东北部，网内现有 35 千伏及以上变电站 316 座，变电总容量 3166.32 万千伏安；35 千伏及以上输电线路 652 条，总长度 8519.20 千米；10 千伏配网线路 2261 条，总长度 24938.24 千米，规模居全省前列。2022 年，完成售电量 428.16 亿千瓦时，同比增长 10.78％。多年来，公司坚持深入践行“人民电业为人民”的企业宗旨，强电网保供电、提服务惠民生，为烟台市经济社会发展提供坚强可靠的电力保障，先后荣获“全国五一劳动奖状”“全国文明单位”“全国一流供电企业”“全国供电可靠性 A 级金牌企业”“国网公司先进集体”“国网公司对标世界一流管理提升标杆企业”“烟台经济发展功勋单位”等称号，连续 11 年获评省公司先进单位、连续 10 年获评省公司业绩考核 A 级企业。

一、电网企业以提质增效为目标的基建业务链数字化转型管理的实施背景

(一)实施基建业务链数字化转型管理是贯彻国家数字经济战略的必然选择

数字经济正在成为全球产业变革和经济增长的核心要素,党的十九大报告明确提出建设“数字中国”的总体构想,并作为新一轮技术革命和产业变革的重点方向。国资委印发《关于加快推进国有企业数字化转型工作的通知》,明确数字化转型的基础、方向、重点和举措,引导国有企业在数字经济时代准确识变、科学应变、主动求变,加快培育发展新动能。电力基建产业数字化转型发展挑战与机遇并存,电网企业主动顺应数字时代经济发展趋势,大力推进数字化基建建设,革故鼎新、提档升级,为基建业务和高品质服务赋能增效,势在必行。

(二)实施基建业务链数字化转型管理是助力山东数字化发展战略的关键途径

2022 年,山东省委常委会明确提出,要牢牢把握新一轮科技革命和产业变革机遇,突出企业转型主体作用,围绕加快“新基建”、催生“新动能”、培育“新优势”、促进“新融合”的“四新”转型目标,力争到 2025 年,全省数字化水平明显提升,实现产业形态的深层次变革。电网基建是落实山东省战略目标的重要支撑,是推动数字技术与电力技术融合的关键环节,加强业务精益管理、创新发展、提质增效是重要举措。特别是三维设计、数字化管理的引入,为基建业务带来管理模式变革和大数据深化应用的契机,也对管理转型支撑平台提出全新的要求。构建数字化支撑的电网全业务链管理体系,是重中之重。

(三)实施基建业务链数字化转型管理是推动企业管理高效协同发展的重要举措

近年来,电网建设已从单纯追求总量扩张,向追求工程建设进度、安全、质量、技术、造价整体提升与完善的高质量发展。传统管理模式难以支撑基建体量庞大、精益管理、建设速度的要求,迫切需要提高横向、纵向管理的高效协同。传统基建业务信息化管理系统也存在诸多弊端,主要表现在:数据共享差,致使发展、设计、物资、财务、调度等强相关部门之间的业务流转不灵活;数据应用差,难以全面支撑规划、运维、归档等上下游相关业务,电网基建项目投资结余率高、施工费

用结算价超合同价等问题时有发生;数据融合差,致使多平台重复管理,费工费力。亟须打造"标准统一、数据贯通、充分利用、开放共享"的基建全过程数字化管理平台,推动基建全业务链数据向"智能化采集、结构化存储、网络化共享"转变,真正实现提质增效。

二、电网企业以提质增效为目标的基建业务链数字化转型管理的主要做法

电网企业以提质增效为目标的基建业务链数字化转型管理的总框架如图1所示。

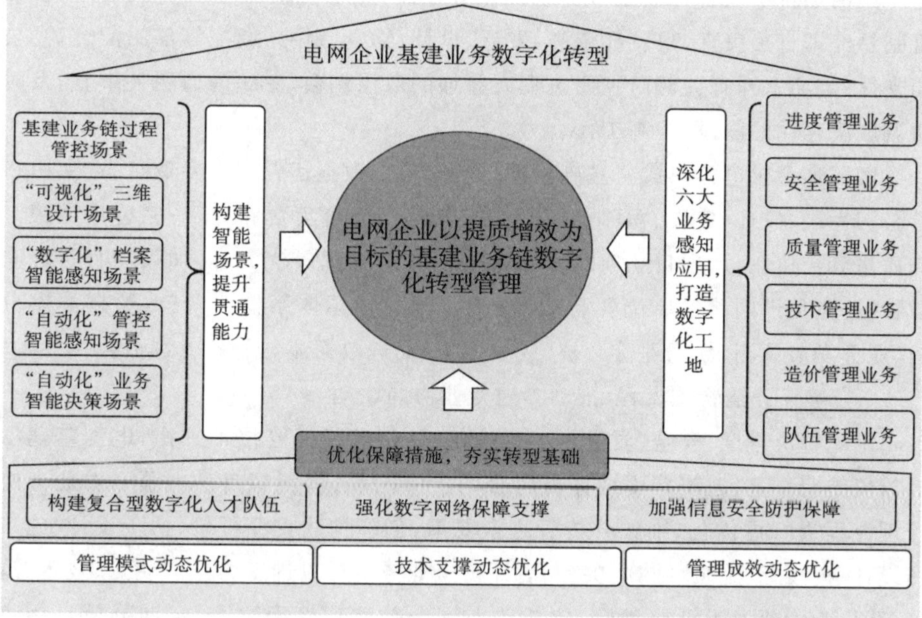

图1 电网企业以提质增效为目标的基建业务链数字化转型管理示意图

(一)加强顶层设计,确定数字化转型总体目标

国网烟台供电公司以提质增效为目标,全面构建建设状态全面感知、信息数据互联共享、业务全程在线管控、诊断预测高效智能、成本管理高度精准、安全管控强力有效的"智慧基建"管理模式。围绕深化业务应用,统筹考虑技术、业务、管理、制度和文化等各方面因素,深入挖掘卫星导航、通信、遥感技术在基建领域的应用场景,大力推动卫星技术与基建领域的深度融合,有序推进基建领域卫星智能终端应用,强力支撑项目规划设计,实现施工现场人员、设备、车辆、环境的全面

感知与智能监测，打造智慧施工一体化管控新模式，促进基建业务与发展、设计、物资、财务、调度等管理的协同联动和业务数据的共享，推进企业对整体基建建设、投资、安全、质量、物资管理状况事实感知、多维分析和统筹管控，实现基建全业务链的更好运营。

（二）建立组织架构，抢占数字化转型新高地

国网烟台供电公司建立跨层级、跨专业、跨系统的责任体系，持续、高效地推进基建“数字化”管理变革。

1.建立责任分工体系，创建立体协同构架

国网烟台供电公司成立市县一体领导小组，明确党政主要负责人负总责、分管副总经理直接负责，建设部牵头，发展、设计、物资、财务、调控等部门配合，县公司支撑；定期召开有关部门主要负责人参加的双周例会，专题沟通相关事宜，及时协调解决存在的问题，提高工作合力。

国网烟台供电公司成立基础治理、业务应用、数据运营三个专业组，成员由市县公司发展、设计、建设、物资、财务、调控等部门分管负责和专责；完善进度跟踪和质量管控机制，从项目立项时开始落实业务链管理最优方案，加强项目目标整体管控，避免不同参建单位各自为政；统筹开展指标体系构建调整、数据洞察分析、业务发展预测、数据评价考核、成效分析，促进数据流与业务流量融合。

2.完善业务链管控流程，推动参建专业协同联动

围绕解决进度、安全、质量、技术、造价、队伍等指标管控不平衡，电网基建项目投资结余率高、施工费用结算价超合同价等问题，国网烟台供电公司对业务链管理流程进行再优化，细致分析管理全要素，创新构建贯穿可研、初步设计、施工图设计、招投标、施工、结算、决算、后评价全业务链。以进度、安全、质量、技术、造价、队伍六大要素为管控目标，依托业务融合数字化管理中心，定期分析目标偏差。通过在管控源头和关键节点上针对性加强事前控制，从全局角度加强可研、初步设计、施工图设计、招投标、施工、结算、决算、后评价等阶段偏差管理，开展牵头部门和参建单位双溯源，针对性解决问题，及时纠偏，形成良性的管理循环。

3.加强标准制度建设，实现业务链协同管控规范化

围绕提高分工管理成效，国网烟台供电公司编制基建业务链数字化转型管理制度标准，明确提质增效目标、指标及管控措施。按照总体业务架构和贯通数据清单要求，制定与基建数字化平台功能相适应的应用规范，确定项目管理 71 项关键节点和职能管理 69 项核心功能，推进基建现场感知网络、数字孪生等落实执行，保障建设过程标准化、业务管控规范化。

（三）构建智能场景，提升智能贯通能力

围绕提高电网建设和业务管理数字化水平，国网烟台供电公司普及应用数字管理、基建工作、资源共享、决策支撑四位一体的“智慧基建”平台。树立“场景即价值”新理念，通过构建丰富的场景，推进六大要素（安全、质量、进度、技术、技经、队伍）管理“智慧”升级（见图2）。

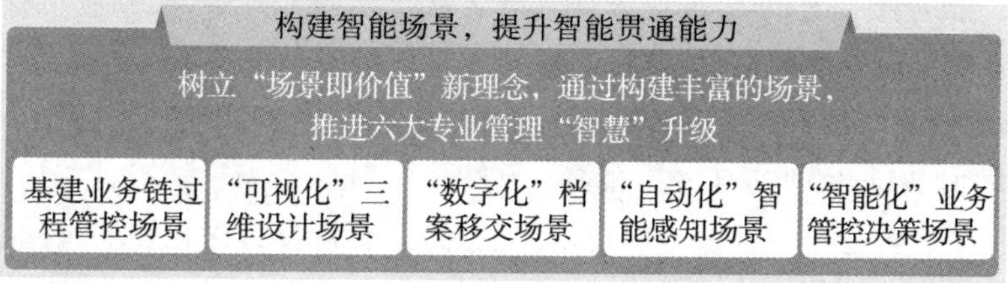

图2　智能场景构建示意图

1.构建基建业务链过程管控场景

以电网工程项目622个工作场景为基础，覆盖从项目前期到总结评价的基建输变电工程全业务链程序化管理。项目前期阶段：可研批复后，根据发展部统一安排，由建设部从电网规划项目库中获取工程项目信息及项目前期资料，为工程前期初步设计打好基础。工程前期阶段：初步设计实现标准化三维模型成果交付；借助计算机辅助初步设计方案评审，实现自动化评审；招投标阶段打通与物资、经法等相关系统之间的接口，实现数据的跨部门共享。工程建设阶段：工程施工过程任务主动推送、及时提醒；运用三维设计模型实现工程进度可视化管理；工程建设过程关键数据实现结构化、规范化管理。总结评价阶段：实现工程总结评价阶段的标准化流程管理，收集综合评价、结算情况、达标创优等关键业务数据，以及数字化竣工图，为后续工程投产运行提供业务及数据保障。

2.构建“可视化”三维设计场景

国网烟台供电公司深化地理信息三维实景建模及应用，依托倾斜摄影、激光雷达、三维扫描仪、无人机等技术，对输变电工程三维地理信息数据进行采集建模，构建高清可视化的三维实景化场景。在工程设计阶段实现三维精细化设计、通道统计管理等功能，在施工阶段实现输电线路通道内房屋、树木、重要交跨、塔基地形等关键点的对比监测，快速实现变电站施工土方量计算复核、改扩建场景搭建等，分部实现进度管控、施工成果与设计数据的对比验收、拆迁砍伐工作量的统计等功能，为后期运检通道管理、责任纠纷处理等提供重要依据。提供初步设计自动化辅助评审、供应商设备数字化交付、设计与施工三维校验等功能，推进数字化设计应用。

3.构建“数字化”档案智能移交场景

国网烟台供电公司推进工程档案电子化，结合基建专业管理制度和流程，加强电子签章、电子签名等在基建数字化上的应用，充分应用工程档案自动处理功能，制定业务线上化推进清单，实现档案资料以数字化的形式在系统中存储和流转，形成完整高质量的输变电工程电子化档案，推动工程过程资料单轨制，减轻基层负担。推进数字化移交，按业务需求制定数字化移交方案，充分应用省公司数字化平台三维设计成果交付功能，高质量支撑三维设计成果数字化交付，结合档案电子化等工作，按需推进基建与设备、档案专业的“一键式”移交。

4.构建“自动化”业务管控智能感知场景

国网烟台供电公司加强基建现场智能感知能力应用，深化智能感知、现场组网、边缘计算等技术的应用推广，全面提升基建现场数据自动采集、状态自动感知水平，实现基建工程现场网络全覆盖。聚焦人员状态自动感知技术深化应用、环境自动监测技术深化应用、施工装备智能化改造、施工现场智能识别技术深化应用、质量检验监测工具智能应用、安全工器具智能应用六个专题，推动零散型技术应用向系统化应用转变，形成系列化应用标准规范。

其中，加强人员状态自动感知技术深化应用，即深化人员实名制管理、自动定位、人脸考勤、身体状态等自动感知应用及作业层班组智能指挥技术应用；环境自动监测技术深化应用，即深化基建工程现场微气象智能在线监测技术研究应用，深化基建工程现场边坡、沉降监测技术应用；施工装备智能化改造，即开展组塔抱杆、架空线牵张设备的数字化、智能化升级改造应用，监测位置信息、力学数据、工作偏差报警等信息，提升施工安全性；施工现场智能识别技术深化应用，即实现现场违章的自动识别；深化质量通病识别技术应用，即实现典型质量通病场景智能识别判定，实现基于视频、图纸、图像的工程进度及造价的智能识别应用；质量检验监测工具智能升级应用，即实现质量检测结果自动采集，强化电气安装质量全过程管控；安全工器具智能升级，即实现智能安全帽、智能安全带等安全工器具的智能化识别，应用穿戴式近电智能感知设备。

5.构建“智能化”业务管控决策场景

国网烟台供电公司深化大数据、人工智能等先进技术应用，围绕基建工程进度、安全、质量、技经、技术、队伍六大业务精益管理需求，深入挖掘数据价值，有效提升基建数字化对工程管理的支撑决策能力。聚焦六大业务开展智能分析决策能力提升工作，主要包括计划执行和预警分析、工程技术成果管理和决策分析、造价数据管理和分析预警、基建安全形势大数据分析和预警、工程本体质量影响因素关联分析和预警、基建队伍能力建设决策分析等。聚焦基建现场和管理需求，深挖海量数据价值，以数据驱动科学决策和靶向精准管理，加强计划执行、基建数字化应用、全过程造价管控、基建安全形势分析和预警、设备安装质量智能管控、基建队伍能力建设六个方面，实现各专业职能管理深度融合。基于基建数字化成果积累，充分应用知识图谱、人工智能等技术，推广应用在线问答、自主学习能力的基建平台知识中心，实现电脑端和移动端同步应用，为基层用户提供高指向性、高效精准的知识赋能服务，为科学决策提供支撑保障。

（四）深化“六大业务”感知应用，打造基建数字化工地

国网烟台供电公司以基建全过程管理为主线，深化物联感知应用，以数字化管理手段，改变传统的依靠人工填报的管理模式，形成自动采集、精准推送、共享公用的管理模式，形成以进度、安全、质量、技术、造价、队伍六大业务场景为管控目标的数字化建设管理新方式，打造数字化智慧工地。

1.进度管理业务

围绕实现进度计划在线编制与分析的闭环管理，公司以逐级编制审批进度计划为起点，建立健全现场项目部执行计划、检核管理单位监控项目计划及年度计划，发现滞后自动报警，及时整改、及时进行计划调整的闭环管理体系。推进施工进度三维可视化管控，开工前完成施工进度计划编制，确定各分部分项任务的计划开始时间和计划完成时间；施工过程中通过视频监控设备自动采集施工进度执行情况，自动记录完成时间，并将设备设施模型的不同拆分部位与网络计划中的任务进行关联。在二维场景界面中，根据设备设施所附有的时间属性，动态地将设备设施对应模型进行加载，实现对施工过程的模拟管控。

2.安全管理业务

公司引入现场安全智能监控设备，通过及时分析风险、智能识别违章，降低违规行为的发生，避免安全事故。做实三级及以上风险的预控、预警，采用视频现场监控、对比当天作业点工作票、站班会录音等方式，检查相关措施的落实执行到位情况，引入临电作业安全报警、起重作业拉力异常报警、登高作业失去安全带保护报警等监控物联感知装置，及时对相关人身安全风险进行预警。在移动应用中实现对安全风险的全生命周期管理，实现关键信息分层分类汇总分析，满足各级管理人员及时掌握现场情况的需要。及时抽查监督关键人员履职情况，提高安全风险管理的时效性、执行性、检查性、和实用性，有效防控施工安全风险。

3.质量管理业务

围绕实现分部分项施工的质量控制，通过项目开工前数码照片计划和工艺卡

计划的制定、审核,以及施工过程的严格执行实施,确保工艺执行、工序交接、隐蔽工程、中间验收和三级验收有效执行。加强对现场人、机、料、法、环、测的控制,实现特殊工艺过程的全自动机械化标准作业,实现有工作环境要求的工序施工过程环境要素自动采样。

4.技术管理业务

围绕实现变电站和线路通用设计应用适用性、应用比例、应用效果、重点技术原则落实情况的自动统计分析,实现新技术成果应用和能效自动统计分析,以及初步设计评审质量线上评价。

5.造价管理业务

聚焦实现工程造价数据共享及分析比较,打通与财务等部门的数据壁垒,形成业务数据的全链路。依据《国家电网公司输变电工程结算管理办法》和有关规定,在预警备案、问题反馈等方面加强结算精益化管理。

6.队伍管理业务

深化分包管理数据的综合应用,后台数据库对分包施工人员、所属施工队和分包商进行信息录入,详细记录每个人的安全培训考试情况、持证信息,在日常现场安全检查中,采用手持终端机对违章人员录入处罚信息,并对所属施工队和分包商进行评价扣分。全年评价数据将直接影响入选公司核心分包商和施工队库。

(五)完善支撑保障,夯实数字化转型专业基础

本着人才、网络、信息并重的原则,国网烟台供电公司夯实数字化转型管理基础,促进全业务链高效协同运营。

1.构建复合型数字化人才队伍

建立数字化人才规划和储备机制,创新人才培养使用模式,打造一支结构科学、素质优良、专业突出、梯次分明的复合型数字化人才队伍,保障“数字化”基建管理变革的人才供给支撑。完善人才保障机制,通过选聘、引进、选拔、培养等多种方式,建立数字化专业人才库,为基建数字化发展提供有力的人才支撑和智力支持。加强人才交流合作,与政府机构、高等学校、能源企业、社会组织进行战略合作,深度参与数字化发展重大问题研究论证、政策制定,积极融入数字化基建管理创新、赋能提效等议题研讨,实现共建共享共赢。

2.强化数字网络保障支撑

国网烟台供电公司围绕提升基建现场网络传输能力,开展智能 Wi-Fi 设备深化应用,提升其续航能力和便捷性,实现在无信号或信号覆盖弱区域的有效应用。开展工程现场混合组网技术深化应用,深化工程现场北斗与智能 Wi-Fi、5G 等技

术融合应用，探索多链路通道融合技术在电网建设应用，实现基建现场自动切换组网。开展工程现场感知设备的通信协议应用，形成现场组网和传感网络技术规范，持续推进基建工程现场网络全覆盖。开展边缘计算技术深化应用，完善基建施工现场移动边缘计算装置，充分考虑人、机、料、法、环、测六要素自动感知，结合现场组网技术，实现边缘计算装置在人员管控、风险作业、环境监测等方面的智能应用，形成基建现场系统性边缘处理解决方案。

3.加强信息安全防护保障

国网烟台供电公司聚焦信息安全100%目标，在工作过程中严格执行“人防、技防、物防”相应要求，打造“三重防护”的信息安全防护体系，全面提高数字化系统的安全防护能力，确保信息安全。建立安全防护管理制度，理清安全管理职责界面，明确安全责任主体，落实各自安全职责。依据有关制度标准建立信息安全人员管理和系统安全运维管理制度，严格履行安全防护方案审查、人员信息安全保密协议等程序。建立系统化防护机制，严格遵循“分区分域、安全接入、动态感知、全面防护”的安全防护“十六字”方针，建立系统化的安全防护机制。围绕有效应对突发信息安全事件，在解决策略上创新加强系统边界防护，研究制定配置访问控制、入侵检测、日志记录、审计等安全策略，提升系统安全防御能力。

（六）坚持动态优化，促进数字化转型水平持续提升

国网烟台供电公司以赋能增效为核心，激发创新活力，构建基建业务链转型管理新生态。

1.管理模式动态优化

国网烟台供电公司围绕持续完善数字化管理应用功能，在已有49项标准化功能基础上，按照业务应用要求，持续深化工程投资管控、技术成果管理、电子化结算、人员库管理、培训及抽考、安全检查与考核、质量验收、队伍基础信息库完善、队伍能力评价和监督管控等10项业务应用推广，支撑基建专业管理业务的线上运转。及时响应建管单位、监理单位、施工单位、设计单位等各级用户反馈，根据数字化应用实际情况，动态修订标准化业务场景应用规范。持续优化完善进度、安全、质量、技术、技经、队伍六大专业管理69项核心功能，强化互联网思维，快速迭代升级管理，推广有用、好用、爱用理念，持续提升用户黏性和活跃度，提升数字化应用率水平。

2.技术支撑动态优化

国网烟台供电公司在保障核心业务功能顺畅运转、规定动作不走样、全到位基础上，将重点放在提升数据自动采集率、提高专业管理支撑水平等方面充分挖

掘利用已有的好用适用成果，积极选择成熟适用技术，注重应用实效，持续提升数据自动采集、自动录入应用水平，杜绝在多套系统、多个 App 重复数据录入、重复操作，切实减轻一线数据录入压力，深化基层减负增效。持续深化数字孪生，积极探索政企协同等新技术应用场景，积极推动电网与相关基础设施共享共建，助力基建数字化转型升级。稳步推进更新迭代，甄选最佳技术路线，杜绝技术设备频繁变更给基层造成无所适应局面，建立健全基建数字化应用管控及迭代提升机制，确保数字化应用稳定运行、协同融合、有序升级。

3.管理成效动态提升

国网烟台供电公司建立健全逐级评价的考核标准，开展基建数字化应用情况及服务质量评价考核。按照“数据来源唯一”及“谁产生、谁负责”的原则，“业务导向、突出重点、动态优化”的思路，定期组织数据质量核查与评价，推动各单位、各专业、各用户为数据质量把关，提升基建数字化应用水平。开展多功能会议室值班工作，实现值班工作标准化、科学化管理，常态化监测平台应用关键指标，协调解决监测过程中发现的重点难点问题，推动数字化全面有效应用。动态修订数据应用清单，构建多维度数据管控分析模型，实时统计分析各工程纵向数据贯通状态，通过可视化数据成果显示分析结果，确保数据及时性、准确性和完整性 100%目标。开展基建数字化应用成熟度自查、互查活动，发现并解决数字化应用中的问题，定期收集意见建议，搭建经验交流平台，评选基建数字化工作示范岗位和单位，不断提升数字化应用效果。建立健全基建数字化成果评估和推广常态化机制，提升创新研究—评估—推广的高效成果转化效率。

三、电网企业以提质增效为目标的基建业务链数字化转型管理的实施效果

（一）实现了电网建设精准管理水平持续提高

通过电网企业以提质增效为目标的基建业务链数字化转型管理，国网烟台供电公司核心管控节点由 2021 年的 71 个，深化拓展到 2022 年的 131 个，实现总进度计划与施工计划、分部分项等计划衔接。三维设计和数字化管理有效提升输变电工程的设计质量和施工质量，减少设计变更、精准控制工程造价、提高工程本体质量。通过数字化应用引入前期施工咨询开展通道设计，在设计前端就数字三维设计“管”到后端，通道设计过程共减少影响后续开工建设的百余项干扰因子。工程建设计划精准性由 2021 年的 91.3%提升到 2022 年的 98.4%。

自基建数字化应用实施以来，基建工程相关机构及业主、监理、施工各项目部

关键人员配置到位，各基建项目组建155个作业层班组，提升现场管控能力。通过数字化平台固化先签后建通道设计模板，统一变电站详勘、线路终勘记录表及设计填报细项，实现先签后建全流程、标准化、数字化管控。公司组织设计技术专家参与各工程设计内审，构建工程数据数字档案馆，实现工程数据可追溯分析。通过搭建应用视频监控平台，实现三级及以上作业风险视频监控率由80%提升至100%、在建变电工程主设备安装调试作业实现远程监控全覆盖。

(二)实现了电网建设管理可持续发展

国网烟台供电公司开展基建数字化平台深化应用，输变电工程建设进度计划编制周期缩短80%。实施数字化多维设计管理，每项工程平均设计问题数量由0.61个降低至0.16个。共享共用三维设计图库，平均减少变电工程设计30个工作日，减轻基层70%数据录入负担。开展分部结算的工程结算时间减少4～5天，加快工程决算、转资速度，累计增加经济效益325万元。

外部政策环境更为有利，促成市自然资源局、林业局、住建局等出台支持电网建设有利政策，基建工程土地、林地、消防、跨越审批手续办理效率提高约20%。全市县输变电工程土地、林地、消防、跨越审批手续，办理效率提高约30%。在核准后提前批复涉及变电站工程前期手续办理的技术方案，先行开展变电站林地审批、农转用批复、征迁青赔等工作，提前约75天完成变电站征地工作。内部专业协同更有成效，协同审计部结算监督检查23项工程，开展退库物资专项治理，压降基建暂存物资，盘活退库物资。有效提高电网基建过程中产生的业务数据质量，为投资“三率合一”统计、精准投资、预算控制等方面提供有力的数据支撑，为“节流”提供有效工具。通过基建平台实现业务管理信息、关联数据信息的开放共享，与参建单位、设备供应厂商和施工车辆、机具服务商等社会关联群体的数据共享应用，为开拓新业态提供数据服务，为公司“开源”提供有力支撑。

(三)对基建业务链数字化转型管理产生了良好的示范推广价值

国网烟台供电公司面对严峻的新冠疫情、复杂的建设环境、繁重的建设任务，加快推进基建业务数字化转型管理，保证了“计划不调、任务不减、目标不变”。35千伏及以上基建工程，实现“21项开工、28项投产”，规模、数量居全省首位。35项工程获评“达标投产工程”，2项工程获评“输变电质量精品工程”，福山乐天110千伏变电站工程同时获评“国网级2022年度区域级智慧标杆工地”、省级“标准工艺示范工程”“绿色建造示范工程”、山东省党员零违章示范工程。技经业务保持准确高效，完成初设概算10项、施工图预算12项，招标限价及清单10项，结算16

项(其中提前结算15项)。同时,公司涌现出一批奋勇争先、成绩斐然的先进团队和典型人物,2个项目部获评省公司先进班组,2名建设者荣获省公司先进个人,2名建设者通过奋斗走上领导岗位,基建战线的精气神更足,队伍的凝聚力、战斗力更强了。

成果创造人员:张瑞雪　邹　晖　杨嵛苓　杨鹏飞　李　豪　韦志清　周浩臻

装配式车站建设项目数智化管理的构建与实践

中铁十四局集团第五工程有限公司

摘要:装配式车站建设项目以构件预制工程为核心,具有设计精度高、设备物料多、施工风险大等特点。中铁十四局集团有限公司惠州装配式建筑构件生产基地承担了深圳地铁装配式车站项目,建设期间始终秉承“强化管理、自主创新、样板引路、标准化制造”的理念,创造性地将数字智能技术融入项目管理全生命周期,形成了装配式车站建设项目数智化管理的实践成果,为公司取得了显著的经济效益和社会效益,确立了公司在行业中的领先地位。

中铁十四局集团第五工程有限公司(以下简称“公司”),隶属于“世界500强”企业中国铁建旗下的十四局集团,集团前身是中国人民解放军铁道兵第四师,1984年由铁道兵集体转业并入铁道部,2001年改制为国有控股的现代企业,现为系统内的骨干和龙头企业。

公司现有员工2018人,其中专业技术人员总数862人,拥有高级职称者152人,拥有中级职称者269人;政工专业人员60人,拥有高级职称者7人,拥有中级职称者18人。具有一级注册建造师89人,142人次。公司是国家住建部核准的施工总承包一级资质企业,拥有公路、市政公用工程施工总承包一级,铁路、水利水电工程施工总承包二级,桥梁、隧道、公路路基、路面、铁路铺轨架梁工程专业承包一级等资质。注册资本2.6亿元,拥有各类专业技术人员近千人,各类国产、进口的铁路、公路、桥隧等大中型机械设备1200余台(套),年施工能力80亿元以上。

公司经营范围遍及全国各地、自治区,在道岔铺设、有砟轨道、无砟轨道、桥梁预制架设、高墩、转体桥长大隧道、营业线换梁施工等方面的技术创新能力均走在了行业前沿。累计获省部级科技进步奖一等奖3项、鲁班奖2项、国家优质工程8项、詹天佑奖1项,获得国家授权专利54项、省部级工法19项。

公司连续 8 年获“全国用户满意单位”；连续 14 年获“全国守合同重信用企业”；连续 9 年获“山东省用户满意单位”；连续 21 年获“山东省守合同重信用企业”。

一、装配式车站建设项目数智化管理的构建与实践的实施背景

（一）发展装配式建造技术是推进建筑产业现代化发展的迫切需要

近年来，国家大力支持装配式建筑发展，国办发［2016］71 号文件明确提出工作目标，即在 300 万人口以上的城市中，力争用 10 年左右的时间，使装配式建筑占新建建筑的比例达到 30％。2017 年 5 月 4 日国家住房和城乡建设部印发《“十四五”建筑业发展规划》，指出要推进建筑产业现代化，推广智能和装配式建筑，强化技术标准引领保障作用，逐渐将以现场施工为主体的建筑业转化为装配式生产为主体的现代化建造业。

（二）地铁装配式车站是装配式建造技术深入应用的必然结果

装配式建造技术是建筑工程建造方式的重大变革，在国家的大力倡导下，国内骨干企业经过持续多年的潜心研究和实践应用，在桥梁工程、隧道工程、地面建筑工程等诸多工程领域已经取得了较丰硕的研究成果与工程经验，工程量逐年增加，应用领域逐年加大。在地铁工程领域，我国的装配式建造技术多应用于区间隧道，在地铁车站建设项目中的应用尚处于起步阶段。中铁十四局集团有限公司惠州装配式建筑构件生产基地（以下简称“惠州基地”）在行业中率先示范，在为自身取得良好成效的同时，也创建了装配式建造技术地铁车站建设应用及研究的新范式；同时与深圳地铁建设集团有限公司、北京城建设计发展集团股份有限公司等单位共同编制了《地铁装配式车站主体结构预制构件制作及验收技术规程（试行）》，提升了公司在地铁车站装配式构件预制生产领域的竞争力。

（三）推行建设项目的数智化管理模式是企业高质量发展的核心要求

建筑行业是充分市场竞争的“红海”，行业利润逐年下降，倒逼企业转型升级、提质增效。现代建筑设计复杂、功能齐全、建造周期时效性强，建筑企业面临着人力成本上升和环保要求高的双重压力，唯有通过技术和管理的创新才能实现破局。随着科学技术的不断发展，互联网技术、建筑信息模型技术、视觉识别技术、定位测量技术、物料追溯技术、智能制造技术等纷纷为现代建筑产业赋予新的能

量，其应用领域越来越广泛深入。企业的高质量发展离不开先进技术的运用，离不开管理理念的提升，推行建设项目数智化管理模式成为企业高质量发展的核心要求。

二、装配式车站建设项目数智化管理的构建与实践的主要做法

（一）进行数智化管理的组织架构顶层设计

公司成立了惠州基地建设项目数智化管理工作领导小组，组长由经理、书记担任，副组长由项目总工、副经理、安全总监担任，成员由各职能部门负责人组成，具体负责标准化管理的规划设计、方案制定、监督实施等（见图 1）。以班组为单位成立标准化实施小组，严格执行惠州基地制定的标准化实施方案，负责信息反馈、测量分析、整改落实等运行工作，同时邀请中铁十四局集团有限公司施工技术和信息化专家担任顾问。编制数智化管理工作规划，开展针对优势与劣势、机遇与风险的 SWOT 分析，设置工作推进的基本原则、总分目标、重点任务、关键节点和保障措施。编制可行性分析报告，测算总投入、总收益、投资回收期等指标。形成任务分解表和推进进度表，明确各板块负责人和团队，明确各项任务完成时限。

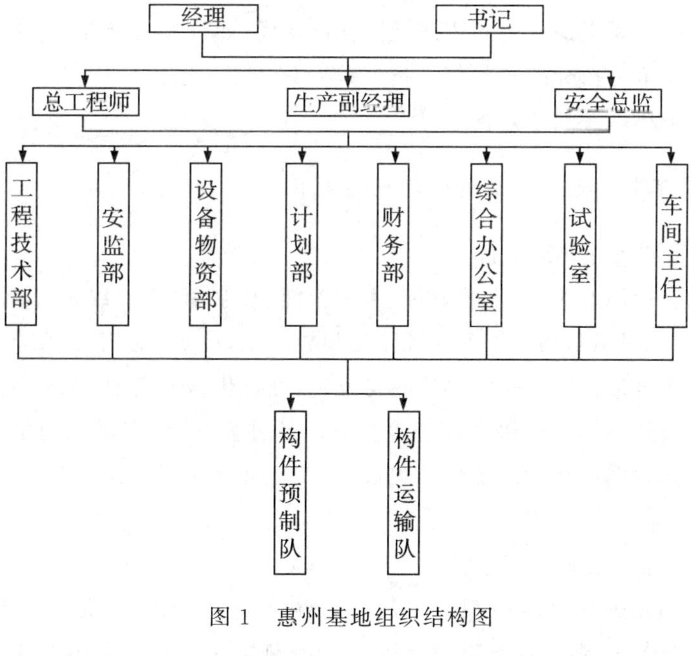

图 1　惠州基地组织结构图

结合项目前期策划方案、实施性施工组织设计，惠州基地制定综合管理、技术管理、安全管理、质量管理、物资管理、合同管理等管理制度并汇编成册由主管领导签发并监督执行。同时制定安全风险管控手册、质量管理体系及制度、工序流程及控制标准、二次经营规划、创优规划等体系文件及标准化手册，使标准化管理有章可循。为提高全员工作热情，营造积极向上的工作氛围，公司结合项目实际情况推出绩效考核管理办法、卫生评比管理办法、迎检工作管理办法、宣传报道管理办法，进一步完善管理制度，从细节上彰显标准化。

（二）开展基底技术选择与管理效果演进分析

深圳地铁装配式车站建设项目于 2021 年 3 月正式开工建设。在开工前，惠州基地管理层深入研究国内外装配式建造技术的发展现状，全面分析信息化、智能化等前沿技术在车站建设中的应用场景和效果，为技术路线和基底工具的选择奠定扎实的理论基础。针对不同构件、不同流程选择最贴近实际、利于操作的数字智能工具和标准化模型，并综合考量各工具之间的数据序列格式统一和接口衔接问题。

明确技术路线和基底工具后，公司通过沙盘演练和迭代回归技术对管理效果进行演进分析，分析加入数字化智能化工具后加快管理目标实现的可行性。为此，公司将不同属性和层面的管理目标尽可能地量化，对不好量化的管理目标，确定一个与该目标联系最紧密的数据指标进行替代，如将人力资本投资净收益率作为企业核心竞争力指标的替代等。指标确定好以后，由上而下进行层层分解，最终落实到各微小单元的任务量上。

（三）实现生产进度与质量管理的智能化

1.打造预制构件智造平台

公司综合运用 BIM、工业物联网、人工智能、数字孪生、大数据、云计算等信息化技术手段，实现预制构件管理的智能化和数字化，将 5G 应用与 BIM 技术融合，实现覆盖生产全过程的数据实时检测与分析、可视化精准定位、养护温湿度控制、全周期实时监控与可追溯协调管理等功能。通过多技术、多平台的集成化管理，不但可以提高数据信息的准确性和实效性，而且可以在不增加人力的基础上大幅降低差错率。

2.导入二维码质量追溯系统

公司采用先进的物料追溯技术改进传统质量管理模式，运用二维码追溯、RFID 追溯、NFC 追溯等智能管理手段实现预制构件生产过程中的质量追溯、生产日报推送、生产异常推送、设备异常推送等全过程管理。

预制构件生产工序过程控制追溯要素：预制构件档案信息、工序信息、检验记录、检验现场照片、配合比信息、原材料质检报告书、检验报告书。

生产日报推送要素：钢筋笼生产日报、管片生产日报、管片发送日报、蒸养窖/水池温湿度日曲线、劳务队出勤、异常记录。

生产异常推送要素：检验不合格，管片报修/报废，温湿度不达标。

设备异常推送要素：重要设备未开机、设备报修、巡检不合格。

3.导入三维激光扫描技术

采用特大型整体式模板安装精度控制技术和三维激光扫描技术，坚持模板验收三步走，实现了将模具精度控制在 1mm 以内的目标。

第一步：模具加工完成后首先在模具厂进行组装，并进行三维激光检测，满足设计要求后再允许进厂。

第二步：模具进厂组装调试完成后，再次进行三维激光检测，同时采用内径千分尺进行数据验证比对，满足要求后再进行试生产。

第三步：构件拆模后，对成品再次进行三维检测，对比浇筑前模具的检测数据，并对误差进行分析评估。

4.导入智能温控系统

通过在蒸养窖安装温湿度感应探头，完成对大气、蒸养窖温度湿度数据进行自动采集并进行分析，通过控制电磁阀控制蒸汽通入量来调整蒸养窑温湿度。

5.导入自动喷淋养护系统

自动喷淋养护系统能自动感应环境温湿度变化，自行对预制件进行喷淋养护并根据温度变化调整喷淋量，可减少混凝土表面干缩裂纹，确保养护质量更加稳定，并可实现替代人工、节约用水的效果。

（四）实现本质安全管理与保障的智能化

1.导入视觉识别安监管理系统

公司在生产现场无死角配备高分辨率摄像设备，利用搭载视觉识别系统的智能分析服务器，智能识别并抓取拍摄车间及厂区内的生产异常行为，如重物位移、水情火情等，第一时间通过 IP 喇叭实时进行警示播报并同步推送至安全管理人员手机终端。

2.导入安全积分管理系统

安全积分管理系统连接智能安监管理系统、智能人脸识别系统、网上教育培训平台、网上考核平台以及智能手持终端，可根据作业人员的安全行为、劳保用品佩戴、日常考勤、培训和考核结果进行积分，同时智能人脸识别系统配合进行安全码管控(绿码正常通行、黄码重点关注、红码禁止通行)。此外，本系统还可与自动售货系统对接，员工可用积分兑换商品，丰富员工物质生活。

(五)实现设备物资管理的智能化

1.应用了智能化钢筋加工设备

公司通过智能化改造，在数控锯切套丝打磨生产线、全自动钢筋弯曲中心等设备上实现自动上料、锯切、套丝、铣磨、弯曲、打钩、半成品摆放等一体化功能；设备能够与信息化管理平台互联，实现钢筋下料、原材消耗精准统计等功能。

2.应用了智能流水机组法生产工艺

公司首次采用智能流水机组法生产工艺生产大型装配式预制构件，配备 1 套 3＋1(3 条浇筑养护线、1 条回转线)自动化流水线，设置 4 个工位，可放置 4 套模具。模具依靠液压油缸顶推在轨道上自动持续循环移动，实现模具清理、钢筋笼入模、预埋件安装、合模、浇筑、蒸养等各生产工序。在自动流水生产线两端设置摆渡小车，实现模具换道转向。

3.应用了接续式构件翻转设备

装配式地铁车站构件对外观质量要求高，且多为异形构件，具有尺寸大、重量大的特点，传统的人工操作龙门吊翻转方式存在工作量大、危险性高的弊端。惠州基地联合设备厂家共同研制出一种大型构件的自动翻转设备，彻底解决了传统龙门吊翻转方式存在的预制构件翻转工作量大且容易造成外观破损的问题。

4.导入智能物料仓储管理系统

智能物料仓储平台可通过对接无人值守过磅系统，对物料入库数据、搅拌站原料消耗情况、钢筋加工车间上料数据等进行采集分析，实现入出库物料自动采集、自动增扣库存、自动库存预警、自动计算工程实际用料成本等功能。

(六)以“创新工作室”为平台，提高标准化管理水平

公司以装配式车站全过程施工标准化管理中的技术难题和管理难题为科技攻关对象，成立创新工作室。全体管理团队勇于突破，加强科技创新工作，注重科技成果转化，提高标准化管理的创新创效性，保证标准化管理综合水平的提升。惠州基地结合实际情况及装配式车站特点，发挥工作室成员创新积极性，不断开拓进取，先后开展了“地铁全装配式车站预制构件智能流水机组法生产工艺及成套设备研发”“地铁全装配式车站预制构件蒸汽养护工艺研究”“预制构件内支撑泡沫混凝土稳泡措施及受力分析研究”“大型预制构件自动翻转设备研发及受力

分析研究”“地铁全装配式车站预制构件智能生产信息化管理技术研究”等课题研究，综合运用材料力学、结构力学、市政工程、信息技术、机械工程、起重工程等多学科及其交叉前沿理论，依托深圳地铁装配式车站工程的施工，秉承创新、创造精神，与山东交通学院、北京城建设计院、广州地铁设计院等高等院校和设计院建立多种形式的科技交流合作，在分析和解决新型预制构件工厂化、自动化、标准化施工技术难题的同时，着力提高项目自主创新能力和核心竞争力，所生产的装配式车站预制构件的色泽均一、线条顺直，外观质量优良；裂缝防止及钢筋保护层质量优良，业主多次组织系统内人员到现场参观学习。同时，总结形成发明专利 4 项、实用新型专利 7 项、软件著作权 5 项，发表论文 3 篇，总结工法 1 项、五小成果 4 项、QC 成果 1 项。

（七）运用绩效考核和评价机制实现标准化闭环管理

公司运用绩效考核和评价机制，努力实现标准化闭环管理，主要举措有：

(1)每日执行“两会制度”。一是每日早会制度，领导班子全面统筹协调各部门、队伍存在的问题，集思广益，共商对策，对症下药，直至确定问题解决方案。二是实行施工协调例会制度，每日下午五点半，由现场副经理组织各施工班组、技术人员召开施工进度协调会和生产调度会，解决当天生产过程中存在的问题，部署第二天的施工任务，确保“日清日高”。

(2)惠州基地主要管理人员每周制定周工作计划，对本周重点推进工作形成书面资料交办公室汇总，周一早会上进行汇报；每天汇报工作推进情况，次周的周一对工作完成情况进行通报，主管领导对重点关注的安全质量、环保问题完成情况进行点评，办公室对各部门工作完成情况进行记录；每月进行汇总考核。

(3)实行月季度绩效考核。成立标准化考核领导小组，制定《施工标准化管理考核办法》，分别以月度末、季度末为时间节点，对制度标准化、人员配备标准化、过程控制标准化、成本管理标准化等方面进行考核。月度检查以评分表形式对有关部室、施工队和管理岗位检查，检查结果纳入季度考核，每季度进行奖罚兑现。

(4)实行动态综合评价。对工程进行全过程管理，对创新成果和标准化效果进行评估，对标准化流程进行全面梳理，及时发现标准化管理过程中存在的问题，并实行动态纠偏，评价运行效果。

三、装配式车站建设项目数智化管理的构建与实践的实施效果

装配式车站建设项目数智化管理模式构建并运行以来，惠州基地领导班子团

结带领广大员工，克服多项难题，攻克多个技术难关，将数字智能技术与管理措施有机融合，推动施工标准化、高效化，实现了控制风险、提高效率、创新管理等多项目标，取得了显著的经济效益和社会效益，大大提升了企业的核心竞争力。

（一）经济效益明显改善

装配式车站建设项目数智化管理模式的导入显著减少了人力资源成本。智能化平台设备上线以来，现场施工作业人员减少了 27 人，每年节约人工成本约 394 万元，效率提升又节省成本约 500 万元，共计创效 894 万元，提质增效效果显著（见表 1）。

表 1　设备智能化节省人工统计表

工作内容	智能化设备	施工人数	采用非自动化设备	施工人数
钢筋加工	智能加工设备	5	手动加工设备	12
开合模	液压自动开合系统	1	人工开合	6
构件蒸养	智能温控系统	0	传统蒸养	1
车间内打扫卫生	自动清扫车	1	人工打扫	8
构件翻转	自动翻转设备	1	龙门吊翻转	2
构件养护	自动喷淋系统	0	普通洒水养护	2
过磅	无人过磅系统	1	电子汽车衡	2
喷码	智能喷码设备	1	人工喷涂	4
合计		10		37
采用智能设备后的现场施工人员数与传统加工方式下相比减少了 27 人				

（二）社会效益多点呈现

装配式技术引入地铁建设后，一键加速了地铁建设的工业化、智慧化及绿色低碳发展进程。一是效率提高：一座明挖标准车站，采用装配式建造技术可以节省1/4到 1/3 的工期，同时缩短工程占道时间，降低对周边环境的影响；二是质量提升：构件在工厂标准化、机械化生产，品质不受时间、空间、环境、人员素质等因素影响，后期运维费用亦大量减少；三是环保减碳效果明显：装配式建造极大地减少了材料浪费，降低了能源消耗和环境污染，对沿线的振动及噪声污染也较少。

装配式车站建设项目数智化管理模式的应用，不仅可以有效实现绿色环保、降本增效，还能在提高工程质量、提升建造效率的同时，助力城市产业的优化升级。

（三）核心竞争力显著提升

装配式车站建设项目数智化管理模式受到深圳市有关部门和合作企业的高度认可，为企业在业界树立了良好的口碑。由于国内尚无地铁装配式车主体结构预制构件制作相关标准规范，惠州基地以实践推动行业标准化建设，与深圳地铁建设集团有限公司、北京城建设计发展集团股份有限公司等单位共同编制了《地铁装配式车站主体结构预制构件制作及验收技术规程（试行）》，提升了企业在地铁车站装配式构件预制生产领域的核心竞争力和行业话语权。

（四）专业化人才队伍日渐形成

在集团公司的积极引导和调配下，惠州基地依托管理创新和技术创新，成为人才的培育基地和输送站。在前期策划和技术攻关开展的基础上，惠州基地成立"装配式建筑创新工作室"，通过系统化、立体化的科技攻关和高频率、多平台的业务培训锻炼了一批业务过硬、经验丰富的地铁装配式车站构件预制生产方面的技术管理工程师和关键岗位操作人员。通过历练，从运筹项目高效运转的项目领军人才，到科技攻关能力强、贡献突出的技术专家和拔尖人才，再到技术精湛、独当一面的岗位操作能手等各层次的专业管理和技术人才，各层次人才不断涌现。

（五）主要技术成果展示

自运用装配式车站建设项目数智化管理模式以来，惠州基地已成功申报发明专利 4 项、实用新型专利 7 项，其中 7 项实用新型专利已授权并取得证书，4 项发明专利正在受理中。

（1）2022 年 8 月 12 日，C 槽试验工装获得国家实用新型专利（专利号：ZL 2022 20930652.5）。

（2）2022 年 8 月 12 日，内模具拆模工装获得国家实用新型专利（专利号：ZL 2022 20929743.7）。

（3）2022 年 7 月 22 日，一种异形构件翻转移位装置获得国家实用新型专利（专利号：ZL 2022 20740289.0）。

（4）2022 年 7 月 12 日，异形预制构件钢筋笼绑扎胎具获得国家实用新型专利（专利号：ZL 2022 20831914.2）。

（5）2022 年 8 月 23 日，预制构件钢筋骨架限位装置获得国家实用新型专利

(专利号:ZL 2022 20831902.X)。

(6)2022 年 7 月 12 日,预制构件钢筋弯弧辅助推出装置获得国家实用新型专利(专利号:ZL 2022 20831900.0)。

(7)2022 年 8 月 5 日,装配式车站的生产模具及振动器一体化装置获得国家实用新型专利(专利号:ZL 2022 20930653.X)。

成果创造人员:李洪强　岳耀超　兰永祥

以数字化为导向的“电力看经济”体系优化与实践

国网菏泽供电公司

摘要：为顺应能源革命、服务地方经济发展、推动国网公司数字化转型，国网菏泽供电公司以数字化为导向、以“电力看经济”体系优化与实践为目标，创建数据融合管控制度。打破公司专业壁垒，成立数字质量专班，协同省公司构建“全社会日电量”平台，平台汇集调度、营销、发展专业共计24张电量报表，突破了传统全社会日电量只能按月汇总的局面，首次实现全社会用电量分区域日计算。主动联系政府部门，构建电力复工复产指数，建立起疫情期间“企业复工复产每日一监测、工业运行五日一分析”的常态化机制，并确定电力经济关联分析，构建电力经济数据模型，分析预测了“十四五”的用电和经济发展情况，对公司科学决策、政府精准管理、公共高效服务提供支撑，为建设具有中国特色国际领先的能源互联网企业、助力“数字国网”建设贡献菏泽力量。

国网菏泽供电公司（以下简称“菏泽公司”或“公司”）隶属国网山东省电力公司，担负鲁西新区、牡丹区、定陶区、曹县、成武县、单县、巨野县、郓城县、鄄城县、东明县的电力供应和服务任务，是菏泽电网规划、建设、调度、运行、检修和电力服务中心。供电面积1.2万平方千米，2023年全市全社会用电量318.48亿千瓦时，位居全省第11位，增幅9.65％，位居全省第2位。

2015～2023年，公司连续8年保持全国文明单位；2016～2017年，公司党委连续两年获评省公司先进基层党委；2020年，公司获评省公司先进基层单位；2021年，公司获评国网公司先进集体，所属巨野县公司获评全国脱贫攻坚先进集体，一个组织和一个项目分别获评全国学雷锋志愿服务“四个100”最佳志愿服务组织和项目，公司党委获评省公司先进基层党委，公司获评国网公司脱贫攻坚先进集体；2022年，公司所属成武县公司获评第七批全国学雷锋活动示范点。

一、以数字化为导向的"电力看经济"体系优化与实践的实施背景

(一)电力数据是国民经济发展的晴雨表

全社会用电量采用国民经济行业分类进行分类和统计,作为具有覆盖全面、动态实时、准确客观等独特优势的先行指标,是观察经济运行冷暖和研判社会发展活力的重要"风向标""温度计"和"拟合器",可以真实客观地反映实时的社会经济发展情况。

电力大数据具有以下三方面鲜明特点:一是覆盖范围广,包括发电运行数据、电网运行数据、用户用电数据等,储量十分丰富。二是价值密度高,主要伴随电力生产和消费实时产生,数据真实性高,且贯穿电力系统"发输变配用"各个环节,能够全面真实地反映宏观经济运行情况、各产业发展状况、居民生活情况和消费结构等,对服务国家治理具有很高的应用价值。三是实时准确性强,电力行业自动化、信息化水平较高,用于数据采集、传输和应用的基础设施完备,部分采集类数据频度达到分钟级和秒级,数据实时性和真实性高,具有很强的独占性和不可替代性。

电力大数据可准确反映国民经济的运行情况,以服务行业趋势分析为例,用电数据蕴藏大量经济信息,基于时空电力数据、宏观经济数据、企业经营数据等,利用大数据技术构建电力经济指数,可以客观地反映经济运行情况,辅助预测经济发展趋势,为制定宏观经济调控政策提供参考。新冠肺炎疫情期间,电力大数据成为助力疫情防控和复工复产的"有力武器",全面、准确、高效、及时地反映了各行业复工复产情况,每日向国家有关部门报送最新数据,为党中央、国务院精准判断形势、准确把握疫情提供了科学支撑,得到国家有关领导的批示。

(二)数字化是行业发展的新动力

数据已成为重要资源,在人类的社会生活、工作、交流过程中,不断产生并逐步被记录和储存,蕴含着各类活动的内在规律。大数据是新技术和新理念的融合体,代表着新的数据管理和分析技术,为人们打开了一种全新的思维和认知视角,是建设信息社会的基础。

随着智能电网和信息化建设,国家电网公司累积了涉及发电、输电、配电、调度、用电等各环节海量数据,这些数据属于新型资产,具有体量大、类型多、价值

高、更新及时等典型特征。在此背景下,运用大数据方法进行数据分析挖掘和信息提取,将成为构建大数据时代能源变革的新格局。作为关系国家能源安全和国民经济命脉的国有重点骨干企业,国家电网始终把数字化作为推进电网转型升级、实现高质量发展的重要抓手,制定实施数字化转型发展战略纲要,编制"十四五"数字化规划,完成新型电力系统数字技术支撑体系框架设计,全面推动电网向能源互联网升级。

(三)电力数据价值有较大挖掘空间

发展电力大数据,应充分尊重数据发展规律,按照打破数据壁垒、激活数据价值、发展数字经济三条主线,系统地推进建设工作。

电力大数据背后反映的是电网运行方式、电力生产方式和客户消费习惯等信息,蕴含着巨大的社会价值和商业价值。当前国网公司已经将数字化转型提升到企业战略层面,但目前还存在数据质量不高、专业壁垒严重、非结构化数据处理能力相对较弱、数据深层挖掘分析能力有待加强等问题。大数据时代的到来在为电力行业带来新的机遇的同时也带来了新的挑战。

(1)多数据融合的挑战。长期以来,以专业信息系统为主的建设导致电力生产各专业数据彼此孤立,形成信息孤岛。为破除信息孤岛的专业壁垒,需融合发、输、变、配、用等多专业数据,挖掘电力大数据深层互联互通的价值。

(2)数据质量和数据管控能力的挑战。数据质量的高低直接和数据管控能力的强弱直接影响了数据分析结果的准确性和实时性。目前电力行业数据在可获取的颗粒程度、数据的及时性、准确性均有提升空间,行业中缺乏系统的数据管控策略、组织和管控流程。

(3)大数据应用的挑战。目前对电力大数据的开发尚不充分,在服务地方经济发展、分析研判经济运行趋势等方面存在着较大的发展空间,对电力数据的深层挖掘分析有待加强。这就需要我们立足实际,加强数据基数研究,加大电力数据的应用,激活能源数据价值,全面支撑国网公司数字化转型与地方经济发展。

二、以数字化为导向的"电力看经济"体系优化与实践的主要做法

(一)创建数据融合管控制度,实现高效信息交互

公司依托发展部、营销部门、调控中心等,打造了一支由 8 名人员组成的数据

处理柔性专业团队机制，专业团队成员定期接受专业培训与学习，交流电力数据统计工作经验，更新完善统计要点。同时，构建行动迅速、定位明确、分工有序、管控有力的数据采集、分类、处理机制。营销部负责全市全行业售电量数据，调控中心负责对电厂用电信息进行收集、分类、审核工作。另外，建立重点企业电量随用随查机制，了解企业生产经营、产业发展规划、远景用电需求等情况。

按照“大数据、轻量化、多场景、微应用”工作原则，公司搭建“数据层—处理层—应用层”相结合的电力数据汇集、评审新体系。

1.整合电力数据“资源池”，实现数据标准化

公司以“指标＋维度”为载体，构建“大数据、标准化、多维度”的资源池，实现以轻量化的指标体系对海量数据的分类、抓取和应用，提升数据采集的效率和质量。

一是推进海量数据存储应用。遵循“全域数据管理”标准规范要求，抽取相关系统中的报表、分类等主数据和近十年的全部实际数据到中间库，进行指标化处理后存储到数据仓库中，同时生成指标数据到关系数据库，供应用系统访问。目前，已配置数据采集、分类指标与核算报表数据、业务数据等对应关系及计算关系 500 余条。

二是细化电力数据管理维度。为“资源池”指标增设用户类型、电能类型、行业分类、用电明细、电压等级等五类 20 项管理维度；增设往年数据、年度调整、实际完成等 10 种时间维度，快速实现数据引用、展示和对比分析，满足内外部管理需求，提高数据汇集、编审效率和数据质量(见图 1)。

三是构建电力指标体系。将数据需求与业务类型一一对应，共包含电量、最大负荷、同期电量、煤炭消耗量等数据，形成适用于各层级、各单位、各专业的“电力指标体系”，将电力指标与行业、企业经济增长相衔接，实现电力数据与经济发展指标、碳排放指标之间的融会贯通。

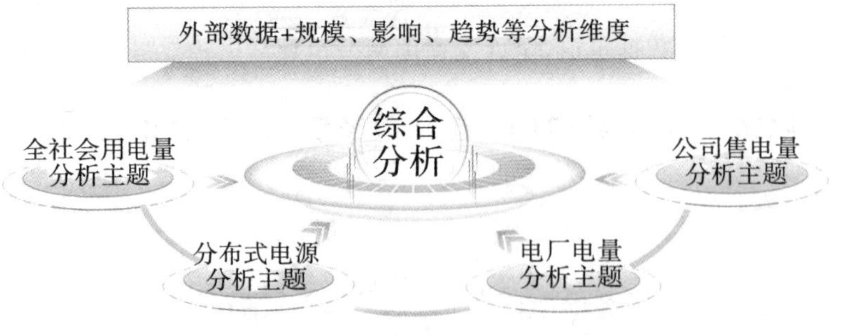

图 1 “电力资源池”数据一级分类

2.绘制电力数据“链路图”，实现流程清晰化

公司在纵向上打通线上通道，将问题数据反馈、数据回退等线下流转节点全部纳入线上管理，借助系统推送下发数据编报任务、稽核错误在线批量下发、审核错误数据“点对点”回退，在此过程中系统自动记录数据报表、指标数据流转修正轨迹，并作为考核支撑依据，督促各单位加快报表数据编制的进度和质量，实现了上对下电力数据管理的便捷高效。横向上串联业务部门内部之间的线上流程，将以往业务部门内部提报、审批过程以及业务部门向数据提报部门报送过程等线下流转节点全部线上化，实现了电力数据审批、提报等轨迹的线上可循(见图2)。

通过明确日常运行管理制度要求，公司实施上下联动、专业协同的定期例会、督导调研、信息周报等工作管控机制，及时协调推动滞后环节，为工作开展提供坚强保障和有力支撑，编制《“全社会用电量”日报送管理规范》《“全社会用电量”日报送验收方案》等文件。

图2　电力数据审核报送流程

3.建立数据质量“规范表”，促进数据规范化

公司编制实施方案，确保各项工作有力有序推进，制定工作计划、部署督导进度，研究决策相关重大事项。在实践中，组织编制了《菏泽“电力看经济”实施方案》，从以下三个方面对数据质量进行再提升。

(1)完整性。根据电力生产情况，对具有自备电厂的企业将自发自用电量及厂用电量纳入统计，并根据企业生产特性纳入行业分类。同时，通过营销抄表电量、电厂上报电量、企业平均电量进行核对，避免出现人为错误，或者由于表计安装不全导致数据失准，保证数据真实性。

(2)真实性。对疑似异常的数据，除了营销部门核查以外，还结合线损一体化系统、同期电量及环比电量进行比对，避免采集等原因导致的数据不能正常获取。

(3)时效性。政府相关部门，对时效性要求比较高，一是与政府建立数据定时报送机制，另一方面根据要求随时形成相关电量分析报告。

公司的电力数据规范方案如图3所示。

图 3　电力数据规范方案

（二）搭建电量平台，完成地区全社会电量日计算

平台紧跟大数据发展趋势，以海量的电力数据为基础，建立完善的数据获取机制。围绕数据价值发挥，开展多专业数据质量提升行动，明确工作职责界面，打破专业壁垒，整合分析跨专业、跨系统数据，深化核心业务数据纵向贯通、横向融合（见图 4）。

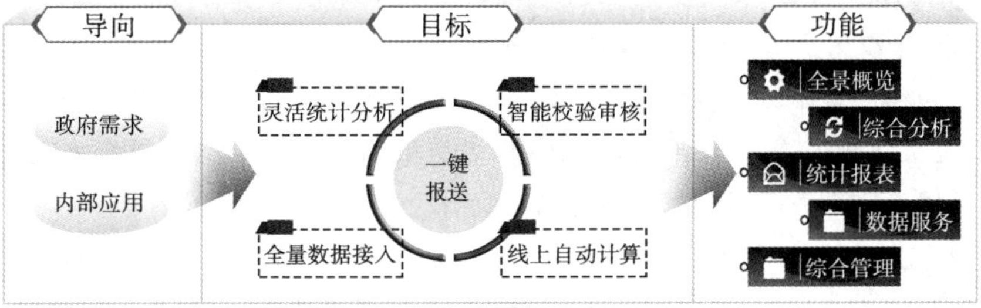

图 4　“全社会日电量”平台功能架构

1.整体架构：多专业数据汇集、内外网安全交互

全社会用电量数据产品底层数据来源于数据中台，涉及营销、调控、发展相关业务系统。产品横向与信息内网的统一权限、短信平台、数据质量平台进行集成，分别提供权限管理、短信服务和数据质量核查治理服务。产品通过信息内网短息平台以短息的方式及时将数据异常告警信息、数据审核通知、电量简报短信等告知对应的内外用户。同时，产品通过隔离装置与信息外网的数字化中心进行数据服务交互，同时，在数字化中心结合政府应用需求构建相应的数据应用，通过隔离装置＋政府专线的方式为统计局、发改委、工信厅等政府部门提供数据应用。

平台基于国网公司数据中台、云平台、数字化能力开放平台和数字化中心，以

“政府需求、内部应用”为导向，以实现全社会用电量数据“线上自动计算、灵活统计分析、智能校验审核、一键对外报送”为目标，统一规划平台架构，细化业务需求，明确功能模块，建成包含“全景概览、综合分析、统计报表、数据服务、综合管理”5个功能模块的全社会用电量数据产品，支撑省市公司业务部门灵活统计并分析应用全社会用电量数据，快速校验审核数据准确性，一键对外报送数据。

2.平台优势：保证数据质量，实现跨专业实时共享

（1）打破内部数据专业壁垒，实现数据信息共享

根据数据治理多部门协同、反复校验的特点，建立了以三级溯源理念（表溯源、关联关系溯源、业务逻辑溯源）为核心的数据治理“双循环”制度，即数据质量验证“大循环”、整改“小循环”。“大循环”即组织数据统计业务人员开展多轮次的数据质量验证及业务验证，统一验证标准，统一验证问题分类，明确填列要求，对应四个标准步骤固化SQL语句，力求验证准确、直接、快速；“小循环”即政府相关部门人员、各部门、系统运维人员三方针对特定问题进行内部循环式消化解决。大循环可保障问题发现到位，小循环可保障问题整改到位。

（2）加强业务数据校准审核，提升数据源端质量

为支撑数字化统计机制建设，菏泽公司开展电力数据新生态的建设，坚守统计职责使命，紧紧围绕菏泽公司改革发展大局与政府部门需求，按照“五统一”要求，整合数据资源，统筹部门力量，强化市县一体化管理，支撑市政府“突破菏泽，后来居上”政策，完善菏泽公司现代企业制度。充分发挥电力数据的发现、整改、预防功能作用，秉持“一汇、二审、三促进”理念，持续提升数据分析质量。充分应用“跨专业、跨单位、跨年度、跨层级”的数据分析优势，深入贯通“总体分析、分散核实、定期反馈、及时整改”的统计作业模式。

（3）利用数据分层处理技术，提高数据利用效率

菏泽公司构建起具备多种功能的结构化管理系统，提高电力信息收集、存储和利用效率。根据实际业务情况，利用大数据分层处理技术建立起系统之间的关联，实现跨组织、跨应用的信息资源共享，同时结合层次分析法、熵权物元法等数据分析方法，广泛应用大数据、物联网等新技术，满足电力大数据分析和计算的需求，进一步提升数据利用水平和业务运用水平，提高系统运行效率。

3.平台成果：满足细分行业电量日计算要求

平台目前能完成“T-1”全社会用电量日计算，打破以往全社会用电量只能按月计算的局限性，全面展示全社会用电量、全网发电量、外电入鲁电量、孤网电厂自发自用电量、孤网电厂综合厂用电量、售电量、线损率共7个全社会用电量关键指标及环比情况。以曲线图的形式展示全省近30天全社会用电量变化趋势，直观掌握近期电量增长或下降变化情况，单击下降或增长较大的某日数据，可探查

各行业电量变化情况。

“全社会日电量”平台能满足电力数据“分行业打开细分”“就相关走势进行研判”的要求，以《国民经济行业分类》(GB/T4754—2017)为标准，将区域内全社会电量细分至 20 个门类、97 个大类，形成“区域分行业电力数据中心”。

平台克服了原有日电量只能人工预测且无法看到细分行业的弊端，实现了全面反映经济发展情况、监测经济政策运行成效的目标，突破了以往全社会用电量只能按月汇总的传统局面，进一步推动了菏泽公司企业大脑等核心应用建设，有力支撑了企业各项业务发展。一方面，菏泽公司“区域分行业电力数据中心”相关业务的发展，让政府能借助电力大数据分析经济运行趋势，促进全面复工复产复市复业，服务疫情防控和社会经济发展；另一方面，它为下一步与政府部门、行业上下游企业的合作，推出包含“电力消费指数”“行业动能指数”“区域协调发展指数”等电力大数据产品，深入挖掘电力数据价值打下坚实基础。

（三）主动服务政府相关部门，构建电力复工复产指数

1.主动对接政府相关部门，开展经济运行分析

电力大数据为科学研判区域、行业及全市经济运行态势提供了科学、精准、翔实的重要参考，为市委、市政府相关部门科学决策提供了重要支撑。近年来，菏泽公司主动对接政府相关部门，结合各级政府电力数据需求意向，统筹地区发展规划和相关政策要求，以数据价值化、业务智能化、服务定制化为工作目标，构建数字化产品开放体系，开发了“电力看经济”等一系列数据服务产品，服务于城市数字化管理，支撑着政府科学决策（见图 5）。

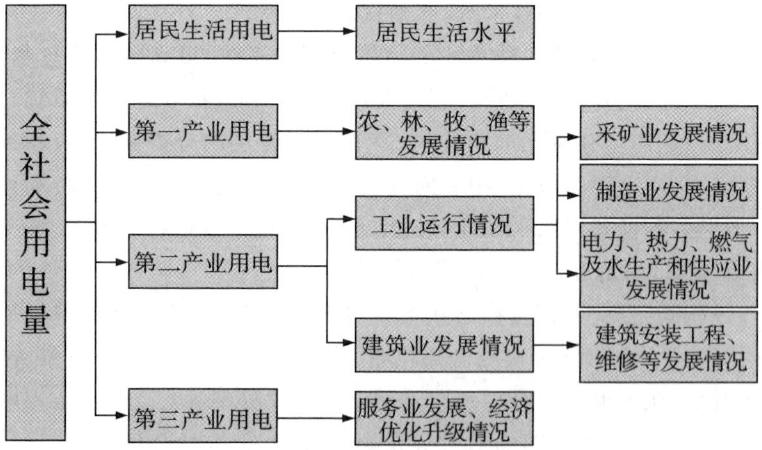

图 5　全社会用电量分析

菏泽公司持续加大与政府的沟通协调力度，适应新形势，谋划新思路。一是主动对接政府部门，建立电力复工复产指数，每日完成重点行业、重点企业复工复产监测，并建立疫情期间电量数据5天一分析的政企联动机制，支撑相关部门紧密跟踪电量走势并开展数据分析和研判，得到工信局等政府部门的肯定和感谢。二是开展产业数据深度挖掘，形成基于电力视角的经济分析报告，为政府部门提供数据支撑与决策依据。按月完成《菏泽市用电情况分析》，最大限度地发挥电力数据在经济趋势分析、产业结构分析等各方面的重要作用。

2.构建电力复工复产指数，助力经济恢复重振

菏泽公司出台做好疫情防控、全力服务建设、助推企业复产复工举措，结合菏泽的实际情况，助力企业复工复产，为菏泽经济发展注入了"强心剂"。

疫情防控期间，公司主动了解市政府需求，开展企业复工生产情况分析和电力大数据分析(见表1)，为地方政府指导各类企业有序复工提供了数据支撑，精准助力地方政府做好复工生产安排和经济形势研判。

电力复工复产指数以用电量为基础，参考不同行业、企业之间规模、能耗等之间的差异，选取当日用电量与月均用电量的差值作为判断条件，如果当日用电量大于月均用电量的30%及以上，将企业纳入复工清单，并以行业日用电量与月均用电量比值作为复产情况的重要参考。

在配合政府做好复工复产工作中，企业复工电力指数派上了大用场。这个指数能动态监测、精准分析各区域、各行业由点及面的复工复产情况，为政府分析核实企业复工情况提供数据支撑，及时有效防控疫情风险，也能够为政府制定复工复产及疫情防控决策提供辅助。

表1　×月××日菏泽市复工复产情况分析

单位：户，万千瓦时

序号	重点监测行业	基本情况			企业复工情况(用电量超过本企业本月日均用电量30%)		企业复产情况	
		10kV及以上用电客户数	2022年×月企业日均用电量		复工企业户数	企业复工率	当日10kV及以上企业用电量	企业复产率
			10kV及以上用户总用电量	10kV及以上用户日均用电量				
1	纺织业	789	15172.86	505.76	619	78.45%	455.67	90.10%
2	化学原料和化学制品制造业	326	13830.02	461.00	267	81.90%	447.53	97.08%

续表

<table>
<tr><th rowspan="3">序号</th><th rowspan="3">重点监测行业</th><th colspan="3">基本情况</th><th colspan="2">企业复工情况（用电量超过本企业本月日均用电量30%）</th><th colspan="2">企业复产情况</th></tr>
<tr><th rowspan="2">10kV及以上用电客户数</th><th colspan="2">2022年×月企业日均用电量</th><th rowspan="2">复工企业户数</th><th rowspan="2">企业复工率</th><th rowspan="2">当日10kV及以上企业用电量</th><th rowspan="2">企业复产率</th></tr>
<tr><th>10kV及以上用户总用电量</th><th>10kV及以上用户日均用电量</th></tr>
<tr><td>3</td><td>医药制造业</td><td>196</td><td>2885.59</td><td>96.19</td><td>168</td><td>85.71%</td><td>146.43</td><td>152.23%</td></tr>
<tr><td>4</td><td>非金属矿物制品业</td><td>1337</td><td>11419.65</td><td>380.66</td><td>961</td><td>71.88%</td><td>357.35</td><td>93.88%</td></tr>
<tr><td>5</td><td>金属制品业</td><td>389</td><td>2769.90</td><td>92.33</td><td>319</td><td>82.01%</td><td>68.57</td><td>74.27%</td></tr>
<tr><td>6</td><td>通用设备制造业</td><td>129</td><td>445.48</td><td>14.85</td><td>105</td><td>81.40%</td><td>14.91</td><td>100.41%</td></tr>
<tr><td>7</td><td>专用设备制造业</td><td>104</td><td>449.88</td><td>15.00</td><td>85</td><td>81.73%</td><td>19.48</td><td>129.91%</td></tr>
<tr><td>8</td><td>电气机械和器材制造业</td><td>86</td><td>693.13</td><td>23.10</td><td>68</td><td>79.07%</td><td>14.60</td><td>63.20%</td></tr>
</table>

同时，菏泽公司把社会责任作为广大党员践行初心使命的大战场、大考场。确保电网安全稳定运行，用电力大数据支撑政府决策部署，保障全市防控工作重要区域、重要用户、重点工程用电接电，以实际行动践行“人民电业为人民”企业宗旨。

(四)构建电力经济数据模型，开展电力经济预测

“电力看经济”主要是基于相关经济与统计学理论和方法，结合电力数据进行实证分析，进而用来观测和研判宏观经济波动等。开展经济增长与电力消费关系研究，可以对宏观经济、电力消费发展的运行状况进行量化描述及预测，从而自其变化趋势和数值上来反映经济周期的波动情况。为进一步发挥“电力看经济”的引领示范作用，公司以菏泽市真实数据展开电力与经济关联性研究。

1.电力经济数据关联模型建立

采用基于电力-经济生产函数的全社会电量预测算法从宏观的角度分析电量和经济的相关性，可以更加全面地预测全社会用电量。经济与电力研究体系如图

6 所示。

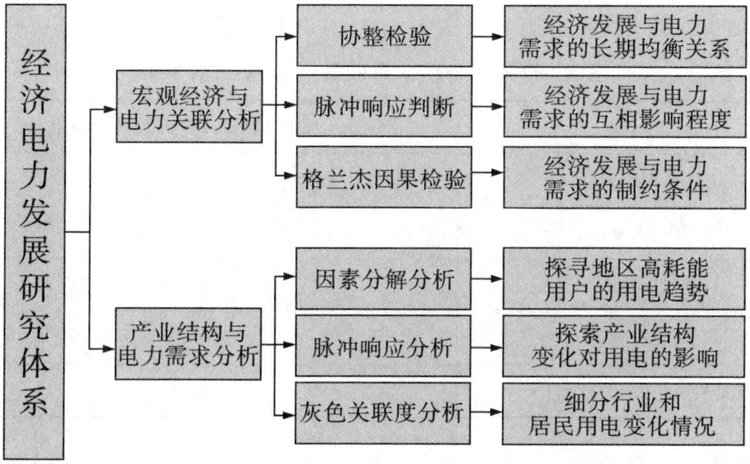

图 6　经济与电力研究体系

生产函数法的最大优势在于建立在增长理论之上，能全面考虑要素对经济增长的贡献度、要素利用程度和技术进步的影响。生产函数有三方面的政策意义：

(1)生产函数法能够充分体现潜在产出供给方面的特征，且简单可行。

(2)利用生产函数法得到的投入与产出模型能够清晰地反映由于经济增长而导致的投入增长模式的变化。

(3)利用生产函数所反映的投入与产出之间的定量关系可对中长期潜在产出增速及增长进行预测，从而为未来政策的改革方向提供建议。

“电力看经济”的逻辑示意图见图 7。

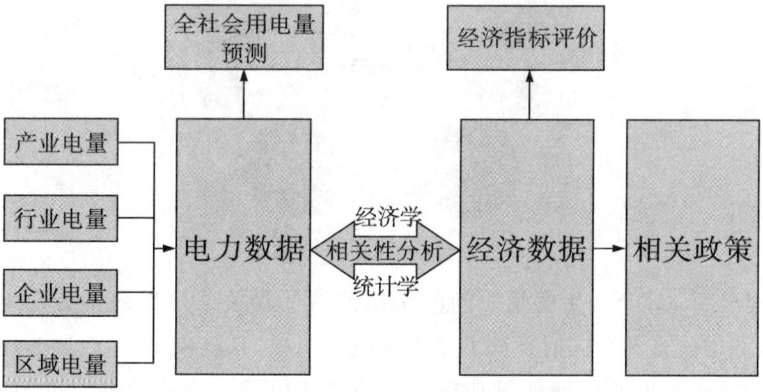

图 7　“电力看经济”的逻辑示意图

2.基于电力数据的经济分析和预测

图 9 统计了 2004 年以来菏泽市全社会用电量及各产业用电情况，结合政府部门公开的 GDP 数据，采用上文模型求得 GDP 与各类用电量关系。

表 1　菏泽市各产业用电量与 GDP 关联系数

产业分类	用电量与 GDP 的相关性系数
全社会用电总计	0.9987
第一产业	0.5954
第二产业	0.9940
第三产业	0.9728
城乡居民生活用电合计	0.9924

从整体看，GDP 与全社会用电量关联系数为 0.9987，二者关联极其密切，基本完全处于正相关关系。

分产业来看，第一产业用电量与 GDP 相关性系数为 0.5954，相对其他产业与 GDP 关联度较小；第二产业用电量、居民生活用电量与 GDP 相关性系数分别为 0.9940、0.9924，具有较高的关联度。

事实上，除了总的相关性外，二者之间还受到很多因素的影响，如地区所处社会地位、地理环境、耗能产业结构、经济发展水平、地区人口面积等(见图 8)。

图 8　GDP 与用电之间的关系

经过分析，GDP 与用电量之间的正相关的基本关系短期内不会发生重大改变，即经济增长必然会同时伴随着更多的电力消耗，且整体来看，目前暂时不存在能够使经济水平提升但能耗量却在下降的产业模式。从数学上来讲，对于 GDP 与用电量存在高度正相关关系，能够满足通过电力数据开展经济运行情况分析的条件。

根据以上模型可预测2023～2025年用电量，根据预测，菏泽市全社会用电量将于2024年突破305亿千瓦时，到“十四五”末达到约334亿千瓦时。

根据以上模型预测的结果是：预计2023年菏泽市GDP突破4426亿元，到“十四五”末达到约4894亿元（见表2）。

表2 “十四五”期间菏泽市GDP预测

单位：亿元

时间	GDP	第一产业	第二产业	第三产业
2023年	4426.22	419.17	1928.5	2078.55
2024年	4660.54	444.15	2002.17	2214.22
2025年	4894.86	469.13	2075.84	2349.89

三、以数字化为导向的“电力看经济”体系优化与实践的实施效果

公司以“电力看经济”体系的优化与实践为目标，聚焦能源转型与数字化发展新趋势，以数据全量汇聚为抓手，以电力大数据赋能为核心，充分挖掘电力大数据深层价值，围绕服务地方经济发展、完成“双碳”目标、构建新型电力系统等丰富了电力数据服务应用场景，在支撑公司科学决策、支持政府精准管理和助力公共高效服务等方面起到了重要作用，为建设具有中国特色的、国际领先的能源互联网企业、构建“数字国网”贡献了菏泽力量。

（一）促进专业融合，助力数字化转型

一是打破了业务数据壁垒。通过电力、经济等多数据深度融合、智能分析和价值挖掘，发挥了“集众智、汇众力”作用，整合内外部优质资源，优化电力数据运营方式，完成调度专业电量表单5张，营销专业电量表单15张，发展专业电量表单4张，为开展疑点分析、趋势分析、多维分析提供了必要条件。根据管理范围、管理职责不同，公司配置合理的数据共享权限，推动数据共享应用，实现核心数据集成，提高业务管控能力和资源配置水平，实现了营销、调度、发展、数字化数据信息共享，解决了以往工作数据不贯通的问题，优化了专业数据获取流程，提升了工作效率。

二是建立了数据质量治理机制。强化数据质量管理工具支撑，做到了数据状态可感知、数据使用可追溯、数据责任可落实。通过分解任务、细化目标、加强应

用,围绕电力大数据打造了数字新模式与新产品,助力省公司构建了“电力看经济”数字应用平台,促进了菏泽公司提质增效工作。

三是推动了企业数字化转型。建立“区域分行业电力数据中心”,进一步推动菏泽公司企业大脑等核心应用建设,拓宽数据应用范围,发挥电力数据赋能发展的乘数效应,打造电力数字经济新产品、新业态、新模式,提高资源配置和服务支撑能力,培育增长新动能,实现了业务规模扩大、投资效率提高、盈利能力提升。企业数字化转型助力了菏泽公司增强核心竞争力,围绕电力大数据打造产业生态,驱动传统电网向能源互联网升级,促进企业战略目标的实现。

(二)精准靶向监测,助力企业效益提升

一是加强负荷控制和管理,减少了企业损失。根据用户的用电量、分时电价、天气预报以及建筑物里的供暖特性等进行综合分析,确定最优运行和负荷控制计划,对集中负荷及部分工厂用电负荷进行监视、管理和控制,并通过合理的电价结构引导用户转移负荷,达到降低电量损耗、提升电网稳定性的目的。与此同时,电力大数据的应用对于反窃电、堵塞计量装置差错等具有较强的指导意义。2023年以来,利用大数据开展反窃查违嫌疑用户分析,为公司带来超过29万元的直接经济效益。二是助力了工业平稳运行。建立起疫情期间企业复工复产日监测的制度,聚焦重点企业、重点行业、重点区域,进一步加大工作力度,支撑政府相关部门精准、稳妥、有序地推动复工复产。尤其是帮助和支持中小企业渡过难关,让这些企业不掉线、不断流。菏泽市2022年8月份工业电量较去年同期下降1.43亿千瓦时,同比下降9.82%,在疫情的有效防控和精准帮扶推动下,9月份以来的工业售电量已追上去年同期,2023年1～7月份用电量已同比增加11.9亿千瓦时,增幅13.57%,成效显著,提升了公司的经济效益。

(三)深挖数据价值,助推社会发展

一是建立政企联动机制,支持了政府科学决策。发挥“电力看经济”各项成果的实践作用,分析电力经济指数,进一步挖掘电力大数据价值,穿透性地分析用电数据变化后面的原因,提升了电力大数据的政用、商用和民用效能。公司主动对接政府部门,建立了政企联动机制,疫情期间坚持“企业复工复产每日一监测、工业运行五日一分析”,向地方政府报送《菏泽市用电情况分析》《×月1日～×日工业电量情况的报告》《电力数据助力乡村振兴》等报告50余份,最大限度地发挥了电力数据在经济趋势分析、产业结构分析等各方面的重要作用,为政府在产业调整、经济调控等方面进行科学决策提供了依据,得到了工信局等政府部门的肯定和感谢。二是精准锁定了困境企业,带动关联企业、上下游企业、中小微企业共同发展，依据加快经济恢复发展若干政策，着力帮助近几年受疫情等影响而致生产经营困难的企业，破解企业在原材料供应、产品生产、物流运输、资金保障等方面遇到的问题，不失时机地畅通产业循环、市场循环、经济社会循环。目前，公司重点关注和帮扶的 40 家企业基本都完成复工复产，提供就业岗位超过 450 个。

成果创造人员：张　磊　荆树志　刘效斌　王　洋　宋红贺　徐　珂　李泽鹏

基于5G智慧专网"直采直控"低压分布式柔性调控管理

国网山东省电力公司青州市供电公司

摘要：针对如何最大化发挥低压分布式光伏绿色发电优势，最大限度地减少配网安全运行中的负面影响，国网山东省电力公司青州市供电公司以推广整县分布式光伏工作为抓手，政企联合搭台，明确低压分布式光伏开发原则，系统评估电网承载力，优化低压分布式光伏并网流程，大力开展低压分布式光伏5G接入调控主站工作，重点创建分级监控柔性全场景体系，打通低压分布式光伏与主网调度全信息监控渠道，运用5G技术，构建新型电力系统智慧调控体系，实现了低压分布式光伏"直采直控"柔性调控管理新模式。通过整合"电站—配变—馈线—台区"分层级控制能力，优化响应机制，科学规划负荷预测，实现了低压分布式柔性管理，进一步提升分布式光伏消纳能力。将低压分布式光伏纳入日常调度管理，开展24小时运行监控，确保分布式光伏运行工作的安全有序开展，引导分布式光伏有序解并网，提升低压分布式光伏有功控制自动化水平，加强电网低谷消纳和高峰供应能力，确保有源配网安全运行。

国网山东省电力公司青州市供电公司（以下简称"青州公司"）现有员工1094人，担负着青州市13个镇街（开发区）的供电经营与服务任务，下设12处乡镇供电所。青州公司设置9个职能部门：办公室（党委办公室）、发展建设部、财务资产部、安全监察部（保卫部、应急管理部）、党委组织部（人力资源部）、党委党建部（党委宣传部、工会、纪委办公室、团委）、电力调度控制分中心、运维检修部和市场营销部。青州公司设置5个业务支撑和实施机构：综合服务中心、物资供应分中心、输配电运检中心、变电运检中心和城区供电中心。青州电网是国家特高压电网的重要承接地，是山东省"西电东送"的重要枢纽。青州境内拥有扎鲁特—青州±800千伏特高压换流站1座、500千伏变电站1座、220千伏变电站4座、110千伏变电站18座、35千伏变电站15座，变电总容量361.22万千伏安；拥有220千伏及以上输电线路40条、660千米，110千伏线路33条、411千米，35千伏线路34条、325千米，10千伏配电线路242条、3041千米。2022年，青州公司完成售电量47.55亿千瓦时、同比增长1.3%；主业收入29.42亿元、内部利润1.1亿元；综合线损率完成2.5%。青州公司先后被授予国网公司先进集体、国网公司文明单位、国网公司新农村电气化建设先进单位、全国模范职工之家、山东省富民兴鲁劳动奖状、国网山东省电力公司先进单位、国网山东省电力公司基层党组织、山东省劳动关系和谐企业等称号。2022年，青州公司荣获"国网山东省电力公司先进单位"，夺取市公司年度业绩考核"四连冠"。

一、基于5G智慧专网"直采直控"低压分布式柔性调控管理的实施背景

（一）实施"直采直控"低压分布式柔性调控管理是贯彻国家新能源发展战略的必然要求

2021年6月20日，国家能源局下发《关于报送整县（市、区）屋顶分布式光伏开发试点方案的通知》，为加快推进屋顶分布式光伏发展，在全国组织开展整县（市、区）推进屋顶分布式光伏开发试点工作，国家新能源发展战略已将实现"碳达峰、碳中和"作为目标，这是以习近平同志为核心的党中央统筹国内国际两个大局作出的重大战略决策，是一场广泛而深刻的经济社会系统性变革，明确了我国实现双碳目标的时间表、路线图。在"双碳"刺激效应下，低压分布式光伏产业蓬勃发展。推动低压分布式光伏"直采直控"柔性调控管理，实现低压分布式光伏"可观、可测、可调、可控"，确保有源配电网安全稳定运行，是贯彻党中央"碳达峰、碳中和"重大战略、响应构建以新能源为主体的新型电力系统重大决策要求的重要举措，对于加快生态文明建设、保障国家能源安全、构建新发展格局具有重大意义。

（二）实施"直采直控"低压分布式柔性调控管理是实现电力行业有源配网"全景感知"发展的必由之路

国家电网公司提出了"一体四翼"的工作要求，同时围绕"推动绿色低碳发展，建设能源强国"作出了一系列具体部署，着重强调处理好能源安全与转型发展问题。低压分布式光伏发展已成为电力行业的新兴亮点，成为实现碳达峰碳中和目标和落实乡村振兴战略的重要力量。截至2022年山东全省分布式光伏用户达66.8万户，较2021年年底增长33.6%，各类光伏并网装机容量达2896万千瓦，居

全国第一。随着分布式能源大量接入配网，传统的电网形态由无源网络变为有源网络，目前有源配网测手段有限，低压分布式光伏调控管理处于“盲区”，无法有效地监测有源配电网的暂态信息。低压分布式光伏并网流程尚不完善，不利于开展低压分布式光伏接入对配网安全影响的定量分析。因此，健全低压分布式光伏“直采直控”柔性调控管理机制，是发展有源配网“全景感知”的必由之路。

（三）实施“直采直控”低压分布式柔性调控管理是保障电网安全运行的迫切需要

随着青州整县分布式光伏的发展，一些问题和隐患暴露出来。高比例低压分布式光伏的并网，导致电网稳定性下降并且无法适应电网建设进度，目前对低压分布式光伏无法直接进行柔性调控，导致线路出现重载、过载甚至倒供问题。电网运行风险增加主要表现在五个方面：在配网潮流由单向转为双向过程中，配电网承载能力的分析计算缺乏统一的方法和标准，规划理念和方法需要调整；大量电力电子装置注入高频谐波，光伏超发电压越限，集中连片开发造成反向重过载，对台区供电质量造成较大影响；分布式光伏发电大规模消纳也需要在更大范围内统筹，以实现供需平衡；低压分布式光伏处于盲调状态，必然影响负荷预测和潮流调配，使调度人员无法精准制定和实施消纳调峰措施；低压分布式光伏出力随机性对电网安全稳定运行带来挑战，有必要对其监控、引导有序消纳。完善低压分布式光伏“直采直控”柔性调控管理是保障电网安全运行的迫切需要。

二、基于 5G 智慧专网“直采直控”低压分布式柔性调控管理的主要做法

（一）政企联合搭建管控平台，明确低压分布式光伏发展原则

1.政企联合搭台，营造优质营商环境

为助力国家“双碳”行动与乡村振兴战略落地，青州公司聚焦整县（市、区）屋顶分布式光伏开发，充分发挥对低压分布式光伏发展过程中的规划引导作用，编制完成分布式光伏有序解并网方案，联合发展部积极上报政府相关部门。统筹研究低压分布式光伏产业发展潜力，细化分布式光伏产业发展原则，制定整县分布式光伏开发指导办法和实施方案。营造有利于整县推进工作的良好政策和营商环境，尽最大可能减轻投资开发企业负担，构建“政府搭台、电网引领、社会参与、多方共赢”的新能源服务生态圈。

2.明确发展原则，推动低压分布式光伏有序发展

为全面落实国家能源局关于分布式光伏并网“应接尽接”的相关要求，青州公司积极与政府沟通交换意见，明确制定整区屋顶分布式光伏建设与管理原则，全面确保新能源产业科学有序发展。坚持规划引导，实现合作共赢。充分发挥电力公司作为大型央企责任担当，精准预测用户需求侧负荷变动，系统地评估青州电网“变电站—配电线路—台区”的承载力，配合政府做好屋顶分布式光伏规划布点、并网接入、运维调度等工作，着力推动企业效益最大化、电网投资精益化，建立多方互利共赢的发展格局；坚持全额消纳，兼顾电网安全。为提高低压分布式光伏占比，在保证电网安全、可靠的基础上，积极挖掘用户侧互动消纳潜力，建立网源协调机制，推动电网从“源随荷动”向“源荷互动”转变，以低压分布式光伏优先并网机制引导社会资本向新能源产业倾斜，着力打造低压分布式光伏“直采直控”调控管理应用场景，提升清洁能源消纳能力；坚持有序推进，保障持续发展。基于当前电网结构及用电负荷现状，按照“电网规划引领发展、示范工程支撑发展、行动计划落实发展”的总体思路，引导分布式光伏均衡布局、有序推进，实现低压分布式光伏“‘站—配变—馈线—台区’分层级”并网接入，提高电网调控精益化管理水平，引导区域新型电力系统建设，保障清洁能源可持续发展。

（二）系统评估电网承载力优化分布式光伏并网

截至2022年年底，青州光伏总装机容量已达到29.95万千瓦，“十四五”期间预计新增装机35万千瓦，到“十四五”末青州光伏总装机容量预计将达到64.95万千瓦。这就对电网的负荷预测、电源转供、检修管理、无功补偿、电压质量等带来了巨大挑战。如何精准实施柔性调度，促进分布式光伏就近消纳和全网电力平衡，确保电力系统安全运行，成为做好低压分布式光伏并网运行工作的重中之重。

青州公司积极响应整区屋顶分布式光伏产业发展，严格按照《分布式电源接入电网承载力评估导则》(DL/T 2041—2019)能源行业标准的相关要求，结合实际情况，按照“分区分层”原则，从总体到局部、从高压到低压，按供电区域和电压等级开展工作，系统地评估各分区各电压等级的分布式电源接入电网承载力，保障电网安全稳定运行和分布式电源全额消纳，促进分布式电源健康有序发展。一是细化、明确承载力分析原则。电网承载力估算等级是根据“分区分层”估算结果确定，估算等级由高到低分别为Ⅰ、Ⅱ、Ⅲ级；确定估算等级应局部服从总体，上一级电网估算等级高于下一级电网时，估算等级应该以上一级电网为准；若估算区域短路电流、电压偏差、谐波校核有一项不通过时，其相应的估算等级应该为Ⅰ级。二是梳理制定承载力分析流程。基于分布式光伏发电“就地就近”消纳要求，

在不向 220 千伏电网反送电的前提下，开展区域电网线路热稳定计算，确定待估算区域反向负载率及可新增分布式电源容量，经短路电流和电压偏差校核通过后，即可确定为可新增分布式电源容量结果。三是动态公示光伏可接入容量。健全新能源系统并网规范，定期（逐月、逐季）统计 33 座变电站以及 10 千伏线路光伏可容纳容量，建立分布式光伏可开放容量发布机制，配合政府科学有序规划整区屋顶分布式光伏布点，如表 1、表 2 所示。

表 1　2022 年 6 月份青州市公用变电站可开放容量信息明细表

单位：千伏安、兆伏安

序号	变电站名称	变电站电压等级（千伏）	变电站出线电压等级（千伏）	主变数量	主变容量	用电报装主变可开放容量	分布式电源主变可开放容量
1	东坝站	110	110/35/10	3	130	41	116
2	后寺站	110	110/35/10	3	163	49	138
3	孟家站	110	110/35/10	2	103	37	93
4	猩山站	110	110/35/10	2	126	50	108
5	沈家站	110	110/35/10	2	100	26	80
6	时代站	110	110/10	2	80	0	65
7	桃园站	110	110/35/10	2	126	74	94
8	兴旺站	110	110/35/10	2	126	26	118
9	徐集站	110	110/35/10	2	81.5	17	66
10	尧王山站	110	110/10	2	80	6	76
11	益都站	110	110/35/10	2	113	32	101
12	云门山站	110	110/35/10	2	90	0	90
13	双庙站	110	110/10	2	100	35	80
14	贯店站	110	110/10	2	100	59	86
15	普通站	110	110/10	1	63	39	42
16	谭坊站	110	110/10	2	100	58	81
17	郑母站	110	110/10	2	100	49	83
18	昭德站	110	110/10	2	126	66	109
19	东高站	35	35/10	2	32.5	5	25

续表

序号	变电站名称	变电站电压等级（千伏）	变电站出线电压等级（千伏）	主变数量	主变容量	用电报装主变可开放容量	分布式电源主变可开放容量
20	高柳站	35	35/10	2	16	2	14
21	何官站	35	35/10	2	26.3	9	21
	……	……	……	……	……	……	……
	……	……	……	……	……	……	……

表 2　2022 年 6 月份青州市 10 千伏线路分布式电源可开放容量信息明细表

单位：千伏安、兆伏安

序号	变电站名称	开关编号	线路名称	额定电流值	最大电流值	最大反向负载率	分布式电源可开放容量
1	益都站	013	10kV 蚕场线	445	259	0%	6616
2	益都站	014	10kV 云门线	515	276	0%	8608
3	益都站	015	10kV 宋城线	515	297	0%	8383
4	益都站	016	10kV 康屯线	600	118	0%	8643
5	益都站	022	10kV 柳沟线	445	171	−38%	3256
6	益都站	023	10kV 孟家线	600	148	0%	8660
7	益都站	025	10kV 玲珑线	515	512	0%	9561
8	益都站	026	10kV 冷藏线	515	146	0%	7586
9	益都站	027	10kV 瓜市线	600	368	0%	9630
10	益都站	030	10kV 七里线	515	496	−31%	6876
11	益都站	031	10kV 烟草线	515	430	−20%	6963
12	益都站	033	10kV 复烤线	515	322	0%	8175
13	云门山站	012	10kV 城东线	600	337	0%	9266
14	云门山站	014	10kV 城里线	429	413	0%	7590
15	云门山站	016	10kV 城南线	600	388	−3%	8043
16	云门山站	017	10kV 云河线	515	205	0%	7707
17	云门山站	018	10kV 云泰线	600	353	0%	10912

续表

序号	变电站名称	开关编号	线路名称	额定电流值	最大电流值	最大反向负载率	分布式电源可开放容量
18	云门山站	019	10kV 角楼线	415	204	−8%	5147
19	云门山站	023	10kV 东夷线	600	255	0%	8989
20	云门山站	027	10kV 东门线	515	302	0%	8106
21	云门山站	029	10kV 朝阳线	429	413	0%	7434
22	云门山站	031	10kV 城西线	429	270	0%	6758
23	尧王山站	011	10kV 南阳线	515	353	0%	8088
	……	……	……	……	……	……	……
	……	……	……	……	……	……	……

（三）创建分级监控全场景柔性体系

基于 5G 电力专网特点，青州公司探索出低压分布式光伏“直采直控”柔性调控管理解决方案，采用低成本的多合一终端，降低了并网门槛，并通过推行多频立体组网叠加软硬切片的网络方案，打造生产调度、运维管理两张网络。通过汇聚而来的业务数据打造而成的智能化管理应用系统，如图 1 所示。

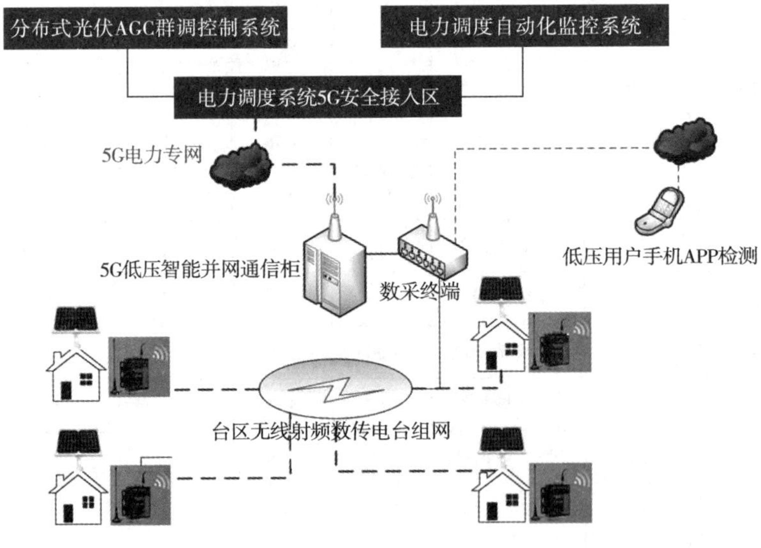

图 1　低压分布式光伏“直采直控”低压分布式柔性调控管理

1.首创"一图两案四可全接入"低压分布式光伏接入画面

建设分布式光伏监测图形画面，数据全覆盖6300余户低压分布式光伏，有序开展分布式光伏接网工作，对低压分布式光伏进行全景监控。建立变电站、线路、台区、低压分布式光伏监控机制，将因低压分布式光伏造成的过电压、重过载、超容等业务融入日常业务监测，统筹发（用）电时间、负荷情况、天气状况等影响因素，准确诊断异常原因。青州公司依托5G智慧电力专网建设，将运行数据实时传递到统一调度信息化平台，给电网消纳、管理分布式发电提供技术支撑，确保有源配网安全稳定运行。

2.建立"电站—配变—馈线—台区"分层级监控体系

青州公司依托华为、联通等公司的公关团队，依据智能融合终端，确定采用"配台协同、台区自制"的思路，建立"电站—配变—馈线—台区"分层级监控体系，配网调度仅向台区下发调度指令，台区智能终端自主将总指令分解下发至各低压光伏并将运行信息实时上传至调度系统，实现低压分布式光伏进行分层级监控管理。攻关团队制定了指令分解策略，充分考虑到各低压分布式光伏接收调节的公平性，尽可能平衡各低压分布式光伏受调节的可能性，并且在满足调度控制目标的基础上完善分布式光伏功率采集、远程控制技术措施，电网容量备用不足或其他原因需要调峰时，各区域内所辖分布式光伏按照电力调度机构指令有序上网消纳。青州公司以5G电力专网接入精准监控，实现分布式光伏24小时低压分布式光伏"直采直控"管理新模式，提高有源配网安全运行（如图2所示）。

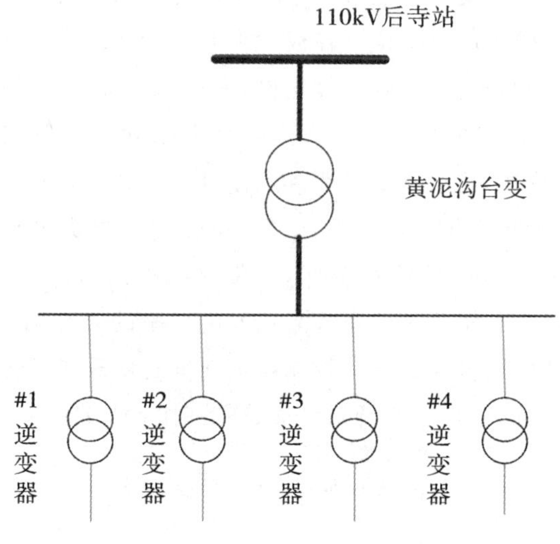

图2 "电站—配变—馈线—台区"分层级监控

3.打造“分布式光伏有序解并网表”指导自主安全调峰

青州公司优化低压分布式光伏消纳调峰措施，优先保障电网安全约束、民生供热，安排具备调度端功率控制功能的分布式光伏场站，自动接收并执行电力调度机构指令曲线，以“分布式光伏有序解并网表”作为常规调整手段满足新能源消纳或电网调节需求时的必要补充手段。电力调度机构单独编制春节等假期期间新能源发电消纳困难时分布式光伏消纳调峰措施。

（四）采用“直采直控”破解低压布式光伏柔性调节

青州公司坚持“统筹发力力争缺口小点，精准施策确保影响小点”总基调，探索低压分布式光伏直采直控路径，破解分布式光伏大量并网带来的柔性调控难题。

基于5G电力专网的特点，青州公司打造了“直采直控”低压分布式光伏柔性调控管理解决方案，采用低成本的多合一终端，降低了并网门槛。通过推行多频立体组网叠加软硬切片的网络方案，打造生产调度、运维管理两张网络。打造智能化的应用系统，助力分布式光伏发展。生产调度网通过高安全的5G硬切片接入国网生产控制大区；对带宽、时延要求更高的无人机巡检、AR眼镜等运维业务，通过5G软切片平衡成本和性能。

青州公司联合华为、联通公司自主研发了全国首款多合一5G并网终端，集5G模组、纵向加密、远动机、AGC于一体，依靠单一设备即可实现分布式光伏全要素“可观、可测、可调、可控”。通过5G多合一终端，235个站点接入调度系统，可调控容量同比增加196%，削峰填谷成效明显，电网稳定性大大提高。同时使用900、2.1、3.5三个频段进行混合立体组网，实现了一套广域基站覆盖、两张虚拟专网，为确保5G多合一并网终端运行稳定，青州公司率先使用了三维电子沙盘叠加射线追踪仿真算法，能够批量对业务点位、网络KPI进行评估，将站点勘测时间减少90%，一次上线成功率提升至75%。将分布式光伏按照每一个逆变器拆分成无数块碎片，需要50%就接入50%，需要70%就接入70%，彻底改变以往只能“0”或“1”接入的局面，实现了分布式光伏发电功率的柔性调节。另外，通过5G专网接入电力调度系统，分布式光伏控制响应时间也实现了从分钟级到毫秒级的飞跃，控制敏感性更强，实现了全场景全面感知和柔性化调控。

（五）优化响应机制，科学规划负荷预测安全消纳

1.提炼区域化负荷预警

青州公司将青州电网划分为9个区域，又将每个大区域划分成若干小网格，

每个网格内包含多个分布式光伏，将网格内的分布式光伏日功率曲线作为一个最小分析单元研究，并基于调度自动化系统、营销 MIS 系统以及对发电实时数据、气象数据的研究，编制分布式光伏分域安全预警图，作为负荷调整的参考依据。

在低压分布式光伏“区域化”群调群控的基础上，青州公司积极协调多方力量支持，整合分析分布式光伏接入类型、电网承受能力、可控负荷范围、储能建设情况，掌握基础现状、可控范围、可调资源，以“精细化”负荷预测、光伏监测、储能调配实现对分布式光伏有源电网、光伏厂站、多源混合等领域协同控制，探索电网源网荷储柔性调度模式，实现了电网从单一的“源随荷动”模式向“源荷互动”、荷网互动的模式转变，从传统的“网源”刚性调度向“源网荷储”柔性调度转变，提升了低压分布式光伏的安全稳定运行水平。

2.精准预测，提高监测的精细化水平

针对当前分布式电源发电预测不准确和功能不具备的问题，青州公司全面提高电网精细化监测水平。首先，参考分布式光伏历史数据，优化完善分布式电源短期功率预测模型，提高部分组件故障条件下的监测精度，根据实时监测分布式光伏发电出力的变化情况判断光伏设备运行状况，并及时通知用户对光伏设备进行维护消缺；其次，根据分布式电源的所处位置和地理条件，部署微气象装置，建立区域微气象测量和预报系统，获取局地适应性的多源气象数据，在线滚动优化功率预测模型，分析 10kV 线路发电随季节、天气变化的发电特性及线路负荷特性。总结典型线路一年四季分布式电源发电特性、负荷特性，以及晴天、阴天、雨天、白天等不同天气和时段的发电特性、负荷特性。对典型线路发电特性与负荷特性进行分析，对分布式实际功率进行频率分布特性、功率变化分布特性进行分析，为调度方式安排、电量预测及计划安排提供重要数据支撑。同时，基于发电功率数据监测分析天气变化对分布式光伏发电出力的影响，为优化调控、提高分布式电源消纳水平提供可靠依据。

（六）搭建分布式光伏并网管理“一站式”服务窗口

青州公司围绕新型电力系统发展和数字化转型需求，开发并推行了基于 5G 智慧专网的“直采直控”低压分布式柔性调控管理。公司联合联通公司创新研发了 5G 多合一并网终端，将过去单台的通信、加密、远动、AGC 等设备变成功能模块，组合在一台终端设备中，设备购置成本大幅降低，可采集的分布式光伏数据也增加至 12 种，将储能、辐照、气象等信息全部纳入供电部门的电力调度系统数据库，既为分布式光伏电量预测提供了参考，也使数据传输的速度更快、更稳定。

青州公司坚持以客户为中心，推动分布式光伏并网管理由单一部门管控向多部门协同转变，联合发建、营销、调控、运维等多部门，重构分布式光伏并网工作流程，搭建分布式光伏并网管理“一站式”服务窗口，匹配大客户经理制，实现了光伏并网“内转外不转”，适应了整区分布式光伏集中接入形势，确保了分布式光伏的安全、可靠、快速接入。

青州公司促请政府有关部门成立整区屋顶分布式光伏建设督导管控小组，制定了阶段性建设规划与计划，出台了分布式光伏开发规模、建设方案、建设标准、投资模式、商业模式等指导意见，杜绝了分布式光伏“一哄而起”给市场经济和电网安全可靠运行带来的风险隐患，营造了优质的、可持续的光伏产业发展环境。同时，公司实施市政规划、电网规划、分布式光伏规划“合一”统筹管理，科学评估电网线站并网承载力，在电网精准投资下带动分布式光伏配套产业有序发展，实现了分布式光伏规划与市政规划协调、与配电网规划协调，确保了光伏产业发展的可持续性，以整区模式开启了分布式光伏开发新篇章。青州公司还统一管理模式，精简并网手续。为促进新能源快速发展，规范分布式光伏电站并网服务工作，青州公司立足实际，先后出台并发布《分布式光伏并网管理实施细则（试行）》《关于进一步简化分布式光伏项目关口审批流程的通知》等一系列管理制度，实现了分布式光伏由营销部统一负责，发建部、运检部、调控中心协同管理，全面地统一了管理模式、工作流程、服务规则，压缩了管理层级，同时精简并网手续，并行业务环节，并网接入时间较原来压缩了 5 个工作日，为分布式电源安全高效并网提供了可靠保障；规范接入系统设计，提高工程建设效率。借鉴《国网公司配电网工程分布式光伏扶贫项目接网工程典型设计》方案要求，根据村级电站、户用光伏电站的接入方式和台区内的接入规模，公司归纳提炼分布式光伏接入电网的典型方案和配套电网建改方案，形成了适应分布式光伏 10kV、380V、220V 三类电压等级、多种接入方式的《村级电站、户用电站接入电网典型方案图册》，从源头上统一规范接入系统设计，加快了配套工程建设速度，电网配套工程由原来的与用户工程并行建设优化为较用户工程提前 2 个工作日完工，保证了新能源及时并网发电。

公司本着“控增量、理存量”的原则，开展差异化整改：增量分布式光伏项目要按照实时数据采集、功率控制及技术参数要求建设；对存量用户鼓励整改优化。鼓励存量分布式光伏项目开展实时数据采集、功率控制及技术参数整改工作；对符合条件的用户优先消纳。对满足技术要求的分布式光伏项目，在新能源消纳困难时段，电网企业应本着最大限度消纳原则，予以优先消纳。

分布式光伏电站一般均具备主动式防孤岛运行功能，如果保护失效有可能出现“孤岛效应”，对配电网设备和作业人员的安全存在重大隐患，尤其是发电设备反向送电不仅危及作业人员人身安全，还会造成用户侧触电事件发生。青州公司通过建立存量分布式光伏设备台账，强化安全隐患排查，细化梳理分布式光伏入网风险防范要点，有效帮助作业人员和光伏用户识别分布式光伏并网风险点，制定行之有效的防范措施。同时，青州公司依托分布式光伏调控平台，将分布式光伏纳入统一调度管理，强化分布式电源检修安全管理，制定分布式光伏运行检修管理细则，确保了并网设备运行检修的安全在控、可控、能控。

三、基于5G智慧专网"直采直控"低压分布式柔性调控管理的效果

(一)5G智慧网夯实了县域调控安全基础

青州公司克服了低压分布式光伏接入体量大、存量用户数量大、区域分布不均衡等困难，实现了运行数据信息直接上传至地区电力调度机构，满足了采集、监视、控制要求并全部实现"应接全接、可视可控"；保证了增量用户健康入网，实现了智能电源调节"规范科学"。对于分布式光伏的增量用户，规范科学地核定电网消纳能力，在优先考虑保障电网安全运行的前提下，统筹推进光伏项目发展。有效落实准入机制，规范市场操作。公司具备并实现了接收、执行地区电力调度机构指令进行功率控制功能部署的能力；保证了光伏用户可控在控，优化了管理地区分布式电源，实现了调控安全管理"智慧升级"。不仅提升了高峰负荷下的电网承载能力，拓展了电网安全裕度，缩小了负荷供应缺口，还有效提高了电网对设备故障及外部自然灾害的抵御能力，为深入探索低压分布式光伏柔性技术，提高电力安全运行能力，提升客户用电获得感积蓄了力量，夯实了县域调控安全基础。公司提炼总结的课题《光耀齐鲁，电靓九州——5G智慧电力专网助力分布式光伏应用发展》荣获工信部第五届"绽放杯"大赛全国一等奖。

(二)优化了分布式光伏消纳，提升了经济效益

青州公司以台区为单位，将单位节点接入成本降低了90%，实现了变电站的实时数据采集，提升了新能源消纳能力。仅在青州地区，每年可以多发5000万千瓦时电，减少碳排放近5万吨，百姓增收1900多万元，光伏真正成了老百姓屋顶上的阳光银行。青州"样板间"已在国网山东全域复制，目前项目规模已达1.78亿元，接入终端2.3万个，提升并网效率8倍以上，每户发电量增加20%～30%，收入提高由3000元提升至3500元，全年发电量增加5000万千瓦时，一年增加收入1900万元。5G智慧专网""直采直控""一体化管理模式的推行，促进了分布式

光伏建设，打造了青州“光伏样板”，助力了乡村振兴。

（三）有效改善了生态环境，提升了社会效益

基于5G智慧专网“直采直控”一体化分布式柔性调控管理模式的推行得到当地政府、相关第三方独立主体以及新能源发电企业的高度认可，形成了良好的外部环境，取得了显著社会效益，特别是促进了新能源产业市场、机制和业态模式创新热潮，丰富了电力市场内涵，激发了能源新兴市场主体活力，同时推进了活跃、共享的生态圈建设，对缓解能源危机，保护生态环境发挥了重要作用。公司在青州黄泥沟村开展了分布式光伏整县试点建设，围绕光伏村打造“光伏、储能、直流配电、建筑负载的柔性用电”新型建筑能源管理系统建设，每年多发5000万千瓦时电，减少碳排放近5万吨，使光伏真正变成“阳光银行”；推动打造青山绿水、乡村振兴、零碳目标的实现；主动融入地方经济社会发展大局，明确国网公司“一体四翼”业务布局和电网向能源互联网转型、业务向用能服务转型、管理向高效智慧转型、经营向质量效益转型的实现路径，本着“源网荷互动、源网荷共赢”的理念，为打赢蓝天保卫战、节约煤炭消费、合理开发应用新能源打下了坚实基础。

成果创造人员：刘　昆　赵继成　张勇攀　孙林林　赵盼盼　扬　帆　马　敏

电网企业以保电稳供为目标的数字化调控管理

国网山东省电力公司烟台市牟平区供电公司

摘要:国网山东省电力公司烟台市牟平区供电公司以“四个革命,一个合作”能源安全战略为指引,以保电稳供为目标,坚持“设备数字赋能、系统智慧引领、能源高效协同、风险主动预控、保障机制驱动”五项基本实施路线,适应新型电力系统建设要求,积极推动调控管理数字化转型,建立横向协同、纵向贯通组织架构,打破业务平台壁垒,优化设备信息管控流程,提升调度系统智慧决策水平,提供可靠供电技术支撑,加强源网协同管控,提升能源精益管理水平,预控电网运行风险,层层推动电网安全行稳致远,优化保障机制支撑,为数字化调控管理提供持续发展动力。全力满足保电稳供需求,构建“协同、智能、安全、高效”的电网数字化调控管理模式,有力推动电网向能源互联网转型、业务向供好电转型、管理向高效智慧转型,服务经济社会发展,促进供电企业提质增效。

国网山东省电力公司烟台市牟平区供电公司(以下简称“牟平公司”)起步于20世纪60年代,于2015年成为国网山东省电力公司的分公司,现有班子成员6人,下设9个职能部门,4个业务机构,12个供电所,全口径用工991人;担负营业区域31.8万用户的供用电服务任务。牟平境内有500千伏变电站1座、220千伏变电站2座、110千伏变电站12座,35千伏变电站22座,变电容量2495.14兆伏安;拥有110千伏线路14条、246千米;35千伏公用线路21条、185.5千米;10千伏公用线路118条、1694千米。2021年全年售电量22.67亿千瓦时,同比增长2.3%;营业收入12.58亿元,同比增长4.5%。2022年上半年完成售电量11.56亿千瓦时,同比增长4.66%;营业收入7亿元,同比增长18%。2022年8月5日牟平电网负荷达到412兆瓦,比去年同期增长11.7%。牟平公司先后荣获首批全国一流县级供电企业、全国精神文明建设工作先进单位、全国电力系统双文明单位标兵、全国企业文化建设先进单位、国家电网公司新农村电气化建设先进单位、全国首批农网改造工作先进单位、中国电力行业企业文化建设先进单位、全国电力系统学习型组织十大典范单位、部级“三为”服务达标单位、省级文明单位、市级文明单位、全国五一劳动奖状、山东省富民兴鲁劳动奖状等荣誉称号或奖励。

一、电网企业以保电稳供为目标的数字化调控管理的背景

(一)推进电网数字化调控管理是适应国家能源战略、推进能源互联网建设的内在要求

习近平总书记强调,电力是经济社会发展的“先行官”,要稳步推进国内能源互联网建设。中央经济工作会议指出,要确保能源供应,大企业特别是国有企业要带头保供稳价。保电力供应就是保企业生产,保运行安全就是保产业链稳定,保电网发展就是保经济发展。大力推进电网数字化调控管理建设,就是夯实能源互联网信息支撑,全面提升电网智能化水平,实现调控运行更加安全、高效,提升大电网安全保障能力。电力企业应贯彻党中央决策部署,构建数字化调控管理模式,保证民生电力安全可靠供应,更好服务经济社会发展大局和“四个革命、一个合作”国家能源安全新战略,为电网安全稳定运行提供有力支撑,为经济快速复苏提供关键可靠保障。

(二)推进电网数字化调控管理是推动地方经济社会发展、做好保供电促转型的必经之路

山东是我国重要的工业基地和北方地区经济发展的战略支点。为支持山东在深化新旧动能转换基础上,进一步增强区域发展活力动力,国务院印发《国务院关于支持山东深化新旧动能转换推动绿色低碳高质量发展的意见》,赋予山东建设绿色低碳高质量发展先行区的重大历史使命和政治责任。牟平公司从服务国家、地方战略安排的大局出发,牢牢把握地方高质量发展对电力安全稳供和优质服务的根本要求,通过数字技术与能源生产、传输、消费等环节的深度融合,提升电网协同调度能力,持续优化能源资源配置效率和能效利用水平,以更加清洁和绿色的方式服务地方向高质量发展转型。

(三)推进电网数字化调控管理是解决电网运行问题、助力企业提质增效的重要举措

传统调控运行仍主要依赖传统技术手段,调度系统功能覆盖不全面,变电站

数据采集不够精准，无法适应能源互联网智慧转型升级的需要。新设备新平台的开发应用，使得业务越来越多、流程越来越杂、部门联系越来越紧密，加剧了系统平台之间模型、数据流转不贯通等问题，影响了电网安全及管理效益。新能源场站的大规模接入，给电网稳定运行带来新的压力与挑战，对调度运行的协同调控能力提出更高的要求。极端天气与网络事件的频繁发生，使得电网安全运行风险与日俱增，对电网安全防御体系带来更大的冲击。因此，电力企业必须革新调控生产方式，建立电网数字化调控管理新模式，推进调度系统智慧升级，打破平台业务壁垒，打通数据传输通道，提升调控管理质效，加快建设以新能源为主体的新型电力系统，稳固大电网安全防御水平，助力清洁低碳、安全高效能源体系构建，促进供电企业提质增效。

二、电网企业以保电稳供为目标的数字化调控管理的主要做法

电网企业以保电稳供为目标的数字化调控管理的主要做法如图 1 所示。具体来说，要做好以下几方面的工作。

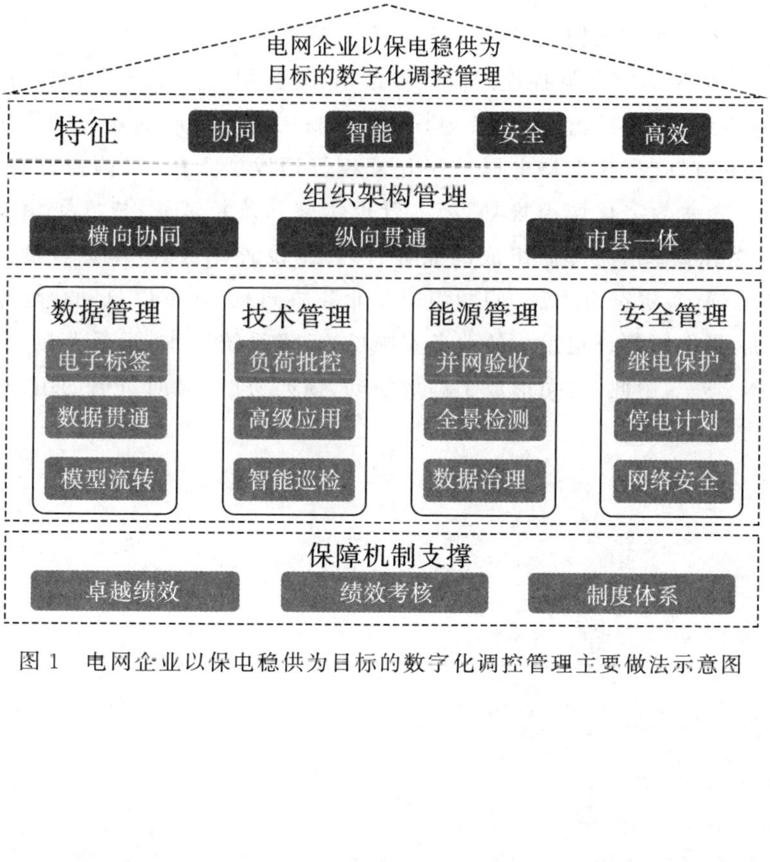

图 1　电网企业以保电稳供为目标的数字化调控管理主要做法示意图

(一)明确目标原则,确定数字化调控管理总体思路

牟平公司以保电稳供为目标,坚持"设备数字赋能、系统智慧引领、能源高效协同、风险主动预控、保障机制驱动"五项基本实施路线,全方位统筹推进"协同、智能、安全、高效"的电网数字化调控管理模式有效落地,助力大电网安全、稳定、可靠运行。一是提升系统智慧水平,强化调度控制系统技术支撑,保证电网运行数据采集准确、传输可靠、控制精准、响应迅速,深化新型调度控制系统高级应用、模型分析、智能调控等先进技术应用,优化电网运行分析,实现了电网调控全景感知、全景分析、智能决策,赋能智能电网建设。二是优化重点业务流程,严格管控系统参数、运行数据、设备台账等关键数据质量,打通数据贯通通道,推动模型数据自动流转。二是加强源网荷储多元协同,促进新能源消纳,提升智能调节控制水平。四是重视对电网风险的精准预控,提升对复杂大电网的风险管控能力,推动防御手段的数字化转型。为此,牟平公司制定了配套制度措施及监督考核机制,为电网升级提供了全面可靠的支撑,为管理落地及推广提供了源源不断的动力。

(二)健全组织体系,优化数字化调控管理架构

1.建立联动组织架构,统筹推进管理有效落地

为支撑电网数字化调控模式高效推进,牟平公司建立了与之相适应的联动协同的穿透型组织架构。公司成立了由企业高层领导组成的业务领导层,负责统筹协调和方针制定,把握电网数字化调控管理发展方向;以调控分中心作为牵头部门,负责数字化调控规划设计、管理实施和监督考核;成立了由发展部、运检部、营销部等相关部门组成的业务管理层,设置专责人,对上负责、横向协同、向下沟通,负责配合实施、问题沟通及业务协同;成立了以自动化运维班、调控运行班、供电所等班组组成的业务实施层,负责系统运维、运行监测及管理业务的具体实施。由此,公司形成了高效联动、横向协同、纵向贯通的组织架构体系(见图 2)。

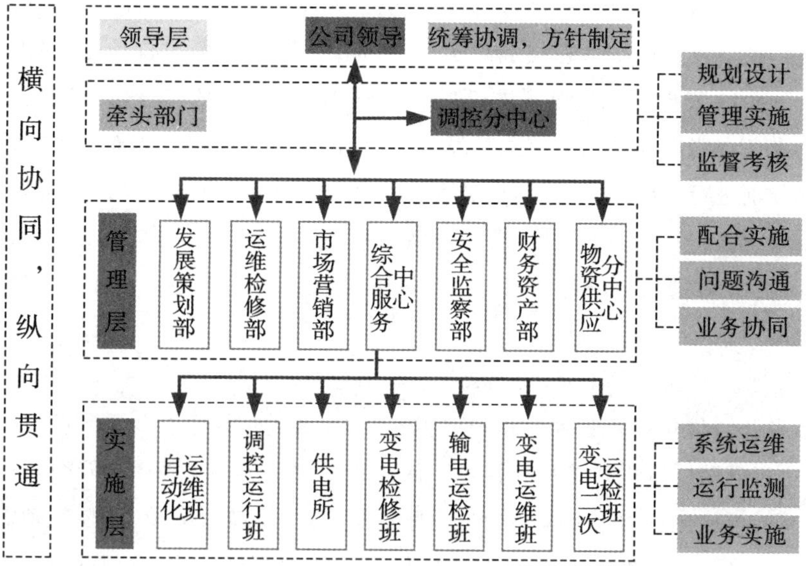

图 2　组织架构体系

2.发挥市县一体化优势，积极试点新业务应用

牟平公司充分借助新建变电站机会，试点新建智能变电站全站式数字化管理新模式，优化新建站接入流程，构建电网多业务系统互联互通新模式。公司广泛收集数字化调控新理念、新模式，充分发挥基层员工活力，激发他们的创新力，凝练支撑智能电网升级的典型经验，形成“市公司统筹推进，牟平公司试点实施”的上下贯通机制，逐步探索、不断优化，做到以点带面，逐步推广，激发了基层创新集群作用，充分发挥了市县一体优势。

（三）优化设备信息管控流程，培育数字化调控数据管理新模式

牟平公司针对调控、运检等部门业务系统不协同、设备数据不贯通、设备台账不同步等问题，优化设备数据管控流程，对设备进行数字赋能，协同设备厂商及调控、运检等多专业部门，打通数据贯通通道，建立了“基础数据一个源，业务流程一条线，电网模型一张图”的数据流和业务流闭环管理模式，实现了设备数字赋能，解决了以往业务分工不明确、台账维护效率低等弊端。

1.应用设备电子标签，提升数据源端质量

牟平公司借助移动作业终端与设备 ID 赋码新形式现场维护设备台账，实现了对设备台账的精准管控。制定了《电力一次设备用电子标签技术规范》，按照

“一物一码”原则，规范设备厂商设备出厂电子标签（ID 码）信息标准，由设备厂商将设备台账信息及运行信息集成到实物 ID 码中，同时将涵盖自动化、保护、检修 3 个专业的 18 类电网源端设备进行数字赋码，建立设备“数字身份证”信息库，牢牢把住设备台账准确性的第一关。设备投运前，调控和运检专业部门按照设备归属职责分别进行台账维护工作，借助手持移动作业终端，通过扫描设备实物 ID 码自动获取设备出厂信息，将其上传至设备资产精益管理系统（PMS）及调度管理系统（OMS），并对录入的设备台账信息准确性进行二次审核，保证设备基础数据的源端准确性。

2.贯通多系统互联流程，实现数据全局共享

牟平公司优化设备管控流程，打通数据贯通壁垒，实现了多平台设备数据同源，构建起电网设备现代管理新模式。借助数据中台统一电网模型及数据维护微服务，贯通调控与运检设备基础数据台账信息，建立了符合运检、调控管理需求的设备异动协同流程，确定了设备维护源端；打通调度管理系统、设备资产精益管理系统、智能新型调度控制系统（EMS）数据共享通道，建立 OPE 互联模型，实现了基础数据“一个源”，保证了设备数据的“源端维护，数据唯一、全局共享”。通过 OPE 互联，公司建立了符合运检、调控管理需求的设备异动协同流程，解决了设备管理、现场作业中存在的设备数据不准确、业务孤岛问题，实现了对电网设备全寿命、全过程、数字化、共享化管理。在牟平辽上站试点的基础上，牟平公司在全省首次实现了 OPE 全链条数据贯通，总结编制了《OP 互联典型经验》和相关操作手册，并向全省推广实施。

3.推动模型自动流转，简化数据维护流程

牟平公司深化应用 OPE 互联成果，实现了智能电网调度控制系统 EMS 与调控云业务协同和数据融通管理，建立了“数据维护同步化、成图结果自动化”设备模型管理模式。借助自动入库成图微应用，公司在调度控制系统自动导入调控云设备模型信息，通过智能分析完成一次接线图绘制和图库关联工作，实现了设备模型跨系统的全过程自动流转，简化了调度控制系统 EMS 数据库和图形界面维护工作管理流程（见图 3）。

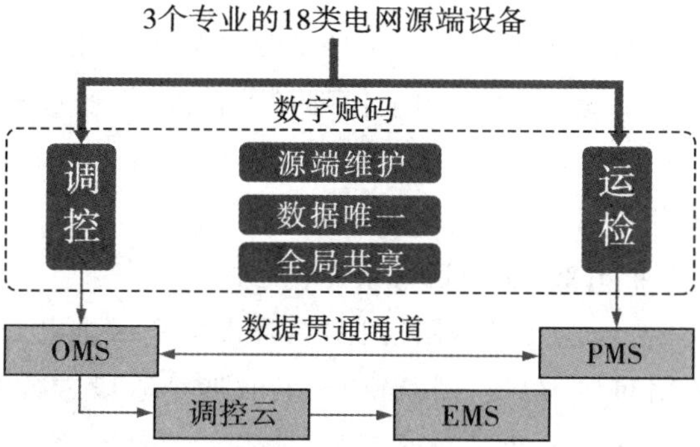

图 3　OPE 全链条数据贯通

（四）提升系统智慧水平，打造数字化调控技术管理新高地

面对调度系统功能覆盖不全面、变电站数据采集不精准等问题，牟平公司运用互联网思维，加快推动以“全息感知、全景分析、智能评估、智慧决策”为特征的调度系统数字化转型，提升调度主站智慧决策能力和变电站监测能力，强化数字化调控技术管理。

1.精准实施负荷管控，守牢保电稳供民生底线

（1）多专业协同编制负荷拉路序位表。公司组织县调、营销等部门和单位，按照“全面覆盖、精确定位”的原则开展非民生可控负荷摸排，排查过程中做到不遗漏、不重复，实现对全网非民生可控负荷基础信息、对应供电设备状况的全面把握。按照负荷性质将拉路设备分为三类，其中Ⅰ类为接带不影响民生和重要客户（含高危客户）负荷的变电站出线，Ⅱ类为接带不影响民生和重要客户（含高危客户）负荷的可遥控分界（分支、分段）开关（其所在主线不得与Ⅰ类重叠），Ⅲ类为接带工商业和民生混合负荷的变电站出线。按照Ⅰ类、Ⅱ类、Ⅲ类的顺序依次排列，形成负荷拉路序位表。

（2）拓展“省地配”三级负荷批量管理模式。打通配调系统与省地调系统的联络交互机制，将批量控制负荷由当前省地协同控制模式向下延伸至 10kV 配网负荷，构建“省调—地调—配调”的三级负荷闭环管理模式。调控管理负荷由站线精确到用户，实现负荷细致化分类、精准化控制。执行负荷批量控制时，按照负荷拉路序位表依次执行，既能保障正常民生用电，又能完成在电网事故等紧急情况下的减负荷任务，守牢“限电不拉闸、限电不限民用”底线。

（3）全省首创“主变过流联切”控制模式。牟平公司对负荷拉路序位表进一步

深化应用，利用调度系统的综合信息优势和远方控制功能，创新建立“主变过流联切”控制模式，动态监测主变运行状况。当主变过载时，按照“最小切负荷”原则，精准遥切非民生用户负荷，为居民用电保驾护航。同时，通过将旧有的站内安装设备过流切负荷稳控装置，转变为在调度控制系统部署过流联切功能，有效避免了站内二次接线复杂的问题，减轻了稳控装置投资压力。

2.推进变电站智能升级，实现运行数据全息感知

（1）数据信息全接入。公司编制《国网烟台市牟平区供电公司变电站自动化全过程管理规范》，对可研、初设、图纸审查、验收四个阶段进行全过程管控，实现了新建变电站信息全接入。针对老站刀闸、地刀等信息不全的问题，运维、检修、调控等多专业协同，同步完成老站设备改造与信息接入。

（2）辅助信息全可视。将变电站故障录波、保信子站、智能巡视系统信息集成在辅助信息监视网站上，实现了站端辅助系统实时汇总和智能分析，可为电网事故处理提供实时信息。

（3）网络安全全感知。随着新能源场站的大量接入，电网设备的高度离散性和高度不确定性对技术手段提升提出了重大考验。为突破这一难题，牟平公司建成网络安全监测一体化平台，以设备和事件全感知为导向，拓展网络安全监视广度和深度。开展地县两级调控机构、变电站、地方电厂、新能源及分布式光伏 18 类设备“应接尽接”，实现了安全事件全方位采集与监测，提升了设备和事件全感知能力。

3.深化调度系统高级应用，深挖智能决策潜力

（1）首创系统管理“三三制”原则。应用开发周期前三分之一阶段由技术专家按正常流程处理；没有明显进展的，中间三分之一阶段由综合性专家会诊并协助处理；仍没有进展的，提级管控，由调控分中心主任组织技术支撑单位相关领导及技术人员当面“说清楚”，确保各项辅助决策功能建设实施成效。

（2）试点开展网络备自投功能建设。网络备自投通过主站 SCADA 系统采集的遥信、遥测信息进行逻辑判断，制定并执行备自投操作开关序列，可迅速恢复失电变电站供电，有效解决无备投装置变电站失电后无法自投的问题，显著提升了电网供电可靠性。

（3）首创基于故障驱动的电网静态安全分析。系统自动汇集电网实时告警信息，智能甄别电网实时故障，将所有故障设备或疑似故障设备和变位开关汇集形成故障设备列表和变位开关列表，一键启动静态安全分析功能，自动计算电网当前风险值。同时，在全省率先完成潮流计算模型优化，将 Ward 外网等值改为利用全网 QS 文件计算潮流，提高了电网分析准确性。通过静态安全分析功能编制

静态风险分析319份、检修风险分析275份，将电网风险预警合格率提升至99.83%。

4.建立智能巡检模式，主动发现系统运行隐患

构建数字化管理方式，高效推进调控系统数字化、自动化、智能化转型升级，打造“系统状态全息感知，研判决策智慧精准”的特色调控系统。借助机房智能巡检机器人，对自动化机房设备进行24小时无间断巡视，实现人工巡检到自动巡检的转变，缩短故障发现用时。借助调控主站智能巡检系统，完善系统运行监视告警、设备运行状态评估、一键巡视报告生成功能，全面实现了新型调控控制系统运行参数、内部状态等多维状态量的实时监测和全景感知，将故障消除于萌芽阶段。同时，实现了传统“被动”设备管理模式向数字化“主动”管理模式的转型升级，为打造“协同、智能、安全、高效”的电网数字化调控提供了可靠技术保障，建立起数字化调控智慧运维新模式。

（五）加强源网协同管控，开辟数字化调控能源管理新格局

新能源场站的大规模接入，给电网稳定运行带来新的压力与挑战。牟平公司积极推进10千伏分布式光伏数据接入，常态开展数据治理工作，扫清新能源调控盲区，提升能源协同控制能力和精细化管理能力。

1.严把新能源验收关，确保设备零缺陷并网

公司明确各部门验收职责与并网要求，在10千伏分布式光伏并网验收中实行初验、复验两级验收管理模式。牟平调控分中心接到验收申请后，分别组织相关专业管理部门按照验收细则开展初验工作。初验通过后，牟平调控分中心向市公司调控中心报送初验并网验收确认书、验收意见单、初验验收报告、初验整改报告及相关资料。经审核合格后，市公司调控中心分别组织市县公司相关专业管理部门开展复验工作。市公司调控中心组织编制复验验收报告、复验整改报告并存档，统筹新能源发展和安全，促进分布式光伏就近消纳和全网电力平衡。

2.建设全景监测平台，保障新能源可观可测

公司致力于建设分布式全景监测平台，利用平台对海量数据的快速处理能力，采取分散采集、集中监视方式，实现了全电压等级分布式电源的可观可测，满足了电网对分布式数据采集监测需求。积极推动10千伏分布式光伏参与电网自动调节，通过市县一体、政企协作方式，促请地方政府下发支持性政策，与发改委联合组建现场勘查专班，完善了改造进度“周通报、周排名”机制，对进度落后场站进行实地技术帮扶，确保了工作的高效推进。编制《分布式光伏功率控制功能用户指导手册》，统一改造技术标准，优化功率控制功能部署流程，明确部署工作要

求及里程碑计划，整体把控工作进度。从用户角度出发，按照“原有设备利用最大化、新增设备投资最小化”原则，协助用户依据厂站通信方式，差异化制定投资改造方案，真正做到“一站一案”。

3.常态开展“211”数据治理，提高网源管理质量

牟平公司常态化开展新能源场站“211”一链式数据治理工作。“2”是指每两周开展一次新能源场站实际发电功率、上送数据质量等数据核查工作，通过专业会商、定期通报、督导约谈等措施，确保新能源场站按期完成缺陷整改；“1”是指实行专人负责制，每座新能源场站对应一位专责人，专责人全面负责数据校核工作，确保场站全覆盖；最后的“1”是指实行专人检查制，新能源场站整改完成后，由专人再次检查，提高数据准确性，确保整改无差错。完善新能源场站监控画面和自动报警提醒功能，全面提升新能源运行监视精度，确保电网安全运行和新能源优先消纳。网源高效协同互动，保证负荷与发电的动态平衡，以高质量管理效率密切配合，共同开展保稳促消。

4.打造多元管控平台，提升能源协同能力

为有效解决分布式光伏可调可控问题，牟平公司结合地域能源的源、荷、储特点，确定多元协同管控平台建设重点为10千伏分布式光伏和低压分布式光伏调节，负荷资源与储能协同配合。公司根据光伏电压等级的不同进行职责划分，调控分中心全面负责10千伏分布式光伏调节功能建设、负荷资源管理，营销部负责低压分布式光伏调节功能建设。系统验收投运后，在春节负荷低谷期间，公司对分布式光伏出力进行实时调节，改变了以往“人工下令—现场人工操作”的调节模式，丰富了电网调峰手段。

（六）预控电网运行风险，建立数字化调控安全管理新机制

牟平公司提升复杂大电网风险管控能力，贯通系统层级，建成了覆盖全人员、全设备、全过程的安全防护体系，同时提高对人员、设备、系统、数据的全过程管控能力，推动防御手段数字化转型。

1.精益管控继电保护，稳固电网安全防线

继电保护装置是电网安全的第一道防线，当系统或设备发生故障危及电网安全时，继电保护装置的正确动作能最大限度地减少对电力设备本身的损坏，降低对电力系统安全供电的影响。牟平公司贯彻“技术推动管理转变，管理推动技术落地”理念，以精益思维开展继电保护工作，使整定计算、运行维护、设备检修、应急处置等环节向简单化、流程化、标准化、智能化方向迈进，实现了设备状态在线感知、整定计算优化配合、运维检修集约智能、风险主动预测预警，为电网构筑起

主动防御体系。

2.统筹安排停电计划，保障检修有序开展

调控、运检、安监等部门协同开展电网运行风险分析，以年度停电计划为主线，科学统筹，合理地安排电网停电计划，建立了"年统筹、月平衡、周管控、日执行"的四阶段管理时序，实现了停电计划的多部门一体化管理，确保了电网检修计划的科学性和合理性，保证了电网检修计划的严格管控、刚性执行以及电网检修工作有序开展。

3.纵深强化网络安全，筑牢二次系统防护

牟平公司以问题为导向，深挖网络安全"核心要素"，从安全监视、安全审计、安全分析、安全核查、厂站管理五个层次，构建了覆盖全人员、全设备、全过程的电力监控系统安全管控体系。针对自动化、保护、检修等多专业、多业务在网络安全、设备管理、运行管理等存在的网络流量异常、重要敏感数据泄露、内部人员行为不规范等威胁，主动探测、发现、审计，实现了厂站端站控层、间隔层二次设备从不可见到可见的泛在互联和安全管控，提高了对人员、设备、系统、数据的全过程监测与管控能力，构建了二次系统"全方位、全过程、全感知"的立体式安全防护新模式，推动了二次系统安全防御能力由传统被动式防御向智慧型主动式防御转变。

（七）优化保障机制支撑，实现数字化调控管理可持续发展

为确保数字化调控管理模式有效落地和可持续推行，牟平公司从完善管理制度支撑、深化卓越绩效理论应用、加强绩效考核管理等方面深入开展工作，多管齐下、多措并举，促进数字化调控管理持续迭代改进，充分调动人员的主观能动性，为数字化调控管理提供持续动力。

1.完善制度体系支撑，确保数字化调控管理精准有效

牟平公司相继出台《数字化调控管理办法》《数字化调控管理考核评价办法》《数字化调控管理工作先进评比办法》等管理制度 14 项，明确了各项工作主体责任、工作流程、考评内容及结果运用，实现了工作过程规章制度全覆盖。针对倒闸操作、检修申请、风险分析、系统运维等核心业务，公司制定标准化作业卡 27 份，明确业务作业流程 41 项。同时，全面梳理各专业规章制度，以数字化调控全流程规范化管理为原则，在各项业务的流程节点、关键内容上标示对应规章制度，形成业务流程、规章制度一张图，确保了数字化调控管理各项工作和环节的有章可循、有据可依。

2.深化卓越绩效应用，推进调控管理持续改进提升

牟平公司围绕建设“具有中国特色国际领先的能源互联网企业”战略目标，以深化应用卓越绩效理论为主线，明确“标准导入—评价诊断—精益改进—创新提升”4 个工作阶段，将数字化调控指标量化，全面向标杆单位看齐；组建卓越绩效自评师队伍，对数字化调控管理工作进行全面诊断；提炼管理优势和短板改进机会，编制持续改进提升计划和实施方案，推进卓越绩效模式全要素发力、全周期管理，推动更高质量、更有效率、更为安全的电网发展，建立“协同、智能、安全、高效”电网数字化调控管理迭代升级模式。

3.加强绩效考核管理，促进数字化调控管理高效执行

牟平公司持续优化和完善绩效管理体系，建立了部门与部门之间、部门与个人之间的利益联动考核机制，坚持奖惩并举，突出定量＋定性考评、过程＋结果管控，推行全面、全员、全过程、全方位的问责制度，根据职责进行联合问责，切实增强了部门及员工的责任感。公司还持续加强各层级、各环节、全过程的管控、监督、检查和指导，为数字化调控管理的实施提供持续动力。

三、电网企业以保电稳供为目标的数字化调控管理的实施效果

（一）打造了电网调控新模式，数字化管理水平明显提升

牟平公司构建了能源互联网信息支撑体系，出台了《国网烟台市牟平区供电公司数字化调控管理办法》等管理制度 14 项，贯通了调控、运检、输电、变电协同供应链。公司通过 OPE 数据互联、自动成图、自动入库等新型数字化调控运维方式，提高调控自动化图模维护效率，将模型数据准确性由 96.53％提升至 99.95％，减少了基层班组三分之二的参数维护量。公司持续提升保护配置和网安备案管理覆盖水平，电力监控系统边界备案资料完整度 100％，有效提升了电网安全的主动防御能力；突破专业系统管理壁垒，不断优化设备管控流程，提升设备基础数据质量，解决了设备管理、现场作业、管理应用中存在的数据不准确、业务孤岛问题，实现了对电网设备全寿命、全过程、数字化、共享化管理，促进了电网向更加智慧、更加绿色、更加安全、更加友好的能源互联网的转型。

（二）筑牢了保电稳供新高地，创造了显著经济效益

牟平公司建成各专业协同作战保电稳供链，通过狠抓综合检修、逢停必检、应检尽检、专项检查、隐患滚动治理、设备安全评价、治理超期服役设备等工作，站端

标准化治理、设备的数据质量、运行质量及健康水平显著提升，故障停电时间缩短，故障停电范围缩小，现场操作成本降低，经济效益显著。2022 年 1 月至 2023 年 6 月，公司将网络安全监测对象覆盖率由 57%提升至 97%，消除高危安全漏洞 36 个，及时发现并整改各类缺陷隐患 40 余项；减少系统巡检成本 19.65 万元，节省运维投资成本 137.27 万元，累计实现经济效益 156.92 万元。通过补强三道防线装置配置，公司还避免了间接停电损失 325.13 万元。

（三）塑造了可靠供电企业形象，带动了经济社会发展

牟平公司全力保障企业生产、商业经营、居民用电需求，促进经济快速复苏，持续优化电力营商环境。“一站一案”光伏厂站改造费用最高节约 25%，施工成本压降 25%，调试接入时间压降 50%，明显提升了客户用电体验及电力获得满意度。公司不断提升新能源管控能力，最大限度地消纳新能源，使新能源利用率保持在 97.9%以上。同时，牟平公司圆满完成各项保供电任务，树立起政治保电新标杆，赢得良好的社会声誉，公司先后荣获“提质增效先进单位”“市县一体化管理先进单位”“牟平区十强企业”“全区纳税先进企业”“支持地方发展特殊贡献奖”“烟台市先进基层党组织”等称号。

成果创造人员：孙越峰　陈　芬　张　弛　丛志鹏　王炫丹　杨嵛苓　林　威